BÍBLICA LOYOLA

Sob a orientação da Faculdade Jesuíta de Filosofia e Teologia
Belo Horizonte — MG

Israel no tempo dos persas

Séculos V e IV antes de Cristo

Erhard S. Gerstenberger

Tradução
Cesar Ribas Cezar

Título original:
Israel in der Perserzeit – 5. und 4. Jahrhundert v. Chr.
© 2005 W. Kohlhammer GmbH, Stuttgart.
Hessbruehlstr. 69, D-70565 Stuttgart.
ISBN 978-3-17-012337-3

Dados Internacionais de Catalogação na Publicação (CIP)
(Câmara Brasileira do Livro, SP, Brasil)

Gerstenberger, Erhard S.
  Israel no tempo dos persas : Séculos V e IV antes de Cristo / Erhard S. Gerstenberger ; tradução Cesar Ribas Cezar. -- 1. ed. -- São Paulo : Edições Loyola, 2014. -- (Coleção bíblica Loyola)

  Título original: Israel in der Perserzeit.
  Bibliografia
  ISBN 978-85-15-04075-9

  1. Bíblia A.T. - História 2. Israel - História 3. Judaísmo - História - Período pós-exílio, 586 A.C. -210   4. Judeus - História - 586 A.C. - 70 D.C. I. Título. II. Série.

13-11710   CDD-221.95

Índices para catálogo sistemático:
  1. Israel : Antigo Testamento : Bíblia   221.95

Assessoria científica: Johan Konings
Preparação: Maurício Balthazar Leal
Capa: Maria Clara Rezende Oliveira
Diagramação: So Wai Tam
Revisão: Renato da Rocha

Edições Loyola Jesuítas
Rua 1822, 341 – Ipiranga
04216-000 São Paulo, SP
T 55 11 3385 8500
F 55 11 2063 4275
editorial@loyola.com.br
vendas@loyola.com.br
www.loyola.com.br

Todos os direitos reservados. Nenhuma parte desta obra pode ser reproduzida ou transmitida por qualquer forma e/ou quaisquer meios (eletrônico ou mecânico, incluindo fotocópia e gravação) ou arquivada em qualquer sistema ou banco de dados sem permissão escrita da Editora.

ISBN 978-85-15-04075-9
© EDIÇÕES LOYOLA, São Paulo, Brasil, 2014

Sumário

Abreviações... 7
Prefácio... 9
A tradução em língua portuguesa... 11

1. A imagem bíblica da época... 15
   1.1. Retorno e reconstrução... 17
   1.2. Organização da província de Judá e configuração da comunidade.... 25
   1.3. Outros vestígios da vida persa.. 36
   1.4. Questionamento da exposição bíblica.................................... 40

2. A história que podemos conhecer... 47
   2.1. Fontes.. 47
      2.1.1. Tradições escritas.. 47
      2.1.2. Artefatos e arquitetura... 52
   2.2. O império mundial persa.. 58
      2.2.1. Estruturas imperiais... 59
      2.2.2. O decorrer da história... 73
      2.2.3. Religiões na Pérsia antiga... 80
      2.2.4. Vida cotidiana e cultura... 88
   2.3. Judá na Transeufratênia.. 96
      2.3.1. Judá contra Samaria.. 97
      2.3.2. Os atores do drama... 101
      2.3.3. Estruturas sociais e comunitárias............................... 114
      2.3.4. Economia; política local.. 121
      2.3.5. Técnica e cultura... 126
      2.3.6. Religião popular e Templo... 129

    2.4. Diáspora na Babilônia e no Egito 132
        2.4.1. Os exilados na Babilônia 132
        2.4.2. A colônia militar de Elefantina 136

3. A literatura bíblica da época 151
    3.1. Escritos originários 152
        3.1.1. Textos narrativos, normativos 152
        3.1.2. Literatura profética 204
        3.1.3. Obra poética e litúrgica 224
    3.2. Reescrita de textos mais antigos 279
        3.2.1. Narrativas históricas (deuteronomistas) 283
        3.2.2. Livros proféticos 310
        3.2.3. A terceira parte do cânon 356
        3.2.4. A Torá (Pentateuco) 383

4. Fruto teológico 425
    4.1. Contexto: religiosidade persa e babilônica 427
    4.2. A gênese de estruturas eclesiais 432
        4.2.1. Identificação e delimitação 433
        4.2.2. O perfil espiritual das comunidades 440
        4.2.3. Gênero na comunidade 447
        4.2.4. Festas, liturgia e rituais 456
    4.3. Caminhando para o monoteísmo 466
        4.3.1. Transformações das concepções sobre Deus 468
        4.3.2. Universalismo e particularismo 474
        4.3.3. Criação do mundo e do ser humano 478
        4.3.4. História e fim do mundo 486
    4.4. *Ethos* fraterno na comunidade de fé 491
        4.4.1. Amor e justiça 494
        4.4.2. Santificação e delimitação 498
        4.4.3. Universalidade e tolerância 504
    4.5. Impulsos para a formatação do mundo 509
        4.5.1. Diálogo com a tradição 510
        4.5.2. Relações entre seres humanos 515
        4.5.3. Concepções de Deus 519
        4.5.4. Sociedade global 526
        4.5.5. Unidade e pluralidade hoje 529

Índice remissivo 533

Índice de citações (escolha) 537

Fontes não bíblicas 549

Abreviações

Em regra usamos o índice de abreviações de Siegfried M. Schwerter, *Theologische Realenzyklopädie*, 2. ed., Berlin, 1994

Outras abreviações

BE   *Biblische Enzyklopedie*, Stuttgart
ExAu   Ex Auditu
ExuZ   Exegese in unserer Zeit, Graz
HBS   Herders Biblische Studien, Freiburg
NEAE   *The New Encyclopedia of Archaelogical Excavations in The Holy Land*, ed. E. Stern, Jerusalem, 1993
RIA   *Reallexikon der Assyriologie*, Berlin, 1928 ss.
SAHG   *Sumerische und Akkadische Hymnen und Gebete*, ed. A. Falkenstein, W. von Soden, Zürich, 1953

Referências e citações de obras antigas

As *citações bíblicas* foram traduzidas das línguas originais em função do teor do texto alemão original. As *abreviações bíblicas* seguem as principais traduções da Bíblia no Brasil (Almeida, Bíblia de Jerusalém, Bíblia-Tradução Ecumênica, CNBB, e.o.).

As *citações de obras antigas* foram traduzidas segundo o teor da tradução alemã.

Prefácio

A fé de nossos antepassados espirituais, aos quais tanto devemos por meio das tradições bíblicas, sempre teve um contexto social e histórico. Mas os contextos históricos e sociais são mutáveis e, por isso, maravilhosamente profundos.

Só temos acesso à fé dos antepassados bíblicos por intermédio de textos, ou melhor, de uma seleção bastante reduzida de textos disponíveis antigamente, os quais se cristalizaram como Sagradas Escrituras num longo processo de uso vivo e comunicativo e de constante interpretação. Esse processo chegou a uma conclusão provisória no período da dominação mundial persa (539-331 a.C.). Naqueles dois séculos surgiu no antigo Israel e no nascente judaísmo uma Torá e formaram-se os escritos proféticos e outros textos comunitários. A comunidade de Yhwh recém-formada apresentou-se no cânon nascente.

Portanto, o império persa, Estado multiétnico imenso e global, com suas culturas e religiões, sua política, economia e clima espiritual, foi o contexto imediato do nascente Antigo Testamento. O presente trabalho é uma tentativa modesta e quase inexequível de levar em conta este fato. Trata-se, pois, de entender melhor os modelos de fé e de pensamento persas (contrastando com os assírios, babilônicos, egípcios, cananeus etc.). E em segundo lugar vale a pena ler os escritos hebraicos da Bíblia na perspectiva das comunidades de Yhwh do período persa, refazendo o caminho da história da tradição da frente para trás. Não seria de admirar se surgissem relações entre as interpretações persas e judaicas do mundo. Mas a pesquisa do Antigo Testamento deve avançar ainda mais antes de poder superar ou modificar os modelos de interpretação tradicionais.

Professores aposentados como eu já não dispõem de colaboradores solícitos aos quais agradecer. Entretanto, quero exprimir meus agradecimentos aos muitos amigos e estudantes na Alemanha, no Brasil, na África do Sul e nos Estados Unidos que levantaram muitas perguntas não usuais. Sem elas, a redação do livro teria parado rapidamente. Também Walter Dietrich, paciente editor, me motivou amigavelmente a terminá-lo. Um especial agradecimento por isto!

Quem quiser trocar ideias sobre o assunto ou fazer alguma contestação poderá usar sem problemas o meu endereço eletrônico: <gersterh@staff.uni-marburg.de>.

Muito obrigado!

Giessen, 15 de outubro de 2005

ERHARD S. GERSTENBERGER

A tradução em língua portuguesa

A presente tradução segue fielmente o texto do original alemão. Como no original alemão, as bibliografias aparecem no início de cada secção, mas acrescentamos, em apêndice final, uma bibliografia seletiva atualizada, principalmente latino-americana, considerando o conjunto do período estudado. Onde o Autor inseriu, no texto, citações de obras orientais antigas em inglês, ladeadas ou não pela tradução alemã, introduzimos a tradução em língua portuguesa (segundo o teor da tradução alemã), mostrando a tradução inglesa em nota de rodapé.

JOHAN KONINGS, assessor científico

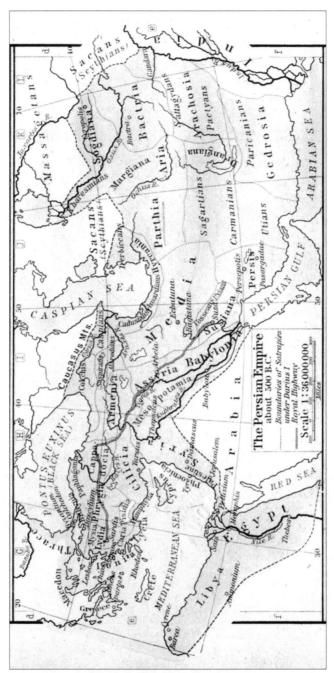

Mapa histórico do império Aquemênidas, 1923, William Robert Shepherd (1871-1934), Uso com permissão de *University of Texas Libraries*, *The University of Texas at Austin*. <http://pt.wikipedia.org/wiki/Ficheiro: Map_of_the_Achaemenid_Empire.jpg>

A tradução em língua portuguesa

A província persa de Yehud
Fonte: H. WEIPPERT, *Palästina in vorhellenistischer Zeit*, München, 1988, p. 691

As províncias siro-palestinas do império persa
Fonte: Charles E. CARTER, *The Emergence of Yehud in the Persian Period*, Sheffield, 1999, p. 291
© Reprinted with the permission of the publisher. The Continuum International Publishing Group by permission of Bloomsbury Publishing Plc.

Yehud Yeho'ezer   Yehud Ḥananyah   Yeḥiziqiyah, o governador

Fonte: Charles E. CARTER, *The Emergence of Yehud in the Persian Period*, Sheffield, 1999, p. 264
© Reprinted with the permission of the publisher. The Continuum International Publishing Group by permission of Bloomsbury Publishing Plc.

Lista dos povos persas

As terras dominadas por Dario I, Inscrição de Behistun § 6 (W. HInz, TUAT 1, 423):
Pérsia, Elam, Babel, Assíria, Arábia, Egito, Povos do Mar, Sardes, Jônia, Média, Armênia, Capadócia, Pártia, Drangiana, Ária, Corásmia, Báctria, Sogdiana, Gandara, Cítia, Satagídia, Aracósia, Maca: total 23 terras.

As delegações dos povos no relevo da escada da Apadana em Persépolis (H. Koch, Dareios 99-112):
Medos, elamitas, partos, ários, egípcios, báctrios, sagartas, armênios, babilônios, sírios, citas, satagitas + gandarenses, sogdianos + corasmianos, lídios, capadócios, drangianos + aracosianos, indianos, trácios, árabes, cários, líbios e etíopes.

A lista de Xerxes na Daéva-inscrição (XPh 41-56; segundo P. Briant, Cyrus 173):
Média, Elam, Aracósia, Armênia, Drangiana, Pártia, Ária, Báctria, Sogdiana, Corásmia, Babilônia, Assíria, Satagidia, Sardes, Egito, Jônia, Terras do Mar, Terras de Além-Mar, Maca, Arábia, Gandara, Indus, Capadócia, Daai, Saca H., Saca T., Scudra, Acaufaca, Líbia, Cária, Etiópia.

Embaixadas dos sírios na escada oriental da Apadana em Persépolis
Foto: W. Hinz © Heidemarie Koch, Marburg

Capítulo 1
A imagem bíblica da época

J. Blenkinsopp, *Ezra–Nehemiah*, London, 1988 (OTL). – T. C. Ezkenazi, *In an Age of Prose*, Atlanta, 1988 (SBL.MS36). – L. L. Grabbe, *Yehud: A history of the Persian Province of Judah*, London, 2004 (Library of Second Temple Studies 47). – A. H. Gunneweg, *Esra*, Gütersloh, 1985 (KAT XIX, 1). – Id., *Nehemia*, Gütersloh, 1987 (KAT XIX,2). R. W. Klein, *1 Chronicles*, Minneapolis, 2005 (Hermeneia). – S. Japhet, *The Ideology of the Book of Chronicles and its Place in Biblical Thought*, Frankfurt, 1989 (BEAT 9). – J. M. Miller, J. H. Hayes, *A History of Ancient Israel and Judah*, Philadelphia, 1986. – M. Noth, *Geschichte Israels*, Göttingen 1950, ⁵1963 – D. L. Petersen, *Haggai and Zechariah 1–8*, Philadelphia, 1984 (OTL). – Id., *I and II Chronicles*, Louisville, 1993 (OTL); ed. alemã: *1/2 Chronik*, Freiburg, 2002, 2003, 2 v. (HThKAT). – T. Willi, *Die Chronik als Auslegung*, Göttingen, 1972 (FRLANT 106). – Id., *Juda – Jehud – Israel*, Tübingen, 1995 (FAT 12). – H. G. M. Williamson, *1 and 2 Chronicles*, London, 1982 (NCBC). – E. Würthwein, *Die Bücher der Könige. 1. Kön 17–2. Kön 25*, Göttingen, 1984 (ATD 11,2).

Os dois séculos nos quais o mundo antigo entre o Egito e a Índia estava sob o domínio dos grandes reis persas (539-331 a.C.) foram decisivos em muitos aspectos para o povo de Israel, ou melhor, para o judaísmo nascente. Nesta época os judeus encontraram novas formas de comunidade na terra natal e na diáspora babilônica e egípcia. Com a Torá e alguns escritos paralelos, constituíram para si um cânon sagrado, adquiriram um ponto de cristalização geográfico e simbólico em Jerusalém e no Templo reconstruído e, como pequena minoria dentro de um império de muitos povos, isto é, nas condições difíceis de constante pressão por adaptação e de incessante busca de autonomia, deram uma forma final às suas convicções religiosas próprias, as quais encontramos hoje na maior parte do Antigo Testamento. No tempo dos persas, recebeu suas características decisivas a tradição dos escritos hebraicos (com algumas passagens em aramaico neles incluídas). E os conhecimentos então sedimentados, os valores então vividos, as formas litúrgicas e comunitárias então construídas influenciaram fortemente o judaísmo rabínico posterior, os movimentos cristãos que dele surgiram e o Islã.

Mas ao considerarmos, assim, os dois séculos persas como o período formativo do Israel bíblico caímos em contradição com as afirmações bíblicas que adotam como centro de gravidade da história da fé o tempo de Moisés, o tempo da conquista da terra e das tribos ou, em parte, o do reino de Davi. Essa perspectiva bíblica, adotando outro centro, fez com que o episódio persa recebesse relativamente pouca atenção nos escritos hebraicos. O Pentateuco e a obra histórica deuteronomista, isto é, os livros de Gênesis até 2 Reis (na terminologia judaica: Torá e Profetas Anteriores) não mencionam os persas *expressis verbis*, embora alguns textos (especificamente, as partes sacerdotais do Pentateuco) reflitam aquela situação mundial tardia. Não é claro quantas palavras de origem persa se encontram espalhadas nos escritos do Antigo Testamento; de qualquer forma, não são muito numerosas[1]. Somente o livro de Isaías — a partir do capítulo 40 —, entre os grandes profetas, faz referência direta ou indireta à mudança da história introduzida por Ciro. Jeremias e Ezequiel se fixam nos babilônios enquanto potência estrangeira e enquanto ameaça; Daniel já pertence a um contexto pós-persa; ele, caracteristicamente, se ocupa ainda mais com os reis Nabucodonosor e Belsasar enquanto protótipos de dominadores violentos (cf. Dn 1–5; 7), dá um salto para Dario "da Média" e coloca Ciro depois deste (Dn 6; 9–10). Mas o relato é fundamentalmente orientado para o "quarto rei" (Dn 7,7; cf. 2,40-45) e seus sucessores, a saber, os helenos Alexandre e os diádocos. A maioria dos doze profetas menores não menciona qualquer acontecimento ou fato de nosso período da história. Somente Ageu e Zacarias fazem uma referência a ele e pressupõem circunstâncias persas. Também nos Salmos e na literatura sapiencial o persa quase não aparece no primeiro plano. Mesmo os dois livros das Crônicas, que, segundo nosso

---

1. Cf. H. S. Gehman, Notes on persian words in the book of Esther, *JBL* 43 (1924) 321-328; J. Blenkinsopp, *Ezra-Nehemiah*, 147; 152; 216 e repetidamente. A palavra do persa antigo *pardes*, "jardim", por exemplo, aparece três vezes. Cântico dos Cânticos 4,13; Eclesiastes 2,5; Neemias 2,28. A tradição assíria revela *pelek*, "distrito", em Neemias 3,9-18 (A. Demsky, *Pelekh* in Nehemiah 3, *IEJ* 33 [1983] 242-244).

conhecimento, surgiram provavelmente no período persa, revelam seu perfil contemporâneo apenas de modo inconsciente. Os autores queriam sobretudo relatar o passado que, em sua opinião, era constitutivo, em especial o domínio de Davi e Salomão e suas realizações. Evidentemente, eles tinham interesse em informar e motivar o presente deles (cf. 2Cr 36,22-23), mas as regras fundamentais das estruturas e normas contemporâneas foram decretadas, segundo esta visão dos cronistas, sobretudo no início da história dos reis. Era isso que devia deve ser retratado, enquanto o próprio presente persa não precisava ser examinado de perto. Restam, portanto, poucos livros da Bíblia hebraica que pretendem ilustrar, em alguns poucos trechos, o tempo tão criativo e determinante dos persas: os livros de Esdras e Neemias (inseridos originalmente nos cânones hebraico e grego como um só livro — no hebraico, antes dos livros das Crônicas) e o livro de Ester, o qual, porém, parece olhar retrospectivamente a partir de certa distância histórica. Podemos contar o Dêutero-Isaías, Ageu e Zacarias 1–8 entre as testemunhas diretas. Assim, são dedicados diretamente ao período histórico persa, isto é, à vida e experiência de "Israel", no total, 51 dos 946 capítulos da Bíblia hebraica, ou seja, 5,39%. Este valor contraria nossa avaliação da época e indica uma atitude fundamentalmente diferente em relação à época da história aqui tratada.

Segundo a perspectiva antiga, cada tempo presente recebia suas estruturas e seu sentido justamente de certas constelações do passado. Nosso sentimento de vida, ao contrário, vê de modo predominantemente cético as influências do passado e seus efeitos posteriores. Segundo a concepção moderna, o passado se apresenta muitas vezes apenas como um peso, um passo em falso, algo que devemos corrigir se queremos vencer os desafios atuais. É o futuro que nos orienta e determina nosso comportamento. Entretanto devemos perguntar: como era vivenciado o decorrer dos acontecimentos contemporâneos no antigo Judá ou na diáspora? Que significado tinha a realidade então experimentada para as comunidades judaicas (cf., p. ex., Ne 9,32-37; Sl 137; Ag 2,20-23)? Já o dissemos: não podemos esperar um relato contínuo e exaustivo sobre esses dois séculos da história judaica, em razão da falta de interesse dos contemporâneos. Os textos se concentram em poucas áreas temáticas.

1.1. Retorno e reconstrução

P. ACKROYD, *Exile and Restoration*, London, 1968. – R. ALBERTZ, BE 7, 102-112. – J. BLENKINSOPP, The Mission of Udjahorresnet and those of Esra and Nehemiah, JBL 106 (1987) 409-421. – W. CASPARI, *Lieder und Gotessprüche der Rückwanderer*, Giessen, 1934 (BZAW 65). – E. S. GERSTENBERGER, *Psalms*, Grand Rapids, 1988, 2001, 2 v. (FOTL XIV, XV). – K. SEYBOLD, *Bilder zum Tempelbau*, Stuttgart, 1974 (SBS 70).

> **O chamado Édito de Ciro**
>
> No primeiro ano de Ciro, rei da Pérsia — para que se cumprisse a palavra de Yhwh da boca de Jeremias —, Yhwh despertou o espírito de Ciro, rei da Pérsia, a fim de que em todo seu reino fizesse publicar uma proclamação, como também um documento escrito, para dizer: "Assim fala Ciro, rei da Pérsia: Todos os reinos da terra, Yhwh, o Deus dos céus, os deu a mim, e ele mesmo me encarregou de construir-lhe uma Casa em Jerusalém, que está em Judá. Dentre vós, quem pertence a todo seu povo? Que seu Deus esteja com ele, e que suba a Jerusalém, em Judá, para construir a Casa de Yhwh, o Deus de Israel — é o Deus que está em Jerusalém! Em todos os lugares nos quais reside o resto do povo, que as pessoas deste lugar tragam a cada um prata, ouro, bens e gado, assim como a oferta voluntária para a Casa do Deus que está em Jerusalém" (Esd 1,1-4; cf. Esd 5,13-15; 6,3-5).

De Isaías 40 ss. colhemos uma imagem provavelmente correta da atmosfera na Babilônia por volta de 540 a.C. O rei persa, Ciro, decide encampar o império neobabilônico. Ele foi festejado, não somente pelos sacerdotes de Marduk, que sob Nabônides e Belsasar haviam rompido com o próprio governo e saudaram o conquistador do Oriente como salvador, mas também pelos deportados judeus, que moravam havia décadas na Babilônia. Um oráculo profético diz: "Assim fala Yhwh a seu Messias [= Ungido]: a Ciro, que seguro pela mão direita, para rebaixar diante dele as nações ... É por causa de meu servo Jacó, sim, de Israel, meu eleito, que eu te chamei pelo teu nome; eu te qualifiquei, sem me conheceres" (Is 45,1.4). E no hino a Yhwh, citado antes, certamente cantado na liturgia, soa a esperança concreta: "... digo de Ciro: 'É meu pastor'; tudo o que me agrada, ele o fará ter êxito, dizendo de Jerusalém: 'Serás reconstruída', e do Templo: 'Serás fundado de novo'" (Is 44,28). A restauração da cidade de Jerusalém e de seu Templo (o único legítimo) era, segundo fontes da época, o objetivo central dos judaítas — ao menos da terceira geração que vivia na Babilônia. Aparentemente, os que haviam "restado na terra natal" não davam apoio indiviso (Ag 1,2-11; Jr 24,4-7), de modo que o retorno dos exilados se tornou condição imprescindível para a "restauração" da comunidade de Yhwh. Que a ligação dos emigrantes com a terra de origem tenha-se mantido ao longo de gerações é um fenômeno sociopsicológico e etnológico conhecido[2].

O retorno, moralmente preparado em Isaías 40–55, parece ter-se iniciado imediatamente depois da tomada de poder por Ciro na Babilônia. O grande

---

2. Por exemplo, emigrantes alemães no continente americano, na África, na Rússia ou na Austrália se comportaram exatamente segundo o mesmo modelo; claro, eles não eram "deportados" como os judeus, expatriados sob coação, mas expulsos de sua terra natal por necessidade econômica.

rei persa teria anunciado por todo o império um Édito segundo o qual seria permitido aos judeus da Babilônia retornar a Jerusalém. Além disso, aqueles que retornavam deveriam receber forte apoio financeiro, aparentemente dos que foram até então seus vizinhos e que tinham outra fé. O próprio Ciro mandou restituir os tesouros do Templo roubados (Esd 1,1-4; 1,5-11). A viagem de retorno, mais de oitocentos quilômetros a pé, no entanto, não mereceu anotação histórica. Aproximadamente 50 mil dos que regressaram (Esd 2,64 s.) estão, de repente, presentes e iniciam a construção do altar, no antigo lugar do Templo em Jerusalém, porque os sacrifícios eram imprescindíveis para a vida cotidiana e para as festas (Esd 3,1-6: aparentemente, os que haviam ficado na terra não tinham esta prioridade). Mas a construção do Templo propriamente dita parou, porque a comunidade judaica sob Zorobabel e Josué recusou a participação das pessoas da Samaria no Templo de Jerusalém (Esd 4,1-3). Em seguida, estes "adversários" do norte, tidos como não ortodoxos, recorreram com sucesso às instâncias persas. Durante o reinado de Ciro e até o tempo de seu segundo sucessor, Dario, não foi possível prosseguir os trabalhos no Templo (Esd 4,5). "Sob o reinado de Xerxes" os adversários redigiram uma acusação formal contra os judeus. Ela foi mais uma vez apresentada ao sucessor, Artaxerxes, e citada em versão aramaica (Esd 4,6-16). O núcleo dela é uma suspeita política: "Estão reconstruindo a cidade rebelde e perversa, vão reerguer os muros e fazem examinar as fundações" (Esd 4,12b). O rei se convence e interrompe as construções numa carta — também citada literalmente — dirigida a Reum, comandante da cidade, e a Samsai, secretário (Esd 4,17-22). O escrito real outorga máxima autoridade e leva à interrupção de todos os trabalhos de construção "até o segundo ano do reinado do rei Dario" (Esd 4,24). A sequência dos reis e a dilatação do trabalho de construção do Templo para mais de cem anos, de Ciro até Artaxerxes I e novamente até Dario I (ou até Dario II?), indicam que a cronologia real desses acontecimentos era desconhecida ou — mais provavelmente — não interessava àqueles que transmitiram a história. O cronista não pensa "de modo histórico-linear, diacrônico, ... mas de modo temático sincrônico"[3]. Por isso, ele introduz em sua apresentação a narrativa didática da reconstrução impedida. Ageu e Zacarias provocam o reinício dos trabalhos de construção do Templo (Esd 5,1 s.). Esta informação é confirmada nos correspondentes escritos proféticos (Ag 1,2–2,9; Zc 1,16 s.). Depois de novo recurso dos "inimigos" ao governo central, também documentado por uma troca de cartas, os judeus recebem de Dario a

---

3. A. H. J. Gunneweg, *Esra*, 87.

autorização para terminar a construção. Novamente lhes é prometida grande ajuda neste projeto (Esd 5,3–6,12). O auge desta história é a conclusão do santuário, no "sexto ano de Dario", e sua consagração (Esd 6,15-18). Agora é novamente possível todo o serviço do Templo, sem restrições; isto corresponde ao desejo de todos os governos persas, de Ciro a Artaxerxes (Esd 6,14), e naturalmente também ao desígnio de YHWH, que conduz os soberanos do mundo como marionetes (cf. Esd 1,1; 7,6; Ne 2,1-8). Como prova do total acerto da restauração do Templo, os autores descrevem em seguida uma grande festa da Páscoa, que satisfaz a todas as determinações rituais (Esd 6,19-22): sacerdotes e levitas são devidamente preparados; os que retornaram e os que haviam ficado na terra, mantendo-se separados dos "gentios", festejam juntos; impera a devida alegria!

Portanto, não há de fato um verdadeiro relato sobre aqueles que primeiro retornaram depois da libertação pelos persas. O tema doutrinal "retorno da Babilônia" se concentrou em diferentes relatos que, cheios de simbolismo e muito carregados teologicamente, não podem nos fornecer informação histórica precisa alguma, apesar das notícias concretas sobre pessoas, tempos e lugares. Nota-se o contraste com as histórias lendárias da peregrinação de Israel pelo deserto depois da libertação do Egito (Ex 16–18; Nm 11–26); estas têm como tema os perigos, os testes da fé, as provações e os problemas ético-cultuais da comunidade em peregrinação. Diferentemente, a exposição bíblica do primeiro retorno da Babilônia se volta para o episódio da construção do Templo, no qual têm absoluta primazia sobre outras informações o equipamento e o funcionamento do santuário e de seus servidores. Fora da exposição em Esdras–Neemias (cf. as listas em Esd 2 e Ne 7), as Escrituras hebraicas oferecem, quando oferecem, indicações mínimas acerca dos que retornaram da Babilônia ou acerca das ligações que existiam entre a pátria e os expatriados, como em Jeremias 29, Ezequiel 2,4-15; 33,21, Zacarias 5,5-11. Os anúncios em Isaías 42,15-16; 43,1-7.14-21; 48,20-22 etc. são profecias de libertação e retorno, inspiradas em textos do Êxodo. Fora de Esdras–Neemias, o tema da construção do Templo não soa alto, a não ser nos profetas Ageu e Zacarias, os quais, porém, utilizam o tema para celebrar o retorno de um rei da casa de Davi no fim dos tempos. As visões de Zacarias se ligam à mudança esperada para os banidos, juntando o início do reino de Deus, a renovação do Templo e a investidura dos "dois ungidos" (Zc 4,14; 1,7–6,15). Aqui situa-se também a bênção a respeito de Zorobabel, voltada para esta ardente visão do futuro:

> A palavra de YHWH veio uma segunda vez a Ageu no vigésimo quarto dia do mês: "Fala a Zorobabel, governador de Judá, e dize-lhe: vou abalar céu e terra.

Vou derrubar os tronos dos reinos e aniquilar a força dos reinos das nações; vou revirar carros e condutores; os cavalos e cavaleiros cairão, cada um pela espada de seu irmão. Naquele dia — oráculo de Yhwh de todo poder — eu te tomarei Zorobabel, filho de Sealtiel, meu servo — oráculo de Yhwh. Farei de ti meu anel de sinete, pois foi a ti que escolhi — oráculo do Senhor de todo poder" (Ag 2,20-23).

Nas Escrituras hebraicas (e em suas passagens em aramaico) encontramos, portanto, somente notícias muito escassas e fragmentárias para entender o retorno de Israel do exílio e o novo começo na pátria sob domínio persa. Por isso, é inevitável a pergunta-chave: o que as testemunhas do Antigo Testamento queriam fixar por escrito? Onde estava sua atenção? Quais conteúdos e experiências "graves" eles confiaram a seus filhos e netos na tradição fixada em livros? Certamente esta questão não é fácil; ela é mesmo muito polêmica na atual interpretação da Bíblia. A situação das fontes não é nítida, o resultado das leituras é demasiado ambíguo e as teorias desenvolvidas são demasiado numerosas. O estudioso que está convencido de que a comunidade de fé que se chama "Israel" cultivava, depois do exílio, principalmente esperanças escatológicas vai ler os textos de modo diferente daqueles que descobrem nos textos tardios sobretudo uma atitude hierárquica, legal e fixista. Amiúde a decisão por uma determinada interpretação da representação histórica na Bíblia já é induzida pela divisão e ordenação de passagens, livros ou composições. Quais são, perante a discussão atual, os pontos principais que podemos descobrir nos temas "retorno e reconstrução depois do exílio"? Nas primeiras fases do retorno e da refundação de Israel, relativamente poucas pessoas e poucos funcionários desempenham papel central. Nos relatos históricos, são os grandes reis da Pérsia que iniciam uma ação político-religiosa; por trás deles está Yhwh, o verdadeiro soberano do mundo (Esd 4,1). Eles se utilizam de enviados judeus, que, pelo que parece, são pensados como disponíveis na sede do governo central ou como pertencentes à *golah* babilônica, uma comunidade de exilados (cf. Ez 1,1; Zc 6,10) (a residência imperial persa "Susa" é mencionada expressamente somente em Ne 1,1; cf. Dn 8,2). As longas histórias sobre a missão de Esdras (Esd 7) e de Neemias (1,1–2,10) devem mostrar o engajamento ilimitado do governo imperial — teologicamente: a obediência incondicional a Yhwh. O "governador" Zorobabel e o sumo sacerdote Josué pertencem à primeira onda dos que retornam (Esd 2,2; Ne 7,7; Ag 2,21; Zc 3,1; 4,7.8; 6,11). Com a construção do Templo — temporariamente bloqueada por adversários — eles colocam o fundamento para o novo início da comunidade religiosa libertada, "Israel", que conscientemente se instala no império mundial persa[4]. Faltam, todavia, avaliações expressamente positivas nas indicações proféticas sobre a situação daquele tempo. É questionável que se possa deduzir disto uma atitude de oposição de grupos nacionalistas. Mas as datações em Ageu e Zacarias seguem sem problemas os anos de governo de Dario (Ag 1,1; 2,10; Zc 1,1.7; 7,1 etc.). Como é claramente expresso no programa inicial da coletânea de relatos históricos "Esdras–Neemias", o governo persa, responsável pelo mundo, quer construir um Templo em Jerusalém por ordem de YHWH, o "Deus do céu" (Esd 1,1-4, sobretudo v. 2). Assim se abre uma perspectiva teológica universal, comparável à concepção de um só mundo sob um único Deus que aparece nos escritos apocalípticos (Dn 3,31–4,34; 7,1-27 etc.) ou à localização da história do nascimento de Jesus no império mundial romano (Lc 2,1). Os teólogos da comunidade pós-exílica pensam dentro do horizonte abrangente do mundo inteiro. Ao Deus soberano se deve em primeiro lugar uma "casa" — como era usual desde milênios no antigo Oriente —, para ser, segundo a concepção tradicional, o centro do mundo e a sede de poder do governo divino[5]. Como a construção do Templo em Esdras–Neemias possui uma importância tão fundamental, pode-se supor que estão presentes, consciente ou inconscientemente, ideias orientais e persas de domínio mundial, mesmo que não sejam pronunciadas abertamente.

Essa medida político-religiosa do governo persa — sobretudo dos executores, que aqui entram em jogo — tem uma única finalidade: abrir aos israelitas libertados da Babilônia possibilidade de vida em sua terra natal. O empreendimento "retorno e construção do Templo" possui, portanto, um endereço claramente demarcado. A história do mundo que aqui se convoca — com o

---

4. Muitos pesquisadores defendem com boas razões a independência literária de Esdras–Neemias, por exemplo S. Japhet, T. Eskenazi, entre outros. T. Willi salienta além disso o caráter singular deste bloco literário como a exposição de uma nova época: Esdras–Neemias seria a "primeira exposição histórica do judaísmo primitivo ... é descrito algo fundamentalmente novo perante o anterior, bem como o caminho pelo qual se chegou a isto" (T. WILLI, *Juda — Jehud — Israel*, 57). "O Templo é o sinal e a principal tarefa de um tempo que está começando..." (ibid., 56).

5. Templos, habitações dos deuses, possuem no antigo Oriente uma importância que não deve ser subestimada; cf. os abrangentes hinos de construção de Gudea de Lagash (trad. ingl. em T. JACOBSEN, *The Harps that once*..., New Haven, 1987, 386-444; trad. alemã A. Falkenstein, SAHG, 137-182), e os esforços de Baal, nos mitos ugaríticos, para construir uma casa: KTU 1,4, trad. alemã M. Dietrich e O. Loretz, TUAT III, 1151-1173). As listas de templos do antigo Oriente dão uma impressão da enorme energia investida por povos e soberanos na construção de templos (cf. A. R. GEORGE, *House Most High. The Temples of Ancient Mesopotâmia*, Winona Lake, 1993). Também Ageu dá prioridade ao Templo em relação à construção de moradias (Ag 1,2-11), mas com o argumento de que o descuido com a casa de Deus provoca seca e infertilidade nos campos. Cf. W. ZWICKEL, *Der Tempelkult in Kanan und Israel*, Tübingen, 1994 (FAT 10); infelizmente ele data todos os textos de sacrifício antes do exílio.

grande rei persa na frente — engaja-se por uma minoria perdida. Este grupo populacional espalhado se torna o assunto principal, adquire nomes e números, em listas de famílias e de habitantes exatas e meticulosas (Esd 2 = Ne 7).

A Assembleia inteira abrangia 42.360 pessoas, sem contar os seus servos e servas, que eram 7.337; eles tinham 200 cantores e cantoras; seus cavalos: 736, suas mulas: 245, seus camelos: 435, os jumentos 6.720 (Esd 2,64-67).

Evidentemente o registro detalhado, nominal (Esd 2,2-58), que resulta numa soma da cidade, deve fixar um estoque seguro de pessoas nacionais. Em algumas famílias, a nacionalidade não pode ser determinada sem dúvidas, o que tem consequências para o estatuto jurídico do afetado (cf. Esd 2,59-63). Seja qual for o tempo e a situação em que surgiu a lista[6], ela mostra como aqueles que transmitiram as tradições de Esdras–Neemias concebiam a comunidade do povo: ela era dividida em famílias e locais de habitação, seus membros diferenciados segundo suas funções — assim como nos livros das Crônicas — como leigos, sacerdotes, levitas, cantores, guardas e escravos do Templo (além disso, aparecem os "servos de Salomão", não conhecidos em outro lugar cf. Esd 2,55; Ne 11,3). Juntos eles são chamados "homens do povo de Israel" (Esd 2,2b). Admirável não é tanto a avançada técnica de arquivos — a qual aparentemente funcionava num nível local, mas era encaminhada para um fichário central —, mas o significado teológico da listagem. Os membros da assembleia plena de Israel são registrados por escrito segundo a cadeia familiar. Segundo aparece, eles estavam submetidos a um grêmio de doze dirigentes[7]. A unidade política, à qual todos os habitantes de uma localidade pertencem, é o "distrito administrativo" (*hamm^{e}dinah*, Esd 2,1), isto é, a província de Judá recém-criada. O povo de Israel mora num espaço determinado com exatidão e consiste em um grupo de pessoas que podem ser nomeadas e contadas. Elas são ordenadas para a reconstrução do Templo do grande Deus, o criador do céu e da terra. Por eles, Yhwh, o Deus de Israel, ocasionou a libertação, o retorno e a construção de sua casa. E seu povo escolhido, toda a comunidade dirigida para ele, assume — supostamente também

---

6. Bom número de exegetas consideram a lista um autêntico registro dos que retornaram da Babilônia. A. H. J. Gunneweg considera a possibilidade de ela estar relacionada com estatísticas populacionais do século V (*Esra*, 65). Eventualmente isto concorda com a repetição da lista em Neemias 7: as famílias e os lugares registrados apresentam o que existe da comunidade do povo, a "verdadeira comunidade" (ibid., 56).

7. São os anciãos dos clãs que são mencionados nominadamente em Esdras 2,2 e Neemias 7,7? Em Esdras falta, para o número de doze, Naḥamáni, que aparece entre Raamiá e Mordokai em Neemias 7,7.

na perspectiva do narrador — o testemunho de seu poderoso Deus criador e redentor (cf. Is 49,18-26; Esd 9,9; Sl 68,29-36; 97).

Corresponde a toda experiência humana, mesmo em construções literárias, que o projeto de retorno e reconstrução não tenha podido ser realizado sem problemas. No contexto da história de Esdras–Neemias surgem vizinhos e funcionários estatais contra os judeus. Também este episódio não é historicamente protocolado; há antes uma condensação histórica, que também apresenta inseguranças na história da tradição. De acordo com um dos relatos, "inimigos"[8] surgem de Judá e de Benjamin (Esd 4,1). Pouco depois, porém, eles são chamados de "população da terra"[9] ou a ela vinculados (Esd 4,4). Eles conseguem "enfraquecer e intimidar o povo de Judá" (Esd 4,4).

Em outros trechos da tradição são mencionados até mesmo os nomes dos adversários. Depois de tecer um episódio da construção do Templo (Esd 4,7-22), que também coloca o acento no bloqueio do projeto, a construção do Templo continua em Esdras 5. Desta vez são os profetas Ageu e Zacarias que dão o impulso (Esd 5,1). Mas então intervêm os representantes oficiais do Estado, o governador da satrapia transeufratênia, Tatanai, e certo Setar-Boznai. Eles sentem falta da autorização de construção em Jerusalém e se voltam para o rei Dario, pedindo um esclarecimento da situação (Esd 5,6-17). O arquivo do governo imperial em Ecbátana fornece de fato o escrito original do Édito de Ciro relativo à construção do Templo em Jerusalém, ainda que numa formulação[10] diferente da de Esdras 1,1-4, e nada mais impediria a construção. Ainda mais, Dario ordena, sob ameaças, dar todo o apoio para o novo Templo e também para os gastos correntes do serviço de sacrifício diário (Esd 6,6-12). O monarca regente permanece fiel a seus deveres perante YHWH, o Deus

---

8. É polêmica a determinação exata do adversário. Alguns pesquisadores pensam que se trata da comunidade de fé dos samaritanos ou de uma formação prévia deste grupo (recusando: J. BLENKINSOPP, *Ezra*, 106-108). Muitos veem neste grupo uma oposição interna dos judeus, eventualmente idêntica ao antigo "povo da terra" que apoiou Davi (cf. T. WILLI, *Juda...*, 11-17; 30-33).

9. Cf. E. WÜRTHWEIN, *Der 'Am ha'arez im alten Testament*, Stuttgart 1936 (BWANT IV/17); S. TALMON, The Judean 'am ha'ares in historical perspective, in *Fourth World Congress of Jewish Studies I*, Jerusalem, 1967, 71-76; para T. WILLI, cf. nota 8.

10. Esdras 6,2b-5 coloca outros acentos: "... estava escrito: 'Arquivo. No primeiro ano do rei Ciro, o rei Ciro deu uma ordem: a Casa de Deus de Jerusalém. A casa será reconstruída lá onde se oferecem sacrifícios e onde se encontram seus fundamentos; sua altura será de sessenta côvados e sua largura de sessenta côvados. Haverá três filas de pedra de cantaria e uma fila de madeira nova, e as despesas serão cobertas pela casa do rei. Além disso, reconduzir-se-ão para lá os objetos da Casa de Deus, de ouro e de prata, que Nabucodonosor retirou do Templo de Jerusalém e levou para Babilônia; cada um deles irá para o seu lugar no Templo de Jerusalém. Tu os depositarás na Casa de Deus'" (cf. A. H. J. GUNNEWEG, *Esra*, 103).

do mundo, enquanto as instâncias inferiores mostram no caso de dúvida uma inclinação a aderir ao bloco dos que impedem. A oposição contra a Jerusalém ascendente continua. Sob Neemias, Sanabalat, governador na Samaria, e Tobias, evidentemente um funcionário de Sanabalat[11], eles tentam impedir a reconstrução de Jerusalém (Ne 2,10; 3,33-35; 4,1 s.; 6,1-14). Todas essas inimizades podem ser explicadas a partir da nova situação política e político-religiosa. Elas são habilmente condensadas no nível literário e encaixadas nos acontecimentos narrados. Devem mostrar como o plano de YHWH e dos judeus encontra resistência de homens maus, os quais, porém, nada podem fazer contra a prudente realização dos judeus, evidentemente inspirada por YHWH. Neemias ora pedindo a punição dos inimigos, tal como conhecemos da prática casual dos Salmos (pedidos de defesa e maldições):

> Lembra-te, meu Deus, de Tobias e Sanabalat, por causa da ação deles, e também da profetisa Noadia e dos outros profetas, que queriam intimidar-me (Ne 6,14; cf. Sl 109,6-20).

De resto, porém, a causa de YHWH e de sua comunidade mundial tem sucesso. O Templo e Jerusalém são construídos, anunciando o poder e a benevolência do Deus universal, ao qual também os poderes do mundo estão submetidos. A ruidosa festa de consagração para o Templo terminado e as alegres festas anuais (Esd 6,16-18.19-22; Ne 8,13-18) são demonstrações a favor do Deus de Israel.

1.2. Organização da província de Judá e configuração da comunidade

Nos dois "relatos" que levam o nome de Esdras e Neemias[12] e tematizam as fases ulteriores da nova constituição de Israel, depois do fim do exílio, reaparece o tema da reconstrução. Estes escritos não procuram descrever os acontecimentos desde o início, nem apresentam documentação histórica completa ou cuidadosa pesquisa de fundo, historiografia em nosso sentido. Sua cronologia "correta" é secundária, mesmo que apareçam aqui e ali sincronizações com os soberanos persas, aliás, questionáveis. Ela tem mais um caráter simbólico e usa, amiúde, o nome lendário de "Artaxerxes" como referência emocional. Do ponto de vista literário-crítico, devemos perguntar se

---

11. A. H. J. GUNNEWEG indica nomes derivados de YHWH tanto na família de Sanabalat quanto na de Tobiá e deduz disto que ambos eram crentes em YHWH (*Nehemia*, 56).

12. Ambos são encarregados do governo central e evidentemente se originam de colônias judaicas. Assim, a tradição de Esdras–Neemias coloca o impulso para o retorno, a reconstrução de Jerusalém e a fundação da comunidade conscientemente nas comunidades de YHWH da diáspora.

as obscuridades e contradições históricas, no complexo Esdras–Neemias, não devem ser explicadas por desordem casual ou pelas diferentes camadas nos blocos de tradição. Os estudiosos discutem desde um bom tempo, por exemplo, se Esdras realizou sua missão antes ou depois de Neemias. Para os transmissores da tradição, no Antigo Testamento, a conexão histórica global é algo secundário. Eles reconstroem episódios escolhidos e querem apresentar somente como, depois do feliz término da construção do Templo (ou paralelamente), a cidade de Jerusalém ressurgiu e a nova comunidade de YHWH recebeu suas estruturas e ordenações. Em vista dessa falta de interesse histórico, o fato de a sedimentação literária da época ter ficado confusa no processo de reunião dos textos não tem peso decisivo. Não é uma reportagem histórica, este material não serve para saciar nossa inflamada curiosidade histórica. Trata-se, exatamente como em Esdras 1–6, de construção e interpretação teológica da história, de descrever importantes fatos para a jovem comunidade judaica — isto é, nem mesmo a sociedade contemporânea às figuras históricas de Esdras ou Neemias, mas a comunidade do último quartel do século V, conhecida pelo autor. Trata-se da definição da identidade judaica primitiva no império persa diante das fortes e obrigatórias tradições do tempo dos Pais que, no decorrer do tempo, tinham adquirido forma na Torá de Moisés.

Tentemos, portanto, compreender a visão das coisas em Esdras 7–10, para nós inusitada. Neste segundo relato sobre os que retornaram, o holofote se volta para Esdras. Numa genealogia de dezesseis degraus, sua origem é reconduzida até Aarão (Esd 7,1-5), sinal extraordinário para este líder do povo e dirigente da comunidade, cuja função autêntica é transmitir a "Torá de Moisés" (Esd 7,6; Ne 8,1 s.). Cabem-lhe títulos sonoros: "perito nas escrituras" (*sofer*, "escriba"), "sacerdote" (*kohen*), "escriba da lei do Deus do céu" (Esd 7,12). É de se notar, perante a primeira história do retorno, como se acentua a personalidade do líder e sua legitimação solene pelo próprio rei (Esd 7,11-26): a procuração dada a Esdras estipula proteção, auxílio, prestações para construção, isenção de impostos, tudo para a restauração, e tem no todo um caráter exageradamente pró-judaico. Desta vez, os preparativos para a viagem e sua realização são considerados sob o aspecto da especial providência de Deus pelos judeus e por sua missão de construir o Templo (Esd 7,9; 8,15-32). Analogamente ao primeiro retorno, os utensílios sagrados e os dons para o santuário estão novamente no primeiro plano (Esd 7,19; 8,33 s.); além disso, aparece, depois de indicações sumárias, uma lista detalhada das famílias que acompanham Esdras (Esd 7,7; 8,1-14). O acento principal está, entretanto, no (re-?)estabelecimento da ordem interna e, novamente, na solução da questão dos casamentos mistos segundo a Torá (Esd 9–10). Este tema aparece num contexto ampliado também em Neemias 13. Mas nos dois últimos capítulos de Esdras há um excelente exemplo da infidelidade de Israel a YHWH. O povo santo havia se misturado com os povos da terra (Esd 9,2). A tradição de Esdras recorre à tradição sagrada: os profetas preveniram sobre a contaminação do povo devido aos contatos com habitantes cananeus e proibiram estritamente contratar casamento com eles (Esd 9,11-12). Seguramente se pensa em passagens como Êxodo 34,11-16, Levítico 18,24-30, Números 25,6-18, Deuteronômio 7,1-11; 20,16-18: a Torá é considerada palavra de Deus profética ou, pelo menos, aceita e anunciada pelos profetas (cf. 2Cr 29,25; 36,15 s.).

Do ponto de vista literário-crítico, apresenta grandes problemas o subsequente livro de Neemias, que era parte integrante do atual complexo Esdras–Neemias na Antiguidade judaica e cristã até o século IV d.C. O protagonista Neemias é mencionado nominalmente em Neemias 1,1; 8,9; 10,2; 12,26.47. Seu "eu" aparece narrando em 1,1–7,5 e 12,31–13,31. No meio há um trecho neutro, no qual o papel principal é desempenhado por Esdras (Ne 8–10). Pouco importa como surgiu essa mistura de narrativa, oração meditativa, listas, obrigações contratuais etc., a imagem que nela aparece é de um tríptico temático. Neemias, copeiro na corte do imperador persa Artaxerxes, na capital Susa, recebe a notícia de que os muros de Jerusalém (ainda?) estão em ruínas. Sabendo que uma ação voluntariosa ou um desejo nesse sentido poderia lhe custar a posição e a vida, ele ousa, depois de uma intensa oração dirigida a seu Deus, pedir ao imperador permissão para reconstruir a cidade onde "seus pais estão enterrados" (Ne 2,5). O soberano lhe é propício e satisfaz todos os seus desejos, até um pedido de fornecimento de material de construção e a preparação de um salvo-conduto para as autoridades persas (Ne 2,7 s.). Diferentemente de Esdras 8,15-30, o tempo da viagem não é narrado; Neemias conta apenas: "Dirigi-me aos governadores do Além-Eufrates e lhes entreguei as missivas do rei. O rei havia enviado comigo oficiais do exército e cavaleiros" (Ne 2,9).

TRÍPTICO DO LIVRO DE NEEMIAS		
Neemias 1–7	Neemias 8–10	Neemias 11–13
Missão [Ne 1–2,10] cf. Esdras 1;7; 8,15-36	Anúncio da Torá [Ne 8]	População [Ne 11]
Medidas de construção [Ne 2,11–6,10] cf. Esdras 3–6	Oração de lamentação [Ne 9] cf. Esdras 9	Sacerdotes e levitas [Ne 12,1-27]

TRÍPTICO DO LIVRO DE NEEMIAS		
Listas [Ne 7] cf. Esdras 2; 8,1-14	Compromisso de aliança [Ne 10]	Consagração da construção [Ne 12,27-43] cf. Esdras 6,13-22
		Santificação da comunidade [Ne 13] cf. Esdras 10

A estilização parcial em primeira pessoa do singular[13] reforça a impressão de que, nesta coleção de textos, se trata de uma narrativa cronológica. Além disso, aparecem inseridas orações de motivação do suposto autor (cf. Ne 1,11; 3,36 s.; 5,19; 6,14; 13,14.22.29.31). O próprio material, porém, dá antes forte impressão de ter sido reunido, tematicamente, para uso prático nas reuniões da comunidade. Em todo caso, a comparação com temáticas análogas na "parte de Esdras" do livro sugere esta conclusão.

Neemias, tão logo chega a Judá, inicia a grande obra. Os muros e os portões de Jerusalém ressurgem no incrivelmente curto tempo de construção de 52 dias (Ne 6,15), resultado de uma organização modelar, da ajuda ativa de todos os judeus e da graça de YHWH (cf. Ne 4,3.9.14; 6,16). Assim como no primeiro relato de retorno se mencionaram resistências à construção do Templo, assim também agora surgem autoridades samaritanas, representadas por "Sanabalat, o horonita, Tobias, o servo amonita e Gosem, o árabe" (cf. Ne 2,19; 3,33; 4,1; 6,1.12) e fortemente contrárias à reconstrução dos muros. Eles acusam Neemias até mesmo de ter planos de alta traição e querem enganá-lo com uma profecia encomendada (Ne 6,5-13). Mas contra todas as expectativas, especialmente as dos inimigos, a construção é concluída (Ne 6,15 ss.; 7,1). Assim, toda a história da restauração de Jerusalém, de seu renascimento como comunidade funcional e centro administrativo (Ne 2,11-4,17; 6,1-7,3) torna-se um triunfo para o comissário Neemias, enviado do governo imperial. A consagração solene ocorre então em Neemias 12,27-43. Mas Neemias não fica satisfeito, neste primeiro ato, com a mera construção; ele providencia em seguida o repovoamento da Jerusalém dizimada (7,4-68), com a ajuda da lista dos primeiros repatriados, já transmitida por Esdras 2 (cf. Ne 11,1-2). O catálogo de suas medidas imediatas se amplia com a restauração do Templo (7,69-72) e — numa evidente interpolação na crônica da construção dos muros — o restabelecimento de justiça social na comunidade renovada (Ne 5).

---

13. V. T. REINMUTH, *Der Bericht Nehemias*, Fribourg/Göttingen, 2002 (OBO 183).

O quadro do meio do tríptico consiste em Neemias 8–10. Ele tem significado central, pois apresenta o modelo de um culto na sinagoga[14] e outros elementos essenciais da espiritualidade judaica primitiva (Festa das Tendas, oração de penitência e juramento de fidelidade a YHWH: 8,13–10,40). Trata-se da constituição de instituições religiosas para a comunidade pós-exílica. Vemos atuando dirigentes e membros da comunidade ("homens, mulheres e todos os que podiam entender": Ne 8,2). Esdras, sacerdote versado nas Escrituras, lê de um pódio a Torá, assim como ainda hoje é usual nas sinagogas, e isso, "desde a aurora até o meio-dia" (Ne 8,3), portanto seis horas. Os levitas subordinados, doze em número (são nomeados treze!) "fizeram entender a *torah* ao povo" e "liam no livro da *torah* de Deus, de maneira distinta... e faziam entender o que era lido" (Ne 8,7 s.), isto é, eles parafraseavam o texto hebraico da Torá em aramaico, linguagem então comum, que, numa versão de chancelaria (o aramaico imperial), também servia de língua oficial no oeste do império persa. Desta prática derivaram os *targumim* aramaicos, que foram transmitidos pela tradição rabínica[15]. Por fim, a comunidade se levanta, de um modo litúrgico conhecido por nós, inclina-se em oração e responde "amém" (Ne 8,5 s.). Do hino de louvor do coro só se fala mais tarde (Ne 9,4-6), e não podemos saber se também os hinos pertenciam diretamente ao anúncio da palavra desde o início. A leitura da Torá, no primeiro dia do mês festivo *tishri*, no final do calendário religioso anual (cf. Lv 23,23-43), se completa nos sete dias da Festa das Tendas, cheia de alegria e gratidão (Ne 8,13-18). Segue-se o modelo da cerimônia de penitência (Ne 9), cujo teor básico é que a comunidade pura se separe de todo estranho na terra (cf. Esd 6,21; 10; Ne 13). A separação rigorosa dos de outra origem (no sentido das leis de pureza do Levítico) era uma exigência, sobretudo, daqueles que retornaram do exílio na Babilônia. Eles se mostravam os puristas da época, ao contrário dos que haviam ficado na terra e, pelo que parece, possuíam outra escala de valores, pensando e agindo de modo menos rigoroso.

Do ponto de vista formal, Neemias 9,5-37 pertence ao gênero da confissão de culpa coletiva, como Esdras 9, Daniel 9, Salmos 78 e 106[16]. Notável é, nas lamentações, confissões de culpa, pedidos e manifestações de confiança, a forma comunitária "nós" (cf. Ne 9,16.32-37), que continua nas declarações

---

14. A. H. J. GUNNEWEG, *Nehemia*, 110 ss.; T. C. ESKENAZI, *In an Age of Prose*, 97-100; contra T. WILLI, *Juda...*, 108-117.

15. *Targumim* = traduções; cf. G. SCHELBERT, NBLIII, 781-785.

16. V. R. KESSLER, Das kollektive Schuldbekenntnis im Alten Testament, EvT 56 (1996) 29-43; E. S. GERSTENBERGER, *Psalms*, v. 2, ad loc.

de compromisso em Neemias 10. A oração de penitência de Neemias 9 contém um hino sobre a história da salvação (9,5-15) e a grande confissão de culpa histórica, que segue as narrativas da peregrinação pelo deserto até a tomada da terra (9,16-25); depois, apresenta, de modo global, o tempo dos profetas como ocasião para uma conversão a YHWH e como história do repetido abandono da Lei (9,26-31). Esta visão da história é encontrada também na obra deuteronomista, como mostram as retrospectivas e os sumários de Deuteronômio 1 e 32; Juízes 2,2; 2 Reis 17. Tal avaliação negativa do passado surge provavelmente das repetidas cerimônias de lamentação do povo desde a queda de Judá. Ouvimos falar destes dias de penitência e oração (cf. Zc 7,2-6; Lm 1–5), que também se tornaram modelo das cerimônias cristãs de luto, memória e súplica. As comunidades do império persa assumiram a culpa dos Pais e tentaram tirar disto lições para o procedimento leal perante YHWH. O renovado compromisso da comunidade, em Neemias 10, serve para esta finalidade. É um documento da aliança amplamente elaborada, seguindo Êxodo 24,1-11, Deuteronômio 29–31, Josué 24. Os dirigentes da comunidade subscrevem e selam o contrato, e o povo adere mediante uma solene declaração de compromisso (Ne 10,29 s.), literalmente: "convieram, com imprecação e juramento, de que andariam na Torá de Deus" (Ne 10,30). As seis determinações singulares do contrato de aliança, todas expressas na primeira pessoa do plural, mostram claramente o que importava para aquela comunidade: separação dos que tinham outra crença (I, proibição dos casamentos mistos; II, "não queremos nenhuma mercadoria ou qualquer cereal dos povos da terra no sábado" — cf. Ne 31-32a); equilíbrio social (III, cumprimento do ano do perdão das dívidas segundo Lv 25,2-7; Dt 15,1-2 — cf. Ne 10,32b); responsabilidade pelo santuário e pelos sacerdotes (IV-VI — Ne 10,33-38a). Portanto, nas últimas obrigações é colocada a maior ênfase, como mostra facilmente a quantidade de texto utilizada. De qualquer modo, é interessante o modo como os mandamentos da Torá aqui atualizados são concretizados na forma de decisões voluntárias da comunidade.

O compromisso da comunidade com a Torá (Ne 10,31-38)

I. Não queremos dar nossas filhas para os povos da terra nem tomar as filhas deles para nossos filhos.

II. Não queremos dos povos da terra mercadorias e qualquer cereal no sábado e nos dias santos, quando eles os trouxerem para vender no dia de sábado.

III. Queremos renunciar aos produtos a cada sete anos e à cobrança de qualquer dívida.

> IV. Queremos nos impor a obrigação de dar anualmente um terço de siclo para o culto na casa de nosso Deus...
> V. Queremos tirar a sorte entre os sacerdotes, os levitas e o povo par ver a sequência em que cada clã, a cada ano, deve levar lenha para a casa de nosso Deus em tempo determinado... como está escrito na Torá; levar a cada ano as primícias de nossa terra e as primícias de todos os frutos de todas as árvores para a casa de Yhwh; levar o primogênito de nossos filhos e de nosso gado, como está escrito na Torá, para a casa de nosso Deus, para os sacerdotes...
> VI. Queremos levar a primeira parte de nossa massa de pão e dos produtos e frutas de todas as árvores, do vinho e do óleo para os sacerdotes, para as câmaras na casa de nosso Deus; e o dízimo de nossa terra, para os levitas... (Ne 10,31-38)

O quinto complexo (v. 35-37), usando três vezes o infinitivo "levar", está subordinado ao "sorteio" no versículo 35 e possivelmente foi acrescido ao texto no decorrer do tempo. O número de seis obrigações tem significado simbólico.

A coluna da direita, no antes apresentado "tríptico do Livro de Neemias", liga-se à da esquerda — tratada em primeiro lugar — e apresenta a realização dos esforços de Esdras e Neemias (Ne 11–13). Depois que Jerusalém foi protegida pela reconstrução dos muros, ela precisa urgentemente de mais habitantes (Ne 11). Só então podem ser realizadas as festividades de dedicação (12,27-43), nas quais os coros dos levitas aparecem com o devido destaque. No fim são aplicados os dois primeiros mandamentos do compromisso da aliança: todo "estrangeiro", inclusive os comerciantes não judeus, que querem fazer negócios no sábado, e as estrangeiras casadas, é segregado do povo de Deus recém-constituído. O puritanismo de cunho israelita antigo foi selado no papel.

Depois deste breve inventário, perguntamos mais uma vez qual é, no fundo, o objetivo dos que transmitiram as histórias de Esdras–Neemias, ao entrarem na temática da "organização e formação da comunidade", concretizadas já não no tempo de governo de Ciro e Dario, mas, sobretudo, no século V, sob Artaxerxes. Um ponto de orientação destacado pelo narrador é certamente a fundação oficial da província de Judá (Yehud), que aparece até mesmo nos selos da época. Outro é a ordem interna da nova comunidade, manifestada na Torá redigida por escrito, em dimensão religiosa, litúrgica e jurídica. Os dois focos devem ser explicados para que possamos entender melhor a imagem bíblica da época.

A missão de Neemias começa na corte persa, em Susa, e é ensejada pela situação da população de Jerusalém:

> Aconteceu que, no mês de *kislev* do vigésimo ano, quando eu estava na cidadela de Susa, Ḥanani, um dos meus irmãos, veio de Judá, com alguns homens, e eu

lhes perguntei acerca dos judeus escapados, o resto que sobreviveu do cativeiro, e acerca de Jerusalém. Eles me disseram: "Os que restaram do cativeiro, lá na província, estão em grande infelicidade e na vergonha; a muralha de Jerusalém apresenta brechas e suas portas foram incendiadas" (Ne 1,1-3).

Mais de meio século depois da libertação dos exilados, a situação era péssima para os que haviam retornado. Neemias, copeiro judeu de Artaxerxes (Ne 1,11; 2,1), inicia, com a ajuda de YHWH, uma mudança fundamental das relações (Ne 1,5-11). Usando suas relações pessoais, ele consegue que Artaxerxes separe, do distrito administrativo da Samaria, Jerusalém e seu entorno, isto é, a região central dos reis davídicos, criando-se assim a província semiautônoma de Judá. Este é um passo político e jurídico decisivo. Judá já tinha levado uma vida própria no tempo das tribos e dos reis israelitas, mas durante os impérios neobabilônico e persa provavelmente foi submetida ao governo provincial da Samaria[17]. A separação dos "irmãos" não amados do norte (cf. 2Rs 17; Am 3,12; 4,1-3 etc.) e a aquisição de certa autonomia dentro do império persa era a finalidade declarada dos exilados que voltavam para a sua pátria. A conservação da doutrina pura e do único culto correto, o de YHWH, parece ter desempenhado um grande papel na acentuação da identidade judaica (cf. Esd 4,1-3). Neemias restaurou as fortificações e a capacidade de defesa de Jerusalém e criou assim o fundamento para a tarefa política de constituir um centro administrativo, diretamente subordinado à satrapia da Transeufratênia e ao governo central. Somente assim, a libertação dos deportados, decretada por Ciro, poderia ser completada. Parece que os judeus aceitaram e até mesmo saudaram o fato de que, desta forma, Judá consolidava sua incorporação no império. Para os autores da tradição de Esdras–Neemias, a fundação ou a confirmação da província Yehud era uma ação salvadora divina. A dedicação da muralha é ocasião de uma grande celebração de ação de graças:

> Fiz os chefes de Judá subirem sobre a muralha e formei dois grandes coros. Um caminhou em procissão à direita, sobre a muralha da porta da Esterqueira; andavam aí Osaias e a metade dos chefes de Judá, e por Azarias, Esdras, Mesualão, Judá, Benjamim, Semaías e Jeremias, e, dentre os filhos dos sacerdotes, com trombetas: Zacarias, filho de Jônatas, filho de Semaías, filho de Matanias, filho de Micaías, filho de Zacur, filho de Asaf e seus irmãos, Semaías, Azarel, Milalai, Guilalai, Maai, Netanel, Judá e Ḥanani, com os instrumentos de música de David, homem de Deus; e Esdras, o escriba, ia à frente deles. Chegando à

---

17. Estritamente falando, isto não é um fato provado a partir das fontes, mas uma tese de Albrecht Alt, sobre a qual muitos historiadores levantam dúvidas hoje (veja L. L. GRABBE, *Yehud...*, 140-142).

porta da Fonte, subiram os degraus da cidade de Davi, pela subida da muralha, em cima da casa de Davi e até a porta das águas, a leste. O segundo coro caminhou sobre a muralha pelo outro lado, e atrás dele eu mesmo, assim como metade dos chefes do povo, por cima da torre dos Fornos até a Muralha Larga, e por cima da porta de Efraim, da porta da Jesana, da porta dos Peixes, da torre de Hananel e da Torre dos Cem, até a porta das Ovelhas, parando na porta da Guarda. A seguir, os dois coros pararam na Casa de Deus, assim como eu mesmo, a metade dos magistrados que estavam comigo, e os sacerdotes Eliaquim, Maaseias, Miniamin, Micaías, Elioenai, Zacarias, Hananias, com trombetas, e Maaseias, Semaías, Eleazar, Uzi, Joanã, Malquias, Elam e Ézer, e fizeram-se ouvir os cantores, com o inspetor Jezraías. Naquele dia, ofereceram-se grandes sacrifícios e festejou-se na alegria, pois Deus lhes havia dado uma grande alegria. Jubilavam também as mulheres e as crianças, e a alegria de Jerusalém se ouvia até de longe (Ne 12,31-43).

Este trecho apresenta seguramente indícios de reelaboração e leves interferências textuais: nós o aceitamos como testemunha de última mão. Ele mostra os responsáveis pelo culto em ação: Esdras conduz os que tocam as trombetas, bem como os outros músicos (v. 35 s.), e este coro se move sobre o muro oriental rumo ao Templo. Neemias encerra o segundo "coro de ação de graças", que se move sobre o muro ocidental para a área do Templo, ao norte (v. 38). Hinos e sacrifícios de agradecimento, assim como ruidosas explosões de alegria de todo o povo, inclusive das mulheres e crianças, marcam o dia festivo. Festejam-se expressamente o Templo e a construção dos muros, a presença de Deus e a independência política dos irmãos inimigos. No final do relato de fundação, o olhar retorna a Esdras 1–6 e à construção do Templo, e fica novamente claro que os autores não queriam dar uma exposição histórica, mas expressar uma visão totalmente teológica. A construção do Templo tinha para eles prioridade objetiva, pois o antigo código de comportamento do Oriente Próximo prescrevia pensar primeiro na morada de Deus e só depois em outras coisas necessárias para a vida. Ageu acusa seus contemporâneos de não ter respeitado esta lei fundamental:

> Assim fala YHWH Sabaot: Este povo declara: ainda não chegou o momento de reconstruir a Casa de YHWH. Então, veio a palavra de YHWH, por intermédio de Ageu, o profeta, dizendo: "Será este o momento para habitardes em vossas casas lambrisadas, enquanto esta Casa aqui está em ruínas? ... Esperáveis muito, mas magra foi a colheita; quando a recolheste ao celeiro, soprei sobre ela. E por quê? — oráculo de YHWH Sabaot: Por causa de minha Casa, que está em ruínas, ao passo que cada um de vós se preocupa com a própria casa. Por isso, acima de vós os céus retiveram o orvalho, e a terra reteve seu fruto" (Ag 1,2-4.9-10).

As duas medidas — a construção da morada de Deus e a proteção da capital da nova província — estão, portanto, fortemente interligadas. Ora, as exposições de Esdras–Neemias não procuram reconstituir uma sequência histórica de sua realização, e os promotores da constituição de um Judá independente não se vinculam especificamente com um ou outro projeto. A tradição remete aos dois personagens Esdras e Neemias, fazendo com que — apesar dos disparates cronológicos — os dois, ao final, celebrem juntos a grande festa da Dedicação.

O segundo ponto de perspectiva desta colagem narrativa é ocupado somente por Esdras, "sacerdote" e "escriba da Lei do Deus dos céus" (Esd 7,12)[18]. Ele é aquele que apresentou e transmitiu ao povo o documento da pura revelação da vontade divina, o qual hoje, mais de dois mil anos depois, forma a base e o cerne da Bíblia judaica e cristã (Ne 8). "Era um escriba perito na Lei de Moisés, que YHWH, Deus de Israel, havia dado" (Esd 7,6). Esdras, de modo totalmente distinto de Moisés, age por ordem de uma potência estrangeira, ao partir da Babilônia para entregar a seus compatriotas em Judá as normas divinas fundamentais e as regulamentações para a vida secular e religiosa. O governo persa, segundo a opinião dos autores desta tradição, apoiava a missão de Esdras com forte decisão e consciente de servir ao Deus verdadeiro e ao povo escolhido. Esdras "aplicara seu coração em perscrutar a Lei do Senhor, em pô-la em prática e em ensinar estatuto e norma em Israel" (Esd 7,10).

Mais adiante, aprofundaremos mais a questão de saber qual texto da lei Esdras de fato trouxe para Jerusalém. Uma coisa, porém, está firme quanto à tradição de Esdras–Neemias: os antigos transmissores desta tradição pensavam somente na Torá de Moisés, a qual, segundo Neemias 8, foi lida num grande culto divino. Diante disso, parece ainda mais estranho o entrelaçamento do sagrado texto revelado com a "autorização imperial" persa. O que as antigas testemunhas judaítas queriam dizer, ao ligar seu símbolo de identificação mais importante com o governo "pagão", como se este, por assim dizer, lhe desse sua bênção? Será que entendemos corretamente os teólogos judaítas daquele tempo, quando supomos que a desejada autorização imperial não era somente

---

18. Sabemos historicamente tão pouco sobre Esdras quanto sabemos sobre Neemias ou sobre os profetas da Escritura, acerca dos quais foram transmitidas algumas informações genealógicas e ocasionalmente também o lugar do nascimento. A tradição constrói para Esdras uma origem em Aarão (Esd 7,1-5), não havendo o local de nascimento nem outros dados confiáveis. O construtor do Templo e mediador da Lei se tornou nos escritos pós-bíblicos um segundo Moisés; cf. M. SAEBO, Esra/Esraschriften, *TER* 10, 374-386. Os diferentes títulos atribuídos a Esdras refletem, em qualquer caso, uma tradição em muitos níveis e revelam claramente influências persas.

um ato de caráter político de uma minoria submetida, mas também mostrava proximidade interna com forças políticas e religiosas do império persa?

Nos escritos de Esdras–Neemias, os efeitos da Torá sobre a comunidade de fé judaica são múltiplos. Pelo que parece, a Escritura regula — pouco importa que seja dito expressamente — a relação também com outros fiéis de YHWH, que não pertencem à comunidade nominalmente referida. Ela prescreve o ciclo das festas e determina as liturgias do culto divino. Ela exige dos membros da comunidade uma ética fraternal estrita e define o que deve ser considerado "santo" ou "impuro" na vida cotidiana e cultual. Quando se trata de reagir a problemas específicos ou de esclarecer qual é o significado e os efeitos das instruções da Torá, os autores se lembram de muitos modos de falar tradicionais. Eles usam, por exemplo, a antiga forma do resumo histórico poético, sálmico, por meio do qual o comportamento do povo perante YHWH é evidenciado de modo paradigmático (cf. Ne 9; Sl 78; 106). Mas eles trazem também exemplos atuais de vida conforme à Lei e denunciam os desvios de então. Neemias, por exemplo, vela pela prática do perdão das dívidas (Ne 5), pela administração financeira irrepreensível, pela manutenção da pureza do Templo (Ne 13,4-13), pela manutenção exata do mandamento sobre o sábado (Ne 13,15-22) e pela proibição de casamentos com mulheres estrangeiras (Ne 13,23-28). As últimas três passagens terminam com uma oração súbita (v. 13.14.22b.29), como se os autores quisessem criar um quadro litúrgico para tais comentários práticos sobre a Torá. A "Lei" de Moisés inspira também a hierarquia das funções na comunidade e o registro em listas dos que exerciam então alguma função (cf. Ne 12,1-26). Sacerdotes, levitas, cantores, porteiros se destacam como funcionários e dão à comunidade uma forte orientação cultual, a qual é matizada por profissões "seculares" como chefes e superiores (cf. Ne 10,29 etc.) e por Esdras, que também é "escriba", "perito nas Escrituras". Por fim, é muito importante que os autores desta tradição, como documentado acima, depois de tantas antigas cerimônias bíblicas deste tipo (cf. Ex 19 s.; 24,3-11; 34; Dt 5; Js 24), introduzem no corpo literário um novo e correto compromisso de aliança do povo com YHWH, na forma de um autocomprometimento escrito (Ne 10). De resto, as duas primeiras cláusulas correspondem objetivamente a dois exemplos concretos mencionados em Neemias 13 de uma vida orientada pela Lei:

> Não daremos nossas filhas às populações da terra e não tomaremos suas filhas para nossos filhos.
> Se as populações da terra trouxerem mercadorias ou quaisquer gêneros de alimentos para vender no dia de sábado, não compraremos nada durante o sábado e durante os dias de festa (Ne 10,31-32).

No que diz respeito à ordem interna da comunidade ligada à Torá, Esdras–Neemias desenha um quadro colorido e bastante dinâmico das relações judaicas antigas em Judá e, talvez, no fundo também na diáspora. A Torá é a força determinante, o ponto de referência (p. ex., Ne 10,35.37), mas em nenhuma passagem ela é citada literalmente, nem vemos disputa sobre um detalhe interpretativo. A "Lei" de Moisés se apresenta antes como um instrumento representativo, vivo, libertador, que conduz à própria identidade e a esta pertence.

Certamente tudo quanto descobrimos a partir destes documentos relativamente próximos da época persa não chega a ser, nem de longe, uma "imagem completa daquele tempo", como gostaríamos de ter. Os dois séculos de domínio persa sobre a Palestina continuam obscuros para nós, se recorrermos somente às testemunhas bíblicas. As poucas informações sobre a nascente comunidade de fé judaica, totalmente concentrada em alguns pontos escolhidos, podem, entretanto, ser ampliadas por meio de informações indiretas dos livros proféticos e por uma retrospectiva sobre o tempo dos persas, encontrada em escritos ulteriores, que expõem as tradições sobre o império passado e sua realidade viva. Mas, mesmo assim, a obscuridade histórica não pode ser realmente elucidada.

1.3. Outros vestígios da vida persa

H. CLEMENTZ (Hg.), *Des Flavius Josephus Jüdische Altertümer*, Wiesbaden sd; – K. FOUNTAIN, *Literary and Empirical Readings of the Book of Esther*, New York, 2002. – K. KOCH, *Daniel*, Neukirchen-Vluyn, 1986 ss. (BKAT XXII). – R. KOSSMAN, *Die Esthernovelle*: vom Erzählten zur Erzählung, Leiden, 2000 (VT.S 79). – R. MAYER, Iranischer Beitrag zu Problemen des Daniel- und Estherbuches, in H. GROSS, F. MUSSNER (Hg.), *Lex tua veritas*, Trier, 1961, 127-135. – E. M. YAMAUCHI, *Persia and the Bible*, Grand Rapids, 1990.

Fora das passagens mencionadas em Ageu e Zacarias (cf. abaixo 3.1.2.1), poucos escritos da Bíblia hebraica fazem referência direta a acontecimentos datáveis do tempo dos persas ou aos próprios persas. Nos dois livros proféticos mencionados, a construção do Templo está no centro da atenção. O segundo livro das Crônicas termina com uma visão sobre este acontecimento, certamente fundamental para os judeus (2Cr 36,22 ss.). A Bíblia contém numerosas referências a Elam e os elamitas. Este antigo reino tornou-se uma satrapia depois da incorporação ao império persa, e Susa, temporariamente, sede do governo dos soberanos aquemênidas. Essas referências devem ser entendidas em parte como reminiscência da grande potência legendária, em parte como possível referência à factual potência mundial, Pérsia. Nesta hipótese, Jeremias 49,34-39 e Ezequiel 32,24 s., por exemplo, seriam oráculos proféticos contra a Pérsia. Ora, é notável que nenhuma das coleções de sentenças sobre povos estrangeiros nos grandes livros proféticos mencione diretamente a Pérsia e seus soberanos.

Sem menção expressa a nomes, locais e história, outras fontes bíblicas contemporâneas — de todo tipo — fazem referência à vida dos judeus no tempo persa. Evidentemente, uma interpretação adequada depende da ordenação histórico-literária das passagens escritas em questão. É relativamente unânime, entre os pesquisadores, que a parte sacerdotal do Pentateuco, os dois livros das Crônicas e Isaías 56–66 surgiram na época persa (ver abaixo) e refletem a situação contemporânea em Judá e/ou dos exilados, ainda que lidem tematicamente com outras fases da história de Israel. Os textos do Terceiro Isaías não são datados. Nesta parte final do livro de Isaías, baseado num esqueleto cronológico tosco, transparecem relações pós-exílicas. Descobrimos, de fato, muito sobre a desejada ordem interna da comunidade e sobre os conflitos internos relativos ao modo de vida correto, agradável a Deus, sobre as ansiosas expectativas de um mundo melhor e mais justo, mas sobretudo sobre o papel de Jerusalém no iminente início do Reino de Deus (Is 60–62). É possível, portanto, tirar conclusões sobre a situação dos judeus crentes em YHWH, de modo indireto, embora os textos não permitam uma referência temporal concreta. No Saltério estão certamente conservados muitos textos que se originam no tempo dos persas ou que receberam sua última forma textual naquele tempo. Mas a datação de hinos, orações e meditações é extremamente difícil. Exceto o Salmo 137, não se encontram afirmações precisas e confiáveis sobre a localização histórica dos Salmos. Em nenhum lugar aparecem nomes ou acontecimentos persas. Por isso, aqui deixaremos de lado os Salmos como testemunhas diretas (mas veja abaixo 3.1.3.1 e 2).

Na literatura da época posterior aos persas, isto é, sobretudo na época helenística, podem ser registradas repercussões do domínio aquemênida ou lembranças dele. A corte imperial persa é tratada de modo retrospectivo especialmente em Ester e Daniel, ou seja, ação e percepção da vida do século II a.C. são projetadas para a época persa. Daniel chega pretensamente à Babilônia sob Nabucodonosor e lá permanece "até o primeiro ano do rei Ciro" (Dn 1,21). Assim é estabelecida a ligação com o domínio persa. Quando o filho de Nabucodonosor viola os objetos sagrados roubados do Templo, a era babilônica é definitivamente ultrapassada e o império é "dado aos medos e aos persas" (Dn 5,28). Os exilados judeus, Daniel à frente, sempre entram em conflito com os arbitrários soberanos babilônicos, por isso não é estranho que Daniel alcance uma alta posição na administração do império sob Dario (!) (Dn 6,1-4). A inveja na corte lhe prepara uma armadilha: devido à sua fidelidade a Yhwh, ele precisa violar a ordem real de adorar o soberano (marca característica da ideologia helenística, desconhecida sob os reis persas!); é jogado na cova dos leões, mas, de modo miraculoso, subsiste a essa prova terrível com a ajuda divina e sai dela fortalecido: "Quanto a Daniel, ele prosperou sob o reino de Dario e sob o reino de Ciro, o persa" (Dn 6,29). Os capítulos 9–12 de Daniel passam-se inteiros no tempo persa, mas os autores não estão mais familiarizados com o contexto histórico[19]: Dario, o medo (!), aparece novamente antes de Ciro e é considerado não pai, mas filho de Xerxes (Dn 9,1; 10,1); na visão apocalíptica, os quatro grandes reis persas que ainda deviam ser esperados nos séculos V/IV a.C., já passaram, e o quarto sucumbiu perante o "reino da Grécia" (Dn 11,2). Portanto, à exceção dos nomes dos reis quase nada restou da dominação persa na lembrança das antigas comunidades judaicas. Entretanto, é significativo que os grandes reis persas não são inimigos declarados dos judeus, pelo contrário, tratam-nos de modo benevolente ou neutro e só agem contra o povo de Yhwh devido a intrigas. Isto é válido também para o dramático livro de Ester.

Ester, a judia de beleza arrebatadora, substitui a rainha Vasti, repudiada por Xerxes. Recebendo um pedido urgente de seu tio Mordecai, Ester intervém perante o rei em favor dos judeus, que são ameaçados por um complô de seu inimigo mortal Hamã. O rei manda executar seu antigo homem de confiança, transfere os bens e a posição dele na corte para Mordecai e permite aos judeus uma vingança sangrenta contra os conspiradores. Potentados orientais carregam um perfil semelhante em todos os tempos. Os traços da vida da corte persa que aparecem no livro de Ester são mais ou menos atemporais: há ruidosas festas e uma declarada tendência do grande rei e soberano do mundo a exibir seu poder. A ordem dada à rainha Vasti — sair do banquete das mulheres e vir para o banquete alegre e embriagado dos homens para lá ser exibida — fortaleceria a glória do soberano. O verniz erótico da lenda pode ser uma característica persa (ou, mais provavelmente, helenística?). Em todo caso, é clara a posição da "Lei dos medos e persas" como uma autêntica lembrança dos decretos imperiais persas e de suas práticas legais: a rebeldia não faz com que Vasti seja executada, mas "somente" repudiada, e uma lei

---

19. Esta é a única explicação plausível para a "confusão" na exposição do domínio aquemênida. Cf. J. Collins, *Daniel*, Grand Rapids, 1984, 69 s. (FOTL XX).

imperial anunciada imediatamente em toda a Pérsia vai regular a subordinação das mulheres. Pois os conselheiros argumentavam: "A conduta da rainha chegará ao conhecimento de todas as mulheres, levando-as a desprezar seus maridos, dizendo: o rei Xerxes ordenou que trouxessem à sua presença Vasti, a rainha, mas ela não veio!" (Est 1,17).

> Enviaram-se cartas a todas as províncias do rei, a cada província segundo seu modo de escrever e a cada povo segundo sua língua, a fim de que todo varão fosse senhor em sua casa... (Est 1,22).

Uma "lei dos medos e dos persas" que "não pode ser revogada" (Est 1,19)! Não é certo que deve ser datado no tempo dos persas a radicalização do patriarcado. Mas há frequentes testemunhos do tempo persa de que o gigantesco império era administrado por meio de decretos do rei e de um conceito de "legalidade" com matiz religiosa (*dāta*)[20]. A inflexibilidade da ordem constituída é proverbial até hoje; trata-se de uma lembrança mundial e cultural bem enraizada. Um olhar na literatura judaica não canônica completa a imagem. Um interesse histórico sobre o tempo dos persas surge só tardiamente — à diferença do que se vê com os gregos, que foram vítimas de agressão persa (ver abaixo 2.1.1). Flávio Josefo, nascido em 37/38 d.C., comunica, de sua perspectiva contemporânea, no livro XI de suas *Antiquitates judaicae* (*Ant.*), aquilo que ele sabe sobre o império aquemênida ou aquilo que ele considera digno de ser transmitido. Ele retira isto em parte de fontes bíblicas, em parte de fontes não bíblicas e, em grande parte, de sua fantasia. Com exceção de Cambises ("... de caráter irascível": *Ant.* XI,2,2), os reis persas tratam com benevolência os judeus. Sobretudo Dario e Xerxes são fortes protetores do povo de Deus. O primeiro, depois de um grande banquete, no qual houve uma disputa sobre "quem tem o maior poder: o vinho, o rei ou a mulher?", nomeia o vencedor a conselheiro pessoal. Vencedor é o judeu Zorobabel. Ele atribui de modo convincente à mulher a maior influência, mas ainda remata esta coroa com um discurso de louvor sobre a "verdade" (*Ant.* XI,3,1-6). A pedido de Zorobabel, Dario permite que os exilados retornem à sua pátria. Também outros materiais bíblicos são romanceados: compara-se especialmente a versão de Ester citada por Flávio Josefo. Em *Antiquitates* XI,7, Flávio Josefo narra brevemente as profanações do Templo: o sumo sacerdote, filho de Eliashib (cf. Esd 10,6; Ne 12,23), mata seu irmão, Jesus, na Casa de Deus; o general de Artaxerxes, Bagoas, entra como pagão no lugar sagrado. Não se

---

20. P. Briant, *Cyrus*, 956 s. A expressão é também uma palavra de origem acádia e aramaica ("lei").

pode descobrir de onde surgiu esta lenda da dupla profanação[21]. O capítulo final do livro XI é dedicado aos apóstatas samaritanos e à construção de seu Templo no Garizim; então aparece Alexandre como o novo grande amigo dos judeus: depois da entrada em Jerusalém, ele presta honras ao sumo sacerdote Jaddus como representante de YHWH, o Deus do mundo inteiro.

Flávio Josefo também sabe muito pouco sobre as situações de vida e os acontecimentos históricos do tempo persa. Sua narrativa haure livremente das fontes bíblicas, sobretudo dos livros de Esdras, Neemias, Ester e Daniel; ele registra poucos episódios de origem desconhecida e deixa praticamente não preenchidos os duzentos anos de governo persa em sua extensão histórica. Assim, no todo, há um vazio histórico na imagem bíblica desta época, na qual, entretanto, se situa a reconstrução do Templo e a reconstituição da comunidade judaica antiga sob a Torá. Outras indicações sobre acontecimentos do período persa são encontradas principalmente na literatura não canônica sobre Esdras, esporadicamente também no Sirácida (Sr 49,11 s.), e escondidas em algumas visões apocalípticas (cf. Henoc Etíope 89,59.72; Oráculos Sibilinos III,286), se ignorarmos a grande corrente de tradições gregas neste ponto (cf. abaixo 2.1.1).

1.4. Questionamento da exposição bíblica

L. L. GRABBE, *Yehud*. – N. P. LEMCHE, Kann von einer "israelitischen Religion" noch weiterhin die Rede sein?, in W. DIETRICH, M. A. KLOPFENSTEIN (Hg.), *Ein Gott allein?*, Fribourg, 1994, 59-75. – P. R. DAVIES, *In Search of "Ancient Israel"*, Sheffield 1992 (JSOTSup 148). – T. L. THOMPSON, Text, Context and Referent in Israelite Historiography, in D. V. EDELMAN (Ed.), *The Fabric of History*, Sheffield, 1991, 65-92 (SJOT.S 27). – J. W. WATTS (Ed.), *Persia and Tora*, Atlanta, 2001.

Como devem ser classificadas as visões parciais sobre o tempo persa que foram mantidas na tradição? Não pode restar dúvida alguma de que as perspectivas históricas se deslocam com o passar do tempo. Observadores contemporâneos de determinada época recebem uma imagem da vida na qual eles mesmos estão inseridos, à diferença do historiador, que, de uma distância maior ou menor, olha retrospectivamente para os acontecimentos e desenvolvimentos. Mais de dois mil anos nos separam do império aquemênida, um espaço de tempo — e um abismo cultural — com tantas modificações e rejeições, que parece impossível transpô-lo. Não só a língua e a comunicação foram, muitas vezes, deslocadas desde aqueles dias, mas também a técnica, a

---

21. Cf. L. L. GRABBE, *Judaism from Cyrus to Hadrian*, Minneapolis, Fortress Press, v. I, 62 s.

economia, política, a imagem do mundo e a ciência sobre o homem e a sociedade se tornaram essencialmente diferentes. É bom mencionar abreviadamente pelo menos algumas posições fundamentais de nosso próprio pensamento e de nosso modo de perguntar, para esclarecer os fins da pesquisa e as possibilidades de conhecimento dos antigos relatos sobre Israel no primeiro período pós-exílico.

Quando nos voltamos para um período histórico, seus acontecimentos, personalidades, tendências de desenvolvimento e contribuições espirituais, está em primeiro plano, de modo dominante, o nosso interesse histórico. Para nós, desde o Iluminismo, história significa uma rede causal de atividades humanas que podem ser compreendidas e explicadas de modo racional. Por isso, queremos saber como os diferentes grupos do tempo dos persas, bem como os monarcas, generais e sacerdotes que davam o tom, agiam uns com os outros ou uns contra os outros. A consciência dos seres humanos em geral e das diferentes comunidades sociais e religiosas sob os aquemênidas também desempenha para nós um papel importante. Portanto, nossa pesquisa histórica busca de modo abrangente todas as conexões causais e motivações dos homens de então; mas as testemunhas bíblicas relatam somente episódios escolhidos com a finalidade de insistir no caráter normativo e duradouro daquilo que Deus estabeleceu com Israel e para Israel naquele tempo. Pensamos em um conjunto interligado de justificações imanentes, no qual talvez Deus esteja integrado. Os antigos vivenciavam a história como algo divino, dirigido de fora. Enquanto nós vemos as verdadeiras decisões históricas no presente e no futuro, nossos antepassados espirituais deduziam as diretrizes de seu comportamento somente do passado. O correto e o bom sempre foi o que foi afirmado no início. No fundo, o presente e o futuro não oferecem nenhuma questão nova, realização ou oportunidade. Eles somente devem realizar a perfeição antiga, o modelo fundamental do ser. Desde o Iluminismo europeu, passado e futuro como que trocaram sua importância. Nós hoje, em nosso ambiente, confiamos naquilo que ainda não existe, no progresso, que supera o tradicional, o falsifica ou no máximo o conserva parcialmente e o desenvolve além. Nossa esperança está predominantemente no novo, que, entretanto, aprendemos a temer.

As categorias de entendimento e de pensamento não mudaram somente em relação à crença e à compreensão da história. Mudaram também, e fundamentalmente, as ideias sobre o homem, a sociedade, a cultura, a religião e tudo o que está conectado com essa substância mutável no fluxo da história — ainda que os antropólogos, os etólogos, os sociólogos, os psicólogos nos ensinem que há constantes na existência humana, tanto no comportamento individual quanto no coletivo, apesar das grandes revoluções. O mundo se tornou hoje muito menor e mais estreito diante da amplitude ilimitada do universo conhecido e da grandiosa multiplicação dos seres humanos em todos os continentes. Por outro lado, o conhecimento das ciências naturais e espirituais adquiriu uma profundidade que nossos antepassados não podiam imaginar. Assim, hoje aparecem para a humanidade responsabilidades que eram totalmente desconhecidas na Antiguidade. Nosso mundo não é mais estruturado geocentricamente, embora as religiões tradicionais ainda suponham a hipótese insustentável de que o planeta Terra seria o foco absoluto do criador do universo. Pairando na margem de uma galáxia, que por sua vez paira na "região exterior" de um universo para nós sem medidas, nosso mundo não é nem mesmo heliocêntrico. Em contrapartida, o ser humano recebeu com o passar do tempo tanto poder sobre o destino da Terra — em razão de seu número, sua inteligência e suas habilidades técnicas — que a ética, não sem certo fundamento, deve trabalhar com categorias de "semelhança a Deus".

De nossa perspectiva atual, podemos entender bastante bem aquilo que a Bíblia diz sobre a história do mundo e o destino de Israel no tempo dos persas. Uma pequena minoria étnica e religiosa, dentro de um imenso Estado com muitos povos, cria para si um símbolo de identidade autônomo: as Sagradas Escrituras. Os judeus exilados para Babilônia e os que permaneceram na terra natal formam uma comunidade de fé, que se reconhece como a mais importante engrenagem no mecanismo do mundo e, assim, resiste à aparente tendência a se fundir com outras sociedades e religiões. Entretanto, aqui cabe precaução: devemos pesquisar mais de perto a relação entre os judeus e a religião persa. Dos escritos conservados das antigas comunidades pós-exílicas pode ser deduzido um esforço para manter certa autonomia, e não erramos quando identificamos como o principal motivo dos escritos bíblicos da época o fortalecimento da própria identidade. Mas isto implica, imediatamente, que todas as declarações da época (e das gerações seguintes) não fornecem os "fatos objetivos" — o que, aliás, nenhuma declaração humana faz, por mais altruísta que se mostre. As manifestações, na sua restrição a Judá e os judaítas, não devem ser percebidas como fatos pura e simplesmente. No conjunto, foram redigidas e reunidas a partir do interesse específico de autopreservação. O verdadeiro fim destes testemunhos é demonstrar o direito à própria existência enquanto comunidade de Yhwh. Ainda mais: eles interpretam o próprio e limitado mundo desde uma perspectiva teológica antiga, como exposto acima. As Escrituras conservadas do tempo dos persas — como as de outras épocas anteriores — são posicionamentos religiosos e não históricos;

são puros documentos de fé, e documentos de fé devem ser classificados mais no gênero literário da propaganda e do programa do que no da historiografia "imparcial". Não podemos, portanto, esperar encontrar nos textos bíblicos relevantes o percurso histórico coerente dos dois séculos de domínio persa, nem um quadro relativamente completo dos costumes da comunidade judaica, nem mesmo a possibilidade de reconstruir um dia típico de uma família normal[22]. A partir de fragmentos escritos conservados com outro acento, e a partir do restante material hoje acessível para a ciência histórica, reconstruiremos alguns traços da fisionomia daquela época — que continua amplamente desconhecida. Quanto aos textos bíblicos disponíveis, temos como princípio que os que veiculam informações laterais e não intencionais merecem mais confiança do que os que correspondem a um programa ou são visivelmente dirigidas por interesses.

Os principais temas acima destacados — a construção do Templo, o estabelecimento da província de Judá, a constituição da comunidade de YHWH em torno da Torá, a imposição de uma ordem rígida (santificação do sábado, proibição dos casamentos mistos etc.) — possuem certa plausibilidade. Se não foi no tempo dos persas, quando então se teria reunido o novo "Israel", a comunidade confessional em torno de YHWH, e adotado uma ordenação obrigatória? É bem possível que já no tempo da dominação babilônica (597-539 a.C.) tenha se iniciado uma nova constituição para os vencidos, mas provavelmente faltava ainda, para uma abrangente regeneração do povo de YHWH, o livre exercício da religião, concedido pelos persas. As conexões causais expostas nos escritos do Antigo Testamento e os efeitos das ações que produziram os fins devem ser aceitos por nós com máxima cautela. Pelo menos o seguinte deveria ser claro: os modelos da explicação bíblica nasceram das situações de então, pressupõem a interpretação de fé do tempo e, com muita probabilidade, aparecem de modo distinto para os antigos povos vizinhos de Israel, para as autoridades persas e para nós hoje, no século XXI. Como exemplo podemos mencionar os seguintes pontos, nos quais a perspectiva das testemunhas bíblicas e o nosso próprio modo de ver se diferenciam claramente um do outro. O mais importante é a autoavaliação dos transmissores judeus da tradição. Eles se veem como o povo escolhido de YHWH antes de todas as outras etnias, e sua terra e o Templo se tornam o centro do universo. Para o bem desse povo,

---

22. O debate sobre a mera possibilidade de uma historiografia para Israel e Judá no tempo bíblico deve ser levado adiante com prudência e capacidade crítica. Cf. N. P. LEMCHE; P. R. DAVIES, T. L. THOMPSON; L. L. GRABBE et al. Também R. ALBERTZ (*BE* 7,13; 23-40) se declara muito cético sobre as notícias históricas existentes ("lacuna aberta", "buraco escuro") do século VI a.C.

o Deus do mundo coloca em movimento o império persa na pessoa de seus grandes reis e sátrapas. Conduzidos divinamente, eles não só apoiam o projeto de retorno e de reconstrução do Templo, mas também chegam a lhe dar — de diversos modos — o impulso. Segundo os relatos, o umbigo absoluto do mundo é Jerusalém e não Susa, Ecbátana, Persépolis ou Pasárgada, onde residia a corte imperial. Esta fixação sobre Judá é compreensível como afirmação de fé, mas lhe falta qualquer fundamento como constatação histórica. Ora, desde a distância que nós temos, qualquer observação histórica deve incluir a perspectiva dos "outros", os vizinhos e dominadores de Israel. De acordo com os testemunhos escritos e culturais conservados, é impossível atribuir-lhes uma tal imagem do mundo centrada em YHWH[23]. A ligação contextual com a própria comunidade cultural-religiosa se torna evidente demais, e não temos a menor chance de nos colocar, trapaceando, na posição dos antigos judeus — por exemplo, a respeito de uma identificação com a eleição divina.

A posição central de Jerusalém e dos judeus — fundamentada na fé — está em harmonia com a escala de valores da nascente comunidade de YHWH. Deus em sua santidade é o bem máximo, o qual pode ser vivenciado no Templo e na Torá. "Um dia nos seus átrios vale mais do que mil" (Sl 84,11). "A Torá de YHWH é perfeita, ela dá a vida ... as decisões de YHWH são a verdade, todas elas são justas. São mais desejáveis que o ouro, que todo ouro fino; mais saborosas que o mel, que o mel a escorrer do favo!" (Sl 19,8.10b-11). Podemos entender o entusiasmo da fé; o conteúdo desta fé nos é inicialmente distante e estranho. E, se pretendemos tirar orientações para a vida real de hoje dos conhecimentos fundamentalmente teológicos daquele tempo, então devemos reconhecer outras barreiras mentais surgidas historicamente: segregação de povos e confissões vizinhos; dissolução dos chamados casamentos mistos com mulheres de origem estrangeira; manutenção rigorosa das prescrições cultuais; leitura autoritativa da Torá; ritos de expiação para delitos especiais; uso da violência contra inimigos ou contra "o mal"; sistema de classes baseado no parentesco; precedência dos sacerdotes; fuga da impureza (tabus) e muitas outra facetas da vida e da fé judaica antigas. Não é fácil integrar tudo isso em nosso próprio sistema de valores religiosos, políticos e culturais.

---

23. Cf. N. K. GOTTWALD, *The Hebrew Bible*: A Socio-literary Introduction, Philadelphia 1987, 22: "Whereas for Jews *Judah* was the metropolis and *Jewish settlements abroad* were the colonies, for the ancient political world as a whole the regnant great *empire* was the metropolis while Judah was one among a number os semiautonomous *homelands* and the dispersed Jewish settlements were *minority religiocultural communities* among others in the polyglot populace of the empire" (para a trad. portuguesa, ver cap. 2, nota 111).

A avaliação antiga de fatos e personagens históricos está num outro sistema de coordenadas. Acontecimentos singulares são relacionados com interesses teológicos fundamentais: a missão de Esdras e Neemias, a resistência da Samaria contra a construção do Templo, a vontade dos que retornavam para concluir a imensa obra, os donativos dos vizinhos para o Templo, a devolução dos antigos objetos sagrados — nenhuma narrativa existe por si mesma; cada uma delas está orientada para o interesse central: Yhwh criou um novo início depois do exílio, e os judeus aproveitaram essa chance. Também é assim na exposição dos personagens em ação. Perfis biográficos são desnecessários. Grandes reis, judeus proeminentes, opositores, o povo, nenhum deles precisa de uma caracterização histórica, isto é, concreta e única. Todos são desenhados de modo estereotipado, segundo seus papéis. Eles agem de modo padrão e não passam de clichês desbotados, em nossa conceituação. Os autores só mostram emoções quando se trata de sua tarefa, isto é, do objeto entendido teologicamente: a realização dos planos de Yhwh. O sofrimento de Neemias chama a atenção de Artaxerxes (Ne 2,2); Esdras e Neemias se enfurecem, reagem consternados quando aparecem impedimentos a suas tarefas (Esd 9,5 s.; Ne 5,6; cf. os "gemidos" de Neemias em 13,14.22.29.31).

A consequência desta situação é: perante nós estão, na tradição conservada, tomadas de posição, projetos e debates teológicos, e não reportagens, nem historiografia, nem reconstituição "objetiva" de acontecimentos singulares ou de figuras históricas. Mas, como não conseguimos deixar de lado nossa curiosidade histórica, temos que questionar as fontes bíblicas, assim como todas as fontes extrabíblicas disponíveis. Aquilo que honestamente podemos reconhecer como realidade histórica deve ser montado numa imagem provisória e provavelmente fragmentária do tempo dos persas na Palestina. Todas as informações que destilamos da imagem do tempo bíblico, teologicamente concebida, devem ser examinadas com cuidado e, se possível, comparadas com outros testemunhos. Isto se aplica aos protagonistas aparentemente seguros dos exilados judeus e aos seus adversários, bem como à identidade das autoridades persas. As estruturas comunitárias por trás das tradições bíblicas provavelmente nos aparecerão como as informações mais confiáveis acerca da história e da sociedade.

Capítulo 2
A história que podemos conhecer

2.1. Fontes

Depois de tanto apontarmos defeitos e falta de confiabilidade nos "registros bíblicos diretos" dos séculos persas (segundo nosso senso histórico), fica difícil acreditar que possamos adquirir notícias úteis sobre acontecimentos, pessoas e ideias daquele tempo. Entretanto, não dependemos somente dos escritos bíblicos canônicos. Um olhar panorâmico sobre os possíveis testemunhos daquele tempo fortalece a esperança de conseguir algum conhecimento do espírito e da história do período persa, sobretudo olhando a região siro-palestina. Também devem ser levados em consideração os achados arqueológicos; eles possuem um peso próprio considerável, mesmo que precisem, sob certos aspectos, de complementação por meio de documentos escritos. Será suficiente aqui um olhar panorâmico resumido.

2.1.1. Tradições escritas

P.-R. BERGER, Der Kyros-Zylinder mit dem Zusatzfragment BIN II Nr. 32 und die akkadischen Personennamen im Danielbuch, ZA 64 (1975) 192-234. – R. BORGER, W. HINZ, *Die Behistun-Inschrift Darius' des Grossen*, Gütersloh, 1984, 419-450 (TUAT I). – M. BOYCE, *Textual Sources for the study of Zoroastrianism*, Manchester, 1984. – L. L. GRABBE, *Yehud*. – J. C. GREENFIELD, B. PORTEN, The Bisitun Inscritption of Darius the Great: Aramaic Version, o. O., 1982 (Corpus Inscriptionum Iranicarum I).

– R. T. HALLOCK, *Persepolis Fortification Tablets*, Chicago, 1969 (OIP 92). – W. HINZ, *Zarathustra*, Stuttgart, 1961. – H. HUMBACH, *The Gâthâs of Zarathustra*, Heidelberg, 1991, 2 v. – J. KELLENS, E. PIRART, *Les textes Vieil-Avestiques*, Wiesbaden, 1988-1991, 3 v. – H. KOCH, Texte aus Iran, in: *TUAT Neue Folge I*. Texte zum Rechts- und Wirtschaftsleben, Hg. B. Janowski, G. Wilhelm, Gütersloh, 2004, 221-248. – P. LECOQ, *Les inscriptions de la Perse achéménide*, Paris, 1997. – J. MAIER, *Zwischen den Testamenten*, Würzburg, 1990 (NEB Erg.Bd. AT 3). – G. W. E. NICKELSBURG, *Jewish Literature between the Bible and the Mishnah*, Philadelphia, 1981 (JLBM). – B. PORTEN, A.YARDENI, *Textbook of Aramaic documents from Ancient Egypt*, Jerusalem, 1986-1999, 10 v. (Papiros, óstracos e inscrições). – H. P. SCHAUDIG, *The Bisitun Inscriptions of Darius the Great*, London, 1991 (Corpus Inscriptionum Iranicarum part 1, v. 1, texts 1). – ID., *The old Persian Inscriptions of naqsh-I Rustam and Persepolis*, London, 2000 (Corpus Inscriptionum Iranicarum part 1, v. 1, texts 2). – M. E. STONE, *Jewish Writings of the Second Temple Period*, Assen, 1984 (JWSTP: CRI Sect. 2, v. 2). – E. N. von VOIGTLÄNDER, *The Bisitun of Darius the Great*: Babylonian Version, o. O. 1978 (Corpus Inscriptionum Iranicarum, v. 1). – G. WIDENGREN, *Iranische Geisteswelt*, Baden-Baden, 1961. – P. BRIANT indica em Cyrus, XVI Anm. 5 (cf. abaixo 2.2.2) a bibliografia na internet constantemente atualizada: <http://www.achemenet.com/bibliographies/bhach1.htm>; ver também as publicações da Achaemenid History Workshop, Groningen, ed. H. Sancisi-Weerdenburg et al., 1983-, 13 v. (até agora).

Testemunhos bíblicos. Testemunhos que se referem diretamente ao tempo dos persas são, como dito acima, os livros de Esdras e Neemias, os escritos proféticos de Ageu, Zacarias e Malaquias. Além disso, aparecem como testemunhas indiretas aquelas camadas do Antigo Testamento que, com grande probabilidade, surgiram ou foram profundamente retrabalhadas na época persa (cf. abaixo, cap. 3): os textos sacerdotais do Pentateuco, como Gênesis 1,1-2,4a; 17; Êxodo 25–40; Levítico 1–27; Números 1–30 (36); as narrativas (novelas) de sabedoria universal que são José (Gênesis 37–50), Rute e Jonas.

As complexas tradições de Esdras devem ser mencionadas à parte: elas se estendem para dentro do Antigo Testamento ou — vistos em perspectiva cronológica — fluem da literatura canônica. Pois, além dos textos hebraicos e aramaicos, foram conservados textos gregos de Esdras que com aqueles dificilmente podem ser harmonizados. Além disso, um escrito apocalíptico tardio leva o nome de "Escriba do Deus dos Céus". Esta versão grega do livro de Esdras é atualmente chamado, na ciência, o "Terceiro Livro de Esdras" — o Primeiro e o Segundo Livros de Esdras correspondendo ao nossos Esdras e Neemias[1]. Além disso há o "Quarto Livro de Esdras", um apocalipse surgido

---

1. Texto do livro em grego e alemão: K.-F. POHLMAN, *3. Esrabuch*, Gütersloh 1980, 375-425 (JSHRZ 1); discussão das relações literárias: A. H. J. GUNNEWEG, *Esra*, Gütersloh, 1985, 21-24 (KAT XIX,1); H. G. M. WILLIAMSON, *Esrah and Nehemiah*, Sheffield, 1987; L. L. GRABBE, *Yehud*, 70-85.

provavelmente no século I a.C. Os livros das Crônicas são literariamente autônomos, mas pertencem ao ambiente da literatura de Esdras, isto é, às comunidades de Jerusalém do período persa tardio.

Quanto aos profetas, além de Ageu e Zacarias, um ou outro trecho também pertence ao período persa: por exemplo, Isaías 24–27, 56–66, o livro de Ezequiel, grande parte do livro de Jeremias, possivelmente os escritos de Abdias, Naum, Habacuc, Sofonias, assim como, se não a redação final, pelo menos uma edição prévia do Livro dos Doze Profetas. — O Saltério tem suas raízes parcialmente no Judá pós-exílico ou na diáspora. Algumas orações e hinos pertenceriam desde o início ao novo funcionamento do Templo. Quase todos os salmos mais antigos foram adaptados para uso na comunidade. Poemas didáticos surgiram em reuniões educativas da comunidade. Serviam a diferentes rituais religiosos as coleções e os retoques dos salmos mais antigos (cf. abaixo 3.1.3.1 e 2). — Estava em voga reunir e retocar a literatura sapiencial: pelo menos Provérbios, Jó e as *Megillot* (os Cinco Rolos) surgiram, total ou parcialmente, no período persa. Na prática, todos os livros canônicos — com exceção de Daniel e Eclesiastes — falam, querendo ou não, algo sobre a situação das comunidades judaicas no tempo persa.

Testemunhos não canônicos. Alguns textos apócrifos, pseudepigráficos e outros possivelmente têm suas raízes, total ou parcialmente, na época persa, pois foram redigidos originalmente em hebraico ou em aramaico (cf. Jesus Sirac, Judite, Aicar, Bileâm)[2]. Mas são especialmente relevantes os testemunhos das comunidades judaicas da diáspora. Da *golah* babilônica só temos vestígios mínimos. O arquivo de negócios da casa comercial Murashu, em Nippur, na Babilônia, menciona alguns nomes judaicos na clientela[3]. Os grupos de refugiados do início do século VI a.C. no Egito (cf. Jr 44) não deixaram nenhuma notícia. Admirável é o arquivo em papiro do século V da colônia militar persa na ilha de Elefantina, no rio Nilo. Havia muitos mercenários judeus na tropa, e deles foram conservados documentos do templo (lista de sacrifícios, registros

---

2. Cf. J. H. CHARLESWORTH (Ed.), *The Old Testament Pseudepigrapha*, London, 1983, 1985, 2 v.; W. G. KÜMMEL, H. LICHTENBERGER et al. (Hg.), *Jüdische Schriften aus hellenistisch-römisch Zeit*, Gütersloh, 1973-. Análises histórico-linguísticas levam Aicar ao século VII ou ao século VIII a.C.; cf. I. KOTTSIEPER, *Die Sprache der Ahikarsprühe*, Berlin, 1994 (BZAW 194); G. W. E. NICKELSBURG, *Literature*.

3. Cf. R. BORGER, TUAT I, 412-418; M. D. COOGAN, Life in the Diaspora: Jews at Nippur in the 5th. Century B.C., *BA* 37 (1976); R. ZADOCK, *The Jews in Babylon during the Chaldean and Achaemenid Period*, Jerusalem, 1978.

de impostos), documentos privados, troca de cartas, fragmentos de romances etc., que iluminam as condições de vida e as relações religiosas[4].

Testemunhos persas — textos seculares. Existem alguns testemunhos babilônicos do início da dominação persa, sobretudo do tempo de governo de Nabônides[5]. Os arqueólogos encontram algo autenticamente persa nos centros administrativos persas, medos e elamitas. Sobretudo a corte real persa produzia documentos administrativos, jurídicos, cartas etc.[6]. Além disso, há inscrições dos reis nos monumentos, correspondência diplomática, relatórios, textos literários e religiosos e similares[7]. Em suma, a administração estatal que funcionava amplamente através de escritos deixou grande quantidade de material. A maior parte dos textos encontrados tem sua origem nas regiões persas centrais, além da cordilheira de Zagros. Alguns poucos textos sobreviveram ao tempo nas regiões "transeufratenas", inclusive o Egito (eles são os mais úteis para a nossa temática). Há inscrições de soberanos locais, como os reis de Sídon e Biblos, papiros do sátrapa egípcio Arsamés, um arquivo em aramaico em Hermópolis e os já mencionados documentos de Elefantina, que se destacam pelo número e pelo conteúdo. Na própria Palestina foram encontrados papiros em Wadi Daliyeh e grande número de bulas (*bullae*) ao lado de Jerusalém. Além disso, há todo tipo de óstracos, inscrições em moedas, bulas, vasos etc.[8]

Testemunhos persas — textos religiosos. Evidentemente deve ser mencionado em separado o *corpus* de literatura religiosa canônica, o chamado *Avesta*, provavelmente só reunido depois do período aquemênida. Com alguma segurança, partes dele existiam no período que nos interessa, oralmente ou mesmo por escrito. A maioria dos estudos do Antigo Testamento não toma conhecimento destes textos religiosos da cultura dominante, como se o império mundial daquele tempo, no qual os judeus se encontravam, fosse totalmente neutro em relação à fé. Mas em suas inscrições os aquemênidas frequentemente se declaram adeptos do Deus Ahura-Mazda, o "Senhor da Sabedoria".

---

4. As publicações dos achados são feitas por E. Sachau, A. E. Cowley, E. Kraeling, B. Porten e outros (cf. Bibliografia de 2.1.1 e 2.4).

5. Cf. R. Borger, TUAT I, 406-410; nele o "Cilindro de Ciro", 407-410; H. P. Schaudig, *Inschriften*.

6. Cf. R. T. Hallock, *Persepolis*; H. Koch, *Dareios*.

7. Eles estão publicados em parte no Corpus Inscriptionum Iranicarum (cf. bibliografia acima em 2.1.1.: J. C. Greenfield, R. Schmitt, E. N. von Voigtländer); cf. R. Borger, W. Hinz, TUAT I, 419-450 (*Behistun-Inschrift*).

8. Ver panoramas em E. Stern, *Culture*, XV-XVII; H. Weippert, *Palästina*, 693-697; O. Keel, C. Uehlinger, *Göttinnen*, 430-452; L. L. Grabbe, *Yehud*, 55-69, 112-117.

Consequentemente, a antiga religião persa, que pode ser avistada, ao menos parcialmente, nas camadas mais antigas do *Avesta*, faz parte do quadro da época a ser reconstruído[9]. Nisto devemos contar com componentes populares e os do zoroastrismo (G. Widengren, M. Boyce, M. Stausberg). A ausência de menção ao culto divino persa na Bíblia pode significar diversas coisas, mas não deve de modo algum nos impedir de pesquisar, com nossos meios, as estruturas de crença daquelas sociedades.

Testemunhos gregos. A cultura grega floresceu nos séculos V e IV a.C. Era grande seu interesse pelo Oriente Próximo e Médio, também por causa das diferenças políticas com a grande potência "asiática". Numerosos escritores e historiadores[10] se ocuparam com os persas, que por 150 anos tentaram tomar as cidades-estado gregas do lado europeu do mar Egeu. Heródoto viajou para o império persa no meio do século IV e reuniu todo tipo de histórias e de documentação histórica da primeira metade deste século. Xenofonte lutou pessoalmente como mercenário no exército de Ciro, o Jovem, contra Artaxerxes II, e descreve a fuga perante este. Tucídides descreve uma parte da Guerra do Peloponeso (por volta de 431-411 a.C.). Ctésias viveu por um tempo na corte de Artaxerxes II e escreveu uma história persa — *Persica* — conservada somente em citações. Estes excelentes historiadores da Grécia antiga e uma série de colegas deles apresentam a Pérsia, a política, a religião e a cultura persas evidentemente do ponto de vista grego. Entretanto, o valor informativo de seus escritos deve ser colocado num patamar muito mais alto que o dos relatos bíblicos. Os gregos escreviam como historiadores propriamente e não como teólogos que queriam fundar uma comunidade de fé[11]. Assim, temos certa visão da política de expansão persa sobretudo em direção ao oeste. Além disso, esses relatos gregos nos transmitem suas opiniões sobre a política interna persa, evidentemente tingidas com seus próprios preconceitos. Uma visão histórica coerente do período persa só pode ser obtida a partir das fontes helênicas (P. Briant). Entretanto, nos ricos relatos gregos descobrimos pouca coisa sobre a Síria e a Palestina, ou sobre as províncias orientais do império persa.

---

9. Cf. sobretudo as traduções de H. Humbach, Kellens, G. Widengren e W. Hinz nas bibliografias relativas a 2.1.1 e 2.2.3.

10. Cf. os panoramas em L. L. GRABBE, *Judaism*, 64-67; ID., *Yehud*, 118-129; P. BRIANT, *Cyrus*, 5-9, e seu Index of Classical Sources, op. cit., 1125-1142.

11. O Groninger Symposium sobre a história do império aquemênida se ocupou em 1984 com os historiadores gregos: cf. H. SANCISI-WEERDENBURG, A. KUHRT, *The Greek Sources*, Leiden, 1987 (Achemenid History II).

2.1.2. Artefatos e arquitetura

A. ALIZADEH et al. (Ed.), *The Iranian World*, Teheran 1999. – N. AVIGAD, *Bullae and Seals from a Post-Exilic Judean Archive*, Jerusalem, 1976 (Qedem 4). – C. E. CARTER, *The Emergence of Yehud in the Persian Period*, Sheffield, 1999 (JSOT.S 294). – P. O. HARPER et al. (Ed.), *The Royal City of Susa*, New York, 1992. – B. HROUDA, *Vorderasian I*: Mesopotamien, Babylonien, Iran und Anatolien, München, 1971 (Handbuch der Archäologie). – O. KEEL, Chr. UEHLINGER, *Göttinnen, Götter und Gottessymbole*, 2. ed., Freiburg, 1993, 430-452. – F. KREFTER, Persepolis Rekonstruktionen, Berlin, 1971 (TF 3). – S. MATHESON, *Persia: An Archeological Guide*, London, 1976. – E. M. MEYERS (Ed.), *The Oxford Encyclopedia of Archaelogy in the Near East*, New York/Oxford, 1997, 5 v. – E. REHM, *Der Schmuck der Achämeniden*, Münster, 1992. — N. SALIBY, Amrit, in *OEANE*, v. 1, 111-113. – K. SCIPPMANN, Forschungs- und Ausgrabungsergebnisse in Irãn seit 1965, MDOG 104 (1972) 45-79. – E. F. SCHMIDT, *Persepolis II*: Contents of Treasury and other Discoveries, Chicago 1956. – W. SEIPEL, *7000 Jahre persiche Kunst*, Milano, 2001 (catálogo de exposição). – E. STERN, *Material Culture of the Land of the Bible in the Persian Period 538-332 B.C.*, Warminster/Jerusalem, 1982. – ID. (Ed.) *The New Encyclopedia of Archaeological Excavations in the Holy Land*, New York/London, 1993, 4 v. – D. STRONACH, *Pasargadae. A Report of Excavations*, Oxford, 1978. – H. WEIPPERT, *Palästina in vorhellenistischer Zeit*, München, 1988, 682-718 (Handbuch der Archäologie II,1). – E. M. YAMAUCHI, *Persia and the Bible*, Grand Rapids, 1990, 279-377.

Escavações científicas para pesquisa da antiga cultura persa estão em andamento desde cerca de 150 anos, mostrando ricos resultados. É um auxílio essencial para o desenho de um quadro realista da época tornar visível a arquitetura e a arte, os objetos e as armas, moedas e bulas. Arqueólogos são hoje capazes de reconstruir fatos econômicos, sociais e religiosos a partir dos achados. Evidentemente, inscrições e textos ajudam a dar nome e sentido aos objetos encontrados. Mas os objetos supostamente mortos falam uma língua própria. Eles chamam a atenção diretamente para a vida material criada pelos persas. A iconografia da arte persa antiga tem simbolismo e metaforismo próprios. As coleções dos grandes museus relativas ao período persa contribuem para nosso entendimento de modo incalculável.

Os territórios centrais do império em torno das antigas capitais dos medos e dos elamitas, Ecbátana e Susa, assim como os centros persas Pasárgada e Persépolis receberam a maior atenção dos arqueólogos. Os conhecimentos a ser lá adquiridos fundamentam e enriquecem o nosso quadro da estrutura daquelas regiões e de todo o império mundial. Pois em cada uma das capitais se juntavam os cordões da administração, da política e da organização militar imperial. Importantes conhecimentos podem ser obtidos a partir das estruturas dos palácios, dos textos administrativos, das esculturas e das bulas.

Chamam a atenção, sobretudo, os palácios monumentais que os aquemênidas desde Ciro construíram. Centros administrativos como Pasárgada, Susa, Persépolis, Ecbátana foram construídos luxuosamente, para que pudessem receber a corte dos soberanos. Artistas e artesãos de todas as partes do império trabalharam, por décadas, nos edifícios que ainda hoje impressionam, ainda que apenas pequenos restos tenham sido conservados. A ideia do grande império persa recebe forma arquitetônica. Transmitem a impressão de domínios abrangentes as gigantescas salas de audiência suportadas por pilares; os armazéns e oficinas; as habitações para o rei e o pessoal da corte; as grandes esculturas de animais (sobretudo de touros, leões e monstros); os gigantescos relevos das embaixadas dos povos e portais triunfais. Estilos arquitetônicos dos assírios, babilônicos, gregos e egípcios se fundem numa nova síntese do orgulho imperial persa. É difícil identificar templos dentro dos amplos palácios. Mas locais sagrados deviam estar disponíveis para que o rei adorasse Deus. Pelo menos, os relevos nas sepulturas nos penhascos de Naqsh-i-Rustam mostram o Grande Rei perante um altar de fogo, e as inscrições reais, assim como as abundantes descrições de sacrifícios e cerimônias, de pessoal sacerdotal e xamãs (magos) confirmam a atitude fundamentalmente religiosa dos aquemênidas. Talvez os persas aquemênidas tenham de fato sacrificado preferencialmente em altares ao ar livre, como relatam Heródoto e Estrabão[12]. Entretanto, são comprovados santuários para a deusa persa Anahita, que frequentemente se funde com Ishtar ou Hera. — As sepulturas dos reis também ilustram o domínio imperial. Para Ciro foi construída um tumba compacta, relativamente modesta, com telhado de duas águas, num terraço elevado, perto de Pasárgada. O espaço interno mede, modestamente, 6,40 m × 5,35 m. Dario I e seus sucessores Xerxes, Artaxerxes I e II e Dario II, foram sepultados em Naqsh-i-Rustam, seis quilômetros ao norte de Persépolis. Para cada um deles foi custosamente escavada uma câmara numa parede vertical de arenito. A fachada, em forma de cruz, tem mais de vinte metros de altura. Estão conservadas o meio-relevo na entrada — o rei com uma figura de Mazda (?) alada e uma lua crescente perante um altar de fogo, com os grupos dos povos que sustentavam o Estado abaixo — e as inscrições de louvor no interior, demonstrando a incumbência e a consciência de dominação dos aquemênidas lá sepultados.

Numerosos achados particulares dos centros administrativos régios completam o quadro da cultura material dos soberanos e de seus súditos. Metalurgia,

---

12. Segundo P. BRIANT, *Cyrus*, 915; cf. R. BOUCHARLAT, *Monuments religieux de la Perse achéménide*: état des questions, Lyon, 1984, 119-135 (TMO 7).

cerâmica e técnica de fazer selos floresciam. Taças com cabeças ou corpos de animais estavam na moda, como se vê no rício de ouro, maravilhosamente trabalhado em forma de leão, do Museu Nacional de Teerã[13]. Da glíptica podemos descobrir todo tipo de temas mitológicos e ideológicos: monstros alados, apresentações heroicas dos reis, metáforas com árvores, objetos celestes etc. São abundantes os achados de joias de metais nobres e de pedras preciosas e semipreciosas. A maioria delas mostra alta qualidade artesanal[14]. Ferro e bronze foram utilizados para armas (espadas, pontas de lanças e flechas, vestimentas com escudos etc.). Objetos cerâmicos e domésticos de todo tipo, pequenas estátuas e pequenos objetos de culto nos permitem conhecer a vida privada e religiosa. A última categoria de artefatos é instrutiva especialmente para a província de Judá.

As pesquisas arqueológicas na Palestina e na Síria produziram resultados importantes somente nas últimas décadas. As representações bíblicas de uma deportação abrangente de toda a população, de um correspondente vazio populacional e do consequente "descanso sabático" da terra de YHWH influenciaram subliminarmente até mesmo pesquisadores modernos e, junto com o fato de que em alguns importantes *tells* (sítios arqueológicos) a camada persa sofreu erosão, fortaleceram a suposição de ausência de ocupação. "A superação deste dilema se deve sobretudo às escavações em locais da costa norte... e em locais da Jordânia oriental. Em escavações menores ali foram descobertas abundantes camadas arquitetônicas do período babilônico e persa, com a ajuda das quais foi possível montar um catálogo de critérios para a cultura daquele tempo."[15] Portanto, da arqueologia do período persa podemos esperar alguma ajuda na reconstrução da época.

Ephraim Stern divide seu estudo pioneiro sobre a *Cultura material do período persa nas terras bíblicas* em oito, oferecendo o nono capítulo um resumo[16]. Nas primeiras 46 páginas são apresentadas cuidadosamente as

---

13. Imagem do título do catálogo da exposição *7000 Jahre Persische Kunst* [7000 anos de arte persa]: Hg. W. Seipel, Mailand, 2001; cf. também A. S. MELIKIAN-CHIRVANI, The Iranian Wine Horn from Pré-Achaemenid Antiquity to the Safavid Age, *Bulletin of the Asia Institute* 10 (1996) 85-139.

14. V. E. REHM, *Der Schmuck der Achämeniden*. Altertumskunde des Vorderen Orients 2, Münster, 1992.

15. H. WEIPPERT, *Palästina*, 698. A autora faz menção especialmente aos trabalhos pioneiros de E. Stern e conclui: "A situação das fontes para o período babilônio e sobretudo para o persa é realmente boa" (ibid., 693).

16. E. STERN, *Culture*, 1982. Deu continuidade a este trabalho, sobretudo, C. E. CARTER, *Emergence*.

escavações relevantes feitas até 1972 na faixa costeira de Jordânia Oriental, Samaria, Judeia e Idumeia[17]. No início da arqueologia na Palestina (1890-1914) era extremamente difícil identificar as camadas do período persa. Somente no período entre as duas guerras mundiais foi possível datar com exatidão as camadas desenterradas com base na cerâmica importada da Ática e moedas persas[18]. Somente com ajuda dos critérios alcançados deste modo foi possível, em seguida, caracterizar o período persa na Palestina como um período cultural autônomo. As escavações em Hazor, Shiqmona, Tel Megadim, Tel Mevorakh e En Gedi foram especialmente úteis para este fim, pois nelas os restos persas foram mais bem conservados do que em outros lugares[19]. O achado de restos de ocupação persa produziu a acima mencionada revisão do quadro histórico, até então impregnado da noção bíblica de uma Palestina como *tabula rasa* depois de 587 d.C.

Perante os achados das escavações não se pode falar de uma "interrupção da vida urbana" depois da conquista babilônica. No capítulo 2 de sua obra *Arquiteturas*, E. Stern assinala que no final do período babilônico, com exceção do sul da Judeia, as cidades no norte e na faixa costeira revelam uma vida extraordinariamente rica[20]. C. E. Carter conclui — junto com outros — que os números da população claramente aumentaram sob a soberania persa[21]. Tornam-se notáveis os primeiros sinais de planejamento urbano regular: traçado de ruas em linha reta, às vezes como um tabuleiro de xadrez; casas com plantas simétricas[22]. Ainda não foram comprovadas grandes construções para este período em Judá, se comparamos com o palácio de Laquis; elementos típicos persas, como o capitel em touro, aparecem somente em Sídon, sede do governador persa. Foram feitas muitas fortificações em cidades no período persa da Palestina. Três edifícios da época foram qualificados pelos arqueólogos como templos; um deles em Laquis, isto é, na possível área de influência judaica[23]. São polêmicas a datação e a definição da finalidade deste santuário,

---

17. Cf. os recentes panoramas sobre os locais de escavação em C. E. Carter, *Emergence*, 114-171; L. L. Grabbe, *Yehud*, 22-53.

18. As escavações do pequeno sítio Tell Abu Hawam, por H. W. Hamilton, e 'Atlit, por C. N. Johns (ambos 1932-1933), foram decisivas para isto; E. Stern, *Culture*, XVII.

19. Ibid., XIX; 47-49.

20. Ibid., 48. Ele se baseia, por exemplo, em resultados alcançados por P. W. Lapp nas escavações de Tell el Ful.

21. C. E. Carter, *Emergence*, 199-205.

22. E. Stern, *Culture*, 48 s. Parece haver influência grega (plano hipodâmico).

23. Ibid., 61-64. Laquis não pertencia, entretanto, a Yehud. Cf. C. E. Carter, *Emergence*, 84-87. Em 'Amrit, na costa síria, eram visíveis até a época moderna construções persas, inclusive torres fúnebres; cf. N. *Saliby, OEANE 1*, 111 s.

mas parecem ser mais fortes os argumentos para que seja avaliado como persa[24]. — Nas sepulturas do período persa pode ser averiguado o sepultamento em corpo inteiro segundo diferentes tradições. Nas regiões orientais do império aparece só uma determinada cova singular, feita com lajes; sepulturas em urnas, em sarcófagos e cavernas provêm de costumes ocidentais (fenícios, egípcios e sírios). Objetos diversos (cerâmica ática, objetos de metal aquemênidas, moedas) permitem frequentemente uma datação relativamente exata[25]. — Achados cerâmicos têm na história da arqueologia a função de guias, pois aparecem com frequência e não estão expostos a falsas interpretações ideológicas. No período persa, os habitantes da antiga Palestina usavam muito a louça grega importada, ricamente pintada, ao lado de produtos locais sem adornos[26]. Entre os artefatos de metal, alabastro, faiança e vidro se destacam as pontas de lança gregas e irânico-citas como típicas do período[27].

E. Stern trata nos capítulos 6 a 8 de assuntos importantes para nossa temática: pequenos objetos de culto, sobretudo estatuetas e pequenos altares, iconografia, inscrições nas bulas (e selos) e moedas[28]. Todos esses pequenos achados podem fornecer uma boa visão das circunstâncias políticas e religiosas da época, sobretudo quando os comparamos com achados fora da Palestina. Entretanto, devemos relativizar dois princípios pressupostos por E. Stern sobre os artefatos com relevância religiosa: ele supõe, primeiro, que o pequeno número de estatuetas cultuais encontradas na província de Yehud permite concluir automaticamente que o monoteísmo oficial foi eficaz lá e que justamente estas pequenas figuras (pelo menos quando elas se encontram em grande número nas chamadas *favissae*, "urnas funerárias") eram usadas exclusivamente em templos (como dons votivos? como representações de divindades?)[29]. A proibição escrita de "outras divindades" não corresponde necessariamente à realidade religiosa, e o sepultamento formal de estatuetas cultuais gastas não exclui seu uso doméstico anterior (cf. Ex 21,6; 1Sm 19,3).

---

24. Contra o segundo escavador, Y. Aharoni (cf. Id., *IEJ* 18 [1968] 157-164), E. Stern (*Culture*) e H. Weippert (*Palästina*, 700 s.) indicam os pequenos achados e as cerâmicas claramente persas no local e as analogias arquitetônicas com templos contemporâneos reconhecidos (forma alongada; entrada no lado estreito oriental; espaços disposto no mesmo eixo; o Santíssimo elevado por degraus).
25. Cf. E. Stern, *Culture*, cap. 3, 68-92.
26. Cf. ibid., cap. 4, 93-142. C. E. Carter salienta a fraqueza da economia (*Emergence*, 285).
27. E. Stern, *Culture*, 154-157.
28. Em ibid., p. 158-195, 196-214, 217-228, respectivamente.
29. Judeus e samaritanos "não usavam tais objetos em seus ritos..."; "Portanto, podemos inferir que também existiram santuários naqueles sítios palestinos nos quais foram encontradas tais coleções de figuras" (ibid., 158). O. Keel e C. Uehlinger são menos apodícticos em suas opiniões (*Göttinnen*, 445 s.).

Ora, uma redução da adoração doméstica de "outras divindades" distintas de YHWH demonstraria um sucesso da teologia comunitária oficial.

Alguns dos maiores achados de estatuetas foram feitos na proximidade da província de Judá: Tel Sippor forneceu mais de duzentas peças; Tell es-Safi, mais de cem fragmentos (cuidadosamente destroçados); Laquis, pelo que parece, tinha muitos locais para depositar estatuetas e pequenos altares; destes, por volta de trinta encontravam-se reunidos num local (o número total em Laquis ultrapassa os duzentos). Um deles possui a inscrição "incenso". Foram descobertas outras coleções de tais objetos sagrados colocados fora de serviço em Gazara, Tel Jemmeh, Sheik Zuweid, Tel Berseba. Em suma, os locais de achados se estendem de Berseba até o norte da Síria. A província de Judá não está excluída, participando aparentemente das atividades cultuais ligadas com estes artefatos. Entre essas estatuetas aparecem esculturas masculinas (divindades; heróis; suplicantes?), também uma muito discutida "figura de cavaleiro persa", e, sobretudo, reproduções de uma mulher, vestida ou nua, em diferentes poses, algumas vezes grávida, eventualmente com uma criança. São conhecidos em grande número modelos antecedentes, de séculos anteriores[30]. No período persa aparecem, por um lado, figuras femininas estilizadas segundo o padrão grego, na maioria das vezes totalmente vestidas, sentadas ou de pé. Perante elas estão jovens nus de tipo "Apolo"; ambos são contados dentro do modelo "ocidental". Por outro lado, encontram-se figuras de deusas, sobretudo nuas, salientando o simbolismo da fertilidade, do modelo "oriental". Isto é continuação da tradição do Oriente Próximo, mas as figuras possuem expressão facial claramente mais alegre e mais natural do que nos períodos anteriores[31]. Também os pequenos altares para incenso, cuja forma mais comum é a de caixa suportada por quatro pés, podem ser classificados segundo a origem e a tradição. Além dos modelos palestinos locais, há os cipriotas, os árabes do sul e os da Mesopotâmia. Quase todos são adornados com figuras ou cenas gravadas ou pintadas, raramente com relevos salientes. As decorações escolhidas e sua técnica artesanal revelam a tradição na qual cada peça singular se encontra. Assim, as figuras e os pequenos altares para incenso representam igualmente tradições autóctones e intercâmbio inter-religioso. Iconografia e simbolismo autenticamente persas, porém, não estão presentes entre as peças achadas na Palestina.

---

30. Cf. U. WINTER, *Frau und Göttin*, Fribourg/Göttingen, 1983, espec. 96-199 (OBO 53); R. KLETTER, *The Judean Pillar-Figurines and The Archaeology of Ashrah*, Oxford, 1996, espec. 78 (BAR International Series 636); J. JEREMIAS, F. HARTENSTEIN, JHWH und seine Aschera, in B. JANOWSKI et al. (Hg.), *Religionsgeschichte Israels*, 1999, 79-136 (VWGTh 15).

31. E. STERN caracteriza deste modo os modelos ocidentais e orientais em *Culture*, 165-176.

A situação é diferente com as bulas e a cunhagem de moedas. Aqui entra em ação o braço estatal, pois os respectivos selos foram em parte introduzidos no exercício de atos oficiais pelos administradores persas da satrapia transeufratena ou das províncias subordinadas. E a fabricação de moedas, que na história econômica começou justamente no período persa, era assunto exclusivo do Estado. Selos privados são evidentemente muito mais numerosos do que os oficiais; eles fornecem valiosos conhecimentos sobre a história social e a das famílias, mas também sobre as ligações religiosas dos donos dos selos. O descobrimento e a publicação de outros exemplares progrediram rapidamente nas últimas décadas, de modo que estão superadas as coleções de E. Stern[32]. Para nossos fins, são importantes primeiro as representações em imagens do herói real persa em luta contra monstros míticos, sendo protegido pela figura alada de Ahura-Mazda; também as bulas e moedas que levam os nomes das províncias de Yehud e Samaria e, em alguns casos, do governador (*phh*) em exercício. Notável é uma bula samaritana com a inscrição: "Shelomit, serva de Elnatan, governador"; pertencente provavelmente a uma alta funcionária do governo provincial[33].

A avaliação dos muitos pequenos achados — em constante aumento — requer muito tempo e muita paciência e meios financeiros e pessoal especializado maiores do que de fato estão disponíveis. É desejável a coordenação dos resultados da pesquisa com as fontes bíblicas, sobretudo com a tradição de Esdras–Neemias, mas esta é submetida a certas dificuldades. Testemunhos arqueológicos representam interesses daqueles que os produziram, distintos daqueles dos autores e tradições bíblicos, que produziram ou cultivaram seus textos para uma comunidade de culto. Ora, o processo de transmissão é muito diferente. Artefatos e inscrições estão fixados por todos os tempos depois do ato de produção (prescindindo-se de pequenas modificações por apagamento ou nova inscrição). A tradição da comunidade, ao contrário, continua num fluxo oral e escrito. Em regra, serve para o cerimonial vivo de atos comunicativos, que dura até nosso presente.

2.2. O império mundial persa

De acordo com nosso ponto de vista, é sensato delimitar primeiro o grande quadro no qual a pequena comunidade judaica se formou e se movia.

---

32. Cf. especialmente a abrangente coleção de bulas e selos de O. KEEL et al., *Stempelsiegel*, v. 4 (OBO 135); O. KEEL, C. UEHLINGER, *Göttinnen*, 430-452; C. E. CARTER, *Emergence*, 259-283. Além disso, apareceram numerosas publicações particulares em revistas arqueológicas.

33. Cf. N. AVIGAD, *Bullae*, 6 s.

Segundo as testemunhas bíblicas, as comunidades adquiriram forma em troca contínua com a grande potência da Pérsia. Este elemento reativo só pode ser compreendido se traçadas as linhas básicas do complexo estatal que os persas criaram. Neste ponto, os iranistas debatem a estrutura interna e a "ideologia" do império gigantesco e dos que o governavam[34].

2.2.1. Estruturas imperiais

G. AHN, *Religiöse Herrscherlegitimation in achämenidischen Iran*, Leiden/Louvain, 1992 (Acta Iranica 31). – J. BLENKINSOPP, The Mission of Udjanhorresnet and Those of Esra and Nehemia, JBL 106 (1987) 409-421. – E. BLUM, Esra, die Mosetora und die persische Politik, in R. G. KRATZ (Hg.), *Religion*. – P. BRIANT, *From Cyrus to Alexander*, Winona Lake, 2002. – M. A. DANDAMAEV, V. G. LUKONIN, *The Culture and Social Institutions of Ancient Iran*, Cambridge, 1989. – P. FREI, K. KOCH, *Reichsidee und Reichsorganisation im Perserreich*, 2. ed., Fribourg/Göttingen, 1996 (OBO 55). – L. L. GRABBE, *Yehud*: A history of the Persian Province of Judah, London, 2004 (Library of Second Temple Studies 47). – W. HINZ, *Darius und die Perser*, Baden-Baden, 1976, 1979, 2 v. – K. G. HOGLUND, *Achaemenid Imperial Administration in Syria-Palestine and the Mission of Ezra and Nehemia*, Atlanta, 1992 (SBL.DS 125). – H. KOCH, *Es kündet Dareios der König... Vom Leben im persischen Grossreich*, Mainz, 1992 (Kulturgeschichte der Antiken Welt 55). – R. G. KRATZ (Hg.), *Religion und Religionskontakte im Zeitalter der Achämeniden*, Gütersloh, 2002 (Veröffentlichungen der Wissenschaftlichen Gesellschaft für Theologie 22). – M. C. MILLER, *Athens and Persia in the Fifth Century B.C.*, Cambridge, 1997. – D. B. REDFORD, The so-called "codification" of Egyptian Law, in J. W. WATTS (Ed.), *Persia*, 135-159. – H. SANCISI-WEERDENBERG et al. (Ed.), *Achaemenid History*, Leiden, 1983- (até agora 13 v. – inicialmente coletânea de resultados dos Groninger Workshops). – W. J. VOGELSANG, *The Rise and the Organisation of the Achaemenid Empire*. The Eastern Iranian Evidence, Leiden, 1992 (Studies in the History of the Ancient Near East 3). – J. W. WATTS (Ed.), *Persia and Torah*. The Theory of Imperial Authorization of the Pentateuch, Atlanta, 2001 (SBL Symposium Series 17). – U. WEBER, J. WIESENHÖFER, *Das Reich der Achaimeniden*, Berlin, 1996. – J. WIESEHÖFER, *Das antike Persien von 550 v.Chr. bis 650 n. Chr.*, Zürich, 1993. – Para todas as áreas da pesquisa relativa à época aquemênida é extraordinariamente importante a bibliografia na internet do grupo de trabalho de Groninger: <http://www.achemenet.com/bibliographies/bhach1.htm>.

Domínio global. O império aquemênida se estendia do Indo até o Helesponto e até a primeira catarata do Nilo. A extensão leste-oeste era de mais de 5 mil quilômetros, a extensão norte-sul entre mil e 3 mil quilômetros,

---

34. Cf. P. BRIANT, *Cyrus*: o império é visto ou como uma "federação de países autônomos sob a égide distante do Grande Rei" ou como um complexo de poder unitário em sua "dinâmica organizacional", com "intenso processo de aculturação" (1).

medidos em linha reta³⁵. A população total dentro das fronteiras persas só pode ser estimada. Se em torno de 500 a.C. a população mundial ficava (talvez) entre 20 e 50 milhões de seres humanos³⁶, então cerca de 30% ou mais dela pertenceriam às regiões de dominação persa. De qualquer modo, o império era gigantesco. Podemos sem preocupações compará-lo com os Estados de grande área do mundo atual. Não é difícil imaginar que tão grandes formações estatais e sociais colocam, antigamente como hoje, para os respectivos governantes e governados problemas semelhantes de organização, economia, abastecimento, comunicação, jurisdição etc.

Como se chegou a tão enorme desdobramento de poder político? O grande império persa não caiu do céu de repente. Ele se ergueu sobre impérios precedentes, que existiram desde o terceiro milênio antes de Cristo na Mesopotâmia e — com outra constituição interna e externa — no Egito. A ideia de um império mundial se desenvolveu de modo intercultural com o surgimento gradual de grandes sociedades no sobe e desce da história, e, provavelmente desde o terceiro milênio, faz parte das concepções duradouras que o Oriente Próximo legou ao mundo. Já no tempo das antigas dinastias mesopotâmicas, aparecem soberanos que exprimem esta reivindicação: o deus principal do país os incumbiu de conquistar povos estrangeiros, de levar a paz e a salvação para os outros e de estabelecer uma regência firme sobre "os quatro cantos da terra"³⁷. Os reis da Acádia, de Sargão até Naram-Sin (c. 2350-2150 a.C.), exprimiram com clareza a convicção de estarem realizando uma missão de dominação mundial. Os soberanos da terceira dinastia de Ur assumiram essa tradição com mais força³⁸. Especialmente os assírios seguiram as pegadas dos mais antigos. Eles desenvolveram essas ideias fazendo referência aberta aos reis do terceiro milênio e levaram-nas ao auge. Os soberanos assírios invocam frequentemente o deus da cidade, Assur, e a Ishtar guerreira, quando relatam sua expansão vitoriosa em todas as direções celestes. O fundador da hegemonia assíria, Tiglat-Pileser I (1114-1076 a.C.), já toca esta música:

---

35. Cf. abaixo II.2.2: a área de cerca de 10 milhões de km² corresponde à da Europa!

36. As avaliações demográficas da antiguidade só podem ser feitas de modo inexato, através da densidade dos assentamentos, às vezes reconhecível arqueologicamente. V. H. BIRK, *Die Weltbevölkerung*, München 2004; Deutsche Stiftung Weltbevölkerung, DSW Relatório de dados, Hannover 2002 ss.

37. Cf. S. FRANKE, *Königsinschriften und Königsideologie*, Münster, 1995 (Altorientalistik 1); ver, por exemplo, o epíteto de Eannatum, "que submeteu todos os países estrangeiros a Ningirsu" (ibid., 52; também 89-101, 160-164 etc.).

38. Cf. M. LIVERANI (Ed.), *Akkad, the First World Empire*: Structure, Ideology, Tradition, Padova, 1993 (HANE/S, v. IV); P. ATTINGER, M. WÄFLER (Hg.), *Mesopotamien*: Akkade-Zeit und Ur III-Zeit. Annäherungen 3, Fribourg/Göttingen, 1999 (OBO 160/3).

O Deus Assur, o grande Senhor, que administra todos os deuses corretamente, garante do cetro e da coroa, mantenedor da soberania... [seguem-se vários outros deuses e por fim Ištar] ... primeira entre os deuses, senhora do tumulto, aquela que adorna as batalhas ...
[O rei é mencionado] ... rei do universo sem igual [LUGAL.KISH la-a šá-na-an][39], rei dos quatro cantos [LUGAL kib-rat 4-i], rei de todos os príncipes, senhor dos senhores, pastor maior, rei dos reis ...[40].

Através dos séculos e das diferentes constituições dos impérios, os títulos régios se estenderam e variaram. Mas eles seguiram uma linha tradicional e utilizaram amplamente fórmulas antigas, justamente quando se tratava da expansão do domínio sobre a superfície terrestre conhecida. Também Sargão II (721-705 a.C.) — e soberanos neobabilônicos e persas depois dele — insistiram:

Sargão, o Rei de tudo [Šarru-kin šar kiššati], o Rei da terra Assíria: por meu desejo construí uma cidade. Eu a chamei Dur-Šarrukin. Um palácio perfeito (?), que nas quatro partes da terra [kibrat arba'i] ... não tem igual, eu ali construí[41].

Os soberanos persas tomaram estas ideias e títulos para si e, num sentido limitado, para sua divindade, Ahura-Mazda, o "Senhor da Sabedoria". Em todo caso, eles exercem e celebravam o poder mundial sem limites, que não tinha nada igual — mesmo não lhes faltando inimigos internos e externos. Entretanto, a ideologia régia, herdada por cima dos limites culturais, afirmava que aquela concentração de poder era desejada pela divindade e, portanto, correspondia ao bem-estar e ao interesse dos povos unificados no império. Os títulos de soberania aparecem cumulativamente:

Do Cilindro de Ciro (539 a.C.)

Eu, Ciro, rei do império mundial, rei maior e mais poderoso, rei de Babel, rei da Suméria e da Acádia, rei das quatro margens da terra, filho de Cambises, o Grande rei, o rei de Anšan, neto de Ciro, o Grande Rei, rei de Anšan, descendente de Šišpiš (Teispes), o Grande Rei, rei de Anšan, sêmen eterno da realeza, cujo governo agradou a Bel e a Nabu e cujo reinado eles desejaram para a alegria de seus corações, quando entrei pacificamente em Babel e, sob júbilo e alegria, fixei a sede do Grande Rei no palácio do príncipe[42].

---

39. O título "rei de Kish, sem igual" se desenvolveu do terceiro milênio até o final do segundo milênio, chegando ao significado de "Senhor universal", que também é frequentemente expresso com a designação acádia "šar kiššatim", "rei de tudo"; cf. S. FRANKE, *Königsinschriften und Königsideologie*, Münster, 1995, Ahw v. 2, 492; E. S. GERSTENBERGER, "World Dominion" in YHWH-Kingship Psalms, HBT 23 (2001/2002) 192-210.

40. A. K. GRAYSON, Assyrian Rulers of the Third and Second Millenia (to 1115 b.C.) [v. 1] and the Early First Millennium (1114-859 B.C.) [v. 2], Toronto, 1987, 1991; citação do v. 2, 13.

41. Segundo C. UEHLINGER, *Weltreich und eine Rede*, Fribourg/Göttingen, 1990, 476 (OBO 101).

42. K. GALLING (Hg.), *Textbuch zur Geschichte Israels*, Tübingen 1968 (TGI), 83.

Os antepassados de Ciro foram somente reis regionais de Ansã, a terra natal dos persas-elamitas. Esta fase de domínio menor passou. O próprio Ciro, o grande, fala com realce de domínio mundial, que, segundo a inscrição deste cilindro, como que naturalmente, lhe foi entregue por Marduk, o deus da cidade e do estado dos babilônios. Num estilo de relato se diz de Marduk: "Ele examinou todas as terras, ele passou em revista seus amigos, ele apanhou com sua mão um príncipe justo segundo seu coração: ele chamou Ciro, rei de Ansã, ele chamou o seu nome para dominar todo o universo"[43]. Não era inusitado na cidade da Babilônia mencionar Marduk como o divino condutor do mundo: o conquistador ingressa na tradição dos vencidos; e ele pode fazê-lo facilmente, talvez porque o Deus dos adversários submetidos expressamente saudou Ciro como salvador por intermédio dos sacerdotes revoltosos da Babilônia[44]. Do ponto de vista persa, isto significaria: aquele que atribuiu o domínio mundial não é senão a própria divindade do estado, Ahura-Mazda. Alguns soberanos persas, salienta Ciro, se declaram partidários dele.

Dario assume os títulos dos antecessores na grande inscrição em três línguas de Behistun:

> Eu sou Dario, o Grande Rei, Rei dos Reis, Rei da Pérsia, rei das terras, filho de Histaspes, neto de Arsames, um aquemênida[45].

O soberano do mundo indica repetidamente sua nomeação por Ahura-Mazda:

> Anuncia Dario, o rei: segundo a vontade de Ahura-Mazda, sou rei. Ahura-Mazda me concedeu o domínio real (persa: *xšaça*)[46] [Segue-se uma lista de 23 nações dominadas — cf. acima 9 — e no § 6 continua] Anuncia Dario o rei: estas terras me pertencem — elas me foram submetidas segundo a vontade de Ahura-Mazda. Elas me trazem tributo. O que eu lhes digo, seja de noite ou de dia, elas fazem[47].

---

43. Ibid.
44. Assim está no poema difamatório sobre Nabônides, J. PRITCHARD (Ed.), ANET, 312-315; ver o Cilindro de Ciro, TUAT I, 408-410, e também Isaías 44,28; 45,1-4. H. DONNER comenta os textos de modo tradicional em *Geschichte*, v. 2, 424 s.; P. BRIANT, por outro lado, diz que "esta interpretação tradicional levanta suspeita na medida em que ela concorda com a imagem que a própria propaganda persa teria feito" (*Cyrus*, 41).
45. Texto compósito de versões persa antigo, babilônio e elamita, segundo W. HINZ, TUAT I, 420 s. (= § 1 da inscrição na falésia dividida em setenta trechos; cada parte é introduzida de modo estereotipado com a fórmula em persa antigo: "Anuncia Dario, o rei").
46. § 5 da inscrição em H. HINZ, TUAT I, 422. As inscrições de Dario destacam sempre em estilo de fórmula: Ahura-Mazda é o criador do universo, "que criou a felicidade para os seres humanos, que fez Dario rei, que deu o império ao rei Dario, o grande, com bons cavalos e bons homens..."; cf. G. AHN, *Herrscherlegitimation*, p. 180.
47. § 7 da inscrição em W. HINZ, TUAT I, 424. Sobre a atividade legislativa real cf. P. BRIANT, *Cyrus*, 510 s., 600-611. G. AHN mostra que o Grande Rei age para realizar a incumbência divina

Capítulo 2 – A história que podemos conhecer

Um oficial medo homenageando o rei Dario I (c. 550-486 a.C.), do Tesouro, c. 515 a.C. (calcário), Aquemênidas (550-330 a.C.), Persépolis, Irã, Giraudon. © The Bridgeman Art Library.

O domínio concedido pela divindade obriga o rei, representante de Deus, a defender o direito e a um tipo de competência normativa em relação aos súditos:

> Anuncia Dario o rei: Nestas terras recompensei ricamente o homem que era fiel; mas aquele que era infiel, eu o puni com rigor. Segundo a vontade de Ahura-Mazda, estas terras seguiram minha lei (persa: *dāta*; aramaico: *dat*, "decreto, lei"), como eu lhes dizia, assim o faziam[48].

Sempre que aparecer um adversário do Deus maior, o espírito enganador, a negação do bem, o rei deverá intervir e Ahura-Mazda estará ao seu lado. O Grande Rei se torna até um pregador para seu Deus:

> Anuncia Dario, o rei: Estas terras que se rebelaram, a mentira (*drau*) as fez rebeldes, de modo que esses (homens) enganaram o povo. Por isso, Ahura-Mazda as entregou em minhas mãos. Como era minha vontade, assim lhes fiz.
> Anuncia Dario o rei: Tu, que serás rei mais tarde, preste atenção à mentira. Pune com rigor o homem que é servo da mentira, quando pensares "que minha terra seja firme!"[49].

---

em *Herrscherlegitimation*, 180-227; 246-302. No § 9 novamente se indica veementemente que Ahura-Mazda seria a força motora por trás da ação governamental de Dario.
48. § 8 da inscrição segundo W. Hinz, TUAT I, 424.
49. § 54 e 55 da inscrição, não abreviados: ibid., 444. A "mentira" é contrária ao divino. Cf. M. Boyce, *History*, v. 2, 173-177.

Por fim, seja citada também a inscrição do túmulo de Dario, a qual mostra a obra da vida do rei sob o governo do deus criador e ordenador persa (estes temas podem muito bem ser mesopotâmicos, pois não aparecem nesta forma nos *gathas* de Zaratustra); a inscrição apresenta o Grande Rei mais uma vez na pose de pregador:

> Tudo aquilo que fiz, eu o fiz segundo a vontade de Ahura-Mazda. Ahura-Mazda me ajudou até eu completar a obra. Que Ahura-Mazda me proteja do mal e minha casa régia e esta terra! Isto eu suplico de Ahura-Mazda, que isto me conceda Ahura-Mazda! Oh, ser humano! Que não te pareça um mal aquilo que é ordem de Ahura-Mazda! Não abandones o caminho reto! Não lhe sejas resistente![50]

Perante a quantidade de declarações de poder com fundamentação religiosa e o zelo missionário das inscrições de Dario[51], é ocioso perguntar se a fé em Ahura-Mazda desempenhou algum papel na política de Estado sob os aquemênidas. É claramente testemunhado que ela era uma referência no tempo de governo de Dario, embora pouco se possa descobrir sobre os conteúdos religiosos e sobre a questão específica de se a doutrina de Zaratustra era ou não a única decisiva. A avaliação da "mentira" na política e na vida privada mostra, entretanto, o caráter da religião mencionada.

O zelo por Ahura-Mazda também aparece em outros aquemênidas. Uma vez, numa inscrição de Xerxes, ele aparentemente se intensifica até medidas de purificação religiosa nos territórios conquistados:

Xerxes na inscrição "daéva" de Persépolis e Pasárgada

Ahura-Mazda é o grande Deus, que fez esta terra aqui, que fez o céu lá, que criou o ser humano, que trouxe a felicidade para o ser humano, que colocou Xerxes como rei, o único rei de muitos, o único Grande Rei de muitos[52].

Naqueles povos havia um local onde os *daēvas* antigamente eram adorados. Mas — graças a Ahura-Mazda — eu destruí o santuário dos *daévas*. Eu decretei "que os *daévas* não sejam mais adorados!". Lá onde antes os *daévas* eram adorados, agora eu adoro Ahura-Mazda, no tempo prescrito e segundo o rito (correto)[53].

---

50. Segundo H. Koch, *Dareios*, 294.
51. Uma coletânea de textos em P. Lecoq, *Inscriptions*, 187-249, com numerosas referências ao caráter único do domínio do Grande Rei. Ele é uma tarefa fundada na vontade da divindade.
52. Segundo G. Ahn, Herrscherlegitimation, 111-113; P. Lecoq, Inscriptions, 256, traduziu assim: "Ahuramazda est le grand Dieu qui a créé cette terre ici, qui a créé ce ciel là-bas, qui a créé l'homme, qui a créé le bonheur pour l'homme, qui a fait Xerxès roi, unique roi de nombreux, unique souverain de nombreux".
53. Segundo G. Ahn, Herrscherlegitimation, 111-122. Cf. Lecoq, Inscriptions, 257 s.: "et parmi ces peuples, il y en avait un ou précédemment les dévas étaient vénérés; alors, grace à Ahuramazda, j'ai détruit le sanctuaire des dévas et j'ai interdit: 'que les dévas ne soient pas vénerés!'". Cf. P.

Os especialistas tentam adivinhar a qual povo e a qual acontecimento se alude na inscrição. É claro que Xerxes trata no texto de revoltas que ele combateu com sucesso. E ele se mostra claramente combatente a favor da religião correta, a qual parece desempenhar um papel decisivo na manutenção do império, algo totalmente oposto à política religiosa dos aquemênidas conhecida de outras fontes. Os *daévas* são a concretização e a personificação da falsa fé, diametralmente oposta ao "Senhor da Sabedoria", Ahura-Mazda, o criador e guardião do bem. Em todo caso, essas inscrições régias mostram que a fé em Ahura-Mazda tinha uma importância fundamental para o império aquemênida, qualquer que fosse a configuração interna desta fé e o modo como ela pretendia se mostrar para fora, perante as outras religiões. Nos impérios mundiais mesopotâmicos o rei tradicionalmente era administrador da divindade e guarda maior do direito e da justiça[54]; entre os aquemênidas, diferentemente, as funções do rei eram mais amplas. Os soberanos representavam a autoridade do criador do mundo numa medida mundana, eles eram corresponsáveis pela estrutura interna do império, composta de verdade, bondade e justiça[55].

Em tudo isso, a questão fundamental não é a respeito da divindade corporal do rei, que na tradição cristã sempre de novo tem aparecido no exemplo da filiação divina de Cristo. Trata-se da função decisiva do Grande Rei. O rei está cumprindo a tarefa dada por seu deus (ou pelo deus do Estado)? Ele recebeu uma tarefa divina de governar o império? Também não está realmente no centro do debate a fé pessoal do rei. É ociosa a questão — muito tratada — de se os aquemênidas eram ou não partidários professos de Zaratustra. Eles alegavam, do modo oriental antigo, que haviam sido investidos em seu cargo por um deus poderoso e superior. Tradicionalmente estavam sempre incluídas as tarefas de construir um templo para a principal divindade e cuidar da justiça social nesse mandato de dominação. Se a concessão do domínio mundial está em debate, então evidentemente a divindade alegada possui a legitimidade

---

BRIANT, *Cyrus*, 550-554; M. BOYCE, *History*, v. 2, 173-177; M. STAUSBERG, *Religion*, v. 1, 173 s.; última edição: R. SCHMITT, *Inscriptions of Naqsh-I Rustam*, 88-95.

54. Cf. A. GAMPER, *Gott als Richter in Mesopotamien und im Alten Testament*, Innsbruck, 1966; *Prolog des Codex Hammurabi*, col. I, 27-49; IV, 13-22 (TUAT I, 39 ss.). W. SOMMERFELD, *Der Aufstieg Marduks*, Kevelaer/Neukirchen-Vluyn, 1982 (AOAT 213); G. AHN, *Herrscherlegitimation*, 78-91, 196-199, 258-271.

55. A qualidade "justiça" é própria do rei, como foi dito, também segundo as tradições mesopotâmias. Dario e Xerxes talvez tenham assumido essas ideias, e as fortaleceram grandiosamente em elogios hínicos, partindo das próprias premissas teológicas. Cf. os textos DNb e XP1 em P. LECOQ, *Inscriptions*, 221-224, 259-261; G. AHN, *Herrscherlegitimation*; também Salmos 45 e 72.

para tal ato de soberania. Ela é a divindade criadora, que transfere seu cosmo para as mãos fiéis do monarca escolhido. Nessa fase, nos respectivos centros de poder onde se formaram concepções universais de sociedade, o Grande Rei torna-se vice-regente "divino" (de acordo com sua função) sobre toda a terra habitada então conhecida. Certamente, houve diferenças na concepção e na configuração dos impérios nos diferentes períodos de desenvolvimento de poder imperial. Mas a ideia básica era igual, ou ao menos comparável, entre sumérios, acádios, babilônios, assírios, persas, egípcios, hititas, helenos e romanos. Modelos de fundamentação surgiram da necessidade prática de legitimar o domínio mundial; eles afirmavam que o Estado existente ou buscado tinha uma ancoragem supratemporal. É fácil compreender que tal ideologia, por sua vez, se torne força motora de estratégias políticas expansivas.

Mas quais são as características próprias da versão persa de um império global unificado? As religiões do antigo Irã — bastante independentes em comparação com as da Mesopotâmia, da Ásia Menor e do Egito —, sobretudo a manifestação delas na doutrina de Zaratustra, determinaram de algum modo a concepção aquemênida de império mundial? Neste ponto só podemos frisar a questão, para retomá-la mais tarde, depois de olharmos estas atitudes religiosas fundamentais. Em todo caso, a originalidade da fé e das ideias sobre Deus no *Avesta* — perante as religiões da antiga mesopotâmia — permite supor acentos religiosos diferentes, embora expressos só vagamente nas inscrições régias oficiais.

A ideia de império mundial e as funções nela atribuídas ao rei são evidentemente só um elemento da realidade histórica. Não podemos de modo algum supervalorizar isso, como se as pessoas no império persa vivessem constantemente na consciência de ser parte de uma sociedade universal por graça persa. Temporariamente o contrário pode ser correto: provavelmente a vida corria sua maior parte em microrregiões, em assentamentos, cidades e clãs familiares. Quanto às cidades, certamente havia no antigo Oriente Próximo assentamentos urbanos consideráveis, em parte até mesmo metrópoles, cujas dimensões eram enormes. Entretanto, calcula-se que entre 60% e 80% da população vivia "no campo" ou era ligada à economia agrária, mesmo morando nas cidades. A relação da população realmente urbana com a rural só se deslocou decisivamente em favor do primeiro grupo nestes últimos tempos. Hoje, graças às modernas técnicas agrárias, moram, mesmo em países predominantemente agrários, até 80% e 90% das pessoas em regiões metropolitanas, em parte caóticas. Por isso, só podemos imaginar genericamente a vida de então numa gigantesca federação de numerosas tribos, grupos linguísticos, subgrupos urbanos. A ideologia imperial abrangente, bem como sua base religiosa, que encontramos nas inscrições régias, podem servir como um edifício exterior, que abarca todas as pessoas dentro do império. O império não é sempre visível ou consciente enquanto quadro abrangente, mas pode se tornar perceptível no mais retirado canto de cada província em certas ocasiões — atividades bélicas, recrutamento de soldados, imposição ou liberação de impostos, pomposas demonstrações de poder, concessão ou retirada de direitos. Nestas ocasiões, as pessoas eram diretamente atingidas pela organização estatal em suas comunidades locais e regionais e deviam tomar posição. A propaganda pomposa da administração imperial, tal como a inscrição monumental numa falésia em Behistun ou os palácios nas capitais, era, para todos os que a podiam perceber, uma constante lembrança do poder e da onipresença das instâncias do império. — Um esboço de como a ideologia se concretizava em estruturas e atos administrativos servirá como pano de fundo para entender a realidade judaica.

Organização e consciência. Ficamos de certo modo perplexos perante as realizações do antigo governo persa: precisava de habilidade extraordinária, energia incrível e espantosa intuição para manter um tão gigantesco império num estado de equilíbrio. Revoltas e guerras civis não eram raras, de fato — o que não é de espantar perante uma mistura de povos tão colorida dentro das fronteiras do império. Somente a inscrição de Behistun lista quinze rebeliões contra Dario e o abafamento delas[56]. Mais de uma vez os aquemênidas conseguiram manter ou restabelecer a unidade do Estado com muitos povos. Como conseguiram isso? O que constitui a essência de um império? Certamente não bastava a "vontade de poder" localizada numa personalidade forte ou numa dinastia. De onde surgiu — se é que existiu — o sentimento de solidariedade entre as elites e os povos submetidos? Havia, naqueles espaços gigantescos, uma consciência geral da coerência da autoridade e da abrangente realidade política (militar, econômica ou religiosa) do império persa?

Em primeiro lugar, devemos constatar que o governo central — de Ciro a Dario III —, residente no planalto persa ou em Susa, eventualmente também na Babilônia, não tentou criar uma base única linguística, cultural, jurídica ou religiosa para seu domínio. Como mostram diferentes arquivos oficiais, valiam como línguas oficialmente admitidas — regionalmente e no contato

---

56. Panorama em L. Lecoq, *Inscriptions*, 87-93; texto da inscrição, ibid., 187-214; TUAT I, 419-450. Os últimos dois inimigos, os elamitas e os citas, são expressamente acusados de "não adorar Ahura-Mazda", enquanto Dario seria seu partidário (§ 72 e 75). A exortação em iguais palavras diz: "Anuncia Dario o rei: quem adorar Ahura-Mazda receberá favor tanto em vida quanto depois da morte" (§ 73 e 76). Cf. M. Stauberg, *Religion*, v. I, 157-186 (politização da religião).

com o governo —, além do persa, também o elamita, o babilônico, o egípcio, o grego (certamente também diversos idiomas das partes orientais do império) e — para toda a região ocidental — o aramaico. Além disso, distritos linguísticos locais permaneceram internamente intocados. Como os soberanos estabeleciam seu predomínio tanto quanto possível em cooperação com as elites locais, continuou a existir a multiplicidade linguística, e o problema da tradução continuou a ser uma tarefa a não ser subestimada em todos os postos administrativos persas (cf. Est 3,12). Embora nos comunicados se fale muito da "lei" e dos "decretos" do rei (*dāta*), dando a impressão de que se trate de prescrições jurídicas de aplicação universal, não se pode falar de um "código civil" unificado na Pérsia antiga. Parece, ao contrário, que os aquemênidas se preocuparam em manter em cada parte do império o direito (costumeiro) regional, fosse ele fundado étnica, cultural ou religiosamente. Certamente, os juízes e legisladores regionais das províncias não podiam dar uma sentença ou fazer um regulamento que fosse perigoso para o governo. A suposta ordem de Dario para "codificar" as leis do Egito e a introdução do direito judaico, sob Esdras, seriam importantes indícios desta política. Alguns historiadores têm interpretado ultimamente tais indicações de modo não tão jurídico-formal ou tão constitucional como antes. Eles falam de medidas isoladas e da intenção do Grande Rei de assegurar a lealdade dos súditos[57]. Mas os reis persas estavam muito longe de qualquer outra regulamentação da cultura ou da religião nas terras dominadas, em contraste com seus antecessores, os soberanos assírios e babilônicos, e com seus sucessores helenísticos. A ideia de império persa não alcança, portanto, aqueles âmbitos da vida que consideramos — acompanhando todo tipo de pensadores políticos conhecidos da história — decisivos na organização de grandes sociedades.

Então, onde se veem no antigo império persa os fatores da unidade? Os construtores aquemênidas do Estado eram ativos sobretudo nos campos político, militar e econômico. Desde o início, o princípio de governo foi fortalecer a autoridade do governo central — onde quer que estivesse sua sede — por meio da presença militar e de linhas de comunicação rápidas, deixando para os distritos administrativos subordinados grande autonomia, o que não excluía, entretanto, intervenção superior nas províncias, mesmo em assuntos sem grande importância. Serviam para esta primeira finalidade as guarnições, sobretudo nas regiões de fronteira, mas também em importantes pontos estratégicos, e o famoso correio por cavalos, que possibilitava, pelo

---

57. Cf. D. B. REDFORD, *Codification*; P. BRIANT, *Cyrus*, 510 ss., 600-611.

movimento ininterrupto, comunicados em longas distâncias[58]. Eles uniam de modo espantosamente eficiente o governo central com os principais postos administrativos do império. A hierarquia dos cargos claramente definida tornava todos os funcionários responsáveis em última instância perante o Grande Rei na distante capital. Sátrapas e governadores de províncias se compreendiam, enquanto fossem fiéis ao Grande Rei, como mediadores da vontade maior do Grande Rei. Posições-chave imperiais majoritariamente permaneciam reservadas aos membros das famílias nobres persas. Mas nas províncias, subdivisões das gigantescas satrapias, predominantemente as elites locais se tornavam corresponsáveis. Por intermédio delas, o grande poder imperial se transformava na moeda miúda da configuração "unitária" do mundo, seja qual fosse seu conteúdo. Dario, o Grande, aparentemente tem o maior mérito sob este aspecto: por volta de 520 a.C. ele reorganizou todo o sistema administrativo, criando e rearranjando vinte ou mais "satrapias" com numerosas "províncias" subordinadas[59] (cf. mapa da p. 12).

Nestes breves limites se desenvolvem por duzentos anos as atividades dos "soberanos do mundo" persas e sua corte, dos funcionários administrativos e do estado-maior. Nossa questão é novamente: que efeitos toda essa organização de poder tinha sobre as populações do império? Chegou-se a formar na humanidade de então a consciência de que os soberanos locais — e de algum modo também os cidadãos e camponeses — podiam ou deviam se ocupar com a dominação persa? Não pode haver dúvida alguma de que os habitantes da área de influência persa de então, pouco importa quão retirada fosse sua moradia ou pastagem, tinham conhecimento da existência do poder central, de seus atos de guerra, de seu luxo e de sua pompa legendários[60], talvez até de seus esforços por uma ordem civil. A cultura da transmissão oral funcionava com segurança, ainda que não tivesse a velocidade eletrônica que nós consideramos normal. Lendas sobre os soberanos eram matéria normal das narrativas populares[61]. Além disso, milhares de homens por toda a parte eram

---

58. Cf. H. Koch, *Dareios*, 68-70; P. Briant, *Cyrus*, 364-377; J. Wiesehöfer, *Persien*.

59. P. Lecoq oferece uma seleção de diferentes listas dessas regiões expandidas, as quais sempre faziam de um povo dominante e de sua capital um pilar de sustentação (*Inscriptions*, 130-136); M. Dandamaev, V. Lukonin, *Culture*; W. J. Vogelsang, *Rise*.

60. Festas reais, rituais, construção de palácios e cidades e arquitetura serviam conscientemente para aumentar a aura monárquica e manter o império — enquanto periferia — na dependência do centro de poder; P. Briant, *Cyrus*, 175-203, menciona corretamente: uma construção de "uma imagem idealizada do espaço e do poder imperial".

61. Elas são retomadas em parte por escritores; cf. o livro de Ester, a *Ciropédia* de Xenofonte etc.

diretamente dependentes do governo, como soldados, como empregados na administração ou como trabalhadores nas manufaturas reais. Os cálculos dos salários encontrados em Persépolis fornecem uma imagem bastante real da vida das "pessoas simples" (cf. abaixo 2.2.4). Mas não só nas cidades os seres humanos tinham contato direto com as instituições imperiais. A necessidade sempre renovada de soldados levava a que se pedisse das menores comunas o fornecimento de homens capazes de lutar. No exército, as tropas de elite vinham, de fato, das regiões persas centrais, mas a infantaria, a base dos exércitos, consistia em contingentes de todas as direções do céu. A marinha persa precisava recorrer aos marinheiros peritos das regiões costeiras. Fora da região central persa em torno de Pasárgada e Persépolis, qualquer família podia experimentar vivamente sua relação com o Estado e o governo, quando chegava a hora de pagar impostos, pois a elaborada divisão do gigantesco império em satrapias e províncias deveria assegurar, antes de tudo, o financiamento do aparato de poder em todos os seus ramos. Não havia distinção rigorosa entre taxas regulares, tributos pagos uma única vez e presentes ao Grande Rei. Todos os produtos naturais, objetos de arte ou de uso, metais nobres ou somas em dinheiro entravam no tesouro do rei e de lá voltavam para circulação econômica. A administração tinha que pagar continuamente despesas com a manutenção da corte, custosos palácios e construções de governo, exército, frota, guerra, técnica de transporte, infraestrutura e semelhantes tarefas "públicas". Elas só podiam ser efetivadas com o uso de pessoal amplo. Que efeitos tinham sobre as populações as diferentes manifestações da formação estatal macromonárquica?

Sabemos pouco sobre a posição dos súditos persas em relação aos objetivos dos aquemênidas. As exposições e expressões de opinião mais amplas são, certamente, as dos intelectuais gregos. Para eles o império persa era uma imagem antagônica, fascinante e intimidadora, de sua própria mentalidade política. Mas, mesmo sendo difícil para os gregos entender a partir de sua tradição as relações e as mentalidades "asiáticas", dúzias de escritores reuniram, conhecendo a realidade persa de longe ou de perto, todo tipo de informações e as deixaram para a posteridade. Pela predominância grega nos relatos e avaliações, ainda há o perigo de ver a dominação persa com os olhos gregos, isto é, de desfigurá-la ocidentalmente. Testemunhos singulares da Babilônia, de Israel, do Egito, descobertas arqueológicas e também fontes persas, por sua vez também parciais, podem servir como contrapeso à interpretação grega da realidade persa. É certo que os letrados da Grécia, impressionados pelas muitas lutas contra a ofensiva persa na Europa, dedicaram ao império mundial no Oriente uma atenção especial, carregada de um antagonismo natural. Talvez isso possa ser dito também de outras classes dirigentes de diferentes regiões do mundo antigo. Por outro lado, ainda ouviremos as vozes singulares que saudaram Ciro como libertador ou que se colocaram a serviço dos reis aquemênidas, isto é, se identificaram com o governo do império. Podemos concluir de tais comportamentos que houve sob o império persa uma comum consciência "estatal" ou "de ordem", dentro da elite internacional?

Geralmente só se fala de consciência nacional quando a atitude positiva interna relativa à grande sociedade estatal é partilhada por maiorias populacionais. Via de regra, porém, tais maiorias não deixam uma declaração de vontade direta. Assim, não podemos saber como os antigos seres humanos se sentiam quando se falava sobre seus soberanos persas. Alguns textos bíblicos comunicam, por exemplo, a euforia daqueles que festejaram a tomada de poder pelos persas como redenção. Outros nos deixam ver como a distância entre ricos e pobres se tornou maior justamente sob a égide persa. A necessidade financeira do império mundial era tão imensa que os impostos eram cobrados impiedosa e completamente quanto possível; muitos afundaram na miséria social (cf. Ne 5,1-4). Não é, portanto, de espantar que uma oração de lamentação contra os senhores que esfolam "grande lucro" de seus subordinados (Ne 9,37) pudesse se tornar popular na Judeia. Não sabemos se, tudo bem considerado, a reconstrução de Jerusalém e de Judá — possivelmente apoiada pelo governo — e a relativa autonomia da província tenham compensado a experiência de exploração na comunidade de Israel. Mas podemos supor que também em Israel uma pessoa se entendia como parte da abrangente estrutura estatal persa — aparentemente desde a elite dirigente até os membros da comunidade. A relação com o império mundial era ambígua, mas em grande parte mantinha-se uma atitude positiva em relação ao Grande Rei. Com a ajuda de Yhwh foi conseguida benevolência do chefe de estado (Esd 1,1-4; 7,28; 9,9) e sentia-se a obrigação de interceder com orações perante Deus em favor dele (Esd 6,10). Assim, o império persa adquiriu qualidade teológica nas comunidades judaicas.

Política religiosa. Relatos e avaliações positivas sobre o governo central persa em muitos escritos do Antigo Testamento (Esdras, Neemias, Isaías), notícias contraditórias entre os escritores gregos e numerosas indicações de documentos administrativos dos sátrapas persas levaram os historiadores modernos a afirmar que os aquemênidas tinham em geral uma atitude extraordinariamente liberal perante as religiões diferentes do mazdeísmo. Eventualmente se fala de modo quase eufórico de sua política religiosa exemplarmente tolerante, que eventualmente incluía o fomento ativo de cultos estrangeiros à custa do Estado. Somente nos últimos tempos se multiplicam as vozes que pedem reserva. Neste ponto, juízos gerais não seriam adequados[62]. Uma objeção de peso é que entre as fontes persas disponíveis não se encontrou nenhuma declaração de princípio dos soberanos. As declarações *ad hoc* de Dario e Xerxes — em parte citadas acima — sobre problemas religiosos ou de culto não permitem a reconstrução de um programa político religioso de longo prazo. A segunda consideração se volta contra a apresentação dos teólogos judeus (cf. abaixo 2.1.1.2): eles afirmam por interesse próprio que a corte persa teria distinguido as lideranças judaicas e ajudado ativamente nos assuntos da comunidade de YHWH porque os soberanos se sentiam obrigados pessoalmente perante o Deus de Israel[63].

Prova destacada de amplas iniciativas legislativas do governo central, no âmbito civil e cultual, no Egito, é a inscrição do médico egípcio Udiahorresnet, junto com uma carta de Dario, que parece prescrever o colecionamento de determinações legais daquele país[64]. Segundo J. Blenkinsopp, P. Frei e seus colegas, encontramos aqui um paralelo direto com as missões de Esdras e Neemias. O emissário egípcio reconstrói a escola de medicina ("Casa da Vida") e o templo de Saís. Pelo que parece, Dario quer restabelecer de modo amplo a ordem egípcia da vida. As mencionadas pesquisas críticas recentes sugerem, entretanto, que Udiahorresnet representa antes um caso privado de favor imperial e que pensar aí no colecionamento da tradição jurídica egípcia seria uma interpretação exagerada de um texto inseguro[65].

Mesmo deixando de afirmar de modo geral que havia uma política religiosa persa praticada e planejada para o longo prazo, sobram sinais suficientes de uma atitude pragmática, não ideológica, dos aquemênidas perante outras religiões. Assim, os soberanos persas evitaram qualquer tentativa de impor a religião estatal oficial em todas as províncias. Os impérios anteriores ao persa talvez tenham assumido esporadicamente uma atitude dominadora perante as religiões dominadas; no império romano a religião foi transformada intencionalmente, por algum tempo, em instrumento de poder político. Para os persas

---

62. Sobretudo P. BRIANT deve ser mencionado; cf. *Cyrus*, 55-61, 473-477, 491-493, 543-553, 962-967; cf. também D. B. REDFORD, *Codification*; M. STAUSBERG, *Religion*, v. I, 157-186.
63. L. L. GRABBE reúne as fontes persas relativas à política religiosa de modo claro (*Yehud*, 209-216) e fala criticamente delas: seu resumo: "o suposto apoio aos cultos e a religião sob os persas é frequentemente exagerado na literatura moderna" (ibid., 215).
64. Cf. J. BLENKINSOPP, *Mission*; P. BRIANT, *Cyrus*, 473 s.; L. L. GRABBE, *Yehud* 113; 115.
65. Cf. L. L. GRABBE, *Yehud*, 212 s.; D. B. REDFORD, *Codification*.

— como resulta de uma avaliação prudente das fontes — as muitas religiões da área do império eram tidas, ao contrário, como inofensivas enquanto não criassem dificuldades para o governo e — no caso normal — os impostos e taxas entrassem pontualmente. Mas, ao se perceber alguma resistência, os reis persas podiam intervir com rigor, mesmo contra templos e sacerdotes. Não se pode provar que havia um financiamento ou uma subvenção estatal constante de templos nas províncias submetidas; em si, é altamente improvável.

2.2.2. O decorrer da história

P. BRIANT, Cyrus. – M. BROSIUS, *Women in Ancient Persia* (559-331 B.C.), Oxford, 1996. – M. A. DANDAMAEV, *Persien unter den ersten Achämeniden*, Wiesbaden, 1976. – ID., *A Political History of the Achaemenid Empire*, Leiden, 1989. – H. DONNER, *Geschichte des Volkes Israel und seine seiner Nachbarn in Grunzügen*, 2. ed., Göttingen, 1995, 2 v. – R. N. FRYE, *The History of Ancient Iran*, München, 1984. – W. HINZ, *Darius und die Perser*, Baden-Baden, 1976. – H. KOCH, Dareios. – D. M. LEWIS et al., *Cambridge Ancient History*; v. 5/2: The Fifth Century b.C., Cambridge 1992; v. 6/2: The Fourth Century B.C., Cambridge, 1994. – D. LENFANT, Ctésias et Hérodote ou les réécritures de l'histoire dans la Perse achéménide, REG 109/2 (1995) 348-360. – R. ROLLINGER, *Herodots babylonischer Logos*, Innsbruck, 1993. – C. TUPLIN, *Achemenid Studies*, Wiesbaden, 1996 (Historia Einzelschriften 99). – HERODOT, *Historien*, trad. W. Marg, München/Zürich, 1991, 2 v. (Bibliothek der Antike). – U. WEBER, J. WIESEHÖFER, *Das Reich der Achaimeniden. Eine Bibliographie*, Berlin, 1996 (AMI Ergänzbd. 15). – J. WIESEHÖFER, *Das antike Persien*, München, 1993. – H. G. M. WILLIAMSON, *Studies in Persian Period History and Historiography*, Tübingen, 2004 (FAT 38). – A bibliografia sobre o período aquemênida é constantemente atualizada na internet (cf. acima bibliografia em 2.2.1).

GOVERNOS E ACONTECIMENTOS		
Soberanos	**Império persa**	**Judeia e diáspora**
Ciro II (559-530)	539 Tomada da Babilônia	Ciro saudado como Messias (Isaías)
Cambises II (530-522)	522 Conquista do Egito	Sesbassar Zorobabel, Josué (?)
Dario, o Grande (522-486)	522 Vitória sobre Gaumata, Inscrição de Behistun 520 Reforma administrativa	Profetas: Zacarias, Ageu (?) 515 Dedicação do Templo
Xerxes I (464-425)	500-449 Lutas contra os gregos (Ásia menor; Atenas) 490 Batalha de Maratona	Profetas: Terceiro Isaías (?)

GOVERNOS E ACONTECIMENTOS		
Artaxerxes I (464-425)	464 Rebelião no Egito 449 Paz de Cálias com as cidades gregas	445 Neemias (?) 440 Sanabalat I, gov. da Samaria 435 Casamento de Miftahia 425 Esdras (?)
Dario II (424-404)	410 Rebeliões na Média e na Ásia Menor 405 Egito independente	419 Carta da Páscoa de Jerusalém 410 Carta de Elefantina para Jerusalém (Templo de Yнwн) 405 Sanabalat II, gov. da Samaria Elnatan, gov. de Judá
Artaxerxes II (404-358)	404-401 Guerra entre irmãos (Arses contra Ciro) Xenofonte, *Anábase* 361 (?) Rebelião dos sátrapas 350 Rebelião em Chipre e na Fenícia	Séc. IV a.C.: Moedas de Yehud 398 Esdras (?) 385 Jeoezer, gov. de Judá (sumo sacerdote?) Joanã I, Eliasib; Joiada I; Joanã II; Jadua II; Joanã III; Jadua III... (?)
Artaxerxes III (358-338) Arses (338-336) Dario III (336-331)	333 Batalha de Issus 331 Batalha de Gaugamela Alexandre toma o império	330 Ezequias, gov. de Judá

Dados puros sobre os soberanos e os acontecimentos são suficientemente conhecidos da história dos aquemênidas. A cronologia dos governos, de muitos acontecimentos políticos e bélicos é testemunhada com exatidão: documentos privados mencionam nomes e ações entre homens e se referem ao calendário público. Mas tais pontos históricos fixos não constituem por si sós a história de uma grande sociedade e de um império. História, segundo nossa compreensão, é um contínuo de muitas ações, idealmente de todas, num espaço dado, uma conexão de interações humanas que continua por longo período. Tal fluxo de acontecimentos entrelaçados, as fontes persas não o estabelecem; só o encontramos nos observadores e escritores gregos, que foram afetados direta ou indiretamente pelo poder persa e, na maioria das vezes, traçam uma imagem valorativa desse poder mundial. O que eles nos deixaram é de importância única para a reconstrução da história persa, mas esconde o perigo evidente, como já dito, de distorção, pois os historiadores gregos narram os eventos enquanto pessoas afetadas e a partir de sua diferente compreensão do ser humano, da cultura e da religião. Não há como excluir tal análise valorativa dos fatos históricos. Ela pertence à essência da historiografia. Somente devemos estar conscientes de que todas as imagens históricas do período aquemênida que chegaram a nós revelam o ponto de vista tipicamente grego[66]. Os historiadores gregos são frequentemente usados por seus colegas modernos sem suficiente crítica, de modo que a imagem tradicional dos persas repousa sobre um modelo de compreensão ocidental. Uma pesquisa realista, que leve em consideração os contextos interpretativos antigos (e também os atuais), desenhará a época persa com a devida cautela em todos os aspectos.

Os persas migraram, junto com os medos, a partir do início do primeiro milênio a.C., provavelmente de regiões a leste do mar Cáspio (segundo outra hipótese, do lago Urmia), para o sul e o oeste e, por fim, se fixaram na Média e na Pérsia, inicialmente sob a soberania dos reis medos. Por volta de 550 a.C., o primeiro Grande Rei persa, o famoso Ciro II, conseguiu inverter as relações de poder, subjugando a Média e o Elam e aumentando as fronteiras para o norte e o leste. Subindo o Tigre, ele conquistou partes do Estado assírio, alcançou Harran e Karkemish no oeste e entrou, além das montanhas, no planalto da Capadócia. Lá o grande arco do Hális formou de início a fronteira com os lídios. Mas o impulso expansionista continuou sem limite. O olhar dos soberanos persas era dirigido especialmente para o oeste, para o mar Mediterrâneo e para o Egito, como milênios antes deles os antigos governantes sumérios e acádios da Mesopotâmia já haviam feito. Depois da queda do reino lídio (Creso foi vencido em 546 a.C.; Heródoto transmite a lenda do oráculo ambíguo ao rei: se ele cruzar o Hális, um grande reino será destruído!), o Estado neobabilônico, enfraquecido por disputas internas, não resistiu. A capital Babilônia foi entregue, sem luta, em 539 a.C., a Ciro, saudado como libertador. Assim, também os pequenos Estados da Síria e da Palestina estavam entregues aos exércitos superiores e muito bem organizados dos senhores do leste, e o caminho para o Egito estava livre. Mas como Ciro também lutava no leste, muito além do mar de Aral (hoje Uzbequistão), e morreu numa campanha contra os massagetas em 530 a.C., somente seu filho Cambises pôde subjugar o reino dos faraós em torno do Nilo e anexá-lo ao império persa (525-522 a.C.). No leste, os persas avançaram até o Indo, no nordeste ampliaram o império até a cordilheira de Pamir e o Iaxartes (Sir Dária), de modo que o já mencionado imensurável tamanho do império — por duzentos anos estável no essencial — era de cerca de 5 mil x 2 mil quilômetros (= 10.000.000 km²; cf. o Brasil: 8.500.000 km²).

---

66. Iranistas europeus conhecem este problema, colocando-o com intensidade diferente. P. BRIANT é o mais cuidadoso, buscando em *Cyrus* questionar as exposições gregas mesmo nos detalhes.

Quem poderia enfrentar tal poder imperial? Depois que as terras da Média e da Pérsia tinham sido unidas sob uma dinastia e que as antigas regiões da civilização, Babilônia e Assíria tinham se associado, a força econômica, militar e também cultural era tão enorme que — fosse ela reunida e organizada de modo racional — não podia haver nada igual naquele mundo. As condições socioeconômicas da produção e organização militar eram dadas em grande medida pela organização política e pela estrita regulamentação do sistema tributário. Na parte oriental do império viviam sobretudo tribos nômades, desconsiderando-se cidades comerciais ou centros administrativos, como as atuais Samarcanda e Tashkent, Candahar e Cabul, a antiga Bactra etc. As sociedades tribais do oriente iraniano, uma vez associadas, eram pagadores de impostos e guerreiros confiáveis. O relevo da escadaria oriental da grande sala de audiência em Persépolis (Apadana), apresenta embaixadas de povos orientais que trazem ao Grande Rei presentes característicos: drangianos e aracosianos — dos atuais Paquistão e Afeganistão — entram com um camelo, têm vasos (de metal nobre) nas mãos e são caracterizados como cavaleiros através de arcos de cabelos e calças bufantes. Para o norte se encontram os arianos, com um camelo e um capuz nômade (*bashlik*), e seus vizinhos orientais, os bactrianos. Também estes levam um camelo, mas prendem seu topete com uma rede; ambos trazem vasos, sinal de sua técnica artesanal e talvez de refeições ou bebidas típicas. Os satagidianos e os gandaras oferecem um bezerro zebu, assim como lanças e escudos, sendo, portanto, produtores de armas. Eles vestem as pernas, usam uma camisa longa e uma manta longa. Os corasmianos, os sogdianos e os sacas, parentes dos citas, formam o grupo mais ao norte. Seus presentes são, até mesmo os braceletes, de natureza bélica: machados, espadas curtas, cavalo. Seus *bashliks* mostram que vivem como cavaleiros. Assim, as etnias orientais são 9 das 29 delegações representadas. Como, três vezes, aparecem geminadas num quadro, encontramo-las em 6 das 23 cenas. Também há uma delegação de indianos, vestidos somente com uma saia enrolada e um laço na testa, que levam um jumento, pó de ouro e machados duplos[67]. Eles simbolizam a homenagem dos povos além do Indo, que nunca pertenceram à área de soberania persa.

No todo, os povos do oriente do império, organizados em tribos, eram provavelmente, por natureza, inferiores à concentrada potência militar e econômica das regiões ocidentais e centrais. Por um lado, faltava-lhes força econômica, por outro os interesses tribais impediriam uma união efetiva de etnias concorrentes. Parece ser uma lei sociológica universal que interesses

---

67. Ilustrações e explicações da imagem em H. Koch, *Es kündet Dareios, der König,* 93-123.

Apadana de Persépolis: Delegação dos indianos
De: H. Koch. *Es kündet Dareios der König*. Mainz, 1992, p. 116, fig. 73
Desenho: © Heidemarie Koch, Marburg.

de grupos divididos tornam impossíveis ações concentradas, e — segundo a suposta hierarquia geral (embora seja possível definir a qualidade de vida de outro modo!) — somente a organização rigorosa de uma sociedade produz grandes realizações históricas (vejam-se, entretanto, as alianças entre as cidades gregas como aparente argumento contrário). No oeste do império persa, a situação era completamente diferente. Babilônios, assírios, sírios, egípcios tinham alcançado um alto nível cultural dois mil anos antes dos persas e, em parte, edificado sistemas estatais de dominação mundial. Portanto, esses países ocidentais eram, na economia e na técnica, potencialmente superiores aos novos senhores do Oriente Médio. Apesar disso, eles se tornaram vítimas dos exércitos persas com relativa rapidez, principalmente por causa da fraqueza interna dominante naqueles antigos impérios. Como pode ser observado repetidamente na história, eles tinham gastado seu frescor e criatividade nas seculares hegemonias e tornaram-se presas fáceis dos agressivos novatos do oeste. Nas fronteiras egípcias e norte-africanas, o avanço dos persas parou lá onde se encontravam, desde séculos, os limites da civilização.

 O olhar para o norte e o noroeste revela uma situação diferente no que diz respeito aos vizinhos e adversários dos persas. Já na Ásia Menor, os persas avançaram sobre cidades de colonos gregos como Éfeso, Mileto, Quios e Priene, as quais representavam, sob o aspecto cultural, técnico e econômico, o nível de vida e de cultura da Grécia clássica. Houve frequentes rebeliões, em diversos lugares, contra o governo imperial persa durante os seus duzentos anos de existência. Lembremos somente as lutas em torno da sucessão que surgiram depois da morte de Cambises no ano 522 d.C. Dario I teve grande trabalho para afirmar sua reivindicação de poder. Em seu tempo de governo (522-486 a.C.), as cidades jônicas, no oeste da Ásia Menor, que não queriam se curvar ao domínio autocrático de Persépolis, se sublevaram (500-494 a.C.). Os gregos da Ásia Menor podiam estar seguros da simpatia e da ajuda dos gregos do "continente", isto é, das cidades-estado da Grécia central, experientes na guerra (marítima). A rebelião jônica se transformou, em seguida, nas Guerras Persas, aquelas duras lutas pela hegemonia ao sul dos Bálcãs, as quais ainda deram trabalho aos dois sucessores de Dario, Xerxes I e Artaxerxes, e que só terminariam por meio de um contrato em 449 a.C. Os persas comeram a poeira do chão nas regiões gregas. Em todo caso, era assim que o olhar grego via o decorrer da história. A cultura política e espiritual totalmente diferente, a forte busca por independência local e liberdade pessoal, os consideráveis recursos econômicos das coletividades gregas, sua força militar, sobretudo na guerra marítima, tudo isto — do ponto de vista grego — levou os persas finalmente à derrota. Na verdade, eles tiveram alguns sucessos passageiros: ocuparam algumas ilhas gregas, controlaram o Helesponto e, assim, o trânsito de navios entre o mar Negro e o Mediterrâneo, e avançaram por algum tempo, além dos estreitos, na Trácia e na Macedônia. Mas as duras lutas posteriores trouxeram mais perdas para os persas agressores — cujos exércitos invasores precisavam de apoio naval — do que para os defensores, muito motivados e excelentemente armados e treinados. As batalhas de defesa em Maratona (490 a.C.) e em Salamina (480 a.C.), entre outras, ficaram gravadas na memória grega e, em parte, na europeia. Depois de meio século de abundante derramamento de sangue, os partidos chegaram a um acordo na assim chamada "Paz de Cálias"[68], no ano 449: todas as cidades gregas no continente e no oeste da Ásia Menor manteriam a autonomia e Atenas renunciaria a reivindicar a posse de Chipre, assim como a de terras na Síria e no Egito. Entretanto, a paz foi passageira. Por volta do fim do século V e por todo o século IV, os persas se imiscuíram repetidamente nos assuntos gregos, em parte apoiando Esparta contra Atenas. Mas o gigantesco império não conseguiu se estender duradouramente sobre o lado europeu do mar Egeu. Por quê? Talvez a força dos dominadores persas estivesse esgotada, talvez os sistemas sociais fossem diferentes demais, incompatíveis, talvez as maiores reservas de força estivessem com os gregos, cujo ramo macedônio no fim do século IV, na célere marcha vitoriosa de Alexandre, inverteu o pêndulo da história.

Considerando o império e seus potenciais adversários no todo, vê-se que as fronteiras exteriores permaneceram estáveis a partir do século V. Outros

---

68. Supostamente negociada e celebrada pelo político ateniense Cálias, que levou uma expedição a Susa, cf. HERÓDOTO, *Histórias*, VII, 151 s.

poderes políticos não podiam mais desafiar os persas ou colocá-los em perigo. As únicas forças contrárias eram internas: esforços por independência, disputas dinásticas ou mera perda de poder em algumas satrapias e tribos. Assim, material explosivo era reunido dentro das fronteiras do império, para a qualquer hora arrebentar. Os duzentos anos de domínio persa são esporadicamente ocupados com guerras civis. Dos dez soberanos da dinastia aquemênida (não levando em consideração os que governaram por pouco tempo), somente alguns, de tempos em tempos, puderam manter um regime pacífico. Entretanto, o historiador observador deve, como já salientado, ter consciência de que as fontes majoritariamente gregas (e só elas oferecem um panorama narrativo coerente) representam uma perspectiva ocidental, que salienta a história conflituosa com os gregos e — internamente — as disputas dinásticas da nobreza persa. Elas imprimem o tempo todo o desenho de uma luta de culturas: Oriente contra Ocidente, barbárie contra civilização. Esta visão ficou gravada na mentalidade ocidental, com efeitos parcialmente fatais. É possível que, para o governo central persa, o cenário "Ásia Menor e Grécia" tenha sido o epicentro da disputa somente em uma fase. A luta pelo Egito certamente tinha para eles uma importância igual, a longo prazo, e sabemos pouco demais sobre os desafios políticos e militares da maior parte do império, a oriental, para que possamos ter uma avaliação próxima da realidade.

Assim, os dois séculos de dominação persa são caracterizados por processos históricos comparáveis e repetitivos[69]. Do ponto de vista grego, os poderosos soberanos asiáticos desenvolvem um impulso conquistador sem freios em direção ao oeste. Os piores inimigos, como o Grande Rei Xerxes, são desenhados como tiranos sedentos de sangue. Eles são afugentados com esforço e só encontram um superior em Alexandre, o brilhante herói grego. Segundo o padrão ocidental, a história é sobretudo a realização de figuras dominantes particulares; a força dinâmica dela é a vontade pessoal daquelas figuras destacadas. Assim, não é estranho que as histórias de Heródoto e dos colegas dele consistam amplamente em esboços psicológicos dos atores principais e de suas motivações. O caráter deles forma o núcleo mais interno dos acontecimentos históricos. Planos, esperanças, intrigas dos soberanos e seus partidários e adversários movem o fluxo da ação. Nos escritores gregos, o drama encenado pelos impulsos humanos segue, também no grande cenário

---

69. P. Briant leva em conta o caráter repetitivo dos acontecimentos, ao organizar sua *Geschichte des persischen Reiches* só parcialmente de modo cronológico (Partes 1, 4, 5, 6 com análises gerais) e tratar, nas Partes 2 e 3, com oito capítulos no todo, dos problemas estruturais do império, da ideologia real até a economia, a administração e a política tributária.

mundial, as regras do teatro local. Assim, para nossa consciência, educada nas fontes gregas, a antiga história persa está embrulhada no estereótipo "ocidental" desde a base.

Consequentemente, os duzentos anos de história do império persa se apresentam para nós como uma grande pintura do desenvolvimento e da manutenção de um gigantesco edifício estatal, antes desconhecido. O principal objetivo da política persa, a meta dos ambiciosos soberanos, pode ser considerado como a tentativa de controlar toda a terra habitada e de criar e assegurar uma ordem mundial permanente para os numerosos povos unidos sob seu comando. A tentativa propriamente persa de fundar tal império foi realizada sobretudo com meios militares e econômicos, mas também fundamentada em uma determinada ideologia de dominação aquemênida, a qual se deixa reconstruir principalmente de fontes persas. Além disso, as descobertas arqueológicas mostram o florescimento da arte, da religião e das ciências surgido do encontro entre tradições da Ásia Central e do Oriente Próximo. Como estamos informados insuficientemente das atividades do governo central na metade oriental do império, parece que a atenção deles estava concentrada no oeste, da Babilônia até o Egito, e sobretudo na Ásia Menor e na Grécia (devido à rica tradição de relatos). A Siro-Palestina, que nos interessa especialmente, era importante estrategicamente como lugar de passagem para o Nilo, mas aparece de modo marginal em todas as fontes escritas.

2.2.3. Religiões na Pérsia antiga

M. BOYCE, *A History of Zoroastrianism*, Leiden 1982; v. II: *Under the Achaemenians* (HO I, 8,2,2A). – J. K. CHOSKY, *Purity and Polluton in Zoroastrianism*, Austin, 1989. – C. COLPE (Hg.), Altiranische und zoroastrische Mythologie, in H. W. HAUSSIG (Hg.), *Wörterbuch der Mythologie*; 1ª parte: *Die alten Kulturvölker*, v. 4, 161-487. – G. GNOLI, *Zoroaster in History*, New York, 2000. – ID., Einige Bemerkungen zum altiranischen Dualismus, in B. G. FRAGNER et al. (Ed.), *Proceedings of the Second European Conference of Iranian Studies* (30 sept. 1991), Roma, 1995, 213-231. – W. HINZ, *Zarathustra*, Stuttgart, 1961. – H. HUMBACH, *The gâthâs of Zarathustra and the Other Old Avestan Texts*, Heidelberg, 1991, 2 v. – M. HUTTER, *Religionen in der Umwelt des alten Testaments I*, Stuttgart, 1996, 184-246 (Studeinbücher Theologie). – J. KELLENS, E. PIRART, *Textes*. – D. KURSHED, S. DABU, *Message of Zarathustra*, 2. ed., Bombay, 1959. – G. LANCZKOWSKI, Iranische Religionen, *TRE* 16, 247-258. – ST. INSLER, *The gâthâs of Zarathustra*, Teheran/Lüttich, 1975 (Acta Iranica 8). – A. PANAINO, Religionen um antiken Iran, in *7000 Jahre persische Kunst*, ed. W. Seipel, Milano, 2001, 23-29 (catálogo de exposição). – M. STAUSBERG, *Die Religion Zarathustras*, Stuttgart, 2002, v. 1-2; Stuttgart, 2004, v. 3. – G. WIDENGREN, *Iranische Geisteswelt*, Baden-Baden, 1961. – ID., *Die Religionen Irans*, Stuttgart, 1965 (Die Religionen der Menschheit 14). – F. WOLFF, *Avesta, die heiligen Bücher der Parsen*, Leipzig, 1910.

Capítulo 2 – A história que podemos conhecer

A história da religião da antiga Pérsia não é fácil de ser reconstruída. Como todas as religiões, também a iraniana sofreu desenvolvimentos de longo prazo e revoluções: a história espiritual de um povo ou de uma região cultural nunca se paralisa. Através dos milênios, que deixaram vestígios de força variada, com frequência desaparecem as imagens de determinadas épocas, figuras e ideias. Entretanto, foram mantidos testemunhos importantes do mundo religioso e espiritual iraniano até os nossos dias. Desde o século XVIII são conhecidos na Europa os escritos sagrados persas: o *Avesta* ("texto básico"?)[70], uma longa coleção de textos religiosos muito diversificados, que em suas partes mais antigas deriva provavelmente do próprio Zaratustra. Sua reunião e sua fixação escrita se estendem por um longo período; a versão ortodoxa do *Avesta* apareceu somente a partir do século IV d.C., no império sassânida. Mas também aqueles persas que diante de senhores muçulmanos se mudaram para a Índia no século VII e ainda hoje formam lá uma minoria étnico-religiosa, os pársis[71], levaram consigo a tradição do *Avesta* e continuaram a escrever os textos religiosos básicos. Portanto, para a pesquisa atual, além dos antigos documentos, há um acesso direto às antigas religiões iranianas mediante a atual comunidade religiosa pársi, seus rituais e testemunhos de fé — algo comparável com a situação das igrejas cristãs. Mas quem tentar conhecer as antigas origens a partir das comunidades atuais constatará rapidamente as gigantescas distâncias e os grandes abismos entre as duas margens. Assim como nas tradições bíblicas, é importante extrair, num trabalho histórico-crítico, do *Avesta* as antigas camadas, separando acréscimos, reinterpretações e comentários posteriores. Os escritos persas fornecem oportuno ponto de apoio na linguagem: um conjunto central de textos hínicos, os *Gathas*, foi redigido numa língua especial, arcaica do ponto de vista linguístico, o avéstico antigo (aparentado ao persa antigo). Neste ponto, temos perante nós provavelmente uma tradição litúrgica do período arcaico da religião da antiga Pérsia vinculada a Ahura-Mazda.

Mas, infelizmente, a datação exata desta camada básica do *Avesta* é polêmica entre os especialistas. Ela está estritamente ligada ao surgimento temporal do profeta ou mediador da revelação, Zaratustra, embora as inscrições régias persas da época, estranhamente, não o mencionem numa única sílaba. Como os indícios linguísticos e culturais não são totalmente conclusivos, a datação oscila entre 1000 e 600 a.C. Seja como for, a fé no deus máximo

---

70. Segundo Lanczkowski, *Religionen*, 249; M. Stausberg considera ainda indecifrável a designação utilizada só muito tempo depois do período aquemênida (*Religion*, v. 1, 69).

71. Os pársis estão hoje concentrados mais fortemente em torno de Bombaim; cf. M. Stausberg, *Religion*, v. 2, 34-44.

Ahura-Mazda, o "Senhor da Sabedoria", diante do qual os imperadores persas se sentiam obrigados, foi anunciada no *Avesta* pela mediação de Zaratustra. Os diálogos em prece, nos *Gathas*, são, segundo algumas menções nominais, de Zaratustra (por exemplo: *Yasna* 28,6; 43,7 s.)[72]. O "eu" humano que fala é o profeta, pedindo frequentemente esclarecimento e intervenção do Deus máximo. Não temos muito informação sobre sua biografia. Zaratustra — e a primitiva substância do *Avesta* ligada a ele — parece vir da parte oriental do império e de suas estruturas tribais. Os *Gathas* se voltam contra as práticas de sacrifício lá dominantes; eles condenam, por exemplo, matar vacas. Um parentesco entre a antiga religião persa, as ideias teológicas védicas e o panteão védico pode ser comprovado também por outras vias[73].

Mas retornemos à questão das fontes da antiga religião persa. É possível partir das antigas camadas do *Avesta*: transmitidas oralmente, elas pertencem ao período aquemênida. Elas devem ser comparadas a outros textos dos séculos VI a IV que sejam claramente contemporâneos e mencionem de algum modo a divindade e a fé. As inscrições régias são — além do *Avesta* — testemunhos proeminentes da religião da época, mais exatamente, da religião praticada no interesse do Estado na esfera da casa real, da sede de governo, da dinastia. Para a religiosidade do povo podemos recorrer às tabuas de barro da vida cotidiana, que mostram, por exemplo, sacrifícios ou donativos aos templos, bem como nomes teofóricos. Além disso, a arqueologia fornece conhecimentos de pequenos achados e da arquitetura sacra, dos donativos nos túmulos e indicações iconográficas. Como houve numerosos contatos entre a Grécia e a Pérsia — não somente bélicos — que entraram na literatura do tempo, além das *Histórias* de Heródoto, também estes relatos de estrangeiros sobre a religiosidade persa e o culto estatal desempenham um papel importante. Apenas devemos estar conscientes de que observadores estrangeiros veem, entendem e julgam a partir do próprio sistema de coordenadas. Isto significa que sua capacidade de percepção, embora talvez mais aguçada que a dos nativos, com certeza está carregada de preconceitos que levam a distorções e a avaliações errôneas.

---

72. "Eu te reconheci como o Santo / ó Mazda-Ahura / quando tu me visitaste com Vohu Manah / e me perguntaste: 'Quem és tu? De quem és tu?' /... Então eu lhe falei: 'Sou Zaratustra / um verdadeiro inimigo, tanto quanto posso, / dos amigos da mentira, / mas um forte apoio do justo, / para que busque as coisas futuras do Xšantra que domina segundo os desejos / enquanto eu a ti, ó Mazda, / louvar e glorificar" (*Yasna* 43,7 s.; trad. da versão alemã de G. WIDENGREN, *Geisteswelt*, 158).

73. Cf. G. WIDENGREN, *Religionen*, 7-20; M. BOYCE, *History*, v. I, 51-84; M. STAUSBERG, *Religion*, 115-117.

A imagem das antigas religiões iranianas que devemos traçar para nós é, portanto, variada, estratificada e sempre tensa. Descobrimos — pelo menos de modo fragmentário — construções de fé espirituais, cultuais e, também, voltadas para a instrução. Estes elementos foram muito subestimados como contexto e pano de fundo da religiosidade bíblica. A situação inicial é a seguinte: devemos supor, levando em conta a base literária e histórica, que no decorrer do primeiro milênio a imensa multiplicidade de religiões populares iranianas[74] foi subsumida na fé no Deus altíssimo Ahura-Mazda e, até certo grau, unificada. Isto não exclui uma adoração regional anterior desta divindade. Entretanto, a atividade (missionária?) de Zaratustra parece ter resultado numa obrigatoriedade geral — qualitativamente nova — da religião de Ahura-Mazda. Curioso é que, aparentemente, nem o império persa em crescimento, nem sua classe dirigente foram a força motriz da universalização da fé em Ahura-Mazda. No antigo Oriente, sistemas religiosos têm eventualmente sido propagados pelo Estado, por exemplo sob os assírios. No caso destes, a mais alta divindade do Estado — conforme a propaganda legitimadora — incumbia cada rei assírio de conquistar para ela o mundo, e ela esperava culto de adoração dos povos submetidos e de seus governos. Sob o domínio dos aquemênidas não é conhecido tal modo de falar, embora, em analogia com os soberanos mesopotâmicos, eles se adornassem abundantemente com a benevolência do Deus máximo[75]. Ao contrário dos povos semíticos, os persas do período aquemênida nunca atribuíram a Ahura-Mazda títulos monárquicos, nem elevaram o Grande Rei a uma esfera divina por causa de sua função[76]. Disso pode-se concluir que o universalismo da fé em Ahura-Mazda não cresceu em solo monárquico, mas num contexto "civil". Os soberanos persas simplesmente utilizaram esse sistema teológico já existente. Assim, o ambiente de origem dessa religião permanece obscuro: ela surgiu de "escolas de sabedoria", de "ordens de magos" ou de "comunidades de leigos"? É possível considerar pregadores itinerantes e seus discípulos como a incubadora dessa fé individualista, que vai além dos vínculos étnicos?

Coloca-se assim a difícil questão de saber em qual meio social Ahura-Mazda pode ter-se tornado a divindade máxima. Grupos étnicos não entram em consideração, pois segundo provam as tradições, pelo menos o Deus do

---

74. Encontramos um panorama, porém fortemente sistematizado, em G. WIDENGREN, *Religionen*, 7-59; cf. M. BOYCE, *History*, v. I, 1-177; M. STAUSBERG, *Religion*, 12-20, 26-31, 108-123.

75. Cf. G. AHN, *Herrscherlegitimation*, 17-25; P. BRIANT, *Cyrus*, 93-96, 204-254.

76. G. AHN, *Herrscherlegitimation*, 34-38. Isto não exclui que os reis persas representem o Deus maior na terra através de sua função dominadora (ibid., 196-199!).

Avesta antigo não era vinculado etnicamente. Todas as normas e regras de vida do *Avesta* se dirigem simplesmente aos "seres humanos", não pertencem a algum povo. Não se fala da eleição de um determinado grupo ou de "impor uma obrigação", como por meio de uma aliança ou de um grupo religioso. Quem então sustentava a nova e crescente fé que primeiro se espalhou nas terras centrais persas? Aparentemente só uma explicação é possível: a crença em um sábio criador e Grande Rei do mundo, que quer sobretudo a redenção do ser humano individual, a vida correta e sua perfeição no além paradisíaco, tal crença não tem origem em estruturas sociais políticas e étnicas, mas no âmbito da piedade privada. Pregadores e conselheiros como Zaratustra, sacerdotes e missionários como os famosos magos[77] produziram, com seus seguidores, a doutrina universal do Deus maior e o levaram entre os povos. Estruturalmente pode ser comparada também com a religião védica. Quais são os principais conteúdos de fé?

Ahura-Mazda era o único e soberano criador do mundo e o senhor da história. Apoiado por entidades sobre-humanas (as quais, porém, não recebem um culto de adoração dos homens!), os *ameša spentas* ("santos imortais" ou "imortais benfeitores"), o Deus bom luta pela ordem do mundo contra a mentira e a ilusão (*drug* = mentira), e seus divulgadores, os *daévas* ("demônios", "maus espíritos"), sendo Angra Mainyu ("espírito mau") o maior. O anúncio de Zaratustra em nome de Ahura-Mazda pretende colocar cada indivíduo perante a escolha: seguir o bom caminho do criador e renunciar aos demônios.

> Assim quando o caminho, que é melhor escolher,
> não pode ser visto,
> então eu venho para todos vós como aquele
> que conhece Ahura-Mazda como juiz
> entre os dois partidos, para que nós
> possamos viver segundo Aša.
>
> A retribuição, que tu darás através do espírito e do fogo,
> que através de Aša distribuirás,
> e o que foi determinado para os que entendem,
> isto nos dize, ó Mazda, como conhecimento,
> através da língua de tua boca, para que eu
> coloque todos os viventes perante a escolha
> (*Yasna* 31,2.3; trad. da versão alemã de G. WIDENGREN, *Geisteswelt*)[78].

---

77. Cf. H. v. GALL, Magier, in C. COLPE, *Mythologie*, 387 s.
78. A língua dos *gathas* é extraordinariamente difícil e críptica; como comparação ofereço a tradução de H. HUMBACH (*Gathas*, v. I, 126 s.): "If the better way to go is not seen by them / I

Zaratustra é o único mediador da revelação divina. Ele pode dar a instrução correta, que leva à decisão entre o bem e o mal (cf. o título "juiz"; Humbach: o que *"knows a judgment"*). O maior dos *ameša spentas* é Aša (*arta* em persa antigo); é a "ordem do mundo", pura e concentrada, da qual e para a qual surge a exortação para todos se submeterem à realidade, cheia de força, mas ambivalente. O outro lado, mau, é desmascarado:

> Mas vós, *daévas* todos, / surgistes do Manah mau (Akat Mainyu), / e aquele que vos adora, / e a mentira e a arrogância, / tais também seus atos, pelos quais sois desde muito
> conhecidos no sétimo círculo da terra.
>
> Desde que vós ordenastes que os homens / que fazem o maior mal / sejam chamados favoritos dos *daévas*, / os que fogem de Vohu Manah ("o bom senso"), / os que se afastam do conselho de Mazda-Ahura e de Aša.
>
> Assim, vós levais os homens para longe / da vida boa e da imortalidade, uma ação que vós, os *daévas*, junto com / o Manah mau do mau espírito ensinastes, / através da palavra má aos amigos da mentira, / prometendo o poder (*Yasna* 32,3-5; trad. da versão alemã de G. WIDENGREN, *Geisteswelt*)[79].

Os *daévas* são poderes destrutivos da vida e possuem uma hierarquia própria. Suas atividades destrutivas eliminam o bem-estar atual e futuro. Eles usam a mentira e a arrogância, assim como muitos outros defeitos humanos, para derrubar o ser humano e o manter longe de uma decisão para o bem. Mas o que é o bem? Há um cânon de regras de comportamento que circunscrevem como conduzir corretamente a vida? Os *Gathas* são, sob este aspecto, pouco concretos. Eles falam de um modo genérico e em tons hínicos da autoidentificação do crente com os bons poderes. Talvez a instrução ética tenha ocorrido em

---

approach You all, since the Ahura knows a judgment, / mindful of those two (well-know) shares, (the Ahura), through whom we live in accordance with truth. // (Tell us about) the satisfaction which Thou apportionest by means of (Thy) spirit and (Thy) fire, and (which) Thou accordest through truth, according to balance, / (and about) what (is) Thy rule for the responsible ones, tell us about that, so that we may know (it), O Wise One, / (tell us about that) with the tongue of Thy mouth, so that therewith I might receive all the living".

79. Tradução (para comparação) de HUMBACH, ibid., 132 s.: "But you, o Daevas all, are seed (sprung) from evil thought, / (so is that alleged) master who worships both, you as well as the activities of deceit and contempt, / for which you again and again have become notorious in (this) seventh (of the seven climes) of the world: // insofar as you order those worst (things), (by) offering which the mortals / may grow (as) minions of (you) Daevas, flinching from good thought / (and) straying from the intellect of the wise Ahura and from truth. // Therefore you lure the mortal one away from good life and immortality, / because the evil spirit along with evil thought (had lured) you, Daevas, (away from them), / (the evil spirit) as well as the action (inspired) by evil word, by which a ruler recognizes a deceitful person".

um nível e em gêneros literários distintos desses hinos litúrgicos. Mas também é frequente nos *Gathas* o pedido por uma instrução ética específica: "Que me mostres, Aša, quando te invoco..." (*Yasna* 43,10); "e quando tu me disseres: 'venha aprender o Aša', não me mandaste nada inaudito..." (*Yasna* 43,12); "Para a decisão me dize, o que me deste do melhor através de Aša, como conhecimento e lembrança através de Vohu Manah..." (*Yasna* 31,5)[80]. O nono *Gatha* (*Yasna* 44) é estilizado em suas vinte estrofes — exceto uma única — como um questionário. O profeta coloca de modo estereotipado um determinado problema para Ahura-Mazda: "Eu te pergunto, ó Ahura, me respondas corretamente...". Na primeira estrofe se trata, por exemplo, da adequação das orações:

> Eu te pergunto, ó Ahura, responde-me corretamente: / Por causa da oração: como deve ser a oração a alguém como tu? / Que um sábio, como tu, o manifeste a seu amigo, como eu sou, / e nos conceda apoio através de seu amigo Aša, / para que venha a nós através de Vohu Manah.
> (*Yasna* 44,1; trad. da versão alemã de G. WIDENGREN, *Geisteswelt*)[81].

Muitas estrofes tratam de temas cósmico-escatológicos, por exemplo: "Quem determina o caminho do sol e das estrelas?" (44,3); "Quem fixou a terra embaixo e o céu em cima, para que não caia? (44,4); "Quem criou, bem fazendo, a luz e a escuridão?" (44,5); "Aramati [a mentalidade adequada] ajudará com seus atos Aša? Vohu Manah [o bom senso] preparou de ti o reino? Para quem criaste a vaca prenhe, que traz a felicidade?" (44,6). Mas essas questões supraindividuais podem também ter implicações pessoais, que nos afetam. Assim é o pedido por iluminação em 44,8: "Eu te pergunto... como minha alma pode alcançar o bem beatífico". Três outras estrofes se concentram no bom "eu" (*daēnā*), que deve ser realizado na vida terrena (44,9-11), outros quatro giram em torno da mentira a ser evitada (44,12-15). As estrofes finais são direcionadas para a salvação futura, isto é, para o resultado dos esforços redentores:

> Através de uma visão me prometa enviar o senhor que salva a vida! / E a obediência virá através de Vohu Manah para aquele, / Oh, Mazda, para aquele que tu desejares!
> (44,16; trad. da versão alemã de G. WIDENGREN, *Geisteswelt*)[82].

---

80. Trad. da versão de W. WIDENGREN, *Geisteswelt*.
81. Cf. H. HUMBACH, Gathas, v. I, 156: "This I ask Thee, tell me plainly, O Ahura: / On account of (my) reverence, how reverence to One such as You (should be), / O Wise One, One such as Thou should announce to one such as me, His friend. / Let friendly fellowships be granted us by truth / so that one may come to us with good thought".
82. Cf. H. HUMBACH, ibid., 161: "Accord (as) a judgment bright (things to be) in my house, O Healer of existence. / Let (recompense for) obedience come to him through good thought, / O Wise One, to him, to whomsoever Thou wishest".

Eu te pergunto... / se vou, Oh, Mazda, alcançar através de vós meu fim, / a união convosco; que meu discurso seja eficaz, / para que Haurvatat [Saúde] e Amartatat [imortalidade] se unam futuramente / com aquele que está ligado a Aša, segundo aquela sentença.

Eu te pergunto... / se através de Aša vou receber a recompensa, / dez éguas, munidas com um garanhão, e um camelo, / a recompensa que me foi prometida, oh, Mazda, assim como / tua entrega de Haurvatat e Amartatat? (44,17 s.; trad. da versão alemã de G. WIDENGREN, *Geisteswelt*)[83].

Portanto, o ser humano tem na vida — segundo os princípios da fé em Ahura-Mazda — a tarefa de se mover no âmbito das potências boas, renunciar aos demônios mentirosos, realizar a boa ordem do mundo em harmonia com a vontade do criador, para passar pelo juízo final pessoal nesta vida, mas decisivamente depois da morte, e alcançar a vida eterna[84].

A aversão a "matar vacas", que, como na tradição hindu, fere um tabu divino, e a proibição de todo comportamento mentiroso são as principais prescrições concretas de uma vida correta. De diversos modos os *Gathas* já falam, com toda a clareza, da futura prestação de contas final relativa às atitudes e aos atos da vida. Ela acontecerá no julgamento e no fogo. Mais tarde, tais ideias escatológicas serão aumentadas em grandes cenários, nos quais as almas individuais terão que cruzar a ponte Činvat, fina como uma navalha; os mortos ressuscitam; um Messias salva os crentes; Ahura-Mazda vence definitivamente o inimigo etc.[85] Ideias que, visivelmente, entraram nas doutrinas gnósticas, judaicas tardias e cristãs sobre o final dos tempos[86].

A crença popular, subsumida pela pregação de Zaratustra, nunca foi totalmente apagada. Ela sobreviveu, como mostram as camadas tardias da tradição do *Avesta*, ao lado, dentro e por baixo da religião "oficial". As tradições familiares e tribais encontram expressão viva numa demonologia e numa angelologia

---

83. Cf. H. HUMBACH, ibid., 162: "This I ask Thee em tell me plainly, O Ahura: How may I proceed towards my goal in accordance with You, O Wise One, / (towards) Your attachment (to me), and so that my voice might be vigorous (enough) / to adorn, to (serve) as shelter, both, integrity and immortality / with that formula which (is) dependent on truth. // This I ask Thee, ... Shall I deserve that prize throught truth, / (namely) ten mares with a stallion, and a camel, / which secures for me, O Wise One, integrity / (and) immortality, just as Thou takest these for Thyself".

84. Parece ser evocada já nos antigos *Gathas* a vida eterna num além paradisíaco, mas só é totalmente desenhada nas camadas mais recentes do *Avesta*. Cf. M. STAUSBERG, *Religion*, v. 1, 144-150, 226-233.

85. Cf. G. WIDENGREN, *Religionen*, 102-108; M. STAUSBERG, *Religion*, v. 1, 150-153, 311-325.

86. Literatura sobre a doutrina apocalíptica persa e sua influência: A. HULTGARD, Persian Apocalypticism, in J. J. COLLINS (Ed.), *The Encyclopedia of Apocalypticism*, New York/London, 2000, v. 1, 39-83.

características, que também influenciaram a crença edificada por Zaratustra. A mântica e a arte de esconjurar, que serviam sobretudo às necessidades pessoais dos homens em pequenos grupos, eram praticadas na Mesopotâmia desde sempre e foram levadas a grande perfeição. Como mostram os achados menores (amuletos, imagens em selos, óstracos, estatuetas etc.), essas formas de fé popular continuaram incontestadas[87]. Certamente, a multiplicidade de seres divinos e divindades que continuaram a ser adoradas ao lado do Todo-Sábio Ahura-Mazda é, em parte, resultado de um sincretismo, embora não se possa definir matematicamente o puro monoteísmo de Zaratustra[88]. Mesmo uma deusa, Anahita, sobreviveu ao aparecimento do mazdeísmo e assumiu uma importante função na religião aquemênida oficial[89]. Aqueles que os gregos chamavam de *magoi* (originariamente naturais da Média) representam institucionalmente — em razão do complexo desenvolvimento histórico-religioso ocorrido — também o tipo do mediador xamânico e do sacerdote ligado a um templo, mesmo no altar de fogo de Zaratustra[90].

Devemos, portanto, assumir o mundo religioso — composto de muitas camadas — da antiga cultura persa como pano de fundo e contexto da teologia da comunidade depois do exílio. Neste mundo estavam presentes modelos de atitudes de fé e de explicações do mundo que também encontramos nos escritos hebraicos e aramaicos da Bíblia. Há uma ampla gama de analogias entre a espiritualidade persa e a judaica: a valorização da transmissão da palavra na liturgia, a importância de figuras mediadoras entre Deus e o ser humano, exigências de pureza, dualismo ético (bem/mal; mentira/verdade; luz/escuridão etc.), ideias sobre anjos e demônios, imagens de Deus universais, caracterizadas de modo radicalmente ético e ritual, bem como expectativas apocalípticas. O clima espiritual e religioso do período aquemênida se reflete em alguns textos do Antigo Testamento.

2.2.4. Vida cotidiana e cultura

G. G. CAMERON, *Persepolis Treasury Tablets*, Chicago 1948. – M. A. DANDAMAEV, *Slavery in Babylonia from Nabopolassar to Alexander the Great (626-331 B.C.)*,

---

87. Cf. G. WIDENGREN, *Religionen*, 7-59, 94-97; M. BOYCE, *History*, v. 1, 1-177; E. STERN, *Culture*, 158-228.
88. Cf. M. STAUSBERG, *Religion*, v. 1, 95-99, 111 s. passim. Também é usual no Antigo Testamento a subordinação de divindades a YHWH; cf. Salmo 82. M. STAUSBERG chama de "ociosa" a discussão sobre monoteísmo, politeísmo ou dualismo na antiga religião persa, ela está baseada em "implicações teológicas cristãs e eurocêntricas", "as quais distorcem os achados" (ibid., 98).
89. Cf. ibid., 175; M. BOYCE, Anahid I e II, EIr 1, 1003-1006.
90. Cf. P. KINGSLEY, Greeks, Shamans and Magi, StIr 23 (1994) 187-198; W. EILERS, RGG³, IV, 602.

Northern Illinois University, 1984. – ID., V. G. LUKONIN, *The Culture and Social Institutions of Ancient Iran*, Cambridge, 1989. – F. GSCHNITZER, Eine persische Kultstiftung in Sardis und die "Sippengötter" Vorderasiens, in W. MEID et al. (Hg.), *Im Bannkreis des Alten Orients*, Innsbruck, 1986, p. 45-54. – R. T. HALLOCK, *Persepolis Fortification Tablets*, Chicago, 1969. – F. JOANNÈS, *Archives de Borsippa*: la famillie Ea-ilûta-bâni, Genève, 1989. – M. JURSA, *Der Tempelzehnt in Babylonien vom siebenten bis dritten Jahrhundert v. Chr.*, Münster, 1998 (AOAT 254). – H. KLENGEL, *Handel und Händler im Alten Orient*, Wien, 1979. – H. KOCH, Dareios, p. 163-250. – ID., *Verwaltung und Wirtschaft im persischen Kernland zur Zeit der Achämeniden*, Tübingen, 1990 (TAVObeih B 89). – B. PORTEN, *Archives from Elephantine. The Life of an Ancient Military Colony*. Berkeley, 1968. – ID., *The Elephantine Papyri in English*, Leiden, 1996 (DMOA 22). – D. RIBEIRO, *Der zivilisatorische Prozess*, Frankfurt, 1971. – M. W. STOLPER, *Entrepreneurs and Empire. The Murasu Archive, the Murasu Firm and Persian Rule in Babylonia*, Istanbul, 1985 (PIHANS 54). – J. WIESEHÖFER, *Persien*, p. 102-148. – C. WUNSCH, *Die Urkunden des babylonischen Geschäftsmanes Iddin-Marduk*, Groningen, 1993, 2 v. (Cuneiform Monographs 3a e 3b). – ID., *Das Egibi-Archiv I*: die Felder und Gärten, Groningen, 2000, 2 v. (Cuneiform Monographs 20a e 20b).

A vida cotidiana de seres humanos que viviam unidos sob um governo central imperial num espaço infinitamente grande, com todo tipo de povos, pode algumas vezes ser representada concretamente por meio de documentos privados, mas em regra só de modo genérico, tendo como base achados arqueológicos, alguns contendo imagens, textos comerciais, jurídicos e administrativos, assim como indicações de literatura governamental. Os observadores gregos da história persa às vezes também descreveram a realidade cotidiana a partir de observação direta ou por ouvir falar.

De modo geral, pode-se dizer que na antiga Ásia e no antigo Oriente Próximo a maioria dos homens eram lavradores ou criadores nômades. Sua principal preocupação era o pão de cada dia. Eles viviam em aldeias ou pequenas comunidades urbanas, numa economia de subsistência, para a qual todos os membros da família tinham de contribuir segundo suas forças, da juventude até a velhice. O ritmo diário de trabalho dos camponeses, modificado pelas estações do ano, ia do nascer ao pôr do sol. A lavoura dependia da chuva ou era irrigada, segundo a posição geográfica. Eram cultivados, principalmente, todo tipo de cereal, vagem, linho, diferentes tipos de legumes, árvores frutíferas (na Babilônia usualmente tamareiras), videiras, entre outras coisas, com diferenças regionais[91]. Os pastores deviam noite e dia vigiar para

---

91. Cf. L. CAGNI, G. FUSARO, S. GRAZIANI, Die Nutzung des Ackerbodens im Mesopotamien der achaemenidischen Zeit: Die Pachtauflage (*imittu*), in H. KLENGEL, J. RENGER (Hg.), *Landwirtschaft im Alten Orient*, Berlin, 1999, 197-212 (Berliner Beiträge zum Vorderen Orient 18).

proteger os rebanhos, de vital importância (ovelhas, cabras, vacas, asnos e camelos, estes principalmente nas partes orientais do império), contra ladrões, feras, doenças e acidentes[92]. Durante o dia, os pastores frequentemente tinham ócio para atividade artesanal: à noite dormiam cuidando, com um ouvido, de cada movimento no curral a seu lado. Lavradores e pastores produziam seus alimentos e outros bens necessários mais ou menos por força própria. Os instrumentos de trabalho permaneceram iguais por séculos; são conhecidos graças a escavações e iconografia[93]. Mulheres e moças preparavam as refeições. Elas também providenciavam vestimenta para todos os membros da família. Tudo o que uma família precisasse em matéria-prima, instrumentos ou enfeites, mas não podia produzir por conta própria, devia ser adquirido por meio de troca de algum excedente de produção. Normalmente as antigas famílias no campo eram amplamente autárquicas, mas sempre permanecia um pouco de dependência e, portanto, motivação para produzir bens para fins de escambo, além da própria necessidade direta.

A vida dos pequenos grupos humanos, economicamente trabalhando juntos, era assim determinada ano após ano pelo esforço em manter a própria vida[94]. Interrupções do monótono e desde sempre igual curso da vida eram em geral sumamente bem-vindas (como mostram também hoje as sociedades agrárias). Festas cultuais com caráter social, cerimônias religiosas, peregrinações eram ocasiões desejadas para libertar do trabalho diário. Certamente, as festividades com base religiosa surgiram por outros motivos. Elas deveriam garantir a fertilidade dos campos e rebanhos, assegurar a bênção das divindades para a comunidade, salvar de ameaças sérias à vida e agradecer o atendimento de pedidos e a ajuda do sobre-humano. Mas essas interrupções do cotidiano devem ter sido, em si mesmas, desde o início, também um alívio para as pessoas presas na luta pela existência. Em todo caso, as modernas teorias das festas deixam isso claro[95]. As pessoas comuns — a população rural, que compunha

---

92. Sobre a fauna e a criação de gado na Antiguidade informa por exemplo B. J. COLLINS, *A History of the Animal World in the Ancient Near East*, Leiden, 2002 (Handbook of Oriental Studies, Section 1, 64). Cf. H. KLENGEL, J. RENGER (Hg.), *Landwirtschaft*.

93. Instrumentos de trabalho de lavradores e pastores, artesãos e escribas são tratados em: R.-B. WARTKE (Hg.), *Handwerk und Technologien im alten Orient* [Tagung Berlin, 1991], Mainz, 1994.

94. Sobre as condições materiais da vida (moradia, vestimenta, objetos domésticos, enfeites etc.) nos informa, com base em achados de escavações, H. KOCH, *Dareios*, 163-228. Cf. também as exposições modernas da vida camponesa no Oriente Próximo, que segue a mesma rotina desde milênios: G. DALMAN, *Arbeit und Sitte in Palästina*, Gütersloh, 1928-1942, 7 v.

95. Cf. O. BISCHOFBERGER, *Feste und Feiertage I*, TER 11, 93-96; C. BELL, *Ritual Theory, Ritual Practice*, New York, 1992, 126-128 (ritual; social inversion); H. COX, *Das Fest der Narren*, Stuttgart, 1970.

provavelmente entre 60% e 90% do número dos habitantes — ocupava o tempo com a manutenção de suas esferas de vida, no trabalho e na festa. O desenvolvimento cultural mais avançado surge do modo de vida urbano.

Há cidades no Oriente Próximo pelo menos desde o quinto milênio a.C.[96]. Os critérios decisivos para que haja um assentamento urbano são: uma estrutura social que se sobrepõe às relações de parentesco rompendo-as; divisão do trabalho e interdependência dos moradores; concentração da qualidade de vida e correspondente dependência econômica da terra em volta. Tudo isso significa também a concentração de funções econômicas, religiosas e políticas na cidade, realizações coletivas dos moradores no âmbito arquitetônico, na estrutura pública de abastecimento e na infraestrutura. Em suma, a reunião de uma comunidade maior de seres humanos — entre duzentas e mil pessoas nas cidades pequenas e médias, e até 50 mil nas metrópoles, aproximadamente — produz uma nova organização social da vida, a qual deve necessariamente deixar para trás alguns usos e costumes familiares (por exemplo, a vingança de sangue). A vida urbana só pode se estabelecer, na estrutura social agora diferenciada, sobre a base de conhecimentos técnicos — por exemplo, da arquitetura maior — e de novas normas de comportamento para a convivência de grande número de pessoas não conectadas por parentesco. Ou, de outro modo: a convivência de numerosas famílias e diversos clãs em apertadas unidades urbanas produz novidades em todas as áreas da vida (economia, arte, arquitetura, religião, costumes, direito, militar etc.) e faz a arte e a cultura florescerem. Salvo completo engano, a cultura urbana cresceu continuamente no período persa, para ganhar no período helenístico subsequente dimensões ainda maiores[97].

As cidades persas antigas estão, pelo menos no oeste, dentro da tradição siro-mesopotâmica de centros de moradia e metrópoles administrativas. A área central dos persas já era conhecida pelos escritores gregos, entre outros motivos, por causa das numerosas fundações de cidades[98]. Certamente, também, houve influências do Extremo Oriente. Em tempos normais, floresciam o comércio e o artesanato, a religião e a administração. Os documentos administrativos

---

96. G. WILHELM (Hg.), *Die orientalische Stadt*, Saarbrücken, 1997 (CDOG 1). É relativamente indiferente quando exatamente assentamentos podem ser chamados de cidades. As escavações de Jericó, por exemplo, mostram um alto grau de trabalho comunitário (construção de muralhas!) e, assim, uma estruturação social (contra E. WIRTH, in G. WILHELM, *Stadt*, 2).

97. Cf. G. TATE, in G. WILHELM, *Stadt*, 351: no período aquemênida eram "sensivelmente menores e menos numerosas do que serão na época bizantina".

98. Cf. STRABONS, *Geographie*, Hg. H. L. Jones, *The Geography of Strabo*, Cambridge, 1917-1932, 8 v.; espec. liv. XV, cap. III (= ibid., v. 7, 155-189).

achados em Persépolis fornecem uma imagem viva da situação. Aparecem nomes de indivíduos conhecidos. Numerosos locais que se comunicam com a capital são mencionados. Rotas de viagem, entregas de alimentos, contas salariais, obrigações privadas aparecem em número significativo, de modo que podemos conhecer o mundo cotidiano no período de Dario e Xerxes de um modo imprevisto e rico[99]. As tábuas referem-se a homens e mulheres a serviço do governo: artesãos, que produzem objetos de metal nobre, móveis e tecidos em diferentes oficinas da "casa do tesouro" (depósitos, mas também centros de administração e manufaturas imperiais), jardineiros e vigias, lavradores, empregados administrativos, carroceiros e mensageiros etc. Eles recebiam víveres segundo tarifas fixadas para cada divisão de trabalho como salário pelo trabalho ou como provimentos de viagem, principalmente cevada e vinho. As rações diárias variavam entre cerca de 1 litro de cereal para o simples trabalhador e quase o dobro para seu superior: este recebe no todo 50 litros de cevada e 30 litros de vinho por mês. Altos funcionários do Estado, como o chefe da administração imperial, recebiam até 3 mil litros de cevada e 2.700 litros de vinho, além de 60 cabeças de gado miúdo[100]. As quantidades indicadas mostram que era coberta a necessidade particular e que, além disso, certa quantidade ficava à disposição para troca por outros bens. Sendo o salário mínimo cerca de 30 quilos (29,1 litros) de cevada por mês, o que corresponde a cerca de um quilo de pão por dia, os que o recebiam não tinham muito dinheiro. Pagamentos extras em vinho, cerveja ou carne melhoravam o cardápio[101]. Moradores da cidade podiam produzir legumes e frutas apenas em pequenas quantidades e dependiam, portanto, necessariamente, do mercado. Tem-se a impressão de que o governo em certa medida abastecia seus trabalhadores e empregados com o suficiente e que exercia um controle exato sobre o estoque e a distribuição de víveres por meio de registros. Tira-se a conclusão: podia-se viver confortavelmente no serviço ao governo, de acordo com a realização do trabalho do qual se estava incumbido — caso não se pertencesse aos níveis salariais mais baixos.

Conhecemos a vida interna de empresas privadas e de dinastias graças a arquivos de negócios. As famílias Egibi (Babilônia), Murašu (Nipur), Ea-iluta-

---

99. A conservação das tábuas de barro se deve, entre outras causas, ao tributo de guerra dos edifícios de governo alçado por Alexandre. Cessa no ano 458 a.C. a documentação, porque o arquivo real (por uma reforma administrativa?) troca a língua elamita pela aramaica e também por um material de escrita não duradouro. H. Koch e J. Wiesenhöfer fornecem nas obras citadas uma visão vívida dos documentos que mencionam cerca de 15 mil pessoas. Fundamental é também H. Koch, *Verwaltung*.

100. Há uma boa decifração das tabelas salariais em Id., *Dareios*, 54-64.

101. Ibid., 55 s. Erroneamente lá se equipara um litro com uma libra.

bani (Borsipa) e o clã de Iddin-Marduk (Babilônia) deixaram, entre outras coisas, acertos de contas com clientes e outros tipos de documentos privados e de negócios[102]. As atividades destas firmas, que perduraram gerações e atravessaram sem dificuldades a mudança do domínio babilônico ao persa, se concentravam no comércio de víveres, imóveis, escravos, em arrendamentos — mesmo sob o sistema de "feudo" persa *haṭru*[103] —, em dar e receber créditos[104]. Graças a esses documentos comerciais podem ser reconstruídas as relações econômicas e sociais da época de modo espantosamente amplo. Lucros e prejuízos dos principais atores, sistema de preços e zonas de comércio, relações familiares e considerações políticas, formações de grupos de interesse, estratificação social e padrões de vida dos cidadãos aparecem com bastante clareza. A vida no ambiente urbano aparentemente podia ser agradável sob a soberania persa. Em todo caso, a economia privada florescia, e do modo de vida dos estratos sociais mais baixos pouco se ouve.

Os documentos já mencionados da colônia militar judaica em Elefantina, localizada na primeira catarata do Nilo, atualmente em frente à represa de Assuã (mencionados ainda adiante por seu papel importante), são multifacetários e atestam os aspectos da vida mencionados e outros. Contratos de casamento nos mostram bastante sobre as relações entre famílias, as posições do homem, da mulher, das crianças etc. Listas de tributos (impostos e contribuições para o templo) são muito interessantes porque abrem um olhar sobre as relações de posse e sobre a prática religiosa privada. Trocas de cartas pessoais revelam todo tipo de problema nas relações humanas. Contratos de compra e venda e disputas de terras ilustram as relações jurídicas e de posse. Decerto, a vida num campo militar não pode ser equiparada automaticamente com aquela na sociedade civil, mas esses documentos refletem seguramente, de modo global, a situação do meio urbano do império persa aquemênida (cf. abaixo 2.4).

---

102. "O núcleo dos negócios dos Iddin-Marduk pode ser caracterizado como a compra de bens vitais (alimentos e lã) nas regiões rurais em torno da Babilônia, o transporte, o depósito e a venda deles..." (C. WUNSCH, *Urkunden*, 86). A firma se especializou em cebolas, sendo vendidos em um contrato 395.000 maços delas (ibid., 87).

103. Os bens que o Grande Rei cedia a "vassalos" como imóveis *haṭru* tinham sobretudo que fornecer e manter soldados para os exércitos; cf. P. BRIANT, *Cyrus*, 597-599.

104. As firmas mencionadas não podem ser comparadas exatamente com nossas "casas bancárias", tratando-se antes de "empresas mistas". A ascensão de uma família era às vezes rápida e eventualmente ameaçada por disputas internas. A família Egibi, por exemplo, adquiriu "em 60 anos não menos do que 50 *kur* (c. 67,5 hectares de terra, dos quais uma parte considerável era de jardins de tâmaras), tendo sido gastas nisto pelo menos 160 minas de prata" (C. WUNSCH, *Egibi-Archiv*, v. 1, 179).

Se nos perguntarmos sobre o papel da religião no ambiente privado, deveremos deixar de lado a fé oficial em Ahura-Mazda, espacialmente bastante espalhada, e os cultos fomentados pela política estatal. Eles pertencem a grandes organizações sociais, não sendo portanto originalmente vinculados a agrupamentos básicos. Mas sob os sistemas religiosos da alta sociedade persa pode ser reconhecida — como em outras culturas — uma camada de divindades locais e regionais. São, por exemplo, a deusa Anahita, que aparentemente continua a desempenhar um papel positivo, os "demônios" (*daévas*), que foram demonizados pela fé de Zaratustra, e aquelas figuras divinas que inicialmente foram suplantadas pelo ascendente Deus único e supremo, Ahura-Mazda, mas depois, no período mais recente do *Avesta*, foram novamente admitidas em função subordinada. É mais apropriado perguntar não sobre as divindades entendidas objetivamente, mas especificamente sobre aquelas que mantinham e transmitiam as tradições locais. Como era usual nas sociedades antigas, os chefes de família eram responsáveis, na Pérsia de antigamente, pela religiosidade básica. Isso é resultado do primado histórico de grupos de parentes (nômades) e da organização em tribos. Parece, em segundo lugar, que o tipo de mediador "xamã", conhecido em outras sociedades tribais, é bastante conhecido na Pérsia antiga. Em todo caso, os "magos" da Média desempenharam um papel significativo na história religiosa do Oriente Próximo e se tornaram proverbiais mesmo em nossas línguas ocidentais modernas[105]. Eles reúnem em si muitas das funções do "xamã", mas se apresentam, pelo menos nas regiões centrais iranianas, como conselheiros, sábios, curandeiros, funcionários do culto etc. Em terceiro lugar, houve na antiga Pérsia sacerdotes de orientações diferentes. Eles cuidavam de santuários locais e certo número das tábuas de Persépolis falam de entrega oficial de material para a prática de sacrifícios[106]. Magos e sacerdotes também são, sem dúvida, ativos em favor da fé em Ahura-Mazda; eles são originários, provavelmente, de ambientes sociais baixos.

No todo, os diversos documentos cotidianos do antigo império persa, os quais se originam todos de ambientes de vida urbanos, nos oferecem recortes localizados temporal, geográfica e socialmente, e mesmo assim muito fragmentados. Só se pode descobrir indiretamente e com dificuldade como eram

---

105. Cf. H. v. GALL, Magier, in C. COLPE, *Mythologie*, 378 s.; J. KELLENS, *Le panthéon de l'Avesta ancien*, Wiesbaden, 1994; M. STAUSBERG, *Religion*, v. 1, 159 s., 252-255; H. KOCH, Iranische Religion im achämenidischen Zeitalter, in R. G. KRATZ (Hg.), *Religion*, 11-26.

106. J. WIESENHÖFER menciona uma entrega de cevada em Umbaba para o "sacerdote" (*šatin*), para o sacrifício de Lan, assim como para outras quatro entidades divinas, a maioria mencionada pelo nome. Trata-se de adoração local de deuses também conhecidos de outro modo; v. ID., *Persien*, 147 s.

Capítulo 2 – A história que podemos conhecer

Inscrição cuneiforme (séc. VI-V a.C.), Persépolis, Irã. Foto de Ginolerhino, 2002.
<http://commons.wikimedia.org/wiki/File:Persépolis._Inscription.jpg>

nas cidades persas a educação, o cuidado médico, a proteção da velhice, a cultura e o tempo livre, pois não foram conservados textos focalizados nestes temas. Devemos ter claro que a realidade nunca pode ser captada integralmente. Entretanto, conseguimos reconstruir imagens bem coerentes da vida cotidiana deste âmbito da vida urbana na Pérsia antiga com o auxílio de conhecimentos empíricos, sociológicos e antropológicos universais. Um fenômeno bastante interessante é a independência (também em sentido teológico e religioso) das associações humanas sociologicamente básicas, da poderosa máquina do Estado. Governos imperiais e regionais têm a possibilidade de intervir profundamente na vida das pessoas através do poder militar, econômico, mas também cultural e religioso. Porém, eles se chocam com associações menores — formadas segundo cidades, tribos, clãs —, que têm suas próprias tradições. A vida real das pessoas no império persa era formada pela tensão entre o poder central e as tradições locais — como acontece sempre nas grandes sociedades. Além da tradicional divisão em famílias e em clãs, desenvolveram-se nas antigas civilizações do Oriente Próximo divisões de classes sociais, sobretudo no ambiente urbano. A sociedade persa antiga, assim como a mesopotâmica, parece conhecer três camadas — nobreza, cidadãos livres e escravos (servos) —, pelo menos no seu centro, no oeste do império[107]. Enquanto as estruturas familiares e de clãs dominavam em muitos aspectos a vida da sociedade, justamente nos meios urbanos se formaram grupos de interesse e instituições políticas, econômicas e, talvez, religiosas.

2.3. Judá na Transeufratênia

P. R. ACKROYD, The Jewish Community in Palestine in the Persian Period, in W. DAVIES et al. (Ed.), *The Cambridge History of Judaism*, Cambridge, 1984, 130-161. – J. L. BERQUIST, *Judaism in Persia's Shadow*: A Social and Historical Approach, Minneapolis, 1995. – J. BLENKINSOPP, Temple and Society in Achaemenid Judah, in P. R. DAVIES (Ed.), *Second Temple Studies 1*: The Persian Period, Sheffield, 1991, 22-53 (JSOT.S 117). – R. P. CARROLL, Exile, Restorations and Colony: Judah in the Persian Empire, in L. G. PERDUE (Ed.), *The Blackwell Companion to the Hebrew Bible*, Oxford, 2001, 102-116. – C. E. CARTER, *The Emergence of Yehud in the Persian Period*: A Social and Demographic Study, Sheffield, 1999 (JSOT.S 294). – J. CRÜSEMANN, Israel in der Perserzeit, in W. SCHLUCHTER (Hg.), *Max Webers Sicht des antiken Christentums*, Frankfurt, 1985, 205-232. – J. ELAYI, J. SAPIN, *Beyond the River*. New Perspectives on Transeuphratene, Sheffield, 1998 (JSOT.S 250). – K. GALLING, *Studien zur Geschichte Israel im persischer Zeitalter*, Tübingen, 1964. – L. L. GRABE, *Yehud*; cf. acima I. – K. G. HOGLUND, *Administration in Syria-Palestine and the Missions of Ezra and Nehemia*, Atlanta, 1992 (SBL.DS 125). – E. JANSSEN, *Juda in der Exilzeit*, Göttingen, 1956 (FRLANT 69). – C. KARRER, *Ringen um die Verfassung Judas*, Berlin, 2001 (BZAW 308). – R. KESSLER, *Sozialgeschichte Israels*, 2006, cap. 3/V: Die perserzeitliche Provinzialgesellschaft. – H. G. KIPPENBERG, *Religion und Klassenbildung im antiken Judäa*, Göttingen, 1978. – R. W. KLEIN, *Israel in Exile*, Philadelphia, 1980. – E. A. KNAUF, The Persian Administration in Arabia, *Transeuphratène* 2 (1990) 201-217. – B. LANG, Vom Propheten zum Schriftgelehrten, in H. STIETENCRON (Hg.), *Theologen und Theologien in verschiedenen Kulturkreisen*, Düsseldorf, 1986, 89-114. – A. LEMAIRE, Les inscriptions palestiniennes d'époque perse: um bilan provisoire, *Transeuphratène* 1 (1989) 87-105. – ID., Populations et territoires de la Palestine à l'époque perse, *Transeuphratène* 2 (1990) 31-74. – C. SCHÄFER-LICHTENBERG, *Stadt und Eidgenossenschaft im Alten Testament*, Berlin, 1983 (BZAW 156). – W. SCHOTTROFF, Zur Sozialgeschichte Israels in der Perserzeit, *VuF* 27 (1982) 46-68. – E. STERN, *Material Culture of the Land of the Bible in the Persian Period 538-332 B.C.*, Warminster/Jerusalem, 1982. – ID., The Persian Empire and the Political and Social History of Palestine in the Persian Period, in W. DAVIES et al. (Ed.), *The Cambridge History of Judaism*, Cambridge, 1984, 70-87. – J. C. VANDERKAM, Jewish High Priests of the Persia Period: Is the List Complete?, in G. ANDERSON et al. (Ed.), *Priesthood and Cult in Ancient Israel*, Sheffield, 1991, 67-91. – T. VEIJOLA, Die Deuteronomisten als Vorgänger der Schriftgelehrten, in ID., *Moses Erben*, Stuttgart, 2000, 192-240 (BWANT 149). – J. W. WATTS (Ed.), *Persia and Torah*, Atlanta, 2001. – M. WEBER, *Das antike Judentum* [1921], Hg. Marianne Weber, Tübingen, [8]1988 (Gesammelte

---

107. Cf. P. BRIANT, *Cyrus*, 302-354; M. A. DANDAMAEV, *Slavery*; ID., V. G. LUKONIN, *Culture*.

Aufsätze zur Religionssoziologie III). – J. P. WEINBERG, Die Agrarverhältnisse in der Bürger-Tempel-Gemeinde der Achämenidenzeit, AAH 22 (1974) 473-586. – ID., *The City-Temple Community*, Sheffield, 1992 (JSOT.S 151). – H. WEIPPERT, *Palästina*. – G. WIDENGREN, Persian Period, in J. HAYES et al., *Israelite und Judaean History*, London, 1977, 489-538. – H. G. M. WILLIAMSON, The Governors of Judah under the Persians, TynB 39 (1988) 59-82.

2.3.1. Judá contra Samaria

O governo imperial persa seguia provavelmente uma política geral que levava em consideração toda a área dominada e também interesses regionais particulares, por exemplo, relativos à Siro-Palestina, à Ásia Menor, ao Egito ou às regiões orientais (as quais certamente exigiam mais atenção do que podemos saber a partir das fontes). Entre os princípios gerais dos aquemênidas estão, em primeiro lugar, a conservação da paz interna e, em segundo, provavelmente, a segurança das fronteiras ou a conquista de regiões fronteiriças, bem como o aumento da extensão do império. Também se pode supor que eram vitais para a central persa as boas e regulares receitas dos impostos de todas as partes do império. Além disso, o corredor siro-palestino tinha importância estratégica especial, pois constituía o acesso por terra para a satrapia do Egito. Assim, a faixa relativamente estreita entre o vale do Jordão e o mar Mediterrâneo tinha importância especial para o estado-maior persa, assim como para a administração financeira do império. Presença militar, fortificações, postos de arrecadação tributária e de fiscalização realizariam essas expectativas. Escavações arqueológicas, desde os anos 1970, revelaram uma rica, até então desconhecida herança do tempo persa; aparentemente, as rotas comerciais e militares através da Síria e da Palestina eram asseguradas por cidades[108]. São conhecidos alguns santuários persas na Siro-Palestina[109]. Mas, segundo tudo o que sabemos daquele tempo, os aquemênidas não empregaram sua religião como instrumento de poder para a manutenção do império. Pelo que parece — recordemos —, eles tratavam com cuidado os cultos dos povos submetidos (cf. acima 2.2.1).

Ora, quando queremos apresentar Judá e os judeus dentro do período persa, é sumamente necessário reconsiderar nossa atitude hermenêutica básica (cf. acima 1.4), pois em muitas dissertações a perspectiva judaica, como aparece nos escritos bíblicos, continua sendo o único padrão de medida[110], enquanto

---

108. Cf. H. WEIPPERT, *Palästina*, 682-718; E. STERN, *Culture*.
109. Cf. N. SALIBY, 'Amrit, OEANE 1, 111-113.
110. Esta situação é salientada de modo mais coerente por L. L. GRABBE. Entretanto, o interesse guia dele é determinar "o ocorrido histórico real". A história teológica e espiritual fica em segundo plano.

os atores da história foram propriamente os persas. Estes estipulavam as metas, e os seus interesses dominavam a política e a economia. Judá podia no máximo reagir e articular seus desejos desde sua situação de dependência. Que os antigos historiadores judaicos reconhecem este fato (Esdras e Neemias pedem a graça do rei) parece ser um traço de autenticidade. Mas quando a historiografia recebe ajuda de construções teológicas e declara que YHWH, enquanto verdadeiro condutor da história do mundo, é o soberano maior do poder estatal persa e dirige a história do império persa em favor de sua capital mundial secreta, Jerusalém, então se abandona o nível do julgamento histórico. Como historiadores devemos permanecer dentro da perspectiva histórico-crítica. Assim, é indispensável reconhecer as posições dos dois partidos, Judá e Pérsia, pesar um perante o outro e esboçar o curso da história do modo mais imparcial possível, desde o distanciamento de nosso hoje e com os meios de conhecimento atualmente acessíveis. A história da Síria e da Palestina de então não deve ser concebida como centrada nem exclusivamente na Pérsia, nem em Jerusalém[111]. Os judaítas e seus vizinhos tinham que se adaptar dentro da organização imperial, não havia outra escolha. Mas, segundo mostram os escritos bíblicos hebraicos e aramaicos, a comunidade de YHWH em Jerusalém e na diáspora manteve, com energia inaudita, a visão de mundo autocentrada que é natural ao ser humano ("Nós somos o centro! Tudo gira em torno de nós!" — chamamos isto de perspectiva paroquial!), e ainda foi fortalecida pela crença na eleição.

A reconstrução dos acontecimentos históricos na Siro-Palestina é dificultada pelo fato termos poucas informações confiáveis. Não foram achados (ainda) arquivos estatais persas da região ou sobre ela. Os relatos bíblicos têm acentuadamente caráter teológico e lendário, e dos achados arqueológicos só podemos parcialmente concluir algo sobre a situação histórica real. O que aconteceu então, de fato, em torno de Jerusalém do fim do século VI até o fim do século IV? Como devem ser avaliados os motivos dos agentes e seus resultados? Quais grupos sociais participavam e como estavam estruturados? Diante da escassez de testemunhos diretos só podemos desenhar os

---

111. Ambos os pontos de vista foram bem notados por N. K. GOTTWALD: "Enquanto para os judeus *Judá* é a metrópole e os *assentamentos judaicos no exterior* eram colônias, para o antigo mundo político como um todo o *gigantesco império* reinante era o campo de gravitação, no qual Judá era um dos muitos pequenos *homelands* semiautônomos, e os assentamentos judaicos dispersos eram *comunidades culturais e religiosas minoritárias* entre outras similares no meio da população poliglota do império". (*The Hebrew Bible*: A Socio-Literary Introduction, Philadelphia 1987, 422; citação original em inglês cf. supra, cap. 1, nota 23).

desenvolvimentos dos dois séculos em questão, na região mencionada, tateando prudentemente e só para poucos problemas principais.

Foi sobretudo Dario I Histaspes (522-486 a.C.) quem reorganizou o império, na base de linhas fronteiriças tradicionais, em parte recebidas dos assírios[112]. Surgiu uma nova satrapia menor (a quinta de todo o império), a Transeufratênia, com sede administrativa em Trípoli ou em Damasco. Ela abrangia no essencial as atuais Síria, Jordânia e Palestina. Províncias subordinadas eram administradas a partir da Samaria, de Amã, também de Jerusalém (da metade do século V ou antes) e talvez também de Laquis. Estas subdivisões não são, entretanto, comprovadas sem reserva[113]. O sátrapa persa, a maioria das vezes da nobreza próxima ao rei, tinha poderes amplos e devia, por incumbência do poder central, manter juntos os clãs regionais, frequentemente concorrentes. O império concedia às cidades costeiras certa autonomia: elas forneciam contingentes consideráveis para a frota de guerra, muito necessários para o longo conflito com a Grécia. Consequentemente, o sátrapa precisava tratar com muito cuidado especialmente as poderosas cidades de Tiro e Sídon, para que permanecessem fiéis à coroa. As províncias ocidentais contribuíam para a prosperidade do império na medida de sua economia especial e deviam ser administradas com prudência. Os escritos bíblicos nos informam — e esta é uma informação relativamente insuspeita — que o conflito entre Samaria e Jerusalém, iniciado já no Israel pré-exílico, ressurgiu no século V (2Rs 17; Ne 3,33-4,12; 6,1-13). Tratava-se, substancialmente, do restabelecimento de Jerusalém como cidade forte, isto é, de sua importância como centro administrativo. Questões sobre a ortodoxia dos samaritanos podem também ter desempenhado um papel, como pano de fundo, na restauração do Templo (ver Esd 4,1-24, especialmente v. 1 s.; 5,1–6,18). Interesses políticos e religiosos se misturavam facilmente. Mas a disputa entre Samaria e Jerusalém era no fundo uma luta de poder dentro da quinta satrapia persa. Qual cidade teria o controle do centro-sul? Pressupomos que no extremo sul da satrapia, até a fronteira egípcia, existia uma unidade administrativa edomita[114] e que a área de influência de Judá se limitava ao entorno próximo de Jerusalém — uma região de 50 × 50 quilômetros. De qualquer modo, a pressão constante dos judeus, que depois do retorno dos exilados ortodoxos da Babilônia se estabeleceram

---

112. P. BRIANT (*Cyrus*, 122-138) considera o papel tradicional de Dario muito exagerado.

113. Cf. H. DONNER, *Geschichte des Volkes Israel und seiner Nachbarn in Grundzügen*, Göttingen, ²1995, v. 2, 434 s.; J. ELAYI, J. SAPIN, *River*. K. G. HOGLUND, *Administration*, 69-85; H. G. M. WILLIAMSON, *Governors*; L. L. GRABBE, *Yehud*, 140-142.

114. Cf. C. H. J. de GEUS, Idumaea, *JEOL* 26 (1979/80) 53-74.

como comunidade confessional independente, teve efeito. O governo imperial (ou somente o sátrapa de Transeufratênia?) decidiu tornar Judá uma província independente. Sua sede administrativa era Jerusalém, a qual no ínterim tinha adquirido prestígio graças à restauração do Templo[115].

Cúpula da Rocha vista do Monte Scopus, 2011, Foto de Wilson44691.
<http://en.wikipedia.org/wiki/File:DomeOfTheRock053011.jpg>

Excurso: a ascensão de Jerusalém a cidade sagrada

D. T. ARIEL, *Excavations at the City of David 1978-1985*, Jerusalem, 1990 (Qedem 30). – N. AVIGAD, *Discovering Jerusalem*, Oxford, 1980. – M. BARKER, *The Great High Priest*: The Temple Roots of Christian Liturgy, London, 2003. – P. R. BEDFORD, *Temple and Community in Early Achaemenid Judah*, Diss., Chicago, 1992. – ID., *Temple Restoration in Early Achaemenid Judah*, Leiden, 2001 (JSJ.S 65). – T. A. BUSINK, *Der Tempel von Jerusalem*, Leiden, 1970, 1980, 2 v. – J. HAHN, C. RONNING, *Zerstörungen des Jerusalemer Tempels*, Tübingen, 2002 (WUNT 147). – O. KEEL (Hg.), *Gottesstadt und Gottesgarten*. Zu Geschichte und Theologie des Jerusalemer Tempels, Freiburg, 2002. – C. M. MACCORMICK, *Palace und Temple*, Berlin, 2002 (BZAW 313). – E. OTTO, *Jerusalem* – die Geschichte der heiligen Stadt, Stuttgart, 1980. – F. E. PETERS, *Jerusalem and Mecca*, New York, 1986. – S. SAFRAI, *Die Wallfahrt im Zeitalter des Zweiten Tempels*, Neukirchen-Vluyn, 1981. – H. SCHWIER, *Tempel und Tempelzerstörung*, Freiburg, 1989 (NTOA 11). – M. TULLY, *Jerusalem* – Nabel der Welt, Stuttgart, 2002. – W. ZWICKEL, *Tempelkult*.

---

115. L. L. GRABBE considera — junto com outros especialistas — improvável que Jerusalém tenha sido em algum momento submetida à Samaria; consequentemente não é sustentável a tese de uma emancipação gradual (*Yehud*, 140-142). Uma posição mediadora defende R. KESSSLER em *Sozialgeschichte*.

Jerusalém surgiu como um assentamento fortificado provavelmente no século XVIII a.C., talvez durante o advento dos hicsos; já é conhecida nos arquivos de Amarna no tempo do domínio egípcio sobre a Palestina como cidade-estado e, no tempo da consolidação da tribos israelitas, era habitada pelos jebusitas (Js 15,8; 18,16). Davi conquistou, sem luta, a aldeia primitiva com 400 × 150 m de tamanho aproximadamente, declarou-a residência real, aumentou a área com a construção de um palácio ao norte da "Cidade de Davi", provavelmente assumiu o templo dos jebusitas com seu sumo sacerdote Sadoc e, assim, instituiu determinadas funções de capital para o reino de Israel: Jerusalém se tornou centro administrativo e militar e tinha, por causa do edifício do Templo real, importante significado religioso para a permanência da dinastia e do Estado. Mas atenção: em minha opinião o Templo de Jerusalém não era, até o início do exílio (587 a.C.), um santuário para o povo como Silo, Guilgal, Nob, entre outros, mas somente um local de culto dinástico-real, que era cuidado por um sacerdócio oficial responsável somente perante o rei (culto de Estado!).

Esta situação foi modificada somente no tempo do exílio. Tragicamente destruída, a capital do reino de Judá vencido e eliminado pelos babilônios em 587 a.C., passou a abrigar somente poucas pessoas. Mas da redondeza vinham peregrinos nostálgicos oferecendo sacrifícios no meio das ruínas (cf. Jr 41,5). Aparentemente, os habitantes locais mantinham ali cerimônias de lamentação, lembrando a ruína de Jerusalém (cf. Zc 7,2 s.; 8,19; Lamentações). Formou-se uma comunidade do Templo sustentada pela população com cooperação e direção de sacerdotes e levitas. Temos notícia de uma agitação profética em favor da reconstrução do Templo; ela aconteceu provavelmente depois da tomada de poder pelos persas (Ag 1–2; Zc 1–6). O povo era aparentemente dominado por expectativas febris de que o antigo reino seria renovado por um descendente de Davi. Antigos hinos sobre o monte sagrado, Sião, foram carregados com concepções mitológicas sobre a sede divina no norte, sobre uma batalha decisiva contra inimigos externos e o início do grande domínio de YHWH, pacífico e mundial[116]. Assim a cidade "sagrada" adquiriu da fé em YHWH um significado novo e único, não só para os sacerdotes, mas também para toda a comunidade judaica. Depois do restabelecimento do Templo (dedicação em 515 a.C.) e da gradual centralização do culto de sacrifício em Jerusalém (Dt 12)[117], a cidade — Sião e o Templo — tornou-se símbolo predominante de identidade para todos os judeus do mundo, ao lado da Torá e da circuncisão.

2.3.2. Os atores do drama

Se as grandes linhas da emancipação de Jerusalém e de Judá dentro do império persa podem ser traçadas até certo ponto, devemos perguntar de modo

---

116. São muito polêmicos o alcance, o conteúdo e, sobretudo, as datações da teologia de Sião. A mim parece improvável um começo anterior ao exílio. Muitas coisas indicam que o início do Segundo Templo desencadeou essa variante especial de "sacralização" de Jerusalém. Cf. E. S. GERSTENBERGER, *Psalms*, Grand Rapids, 1988, 2001 (FOTL XIV e XV), passim, sobre os Salmos de Sião.

117. Naturalmente os pesquisadores datam diferentemente as leis deuteronômicas. A ausência de um quadro de referência estatal (Dt 17,14-20; a "lei do rei" é a caricatura involuntária de um monarca feita pelos escribas) e a propagação de uma "comunidade de irmãos" pressupõe claramente, em minha opinião, uma estrutura social exílica ou pós-exílica.

especial pela autenticidade e pelas funções dos atores bíblicos e não bíblicos. Em primeiro lugar, devem ser avaliados criticamente Esdras e Neemias: até que ponto as informações sobre os dois fundadores da comunidade judaica são historicamente autênticas, em que medida são caracterizadas por uma perspectiva teológica retrospectiva? As opiniões científicas sobre isto divergem amplamente, o que não é de estranhar diante da situação pouco adequada das fontes.

2.3.2.1. Neemias

Nem Esdras, nem Neemias podem ser comprovados por fontes arqueológicas ou extrabíblicas. Não há informações concretas sobre sua biografia, embora as tradições de Neemias — em grande parte relatos na primeira pessoa (memórias) — queiram transmitir um realismo maior do que as tradições de Esdras. O livro de Neemias começa com a grande cena da missão na corte imperial em Susa (Ne 1,1–2,10), uma das sedes de governo dos aquemênidas[118]. Neemias era copeiro de Artaxerxes, posição de confiança que lhe permitiu pedir ao monarca ajuda para a Jerusalém destruída. Mas essa situação histórica aparentemente única tem sinais de ser uma construção lendária, apesar das peculiares informações sobre o tempo, a geografia e os nomes. Um meio literário em voga na tradição veterotestamentária, ao interpretar a história, é colocar os protagonistas do próprio povo enfraquecido no centro do poder político para que de lá mudem o destino para o bem, com a ajuda de YHWH. José salva seu povo faminto a partir da corte do faraó (Gn 41–43); Daniel realiza maravilhas de fé e de sabedoria na corte babilônica e na corte persa (Dn 1–5; 7–8; // 6; 9–12); Ester e Mardoqueu, igualmente na corte de Susa, conseguem a influência decisiva sobre o Grande Rei Xerxes, para salvar a comunidade judaica diante de um *pogrom* e possibilitar a vingança sobre os inimigos. Não se pode facilmente atribuir autenticidade histórica a tais cenários; trata-se, antes, de condensação da experiência histórica condensada na qual Israel e Judá estavam entregues, por longos períodos, ao arbítrio de potências distantes e deram um jeito de se afirmar. Na luta pela sobrevivência contra grupos concorrentes dentro do império persa, a existência dos judeus e das comunidades judaicas, decerto, dependia frequentemente da benevolência das autoridades estatais, quer o governo da satrapia, quer o central. Os autores da tradição se esforçavam sobretudo em retratar as altas instâncias do governo

---

118. Cf. P. O. HARPER et al. (Ed.), *The Royal City of Susa*, New York, 1992.

persa como neutras e até simpáticas diante da fé judaica. O belo tema literário da atividade de homens e mulheres judeus muito próximos dos monarcas mostra uma autoconfiança e uma ideia de missão e revela o problema central. Num tocante diálogo íntimo entre Neemias e Artaxerxes e sua esposa (que, segundo o livro de Ester, vivia estritamente separada de seu marido real nos aposentos das mulheres!), o copeiro (normalmente uma posição para eunucos) pode exprimir seu desejo de reconstruir a cidade de Jerusalém (Ne 2,1-8). Por força da intervenção de Yhwh (cf. Ne 2,4b), o soberano mundial imediatamente atende ao desejo de Neemias, sem pensar uma única vez sobre as consequências políticas de tal empreendimento. O diálogo entre os protagonistas gira exclusivamente em torno da sorte pessoal e do interesse afetuoso do Grande Rei temporal pelo destino de Neemias e dos judeus: não pode ser seriamente avaliado como reconstituição de um fato histórico[119], nem como relato escrito por um dos participantes. Na conclusão da lenda da missão já aparecem os adversários de Neemias. Eles são mencionados pelo nome: Sanabalat e Tobias (Ne 2,10), a eles se junta "Gosem, o árabe" (2,19; 6,1; cf. 4,1). O primeiro aparece nos papiros de Elefantina como "governador da Samaria" e é, portanto, uma figura "historicamente verificada". Isto vale também para os três adversários hostis ao Neemias enviado da Pérsia? Qual era a posição do judeu enviado por Artaxerxes, tão incomodado com o estado dos túmulos de seus ancestrais em Jerusalém? O que podemos saber sobre sua autenticidade histórica? — Desde algumas décadas, a lista dos governadores da Samaria é objeto de discussão entre os especialistas. As difíceis tentativas de reconstrução baseiam-se em inscrições achadas na Samaria e em Elefantina e em moedas tardias[120]. Não foram ainda achadas moedas, nem selos, do período inicial na Síria-Palestina[121]. O governador samaritano Sanabalat continua provisoriamente

---

119. A maioria dos comentadores atribui, entretanto, autenticidade histórica à figura de Neemias; eles julgam em geral que as chamadas "memórias" sejam um relato de prestação de contas do judeu encarregado da reconstrução e governador da província; cf.: S. Mowinckel, *Studien zu dem Buche Ezra-Nehemia II*, Oslo, 1964; E. Kellermann, *Nehemia*, Berlin, 1967 (BZAW 102); A. H. J. Gunneweg, *Nehemia*, Gütersloh, 1987 (KAT XIX, 2) ("... as memórias irrefutavelmente autênticas de Neemias...", loc. cit., 176); L. L. Grabbe, *Yehud*, 294-310: "... mais crível que... as histórias de Daniel ou Ester e Mardoqueu" (ibid., 295). "Provavelmente sabemos mais sobre Neemias do que sobre qualquer outro judeu do período persa. Isto ocorre principalmente por causa de uma única fonte: o relato em primeira pessoa, redigido pelo próprio Neemias" (ibid., 308).

120. Cf. K. Galling, *Studien*, 209 s.; M. J. W. Leith, *Wadi Daliyeh 1. The Wadi Daliyeh Seal Impressions*, New York, 1997; C. E. Carter, *Emergence*, 259-268, 276-283; L. L. Grabbe, *Yehud*, 55-69, 155-159.

121. Dario foi o primeiro soberano persa a utilizar moedas cunhadas segundo o modelo das cidades gregas da Ásia Menor. Mas as cunhagens foram limitadas regionalmente ao centro administrativo de Sardes. Cf. P. Briant, *Cyrus*, 406-410.

sendo o único nome comprovado com segurança do tempo de Neemias; outros regentes são testemunhados somente por indicações bíblicas (por exemplo, Mitredat e Reum em Esd 4,7 s.) ou podem ser reconstruídos de inscrições com falhas. Alguns sucessores aparecem nos documentos de Elefantina (Delaías, Hananias, Sanabalat II e III). Isto significa que a tradição de Neemias recorreu ao nome autêntico Sanabalat de pelo menos três governadores provinciais para dar realidade às atividades de Neemias. Os inimigos de Judá que com ele pactuavam são possivelmente figuras fictícias. Expressões de hostilidade às pretensões de autonomia de Jerusalém são, entretanto, bastante provável historicamente, pois são mencionadas desde séculos naquela região e mencionados até na história dos reis de Israel (1Rs 12–2Rs 17).

A autonomia de Judá enquanto província da satrapia transeufratena pode ser comprovada diretamente nas últimas décadas do século IV a.C. através de selos e moedas de prata. Eles trazem escritos "Yehud" = Judá e muitos nomes: dos "governadores" (*peḥah*, aramaico *pḥw'*) Hananas, Jeoezer, Aczai, Urio, Elnatã, Ezequias, e do "sacerdote" Johanan[122].

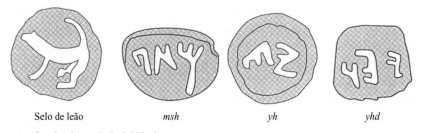

Selo de leão   msh   yh   yhd

Impressões de selos da província de Yehud
Fonte: Charles E. CARTER, *The Emergence of Yehud in the Persian Period*, Sheffield, 1999, p. 263
© Reprinted with the permission of the publisher.
The Continuum International Publishing Group by permission of Bloomsbury Publishing Plc.

Ainda não se pode reconstruir uma lista completa dos governadores de Judá[123]. O relato bíblico menciona, de passagem, que Neemias foi governador de Judá por doze anos (Ne 5,14.18; 12,26). O ponto central do relato é a afirmação de que ele renunciou aos rendimentos deste cargo devido à necessidade do povo. Assim, parece entrar no relato um elemento de louvor,

---

122. A datação das últimas duas é insegura. Cf. L. L. GRABBE, *Yehud*, 61 s., 64-67; Y. MESHORER, *Ancient Jewish Coinage*, New York, 1982; v. 1: *Persian Period through Hamonaeans*, 13-34; L. MILDENBERG, Yehud-Münzen, in H. WEIPPERT, *Palästina*, 719-728: moedas de prata somente a partir de 360 a.C. (loc. cit., 727).

123. Cf. H. G. M. WILLIANSON, *Governors*; L. L. GRABBE, *Yehud*, 148 s.

o que aconselha cautela. Seja como for, a tradição de Neemias fornece mais dados históricos (nomes!) do que a história de Esdras. Entre os especialistas, sua historicidade é defendida, frequentemente, em virtude da autenticidade do chamado "Memorando de Neemias". Grande parte do livro de Neemias consiste em um relato em primeira pessoa, o qual evidentemente tem uma finalidade legitimadora. O emissário do Grande Rei persa para Jerusalém, tendo incrementado sua missão com lamentos e orações (Ne 1,4-11; 2,4), parece prestar contas por escrito, a seu Deus, de seu modo de agir e de suas decisões em Jerusalém (cf. por exemplo Ne 2,11-7,3; 12,31–13,31)[124]. O estilo em primeira pessoa e as orações intercaladas (por exemplo Ne 1,4-11; 5,19; 6,14; 13,31 etc.) deveriam garantir, aparentemente, a autenticidade do documento. Mas esta hipótese encontra dificuldades no âmbito da história da tradição. Como tal documento privado poderia ter alcançado o público e o cânon bíblico? Seria necessário postular o depósito do escrito no arquivo do Templo, bem como a posterior descoberta e utilização por cronistas. Parece que isso seria inspirado por lendas como a de 2 Reis 22. Parece-me mais plausível a explicação inversa: autores posteriores queriam dar uma exposição dos acontecimentos (teologicamente relevantes) mais respeitável e convincente por meio de um relato em primeira pessoa, da boca (e da pena) de Neemias. À diferença de Esdras, os pontos principais da narrativa de Neemias são a reconstrução de Jerusalém, sobretudo das muralhas da cidade (Ne 2,11–4,17; 6,1-19; 12,27-43), a melhoria da situação social na comunidade (Ne 5,1-19) e o cumprimento da Torá (Ne 13,1-31). Neste âmbito constata-se cruzamento com as tarefas de Esdras, sem que seja mencionado este que foi o modelo de mestre da Torá. O primeiro âmbito de atividades, a construção de Jerusalém (e sua emancipação da autoridade da Samaria?), pode ter sido um problema para os judaítas por muitos anos. A crise social (colheitas desastrosas?, tributos pesados; escravidão por dívida; penhoras; cf. Ne 5) não é propriamente um fato histórico pontual, mas um fenômeno que se repetia. Neemias intervém com decisão, como um verdadeiro partidário de YHWH, que conhece seu dever perante a vontade de Deus (a Torá!) e não está interessado em nenhum lucro pessoal: ele decreta um perdão das dívidas (cf. Dt 15; Lv 25). No todo há um cenário idealizado e não um ato biográfico ou histórico. Neemias serve de modelo para um líder político do povo. Ele caminha com coragem para a autodeterminação, na medida em que isto é possível num império de muitos

---

124. Cf. S. MOWINCKEL, *Studien zu dem Buche Esra-Nehemia II*. Die Nehemia-Denkschrift, Oslo, 1964; A. H. J. GUNNEWEG, *Nehemia*, 176-180; B. LANG, NBL II, 916-918.

povos, e personifica na posição de liderança, a qual ele assume, o justo, que não abandona seu irmão em necessidade.

Novamente perguntamos: o que é confiável historicamente nesta imagem de Neemias? A luta pela relativa autonomia do pequeno território em volta de Jerusalém adquire traços visíveis. O inflamado desejo de autonomia é narrado de modo muito concreto, de tal modo que, ao escutar, a comunidade pode se identificar com ele e com os atos exemplares. Como todo o relato, apesar de sua sobriedade, busca despertar tal empatia e gerar seguidores, ele dificilmente pode ter sido parte de uma prestação de contas a YHWH arquivada. Conhecemos narrativas doutrinárias semelhantes, que, escondidas na privacidade, deveriam ter efeitos públicos? As memórias de Neemias, em sua linha geral, buscam ser ouvidas e imitadas. Provavelmente o escrito foi redigido justamente com esta finalidade. Sua sobriedade (acompanhada de intensa e exemplar referência a Deus!) e o colorido pessoal e histórico o tornam um documento semi-histórico, que não pode ser fixado em determinado período de tempo e em acontecimentos únicos (contra, por exemplo, Ne 5,14). Se, mesmo assim, se quer arriscar uma posição histórica, então Neemias se localiza provavelmente no meio do século V a.C., antes dos desenvolvimentos tratados no livro de Esdras.

2.3.2.2. Esdras

Esdras teria feito uma viagem de quatro meses da Babilônia (!) para Jerusalém no sétimo ano de um rei Artaxerxes (Esd 7,7-9), dotado de uma carta que lhe garantiria salvo-conduto e abastecimento principesco na satrapia da Transeufratênia (7,11-26). Sua tarefa: levar para Jerusalém a reparação babilônica para a Judeia (7,15 s.; 1,4), verificar o cumprimento da Torá de YHWH na província, e anunciar e fazer valer, em geral, essa ordenação divina (7,14.25 s.). Ele deveria equipar o Templo e preparar o culto em Jerusalém com o que fosse necessário, inclusive às custas do rei dos persas, e iniciar lá corretamente o exercício do culto (7,17-20). As concepções e a linguagem dessa carta, redigida em aramaico, não são de origem persa, mas judaica[125]. Assim, ele cria não uma perspectiva persa — do centro do império para a periferia servil —, mas tipicamente judaica: YHWH, o Deus do céu máximo, mora em Jerusalém (7,12.15.16), não em Susa ou Persépolis. Esdras parte da Babilônia — e não da corte real em Susa, como Neemias — porque lá se

---

125. Segundo A. H. J. GUNNEWEG, *Esra*, Gütersloh, 1985, 129-140 (KAT XIX/1). Cf. L. L. GRABBE, *Yehud*, 324-331.

encontra a antiga potência vencedora, agora humilhada, rebaixada a província (*medinah*, v. 16), que agora presta reparação[126]. A exagerada serviçalidade do monarca persa a YHWH e seu representante[127] é uma projeção dos desejos da comunidade judaica em Jerusalém, marginalizada, mas autoconfiante. A figura de Esdras possui, no capítulo 7 de seu livro e também em outros textos que usam seu nome, tão pouca consistência que se poderia com razão considerá-la um produto literário. Mas nem por isso perderia sua importância. O Esdras bíblico é totalmente absorvido por sua tarefa de anunciar a regulamentação da vida por YHWH. (Também a ação de Artaxerxes tem na narrativa somente um fim: promover Israel e YHWH.) O leitor atento facilmente adquire a impressão de que esta figura foi desenvolvida a partir de suas funções importantes para a comunidade. A genealogia exagerada, que vai até o primeiro antepassado, Aarão (7,1-5), assim como os presunçosos títulos, "sacerdote", "escriba", "conhecedor das palavras dos mandamentos de YHWH e de suas regras sobre Israel", "escriba da lei do Deus dos céus" (7,11 s.), mostram algo artificial e correspondem no máximo em fragmentos pequenos ao discurso imperial persa. Se o homem Esdras (em aramaico: "[Deus é] auxílio") de fato existiu, ele foi de tal modo transformado num protótipo, por esta tradição teológica exagerada, que não podemos mais saber quase nada de sua biografia concreta. Mesmo os locais de nascimento, morte e sepultamento não são mencionados. De resto, Esdras compartilha o destino de perda da personalidade — efeito da heroicização ou tipificação — com outros doutores da Lei da Bíblia, como Moisés ou Jesus; e, em certo grau, talvez também com Zoroastro, Maomé, Buda. A tradição construída sobre a da Bíblia fortaleceu ainda mais essa tendência nas figurações tardias de Esdras[128]. Nesta situação, a penosa pergunta de quando Esdras apareceu em Jerusalém deixa de ser necessária. Mas a grande maioria dos especialistas quer manter a personalidade histórica de "Esdras, o escriba e sacerdote", assim como a notícia de que ele chegou a Jerusalém no sétimo ano de algum Artaxerxes. Há três imperadores persas com este nome, mas só

---

126. GUNNEWEG, *Esra*, 132; mais cuidadoso e tradicional J. BLENKINSOPP, *Ezra-Nehemia*, Philadelphia, 1988, 135-139, 147 passim. O paralelismo com o envio do delegado Udiahorresnet para o Egito prova só condicionalmente a historicidade da missão de Esdras. Cf. J. BLENKINSOPP, *JBL* 106 (1987) 409-421.

127. GUNNEWEG fala (*Esra*, 135) de um "pleno poder ilimitado", o que já por si "soaria demasiado implausível".

128. Cf. a literatura sobre 3 e 4 Esdras: K.-F. POHLMANN, *Studien zum dritten Esra*, Göttingen, 1970 (FRLANT 104); E. BRANDENBURGER, *Die Verborgenheit Gottes im Weltgeschehen*, Zürich, 1981; E. M. YAMAUCHI, Postbiblical Traditions about Ezra and Nehemiah, in B. WALTKE et al. (Ed.), *A Tribute to Gleason Archer*, Chicago, 1986, 167-176.

podem ser considerados o primeiro, Artaxerxes Longímano (465-425 a.C.), ou o segundo, Artaxerxes Mnemon (404-359 a.C.). O ano da visita de Esdras seria então 458 ou 397 a.C. Se os livros de Esdras e Neemias tratassem de um relato documental dos acontecimentos, então seria seguramente muito importante o momento da viagem de Esdras e seus efeitos para a relação com Neemias e com a comunidade dos cidadãos do Templo em Jerusalém e seu modo de vida. Mas os autores da tradição das memórias de Esdras e Neemias não podiam e não queriam fornecer um relato histórico sobre a construção do Templo e das muralhas, a organização da comunidade e os problemas legais. Seus escritos refletem, de um modo anistórico (não ordenado cronologicamente), visões, expectativas e temores da comunidade de Jerusalém durante um século ou mais. Eles descrevem de modo comprimido situações esparsas e não pontuais. As verdades que a figura de Esdras transmite são de caráter teológico e ético; poucas ou nenhuma, de tipo histórico. Mas elas são válidas para um determinado período, o persa, e para a comunidade judaica em Judá, a qual se formava naquele tempo. Por isso, da história de Esdras saem aspectos históricos de tipo geral, tendências e não fatos singulares. Podemos indicá-los brevemente, limitando-nos aos pontos principais. Nossa curiosidade histórica, que quer um curso cronológico, cadeias de acontecimentos conectadas e ligadas causalmente, fica insatisfeita: Neemias 8 seguiria de fato Esdras 7–10? A tradição que nos chegou organiza a matéria segundo outros critérios, que não são claros para nós:

— No período em questão (séculos V-IV a.C.), a comunidade de Yhwh em Jerusalém se encontra numa situação instável do ponto de vista dos "fiéis à lei". A fidelidade à Torá pode muito bem ser um princípio de fé daqueles que retornaram do exílio babilônico, pois também a missão de Esdras é relacionada, de modo ideal-típico, a uma onda de retornados. A adoração a Yhwh e o modo de vida que ela inspira, até a dissolução dos casamentos mistos, são problemas fundamentais da comunidade, os quais devem ser resolvidos. A tradição de Esdras trata, portanto, do ponto de vista histórico, da consolidação e, em parte, da nova formação da comunidade judaica, entendida como confessional e *in statu nascenti*. Também fazem parte disso a regulamentação das relações de culto (com sacrifícios realizados "segundo o rito", isto é, no local legítimo, por um pessoal legitimado por nascimento, com objetos consagrados corretamente etc.), bem como o afastamento de influências estrangeiras e a instituição de um culto da palavra, no qual a Torá é ouvida publicamente.

— Podemos reconhecer ainda mais coisas nas entrelinhas: Esdras corporifica o ideal da classe dirigente dessa comunidade religiosa renovada por meio de sua atitude pessoal irrepreensível e de sua ascendência exemplar. Por um lado, ele é um escriba, isto é, guarda da nascente tradição do "Livro", que reúne as tradições dos pais e as configura num edifício de fé e de vida. Por outro lado, ele é um sacerdote de alta posição, cujo antepassado é o modelo por excelência do cargo: o próprio Aarão, irmão de Moisés. Esdras reúne de modo extraordinário as funções de transmissão da palavra (Moisés) e de realização do culto (Aarão) numa única pessoa. Isso corresponde à realidade histórica do judaísmo primitivo nascente: havia na direção da comunidade duas (ou, segundo o livro das Crônicas, três) reivindicações de tradição concorrentes: a do sacerdócio pleno com origem sacerdotal em Sadoc, a do sacerdócio menor e auxiliar da linhagem levita e a de uma classe de sábios e escribas realmente laica. Ora, desde o início do exílio coube provavelmente a estes últimos a tarefa fundamental de superar o período terrível — sem culto — da destruição do Templo. Por isso, Moisés parece prevalecer também na tradição de Êxodo-Levítico e nota-se em Esdras uma primazia da figura do escriba, com a qualificação "sacerdote" como adição qualitativa posterior (cf. Esd 7,11.12; Ne 8,2)[129]. Entretanto, as duas funções de liderança, embora de fundação diferente, se juntam nele como numa figura ideal, representação do desejo.

— Os problemas internos da nova comunidade de fé são causados por circunstâncias externas: perda da independência estatal, dominação estrangeira e deportação com supressão de símbolos nacionais (realeza e Templo). Assim, é necessária a determinação das relações externas: como os membros de uma minoria humilhada e colocada em risco se comportam em relação às autoridades e ao ambiente concreto? A tradição de Esdras concorda com outras linhas de tradição no seguinte: o governo central persa tinha uma relação neutra ou mesmo positiva em relação aos povos vencidos e seus deuses. Seja como for que se esclareça a muito discutida tolerância religiosa da distante corte imperial, as tradições bíblicas fazem um claro elogio da ajuda na reconstrução do Templo, na instituição e no financiamento do serviço de culto e da,

---

129. Do ponto de vista da história da redação, os títulos de sacerdócio são acréscimos posteriores. Cf. H. H. SCHAEDER, *Esra der Schreiber*, Tübingen, 1930; B. LANG, Vom Propheten zum Schriftgelehrten, in H. von STIETENCRON (Hg.), *Theologen und Theologien in verschiedenen Kulturkreisen*, Düsseldorf, 1986, 89-114.

provavelmente decisiva, permissão de anunciar a Lei particular judaica, a qual vai nos ocupar mais tarde. De nossa perspectiva, chegamos à conclusão, em todos estes pontos, de que os interesses do judeu autor do relato Esdras–Neemias aparentemente glorificaram além de qualquer medida plausível a benevolência do supremo chefe de Estado. Mesmo as lendas da missão dos dois protagonistas, Esdras e Neemias, estão submetidas a essa crítica retrospectiva. É questão aberta se a autenticidade histórica da missão de Esdras se torna mais provável através de um texto persa que descreve a missão de Udiahorresnet ao Egito[130]. De qualquer forma, a pálida descrição de Artaxerxes e de sua submissão a Y<small>HWH</small> não são apropriadas para favorecer o relato de Esdras 7 neste ponto.

— As forças que se juntam contra a atividade fundadora de Esdras dificilmente têm origem política ou religiosa externa (cf., em sentido contrário, a tradição de Neemias). Neste ponto, os que retornaram com Esdras encontraram sobretudo boa vontade, disposição para reparação e doação destinada à casa de Deus em Jerusalém. Hostilidades muito vagas no caminho foram neutralizadas por Deus (Esd 8,31); Esdras chega a recusar uma tropa de escolta persa, invocando a proteção divina (8,22 s.). Na tradição de Esdras, a oposição contra a obra de colocar em vigor a Torá de Y<small>HWH</small> foi praticamente só interna. Dessa forma, alude-se a problemas profundos da comunidade judaica. Quando uma comunidade de fé recorre à transmissão e à interpretação de tradições sagradas com muitas linhas, as quais devem fundamentar antes de qualquer outra coisa a identidade do grupo, são inevitáveis as contradições interpretativas e os conflitos de interesses advindos da tradição entre os companheiros de fé. A história da comunidade judaica e a da cristã também estão cheias de discórdias acerbas entre irmãos, fundadas teologicamente[131]. Elas já estão presentes na literatura bíblica exílica e pós-exílica e representam um fato histórico fundamental da comunidade religiosa confessional. O Esdras da tradição fica profundamente indignado, ao chegar a Jerusalém, com a falta de distância cultual entre judeus e estrangeiros. O ponto principal são os frequentes casamentos entre homens judeus e mulheres estrangeiras (o caso inverso não tem

---

130. Segundo J. B<small>LENKINSOPP</small> (JBL 106 [1987] 409-421). O egípcio teria, sob Dario Magno, recebido a tarefa imperial de estabelecer "ordem" em sua terra. Cf. acima 2.2.1 (Política religiosa).

131. Cf. M. S<small>MITH</small>, *Palestinian Parties and Politics that Shapes the Old Testament*, New York, 1971; London, ²1987.

importância, pois as mulheres judias que se casam com outros grupos entram para o grupo do marido e não pesam sobre o culto judaico). A comoção parece ser causada pelas proibições deuteronomistas de casamentos com estrangeiros (cf. Ex 34,15 s.; Dt 7,3; 23,3; Gn 34), mas também pela concepção de uma insuportável impureza cultual da terra (cf. Lv 18,24 s.). Em todo caso é assim que a oração de penitência em Esdras 9 articula as preocupações do escriba enviado por YHWH: esta oração torna plasticamente visível uma experiência histórica do pós-exílio.

Descobrimos assim no escrito chamado pelo nome de Esdras muito sobre as imagens que guiavam as comunidades por volta do século IV a.C., mas quase nada sobre as figuras históricas que possivelmente estavam por trás dessas representações. Apesar de toda a descrição intencionalmente "biográfica" (relação com o Grande Rei persa, relato na primeira pessoa, engajamento emocional; cf. Esd 9,3.5), Esdras continua a ser uma figura literária idealizada. Mais tarde, na tradição pós-canônica, ele é elevado à posição de um segundo Moisés: depois da suposta destruição da Torá no incêndio do Templo em 587 a.C. (também aqui a cronologia não desempenha papel algum para os imaginativos autores da tradição), ele teria restabelecido de memória o texto perdido, palavra por palavra, letra por letra (4Esd 14). Percebe-se o ideal pós-exílico do escriba perfeito, mas não a realidade histórica ou o perfil biográfico daquele lendário fundador da comunidade de YHWH no dia seguinte ao exílio.

2.3.2.3. Sesbassar, Zorobabel

Ainda há outros agentes judeus no complexo Esdras–Neemias. Mas eles não aparecem com tanta força quanto os dois protagonistas da vontade de autoafirmação espiritual e temporal da pequena minoria judaica. Também na história dos efeitos do exílio e do pós-exílio de Israel eles não encontraram aquela atenção que Esdras e Neemias granjearam[132]. Queremos falar principalmente das figuras de Zorobabel e Sesbassar, que desempenham certo papel em Esdras 1–6. Não papéis gloriosos de liderança, mas inegavelmente importantes. Talvez precisamente o fato de não terem sido descritos de modo lendário lhes garanta maior autenticidade histórica, pois figuras

---

132. Já se falou da tradição sobre Esdras. A respeito de Neemias, 2 Macabeus 2,13 afirma que ele fundou uma biblioteca com um arquivo no qual suas anotações pessoais foram guardadas. Provavelmente, seu destacado estilo de memórias suscitou atenção já cedo.

predominantemente fictícias podem ser identificadas justamente por sua modelação afetuosa, porém estereotipada. Aliás, o público quer saber mais das figuras fictícias do que das meramente históricas. Por isso, os autores das tradições introduzem dados e circunstâncias para satisfazer essa curiosidade, e assim surgem traços pessoais com matizes lendários mais ou menos fortes. Isso não ocorreu com as duas figuras mencionadas, nem nos escritos bíblicos, nem na história posterior.

Sesbassar[133] tem nome babilônico, que talvez seja uma corrupção de Šamaš-ab-ussur ("Shamash, proteja o pai"). De Ciro, ele teria recebido de volta numerosos objetos do Templo, anteriormente roubados de Jerusalém (Esd 1,8-11). Ele teria retornado para a pátria na primeira onda de retorno. Numa passagem posterior, pelo que parece, teria sido governador persa em Jerusalém e colocado a pedra fundamental da reconstrução do Templo (Esd 5,14.16). Não ficamos sabendo mais nada sobre ele. Essas duas indicações são em geral interpretadas literalmente: Sesbassar teria sido o primeiro governador persa de Judá. Nesta hipótese, porém, a tese de uma luta pela libertação de Judá diante do predomínio da Samaria teria que ser repensada e refundamentada (cf. acima 2.3.1). Parece-me que estamos em terreno seguro pelo menos quanto ao nome desta personalidade de elite. É questionável, porém, que Sesbassar pertença justamente ao período de Ciro, pois as notícias sobre a partida de um grupo de retorno imediatamente depois que Ciro tomou o poder sobre a Babilônia (539 a.C.) soam pouco plausíveis, assim como o "Édito de Ciro" redigido para isto (Esd 1,2-4). Teríamos, portanto, no mencionado Sesbassar uma figura dirigente da comunidade judaica autêntica, de cujas atividades, porém, pouco podemos saber.

Zorobabel também possui um nome babilônico (*zer-babili* = rebento da Babilônia). Supostamente, ele descende de Davi (1Cr 3,19); ele aparece sobretudo nas tradições de Esdras–Neemias, e ainda nos profetas Ageu e Zacarias. Ele está integrado na singular "Lista dos que retornaram" (Esd 2,2; Ne 7,7) e frequentemente age junto com o sacerdote Josué (Esd 3,2; 4,2.3; 5,2; em Ag 2,2 e Zc 3: Josué e Zorobabel). Sobretudo, também ele está vinculado à construção do Templo (Esd 3,2; 5,2; Ag 2,2-5; Zc 4,8-10). Em Ageu 2,21-23, a tradição deixa transparecer a existência de expectativas messiânicas em torno da pessoa de Zorobabel: as dores do fim da história se iniciam, e ele é o

---

133. Cf. S. Japhet, Sheshbazzar und Zerubbabel, *ZAW* 94 (1982) 66-98; 95 (1983) 218-229; M. Saebo, The Relation of Sheshbazzar and Zerubbabel — Reconsidered, *SEA* 54 (1988) 168-177; L. L. Grabbe, *Yehud*, 276-285.

"anel do selo" de YHWH, isto é, seu vice-regente na terra (o *Lord* guarda-selo com plenos poderes de governo). A tradição de Esdras não o qualifica como oficial persa, mas como personalidade dirigente na fase de formação da nova comunidade de Judá. Somente Ageu 1,1.14 e 2,2.21 chamam-no expressamente de *pehah*, "governador". Em 3 Esdras 4,13 se encontram elementos iniciais para formação de lenda. — Assim como Zorobabel desempenha um papel nos livros dos profetas Ageu e Zacarias, o apoio destes profetas é mencionado no relato de Esdras: "Ageu, o profeta, e Zacarias, filho de Ido, profetizaram com vistas aos judeus que estavam em Judá e em Jerusalém, em nome do Deus de Israel que estava sobre eles" (Esd 5,1; cf. 6,14). Parece de importância menor, quase como mera indicação cronológica, mas na realidade pretende anunciar — em harmonia com os escritos proféticos — a dinâmica profética e escatológica na construção do Templo. Isso nos leva a perguntar se a indicação foi retirada de um cânon dos profetas escrito já existente.

É extremamente difícil avaliar as figuras históricas de Sesbassar, Zorobabel, Ageu, Zacarias e também do sacerdote Josué na ausência de documentos persas e extrabíblicos. Existiram de fato dois "governadores" da província de Judá no começo? Ou a emancipação de Jerusalém e de seu entorno demorou, como aparece, por exemplo, em Esdras 4–6? Os primeiros adversários da busca judaica por autonomia são chamados aqui de Reum, o "Senhor do mandamento" (Gunneweg), e Simsai, o "escriba"; ambos estariam morando em Samaria (Esd 4,8.17). Entretanto, a localização temporal foi adiada para os governos de Xerxes e Artaxerxes, portanto mais de meio século em relação a Ciro. Mas isso não incomoda os narradores, que, fundamentalmente, só conhecem o problema típico do impedimento da construção do Templo e da hostil intromissão externa em assuntos judaicos[134]. Numa carta de advertência, seguramente formulada (fingida!) pelo lado judaico, os adversários acusam os repatriados (!) de estarem preparando uma separação do império persa (Esd 4,11-16). O representante da satrapia transeufratena se junta a esta denúncia da obra de construção judaica: em Esdras ele se chama "Tatnai", é rodeado por alguns colegas e tem o título de *pehah*, usual para os governadores de província subordinados (Esd 5,3.6; 6,6.13). Não há inscrições que comprovem este funcionário especial, que deveria ser ativo nos últimos anos de governo de Dario, pois o Templo já estava pronto no sexto ano (515 a.C.)[135].

---

134. Os autores não pensam "de modo linear-diacrônico, mas temático-sincrônico". (A. H. J. GUNNEWEG, *Esra*, 87).

135. A data (Esd 6,15) é historicamente plausível, mas não pode ser provada (cf. E. OTTO, *Jerusalem*, 94-100).

A averiguação do nome Tatnai no vigésimo ano de Dario[136] não leva muito longe. Mas, no panorama temporal de fases e acontecimentos apresentado pela tradição bíblica, o documento babilônico é uma confirmação da existência histórica de tal personagem. — Os numerosos outros nomes de judeus que retornaram da deportação só têm valor estatístico para fazer o cenário.

2.3.2.4. Os anciãos

É importante, entretanto, observar que a tradição gosta de trabalhar com figuras simbólicas e com a aura de autoridade em torno delas, mas, por outro lado, também deixa transparecer situações em que os anciãos da comunidade de YHWH se entendem sem figuras de liderança e tomam decisões em sintonia uns com os outros: Esdras 5,5.9; 6,7.8.14. No relato de Tatnai, por exemplo, é dito:

> Então perguntamos a esses anciãos e lhes dissemos: "Quem vos deu ordem de construir esta Casa e de erguer estas paredes?" Além disso, perguntamos pelos nomes deles, para comunicá-los a ti, a fim de escrever o nome de homens que os encabeçam. Eis a resposta que obtivemos: "Somos os servos do Deus dos céus e da terra, e estamos reconstruindo a Casa construída há muitos anos: um grande rei de Israel a construiu e terminou" (Esd 5,9-11).

Neste estrato aramaico da tradição, somente os "velhos" (*sebaia'*) negociam e decidem, não há outra personalidade de liderança, seja de origem nobre ou sacerdotal. Isto pode corresponder a uma realidade histórica válida pelo menos por algum tempo. Espantosa é a naturalidade com que os "anciãos", segundo esta visão das coisas, são os continuadores das tradições régias de Israel, concebendo-se como administradores delas. Também é notória a naturalidade com que Ezequiel se senta com os "anciãos", como representantes da comunidade (cf. abaixo 2.3.3), e não com sacerdotes, escribas, profetas ou outros funcionários da fé de YHWH (Ez 8,1; 14,1; 20,1; cf. 3,15; 11,24). Tais testemunhos nos fazem conscientes de que a antiga comunidade judaica em formação não era dependente de grandes figuras de direção, tampouco de funcionários especiais, mas possuía uma dinâmica social autônoma.

2.3.3. Estruturas sociais e comunitárias

A última observação nos leva a perguntar, resumidamente, pela organização social da comunidade judaica em formação. A organização social é de

---

136. H. Utzschneider, NBL III, 787, com censura de A. Ungnad, *ZAW* 58 (1940) 240-244; J. Fleishman, *HUCA* 66 (1995) 81-102.

importância fundamental para a compreensão dos escritos do Antigo Testamento e de suas afirmações teológicas[137]. No período pré-exílico, as formas de organização familiares, locais, regionais e estatais encaixavam-se, embora também se confrontassem em certa tensão. Com a conquista babilônica, o Estado territorial e sua monarquia pereceram. O império babilônico e, depois, o império persa funcionavam como a grande sociedade superior, com subdivisões que tinham cada qual um espaço próprio para tomar decisões. Dentro deste grande tecido de relações sociais e políticas, como se configurava a vida na região de Judá? Já se falou da ascensão de Jerusalém a sede da religião de YHWH. Mas como era a realidade social nas localidades dependentes de Jerusalém?

A pesquisa arqueológica da superfície feita desde poucas décadas e o interesse cada vez maior pela história e pela literatura do período persa já produziram alguns resultados[138]. Eles se referem em primeira linha à administração, à densidade populacional, à situação da moradia, à troca de bens e à produção de alimentos nas mais de cem localidades que podem ser contadas na província de Yehud[139]. Como os limites do distrito administrativo não são plenamente conhecidos e o número de habitantes só pode ser estimado aproximadamente, os resultados obtidos variam entre 20 mil e 30 mil pessoas para Yehud[140]. De todo modo, a província de Judá e sua capital Jerusalém eram uma mancha muito pequena no imenso mapa do império persa. O que foi dito acima (2.2.4) sobre a vida cotidiana no gigantesco império provavelmente também é válido para a nossa região. Mas que organização social característica e que circunstâncias especiais podemos admitir nessa região? Cabe consultar as pesquisas sobre a "cultura material" de Judá no período dos persas a respeito de seus modelos sociológicos e produtivos básicos.

---

137. Cf. E. S. GERSTENBERGER, *Theologien im Alten Testament*, Stuttgart, 2001, espec. cap. 3 e 8.

138. E. STERN (*Culture*) fez um primeiro resumo da pesquisa arqueológica em sua dissertação em hebraico (traduzida para o inglês em 1982). Segue-se C. E. CARTER com um trabalho de 1999 (*Emergence*) que apresenta o último estado da pesquisa e novas perspectivas. Para nossa finalidade, as duas apresentações são consultadas sobre as relações sociais específicas. J. P. Weinberg já tenta desde muito tempo entender a estrutura social da nova "comunidade de cidadãos do Templo" com base em testemunhos textuais. L. L. GRABBE resume a pesquisa até cerca de 2003 (*Yehud*, 134-155, 167-188, 197-208, 216-237).

139. Cf. C. E. CARTER, *Emergence*, 216, 221: 90% dos assentamentos abrigavam menos de trezentas pessoas; Jerusalém tinha cerca de 3 mil habitantes. Carter fala de 22 *sites* escavados e 103 identificados (ibid., 114) e lista num amplo apêndice 132 locais. (ibid., 325-349). L. L. GRABBE, *Yehud*, 135-140.

140. Cf., entretanto, J. P. WEINBERG, *City-Temple-Community*, 34-48: ele defende que havia mais de 150 mil habitantes! C. E. CARTER, *Emergence*, 216, 221; L. L. GRABBE, *Yehud*, 199-202. CARTER calcula, por exemplo, para o II período persa uma população de 20.650 pessoas (*Emergence*, 199-205).

Podemos supor que as relações familiares do Oriente Próximo (grupos de parentesco patrilineares, patrilocais e patriarcais[141]) são válidas também na província de Judá. Não se pode verificar diferenças étnicas na estrutura familiar da região[142], e este mais importante agrupamento primário da socialização humana permaneceu relativamente estável por séculos. No tecido de relações solidárias da família mulher, homem, crianças e outros membros do grupo tinham lugar bem determinado[143]. Na economia de agricultores e, em parte também, na de artesãos, todos os membros colaboravam segundo suas forças e capacidades na tarefa comum de sobrevivência. O forte entrelaçamento, a dependência do outro fazem com que o grupo de parentesco mais estreito seja a estrutura social mais importante. Antigamente, a pessoa isolada de sua família e dependente somente de si mesma não seria capaz de sobreviver (ao contrário da vida na sociedade industrial moderna). Para sobreviver, os *desperados* das estepes tinham que se juntar em bandos de saqueadores (1Sm 22,2). Eremitas e pessoas totalmente autônomas são estranhas e suspeitas no Antigo Testamento (Ecl 4,7-12). A família era a unidade social na qual o ser humano naturalmente vivia segundo a vontade de Deus, na qual ele produzia seu sustento, recebia segurança e atenção, cumpria seus deveres, recebia sua visão de mundo e sua fé e a cultivava — em suma, ela era o abrigo de cada um (pelo menos até fundar sua própria família) e para cada uma (até o casamento e além dele, como porto seguro no caso de separação ou viuvez). A família dava forma à vida, ao pensamento e ao sentimento do homem antigo no Oriente Próximo além da nossa imaginação: o indivíduo se via a partir do grupo e não o contrário. Dentro do grupo havia ordem hierárquica: de idade, de sexo e de *status* social — mulheres separadas ou não casadas (filhas ou irmãs) que viviam na casa valiam menos do que membros "regulares"; estrangeiros e escravos ficavam abaixo do grupo de parentes[144].

A ordem das posições estabelecida valia sobretudo para as mulheres, que deviam ser as mais flexíveis na estrutura social. Elas eram entregues para outras famílias; de nosso ponto de vista temos algumas vezes a impressão de

---

141. Organização em "casas de pais" (*Bet Abot*), cf. J. P. WEINBERG, *City-Temple-Community*, 49-61.

142. É questão aberta se "entre os cananeus" havia direitos especiais para as mulheres, por exemplo, poder dispor da propriedade imóvel (cf. 2Rs 4,8-10; Pr 31,16).

143. Cf. E. S. GERSTENBERGER, W. SCHRAGE, *Frau und Mann*, Stuttgart, 1980; L. G. PERDUE (Ed.), *Families in Ancient Israel*, Louisville, 1997.

144. Sobre a escravidão cf. M. A. DANDAMAEV, *Slavery in Babylonia* (cf. acima 2.2.4); I. CARDELLINI, Die biblische "Sklaven"-Gesetze, *BBB* 55 (1981). Sobre os "escravos do Templo" nas listas de Esdras–Neemias cf. J. P. WEINBERG, *City-Temple-Community*, 75-91.

que elas seriam somente objetos nas mãos da sociedade masculina (Gn 24; 34; 1Sm 25,44; 2Sm 3,13-16; Jz 19). Esta impressão é enganosa, na medida em que havia um elaborado sistema de negociações entre famílias (que ainda existe atualmente no Oriente Próximo), no qual o destino dos filhos era determinado pelos pais (cf. Jz 14,2-4). O resultado dos acordos frequentemente era fixado em contratos escritos[145]. A questão polêmica é se a situação das mulheres piorou em Judá no período persa, tendo em vista a crescente exclusividade de culto a YHWH e a consequente proibição de cultos domésticos de mulheres. As fontes são ambíguas neste ponto. Por um lado, justamente os textos mais tardios mostram uma relativa autonomia das mulheres dentro do sistema patriarcal existente[146]. Por outro lado, desvalorização e suspeita sobre o sexo feminino com fundação teológica não são um fenômeno que apareceu somente no período helenístico. A incompatibilidade da sexualidade, sobretudo feminina, com o serviço do altar, reservado aos homens (Lv 12–15), a crescente suspeita de que as mulheres seriam mais culpadas na "queda" do que os homens (Gn 3)[147], a visão masculina preconceituosa e maldosa de que as mulheres seriam mais suscetíveis à apostasia e à desobediência (cf. Dt 13,7; 1Rs 11,1-5)[148], o mal simbolizado através de figuras ou metáforas femininas[149] (Zc 5,5-11), tudo isso, se a aparência não engana, é sinal do período persa.

Os assentamentos em Judá, com um número de habitantes entre cem e quinhentos, dependiam do trabalho conjunto entre as famílias. Interesses comuns deveriam ser representados em comum ou delegados a lideranças. Ouvimos pouco ou nada sobre reuniões plenas (assembleias) locais, mas os anciãos ou os chefes de famílias são uma instituição antiga, conservada também nas novas condições do domínio imperial. No livro de Rute aparece de modo exemplar como questões jurídicas civis podiam ser tratadas à porta da cidade: um chefe de família esperava até reunir um grupo de dez homens, cidadãos plenos, *ad hoc*, e apresentava para este grêmio seu interesse (Rt 4,1-4). Em

---

145. Cf. a referência ao contrato de casamento, por exemplo, em Gênesis 31,43-50; cf. os documentos de Elefantina em 2.4.2.2.
146. Como exemplo podemos mencionar o livro de Rute, o qual deve ser entendido como escrito feminino daquele tempo (cf. L. FISCHER, *Rut*, Freiburg, 2001 [HThKAT]). Nesta linha aparece a heroificação de Hulda, Ester e Judite, mas talvez esse fenômeno seja justamente uma válvula de escape para o crescimento do patriarcado.
147. H. SCHLÜNGEL-STRAUMANN apresenta de modo impressionante os efeitos da "história da sedução" de Gênesis 3: *Die Frau am Anfang*, Münster, ²1997 (ExuZ 6).
148. Desconfiança e medo se confundem nas mulheres de Salomão com a etiqueta "estrangeira"; cf. também Números 25,6-9, Esdras 10, Neemias 13,23-28.
149. A metáfora do matrimônio entre YHWH e Israel pertence a este contexto; cf. G. BAUMANN, *Liebe und Gewalt*, Stuttgart, 2000 (SBS 185).

se tratando de um homicídio, os "anciãos e juízes" (*z^eqenim w^ešop^eṭim*; além destes, também o *šoṭer*: Dt 1,15; 16,18; 29,9; Js 8,33; 23,2; 24,1)[150] assumiam o processo, inclusive a condenação dos culpados e a execução da pena ou, no caso de autor desconhecido, dos atos expiatórios necessários (Dt 19,16-21; 21,1-9). Em Ezequiel são os anciãos que providenciam o bem-estar de suas comunidades, consultando o profeta (cf. Ez 8,1; 14,1; 20,1). Encontramos amplamente, na Bíblia, testemunhos da administração das aldeias e cidades por meio de representantes das famílias (cf. acima 2.3.2.4). Isto parece ter sido, nos assentamentos do Oriente Próximo[151], uma estrutura constitucional originária, não criada ulteriormente pelos monarcas; ao contrário, foi provavelmente das estruturas de poder na aldeia que se desenvolveram formas de poder em tribos e maiores ainda, em grandes sociedades. Relações aldeanas significam uma vida em assentamentos simples, não fortificadas, agregados à cidade mais próxima. As famílias, cada qual, permaneciam autárquicas no essencial. Havia na comunidade agrária ainda poucas profissões diferenciadas, embora mesmo no ambiente rural algumas famílias possam ter se especializado na produção cerâmica e no trabalho com madeira e com metal.

Para a vida espiritual das pequenas comunidades, essa situação significa que os cultos domésticos e locais, antes florescentes, não teriam, em longo prazo, legitimidade para existir dentro da nascente comunidade de YHWH. O dever confessional dominante na Judeia foi rigorosamente regulado pela Torá, uma constituição que estabelecia rigorosamente um único lugar legítimo de adoração a Deus (Dt 12). As cerimônias, os rituais religiosos e o pessoal competente se concentraram na capital de Judá. Os levitas da terra ou semelhantes agentes espirituais, sobretudo curandeiros, adivinhos, exorcistas, que cuidavam das necessidades medicinais e rituais da população, provavelmente se retiraram para nichos da sociedade, como a famosa necromante de En-Dor (1Sm 28). Por outro lado, a comunidade de YHWH devia oferecer rituais necessários e casuais, como no tratamento de doenças. O Saltério oferece um número espantoso de orações para necessitados, destinadas a tais súplicas da comunidade[152].

---

150. Os cargos mencionados são especificamente deuteronomistas e comparáveis aos antigos líderes de aldeia na Alemanha. H. NIEHR, ThWAT VIII, 408-428; K.-D. SCHLUNCK, ThWAT VII, 1255-1258. Intérpretes modernos entendem facilmente estas designações como funcionalismo moderno; contra: F. CRÜSEMANN, *Tora*, 121-131; R. KESSLER, *Staat*, 161-189. Cf. também: H. REVIV, *The Elders in Ancient Israel*, Jerusalem, 1989; U. RÜTERSWÖRDEN, *Von der politischen Gemeinschaft zur Gemeinde*. Studien zu Dt 16,18–18,22, Frankfurt, 1987 (BBB 65).

151. A constituição dos anciãos em cidades e aldeias no Deuteronômio é pesquisada com perspectiva etnológica por T. M. WILLIS, *The Elders of the City*, Atlanta, 2001 (SBL.MS 55).

152. Cf. E. S. GERSTENBERGER, *Der bittende Mensch*, Neukirchen-Vluyn, 1980 (WMANT 20).

A pergunta pela relação dos assentamentos com Jerusalém, centro cultual e administrativo, pode ser conclusiva. Com efeito, todo Judá era em certo sentido uma única "comunidade de cidadãos do Templo" (J. Weinberg)[153], pois, segundo a Torá, a capital da província era o único cenário legítimo para o culto e os sacrifícios nascentes. Já no Deuteronômio lemos:

> Suprimireis completamente todos os lugares onde as nações que ireis desapossar serviram a seus deuses ... Não procedereis como eles em relação a YHWH, vosso Deus, porque somente o procurareis no lugar que YHWH, vosso Deus, houver escolhido entre todas as tribos para ali estabelecer o seu Nome, para ali morar, para lá é que irás (Dt 12,2.4-5).

Essa concentração do culto não reflete realmente o período de Josias, nem o século do exílio, mas sim a época do Segundo Templo. Cada localidade estava, quanto à sua competência, submetida à administração civil de Jerusalém. A relação dos lugarejos e assentamentos judaicos na diáspora com Jerusalém era a grande rede social da comunidade de fé de YHWH, construída sobre associações locais e regionais. Uma medida como o "sinecismo" de Neemias (Ne 7,4; 11,1 s.) mostra a solidariedade do centro com a periferia. Não apenas deslocou-se para Jerusalém a celebração do sacrifício, realizada permanentemente pelos sacerdotes do Templo e mais tarde suportada por equipes permanentes de assentamentos no exterior[154]. A cidade santa tornou-se, sobretudo, cenário das grandes festas anuais, em primeiro lugar da Páscoa[155]. Os locais de Judá, assim como os habitantes de Jerusalém, estavam ligados à grande comunidade religiosa "Israel", "povo judeu", "o povo de YHWH" ou "os piedosos, os justos, os escolhidos" etc. O judaísmo nascente era idealmente e sociologicamente uma unidade, apesar dos muitos partidos e orientações na fé. E essa comunidade ideal, reunida no Templo recém-consagrado, era organizada também como comunidade de fé. A expressão mais visível da instituição era o Templo, que os judeus deviam sustentar mediante o imposto do Templo.

O "dízimo", que idealmente era cobrado para a manutenção do Templo, tem uma longa história posterior no judaísmo e no cristianismo, até o imposto da Igreja cobrada pelo Estado alemão hoje, ao valor de 9% do imposto de

---

153. Tomo esta expressão principalmente segundo sua dimensão espiritual. É difícil decidir até que ponto a comunidade dos cidadãos do Templo deve ser concebida constitucionalmente como "Templo-Estado", com ou sem posse da terra. Cf. L. L. GRABBE, *Yehud*, 142-148.

154. I. ELBOGEN, *Der jüdische Gottesdienst in seiner geschichtlichen Entwicklung* [1913], reimpr. Hildesheim, 1967, 237, 239: representantes das comunidades participavam nos sacrifícios segundo turnos regulares.

155. Cf. S. SAFRAI, *Die Wallfahrt im Zeitalter des Zweiten Tempels*, Neukirchen-Vluyn 1981.

renda. A pré-história de uma taxação de todos os cidadãos adultos voltada para santuários (não régios) foi ainda pouco pesquisada[156]. Em todo caso, o Segundo Templo israelita em Jerusalém não era um santuário do rei, mas pertencia à comunidade. Já falamos da subvenção persa ao Templo, a ser pensada no máximo como financiamento inicial. Portanto, a comunidade devia de algum modo se responsabilizar pelo funcionamento do local maior de culto e oração. Ouvimos sobre donativos voluntários para a construção do santuário; sabemos que determinada parte dos sacrifícios de animais ou dos dons vegetais devia ser deixada para os sacerdotes em exercício (Lv 2,3; 6,9-11; 7,8-10.14.32-34). Já existia um grande número de regras e usos em relação a isso[157]. Eles se apresentam mais variados ainda se lemos as orientações sobre as contribuições ao Templo contidas na Bíblia hebraica, as quais se referem todas, com grande probabilidade, ao Segundo Templo e não ao de Salomão. Em Neemias, cinco dos oito compromissos da comunidade (cf. acima 1.2) referem-se à manutenção do Templo, sendo os mais detalhados de toda a tradição bíblica:

> No que nos diz respeito, fixamos para nós a regra de dar um terço de siclo por ano para o serviço da Casa do nosso Deus, para os pães da proposição, para a oferenda perpétua, para o holocausto perpétuo, os sábados, as luas novas, para as festas, para as coisas consagradas, para os sacrifícios de expiação dos pecados de Israel e para toda a obra da Casa do nosso Deus (Ne 10,33-34).

Os outros compromissos referem-se à lenha necessária (10,35) e à entrega das primícias das colheitas de cereais, das árvores frutíferas e dos primogênitos humanos e animais (10,36 s.). Uma prescrição complementar trata das primícias da massa de pão, do vinho novo e do azeite (10,38a). De modo estranho, em seguida, fala-se do dízimo para os levitas, tomado de "todas as localidades com lavoura" (10,38b). As outras exigências para o templo (cf. Dt 14,22-29; 26,1-15; Lv 27,30-33; Nm 18,21-31 etc.) são formuladas de perspectivas diferentes e com diferentes finalidades. No contexto atual, o importante é que a comunidade judaica de cidadãos do Templo se sentia estreitamente ligada à instituição e incumbida de sustentá-la[158].

De tudo isso torna-se compreensível quão importante era a organização religiosa da nova comunidade. Expressão mais clara deste fato encontra-se na

---

156. Cf. M. Jursa, *Der Tempelzehnt in Babylonien*, Kevelaer/Neukirchen-Vluyn, 1998 (AOAT 254). Cf. W. Zwickel, *Tempelkult*. Mais literatura cf. acima Excurso: a ascensão de Jerusalém a cidade sagrada (p. 100).

157. Sobre o salário do sacerdote nas leis de sacrifício no Levítico cf. E. S. Gerstenberger, *Leviticus*, Göttingen, 1993 (ATD 6); Índice de assuntos: Priesteranteil.

158. Cf. L. L. Grabbe, *Yehud*, 209-216, 235 s.

menção frequente à assembleia dos fiéis de YHWH (*qᵉhal yhwh/yisraël* e sinônimos: *'edah; 'am; 'eṣah* etc.). Muitos textos referem-se a essa assembleia plena. Ela pode se tornar ativa política e religiosamente. A reunião para o culto divino é o modelo original da reunião na sinagoga, como já foi dito antes. Sua finalidade litúrgica pode ser claramente reconhecida, por exemplo, em Deuteronômio 29–31, Josué 23–24, 1Reis 8; mas também nos Salmos (cf. Sl 95; 100; 118; 136), nos livros proféticos (Jr 31,8; 44,15; Mq 2,5; Jl 2,16 etc.) e, naturalmente, nas Crônicas (1Cr 28,8; 29,1.10.20 etc.). A assembleia tem funções políticas e jurídicas em Esdras 10,1.8.14 e Neemias 5,13. Percebemos, pois, que a comunidade pós-exílica se constitui principalmente em ocasiões que tornam necessária a participação de todos os fiéis de YHWH. Ela era uma realidade teológica e social *sui generis*, modelo para as assembleias judaicas e cristãs posteriores. As comunidades do exílio eram convocadas por representantes legítimos, colocando em jogo frequentemente sua própria opinião perante os dirigentes. É questão aberta se havia no período persa uma comunidade de fé com organização semelhante, por exemplo, à da religião de Zaratustra. Indicações pálidas de uma tal comunidade religiosa aparecem nas antigas camadas do *Avesta*.

2.3.4. Economia; política local

M. BROSHI, Estimating the Population of Ancient Jerusalem, BarR 4 (1978) 10-15 – ID., I. FINKELSTEIN, *The Population of Palestine in Iron Age II*, 1992. – C. E. CARTER, *Emergence*, 1999. – I. FINKELSTEIN, *The Archaelogy of the Israelite Settlement*, Jerusalem, 1988. – M. A. DANDAMAEV, *Slavery*, 1984. – L. L. GRABBE, *Yehud*, 189-208. – D. C. HOPKINS, *The Highlands of Canaan*, Sheffield, 1985. – R. KESSLER, *Sozialgeschichte*, 2006 (previsto). – H. G. KIPPENBERG, *Religion und Klassenbildung im antiken Judäa*, Göttingen, 1978. – H. KLENGEL, *Handel und Händler im Alten Orient*, Wien, 1979. – H. KREISSIG, *Die sozialökonomische Situation in Juda zur Achämenidenzeit*, Berlin, 1973. – O. LIPSCHITS, *Judah and the Judeans in neo-Babylonian Period*, Winona Lake, 2003. – C. SCHÄFER-LICHTENBERG, *Stadt*. – C. ZACCAGNINI, *Production and Consumtion in the Ancient Near East*, Budapest, 1989.

Como podemos representar a situação econômica dos judeus durante o período persa? Quais possibilidades tinham os habitantes da cidade e do campo de participar na troca de bens? Quais encargos recaíam sobre as famílias? Conseguimos avaliar o padrão de vida das pessoas e comparar com o nosso? Já salientamos muitas vezes: a maior parte da população de Judá vivia da agricultura e do pastoreio, numa economia de subsistência. Esta terra só parcialmente pode ser cultivada com as águas da chuva. Onde a média anual de precipitação é menor que 300 mm a água exige intervenção humana (construção de terraços, de reservatórios, irrigação artificial), se se pretende alcançar algum rendimento. A criação de gado miúdo ainda pode utilizar em parte as regiões nas quais o cultivo não é mais possível, pelo menos no início do ano, depois de suficientes chuvas de inverno. Lavradores e pastores buscavam a maior autarquia possível. A maior parte das necessidades podia ser satisfeita pela própria pessoa (alimentação, vestuário, moradia, técnica, educação, cuidado com a saúde etc.), mas uma parte do que se desejava não era disponível: por exemplo, objetos de metal, eventualmente sementes, animais de raça, objetos de luxo, cerimoniais. Estas coisas só podiam ser adquiridas por troca ou compra, e para tanto era necessário um excedente de produtos agrários que pudesse ser oferecido como valor de troca. Como os camponeses judeus evidentemente também estavam submetidos aos impostos e deviam dar contribuições ao Templo, eles tinham que produzir além das necessidades próprias. Assim, do ponto de vista camponês, a economia pública era requerida apenas em medida limitada, mas ao mesmo tempo indispensável.

O meio urbano apresentava outro aspecto. Artesãos, comerciantes e funcionários, não exercendo mais atividades agrárias, só podiam satisfazer suas necessidades de bens vitais por meio do mercado. Eles (artesãos e comerciantes) deviam primeiro adquirir matéria-prima e *know-how* técnico, para então produzir ou comprar produtos, levá-los para onde era preciso e vendê-los com proveito. Os funcionários tinham apenas seu "salário", que era pago na Pérsia em produtos naturais (cf. acima 2.2.4). Assim, os habitantes da cidade dependiam totalmente da troca econômica. Não é de estranhar, portanto, que comerciantes (ou artesãos), por exemplo, segundo Neemias 13,15 s., fossem em grupos para Jerusalém para lá venderem seus produtos. Sinal de crescimento do comércio é o fato de que a cunhagem de moeda foi inventada durante o período persa (por gregos da Ásia Menor?), o que facilitava substancialmente a troca.

Calcula-se que entre 80% e 90% da população da província de Judá consistisse em famílias de camponeses; na capital Jerusalém habitavam cerca de 10% das pessoas, a maioria das quais não tinha mais na economia agrária a base de seu sustento. Nas aldeias se produziam principalmente cereais, vinho e óleo (cf. Dt 12,17; 14,23; 18,4; Ne 13,12 passim). Negociava-se com esses alimentos básicos. Acrescente-se a isso todo tipo de artigos comerciáveis, de uso diário ou de longo prazo. Eram conhecidas diferentes profissões artesanais: homens que trabalhavam com metal, com madeira, com pedra, com tecidos, com argila. Logicamente, as famílias normais se esforçavam por produzir elas mesmas o máximo dos produtos necessários. Por outro lado, no período pré-exílico, as cortes dos reis e, depois do desaparecimento da monarquia, as instâncias administrativas e os funcionários do Templo atraíam os melhores artesãos, pois a maioria das encomendas era deles. Nos livros dos Reis não se esconde, no relato da construção, que o conhecimento técnico era raro em Israel. Hiram de Tiro foi contratado para cortar e entregar a madeira do Líbano necessária (1Rs 5,15-26; Salomão pagou com trigo e óleo: 5,25), e operários especializados foram importados para a construção do Templo (cf. 1Rs 7,13 s.). Aparecem artistas e arquitetos num contexto semelhante na confecção do Tabernáculo ao lado do monte Sinai. Ora, os textos relativos a isto são do período pós-exílico: o dirigente maior da confecção do modelo de tenda se chamava Besalel e tinha a capacidade especial, dada por YHWH, de lidar com maestria com todos os materiais, isto é, "ouro, prata, bronze e pedras" (Ex 31,2-5). Ooliab se tornou seu assistente (Ex 31,6). Os dois homens foram responsáveis por toda a construção da Tenda (isto é, do Templo) junto com o inventário das dúzias de artesãos especialistas. Os mestres artesãos, idealizados, revelam por seus nomes artificiais significativos (Besalel = "na sombra de El"; Ooliab = "o pai é minha tenda") que na época persa havia uma tradição artesanal e artística judaica autóctone. O santuário de Jerusalém certamente era um empregador de peso e desempenhava um papel importante na economia da província, independentemente do fato de possuir certo número de imóveis e maiores ou menores rendimentos de propriedades rurais. As relações de propriedade em Yehud são uma questão importante em geral: nominalmente, toda a terra, mesmo a das regiões conquistadas, pertence ao Grande Rei persa (cf. Ne 9,36 s.: "Hoje, eis que somos escravos. Na terra que destes aos nossos pais para dela comermos os frutos e os bens, eis que somos escravos! Seus produtos abundantes são para os reis...")[159]. Na prática, as famílias camponesas viviam sobre a posse familiar[160] e pagavam impostos ao rei até que eventualmente se tornassem insolventes. Não sabemos com que frequência isso acontecia. Em condições climáticas favoráveis e em períodos de paz provavelmente os agricultores passavam bem. A administração unificada do império persa e a queda de fronteiras nacionais foram parcialmente proveitosas para o comércio e o sustento diário nas províncias. Mas nas escavações na Palestina se encontram achados no sentido contrário, que revelam "decadência ao lado de prosperidade"[161].

---

159. Não é possível descobrir até que ponto avançou para o oeste a economia persa *haṭru* (entrega de terra de tipo feudal pelo Grande Rei, com a imposição de fornecer recrutas); cf. supra, nota 103.
160. O ideal de Levítico 25 é a estabilidade das relações de propriedade sob a premissa "toda terra pertence a YHWH"! Somente terrenos urbanos podiam ser vendidos permanentemente. Cf. Levítico 25,29 s.
161. H. WEIPPERT, Palästina, 707: os "humildes artigos de uso cotidiano" mostram "a distância entre a província e o centro do império", enquanto os artigos de luxo encontrados "mostram que

No todo, Judá não era uma região especialmente favorável, nem para a agricultura, nem para o artesanato, nem para o comércio. Segundo as escassas fontes, os habitantes levavam uma vida modesta. Em tempos de crise (guerra, seca, pragas de gafanhotos etc.; cf. Gn 41,53-57; Jl 1–2; Jr 14,1-6) a escassez se tornava mortal. As migrações por causa da fome foram uma experiência sempre viva dos homens antigos no chamado "Crescente Fértil". Nos escritos hebraicos, as encontramos frequentemente (Gn 40 s.; Rt 1; 1Sm 22,3 s.; 2Rs 8,1-3).

Na época persa, a situação econômica na Palestina parece ter sido precária, ao menos temporariamente. Esta é, em todo caso, a impressão dada no livro de Neemias com seu forte acento nas obrigações sociais; Neemias 5, porém, não menciona somente as causas naturais do empobrecimento, mas também a situação de necessidade surgida ou agravada pelo serviço da dívida e pelo peso dos impostos:

> Surgiu então uma forte queixa do povo e de suas mulheres contra seus irmãos judeus. Alguns diziam: "Nossos filhos, nossas filhas e nós mesmos somos numerosos. Gostaríamos de ter trigo para comer e viver!". Outros diziam: "Nossos campos, nossas vinhas e nossas casas, damo-las em hipoteca para termos trigo durante a época da fome". Outros ainda diziam: "Para o tributo do rei, tomamos dinheiro emprestado, empenhando nossos campos e nossas vinhas. No entanto, nossa carne é semelhante à carne de nossos irmãos, e nossos filhos são semelhantes aos deles. Contudo, somos obrigados a entregar nossos filhos e nossas filhas à servidão, e algumas das nossas filhas já são escravas; nada podemos contra isso; nossos campos e nossas vinhas pertencem a outros!" (Ne 5,1-5).

Não podemos ler o texto como se fosse o relato de uma única fome durante o período de governo de Neemias, nem generalizá-lo como se retratasse validamente a situação social da Judeia nos duzentos anos de domínio persa. Provavelmente a verdade está no meio: a economia da província de Judá era suscetível a catástrofes naturais e a abalos políticos. Ela não podia produzir excedentes grandiosos, não podia armazenar reservas amplas. A pressão do sistema de impostos persa, ao qual se acrescentava o imposto do Templo dos próprios judeus, podia levar os homens temporariamente ao desespero. Nesta situação havia reuniões de protesto contra os "irmãos judeus", os quais abusavam da situação econômica e se enriqueciam à custa dos agricultores superendividados.

---

a elite provincial se orientava pelos padrões da capital". R. Kessler (*Sozialgeschichte*) trata em detalhe da mudança das estruturas sociais na província de Yehud.

Excurso: dívidas e perdão das dívidas no antigo Oriente

As estruturas sociais das sociedades do Oriente Próximo estavam baseadas essencialmente — apesar de séculos de urbanização — num sistema de família e parentesco muito antigo. A vinculação do indivíduo em seu grupo *kin*[162] era a garantia real de uma vida digna, especialmente de cuidado na velhice (podemos, entretanto, aceitar uma expectativa de vida consideravelmente menor do que nos atuais países industrializados ocidentais). A solidariedade da família apoiava o indivíduo do berço até o túmulo; se fossem tiradas as bases da vida da família, só sobrariam a mendicância, a prostituição e o banditismo como saída. Em todas as regiões do antigo Oriente esta era a condição fundamental da vida humana. Em períodos de maior miséria as diferenças entre o rico e o pobre se aprofundavam, surgindo verdadeiras "sociedades de classes"[163]. A perda da propriedade, causada crescentemente pela falência econômica, era um problema fundamental (proletarização: migração dos empobrecidos para as cidades). Desde o segundo milênio houve uma economia de crédito na Babilônia (primeiro com produtos naturais, mais tarde com metais nobres pesados e, depois, na Palestina no final do domínio persa, com dinheiro cunhado), o que era fatídico para muitos em tempos ruins.

Naturalmente também surgiram, com a formação de sociedades secundárias, ideias e estruturas que evitariam o empobrecimento em massa. Mesmo instâncias estatais desenvolveram e cultivaram a ideia de ajuda ao vizinho e de assistência da sociedade, ligadas, por exemplo, à pessoa do rei. Conceitos como "justiça" e "ajuda aos fracos" estavam em voga desde tempos primitivos. É famoso o prólogo do rei Hamurabi à sua coleção de leis, que salienta o cuidado com os pobres. A consciência de dever intervir regulando quando parte da população vai mal e de combater preventivamente as tendências de empobrecimento entra profundamente na cultura e na religião sumérias. Mas os governos se limitam a barrar os piores abusos do enriquecimento capitalista. Assim, a taxa de juros foi limitada pelo Estado e o instrumento da "escravidão por dívida", que possibilitava ao credor fazer que dívidas fossem pagas com trabalho de membros da família devedora (cf. Ex 21,1-11), foi limitada pelo estabelecimento de um tempo máximo de serviço, independentemente do tamanho da dívida. No Código de Hamurabi um escravo por dívida podia perder três anos de liberdade, entre os antigos israelitas originalmente seis anos. As prescrições detalhadas de Levítico 25, adaptadas ao tempo, para o pagamento de dívidas com trabalho, a restituição da propriedade e a devolução da liberdade pessoal são exemplo extraordinário da intervenção reguladora da

---

162. Seleção de parentesco. (N. da ass. cient.).
163. H. G. Kippenberg, *Religion*; M. A. Dandamaev, *Slavery*; R. Kessler, Zur israelitischen Löserinstitution, in M. Crüsemann et al. (Hg.), *Schuld und Schulden*, München, 1992; Id., Frühkapitalismus, Rentenkapitalismus, Tributarismus, antike Klassengesellschaft, EvTh 54 (1994) 413-427.

grande sociedade. Entretanto, também devemos constatar neste exemplo que a comunidade judaica em formação não funcionava mais no nível estatal, mas, por um lado, no nível entre famílias, clãs e aldeias e, por outro, no da comunidade confessional situada nas estruturas imperiais, a qual se compreendia como um "povo de irmãos" (e irmãs?). A comunidade de YHWH do período persa, ao reestruturar as normas, assumiu muitos elementos do pensamento da família e do clã. Mas também o modo monárquico de pensar a justiça e a ordem do mundo contribuíram para as prescrições contemporâneas que encontramos no Levítico:

> Se teu irmão tiver dívidas e tiver de vender uma parte de sua propriedade, o que tiver direito de resgate, isto é, seu parente mais próximo, virá resgatar o que seu irmão vendeu ... (Lv 25,25).
>
> Se teu irmão tem dívidas e não tem com que pagar, tu o sustentarás, seja ele um migrante ou um morador, a fim de que ele possa sobreviver a teu lado. Não auferirás dele nem juros nem lucro; é assim que temerás o teu Deus, e teu irmão poderá sobreviver a teu lado (Lv 25,35-36).

A proteção dos economicamente fracos era uma das preocupações centrais da nascente comunidade de YHWH. O ideal de justiça e proteção presente no antigo Oriente, que, no âmbito estatal, provinha mais do pensamento hierárquico da ordem do mundo, tornou-se em Israel um instrumento para definir conceitualmente a antiga solidariedade familiar e fraterna e para realizá-la na prática.

A província de Judá parece não ter desempenhado papel economicamente importante no império persa. Essencial era em primeiro lugar a economia de subsistência dos moradores. Em segundo lugar, deviam ser pagos contribuições e impostos. Além disso, como mostram os descobrimentos arqueológicos[164], havia uma modesta troca comercial com outras regiões e províncias. As riquezas do solo eram mínimas (cobre? sal no mar Morto?). Produtos especiais, como material aromático (En Gedi), eram bens de comércio valiosos. A agricultura fornecia óleo, vinho, trigo, mas aparentemente o excedente era pequeno perante o uso da própria população.

2.3.5. Técnica e cultura

Hoje a arqueologia pode — dependendo da realização das necessárias escavações e pesquisas — descrever de modo claro e detalhado o estágio de

---

164. Cf. D. C. HOPKINS, *Highlands*, 241-250; M. A. DANDAMAEV, V. G. LUKONIN, *Culture*, 130-152; C. E. Carter, *Emergence*, 247 s., 288-294; L. L. GRABBE, *Yehud*, 189-208.

civilização que determinadas populações alcançaram, mesmo que, em grande parte, faltem testemunhos escritos. Objetos domésticos de argila, metal ou outros materiais duráveis sobreviveram em parte ao tempo. Restos de construções testemunham os modos e a qualidade da vida. Objetos de túmulos de diferentes tipos esclarecem as atividades domésticas, mas também praticas bélicas e atividades religiosas. Eventualmente são descobertos restos de alimentação e grandes quantidades de ossos em depósitos de lixo, que nos dão informações sobre hábitos alimentares. Representações de figuras humanas, divindades, plantas, animais revelam atitudes relativas ao meio ambiente, visões de mundo e objetivos de vida.

No todo, os restos materiais do período mostram uma cultura posterior à Idade do Ferro, que, devido à vinculação ao império persa e à abertura das fronteiras provinciais, "assume novamente um caráter 'internacional', diferente do da Idade do Ferro II-C..."[165]. A força econômica da região costeira (não judaica) com seu interior, a Shefelá, era claramente maior do que a da população da montanha; este fato pode ser deduzido da qualidade dos artefatos e do modo de construção. Judá consiste, sobretudo, de encostas de montanhas pobres em água e de uádis desérticos em direção ao Jordão e ao mar Morto. Os achados mostram, entretanto, que se podia trabalhar com ferro e metal, argila, lã e linho em quase todo lugar. Identificam-se oficinas locais. A produção doméstica estava em voga, como já foi dito, em muitas áreas. As manufaturas podiam prosperar onde existiam os necessários conhecimentos especiais e custosas instalações de produção. Uma instalação de fundição de cobre ou ferro não era nada lucrativa para uma propriedade rural normal. Foram encontrados frequentemente pés de poltronas em bronze, estilizados como garras de leão, taças, jarros, assim como joias de ouro e prata. Estatuetas de pedra, argila ou metal, cerâmicas de todo tipo surgem de numerosas escavações na Palestina e de oficinas locais.

Entre as particularidades da moda da época estão os pequenos altares de incenso; eles aparecem em grande quantidade, excedendo o uso no culto do santuário devido ao grande número, em direção talvez de um culto doméstico. O comércio com os produtores de incenso da África oriental, facilitado no império persa, e o respectivo barateamento da mercadoria levaram a um aumento do uso[166]. A presença de selos da época em Judá mostra certa concordância com

---

165. H. WEIPPERT, *Palästina*, 706.
166. Ibid., 715-717; Othmar KEEL, Christoph UEHLINGER, *Göttinnen, Götter und Gottessymbole*, Freiburg, ²1993, 439.

as províncias em volta[167]. Por outro lado, os pesquisadores podem constatar uma forte tendência contrária ao iconismo, pois relativamente muitos selos são dotados somente de inscrições, sem imagens de deuses[168].

O modo de sepultar os mortos, bem como os objetos que acompanham a sepultura, sempre são ricos em informações para o arqueólogo e o historiador. Frequentemente se pode ler nos túmulos especificidades étnicas, religiosas e, evidentemente, sociais. Na província de Yehud há pouca coisa que se destaca. Na montanhosa Judeia, os mortos eram colocados preferencialmente em câmaras no penhasco, pelo menos das famílias que tinham condições de ter um túmulo deste tipo, natural ou escavado. Aos pobres restava somente o simples sepultamento na terra[169]. Os persas — como se depreende do amplo uso — preferiam "túmulos em caixa" simples, isto é, túmulos na terra revestidos de pedra ou tijolos, cobertos com uma pedra[170].

No todo, as descobertas arqueológicas na província de Judá mostram a imagem de uma população que vive pacificamente e participa das bênçãos da civilização da época comedidamente. Construções monumentais não apareceram (mas escavações em Jerusalém são possíveis só sob condições excepcionais, e o monte do Templo é tabu absoluto). Os muros de Neemias também não podem ser escavados. Não se deve esperar tesouros de ouro na província; a unidade administrativa de Judá não tinha grande potência econômica. Inscrições de Judá aparecem em pequeno número, e o conteúdo textual é mínimo (asas de jarros, selos com inscrições, óstracos, moedas). A maioria dos testemunhos da época provém das regiões marginais não judaicas, por exemplo das cidades costeiras ou do norte do vale do Jordão[171]. De qualquer modo, os achados mostram quão fortemente Judá estava inserida na região da Siro-Palestina em relação à cultura técnica, à arte, à economia e à religião. A competência de artesãos autóctones, como mencionado acima (2.3.4), é sinal de que a pequena província de Judá não perdeu o contato com as regiões vizinhas.

---

167. Cf. ibid., 430-452. Os autores chamam o período de 587-50 a.C. de Idade do ferro III.
168. Ibid., 449; N. AVIGAD, *Bullae and Seals from a Post-Exilic Judean Archive*, Jerusalem, 1976 (Qedem 4).
169. Cf. H. WEIPPERT, *Palästina*, 703 s., 706.
170. Ibid., 705 s.; D. ILLAN, Burial Sites, OEANE 1, 384-386; B. R. McCANE, Burial Techniques, OEANE 1, 386 s.; E. BLOCH-SMITH, Cave Tombs, OEANE 1, 443 s.; ID., *Judahite Burial Practices and Beliefs about the Dead*, Sheffield, 1992 (JSOT.S 123) (nele: Tomb Types, 25-62).
171. Cf. as listas em H. WEIPPERT, *Palästina*, 694-697; C. E. CARTER, *Emergence*, 259-283; L. L. GRABBE, *Yehud*, 54-69.

2.3.6. Religião popular e Templo

Achados arqueológicos e textos bíblicos nos permitem adivinhar algo da crença do povo. A imagem oficial da época apresenta a religião de YHWH como a única confissão religiosa legítima. Tanto Esdras quanto Neemias tiveram que lutar constantemente contra as tendências de apostasia e de secularização da população judaica. Além disso, havia partidos e correntes dentro da comunidade judaica. Mas aparece claramente, em toda a parte dos textos bíblicos, a reivindicação de YHWH de ser a única divindade a ser adorada em Israel. Com a Torá, YHWH criou exclusivamente para si um órgão de comunicação, e Jerusalém seria sua sede e seu local de adoração. Cada membro da comunidade deveria se comprometer incondicionalmente com a adoração de YHWH.

Como já ocorre no período pré-exílico, a realidade cognoscível nos mostra que as reivindicações ortodoxas da Bíblia hebraica são enganosas. Nem mesmo na comunidade de fé recém-formada havia uma religião de YHWH homogênea (isto é mais claro nos documentos de Elefantina; cf. abaixo 2.4.2). Não se poderia esperar outra coisa diante da multiplicidade das correntes religiosas, das tradições recebidas e dos agrupamentos sociais e regionais. Além do culto no Templo e sua teologia da santidade podem ser reconhecidas, na comunidade de fé judaica, tendências leigas, menos orientadas para o Templo. Mas subjacente e no interior de todas as confissões "oficiais" concorrentes havia uma fé popular que se alimentava de todo tipo de fonte culturais, arcaicas e contemporâneas. Temos testemunho disso no próprio escrito bíblico:

> Estendi as minhas mãos, durante o dia todo, para um povo rebelde, para os que seguem o caminho que não é bom, que seguem os seus próprios pensamentos. É um povo que me irrita, em rosto, sem parar: fazem sacrifícios em jardins, queimam incenso sobre tijolos, ficam em sepulcros, passam a noite em grutas, comem carne de porco e enchem seus pratos de um caldo de imundícies; eles dizem: "Cuida de ti, não te aproximes de mim, pois eu te tornaria sacrossanto!". Estes procedimentos provocam nas minhas narinas uma fumaça, um fogo incandescente, o dia todo (Is 65,2-5).

É difícil identificar qual prática cultual está sendo denunciada, pois a linguagem condena os supostos concorrentes desde uma posição presunçosa. Este tipo de acusação se conhece na situação de rivalidade na fé: o adversário é incriminado com as mais terríveis suspeitas que podem ser imaginadas. Nisto se inclui aqui o consumo de carne de porco e de outros alimentos impuros. É interessante a descrição dos locais nos quais os concorrentes desprezados praticam seus cultos: tetos das casas (elementos astrais?), jardins (cultos de fertilidade?), grutas (culto dos antepassados? invocação dos mortos?) etc. As religiões astrais prosperaram justamente no período persa, como mostra até mesmo a designação "Deus dos céus" para YHWH (e Ahura-Mazda). Os hinos interpolados no livro de Amós — se é que surgiram nesse período — mostram certa "astralização"[172] das representações das crenças em geral (Am 4,13; 5,8 s.; 9,5 s.).

A partir de outros escritos bíblicos pode-se traçar um esboço da oposição popular contra a estrita pregação da Torá das camadas judaicas dirigentes. A condenação dos cultos em grutas no Deuteronômio refere-se sobretudo ao período dos reis, mas talvez ainda existissem locais especiais de culto no período do Segundo Templo. O fato de que em Deuteronômio 18,9-13 adivinhos e feiticeiros sejam excluídos pela palavra autoritativa de Moisés é um sinal bastante seguro de que no tempo do autor do Deuteronômio ainda havia em Judá tais tipos de mediadores populares das forças divinas. A obra dos cronistas trata sobretudo da predominância de correntes ortodoxas (levitas, sacerdotes), portanto de grupos concorrentes e não de religião popular. Profetas desviantes são denunciados em Zacarias 13, Ezequiel 13 etc. Em suma, no subsolo claramente existiram camadas de crenças — como em todas as religiões "oficiais" — que de qualquer posição ortodoxa deviam ser classificadas como heterodoxas e que as forças dirigentes detestavam. A época da Reforma na Alemanha ou qualquer outra época da história do cristianismo podem nos fornecer material ilustrativo dessa situação. Sempre que as comunidades religiosas se baseiam e se constituem na base de uma confissão pessoal a uma divindade, não aceitando mais o parentesco natural ou o grupo étnico como fundamento, então é muito grande o perigo de formação de grupos confessionais.

Também pertencem de modo singular à religião popular as grandes festas e peregrinações, as quais, embora motivadas pela liderança da comunidade, sempre contêm tanto de ritos e crenças populares que todo o povo participa com prazer. Com a ascensão de Jerusalém e a posição privilegiada do Segundo Templo (exclusividade da prática sacrifical) começaram as peregrinações nas datas das grandes festas[173]. Sobretudo a Páscoa e a Festa das Tendas tornaram-se grandes festas comunitárias, em parte oficiais, em parte domésticas, nas quais grupos de peregrinos corriam para Jerusalém. Nos livros das Crônicas

---

172. Othmar Keel e outros usam este termo frequentemente; cf. O. KEEL; C. UEHLINGER, *Göttinnen*, 340-369, 465 s.; ID., Jahwe und die Sonnengottheit von Jerusalem, in W. DIETRICH, M. A. KLOPFENSTEIN (Hg.), *Ein Gott allein?*, Fribourg, 1994, 269-306.

173. Cf. S. SAFRAI, *Die Wallfahrt*.

podem ser claramente reconhecidos os começos desse desenvolvimento. Neles, as reuniões sazonais de Israel são projetados já no período dos reis:

> Ezequias convidou todo Israel e Judá — escreveu cartas até a Efraim e Manassés — para que viessem à Casa de Yhwh, em Jerusalém, a fim de celebrar a Páscoa de Yhwh, Deus de Israel (2Cr 30,1).
>
> ... fazendo circular em todo Israel, de Berseba a Dã, o convite para virem a Jerusalém celebrar a Páscoa de Yhwh, Deus de Israel (2Cr 30,5; cf. 2Cr 30,1-19).

Um grupo inteiro de Salmos, os "Cantos das subidas" (Sl 120–134), parece ter sido usado no caminho para Jerusalém. Os textos são seguramente de origens diversas, mas os títulos acrescentados na reunião desse grupo de Salmos nomeiam a peregrinação como a nova e comum situação vivencial. Em alguns cantos ressoam a fascinação pela cidade de Deus e a expectativa do peregrino de chegar ao fim (cf. Sl 121; 122; os cantos de Sião, Sl 46; 48; 74). Relatos de grupos de peregrinos que realizam suas festas em Jerusalém aparecem apenas, como dito, nas Crônicas, mas como se trata de descrições estereotipadas, quase formais (cf. acima), não podemos tirar delas detalhes sobre o decorrer, as motivações, a prática ritual etc. Em todo o caso, é seguro o seguinte: no período pós-exílico, Jerusalém adquiriu para a população judaica o caráter de cidade sagrada de peregrinação e cada vez mais o realizou (cf. Sl 87):

> Se eu te esquecer, Jerusalém,/ que seque minha não direita,/ que minha língua se me cole ao céu da boca/ se eu não pensar mais em ti,/ se eu não preferir Jerusalém/ a qualquer outra alegria (Sl 137,5 s.)

Muitas outras referências a peregrinações nos Salmos são relativas originalmente não a Jerusalém, mas a outros santuários, como Silo (cf. 1Sm 3). Mas no período pós-exílico elas foram reinterpretadas, referindo-se à cidade que agora é única (cf. Sl 15; 24; 55,15). Os cantos sobre Jerusalém e Sião dão a impressão de que a ligação com a morada de Yhwh havia penetrado profundamente na consciência da comunidade. A exigência oficial para que todos os homens aparecessem três vezes por ano "diante de Yhwh" (Ex 23,17; 34,23 s.; Dt 16,16 s.) utilizou evidentemente o prazer popular em realizar festas e a necessidade primitiva de visitar regularmente locais sagrados. A imposição de ir a Jerusalém nas três festas anuais de colheita parece exagerada para camponeses, a não ser que morassem muito próximos da cidade. Um turno anual, como aparece em 1 Samuel 1,3 e 20,6, seria mais próximo da realidade. Justificativas para o triplo dever, como em Êxodo 34,24, revelam a origem da prescrição: ela vem do arsenal teológico e busca a estabelecer uma ordem teológica harmônica. A peregrinação a um santuário está profundamente enraizada na tradição popular israelita e foi transferida de modo intencional e exclusivo para Jerusalém no período pós-exílico.

Ao lado da recepção de ideias e práticas populares na religião "válida" está a exclusão de tudo o que existe, de modo incontrolável, além do ritual oficial. Em todos os tempos, os dirigentes "educados" têm acusado a religiosidade popular de ser "superstição" e apostasia de YHWH ou de Deus, como em Deuteronômio 18,9-13, Isaías 65 s. ou Jeremias 44. Mas, se não estamos enganados, as divisões entre diferentes tendências da adoração a YHWH têm sido mais perigosas na comunidade judaica primitiva do que a crença popular não refletida.

2.4. Diáspora na Babilônia e no Egito

Ver bibliografia de 2.3. – B. BECKING, Die Gottheiten der Juden in Elephantine, in M. OEMING, K. SCHMID, *Der eine Gott und die Götter*, Zürich, 2003, 203-226 (AThANT 82). – M. D. COOGAN, *West Semitic Personal Names in the Murašû Documents*, Cambridge, 1976 (HSM 7). – A. E. COWLEY, *Aramaic Papyri of the Fifth Century B. C.*, Oxford, 1923. – I. EPH'AL, On the Political and Social Organization of the Jews in Babylonian Exile, ZDMG.S 5 (1983) 106-112. – E. KRAELING, *The Brooklyn Museum Aramaic Papyri*, New Haven, 1953; reimpr. 1969). – G. GARBINI, *Il ritorno dall'esilio babilonese*, Brescia, 2001. – P. GRELOT, *Documents araméens d'Egypte*, Paris, 1972. – F. JOANNÈS, A. LEMAIRE, Trois tablettes cuneiforme à onomastique ouest-sémitique, *Transeuphratene* 17 (1999) 17-34. – A. KNAUF, Elephantine und das vorbiblische Judentum, in R. G. KRATZ (Ed.), *Religion*, 179-188. – B. PORTEN, *Archives from Elephantine. The Life of Ancient Military Colony*, Berkeley, 1968. – ID., *Jews of Elephantine and Arameans of Syene. Aramaic texts with Translation*, Jerusalem, 1984. – ID., *The Elephantine Papyri in English*, Leiden, 1996 (DMOA 22). – ID., A. YARDENI, *Textbook of Aramaic Documents from Ancient Egypt*, Jerusalem, 1986-1999, 4 v. – E. SACHAU, *Aramäische Papyri und Ostraka aus einer jüdischen Militär-Kolonie zu Elephantine*, Leipzig, 1911. – M. H. SILVERMAN, *Religious Values in the Jewish Proper Names at Elephantine*, Kevelaer, 1985 (AOAT 217). – D. L. SMITH, *The Religion of the Landless*, Blommington, 1989. – M. W. STOLPER, *Entrepreneurs and Empire. The Murašû Archive, the Murašû familie and the Persian Rule in Babylonia*, Leiden, 1985 (UNHAII 54). – R. ZADOK, *On West Semites in Babylonia during the Chaldaean and Achaemenian Periods*, Jerusalem, 1978. – ID., *The Jews in Babylonia in the Chaldaean and Achaemenian Periods in the light of Babylonian Sources*, Haifa, 1979.

2.4.1. Os exilados na Babilônia

Várias vezes, depois de 597 a.C., o vitorioso exército babilônico deportou partes da população judaica (cf. 2Rs 24,14-16; 25,11; Jr 52,28-30; tb. ver BE 7,68-80) e sob coação as assentou em comunidades fechadas. Infelizmente não há, por muitos séculos, nenhuma fonte histórica verificável sobre a posição geográfica e a organização dos assentamentos então surgidos, embora a colônia babilônica tenha desempenhado um papel destacado na história judaica posterior. Ela culmina com a coleção do Talmude babilônico, ocorrida entre 500 e 800 d.C. nas escolas teológicas de Pumbedita, Nehardea e Sura. Mas os locais dos primeiros assentamentos e o papel social dos judeus deportados — depois libertados por Ciro — não são identificáveis historicamente. Somente no arquivo da "firma" babilônica *Murašû* podem ser constatados vestígios de contemporâneos judeus. Entre os numerosos nomes pessoais destes documentos de negócios destacam-se os de caráter semítico ocidental: cerca de 14% do total[174]. M. D. Coogan estabelece números mais exatos com base em estudos anteriores. Segundo sua pesquisa, há 157 nomes semíticos ocidentais, entre eles 24 com o elemento teofórico *yahu*[175]. Assim se mostra a presença de um estrato populacional semita ocidental que aparentemente podia participar totalmente da vida econômica da província babilônica/persa na segunda metade do século VI e durante o século V a.C. Prova-se pela estatística dos nomes que também estavam presentes pessoas de origem judaica. Estes nomes sugerem ainda a existência de comunidades de YHWH, as quais, com origem nas deportações, devem ter surgido no início do século VI a.C. (cf. Jr 29 ss.). Com efeito, pelo menos duas famílias podem ser descobertas nos arquivos de negócios, os *yadi'yaw* e os *tobyaw*, as quais possuem cada uma quatro membros com nomes javistas[176]. Por outro lado, não se pode concluir que os nomes dos demais clientes da firma, podendo ser ou babilônicos ou semitas ocidentais, não pertençam a membros da comunidade judaica; afinal, também Zorobabel e Sesbassar eram dirigentes judeus.

Bem ou mal, restam-nos sobretudo as fontes bíblicas para fornecer uma resposta mais ou menos clara a nossas perguntas (cf. BE 7,86-97). Elas devem ser interpretadas com o cuidado usual. Somos informados, por exemplo por Esdras–Neemias e Ezequiel, de que os exilados babilônicos moravam em cinco assentamentos: Tel-Abib, às margens do rio Kebar (Ez 3,15), Tel-Melah, Tel-Harshá, Qerub-Adan, Imer (Esd 2,59; Ne 7,61) e Kasifiá (Esd 8,17). A posição dos locais não pode ser achada com segurança ou é totalmente desconhecida.

---

174. P. BRIANT, *Cyrus*, 724: "The Murašu archives also demonstrates that personal names are not an absolute guide to ethnic origin ... 71% (463) of the seals are held by men with babylonian names ... 14% [= 96 — nota de Gerstenberger] are men of west semitic origin...".

175. M. D. COOGAN, *Names*, 49 ss., 52 s.: o elemento javista aparece quatro vezes como prefixo (por exemplo, ^{ld}ya-a-ḫu-na-tan = Jonatan) e 21 vezes afixado (na forma de -yaw = yaḫu ou -^{d}ya-a-ma, -ya-ma, -a-ma, como em *ṭobyaw*).

176. Cf. ibid., 119 s.

Provavelmente a formação de lendas colaborou para a transmissão destes nomes. Locais garantidos pela arqueologia podem reivindicar uma autenticidade mais forte, como a "cidade Judá", comprovada em cuneiformes[177]. Mas também sua posição é desconhecida. Como já foi dito, os judeus gozavam de certa autonomia no ambiente estrangeiro: os anciãos administravam assuntos locais da comunidade. Apesar da imagem sombria e das ideias de vingança no Salmo 137, trauma inevitável da perda da pátria e de prestígio e horror perante a terra impura e abominável (Ez 4,13; Zc 5,5-11), parece que os exilados levaram uma vida suportável. Um de seus primeiros dirigentes até tinha um nome babilônico: Zorobabel. E o (fictício) profeta Jeremias incita numa carta os exilados a uma atitude construtiva diante dos senhores da terra:

> Assim fala Yhwh Sabaot, o Deus de Israel, a todos os exilados que mandei deportar de Jerusalém para Babilônia: Construí casas e habitai-as, plantai pomares e comei de seus frutos, casai-vos, gerai filhos e filhas, ocupai-vos em casar vossos filhos e dar vossas filhas em casamento para que tenham filhos e filhas; multiplicai-vos, não diminuais aí! Preocupai-vos com a prosperidade da cidade para onde eu vos deportei e intercedei por ela junto ao Senhor: porque de sua prosperidade depende a vossa (Jr 29,4-7).

Com certeza o conselho pertence a um tempo posterior, quando o horror da deportação de certa maneira já fora esquecido. Propõe-se uma espantosamente ampla integração na sociedade estrangeira, contrária a todos os dogmas de exclusão, e a presença de comunidades judaicas na Mesopotâmia por séculos prova o sucesso dessa estratégia. Os numerosos textos do Antigo Testamento que insistem no retorno à pátria e no restabelecimento da monarquia judaica, com forte esperança, apresentam, portanto, somente um lado da moeda. Uma parte dos exilados — seja qual for seu tamanho — não pensava em cortar as raízes estabelecidas depois de permanecer três gerações na Babilônia e depois da declaração de liberdade de moradia do governo persa. Provavelmente, no final do século VI a.C., haviam se arranjado cultural, econômica e em parte religiosamente com a sociedade multicultural da Mesopotâmia e encontrado bom sustento. Entretanto, colônias de imigrantes, quando ultrapassam determinada massa crítica de pessoas, tendem a cultivar com mais força as próprias tradições do que é usual na terra de origem. Os emigrantes são mais conscientes de sua origem, sua língua, sua cultura e sua religião do que aqueles que nunca colocaram o pé fora das próprias fronteiras. E, mesmo que não pensassem seriamente em voltar para sua pátria, eles não queriam abdicar de

---

177. A. Joannès, A. Lemaire, Tablettes, 17 s.

sua identidade nacional. Entre emigrantes de todos os tempos pode-se observar, em várias formas, tal mentalidade de insistência na restauração.

Sob estas circunstâncias não é de estranhar que a importância da diáspora babilônica no séculos V e IV a. C. para a comunidade confessional de Yhwh no todo superasse de longe o número dos deportados. Muitos textos do Antigo Testamento testemunham isso. Nos livros de Esdras e Neemias, toda a dinâmica da reconstrução parte dos que retornaram. Se nos relatos de 2Reis 25,11 e Jeremias 52,28-30 ainda parece que a elite culpada pela guerra e pela derrota foi deportada como punição, essa imagem se inverte rapidamente nos autores posteriores. Jeremias 24 compara os que ficaram com figos podres e os exilados com figos de boa qualidade (Jr 24,4-10). Isto significa: a avaliação da deportação, provavelmente sob forte influência da colônia babilônica, se inverteu. São, portanto, inevitáveis as tensões entre aqueles que ficaram na pátria e aqueles que voltavam do exílio. Trata-se, sobretudo, de antigas pretensões de posse de terra. A propriedade deveria ser devolvida a famílias que depois de três gerações apareciam novamente em Judá? Algumas passagens do cânon hebraico tomam uma posição claramente favorável aos que retornam: eles seriam o verdadeiro povo fiel a Yhwh, os que haviam ficado teriam se tornado culpados de todo tipo de desvio das normas e das práticas da fé (Ez 11,15-21; 33,23-29; Jr 41,1-10; Is 40,27-31; 59,1-15; Esd 4,1-5; 6,21 etc.). Os exilados, ao contrário, teriam conservado a religião pura e seriam agora favorecidos por Yhwh.

Certamente não era sem motivo que eles se viam desse modo. Como uma minoria em ambiente estranho cuida, em geral, intensivamente da tradição, podemos supor, com base nos testemunhos disponíveis, que a *golah* babilônica teve grande participação na reunião de tradições. Mas não se pode acreditar que o Pentateuco inteiro tenha sido compilado nas comunidades dos exilados. Exceto certa predileção por situações de exílio (por exemplo, nas histórias dos patriarcas ou no livro do Êxodo), aparece pouco do colorido narrativo ou teológico específico do período persa. Ou nos faltaria a sensibilidade para tal localização histórica? Como ficaria a origem das regras de sacrifício e de pureza no Levítico e no profeta Ezequiel? É plausível que sacerdotes sem trabalho nas comunidades exiladas já tenham anotado as regras tradicionais, preparando-se para o restabelecimento dos locais sagrados e das cerimônias? Seja qual for a resposta às questões particulares, é certo que os que retornavam, desde o início do período persa, exprimiram com veemência suas ideias sobre a comunidade e a prática religiosa e as colocaram em prática.

Portanto, da evidente importância daqueles que retornavam podemos deduzir a força espiritual das comunidades babilônicas; e das manifestações da tradição relativas ao que foi transmitido e ao que era renovado podemos deduzir que ainda existiam comunidades de YHWH na Babilônia. No nível civil, estas aldeias judaicas semiautônomas se mantiveram no período persa e ganharam provavelmente maior espaço com a ampliação das possibilidades econômicas. No âmbito religioso e cultual, podemos supor um fortalecimento da responsabilidade autônoma delas, diante da conhecida política religiosa liberal. Como a Babilônia era um centro cultural antiquíssimo e mesmo as tradições persas tiveram lá sua eficácia máxima, a minoria judaica foi confrontada com os maiores desafios espirituais da época. A parte sacerdotal do Pentateuco, bem como Ezequiel, dão testemunho eloquente disso (cf. abaixo 3.1.1.3 e 3.2.2.4). Podemos supor que a posição econômica e política das comunidades na Mesopotâmia oferecia espaço suficiente para discussões espirituais e para refletir sua própria identidade. Assim, os antigos dirigentes judeus, os anciãos, os sacerdotes, os profetas, os mestres e os escribas teriam se dedicado — como também na pátria — a cuidar das tradições de YHWH e a dar forma à vida religiosa e civil. A organização de assembleias e grêmios jurídicos, cultuais e escolares é uma necessidade evidente em tais situações. Mas infelizmente não conhecemos nenhum detalhe concreto. Assim como Neemias 8 atesta para Jerusalém a existência de uma primitiva forma de culto divino orientada na Torá, deve ter havido nos assentamentos da Babilônia análogas cerimônias de culto. Assim como Rute 4 sugere a existência de uma instância jurídica local para assuntos civis em Belém, podemos supor que havia grêmios jurídicos nas comunidades da diáspora. A literatura sapiencial no cânon como um todo nos leva a concluir que as comunidades de YHWH produziram por todo o lugar textos doutrinários populares e escolares. De modo igual, em vez de considerar os textos litúrgicos no Antigo Testamento como indícios de uma instituição central, o Templo, convém prestar atenção aos diferentes locais de origem no grande império de observância persa. O Salmo 137 revela um ambiente mesopotâmico, o Salmo 120 talvez um ambiente árabe e da Ásia Menor, o Salmo 104 certamente um egípcio e o Salmo 42,7, um libanês. Não se pode arriscar mais do que suposições e analogias para as comunidades judaicas da Babilônia, mas a influência de grupos e personalidades da Babilônia (cf. Esdras e Neemias) na história veterotestamentária é eloquente.

2.4.2. A colônia militar de Elefantina

Os acontecimentos históricos dos séculos VI e V a.C. desencadearam movimentos populacionais no Oriente Próximo que podemos reconstruir ou conhecer em parte. Os homens da pequena província de Judá, assim como muitos contemporâneos de outras regiões, são postos em movimento pelos exércitos dos grandes poderes, por saqueadores dos pequenos povos vizinhos e por catástrofes econômicas e naturais. Não somente a Babilônia se tornou para os antigos judeus uma nova terra estrangeira. Um número desconhecido de israelitas buscou proteção e alimento além do Jordão. Ismael, o assassino do comissário Godolias, fugiu com seguidores para junto dos amonitas (Jr 41,15). O livro de Rute narra a migração, por causa da fome, de uma família para a região dos moabitas. Não sabemos todos os locais nos quais os judeus se estabeleceram. Certamente também houve migrações para a fértil terra do Nilo (cf. Gn 40 ss.). Rotas de comércio e certamente todo tipo de informações orais e histórias exóticas fortaleceram a disposição dos homens em necessidade para tentar a sorte às margens do grande rio, quer fosse em situações de necessidade ou por espírito de aventura.

2.4.2.1. Fuga para o Egito?

Portanto, os homens do Israel antigo não encontraram nova pátria somente na Babilônia ou a leste do Jordão; o olhar daqueles que queriam ou precisavam partir para "outras margens" se voltava ocasionalmente também para o sudoeste. A tradição bíblica é cheia de indicações de que o Egito foi através dos tempos uma terra de asilo, que oferecia alimentação e proteção (cf. Gn 41,57: "o mundo inteiro vinha ao Egito...."; 1Rs 11,40; Jr 26,21-23; 41,16-18; 42,1-17; 44,1; Mt 2,13-15 etc.). Também são mencionados nomes de locais nos quais teriam morado emigrantes judeus (Jr 44,1). Mas somente o surpreendente achado de documentos em papiro, em 1893, ao qual se seguiram escavações arqueológicas sistemáticas depois da virada do século, revelou uma comunidade da diáspora judaica dentro de uma antiga cidade fortificada, Elefantina, numa ilha do Nilo localizada junto à primeira catarata, na fronteira sul do Egito. Pela primeira e até agora única vez, pôde-se conhecer uma comunidade de fé em YHWH da época persa em sua vida cotidiana e cultual, um acontecimento cuja importância para a história da religião e da cultura não se pode acentuar o bastante.

A ilha do Nilo servia desde séculos como baluarte da fronteira e como centro de transferência comercial com a Núbia. Não é claro quando exatamente e sob quais circunstâncias uma tropa de mercenários judeus entrou na fortaleza (chamada nos textos frequentemente de "Ieb"). Em todo caso, Cambises encontrou no ano 525 a.C. uma comunidade com um templo de YHWH. Por isso, a chegada de mercenários judeus (que se entendiam como arameus, em razão de sua língua) é datada diversamente, até no século VII. Neste caso, as expulsões das guerras assírias em Israel seriam a causa da emigração de famílias de Judá. De qualquer modo, os documentos achados iluminam de modo único a vida civil e cultual de uma comunidade de fé em torno do Deus Iahu (= YHWH) durante o século V.

Um rápido panorama do material disponível pode tornar claro o alcance do achado[178]. As escavações forneceram, além de textos posteriores em grego, copta e latim, cerca de cem papiros em escrita hierática, demótica ou aramaica (52 peças do último), do século V, fora algumas centenas de óstracos e de inscrições em jarros. Para nós, certamente os documentos em aramaico são de máximo interesse; eles provêm de cidadãos judeus. Dois maços, um de onze e outro de doze folhas, são arquivos familiares puramente privados: contratos sobre casamento, sobre terrenos e empréstimos. Fornecem informações sobre a história de dois grupos de parentes. Eles são chamados, segundo os atores mais destacados, de arquivos Miftahia e Anania. O primeiro nome é de uma mulher extraordinariamente ativa, o segundo de um empregado do templo subalterno, que se casou com uma escrava egípcia, a qual permaneceu como posse de seu proprietário até a morte dele[179]. Outro arquivo independente contém dez papiros e é batizado segundo o proprietário, "Iedanias". Como este Iedanias aparentemente possuía uma função dirigente na comunidade judaica, encontram-se em sua mão sobretudo cartas de significado para a comunidade, tratando de questões em torno do templo de YHWH em Elefantina, a correta fixação da data da Páscoa etc. Os remetentes são principalmente autoridades judaicas, inclusive um representante de Jerusalém ou de outra comunidade de culto, Anania, do ano de 419 a.C., que se expressa sobre a data e os ritos da Páscoa. A coleção contém dois esboços de cartas de Iedanias e do sacerdote de YHWH em Elefantina para Bagoas, governador de Judá. Eles foram redigidas em 407 a.C. e pedem ajuda oficial das autoridades judaicas na "reconstrução do templo de YHWH". Tanto o governador judeu quanto o samaritano respondem à carta; suas cartas expressam solidariedade com os judeus de Elefantina; entretanto, Bagoas quer que só sejam oferecidos incenso e cereais no Templo de YHWH reconstruído, e não sacrifícios sangrentos.

Os três arquivos mencionados constituem a grande parte dos documentos em aramaico conservados. Pelo conteúdo, os proprietários dos arquivos e

---

178. Depois das publicações dos textos dos papiros por E. Sachau, A. E. Cowley, E. G. Kraeling, entre outros, B. Porten apresentou uma edição abrangente (B. PORTEN et al., *Textbook*, 1986-1999) e tornou acessível os originais também numa tradução em inglês (B. PORTEN, *Papyri*, 1996); cf. W. C. DELSMAN, TUAT I, 253-263; W. BEYERLIN, GAT 1, 268-271.

179. Cf. B. PORTEN, *Archives*, 200-234.

seu entorno devem ser, sem dúvida, identificados como a comunidade de fé judaica; outro indício seguro são os nomes de atores principais e secundários compostos com *yhwh*. Portanto, conhecemos uma comunidade concreta, a qual evidentemente não corresponde em alguns aspectos às concepções que, a partir da Torá, se deve ter de uma comunidade de fé judaica. Com efeito, os escritos aramaicos conservados não mencionam em nenhuma sílaba a Torá de Moisés, nem mesmo o seu nome, e entre os papiros não se encontra nem um mínimo fragmento de algum escrito canônico. Como peças literárias são encontradas, no legado da colônia militar e comunidade de fé, somente "As palavras de Aicar"[180], um sábio famoso, e a cópia da famosa inscrição de Behistun, do rei Dario. A ausência de fundamentos religiosamente tão importantes para a vida judaica pode ser puro acaso? A comunidade de Yhwh situada longe do centro em Jerusalém tinha um estatuto especial ou ela é o "caso normal" de uma comunidade judaica na diáspora?

2.4.2.2. Cotidiano e estrutura social

A finalidade maior da fortaleza de "Ieb" em Elefantina e da cidade de Syene (Assuã), localizada na margem oriental, era desde o tempo antigo a proteção da fronteira sul do Egito, do trânsito de caravanas e de barcos para o sul e para o norte, bem como a manutenção dos contatos com os soberanos e governadores da Núbia. No século V, tempo dos persas que aparece nos papiros em aramaico, Elefantina e Syene estavam submetidas aos sátrapas em Mênfis; o nome mais frequente é Arsames (em persa: Aršāma), um senhor regional que governou por muitos anos e é conhecido por seus próprios decretos. Hierárquico, o poder estatal persa mandava no destino das cidades e dos postos militares por intermédio de governadores de província. De acordo com os nomes próprios encontrados, as posições-chave do poder estavam, em geral, ocupadas por persas. Isto também vale para os comandantes em Elefantina e Syene e mesmo para as unidades menores, correspondentes a uma companhia. Um comandante persa da fortaleza se chamava, por exemplo, Vidranga. Ele desempenhou um papel na destruição do Templo de Yhwh em Elefantina. A burocracia rigorosamente regulada do império persa era sentida também na satrapia do Egito. Armazéns do Grande Rei distribuíam minuciosamente rações e salários; eles cuidavam da entrada pontual dos tributos. Funcionários

---

180. Cf. I. Kottsieper, Die Geschichte und die Sprüche des weisen Achiqar, TUAT III (1991) 320-347; Id., *Die Sprache der Ahiqarsprüche*, Berlin, 1990 (BZAW 194).

persas vigiavam a distribuição da posse da terra. Juízes estatais atendiam a casos relevantes para o império.

É possível descobrir a organização dos dois postos de Elefantina e Syene a partir dos documentos. As tropas de mercenários eram etnicamente misturadas, consistindo principalmente em egípcios, sírios e judeus; Elefantina aparentemente tinha uma participação maior de judeus e egípcios, Syene de sírios. A concentração de judeus em Elefantina certamente está relacionada com a existência de um Templo de YHWH ali. Os ganhos dos soldados e dos oficiais eram regulados com exatidão. Eles não podem ser calculados completamente a partir dos papiros, mas as informações podem ser completadas com base em fontes paralelas, tanto persas como gregas. Usualmente o pagamento era feito em gêneros (sobretudo trigo, carne e cerveja) e prata (moedas)[181]. O serviço exigido dos mercenários incluía todo tipo de funções de proteção. Não há notícias concretas sobre o treinamento militar, que certamente era necessário, com inclusão de exercícios técnicos e físicos.

Nas colônias militares de todos os tempos e regiões formam-se, em volta do núcleo militar, estruturas civis. Mercenários fixados no lugar possuem família e precisam de uma infraestrutura artesanal e comercial que torne possível a vida na comunidade. Já a posse de imóveis faz valer o direito civil. Enquanto as instalações da fortaleza e os edifícios usados militarmente estavam submetidos à administração estatal, as moradias de famílias na cidade de Elefantina eram propriedade privada. Os documentos de venda e de herança descrevem exatamente a posição dos terrenos, mencionam os proprietários vizinhos e confirmam cada transação com uma proclamação de testemunhas civis. (Nos documentos também o templo de Iahu é mencionado como vizinho.) Eles atestam, portanto, o direito pleno da pessoa privada de dispor da propriedade do terreno. Só há o dever de registrar oficialmente. — Dentro dos muros da cidade as condições de moradia eram estreitas. O diâmetro interno da cidade era de apenas duzentos metros. As casas ficavam espremidas uma ao lado da outra, nas quais se calcula que moravam mil pessoas no século V a.C. A área construída era de 4 × 12 m em cada caso[182]. Infelizmente as escavações levantaram poucos dados sobre a arquitetura e o urbanismo, pois os arqueólogos concentraram sua atenção sobre os possíveis achados de papiros e outros objetos.

O comando militar e o Estado não intervinham em Elefantina no direito de família ou de pessoas. Os dois arquivos mencionados, de Miftahia e Anania,

---

181. Cf. B. PORTEN, *Archives*, 72-74.
182. Ibid., 94-96.

são uma mina de achados para a atual pesquisa social e jurídica. A coleção de Miftahia dá informações sobre acontecimentos dos anos 471-410 a.C.[183] e se estende por três gerações. Um contrato de casamento entre o pai de Miftahia, Macseia, e o segundo marido dela, Eshor, mostra surpreendentemente a igualdade de posições entre homem e mulher na comunidade de YHWH daquele tempo e fixa direitos hereditários.

Do contrato de casamento de Miftahia (435 a.C.)

(L.1-8) Em 25 Tishri, isto é, o sexto dia do mês Epiphi, no 30º ano do rei Artaxerxes, Eshor, filho de Zeho, construtor do rei, disse para Macseia, um arameu de Siene, da companhia de Varyazata, o seguinte: "Vim a tua casa para que tu me dês sua filha Miftahia como mulher. Ela é minha esposa e eu seu marido desde hoje e para sempre. Dei-te o dote por tua filha Miftahia, 5 *shékel* de prata segundo o peso do rei. Tu os recebeste, e teu coração estava satisfeito com isto. Tua filha me trouxe 1 *karsh* e 2 *shékel* de prata segundo o peso do rei; 2 quartos sobre 10 (?) em metal de prata. Ela me trouxe uma peça de lã nova, listrada e colorida em duas cores, com oito côvados de comprimento e cinco de largura, com um valor de 2 *karsh* e 8 *shékel* segundo o peso do rei. [Segue-se uma lista detalhada de seus objetos pessoais: roupa, artigos de toalete, utensílios de cozinha, móveis do quarto de dormir, sempre com indicação exata do valor.]

(L. 17-36): Se Eshor morrer sem deixar descendência masculina ou feminina de sua mulher Miftahia, então ela terá pleno direito a sua casa, a suas posses, propriedades e a tudo o que lhe pertence neste mundo.

Se Miftahia morrer sem deixar descendência masculina ou feminina de seu marido Eshor, então ele herda todas suas posses e propriedades.

Se Miftahia se levantar na assembleia e disser "Rescindi o casamento com Eshor, meu marido", então ela deve pagar o dinheiro da separação. Ela deve pesar na balança 6 e 1/2 *shékel* para Eshor. Tudo que ela tiver trazido, do botão até as linhas, ela poderá levar e ir embora para onde ela quiser, sem acusação ou processo.

Se Eshor se levantar na assembleia e disser "Rescindi o casamento com Miftahia, minha mulher", então ele perde o dote. Ela deve levar tudo o que trouxe, do botão até as linhas, de uma única vez, e ir para onde ela quiser, sem acusação ou processo.

Quem aparecer contra Miftahia para a expulsar da casa de Eshor, das posses e propriedades dele, deverá pagar 20 *karsh* em prata e usar as determinações deste contrato em favor dela... Eu mesmo não posso dizer: "Tenho outra mulher além de Miftahia e outros filhos além daqueles que Miftahia me gerar". Se eu disser: "Tenho outros filhos e outra mulher além de Miftahia e seus filhos", então pagarei a Miftahia 20 *karsh* de prata segundo o peso do rei. Não tenho o direito de tirar de Miftahia minhas posses e propriedades. Se eu fizer isto, pagarei a Miftahia 20 *karsh* em prata, segundo o peso do rei.

Segundo B. Porten, Jews, 20-23; Id., Papyri, B 28, 177-183

---

183. O que se segue é de um manuscrito não publicado de Saul Olyan, o qual foi generosamente colocado à disposição; os textos em B. PORTEN, *Papyri*, 152-201.

As estruturas da sociedade patriarcal e patrilocal podem ser claramente reconhecidas: o documento redigido, segundo a linha 37, pelo escriba judeu Natania ben Anania (ditado por Eshor, como supõe B. Porten?) chama Eshor de "Senhor" de Miftahia; ele recebe a esposa do pai e determina o dote dela como parte do patrimônio, o qual "entra na casa de Eshor". Por outro lado, os dois cônjuges têm igual direito de declarar a separação sem qualquer justificativa (em assembleia de cidadãos e cidadãs), e ambos, homem e mulher, possuem o direito de herdar mutuamente sem cortes. A divisão dos bens na separação se dá segundo o princípio do causador. Aparece também que o dote, por ocasião do casamento, não entra pura e simplesmente na propriedade pessoal do marido, mas pertence ao orçamento patrilocal e pode voltar à mulher em caso de necessidade.

Outros documentos confirmam que a própria Miftahia era proprietária de terras, que ela podia conduzir processos como pessoa jurídica autônoma e resolvê-los, que podia deixar autonomamente a seus filhos sua propriedade como herança, no caso escravos pessoais. Miftahia jura num documento[184] não por Yhwh, mas por Satis, a deusa da primeira catarata e esposa de Khnum (a comunidade judaica esteve por um tempo em luta com os sacerdotes de Khnum!). Isto mostra no mínimo uma interpretação frouxa do mandamento de adoração exclusiva, se não um total desconhecimento de tais prescrições. Além disso, é interessante que o segundo marido de Miftahia, Eshor, mais tarde tenha se associado à comunidade judaica e tenha mudado o seu nome para Natã. — Do arquivo de Anania é interessante o casamento já mencionado do titular com uma escrava egípcia de nome Tamut (ou Tapamet), a qual pertencia ao judeu Meshulam. Isto ocorreu no ano 449 a.C. O contrato é fechado entre Anania e Meshulam, que exerce os direitos de tutor sobre sua escrava. Somente depois de mais de vinte anos é concedida a Tamut a liberdade por Meshulam, no caso da morte dele (427 a.C.), mas Tamut continua em certa posição filial, tendo o dever de cuidar do filho de Meshulam, Zakkur. — Tal forma de casamento não pode ser deduzida dos escritos canônicos: por ocasião do casamento, o pai renuncia a seus direitos sobre a filha em favor do genro (exceto alguns compromissos de proteção: Gn 31,48-50).

Os arquivos de família nos permitem olhar profundamente a vida privada de pessoas judias na satrapia do Egito e acompanhar a história do clã especialmente sob o aspecto da posse de terrenos, do patrimônio, das relações

---

184. Ibid., 189 (= B 30, Linhas 4-7: Peu, filho de Pahe, cita este juramento de Miftahia). São feitos frequentes juramentos por Yhwh (por exemplo, ibid., B 24, 4-7.11).

de casamento, das heranças etc. até os mínimos detalhes. Nenhuma fonte bíblica nos fornece informações tão concentradas e autênticas sobre essas áreas da vida. Continua acesa a questão de até onde as condições de vida lá conhecidas podem ser comparadas com as das comunidades na Palestina e na Babilônia.

2.4.2.3. Confissão a YHWH e culto

Os habitantes judeus da cidade-fortaleza de Elefantina podem ser facilmente reconhecidos por meio de seus nomes teóforos (*yhw* por YHWH). De fato, o elemento divino no nome próprio não é um sinal absolutamente seguro de que se pertence a uma religião. Alguns nomes profanos designam membros da comunidade judaica, como mostram os documentos, e pessoas com nomes contendo *"yhwh"* teoricamente podem ser orientadas religiosamente de outro modo, mas para um grande percentual vale a regra: o elemento *"yhwh"* exprime que é membro da comunidade judaica. Estão documentados nos papiros em aramaico cerca de 160 nomes teofóricos diferentes[185]. Outros elementos teofóricos, que aparecem frequentemente nos escritos canônicos (por exemplo *El*, *Baal*), são desconhecidos em Elefantina. É interessante — talvez sinal de uma prática de conversão — que pais não judeus eventualmente têm filhos com nomes contendo *yhwh*.

Além de nomes próprios, YHWH aparece (sempre na forma abreviada *yhw*) em cartas e documentos como o Deus em nome do qual se fazem juramentos ou cujo templo esteja no debate. Nas listas conservadas são enumerados dons para sacrifícios e contribuições para as comunidades de YHWH. A vida da comunidade parece girar em volta do Deus de Israel, sem que encontremos qualquer vestígio de literatura religiosa canônica de YHWH — nenhuma oração, nem hinos, narrativas ou mandamentos da tradição judaica. Os únicos vestígios cultuais são o templo de YHWH, o debate sobre a correta comemoração da Páscoa e a lista das contribuições para a manutenção do culto de YHWH.

O templo de YHWH em Elefantina — ilegal segundo Deuteronômio 12 — existiu por longo tempo ao lado de outros santuários. Cambises já o teria encontrado lá (525 a.C.). Mas no ano de 410 a.C. ele foi destruído por seguidores de Khnum rivais e nunca foi reconstruído, apesar de algumas petições às autoridades estatais e apesar da aparente concordância limitada das autoridades de Jerusalém, já mencionada (e do apoio total de Samaria).

---

185. Cf. B. PORTEN, *Archives*, 135-146.

> **Restauração do Templo: petição e resposta**
>
> Petição:
> (1) Ao nosso senhor Bagoi, governador de Judá, de seu servo Jedonias e seus companheiros, sacerdotes na fortaleza de Ieb: (2) que o Deus do céu cuide totalmente do bem-estar do nosso senhor em todo tempo e lhe conceda o favor do rei Dario e (3) dos filhos da casa (real) mil vezes mais do que agora! Que lhe dê uma vida longa e que seja alegre e feliz todo tempo.
>
> (4) O seu servo Jedonias e seus companheiros dizem agora o seguinte: no mês de Tamuz, no 14º ano do rei Dario (5), os sacerdotes do deus Ḥnub na fortaleza de Ieb tramaram com Widrang, que era governador aqui (6): "O templo de Yahu, o Deus da fortaleza de Ieb, deve desaparecer de lá!". Então Widrang, o patife (?), mandou (7) uma carta a seu filho Nefaiã, que era capitão na fortaleza de Syene: "O templo na fortaleza de Ieb deve ser destruído!" Então Nefaiã conduziu egípcios com outras tropas; quando eles chegaram com suas armas à fortaleza de Ieb (9) entraram naquele templo e o destruíram até o chão e despedaçaram as colunas de pedra, que lá estavam. Além disso, (10) destruíram cinco portais de pedra — construídos de cantaria — naquele templo, deixando as folhas das portas...
>
> Agora teus servos Jedonias, e seus companheiros, e os judeus, todos os cidadãos de Ieb dizem (23): "Se isto for do agrado de nosso senhor, que cuide para que aquele templo seja reconstruído, pois eles não permitem que seja construído! Olha para aqueles, aqui no Egito, que têm algum direito a tua bondade e a tua amizade! Faze que seja enviada uma carta tua para eles, relativa ao templo do Deus Yahu, que ele seja reconstruído na fortaleza de Ieb exatamente como era antes. Ofertas de alimentos e de incenso, bem como ofertas queimadas serão (26) oferecidos no altar do Deus Yahu em teu nome, e rezaremos por teu nome todo o tempo, nós, nossas mulheres e filhos, os judeus (27) — todos os que estão aqui, quando acontecer que aquele templo seja (re)construído...
>
> Bagoas responde através de um mensageiro:
> (1) Memorando do que Bagoi e Delaias disseram (2) para mim. — Memorando diz: deves dizer no Egito (3) para Arsam em relação à casa do altar do Deus (4) do céu, que foi construído na fortaleza de Ieb (5), muito antes de Cambises (6), que Widrang, aquele patife (?), destruiu (7) no ano 14 do rei Dario (8): que ele seja construído no seu local como era antes (9), e que sejam novamente oferecidos ofertas de alimentos e de incenso (10) naquele altar, exatamente como antes (11) era costume ocorrer.
>
> Segundo K. Galling, Textbuch zur Geschichte Israels,
> Tübingen, ²1968, 85-88

O templo de YHWH em Elefantina, portanto, constituía o centro da vida espiritual da comunidade. Nos documentos, o próprio YHWH é designado ocasionalmente como "aquele que [habita] na fortaleza de Elefantina"[186]. Os sacerdotes cuidam do culto de YHWH, mas evidentemente não têm nada com a tribo de Levi, nem são descendentes de Aarão ou Sadoc. Estão ausentes indicações sobre as tradições sagradas de Israel. Abraão, Moisés, Sinai e

---

186. Conforme E. KRAELING nr. 12,2; cf. B. PORTEN, *Papyri*, B 19,6; B 36,2; B 43,2 etc.; ID., *Archives*, 109.

Torá, Jacó e seus filhos parecem ser desconhecidos. Isto se explicaria assim: com a destruição do templo também teria sido destruído o eventual arquivo do templo? Em todo caso, os escavadores não puderam identificar nenhum resto de uma construção de templo para YHWH, ao contrário dos edifícios para Satis e Khnum[187]. Certamente a falta de cuidado dos pesquisadores e o modo não planejado de retirar os escombros podem ter contribuído para que não tenha sido plenamente cartografada a planta da cidade aquemênida. Os textos conservados falam claramente de um edifício imponente, que teria colunas de pedra (o resto da construção seria de tijolos comuns), portais talhados e teto de madeira de cedro (cf. acima).

Aparentemente, o próprio Jedonias não era sacerdote. Ele é mencionado antes dos funcionários judeus do culto, mas não possui nenhum atributo profissional ou de classe. Então segue-se uma enumeração anônima dos funcionários do serviço do Templo. Eles tinham que realizar os sacrifícios regulares e certamente eram responsáveis pelas festas anuais (Páscoa!). Não sabemos se nas assembleias comunitárias ocorriam também leituras e liturgia (Ne 8). No máximo podemos concluir de alguns nomes pessoais (*Šabbettai*) que o sábado era muito estimado. Todavia, as listas de sacrifícios dos arquivos de Jedonias mostram que cerca de 111 judeus da comunidade de Elefantina, entre eles 30 mulheres, pagaram o total de 318 *shékel* de prata para o serviço do templo: 126 *shékel* para o serviço de YHWH, 70 para a adoração de Esembetel e 120 para Anatbetel (2 *shékel* ficam indeterminados, assim como o caráter fragmentário do texto deixa algumas questões em aberto)[188]. O debate sobre a divisão das contribuições para três cultos diferentes ainda não chegou ao fim. Trata-se de divindades diferentes, que eram adoradas no templo de YHWH em Elefantina ao lado de Yahu? Trata-se de modos de manifestação do Deus único ou de hipóstases de lugares sagrados ou de *numina*?[189] Em todo o caso, é extremamente notável a divisão das atividades de culto; elas parecem estar em contradição direta com o culto unitário exigido no Deuteronômio.

---

187. Cf. ibid., 109-111; W. NIEDERBERGER, *Elephantine XX*: Der Chnumtempel Nektanebos II, Mainz, 1999 (Archäologische Veröffentlichungen 96).
188. Cf. B. PORTEN, *Textbook* (TAD), caderno C, nr. 3,15; ID., *Archives*, 160-164; cf. E. A. Knauf, Elephantine, in R. G. KRANZ (Hg.), *Religion*, 181: ele conta 128 doações; na soma total de 318 *shékel* faltam 31 nomes pessoais.
189. Cf. B. PORTEN, *Archives*, 173-179; S. OLYAN entende Ešembetel como "nome da casa de Deus" e Anatbetel como "sinal da casa de Deus". A maioria dos especialistas, entretanto, defende divindades femininas subordinadas a YHWH: W. RÖLLIG; A. KNAUF, loc. cit., 184-186; M. GÖRG, NBL I, 513; B. BECKING, Gottheiten.

Os papiros aramaicos de Elefantina nos mostram uma comunidade de culto de YHWH de caráter próprio. Ela mantém contato com Jerusalém; a pátria distante é parte da própria identidade (cf. abaixo). Mas o Deus comum YHWH habita em Elefantina, recebe um culto pleno no templo e é representado por um dirigente da comunidade do tipo de Jedonias, por um sacerdócio local e também por sacristãos como Anania. A comunidade paga uma taxa do templo e festeja as conhecidas festas de YHWH, como a Páscoa. No distante Egito, suas regras podem não ser conhecidas com total segurança, mas a comunidade da pátria (ou judeus residentes em Mênfis?) dá através de certo Anania instruções sobre as datas e os rituais corretos[190]. Os ritos cultuais direcionados a três destinatários divinos atestam uma compreensão do Deus do céu universal que não pode ser captada por uma fé mecanicamente numérica e unitária. Sob a luz destas teologias de YHWH em Elefantina, a obrigatoriedade do monoteísmo canônico, tal como aparece no Segundo Isaías e no Deuteronômio, torna-se questionável[191].

2.4.2.4. Relação com Jerusalém

Já falamos diversas vezes das relações da comunidade judaica de Elefantina com a "capital religiosa" Jerusalém e da posição da diáspora egípcia dentro da "associação mundial", como se poderia considerar a comunidade de YHWH. Elas exigem uma avaliação sintética.

A pesquisa já secular dos papiros e óstracos de Elefantina nos conscientizou de que a realidade vivida das comunidades judaicas do período persa não está incondicionalmente de acordo com a imagem do judaísmo nascente que os escritos canônicos nos passam. Entretanto, a maioria dos especialistas consideram evidente que as estruturas da comunidade e as declarações de fé das Escrituras Hebraicas seriam a norma dada, a única válida. O Pentateuco e os outros "Escritos Sagrados" em formação no judaísmo teriam sido obrigatórios nas comunidades de YHWH dispersas; eles refletiriam pelo menos o modo de viver que se desejava para os fiéis de YHWH no mundo inteiro. Deste ponto de vista, os contornos da comunidade de YHWH em Elefantina e a sua prática de fé só podem ser entendidos como fenômenos marginais exóticos. Desvios decisivos do modelo de fé em YHWH deuteronomista e sacerdotal

---

190. Cf. B. Porten, *Papyri* (DMOA XXII), 125 ss.; ID., *Archives*, 128-133. O texto da carta também em W. C. Delsman, TUAT I, 253.

191. Cf. minha tentativa de apresentar os muitos estratos da fé em Deus no Antigo Testamento numa base histórico-social: E. S. GERSTENBERGER, *Theologien im Alten Testament*, Stuttgart, 2001.

saltam aos olhos. Devemos nos perguntar se não devemos colocar em outra base a nossa avaliação preconcebida da relação entre as comunidades e as declarações de fé vigentes na Babilônia e em Jerusalém, por um lado, e as praticadas em Elefantina, por outro, se queremos ser justos diante do atual estado do conhecimento diante da avaliação dos documentos encontrados e da reavaliação dos escritos canônicos[192].

A relação das comunidades do sul do Egito com a província natal pode ser estudada concretamente nas questões "eclesiais" tratadas entre elas. Primeiro, trata-se da data e do conteúdo da festa da Páscoa. É claro: há certo consenso básico nos dois lados sobre o seguinte: uma regulamentação unitária é desejável, ou precisa ser buscada. Também se percebe que a comunidade de Elefantina reconhece "naturalmente" a autoridade dada aos irmãos em Jerusalém (embora isso não seja verbalizado). A liderança (?) da comunidade de Jerusalém cita, de seu lado, com certeza não fingida, os ritos da festa da Páscoa válidos para ela e que concordam em grande parte com os descritos no Pentateuco. Mas, nesse ponto tão importante, esta fonte escrita não é citada como testemunha. A existência de um escrito obrigatório era tão evidente que se podia deixar de citá-lo? Parece que não. É mais provável a conclusão contrária: o nascente cânon obrigatório ou sua primeira parte, o Pentateuco, não eram ainda um padrão universal para todas as comunidades judaicas do mundo. Tradições fixas estavam se formando sobretudo na diáspora babilônica e nas comunidades de Jerusalém e de Judá. O que encontramos nas reivindicações absolutas dos escritos canônicos, sobretudo no Pentateuco, são formas locais da fé em YHWH e do culto de YHWH, tais como se desenvolviam na Palestina e na Mesopotâmia. Outras comunidades estrangeiras, onde quer que existissem no período persa, estavam muito menos vinculadas às normas em formação da literatura canônica. E isso ocorria com o conhecimento e a aprovação dos dois lados, consciente e voluntariamente! Os escritos sagrados reunidos no período persa certamente já possuíam grande autoridade na pátria e na diáspora babilônica, mas ainda não eram tidos como obrigatórios nas outras comunidades judaicas do império. Do contrário é difícil explicar a ausência de qualquer referência a Moisés e à Escritura nos documentos aramaicos de Elefantina.

Sobretudo a troca de cartas entre Elefantina e Jerusalém sobre a "reconstrução do Templo de YHWH destruído" mostra essa situação. A partir da leitura dos textos deuteronomistas relativos à centralização do culto de YHWH

---

192. Questões críticas neste sentido aparecem, entre outros, em A. KNAUF, Elephantine und das vorbiblische Judentum, in R. G. KRATZ (Hg.), *Religion*, 185-188; L. L. GRABBE, *Yehud*, 318 s., 352.

exclusivamente em Jerusalém, ninguém pensaria que algum tipo de culto sacrifical a YHWH fosse concebível entre judeus em territórios estrangeiros. Os documentos de Elefantina mostram, de modo autêntico e irrefutável, que, por pelo menos um século, houve sem contestação um culto pleno, com sacrifícios, na "Casa de YHWH em Elefantina", na qual o Deus do antigo Israel possuía uma morada fora de Jerusalém. Que a planejada reconstrução desse templo deveria aceitar a limitação do culto a alimentos e incenso seria um sinal de uma exigência de Jerusalém para que se aceitasse a centralização deuteronômica? Dificilmente, pois segundo a concepção deuteronômica não poderia haver uma segunda morada de YHWH em Elefantina, assim como não podia na antiga Arad judaica. A realidade conhecida da vida judaica no período persa nos obriga a concluir: as reivindicações de validade universal da Lei não devem ser tomadas naquele tempo tão literalmente quanto elas pretendem. As comunidades judaicas do período persa, ao dar forma à vida religiosa, eram muito mais autárquicas do que podemos supor. Dessa autarquia das diversas comunidades, as quais, em cartas e memorandos, com toda a naturalidade, não escondem sua vida heterodoxa nem mesmo da comunidade-mãe em Jerusalém, podem-se tirar até conclusões sobre as normas religiosas no Pentateuco para os crentes de Judá e da Babilônia. Não podemos contar de modo algum com uma regra de fé e de culto homogênea, prescrita por um forte poder central. Não havia naquele tempo um poder central judaico, como também nunca houve depois. As reivindicações de validade exclusiva e de obrigatoriedade, que são expressas em determinados textos bíblicos e na maioria das vezes se dirigem contra grupos concorrentes, são na realidade projeções sempre particulares, desejos de onipotência, por assim dizer, que pessoas e "escolas" cheias de ideologia gostam de levantar no calor do debate. Como interiormente participantes, isto é, como teólogos e teólogas diretamente afetados pelos debates do período persa, deveríamos guardar suficiente distância dos acontecimentos históricos, para não acreditar piamente nas reivindicações de exclusividade expressas, por exemplo, por deuteronômicos e deuteronomistas, construindo a partir delas uma reivindicação de verdade eterna. Prestaríamos um péssimo serviço, mesmo para aqueles defensores dos direitos de exclusividade, se implicitamente os transformássemos em heróis que estão acima da história. Colocando-se responsavelmente perante uma antropologia bíblica sóbria, tal coisa não se deve fazer nem mesmo àqueles que anunciam as verdades de YHWH.

Os dois complexos de questões — sobre a Páscoa e sobre a reconstrução do templo — que são abertamente tratadas nos documentos, e a instituição de um culto tripartido para diferentes entes divinos devem nos ensinar algo. Eles relativizam nossas concepções universalistas sobre a Torá e as comunidades de Yhwh. A realidade da comunidade confessional judaica nos dois séculos persas era menos homogênea do que usualmente a apresentamos. Havia surpreendente amplitude na vida religiosa judaica, a qual chegava até a cultos sincretistas, formas de casamento liberais, concepções sobre os cargos diferenciadas, espiritualidade concorrente etc. Já nos escritos judaicos pode ser reconhecida uma parcela da multiplicidade da vida de fé judaica. Mesmo no âmbito canônico, as rebeliões das famílias sacerdotais contra a preponderância das elites da capital (cf. Lv 10; Nm 16) e contra práticas cultuais diferentes, duramente combatidas pelo lado "oficial" na comunidade central (cf. Dt 18,9-13; Is 65,1-7; 66,3 s.), são sinais claros da heterogeneidade da fé em Yhwh. A descoberta dos papiros de Elefantina torna absurda a imagem homogênea da fé em Yhwh no tempo persa. O mundo de vida e de fé dos nossos antepassados espirituais, acessível através da exegese bíblica e de conhecimentos arqueológicos, deve desempenhar um papel na avaliação de suas declarações teológicas. Antigamente como hoje, textos estão baseados em realidades vividas e vivem em processos comunicativos. Consequentemente, textos e confissões de fé têm ligação com o respectivo chão vivencial, e qualquer interpretação de textos deve incluir, na reflexão teológica, a situação vital que sustenta o texto e sua interpretação.

Capítulo 3
A literatura bíblica da época

A datação exata dos escritos bíblicos, na maioria dos casos, é difícil. Isso vale também para as composições que, com certa segurança, podem ser situadas no período persa. Podemos diferenciar textos que surgiram na época em questão e textos que surgiram basicamente em períodos anteriores, mas na época persa foram significativamente retrabalhados, até chegar à sua forma final. As opiniões e teses sobre estas duas categorias são muitas e diversificadas. Pertencem ao núcleo dos escritos redigidos durante o império persa, como indicado anteriormente, as obras narrativas e normativas 1 e 2 Crônicas, evidentemente com Esdras e Neemias, e também o escrito sacerdotal do Pentateuco, os livros dos profetas Ageu e Zacarias, bem como o "Terceiro Isaías" (Is 56–66) e, certamente, algumas partes dos "*Ketubim*" (Saltério, Provérbios e *Megillot*), cujas fixação cronológica e delimitação literária são extraordinariamente difíceis. É possível descobrir que outras partes do Pentateuco foram retrabalhadas (por exemplo o "Javista", caso tenha existido), bem como os profetas "maiores" e alguns dos "menores". Assim, quase todos os escritos hebraicos do Antigo Testamento e as parcelas em aramaico em Esdras são importantes para o período persa, com exceção dos estratos chamados deuteronômico-deuteronomistas do Pentateuco e dos "livros históricos"[1], bem como dos "escritos tardios" da Bíblia hebraica, que surgiram comprovadamente no contexto helenístico (cf. BE 9). Importante é que a forma final do cânon básico da Torá surgiu provavelmente no tempo da soberania persa, seja qual tenha sido o grau de influência de Esdras e do governo imperial.

3.1. Escritos originários

No primeiro capítulo já caracterizamos algumas das obras a serem tratadas agora, sobretudo em relação à imagem histórica que elas apresentam acerca da época persa. Agora devemos — sem repetições supérfluas — olhar esses escritos no todo, deixando de lado sua temática, considerando suas intenções, seus contextos vivenciais, as situações nas quais eram usados etc. Nesta pesquisa, um momento importante é ver como eles estavam ancorados no ambiente histórico e social. Isso, porém, só é possível com uma avaliação da estrutura literária: queremos saber o como, o porquê e o conteúdo do que foi registrado num dado complexo de textos, ou seja, conservado literariamente e destinado ao uso. Trata-se, portanto, de um pouco de ciência introdutória ao Antigo Testamento.

3.1.1. Textos narrativos, normativos

P. R. ACKROYD, *The Chronicler in his Age*, Sheffield, 1991 (JSOT.S 101). – J. BECKER, *Der Ich-Bericht des Nehemiabuches als chronistiches Gestaltung*, Würzburg, 1998 (fzb 87). – J. BERQUIST, *Judaism in Persia's Shadow*, Minneapolis, 1995. – J. BLENKINSOPP, *Ezra-Nehemiah, A Commentary*, Louisville, 1989 (OTL). – T. ESKENAZI, *In an Age of Prose*: A Literary Approach to Ezra-Nehemia, Atlanta, 1988 (SBLMS 36). – M. P. GRAHAN et al. (Ed.), *The Chronicler as Historian*, Sheffield, 1997 (JSOT.S 238). – ID. (Ed.), *The Chronicler as Theologian*, Sheffield, 2003 (JSOT.S 371). – J. KEGLER, M. AUGUSTIN, *Synopse zum chronistischen Geschichtswerk*, Frankfurt, 1984, ²1991. – R. W. KLEIN, Narrative Texts: Chronicles, Ezra and Nehemia, in L. G. PERDUE (Ed.), *The Blackwell Companion to the Hebrew Bible*, Oxford, 2001, 385-401. – S. JAPHET, *The Ideology of the Book of Chronicles and its Place in Biblical Thought*, Frankfurt, 1989. – ID., *I and II Chronicles*, Louisville, 1993 (OTL). – ID., *1 Chronik und 2 Chronik*, Freiburg, 2002, 2003 (HthKAT). – I. KALIMI, *Zur Geschichtsschreibung des*

---

1. Mas em relação à composição e à redação deuteronômico-deuteronomista há algumas vozes que as colocam temporalmente no período do Segundo Templo. Cf. H.-D. HOFFMAN, *Reform und Reformen*, Zürich, 1980; J. van SETERS, *In Search of History*, New Haven, 1983; T. RÖMER (Ed.), *The Future of the Deuteronomistic History*, Leuven, 2000 (EThL 147); J. NENTEL, *Trägerschaft und Intentionen des dtr Geschichteswerkes*, Berlin, 2000 (BZAW 297); J. E. HARVEY, *Retelling the Torah*, London, 2004 (JSOT.S 403); sobre a localização no século do exílio, cf. R. ALBERTZ, BE 7, 210-260.

Chronisten, Berlin, 1995 (BZAW 226). – M. OEMING, *Das wahre Israel*, Stuttgart, 1990 (BWANT 128). – O. PLÖGER, Reden und Gebete im deuteronomischen und chronistischen Geschichtswerk [1957], in ID., *Aus der Spätzeit des alten Testaments*, Göttingen, 1971, 50-66. – G. von RAD, Die levitische Predigt in den Büchern der Chronik [1934], in ID., *Gesammelte Studien*, München, 1965, v. 1, 248-261. – A. RUFFING, *Jahwekrieg als Weltmetapoher*, Stuttgart, 1992 (SBS 24). – G. STEINS, *Die Chronik als kanonisches Abschlussphänomen*, Bodenheim, 1995 (BBB 93). – S. J. de VRIES, *I and II Chronicles*, Grand Rapids, 1989 (FOTL XL). – P. WELTEN, *Geschichte und Geschichtsdarstellung in den Chronikbüchern*, Neukirchen-Vluyn, 1973 (WMANT 42). – T. WILLI, *Die Chronik als Auslegung*, Göttingen, 1972 (FRLANT 106). – H. G. M. WILLIAMSON, *1 and 2 Chronicles*, Grand Rapids, 1982.

3.1.1.1. Crônicas

Depois que a pesquisa do Antigo Testamento por longo tempo supôs um autor comum por trás das Crônicas e de Esdras–Neemias, nos últimos tempos frequentemente foi aceita uma origem separada destes escritos. Mas a autoria pessoal é relativamente sem importância, também neste caso, pois todos os escritos bíblicos são, antes de tudo, textos para o uso; eles foram, no mínimo, modificados muitas vezes no processo de tradição, em função de interesses coletivos. Por isso, para nossos fins, podemos supor sem preocupações que as narrativas históricas que hoje se encontram nestes quatro escritos surgiram no mesmo ambiente, durante um longo período, mas todas durante o período persa. Quais peculiaridades e fins podemos reconhecer nelas?

Os dois livros das Crônicas traçam a história do mundo desde Adão (1Cr 1,1) até o aparecimento de Ciro (2Cr 36,22 s.), à qual se seguem, sem interrupção, as histórias do livro de Esdras–Neemias[2]. Mas o grande período da criação do mundo até o tempo aquemênida é preenchido de modo tão arbitrário — para nossa compreensão temporalmente distante e exterior —, com textos de diferentes gêneros e com acontecimentos sobretudo em volta de Judá e Jerusalém, que se abrem muitas questões sobre o sentido desses escritos. Os enigmas começam com este fato espantoso: a comunidade judaica considerou necessário justapor um segundo esboço histórico ao lado dos escritos deuteronomistas e do Pentateuco, já disponíveis. Textos antigos são em parte usados literalmente pelos autores das Crônicas. Isto pode ser comprovado sem dificuldades pelo procedimento sinóptico. Também não pode haver dúvidas sobre a existência prévia da Torá e dos "Profetas Anteriores". Mas por que

---

2. No cânon hebraico esta sequência é modificada de modo estranho, pois Esdras–Neemias é colocado antes dos livros das Crônicas.

então uma nova edição, fortemente modificada, uma espécie de "História da salvação da comunidade judaica", cujas raízes recuam até os tempos primitivos? Não poderia a Torá (e uma visão profética da História) ser suficiente como corpo canônico, como o foi para os samaritanos[3] (provavelmente desde o fim do século IV a.C.), de maneira consequente?

Um olhar para o todo da "obra cronista" pode pelo menos dar algumas indicações das motivações dos escritores e dirigentes judaicos do período persa. O acento principal nas atividades de compilação e redação está no período dos reis de Judá, excluindo quase tudo o que foi transmitido em 1-2 Reis sobre o antigo reino do norte ou sobre as tribos lá dominantes, Efraim e Manassés. A monarquia, que sucumbiu no ano 722 a.C. ao assalto dos assírios, não desempenha praticamente nenhum papel na imagem do mundo dos cronistas. O rei Saul, segundo a curta narrativa de 1 Crônicas 10,1-14, é somente o primeiro soberano fracassado, cuja herança é, imediatamente, assumida por Davi (1Cr 11). Nada mais há sobre a ascensão de Saul, seus sucessos, sua doença trágica e sua cegueira (cf. 1Sm 9–15). Os reis do reino do norte, em parte, política e economicamente superiores aos reis davídicos (por exemplo Jeroboão II e Acab), são mencionados no máximo de modo incidental como adversários ou parceiros dos colegas de Jerusalém. As eliminações operadas na imagem da história são extremamente interessantes!

Mais marcante ainda é aquilo que os tradentes das Crônicas colocaram no centro da atenção. Um terço (ou mais?) do texto do livro é original deles. E isto revela diretamente o que, principalmente, importava para os responsáveis do período persa. Davi preenche com suas ações e instituições quase todo o primeiro livro das Crônicas (1Cr 11–29). A história detalhada da ascensão e da sucessão de Davi (1Sm 16 — 2Sm 20) é reduzida, em 1 Crônicas 10–11 e 13–21, a umas poucas citações da tradição deuteronomista. Esses empréstimos bastante literais de descrições mais antigas referem-se à construção do Templo em Jerusalém. Davi aparece, portanto, como um monarca que se concentrou na implantação de um santuário sagrado — ao lado de guerras bem-sucedidas. Mas, como na literatura já existente somente o filho, Salomão, é considerado o verdadeiro construtor do Templo de YHWH (2Sm 7,1-13), restando para Davi somente a instalação preparatória de um altar sobre o terreno do Templo (2Sm 24,18-25), os cronistas mantiveram esta tradição, mas tentaram torná-la plausível: a tradição deuteronomista viu a razão para o adiamento dos planos

---

3. Cf. F. DEXINGER, R. PUMMER (Hg.), *Die Samaritaner*, Darmstadt, 1992; N. SCHUR, *History of the Samaritans*, Frankfurt, ²1994.

de construção na hesitação de YHWH em se mudar para um edifício firme no lugar da "tenda como morada" (2Sm 7,6 s.). A antiga recusa da construção do Templo, derivada das condições nômades (ainda viva?), é substituída por uma desqualificação cultual de Davi:

> Mas a palavra do Senhor me foi dirigida nestes termos: "Tu derramaste muito sangue e fizeste grandes guerras. Não construirás a Casa ao meu nome, pois derramaste muito sangue sobre a terra, diante de mim. Eis que te nasceu um filho; ele será um homem de repouso, e eu lhe darei o repouso diante de todos os seus inimigos ao redor, pois o seu nome será Salomão, e em seus dias darei paz e tranquilidade a Israel. Será ele que construirá uma Casa para meu nome. Ele será para mim um filho, e eu firmarei para sempre o trono de sua realeza sobre Israel..." (1Cr 22,8-10).

Enquanto em 2 Samuel 7,11 é atribuído ao próprio Davi o "repouso" (*nuh*, hif'il: "dar repouso"), no texto do cronista, um jogo de palavras com o nome Salomão (*š^elomoh*) e a concentração sobre sua pessoa sugerem que a "paz [*šalom*] e repouso para Israel" surgem com Salomão. Não obstante, na concepção dos cronistas Davi continua o organizador destacado da comunidade do Templo, sobretudo quanto aos funcionários do culto. Em 1 Crônicas 23–27 ele estabelece a estrutura do pessoal para o Segundo Templo e para sua administração, dividindo-a segundo os chefes de família, como ocorre numa sociedade patriarcal. A genealogia colocada como "entrada" de 1 Crônicas (OEMING: 1Cr 1–9) serve no essencial ao mesmo intuito, de modo que o principal acento de todo o livro está no registro e na fixação da comunidade do Templo. Se acrescentamos as listas daqueles que retornaram da Babilônia, transmitidas por Esdras 2 e Neemias 7, e levamos em consideração os textos de 2 Crônicas que se preocupam com as funções e o sustento dos sacerdotes (cf. 2Cr 30,13-20; 31,2-7), então aparece como o interesse central de toda a tradição cronista a preocupação com a participação na comunidade e a estrutura dela, sobretudo com a organização sacerdotal levita em torno do santuário de Jerusalém. Diante disso, a história político-militar do tempo dos reis perde muito de sua importância. Marginalmente, ela volta à consciência sempre que aparecem decisões para a construção do Templo e organizações pessoais ou litúrgicas, como na inauguração do canto de culto (1Cr 16) ou na vitória militar de Josafá sobre os amonitas e moabitas, alcançada através de ações litúrgicas (2Cr 20).

Os cronistas formularam sua preocupação também em muitas orações e falas que são colocadas na boca do monarca ocupado com o Templo e com a ordem litúrgica, mas que provavelmente representam o tipo de discurso praticado na comunidade judaica antiga[4]. Isto é válido já para o primeiro livro das Crônicas: Davi fala como um presidente de comunidade e obriga especialmente seu filho Salomão[5] a manter as regulamentações cultuais, que deveriam ser válidas para a vida no período persa (!):

> Então David disse a seu filho Salomão: "Procede com firmeza e coragem! Age sem medo nem receio, porque o Senhor Deus, meu Deus, está contigo. Ele não te deixará nem te abandonará, até a conclusão de todo o trabalho para o serviço da Casa do Senhor. Eis as classes dos sacerdotes e dos levitas para todo este serviço da Casa de Deus; em toda esta obra haverá contigo homens de boa vontade e repletos de sabedoria em todo tipo de trabalho; e os chefes e todo o povo estarão às tuas ordens" (1Cr 28,20-21).

Nesta grande cerimônia de transmissão (1Cr 28 s.), antes desta fala pessoal a Salomão, Davi se dirige às autoridades "temporais" (1Cr 28,1-10) e apresenta uma lista formal da organização do futuro Templo (1Cr 28,11-19). Segue-se um discurso do rei dirigido a "toda a comunidade" (1Cr 29,1-8), assim como uma oração de louvor do tipo dos salmos e uma exortação ao louvor de todos (1Cr 29,10-20). O relato sobre o sacrifício e sobre as festividades em honra de Salomão, novamente ungido, termina a composição (1Cr 29,21 s.). Tudo isto pode ser lido como extratos de um culto comunitário; só falta a leitura da Torá (cf. Ne 8). Discursos, orações, louvores são elementos básicos das assembleias judaicas primitivas.

O rei Davi era para a tradição cronista, portanto, em primeiro lugar, o grande organizador do culto de Jerusalém. Ele reuniu um exército vencedor em volta de um grupo de elite (1Cr 12), lutou contra muitos inimigos e fundou a monarquia querida e promovida por Yhwh (cf. 1Cr 14,2): "... sua realeza era grandemente exaltada por causa de Israel, seu povo". Mas mesmo as guerras de Davi estão subordinadas ao verdadeiro fim de seu cargo. O espólio de guerra é usado para equipar o Templo (1Cr 18,8; 22,14). E toda a atenção do rei escolhido é dirigida a criar para Yhwh uma morada digna em Jerusalém. Agindo como dirigente de uma comunidade, isto é, contradizendo fortemente os costumes monárquicos (cf. 2Sm 16,15–17,14; 1Rs 12), Davi reúne os fiéis

---

4. Cf. O. Pögler, Reden; G. von Rad, Predigt; S. de Vries, *Chronicles*, passim.
5. Cf. S. de Vries, *Chronicles*, 215-231: ele dá a este trecho o título de "investidura de Salomão"; cf. também S. Japhet, *Chronicles*, 482: "Os capítulos 28,1–29,25 formam uma unidade, relatando a entronização de Salomão e se concentrando numa ocasião cerimonial". Mas falta a indicação da proximidade com a liturgia da comunidade. A autora salienta, entretanto, que os cronistas se afastam conscientemente do relato de 1 Reis 1–2 neste ponto e apresentam sua própria concepção da cerimônia (ibid., 483).

e apresenta-lhes (bem como aos responsáveis, chamados *sarim* e *negidim*, "chefes" e "comandantes") o plano de trazer para a capital a arca da aliança, que tinha ficado para trás (1Cr 13,1-4). Depois da aprovação explícita da comunidade (*qahal*) (1Cr 13,4), o rei comanda a ação (à diferença de 2Sm 6,1-11, onde Davi age de modo autônomo e monárquico). No relato deuteronomista, a instalação da arca na "Tenda sagrada" da tradição do deserto recebe algumas linhas (2Sm 6,17-19), mas os cronistas lhe dedicam dois capítulos inteiros (1Cr 15 s.). Aplicam-se as indicações precisas do escrito sacerdotal sobre como aproximar-se da arca e como manejá-la (cf. Nm 18; 3,27-32; 4,1-16), e a atribuição nominal dos levitas à arca como carregadores e liturgos (!) constitui um interesse maior desta visão reinante no período persa. Também aparece aqui um traço "democrático" (ou melhor, comunitário) anacrônico: o rei delega a escolha dos funcionários às famílias levitas:

> E David disse aos chefes dos levitas que estabelecessem em sua função seus irmãos, os cantores, com instrumentos de música, alaúdes, liras e címbalos, para fazê-los ressoar com força, em sinal de júbilo. Os levitas estabeleceram Hemã, filho de Joel, e entre seus irmãos Asaf, filho de Berequias; entre os filhos de Merari, seus irmãos, Etã, filho de Cusaías (1Cr 15,16 s.).

O relato — em consequência da multiplicidade de estratos das tradições cronistas — possui um paralelo modificado, talvez mais velho, em 1 Crônicas 16,4-6:

> David estabeleceu diante da arca do Senhor alguns levitas encarregados do serviço, a fim de comemorar, celebrar e louvar o Senhor, Deus de Israel: Asaf, o chefe, e seu segundo, Zacarias... e Asaf fazia ressoar os címbalos. Os sacerdotes Benaia e Iaaziel tocavam continuamente trombetas diante da arca da aliança de Deus[6].

Evidentemente as tradições sobre os detalhes da montagem do "serviço" e da divisão e atribuição de tarefas aos levitas e aos sacerdotes são diferentes e também polêmicas. Reivindicações conflitantes aparecem também em diversos textos da época (cf. Lv 10; Nm 12; 16). Entretanto, a tradição cronista é unânime na opinião de que Davi criou a organização do pessoal do segundo Templo já antes da construção do primeiro. Os capítulos 23–26 de 1 Crônicas divulgam, mais uma vez, na devida forma de lista (cf. 1Cr 1–9), todas as divisões e funções dos levitas e sacerdotes. Aparecerão novamente

---

6. A lista dos cantores também é transmitida em diferentes variantes em outros locais; cf. H. GESE, Zur Geschichte der Kultsänger am Zweiten Tempel [1963], in ID., *Vom Sinai zum Zion*, München, 1974, 147-184.

mais tarde, mas no momento trata-se da fundação davídica da hierarquia do Templo e do culto divino comunitário válido: 1 Crônicas 16 é a inauguração do canto litúrgico por meio de "Asaf e seus irmãos" (1Cr 16,7: "pela primeira vez"!). Um hino, que reúne partes dos Salmos 105; 96; 106; 107 e culmina no conhecido verso "Louvai YHWH, pois ele é bom, pois seu amor leal é para sempre!" e na resposta da comunidade (1Cr 16,34.36), aparece como exemplo de liturgia levítica. Em nenhum outro contexto narrativo do Antigo Testamento encontra-se tal exemplo de antiga prática cultual judaica com salmos — apesar de serem muitas vezes relatados cantos e orações adaptados às narrativas. Talvez este capítulo represente um fragmento autêntico de canto coral no culto divino do período persa.

A penúltima intervenção ativa de Davi para a desejada construção do Templo foi, seguindo 2 Samuel 24, a determinação do local do santuário. Em todo o antigo Oriente, justamente a escolha do terreno para a construção era uma questão decisiva. A perícope mostra isto com clareza. A moradia da divindade não pode surgir em qualquer lugar. Os cronistas aproveitam a tradição deuteronomista da punição de Davi por causa de um recenseamento ilegal (1Cr 21), para exaltar a escolha do local mediante o relato do fogo de Deus, que consome o sacrifício de David, e a assustadora aparição do anjo (1Cr 21,20.26-30). Depois, precisam o significado da compra do terreno do jebusita Ornã em vista da futura construção do Templo: "E David disse: é aqui a casa de YHWH Deus, e este será o altar do holocausto para Israel" (1Cr 22,1). — O último ato de Davi por seu filho é preparar o material para a Casa de YHWH (1Cr 22,2-5.14). Agora pode, em dois momentos, ser transmitida a grande tarefa ao sucessor Salomão (1Cr 22,6-19; 1Cr 28 s.).

O filho desempenha o papel de executor de testamento para a comunidade do Templo. Ele executa fielmente os planos de Davi e constrói os edifícios que ainda faltavam para os futuros serventes do Templo (2Cr 1–9). Salomão não adquire assim um perfil próprio nos cronistas. Eles utilizam o retrato preexistente do monarca sábio e poderoso, que é abençoado com bens temporais justamente por causa de suas qualidades espirituais (2Cr 1,7-13; 9,1-28). É central para a comunidade judaica do período persa a manutenção exata das medidas de construção e a fabricação, segundo prescrito, das partes da construção e dos objetos de culto (2Cr 3–4; cf. Ex 25–31). De fato, a descrição cronista não acompanha exatamente a deuteronomista (1Rs 6; 7,15-51). Ela aparece algumas vezes comprimida, algumas vezes com acento levemente distinto. Mas no essencial os dois relatos concordam. Numerosas formulações são idênticas, de modo que a conexão literária parece evidente. A questão é até que ponto elas refletem a situação real do Segundo Templo. Se aceitamos a versão cronista como comprovada, então a deuteronomista não pode ser datada temporalmente no período sem o Templo. Também ela pressupõe evidentemente o santuário reconstruído.

Isto aparece também na descrição das festividades de dedicação, que acabam na grande oração de dedicação do Templo em 1 Reis 8 e 2 Crônicas 6. Na versão cronista são especialmente destacadas, nas próprias cerimônias, as funções regulares dos sacerdotes e dos levitas — ver a inserção em 1 Crônicas 5,11-13. Nas duas versões se fala dos sacrifícios custosos, acrescentando os cronistas o tema querido do fogo que cai do céu (2Cr 7,1; cf. 1Rs 18,38; Lv 9,24). Este tema prova, com mais força e de modo mais maravilhoso que o aparecimento da "glória" de YHWH, a legitimação divina do Templo, do culto e da comunidade. Sobretudo, em ambas as versões (com pequenas diferenças no detalhe), são concordes a oração e a ação dos reis ao fazer a dedicação e a avaliação emergente de que o Templo é "casa de oração"[7] (cf. 1Rs 8,1–9,9; 2Cr 5,2–7,22). Os sete pedidos do rei referem-se todos às orações do indivíduo ou do povo de Israel, e o quinto, para surpresa, às dos estrangeiros (2Cr 6,32 s. = 1Rs 8,41-43). Essas orações de pedido e de necessidade são consideradas acontecer no Templo em Jerusalém ou, desde um lugar distante, em direção ao local santo (2Cr 6,22.24.26.29.32.34.37 s.) — uma suposição típica do período pós-exílico, quando o Templo recebeu novamente suas funções e as ampliou. Pois somente no período de pleno funcionamento do santuário tal determinação do Templo de Jerusalém faz sentido. Ele é, de modo especial (além da função como local de sacrifício?), um local de oração para os devotos presentes, mas também um marco de direção para todos os que, num local distante, quiserem conduzir um diálogo com YHWH (cf. Dn 6,11). Uma pequena interpolação cronista no texto preexistente ilumina este costume litúrgico:

> Salomão mandara fazer um estrado [*kiyyor*] de bronze, colocado no meio da esplanada, com cinco côvados de comprimento, cinco de largura e três de altura. Subiu nele, depois ajoelhou-se — diante de toda a assembleia de Israel, e estendeu as mãos para o céu (2Cr 6,13).

O "estrado" (lembra o púlpito dos protestantes!) aparece somente neste lugar no Antigo Testamento. Pode indicar uma espécie de estrado de leitura e

---

7. A expressão "Casa de Oração" (para todos os povos!) vem de Isaías 56,7; 2 Crônicas 7,12 faz o contraste — talvez conscientemente — usando o nome "Casa de Sacrifício". Mas o conteúdo da grande oração de dedicação permanece limitado nos cronistas exclusivamente à função de oração (2Cr 6,18-39).

pregação, mais tarde chamado *bamah*. Então teríamos neste trecho uma indicação oculta de mais um traço sinagogal no período do Segundo Templo. De resto, as descrições da festa de dedicação não se diferenciam fortemente das descrições deuteronomistas em 1 Reis 5–7[8]. Templo, culto, oração e comunidade (organizada de modo pós-exílico) estão no centro. O rei Salomão age como um dirigente daquele tempo, pregador e suplicante no culto: "ajoelhou-se, ... estendeu a mão para o céu e disse..." (2Cr 6,13 s.)[9]. A cena do rei termina com uma poderosa manifestação divina (2Cr 7,1-3): fogo do céu consome os animais sacrificados, o k^ebod YHWH, o "brilho terrível de YHWH", preenche todo o Templo. Os membros da comunidade reunidos se inclinaram para a oração final, "o rosto por terra, sobre o pavimento, e se prosternam louvando YHWH, 'pois ele é bom, pois seu amor leal é para sempre!'" (2Cr 7,3). Indo além do trecho paralelo deuteronomista, o relato cronista localiza a dedicação do Templo precisamente no calendário festivo da comunidade judaica. Somam-se de modo exato os dias de festa, para que Salomão possa mandar a alegre assembleia para casa de acordo com a prescrição de Levítico 23,34-36.39-43, no dia 23 do sétimo mês, ao final da Festa das Tendas (2Cr 7.9 s.). Toda a descrição da dedicação do Templo na história anterior se alimenta, portanto, de experiências e concepções relacionadas com o Templo, com o procedimento do culto e com a estrutura da comunidade no tempo pós-exílico.

O período entre a morte de Salomão com a consequente divisão do Estado (c. 926 a.C.) e o fim da monarquia judaica (587 a.C.) decorre, na obra cronista — concorde com as afirmações da obra deuteronomista (1Rs 12–2Rs 25) —, entre os governos judaítas de Roboão e Josias, como um desenvolvimento político e militar que se prossegue até o fim da autonomia de Judá. Mas esse enquadramento é tirado, de modo bem seletivo, das antigas tradições e completado levemente por suposições próprias (ou conhecimento de fontes?) (2Cr 10–36). O motivo concreto da divisão do reino (a excessiva carga de impostos do governo de Jerusalém) aparece ainda em forma deuteronômica (2Cr 10,1-19), mas o grande, realmente exitoso reino do norte desaparece totalmente nos escritos cronistas. A partir de 2 Crônicas 11, a história do povo de Deus é reduzida a Judá e Jerusalém. O pequeno episódio de um profeta chamado Semaías, que surge contra uma guerra entre irmãos e encontra ouvido (1Rs 12,21-24 = 2Cr 11,1-4), é justamente uma disposição divina idealizada

---

8. Cf. por exemplo S. J. de VRIES, *Chronicles*, 257-260.

9. Semelhante a 1 Reis 8,14.54.55, em que o rei também "abençoa" o povo expressamente. Essa função sacerdotal lhe é reconhecida nos cronistas aparentemente a contragosto (cf. 2Cr 6,3).

para legitimar o abandono da formação estatal do norte. O leitor crítico se pergunta naturalmente o que é originário, o cronista ou o deuteronomista.

O resto da história dos reis (2Cr 10–36) aparece numa luz totalmente nova, que mostra claramente os tons e nuances do período persa. Do enquadramento histórico dado no livro de Reis (1Rs 12 — 2Rs 25) são conservados alguns registros do tipo de anais indicando começo e duração do governo dos vinte reis judaítas depois de Salomão, além de episódios escolhidos. E não falta nenhum rei davídico; nem mesmo se suprime Atalia, a usurpadora estrangeira no trono de Davi (2Cr 22,10-12; 23,12-15). Entretanto, os autores cronistas tratam o antigo material de um jeito particular, amiúde surpreendente. Como nas histórias precedentes de Saul, Davi e Salomão, eles colocam na história particular de Judá acentos próprios, às vezes contrariando o acento da antiga história dos reis. Como era de esperar, a mudança de perspectiva é determinada pela situação de Judá e da comunidade judaica no século IV a.C. Lá se encontra, no primeiro plano do interesse, a comunidade de Y$_{HWH}$ unida em torno do Templo e da Torá.

Se é correto que na obra cronista se manifesta erudição antiga dos escribas (T. Willi e outros), então é de estranhar o abandono consequente do reino do norte. Dois grandes blocos de 1-2 Reis (1Rs 15,25–22,40 e 1Rs 22,52–2Rs 8,15), somando cerca de quinze capítulos, são totalmente deixados de lado, inclusive as narrativas sobre os profetas Elias e Eliseu. Os cronistas anseiam em geral por protestos e consolações proféticas, mas aqui a exortação de Y$_{HWH}$ por meio de seus encarregados lhes é indiferente, pois ocorreu no norte destruído, pelo qual aparentemente já não se derrama nenhuma lágrima na Jerusalém de então. Também o rígido esquema de desprezo pelo reino do norte do livro dos Reis ("pecados de Jeroboão"; cf. 1Rs 14,16; 15,30; 16,31; 2Rs 3,3; 10,31; 13,2.11, entre outras passagens) quase não soa mais na obra cronista. O antigo reino de Israel não é importante nem mesmo virtualmente. Os reis de Judá são, via de regra, desenhados de modo teologicamente benévolo. Com a ajuda de Y$_{HWH}$, eles logram diversos êxitos que não são mencionados nos livros dos Reis (compare 2Cr 11,5-23 com 1Rs 14,21-31: Roboão; 2Cr 13,1-23 com 1Rs 15,1-8: Abias; 2Cr 14–16 com 1Rs 15,9-24: Asa). Às vezes, depois de um indício promissor, terminam com uma punição divina; sobretudo doenças graves são contadas como juízos divinos (cf. 2Cr 21,18 s.: Jorão; 2Cr 26,19-21: Ozias; as passagens paralelas em 1Rs 15,5 mencionam de modo lacônico a lepra do rei). A rejeição de alguns chefes de governo não tem, porém, efeitos catastróficos como na apresentação deuteronomista. Algumas vezes os reis se convertem, de um início infiel, a Y$_{HWH}$ e sua Torá;

o caso mais espetacular é o de Manassés. O seu tempo de governo de 55 anos, aparentemente tão abençoado, foi motivo para que o teólogo ortodoxo lhe reconhecesse uma conversão a fiel adorador de YHWH:

> Manassés desencaminhou Judá e os habitantes de Jerusalém a tal ponto que fizeram mais mal do que as nações exterminadas diante dos filhos de Israel. [*Esta frase aparece em 1Rs 21,9, mas lá ela é seguida, nos vv. 12-15, por um anúncio de desgraça. Os cronistas narram, em vez disso, a prisão e a deportação do rei e sua mudança de atitude*] ... Encontrando-se nesta aflição, procurou aplacar YHWH, seu Deus, humilhou-se profundamente diante do Deus de seus pais e o implorou. Este lhe deu ouvido, ouviu sua súplica e o fez voltar a Jerusalém para continuar seu reinado. Então Manassés reconheceu que YHWH é Deus (2Cr 33,9-10.12-13).

Uma fé em milagres, infantil e criadora de fábulas, distante de qualquer realidade política, dita o andar dos acontecimentos concebido teologicamente. Assim o panorama da história dos reis judaítas mostra um sobe e desce de sucessos políticos dados por YHWH segundo a medida da obediência à Torá. O Deus de Israel concede repetidamente — alguma vez menos por mérito do que por compaixão — a vitória sobre os inimigos. Entre estes está ocasionalmente também o estado irmão ao norte de Jerusalém. Presos em emboscada pelo exército mais poderoso de Jeroboão,

> clamaram ao Senhor, e então os sacerdotes tocaram as trombetas. Os homens de Judá lançaram o grito de guerra e, enquanto eles gritavam, Deus derrotou Jeroboão e todo o Israel diante de Abias e Judá (2Cr 13,14b-15; 500 mil israelitas foram mortos: v. 17).

Para a comunidade é decisiva, em última instância, a confiança em Deus. Qualquer "deserção" de YHWH leva ao erro e tem consequências para o bem-estar. Esta é uma visão da vida que se deve, no fundo, a uma teologia de nível privado: ela tem seu lugar propriamente em pequenas comunidades confessionais, mas nem nessas comunidades, nem em nível de Estado ela chegou, depois, a impor-se de modo perceptível. Enquanto doutrina de fé, porém, a conexão ação–consequência sempre foi extraordinariamente importante.

Voltemo-nos agora para o interesse real dos cronistas. Como já foi dito, a eles interessavam a identidade e a permanência da comunidade da fé judaica-javista. A vida cultual ritual da comunidade judaica ofusca o acontecimento político e, em pontos centrais, dá forma à apresentação literária. O primeiro momento mostra-se de modo exemplar na história de Josafá; sendo que também em outros episódios de 2 Crônicas a guerra já não é um assunto puramente político, mas ação de fé (cf. 2Cr 14,10-12; 20). Acossado por inimigos externos, o rei Josafá ora (2Cr 20,5-12), usando a fórmula de pedido coletiva, na primeira pessoa do plural ("Yhwh, Deus de nossos pais... Não és tu que és nosso Deus, que desapossaste os habitantes desta terra...? Se nos sobrevier alguma desgraça: espada... Nosso Deus, não exercerás teu julgamento sobre eles? Pois estamos sem forças..."). A linguagem é prosaica, mas a estrutura e o conteúdo da oração correspondem ao modelo do lamento do povo. O rei representa a comunidade reunida para o culto (v. 13). Na reunião Jaaziel, um asafita, recebe o espírito de Deus, que responde ao pedido de Josafá num tipo de oráculo de salvação:

> Prestai atenção, vós todos de Judá! Habitantes de Jerusalém e rei Josafat! Assim vos fala Yhwh: Não temais e não vos atemorizeis diante desta multidão numerosa, pois esta guerra não é vossa, mas de Deus. Descei amanhã contra eles... Não tereis de combater; apresentai-vos, tomai posição e olhai a vitória de Yhwh, que está convosco. Judá e Jerusalém, não temais nem vos apavoreis! Amanhã, parti ao seu encontro, e Yhwh estará convosco (2Cr 20,15-17).

O rei e a comunidade executam a prostração (a prosquinese: v. 18), com o rosto no chão, e os grupos de cantores levitas "se levantam para louvar... com voz sobremaneira forte" (v. 19). Depois de uma exortação de Josafá, na manhã seguinte, a comunidade vai para a batalha, precedida de cantores, que "louvam em santo adorno". "... No momento em que começavam suas aclamações de louvor, Yhwh pôs agentes de discórdia entre os filhos de Amon, de Moab e da montanha de Seir". As tropas inimigas se aniquilaram mutuamente. Restaram cadáveres e muitos despojos (v. 20-25).

Importante é a perspectiva teológico-espiritual. Como Yhwh, o Deus superpoderoso de Israel, está ao lado da comunidade escolhida, tudo depende da presença desse Deus poderoso. A liturgia, o pedido da comunidade em culto produzem a participação de Yhwh no sentido mais amplo da palavra. Ele está presente, o destino da comunidade o afeta, ele intervém ativamente na luta e causa a derrota total dos agressores. Certamente, o cenário se encontra num passado muito distante para o cronista. No grande império persa dificilmente ocorreria uma maciça ameaça inimiga dos povos vizinhos a Judá; o que aqui é evocado parece antes uma situação militar fictícia. Ela não mostra, porém, completamente a realidade do século IV a.C., embora seja concebível que, sob as condições da paz imperial persa e do monopólio da violência da potência mundial, conflitos locais entre províncias ou grupos étnicos tenham de fato sido resolvidos por meio de ações cultuais. Amaldiçoar os inimigos formalmente é amplamente atestado na história das religiões. Em todo o caso, os elementos litúrgicos em 2 Crônicas 20 nos mostram como era naquele tempo, no Judá antigo, o culto comunitário. Oração de súplica, exortação (de profetas? de dirigentes da comunidade?), prosquinese e canto de louvor pertencem ao ritual usual do culto. Não aparece nenhuma indicação de sacrifícios. Seria isso acaso? Sacrifícios de animais fazem parte, evidentemente, das grandes festas rituais (cf. abaixo). Mas parece que também foi praticado um rito que se limitava a palavra, gesto e música (cf. Ne 8). E é notável, sobretudo, a "situação vivencial" destacada no texto, a assembleia comunitária ativamente participante. "Todo o Judá" esta aí, com suas "crianças, mulheres e filhos" (v. 13); ou também "todo o Judá e os habitantes de Jerusalém" (v. 18; cf. v. 5.15). A comunidade, *qahal*, é tão essencial para o acontecimento quanto a execução regular do rito de súplica pelo presidente da oração e a entonação regular do canto de louvor pelo grupo de cantores levíticos (cf. 1Cr 16,7-36).

Podemos avançar um pouco mais na prática cultual dos judeus no século IV a.C. através daquelas passagens do edifício cronista que falam de ocasiões especiais de culto e mostram claramente alguns elementos litúrgicos da época. Davi introduziu a declamação de salmos na vida da comunidade mediante a regulamentação do canto coral, como já foi dito. A dedicação do Templo sob Salomão forneceu a ocasião para pôr em relevo, na comunidade, presidentes da oração e intercessores (2Cr 6,3-42) e para inculcar, mais uma vez, o papel dos sacerdotes e levitas (2Cr 5,4.7.11-14; 7,6). Nos cronistas, o zelo reformista de Asá é acendido pela mensagem do profeta Azarias, não conhecido em outro lugar (2Cr 15,1-7). Primeiramente é restaurado o altar do Templo de Jerusalém (15,8), seguindo-se uma reunião geral da população de Judá e de muitos simpatizantes das tribos do norte (15,9). A comunidade só oferece sacrifícios adequados (supostamente dos despojos de uma vitória sobre os cuchitas). O auge da narrativa está na renovação da aliança entre o povo e Yhwh: "Entraram na aliança, para buscar o Senhor, o Deus de seus pais, de todo o coração e de toda a sua alma. E todo aquele que não buscasse o Senhor, Deus de Israel, seria morto, fosse ele grande ou pequeno, homem ou mulher" (2Cr 15,12 s.). O rito foi executado "com grande clamor e ovação, trombetas e berrantes" (2Cr 15,14). Nossos autores consideram que a aliança com Yhwh necessita de renovação contínua, pois ela tem como conteúdo um compromisso sempre novo perante Yhwh e perante os outros mutuamente (1Cr 16,14-22; 2Cr 13,5; 21,7; 23,3.16; 34,31 s.). O resultado imediato do novo compromisso dá validade ao propósito: "[...] todo Judá alegrou-se com o juramento. Visto que foi de todo o coração que fizeram o juramento e com toda a boa vontade que o procuraram, Yhwh deixou-se encontrar por eles e deu-lhes a paz em todas as suas fronteiras" (2Cr 15,15). — Naturalmente não temos uma fonte direta que nos informe sobre a realidade de tais conclusões de aliança na Judeia antiga. Mas dos escritos cronistas parece depreender-se que a comunidade judaica dava muita importância ao reavivamento dos compromissos da aliança. Queriam novamente seguir Deus (e sua Torá) com seriedade e decisão, com total empenho pessoal.

O rei Ezequias é um ator importante a serviço da comunidade de Yhwh, tanto na tradição deuteronomista quanto na cronista (cf. 2Cr 29–32; 2Rs 18–20), mas as motivações e o perfil em cada retrato são bastante distintos. Em 2 Crônicas se destaca o reformador espiritual e litúrgico, enquanto na apresentação de 2 Reis são tratadas a guerra dos assírios e a doença de Ezequias. Nas Crônicas, portanto, a restauração do Templo e a prática do sacrifício estão em primeiro plano (2Cr 29,3-16). Além disso aparece a atividade conforme as normas dos sacerdotes e levitas, que representam muitas vezes um problema na obra cronista. A nova dedicação realizada com muita pompa (2Cr 29,20-36) corresponde às regras conhecidas da Torá (cf. sacrifício de expiação do sacerdote e sacrifício de expiação da comunidade em Lv 4,2-21 etc.). Ela começa no primeiro dia do primeiro mês (2Cr 29,17), para que a Páscoa possa seguir conforme a ordem. Mas por motivos de prazo ela teve que ser adiada por um mês (2Cr 30,2). O rei enviou mensageiros para todos os distritos de Israel. Numa carta, ele convocava todos os crentes em Yhwh, mesmo na região de Efraim e Manassés, para a festa da Páscoa em Jerusalém. O eco foi enorme: "Um povo numeroso reuniu-se em Jerusalém... era uma assembleia extremamente numerosa" (2Cr 30,13). Sacerdotes e levitas cumpriram seu dever (2Cr 30,15-27), trabalharam bem juntos; mas os levitas receberam um elogio especial de Ezequias (30,22). A renovação da Páscoa agradou extraordinariamente a comunidade, pois supostamente não havia mais sido realizada uma festa de Páscoa regular desde o tempo de Salomão (30,26). A comunidade duplicou excepcionalmente os dias de festa (30,23). Em seguida, Ezequias regulou os rendimentos do pessoal do Templo e instituiu celeiros na área do Templo para doações em gêneros (2Cr 31,2-18). Os problemas com os assírios e a doença de Ezequias são somente um apêndice (2Cr 32). Assim como Davi e Salomão antes dele e Josias depois dele, Ezequias é na obra cronista um excelente reorganizador do culto de seu povo, a comunidade de fé em Yhwh. Seu significado aparece exemplarmente nisto, que ele suspende, soberanamente, mas em ajuste com Yhwh (2Cr 30,17-20), a regra de pureza para os que festejam a Páscoa (cf. Ex 12,43-49; 19,10 s.; Lv 23,3-8). Ele recorre à "fórmula de benevolência e misericórdia", conhecida muito bem de contextos cultuais (2Cr 30,18 s.). Portanto, é assinalado com a Páscoa um ponto importante no antigo calendário hebraico de festas. Junto com a reiterada "renovação" da festa de Páscoa sob Josias — relatada em 2 Crônicas 35,1.7-19 —, essa festa da colheita e de recordação recebe certo acento. O outro acontecimento cultual do ano, explicitamente visto em conexão com a dedicação do Templo de Salomão, é a festa das Tendas (2Cr 7,8-10). Os documentos provam que o ciclo anual de festas não era algo acessório para a comunidade de então. Pelo menos para os autores da tradição cronista, fazia parte dos importantes apoios e características de uma vida conforme YHWH estar vinculado a uma trama de grandes reuniões, cultos e rituais paralelos. As festas possuem um caráter confessional e são concebidas para fortalecer a identidade do grupo e da fé pessoal. Para os cronistas, as festas, celebradas sem data fixa, nas quais se conclui uma aliança com YHWH, bem como as festas de súplica e lamentação convocadas segundo a necessidade, são parte inalterável da responsabilidade cultual que todo membro da comunidade deve assumir.

Ora, parece estar no primeiro plano de interesse, como já aludimos, a festa da Páscoa. Era celebrada como uma festa de peregrinação em Jerusalém; a celebração se manteve por séculos. É duas vezes atestado um recomeço desse costume supostamente esquecido, em 2 Crônicas 30 e 2 Crônicas 35; isto talvez aponte para uma autêntica dupla tradição. 2 Reis 23,21-23 dá ao rei Josias a honra de ter tirado a Páscoa do declínio. Segundo 2 Reis, ela não teria sido celebrada corretamente desde o tempo dos juízes (v. 23). Os cronistas não queriam contradizer essa tradição. Eles a assumiram e lhe deram uma forma segundo sua compreensão (2Cr 35,1-19: desde o profeta Samuel não houve uma festa da Páscoa correta). O interesse maior deles era que os sacerdotes e levitas realizassem seu serviço segundo a Torá (v. 2-6.10-17). Segundo 1 Crônicas 23–26 e 2 Crônicas 5,2-14, as funções, os deveres e os direitos dos atores estão divididos em diferentes tipos de serviço. Além disso, cabe um papel aos dons para os sacrifícios do rei e dos órgãos superiores do Estado e do Templo (2Cr 35,7-9). Em suma, o reavivamento da Páscoa por Josias é uma medida político-religiosa que supostamente reflete o estado da comunidade no século IV a.C.

Qual é a relação da reintrodução da Páscoa por Ezequias (2Cr 30) com isto? A festa da Páscoa teria sido celebrada pela última vez sob o rei Salomão, quatrocentos anos antes. Mas, segundo 2 Reis 18,1-6, também Ezequias, como chefe de governo fiel a YHWH, refundou o Templo e a adoração a YHWH. Este ato foi assumido em 2 Crônicas 29 em forma cronista. Além disso, aparece o empenho especial do rei no ritual da Páscoa; por trás disso está aparentemente o esforço em salientar dignamente o significado que essa primeira grande festa do ano tinha no tempo da redação. Fato notável: até poder começar o sacrifício da Páscoa em Jerusalém, Ezequias teve de superar fortes resistências, que consumiram tanto tempo que a data prescrita (dia 14 do primeiro mês: Lv 23,5) teve de ser cancelada, e as festas começaram com um mês de atraso (2Cr 30,2 s.). O tempo da festa é então espontaneamente alongado por sete dias. Os dois desvios das prescrições da Lei (e além disso, um terceiro que mencionamos abaixo) foram tão graves que a Páscoa de Ezequias não pôde valer como culto plenamente autorizado. Aparentemente, os cronistas reconheceram, desse modo, a tradição da festa da Páscoa de Ezequias como precursora da reforma de Josias, mas não puderam lhe conceder total legitimidade. O atraso das festividades parece ser um acréscimo. No resto do capítulo não há interesse algum por esse problema. Ao contrário: o decorrer do culto parece ser relativamente tranquilo, os levitas e sacerdotes agem de modo legítimo até o seguinte fato: os participantes das tribos do norte não estão preparados conforme as regras ("impuros", v. 18). Ezequias consegue o perdão de Yhwh e a tolerância da prática cultual falseada (v. 18-20). Tem-se, assim, a impressão de que certas peculiaridades na realização da festa remontam aos cronistas. Eles atribuem ao importante rei reformista, já em seu primeiro ano de governo, uma tentativa imperfeita de reformar o culto, depois de uma restauração do Templo. O empreendimento tem uma dimensão para todo o Israel (mensageiros convidam as tribos do norte, v. 10) e o paradigma teológico-prático se chama "conversão" a Yhwh, de modo a obter a graça para os "presos" e "deportados" poderem voltar para a pátria (v. 8 s.). Assim, os cronistas criaram na perícope de Ezequias um perfil próprio, que é completado com a história de Josias em 2 Crônicas 35.

A questão é: quais funções cumpria este novo esboço da história israelita-judaica do ponto de vista cultual e comunitário e em qual contexto vicencial ele surgiu? A situação que os hodiernos observadores inconscientemente supõem para coletâneas bíblicas é a escola de escribas erudita: assim como é usual na modernidade, supõe-se que intelectuais exercitados na escrita produziam literatura para uso "acadêmico" (ou privado). Como se poderia explicar de outro modo uma obra que abarca a história universal de Adão a Ciro? O ponto de vista cultual deveria ser útil ao leitor piedoso, que se edificava nas horas de folga com este livro. Mas justamente a preponderância do ponto de vista espiritual, teológico e litúrgico sugere que a obra cronista surgiu num contexto distinto da edificação e da erudição privadas, sendo usada para finalidades diversas. A atenção dada, pelo material histórico, à instituição da infraestrutura da comunidade religiosa judaica é bastante útil para a formação de identidade na comunidade de culto de Jerusalém e de seus partidários na diáspora. Antigas tradições de reis e profetas, sacerdotes e doutores da lei são assumidas e transformadas para a situação contemporânea. Cada capítulo dos livros das Crônicas apresenta à comunidade de Yhwh existente no grande império persa o seguinte: veja, nossos pais fundaram e instituíram assim essa nossa comunidade de fé. As regras, os ritos e as estruturas hoje válidos surgiram principalmente do tempo de Davi e de Salomão (em parcial contradição com a construção histórica deuteronomista e do resto do Pentateuco, a qual considera somente Moisés o fundador dos estatutos).

A forte referência da história apresentada à realidade do século IV torna natural que os quadros históricos mantenham, até nos detalhes, o colorido do tempo posterior. Os reis atuam como comandantes militares, sendo este seu papel histórico. Mas esse papel não vai longe: é enfraquecido em favor da eficácia exclusiva de Yhwh nos conflitos externos. Mais importante é a atividade como dirigente e organizador da comunidade. Os reis convocam a comunidade para o culto, dirigem-se a ela numa função religiosa, sendo, muito além do papel paleo-oriental de construtor do Templo (culto de Estado!), responsáveis pela comunidade religiosa. Os sacerdotes e levitas — mesmo concorrendo uns com os outros — são descritos segundo a divisão de tarefas tardia, válida no Segundo Templo. Sabemos pouco sobre a estrutura sacerdotal do primeiro Templo. Mas podemos supor que o culto no período dos reis era puramente de Estado, sendo excluída, na prática, a participação da comunidade. O Segundo Templo, ao contrário, não era somente um local de sacrifício, mas também uma "casa de oração" para todos os crentes, meta da peregrinação e aparentemente também local de ensino da Torá[10]. Profetas e "juízes" têm grande importância nos livros das Crônicas. Eles representam a intervenção ativa de Deus, que se manifestou há muito tempo na Torá de Moisés. Ambas as funções, portanto, agem além da vontade de Deus disponível por escrito; elas incorporam a interpretação viva dela. Escribas e doutores, porém, não aparecem na obra cronista, à diferença de Esdras–Neemias. Sempre que surgem escribas, nas Crônicas, eles cumprem tarefas meramente administrativas, principalmente na corte do rei; isto também é válido quando os levitas trabalham nessa profissão (cf. 1Cr 24,6; 2Cr 34,13).

---

10. Sobre as funções no Templo antes e depois do exílio não há clareza. Até onde o santuário de Jerusalém, local de sacrifício por excelência, se tornou também "casa de oração", local de leitura da Lei e "centro da comunidade"? Cf. L. L. Grabbe, *Yehud*, 216-230. A partir de quando pode-se contar com a existência de sinagogas? Cf. M. Haran, *Temple and Temple Service in Ancient Israel*, Oxford, 1978.

A linguagem e as formas literárias nos dois livros das Crônicas são também fortemente determinadas pelos modelos comunitários. Em todo caso, esta é uma suposição legítima. Discursos e orações perpassam e estruturam a apresentação da história de modo mais forte e diferente do que ocorre na obra histórica deuteronomista. Isto já foi frequentemente constatado[11]. Mas a avaliação histórico-social do fato permanece um desiderato. Em minha opinião, pode-se constatar com grande probabilidade que os tipos de discurso cultuais (orações, exortações, oráculos, pregações etc.) predominantemente usados pelos cronistas indicam a vida comunitária judaica primitiva. Daqui é um pequeno passo para a suposição de que eles serviam a fins da vida comunitária, seja em coletâneas estritamente cultuais, seja com orientação didática. Adiantando instituições e concepções posteriores, podemos dizer que uma literatura tão adequada às necessidades da comunidade como a cronista surgiu e foi usada, provavelmente, na "casa de oração" (mais tarde: sinagoga) e/ou na "casa de ensino". Assim, os livros das Crônicas só devem ser considerados fontes históricas em medida muito restrita, mas possuem um valor inestimavelmente alto como fonte referente aos costumes e usos, instituições e cargos e às concepções teológicas e éticas da comunidade judaica pós-exílica.

3.1.1.2. Esdras/Neemias

Diferentemente dos dois livros das Crônicas, Esdras e Neemias tratam da história muito mais próxima, isto é, de episódios da era persa. 2 Crônicas termina com Ciro tomando o poder e Esdras 1,1-4 segue imediatamente com o chamado Édito de Ciro, que ordena a reconstrução do Templo de Jerusalém. Já se falou suficientemente sobre o conteúdo do livro de Esdras–Neemias acima, nos capítulos 1.1 e 2.3. Agora só se trata de examinar a função e o uso deste documento daquela época. A isto deve ser juntada a origem do livro.

O livro de Esdras–Neemias surgiu do século V ao século IV a.C. Ele não contém nenhuma indicação de influências helenistas, mas conotações evidentemente persas. O relato sobre a construção do Templo está em Esdras 4,6–6,18, em aramaico imperial, idioma oficial do império. Possivelmente foram usados documentos oficiais de fato existentes, mas fundamentalmente deve-se levar em conta a possibilidade de a narrativa ser fictícia. Enquanto o texto hebraico forma o fundamento do livro, o acréscimo aramaico serviria em grande medida para garantir sua autenticidade histórica. — O esboço geral dos acontecimentos

---

11. Cf. S. J. de VRIES, *Chronicles*, 17-20, e acima cap. 2, nota 173.

políticos serviria ao mesmo fim: todo poder vem do governo central persa, cuja cabeça é o grande rei; o poder decisório cabe somente a ele. O império imenso está dividido em distritos administrativos, províncias e satrapias. O destino de Jerusalém e de sua comunidade cultual é decidido na corte persa, na distante Susa. Os soberanos persas se ocupam com o Templo e com a população na terra dos judeus devido à ajuda superior de YHWH. Eles protegem aqueles que querem a construção e fornecem tudo o que é necessário.

No livro Esdras–Neemias encontram-se amplamente as formas literárias daquela época. Em casos particulares, elas certamente remontam a períodos mais antigos. Mas suas formas específicas parecem ter sido construídas justamente no período persa. Por exemplo, a ciência das listas possui raízes profundas no antigo Oriente[12]. Mas as listas dos que retornavam, redigidas genealogicamente, em Esdras 2 e Neemias 7, são feitas para confirmar a participação na comunidade confessional de YHWH e o *status* de alguns grupos na comunidade. — Discursos e orações possuem um caráter próprio diante dos modelos deuteronomistas e cronistas, como aparece bem nas grandes litanias penitenciais em Esdras 9 e Neemias 9 ou nos pedidos de Neemias (13,14.22b.29.31b). Estes textos colocam o dirigente da comunidade no centro como o ator principal, como o responsável. Ele age "com ardente preocupação" em favor da comunidade dos crentes em YHWH. Seu objetivo é o ser imaculado perante a Torá, a pureza pessoal e comunitária.

Destacam-se especialmente os relatos usados no livro sob o nome de Esdras e de Neemias e que talvez formem sua base[13]. As chamadas "memórias" são em parte relatadas na primeira pessoa (Esd 7,27–9,15 [eventualmente aparece o "nós" da comunidade]; Ne 1,1–7,5; esporadicamente em 12,27–13,31). A disputa sobre a autenticidade dessas "fontes" é bastante inútil. Ela não pode ser decidida de modo puramente literário. Partindo de considerações gerais sobre a finalidade de tais "documentos" pode-se concluir: os emissários da corte possivelmente deviam apresentar relatos de prestação de contas ao grande rei persa. Mas há pouca chance de redescobrir originais de tais documentos, e os autores de Esdras–Neemias provavelmente não tinham acesso aos arquivos do rei. Deixando de lado a existência de documentos originais, a historicidade do envio de Esdras e Neemias pelo rei permanece na melhor

---

12. Cf. A. CAVIGNEAUX, Lexikalische Listen, RlA VI, 609-641; M. OEMING, *Israel*, 9-36; R. R. WILSON, *Genealogy and History in the Biblical World*, New Haven, 1977 (YNER 7); S. J. de VRIES, *Chronicles*, 21-94.

13. Sobre questões introdutórias, ver por exemplo J. BLENKINSOPP, *Ezra*, 35-72; G. STEINS, in E. ZENGER et al. (Hg.), *Einleitung in das Alte Testament*, Stuttgart, 1995, 175-183.

das hipóteses em suspenso. É mais provável que aquelas passagens (Esd 7,1-10; Ne 1,1–2,9) sejam uma construção intencional do ponto de vista da comunidade de Jerusalém. Embora consideremos impossível e irrelevante provar a autenticidade dessas "memórias", é muito significativo o uso deste gênero literário. Os autores envolveram-se com a cultura literária e com os fatos políticos do período persa como quase ninguém antes deles na tradição dos escritos hebraicos. Aparentemente era usual, naquela época, sobretudo em contextos diplomáticos, jurídicos e religiosos, redigir documentos e libelos que pretendiam fixar e publicar algo como válido. Também Ester 1,22, 2 Crônicas 30,6 etc. falam de mensagens escritas, e a Torá está evidentemente em uso como documento escrito fundador. Os autores de Esdras–Neemias usavam este procedimento literário como normal. E o gênero literário de prestação de contas — provavelmente bastante conhecido ("memórias"; a contabilidade na Pérsia antiga era, como já mencionado, extraordinariamente desenvolvida[14]) — lhes era bom o suficiente para fortalecer a ideia de que os mais importantes acontecimentos relativos à reconstrução do Templo e à reintrodução da Torá tiveram o assentimento pleno do governo central. Para isso são solicitados até os arquivos do grande rei: decretos imperiais dos soberanos aquemênidas acompanham os judeus repatriados e os emissários, dando o necessário apoio político à sua ação (Esd 1,2-4; 4,17-22 [baseado nas acusações dos adversários de Judá: 4,9-16]; 6,2-5.6-12 [por iniciativa dos adversários 5,7-17]; 7,11-26; Ne 2,6-9 [estilo de relatório]; carta dos adversários: Ne 6,5-7). Esses documentos são redigidos em parte em estilo persa, mas revelam numerosas características da literatura judaica. Sobretudo, eles revelam interesses especificamente judaicos até na medula. Por exemplo, a fala solícita endereçada diretamente a Neemias (Esd 7,25) ou a ordem dada a pessoas totalmente não envolvidas para pagarem tributos para o santuário de Jerusalém (Esd 1,4)[15] parecem representar demasiadamente o interesse judaico para que sejam concebíveis num decreto real da época. Não é possível ignorar o esforço para criar documentos próprios e dar à própria comunidade o brilho da autoridade e da benevolência persa[16].

---

14. Sobre as tabuletas administrativas de Persépolis cf. H. KOCH, *Dareios*, 25-67.

15. Estes donativos "voluntários" para YHWH e sua comunidade lembram que os egípcios deram para os israelitas em êxodo prata, ouro e outros bens como reparação e ajuda inicial (Ex 11,2; 13,35). Supostamente podem ser concebidos nas narrativas de Esdras–Neemias motivos distintos daquelas construções tiradas das Escrituras. Compare a posição de Neemias na corte com a de José no Egito.

16. L. L. Grabbe, com justiça, não se cansa de apontar esta parcialidade dos autores judeus. P. Briant também tem uma atitude crítica ao avaliar as fontes gregas; ele deixa passar relativamente mais testemunhas bíblicas.

Por outro lado, também foram recebidas e desenvolvidas as tradições israelitas. Isto é válido especialmente para o bloco decisivo Neemias 8–10, que torna visível a constituição da comunidade de YHWH depois dos esforços e perigos da reconstrução. A leitura da Lei por Esdras, em Neemias 8, é, como já dissemos, um reflexo da liturgia vivida no século IV. O culto da comunidade e também o culto solene da comunidade da Torá deviam ser semelhantes: reunião de todos os membros (Ne 8,1); leitura da Lei por autoridades na escritura de um "púlpito" (v. 2-4); escuta, resposta e adoração da comunidade (v. 3.6); tradução e interpretação da palavra escrita (v. 7 s.); continuação da leitura e do ensino da Lei (v. 13 s.18; 9,3); Festa das Tendas (v. 14-18); cerimônia penitencial em muitas fases (9,1-37); compromisso com a Torá ("conclusão da Aliança?", 10,1-40). Os procedimentos litúrgicos descritos assentam-se, inquestionavelmente, numa antiga tradição judaica, mas revelam amplamente peculiaridades contemporâneas.

Em Neemias 8–10, pertencem à linha da tradição as perícopes de conclusão da Aliança do complexo literário do Sinai, as assembleias do povo de Deuteronômio 29–31 e Josué 24, juntando-se também a redescoberta da Lei em 2 Reis 22 s. Enquanto as diferentes passagens da perícope do Sinai colocam em cena a primeira entrega da Lei, todos os relatos deuteronomistas sobre a conclusão da Aliança supõem a existência da Torá e exigem uma fidelidade geral inviolável às declarações de vontade de YHWH (cf. o texto programático em Dt 29,9-28). Neemias 8–10 atesta também a preexistência da Torá, mas constata um reinício decidido ($^{'a}manah$, "compromisso firme", 10,1), não designado com o termo "aliança" (b^erit). Contudo, esse reinício legitima novamente festas, liturgia e hierarquia e culmina no compromisso bem concreto de todos os fiéis de YHWH em cooperar ativamente na manutenção da comunidade e do Templo. Fazem parte disto a proibição de casamento com "os povos da terra", a proteção do sábado, a ordem de libertar os escravos no sétimo ano, a doação dos primogênitos e a manutenção dos sacerdotes (Ne 10,31-38). Nenhum outro trecho das Escrituras hebraicas lista de modo tão detalhado as exigências positivas da comunidade, bem polêmicas naquele momento. O decálogo e as tábuas de anátema, por exemplo, delimitam o comportamento não permitido e destruidor da comunidade, predominantemente, graças a fórmulas negativas. Por outro lado, as coletâneas de prescrições redigidas positivamente no Código da Aliança, na Lei de Santidade e no Deuteronômio são todas muito gerais. Elas não se concentram em uma situação específica e assim se mostram como um legado desenvolvido durante longo período. Os compromissos pessoais de Neemias 10, ao contrário, pertencem claramente à comunidade do Segundo Templo de Jerusalém e refletem as condições dos séculos IV e V no grande império persa.

Na frequente formulação "nós" aparece claramente que foi a comunidade judaica primitiva que produziu os textos mencionados. A grande oração penitencial em Neemias 9, que aparentemente representa um importante elemento da liturgia do culto de então (cf. Esd 9; Dn 9; Sl 106), e a cerimônia de compromisso em Neemias 10 apresentam ostensivamente a primeira pessoa do plural como a voz coletiva de toda a comunidade. Ora, em conexão com o gênero de memórias em Esdras–Neemias pode-se defender que o "nós" deve ser lido como um "eu" ampliado do dirigente da oração e da liturgia ou da comunidade. Mesmo que isto seja correto neste ponto, é muito interessante e de considerável valor heurístico a ficção de uma comunidade que se exprime em comum, pois as formulações-"nós" não são tão cotidianas na literatura bíblica antiga (também não na oriental antiga). Mesmo sendo mera representação, pode reproduzir uma realidade litúrgica. O exemplo dos salmos-"nós" ensina que pelo menos em textos especificamente litúrgicos a comunidade podia participar como um todo[17].

Um compromisso pessoal atual da comunidade de fé de Jerusalém, baseado na leitura da Lei e na execução correta da festa das Tendas, estabelece o reinício da comunidade judaica. A obra Esdras–Neemias vai nesta direção. Registro da população da cidade — incluindo especialmente as classes clericais —, dedicação dos muros, medidas de purificação e de exclusão (tudo isso em Ne 11–13) são derivados do ato da Aliança. Exemplo é a vinculação da ação político-religiosa com a leitura da Lei em Neemias 13,1-3:

> Naquele tempo, deu-se leitura ao livro de Moisés aos ouvidos do povo, e ali achou-se escrito que o amonita e o moabita jamais entrariam na assembleia de Deus, porque eles não foram ao encontro dos filhos de Israel com pão e água, e porque Moab pagara Bileâm contra eles, para maldizê-los; mas o nosso Deus mudou a maldição em bênção. Ao ouvirem este lei, separaram de Israel todo mesclado.

Esta é uma exegese de Deuteronômio 23,4-6 condicionada pela situação, que desconsidera Deuteronômio 23,8, texto que gera em Isaías 56,1-8 um resultado diametralmente oposto. Para os autores desta passagem de Neemias, a

---

17. Este fenômeno foi pesquisado em relação ao Saltério; cf. J. Scharbert, Das "wir" in den Psalmen auf dem Hintergrund altorientalischen Betens, in Haag, Ernst, Hossfeld, Frank-Lothar, *Freude an der Weisung des Herrn*", Stuttgart, 1986 (SBB 13), 297-324; K. Seybold, Das "wir" in den Asaphpsalmen, in Id. et al. (Hg.), *Neue Wege der Psalmenforschung*, Freiburg, 1994, 143-155.

exclusão tinha destacada importância e era ordenada por Deus: Torá e Templo pertenciam somente aos judeus; não foram criados para todos os povos.

3.1.1.3. Obra sacerdotal

J. BLENKINSOPP, The Structure of P, CBQ 38 (1976) 275-292. – E. BLUM, *Studien zur Komposition des Pentateuch*, Berlin, 1990 (BZAW 189). – W. BRUEGGEMANN, The Kerygma of the Priestly Writers, ZAW 84 (1972) 397-414. – F. CRÜSEMANN, *Die Tora*, München, 1992. – F. H. GORMAN, *The Ideology of Ritual, Space, Time and Status in the Priestly Theology*, Sheffield, 1990 (JSOT.S 91). – F.-L. HOSSFELD, Volk Gottes als "Versammlung", in *Unterwegs zur Kirche*, Hg. J. Schreiner, Freiburg 1987, 123-142 (QD 110). – A. HURVITZ, Dating the Priestly Source in the Light of the Historical Study of Biblical Hebrew, ZAW 100 (1988) 88-100. – B. JANOWSKI, *Sühne als Heilsgeschehen*, Neukirchen-Vluyn, 1982 (WMANT 55). – I. KNOHL, *The Sanctuary of Silence. The Priestly Torah and the Holiness School*, Minneapolis, 1995. – R. MOSIS, Gen. 9,1-7. Funktion und Bedeutung innerhalb der priesterschriftlichen Urgeschicht, BZ 38 (1994) 195-228. – M. NOTH, *Überlieferungsgeschichte des Pentateuch*, Stuttgart, 1949. – T. POLA, *Die ursprüngliche Priesterschrift*, Neukirchen-Vluyn, 1995 (WMANT 70). – U. STRUPPE, *Die Herrlichkeit Jahwes in der Priesterschrift*, Klosterneuburg, 1988 (ÖBS 9). – H. UTZSCHNEIDER, *Das Heiligtum und das Gesetz*, Fribourg/Göttingen, 1988 (OBO 77). – P. WEIMAR, Gen 17 und die priesterschriftliche Abrahamgeschichte, ZAW 100 (1988) 22-60. – J. WELLHAUSEN, *Prolegomena zur Geschichte Israels*, Berlin, 1878, ⁶1905. – E. ZENGER, *Priesterschrift*, Berlin, 1997, 435-446 (TRE 27). – Z. ZEVIT, The Priesterly Redaction and Interpretation of the Plague Narrative in Exodus, JQR 66 (1975-1976) 193-211.

O sacerdócio da corte e do Templo de Judá desempenhou um grande papel no tempo dos reis (c. 980-587 a.C.), principalmente em nível de Estado. O culto estatal de YHWH era o elemento espiritual que mantinha o sistema, apoiando a dinastia de Davi e a identidade judaica. Para o exercício da religião cotidiana, desde o culto doméstico até as cerimônias e os santuários nos lugares altos, eram competentes os cultos locais e familiares, com o pessoal especializado deles. Com o exílio e o fim da monarquia (cf. BE 7), essa situação modificou-se fundamentalmente. A elite do sacerdócio foi exilada e, como mantenedora da tradição, se transformou em pilar de sustento da nova estrutura comunitária, junto com os antigos funcionários reais, escribas, sábios e profetas. Os funcionários, fortemente interessados na continuidade genealógica, desenvolveram uma atividade viva e tentaram ocupar os cargos de direção da nova comunidade religiosa. Alguns indícios sugerem uma dura concorrência entre agrupamentos de proveniência clerical (cf. Lv 10; Nm 12 e 16). Os círculos sacerdotais colocaram em jogo suas regras tradicionais antigas no trato com o sagrado e as ampliaram tendo em vista a nova estrutura e a nova situação da comunidade de fé. Isto é, eles adaptaram habilmente o sistema de normas tradicional para a situação e a constelação de forças modificadas da comunidade de fé de YHWH.

Nas ciências sobre o Antigo Testamento, desde J. Wellhausen, é considerado relativamente seguro que no Pentateuco se pode reconhecer claramente uma camada literária sacerdotal ou uma redação sacralizante do crescente material canônico. Para nossos fins não tem muita importância se a obra sacerdotal (P [Priesterliches Werk])[18] existiu em algum momento como obra separada — como se supunha antes — ou se ela surgiu de um extenso trabalho sacerdotal de refundição[19]. Mesmo neste último caso, as extensas intervenções numa narrativa já existente devem ser consideradas objetivamente produto literário independente. Também não é decisivo, neste ponto, se a camada ou refundição deuteronomista do Pentateuco seguiu ou antecedeu a sacerdotal[20]. A maioria dos pesquisadores data as partes sacerdotais da Torá no fim do século VI e início do século V a.C., e só isto é relevante no contexto atual.

O início da forma sacerdotal do texto é claramente perceptível no cânon hebraico: é a história da criação em Gênesis 1, que, por sua posição destacada, influenciou decisivamente a interpretação de todo o *corpus* dos escritos judaicos e cristãos. Continua a ser muito polêmico o fim da atividade literária sacerdotal no Pentateuco. Pergunta-se se é a notícia sobre a morte de Moisés e a sucessão por Josué, em Deuteronômio 34,7-9, ou as indicações pontuais sobre a importância da Tenda do Encontro em Josué 18,1 + 19,51, ou determinadas passagens no Levítico (por exemplo, 9,24) ou Números, depois das quais deveriam ser registrados somente complementos de terceira e quarta classe dos círculos sacerdotais[21]. Deixamos esta questão sem resposta e nos limitamos a apresentar os principais temas — claramente reconhecíveis — dos sacerdotes e dos grupos da comunidade influenciados por eles perante o pano de fundo do império persa e, especialmente, do ambiente babilônico, que devem ter constituído o contexto imediato da comunidade judaica no período considerado. É possível mostrar que em geral os autores sacerdotais manifestam uma

---

18. Cf. E. ZENGER, TRE 27, 1997, 435-446; ID., *Einleitung*, 89-108; I. KNOHL, *Sanctuary*; T. POLA, *Ursprüngliche* P (WMANT 70).

19. Cf. E. BLUM, *Komposition*, 420-458; ID., *Studien*, passim.

20. Inversões da cronologia tradicional (javista–eloísta–deuteronômica–sacerdotal) se referem, por exemplo, a: H. H. SCHMID, *Der sogenannte Jahwist*, Zürich, 1976; J. van SETERS, *Prologue to History. The Yahwist as Historian in Genesis*, Lousiville, 1992; C. LEVIN, *Der Jahwist*, Göttingen, 1993 (FRLANT 157).

21. Cf. K. ELLIGER, Sinn und Ursprung der priestlichen Geschichtserzählung, in ID., ThB 32, München (1966) 174-198; N. LOHFINK, Die Presterschrift und die Geschichte, in ID., Studien zum Pentateuch, Stuttgart, 1988, 213-253 (SBAB 4); T. POLA, *Priesterschrift*, 213-298; cf. 339-349.

"predileção por elementos que sugerem uma ordem no mundo, na história e na vida" e um "interesse profundo por fenômenos cultuais e rituais"[22].

A obra sacerdotal e o cânon hebraico como um todo começam com uma história da criação, refletida teológica e cientificamente (segundo o padrão da época) em profundidade. Segundo as concepções babilônias e sumérias, o começo do mundo era aquoso e caótico. Reinava a escuridão, hostil à vida. Não havia ainda nenhuma ordem transparente. A ação do Deus criador (chamado *Elohim* ["Deus"] na obra sacerdotal em geral) é pensada como uma regulação cósmica; é uma obra titânica de separação e classificação de situações propícias à vida e de seres vivos. Pelo mero poder da palavra, o criador constrói o mundo, como cenário, e os entes que nele atuam. A substância fundamental é a luz, pois a escuridão permanente mata (Gn 1,3-5). Segue-se, em mais cinco obras diárias, a criação do céu (firmamento), do disco da terra, das estrelas, dos animais aquáticos e dos pássaros, dos animais terrestres e do ser humano (Gn 1,6-31). O homem universal, Adão, possui uma analogia formal na epopeia babilônia de Atramhasis (*edimmu*, tabuleta I, 215.217.230)[23], com a diferença de que o *homo sapiens* da obra sacerdotal não recebe funções servis, mas de domínio. A criação do mundo das coisas termina com um juízo (autoelogio?): "Deus viu tudo o que havia feito, e eis que era muito bom" (Gn 1,31a). O sétimo dia já é previsto na semana de criação cósmica como dia de descanso, o sábado (mesmo que indicado somente pelo verbo!): Deus "cessou [*šabat*] no sétimo dia toda obra que fazia" (Gn 2,2).

Comparando com a epopeia babilônica da criação, *Enuma elish*[24], os elementos tradicionais antigos (vitória sobre o caos, separação das águas superiores e inferiores, constituição da terra, criação das estrelas, formação do ser humano etc.) estão extremamente comprimidos no relato sacerdotal. Deus dá a ordem e o que foi ordenado já é realidade. Falta totalmente a elaboração narrativa, mas a estrutura da origem do mundo e da ordem do mundo é conhecida a partir dos mitos mesopotâmicos. Os atos de criação centrais do relato sacerdotal seguem totalmente a linha dos mitos mesopotâmicos. Entretanto, o primeiro e o sétimo ato criador de YHWH parecem originar-se de outras fontes. Que a luz deva estar

---

22. E. ZENGER, *Einleitung*, 91.
23. Cf. W. von SODEN, Der Mensch bescheidet sich nicht, in M. A. BEEK et al. (Hg.), *Symbolae Biblicae et Mesopotamicae*, Leiden, 1973, 349-358. A palavra sumélia *idim* tem muitos significados. Von Soden indica a variante "homem selvagem, homem primevo" (em acádio *lullû*) que é capaz de pensar, planejar e se desenvolver (cf. tabuleta I, 223; loc. cit., 352 s.).
24. Cf. W. G. LAMBERT, TUAT III, 565-602. Outros mitos de origem: A. GEORGE, *The Epic of Gilgamesh*, London, 2000; S. DALLEY, *Myths from Mesopotamia*, Oxford, 1989; B. R. FOSTER, *From Distant Days*, Bethesda, 1995.

presente como contrapartida à escuridão antes de qualquer criação do cosmos visível poderia ter origem no ambiente persa. Ali, luz e trevas, fogo e frio são adversários cósmicos[25]. E a obra de Deus no sétimo dia, segundo a tradição judaica sacerdotal, é o "sábado", o qual se tornou no período do Segundo Templo um sinal de identidade destacado da nova comunidade de YHWH em formação. Justamente este último ponto demonstra vigorosamente, em união com o esquema da semana, o trabalho judaico de refundição aplicado ao material oriental antigo. No fundo, o esquema de sete dias remonta às fases da lua e foi em parte observado também no sistema de culto babilônico[26], mas a introdução plena de uma regulação do tempo de trabalho em sete dias corridos — por fim, independente do ciclo lunar — deve ser atribuída à comunidade judaica (segundo o estado do conhecimento atual).

Em resumo, a obra sacerdotal do cânon hebraico pressupõe mitos do Oriente antigo sobre o início do mundo. Ela está baseada em concepções universais que só poderiam ter surgido dentro das grandes culturas daquele tempo, com os primeiros impérios que pretendiam abarcar o mundo conhecido. Desde o terceiro milênio a.C. podem ser demonstradas no antigo Oriente tais concepções universais e unificadoras, sobre Deus, o mundo e o ser humano. Um deus é o criador e formador responsável; todo o poder político surge, de modo monárquico e centralizador, de uma divindade máxima. A concepção do ser humano dos autores sacerdotais judeus, ao contrário, é pós-monárquica: é pura e simplesmente o ser humano, não o rei, que assume o papel de vice-regente divino na terra (Gn 1,26-28; cf. Sl 8). A cosmologia e a antropologia refletem as experiências dos judeus no exílio babilônico e de depois dele: as culturas imperiais e as religiões deste tempo fornecem o ambiente espiritual do modelo de criação sacerdotal. Os detalhes característicos refletem as condições de vida da comunidade de fé judaica que se encontra espalhada. O seu próprio Deus assume o domínio mundial no lugar de Marduck ou de Ahura-Mazda. A criação decorre conforme o calendário cultual semanal que a comunidade pratica, com seis dias de trabalho e um de descanso, santificado. O próprio ser humano, por falta de uma dinastia régia, torna-se governador de Deus na terra. Há uma hierarquia de valores no estojo fechado da terra: plantas (estrelas), animais aquáticos, pássaros; animais terrestres (subdivisão em animais

---

25. Cf. M. STAUSBERG, *Religion*, v. 1, 96: "A Asha é luminosa, muito bela... e está em ligação com o fogo"; 97: "O ato fundamental da cosmogonia é a geração de Asha... Em seguida são fixados o caminho do sol e das estrelas e o crescimento e diminuição da lua...".

26. Cf. W. SALLARBERGER, *Der kultische Kalender der Ur III-Zeit*, Berlin, 1993, 2 v. (UAVA7/1+2): festas lunares são observadas desde o terceiro milênio a.C. (ibid., v. 1, 37-63).

domésticos, pequenos e selvagens), ser humano. O ser humano domina e utiliza tudo o que se encontra ao seu alcance. E todo o mundo está, em seu favor, dividido e categorizado segundo "espécies", para que o governador de Deus possa administrar melhor e, potencialmente, também realizar o serviço de sacrifícios para a divindade, pois, embora ainda exista uma convivência paradisíaca (Gn 1,29 s.), a ser revogada somente depois do dilúvio por uma licença para matar (Gn 9,1-4), a tarefa de dominação em Gênesis 1,26-28 já sugere a necessidade da prática sacrifical.

Para o tema do dilúvio há muitos modelos prévios nos mitos do antigo Oriente. Nos mitos sumério-babilônios o barulho dos homens incomoda o descanso dos deuses, que por isso decidem exterminá-los. Aparentemente, os autores sacerdotais encontram tradições sobre uma corrupção (moral-religiosa?) da humanidade (Gn 6,11 s.) e/ou sobre a ambivalência inexplicável e destrutiva do ser humano (Gn 11,1-9). Em todo caso, os sacerdotes narram coerentemente a catástrofe de um fim do mundo do qual só escapam Noé, seu clã e os pares de seres vivos acolhidos na arca (Gn 6,9-22; 7.6.11.13-21.24; 8,1-5.13-19; 9,1-17.28 s.)[27]. O dilúvio extermina toda a vida, conforme o programa, e Noé pode começar com os seres salvos um novo período da história da humanidade, sob o signo da promessa do arco-íris: Deus conclui uma aliança estável com os homens, o extermínio global não deve ser repetido (Gn 9,8-11.12-17). Reitera-se, da perícope da criação, a tarefa de se multiplicar (v. 7). A autorização para que os homens se alimentem de animais, uma implícita permissão de matar (v. 3), sinaliza claramente a diferença do modo de vida para os descendentes depois de Noé. Um mandamento fundamental do sacrifício já é fixado no início da era de Noé: os homens não devem tomar o sangue para si (v. 4, cf. Lv 17,10-14). — Os autores sacerdotais continuam, assim, sua história da humanidade. Para eles, criação e dilúvio são atos divinos universais, que eles, no horizonte de pensamento dos impérios universais do antigo Oriente, naturalmente acolhem em sua concepção teológica de mundo.

A mesma vontade de configuração abrangente aparece nas genealogias sacerdotais e na estrutura, delas derivada, do tempo do mundo em Gênesis 5 e 11, bem como na lista dos povos de Gênesis 10,1-32. Se a humanidade tem uma árvore genealógica comum, então todas as linhagens particulares remontam ao ponto de partida, Adão e Eva, o par humano primitivo. Nenhum

---

27. Assim é a atribuição tradicional dos versos à camada sacerdotal; não se pode descobrir por que Gênesis 7,1-10 — que salienta sete pares de animais puros e a importância do número sete em outros locais — é frequentemente atribuído a uma fonte não sacerdotal. Cf. C. WESTERMANN, Genesis, BKAT I/1, 532-535; 574-577.

povo pode reivindicar um ato de criação separado. Somente este pensamento mostra a argumentação rigorosa e coerente de uma época que levou a sério a unidade de Deus e o mundo. Talvez os teólogos persas tenham sido precursores de uma antropologia monista tão radical. Já nos antigos *gathas* do *Avesta* as verdades divinas são endereçadas ao homem em geral e não a um sujeito separado etnicamente. Assim, os autores sacerdotais das genealogias estabelecem o desenvolvimento da espécie humana, de Adão até Noé (Gn 5,3-32). Como título da lista aparece mais uma vez a frase da semelhança do homem com Deus e de sua constituição em dois sexos (v. 1-2), e então narra-se o dilúvio. Depois da catástrofe da humanidade, a história continua no mesmo estilo formal e abreviado, concentrando-se em Sem, o filho mais velho de Noé, e na terça parte da humanidade na em que se encontram os israelitas, "semitas":

> Sem tinha cem anos quando gerou Arfaxad, dois anos após o dilúvio. Depois de gerar Arfaxad, Sem viveu quinhentos anos e gerou filhos e filhas. Arfaxad tinha vivido trinta e cinco anos quando gerou Sela. Depois de gerar Sela, Arfaxad viveu quatrocentos e três anos e gerou filhos e filhas (Gn 11,10-13).

Depois, a árvore genealógica corre consequentemente de Sem para o clã mesopotâmico de Tera e seus três filhos Abrão, Nacor e Harã (Gn 11,26). Juntas, as duas genealogias mencionadas mostram, por um lado, o desenvolvimento de toda a humanidade e, por outro, dirigem-se para Abraão, o pai de Israel. Universalidade e particularidade juntam-se no esquema de desenvolvimento elaborado pelos círculos sacerdotais. — Entre as duas listas genealógicas está o chamado quadro dos povos, uma listagem das etnias que se originaram dos três filhos de Noé de acordo com a compreensão daquele tempo (Gn 10). Sem, Cam e Jafet representam a humanidade inteira: "Foi a partir deles que se fez a repartição das nações sobre a terra depois do dilúvio" (v. 32). Este modo de listar todos os habitantes do círculo terrestre segundo suas etnias, isto é, fazendo um mapa dos povos, pode ser mais facilmente compreendido nas inscrições reais e nas séries de esculturas dos grandes reis do antigo oriente. Os supermonarcas, justamente os aquemênidas, deixaram para a posteridade frequentemente listas das cidades e regiões conquistadas, apresentaram em relevos de pedra delegações trazendo tributos e se proclamaram senhores do mundo e vice-regentes de seus deuses; a piedade religiosa não permitia a ninguém contradizê-los. Este modo de apresentar os povos foi, portanto, desenvolvido ao máximo no império persa. Na escada de entrada da sala de audiência de Dario, o salão de Apadana em Persépolis, ainda hoje podem ser vistos, em pé e armados, os grupos dos povos avançando com presentes para o grande rei. Diferenciados elegantemente segundo suas características nacionais ou tribais (roupagens, armas típicas, produtos artesanais, cortes de cabelo, animais domésticos etc.), vinte e nove delegações se dirigem ao trono de Dario, que olha para eles com clemência[28]. Todo este gigantesco relevo é uma representação, certamente entendida como *pars pro toto*, do império universal, que é comandado pelo rei persa em nome de seu Deus Ahura-Mazda. Gênesis 10 tem a mesma tarefa: apresentar a totalidade das populações que podem ser encontradas na terra. Na tradição sacerdotal, cada um dos três grupos de povos vindos de Noé recebe um comentário conclusivo abrangente, que varia pouco: "Estes foram os filhos de Jafet (ou de Cam, ou de Sem), segundo seus clãs e suas línguas, agrupados em terras e nações" (Gn 10,5.20.32). A sistematização genealógica da população mundial segundo os clãs parece ser algo próprio da reflexão sacerdotal judaica.

Depois do dilúvio — apesar da orientação universalista de Gênesis 10 — a história se move em direção ao patriarca de Israel. Os círculos sacerdotais falam dele em Gênesis 17, duplicando assim uma tradição semelhante da conclusão da aliança em Gênesis 15. O ponto de vista especificamente sacerdotal é fortemente expresso na paralelismo dos dois textos. Abraão recebe uma revelação divina — como Jacó e Moisés (Gn 17,1; cf. Gn 35,9-13; Ex 6,2 s.). Ele será o pai de muitos povos; sinal da aliança é a circuncisão de todos os descendentes masculinos (Gn 17,3-22). É prometido a Abraão especialmente, além do filho meio legítimo da escrava egípcia Hagar, um filho de sangue puro, Isaac, nascido da israelita Sara (Gn 17,21). Este se torna o verdadeiro portador da "promessa" eterna, enquanto Ismael, filho da egípcia, continua a participar da bênção do pai (Gn 17,20). Isto significa, no contexto do período do exílio e depois do exílio, que os sacerdotes judaítas não apagam totalmente o horizonte dos povos das promessas de YHWH. Eles não se restringem a uma única linhagem, pura, mas reconhecem uma irradiação da bênção de Deus para outras nações. Os teólogos sacerdotais querem exprimir isso com o título "pai de uma multidão [*hamon*: grupo barulhento] de nações (Gn 17,4)", refletido no novo nome do patriarca (Abraão em vez de Abrão). O texto deixa perceber certa abertura perante os povos circundantes, mesmo em relação aos "ismaelitas", tidos de tempos em tempos como inimigos (Jz 8,24; Sl 83,7). Segundo os autores sacerdotais, a comunidade religiosa dos judeus posteriores já se constituiu no tempo dos patriarcas. A aliança "eterna" entre YHWH e a comunidade de Israel foi fundada e instituída por Deus naquele tempo distante.

---

28. Uma descrição detalhada da imponente obra se encontra em H. KOCH, *Dareios*, 93-114; cf. acima p. 14.

A circuncisão é — depois do sábado, instituído com a criação — o segundo sinal exterior, sacramental dela. Segundo todas as fontes disponíveis, as duas marcas de identidade só se tornaram importantes *de facto*, para o "povo de Yhwh" em formação, nos períodos exílico e pós-exílico. Naturalmente, sinais de identidade delimitam outros grupos, que cultivam outras particularidades. Nesta medida, há uma conclusão da aliança entre Yhwh e Abraão comemorada em Gênesis 17. Melhor: o passo para a existência particular do Israel espiritual é dado e vivido na época do Segundo Templo, no império pluralista e universal dos persas.

Ocorreram muitos debates teológicos em torno das muitas conclusões da aliança na obra sacerdotal: sobretudo segundo a concepção reformada (Calvino), os círculos sacerdotais fixaram em sua obra quatro pontos históricos, nos quais foi constituída uma (nova) relação entre Deus e o ser humano, a saber, na criação, depois do dilúvio, na aliança com Abraão e no Sinai. De fato, o conceito de "aliança" é formalmente usado em três passagens: Gênesis 9,8-11; 17,2-21; Êxodo 6,2-8, mas em dimensões distintas. Os autores sacerdotais queriam aparentemente colocar a aliança com Abraão como o fato central, havendo acima e abaixo dele (comparável às diferentes camadas de cores numa impressão multicolor) outras determinações da relação de Yhwh com Israel ou com a humanidade como um todo.

Essencial é que os teólogos sacerdotais dos períodos exílico e pós-exílico apresentam a humanidade e a comunidade particular de Israel não segundo os modelos monárquicos, mas como uma árvore genealógica entrelaçada de povos e clãs. Eles criam a imagem de uma sociedade civil patriarcal universal, na qual os antepassados determinam a posição de cada grupo étnico. A história do mundo se move em direção a Abraão, o fundador da comunidade dos circuncidados, sem abandonar uma abertura básica para outras populações. Nas sociedades constituídas monarquicamente do antigo Oriente, inclusive Israel no período dos reis (!), o antepassado régio aparece como o fundador da dinastia. Ora, o sistema de apoio ideológico inclui regularmente o mandato do Deus do reino, a concessão de poder divino e a promessa de proteção e domínio pela divindade maior. Diante da real falta de poder da comunidade judaica primitiva, só um pequeno resto destas insígnias de autorização monárquica permaneceu na promessa a Abraão, um cheque para o futuro:

> [Eu] te tornarei fecundo ao extremo: farei com que dês nascimento a nações, e de ti sairão reis. Estabelecerei minha aliança entre mim e ti e a descendência de ti, depois de ti; aliança perene para eu ser Deus de ti e de tua descendência depois de ti. Darei a ti e à tua descendência depois de ti a terra das tuas migrações, em propriedade perene, toda a terra de Canaã. Eu serei Deus para eles (Gn 17,6-8).

A primeira mulher de Abraão, Sara, é expressamente incluída na promessa[29]:

> Eu a abençoarei e até te darei através dela um filho. Eu a abençoarei, e ela se tornará nações; dela sairão reis de povos (Gn 17,16).

Trata-se de uma história do mundo e do povo em formato de família. Isto corresponde às estruturas sociais que são constitutivas nos períodos exílico e pós-exílico para o Israel espiritual. As genealogias de Davi e de Sadoc, como na obra cronista, ou as árvores genealógicas de Moisés, não têm para os sacerdotes o mesmo *status* originário que a origem de Abraão, civil e de orientação laica. "Abraão é nosso pai!" (Is 63,16) poderia ser a confissão destes círculos. Que "reis" surjam como descendentes dos antepassados é uma reverência à passada dinastia de Davi. Talvez também estejam presentes atitudes de reverência perante os grandes reis dominadores ou possíveis figuras messiânicas.

A época de Moisés recebe uma luz especial nos teólogos sacerdotais do período exílico e pós-exílico. No Egito é decidida a reivindicação de poder de YHWH perante os soberanos de fato existentes. Moisés recebe de seu Deus a tarefa da libertação (Ex 6,2-13) e recebe Aarão como assistente de comunicação (Ex 7,1-7). O Faraó desafia YHWH e é vencido na competição direta entre mágicos das duas confissões (Ex 7,8-13.19-22; 8,1-3.12-15; 9,8-12). O número cinco de sinais maravilhosos ou pragas — serpentes, sangue, rãs, mosquitos, folhas — é conforme às sanções que aparecem na obra sacerdotal (Lv 26). A morte dos primogênitos no Egito é outra coisa: ela pertence totalmente à tradição da Páscoa. Esta festa é, depois da circuncisão, uma pedra angular do sistema ritual em desenvolvimento da comunidade nascente (Ex 11,9–12,20).

Aparentemente os sacerdotes, na elaboração narrativa, não se interessaram muito pelos acontecimentos no Sinai em si. Não se encontra uma representação pictórica, a não ser que se considere Êxodo 24,1-8 um relato da conclusão da aliança de inspiração sacerdotal, com sacrifício e aspersão de sangue[30]. Resta somente a aparição de YHWH sobre a montanha como acontecimento central (Ex 24,15b-18a), que serve como base para a

---

29. I. FISCHER (*Erzeltern*, 366-370) fala, entretanto, com justiça de um "impulso patriarcal" na redação sacerdotal (ibid., 370).

30. Não é totalmente claro, na perícope do Sinai, por onde corre a linha das fontes sacerdotais. Supõe-se, tradicionalmente, que os sacerdotes não celebraram a aliança expressamente mais uma vez, mas falaram da morada de YHWH na comunidade (no Templo), mais exatamente de sua vinda em glória (Ex 24,15b-18a). Ele viveu entre seu povo em sua glória. As dificuldades de ligar Êxodo

notavelmente ampliada comunicação da vontade de YHWH a Moisés e Israel (Ex 25–31; 35–40; Levítico; partes de Números). Sem dúvida, nestes trechos do Pentateuco está conservada a grande massa das tradições sacerdotais. Ora, trata-se de determinações sobre a vida prática da comunidade de fé exílica e pós-exílica. Elas se fundam na eleição de Abraão e nas promessas que YHWH lhe fez. Para os autores sacerdotais, a permanência do povo no Sinai não comporta o reinício da comunidade de YHWH. A constituição da comunidade se dá através de Abraão e da introdução da circuncisão. O povo de Deus, que já existia desde muito tempo, recebe então detalhes sobre a vida com YHWH. Por que tão tarde? Não se pode negar que o círculo sacerdotal tem percepção do desenvolvimento histórico. A referência a YHWH como Deus, que antes de Moisés é designado como "o Deus" (há 'elohim), foi construída por um longo período de tempo. Aparece uma consciência de mudança, de desenvolvimento, de dinâmica na história da humanidade. A época de Moisés dá à comunidade a ordem decisiva segundo a qual ela tem que viver. Esta estrutura básica de normas, prescrições e modos de comportamento foi comunicada no Sinai e gravada na memória. Valeria para todo o futuro, mas, como se conhece a mutabilidade, continua precisando de explicação e discussão.

Na gigantesca coleção de material (com muitas camadas) entre o envio de Moisés (Ex 6) e a conclusão do livro dos Números, há cerca de 45 capítulos que seguramente devem ser atribuídos à obra sacerdotal. Espantosamente, para os sacerdotes, Moisés, que de fato vem da tribo de Levi mas não exerce função sacerdotal permanente, desempenha o papel principal. Aarão é somente seu porta-voz e sempre aparece como subordinado. Moisés é o interlocutor de YHWH na grande maioria dos textos sacerdotais. Ele tem de comunicar ao irmão, sacerdote e primeiro antepassado dos sacerdotes do Templo de Jerusalém, a vontade de Deus. A situação de comunicação é ampliada literariamente de modo "barroco" (G. von Rad); ela perdura infinitamente entre a chegada de Israel no monte Sinai (Ex 19,1 s.) e a partida de lá (Nm 10,11 s.). Os círculos sacerdotais são responsáveis por esta forma; aparentemente supõem que a comunidade religiosa de Israel recebeu suas ferramentas espirituais e cultuais essenciais justamente naquela montanha sagrada lendária, que nunca foi localizada de modo historicamente confiável. Outros pontos fixos geográficos de moradia e revelação de YHWH (Horeb; Seir; Mara, cf. Ex 15,25 s.) foram postos em segundo plano pela poderosa tradição do Sinai. A versão sacerdotal

---

24,3-8 com alguma fonte é descrita, por exemplo, por B. S. CHILDS, *The Book of Exodus*, Philadelphia, 1974, 499-502. Cf. também E. BLUM, *Studien*, 92 s.

estabeleceu-se com firmeza na tradição judeu-cristã. O que queriam comunicar, a seus ouvintes (pós-)exílicos, os autores do complexo do Sinai, o qual supõe claramente a conclusão da aliança com os patriarcas e as matriarcas?

Eles projetaram naquele distante período do deserto — Moisés é o líder carismático — as relações religiosas e cultuais do período do pós-exílio e do Segundo Templo do pequeno distrito de Judá. Isto já é em si um golpe de gênio literário e teológico: como poderiam ser comparadas as condições de vida de um povo migrando pelo deserto (o número fictício dos migrantes aptos para a guerra — sem os levitas, mulheres, crianças, velhos — seria 603.550 segundo Nm 1,46) com as do resto populacional de Judá no fim do século VI e no século V a.C.? Sacerdotes criativos do tempo posterior fazem os antepassados do período do deserto levar consigo um modelo, portátil e de medidas corretas, do Templo de Jerusalém, com todos os necessários objetos de culto, que estavam disponíveis no monte do Templo natal (Ex 25–31; 35–40). Uma ideia grandiosa (especialmente Ex 26; 36)! Famílias de levitas escolhidas tomam conta e transportam o santuário-modelo (Nm 4). Assim equipado com uma morada sagrada, na qual a glória de YHWH possui alojamento seguro, a saber, no *Santo dos Santos*, o *kapporet*, o "Trono da graça"[31], o povo pode dirigir-se com confiança para a terra prometida e exercer já no caminho as prescrições, orientações e regras de vida comunicadas em detalhe.

Também a sequência dos temas ou das tarefas litúrgicas na obra sacerdotal de Êxodo 6 até Levítico 9 faz bom sentido segundo nossas concepções de ordem. Moisés recebe de YHWH a tarefa de tirar seu povo da escravidão; com poderes milagrosos dados por YHWH, ele luta como líder da comunidade e do povo contra o poder do Egito sob a forma de seu Faraó. No monte Sinai, ele entra em contato imediato com o Deus universal. A primeira coisa que YHWH ordena a seus fiéis por intermédio de Moisés é o plano da Tenda da Reunião, sua "morada" sagrada entre os israelitas (Ex 25–31). O projeto detalhado é executado cuidadosamente — com repetição de todos os detalhes — por Moisés e pessoal especializado diverso (Ex 35–40). Um trecho narrativo (Ex 35,1–36,7) descreve a construção da "casa da fundação" no contexto do Sinai. É interessante que a transmissão comece com a repetição do mandamento do sábado (Ex 35,1-3; 31,12-17), como se esta norma central da prática sacerdotal devesse mostrar o enquadramento do episódio do bezerro de ouro e da

---

31. Assim traduz Lutero; outras traduções: "tampo" (Zürcher Bibel; Gute Nachricht; M. Noth em ATD5). Este é o local mais sagrado do Templo, a câmara de sacrifício do sagrado onde, segundo a concepção sacerdotal, se dá o mais intenso encontro com Deus, não suportável para o ser humano; cf. Ex 40,17-38.

segunda recepção do decálogo (Ex 32–34). As preparações para a construção da Tenda do Encontro se concentram no financiamento dos trabalhos no meio do deserto e na disponibilização de artesãos, que precisavam de conhecimentos bem especiais ("sabedoria"). Nos relatos deuteronomistas da construção do Templo e do palácio em Jerusalém menciona-se a contratação de especialistas fenícios. Na descrição sacerdotal, todos os homens e mulheres israelitas com seus dons financeiros e pessoais se engajam em nível do *do-it-yourself* (Ex 35,22-29). A destacada participação de mulheres, que originalmente (conforme um modelo arcaico?) realizavam um serviço religioso diante do santuário com "espelhos"[32], deve ser notada e corresponde ao dito sobre a criação: "criou-os homem e mulher" (Gn 1,27). Os inteligentes chefes dos artesãos são mencionados, por fim, pelo nome: Besalel e Ooliab. Apesar de seus nomes soarem estranhos, porém apontando para a construção da Tenda, ambos pertencem supostamente às tribos de Judá e Dã (Ex 35,30–36,3). Eles recrutam um sem-número de ajudantes e, em seguida, a grande obra pôde começar.

Rapidamente se ergue o modelo do Templo, feito de tapetes e de vigas de madeira. Segue-se, numa sequência levemente modificada perante as indicações do projeto, o importante inventário da Tenda sagrada, sobretudo da Arca da Aliança com o *kapporet*. A arca é alojada na última cela, o "Santo dos Santos", a verdadeira morada de YHWH. O altar dos holocaustos está diante da Tenda-Templo, como mais tarde na construção original em Jerusalém. Ele consiste em madeira coberta de bronze (! Ex 38,1-7); assim é mantida a ficção da migração no deserto, pois aí seria impossível uma construção de pedra (o objeto devendo ser portátil). Por fim, não pode faltar a fabricação dos trajes sagrados dos sacerdotes com todas as insígnias e todos os símbolos. Depois que Moisés inspecionou a obra em todas as suas partes (Ex 39,32-43) pode começar a montagem; YHWH entra em sua morada com sua "glória" (o "brilho terrível" divino, a áurea de majestade do antigo Oriente, conhecida desde milênios) e o culto pode começar (Ex 40). A menção à realização do holocausto parece apressada (v. 29), porque o culto não poderia vir antes da aparição de Deus.

A transmissão das regras do sacrifício em Levítico 1–7 presta contas a estas dúvidas. Ela é necessária para que possa realizar-se o grande culto inicial — dirigido por Aarão e seus filhos (Lv 9), depois de serem consagrados por Moisés minuciosa e corretamente. O interesse sacerdotal é fortemente expresso

---

32. Êxodo 38,8; cf. 1 Samuel 2,22; também U. WINTER, *Frau und Göttin*, Fribourg, 1983, 58-65 (OBO 53).

em todos os temas e textos de Êxodo 6 até Levítico 9. Templo e sacrifício estão tão fortemente em evidência que o culto divino, por exemplo, no auge da apresentação, se concentra exclusivamente nas oferendas cultuais reservadas aos clérigos (sacrifício de penitência, de graças e holocausto). Não se fala da recitação de hinos, orações ou leituras, como a encontramos em Neemias 8 ou nas assembleias religiosas deuteronômicas (cf. Js 24; Dt 29–31 etc.). O grande culto de dedicação de Salomão (1Rs 8) possui um amplo trecho (oração, bênção) no qual o Templo é determinado sobretudo como "Casa de Oração" para os fiéis. A cerimônia sacrifical aparece quase como apêndice da liturgia da palavra (1Rs 8,62–64). Em Levítico 9, o culto constitutivo da comunidade pós-exílica, talvez uma reconstrução consciente dos atos de dedicação do novo Templo no ano 515 a.C., a execução correta das leis de sacrifício listadas anteriormente é o tema central, sem mais. Mas o leitor atual percebe que não se trata aqui de conhecimento secreto esotérico e privilegiado. As comunicações sobre atos predominantemente sacerdotais também interessam à comunidade. Elas são formuladas de modo compreensível para todos; os crentes em YHWH estão presentes (Lv 8,4 s.), Moisés os inclui no culto. Trataremos ainda da impressão sobre a orientação da comunidade.

Impressiona estranhamente que, já no primeiro culto dos aarônidas, um erro sacerdotal prejudica a imagem elevada do tempo dos fundadores. Justamente os filhos do sumo sacerdote, Nadab e Abiú, primogênitos honoráveis da única linha legítima segundo a obra sacerdotal (cf. Ex 6,23; 24,1.9; 28,1; 1Cr 5,29), "tomando cada qual seu incensório, puseram neles fogo sobre o qual depuseram incenso; apresentaram assim, diante do Senhor, um fogo profano, que ele não lhes tinha ordenado" (Lv 10,1). Uma anotação misteriosa: um elemento distinto, incompatível com a luz da glória de YHWH poderia ser atribuído a outra divindade, talvez ao persa Ahura-Mazda, adorado nos templos de fogo? Como quer que seja, fica visível uma profunda divisão teológica e cultual na comunidade pós-exílica. É um fato, comprovado de outros modos, a rivalidade interna entre as comunidades de YHWH de Judá, da Babilônia e do Egito. Entretanto, é difícil reconstruí-la em detalhes[33]. Há textos paralelos a Levítico 10 em Números 12 e 16; o terceiro livro de Isaías (Is 56–66) e também alguns outros escritos contêm vestígios de profunda divisão teológica, causada por diferentes reivindicações de ortopraxia exclusiva. Divisões como a dos samaritanos e a da comunidade de Qumrã marcam as divergências

---

33. Cf. M. SMITH, *Parties*; criticamente L. L. GRABBE, *Yehud*, 256-261 ("oposição... parece ser exagerada").

nas orientações de fé e de confissão dentro do judaísmo nascente. Citando a revolta dos filhos mais velhos de Aarão, a tradição sacerdotal visa, portanto, a uma situação histórica de seu próprio tempo, mas esta é ancorada no tempo primitivo normativo, assim como todas as dinastias oficiais legítimas e as instituições cultuais.

À decisiva nova constituição cultual da comunidade do Templo segue-se uma série de compilações de prescrições que regulamentam a vida da comunidade. Ordens de pureza e proibições de tocar, consumir ou tratar com o impuro e assim se afastar do sagrado (Lv 11–15). As regras são válidas para todos os membros da comunidade, não somente para o pessoal do Templo; trata-se do alimento (carne) correto, de fluxos genitais, de certos diagnósticos de doença e de casos de mofo em casas. Além disso, são debatidos importantes costumes rituais e comemorativos, sendo em parte fixados com a típica decisão sacerdotal "para sempre" (Lv 16–18; 20–25)[34]. No centro de todas as indicações rituais e cultuais, entretanto, está um capítulo de orientação caracteristicamente ética. Ele poderia ser chamado, segundo nossas concepções, de "Catecismo da comunidade"[35]. Numa óptica que parte de Levítico 19, os textos em volta pertencem à mesma categoria. A máxima usada como título desta notável coleção de normas diz: "Sede santos, pois eu sou santo, eu, o Senhor, vosso Deus" (Lv 19,2). Do ponto de vista da história das formas, as formulações proibitivas são dominantes, como ocorre também no Decálogo e em catálogos de normas semelhantes[36]. Elas comunicam aos membros da comunidade valores éticos e cultuais fundamentais, encabeçados, em nosso texto, pelo respeito aos pais e pelo mandamento do sábado (ambos, como no Decálogo, imperativos positivos), aos quais se segue proibição de ídolos (Lv 19,3-4). Depois seguem-se catálogos proibitivos, formulados em parte no singular, em parte no plural, que chegaram a ser considerados um Decálogo levemente modificado (S. Mowinckel) (Lv 19,11-18.26-32). Está fora de dúvida seu parentesco com as máximas do Decálogo:

> Não cometais rapto, não mintais, não cometais falsidade em detrimento de um compatriota. Não pronuncieis falso juramento acobertado sob o meu nome; profanarias o nome do teu Deus. Eu sou YHWH.

---

34. O debate científico sobre a existência separada e sobre a essência da chamada "Lei de Santidade" (Lv 17–26) continua sendo de natureza puramente acadêmica; ele pressupõe a crença em certos escritores individuais ou, pelo menos, em grupos. Cf. T. C. SUN, *An Investigation into the Compositional Integrity of the so-called Holliness Code (Leviticus 17–26)*, Diss., Claremont, 1990.

35. E. S. GERSTENBERGER, *Leviticus*, 238-261.

36. ID., *Wesen und Herkunft des "apodiktischen Rechts"*, Neukirchen-Vluyn, 1965 (WMANT 20).

Não explores o teu próximo e não o roubes; o pagamento de um assalariado não deve permanecer em tuas mãos até o dia seguinte; não insultes um surdo e não ponhas obstáculo diante de um cego; é assim que terás temor a teu Deus. Eu sou YHWH (Lv 19,11-14).

Inseridos entre blocos de proibições encontram-se orientações rituais e cultuais formuladas de modo casuístico, sobre como lidar com as carnes de sacrifício (Lv 19,5-8), com as sobras da colheita (v. 9-10), com um adúltero (v. 20-22: expiação ritual!), com árvores frutíferas jovens (v. 23-25: circuncisão ritual!), com o migrante (v. 33 s.: "amá-lo-ás como a ti mesmo, pois vós mesmos fostes migrantes na terra do Egito"). Algumas prescrições dão a impressão de arcaísmo, como o tabu das misturas (v. 19), a proibição do consumo de sangue, da adivinhação e de certos ritos fúnebres (v. 26-28.31); outros são até hoje modernos sem igual, como o mandamento de amar o próximo e o estrangeiro (v. 18.34). Em suma, as regras de vida reunidas em Levítico 19 afetam profundamente o cotidiano dos endereçados — mesmo que só se refiram a alguns aspectos da realidade. Eles ordenam o comportamento social e cultual dos membros da comunidade numa medida difícil de encontrar em outro texto da tradição hebraica. A comunidade santificada, adequada a YHWH, é a base de todas as prescrições. Da exigência de santidade saem todas as imposições singulares. Voltar-se para o Deus santo e exclusivo significa voltar as costas para os "nadas", aquelas divindades ou forças sem substância (Lv 19,4). Elas são vazias, meras construções humanas; são enganadoras. O *Avesta* persa pode opor o Deus verdadeiro às entidades mentirosas com expressões bem semelhantes. Em Levítico 19 não há uma polêmica contra "outras" divindades nacionais, como ainda ocorre em Levítico 18,3.24-29; 20,1-5.23-26 ou na obra deuteronomista. YHWH é o senhor universal, sem limites, que é responsável por Israel. Depois de cada passagem, os autores acrescentam como refrão: "Eu sou YHWH, vosso Deus" (Lv 19,4.10.12.14. 18.25.28.30.31.32.33.37), uma demonstração litúrgica eficaz da absoluta reivindicação de decisão.

Os capítulos 21 e 22 do Levítico tratam de assuntos dos sacerdotes, mas num modo em que fica visível também o interesse e certa função de controle da comunidade. Os comportamentos exigidos dos servos do culto são predominantemente públicos (luto, sepultamento dos mortos, escolha da mulher, defeitos corporais, consumo dos dons de sacrifício, escolha dos animais para sacrifício etc.). Os dois trechos nos quais Moisés faz uma exortação voltada para os sacerdotes (Lv 21,1; 22,1 s.) são puramente formais, mas as fórmulas de conclusão incluem toda a comunidade (Lv 21,24; 22,31-33). — As amplas coleções que dão forma ao ciclo anual e às festas periódicas (Lv 23; 25; cf. 16 s.) também são extremamente importantes para toda a comunidade. Sem uma estrutura fixa para o processo agrário, o homem da Antiguidade se sentia perdido. A sobrevivência dependia de colheitas suficientes. Sem a cooperação das divindades não entrava o produto de campos, vinhas e rebanhos. Era necessário conhecimento sacerdotal (eventualmente xamânico ou profético) especializado para determinar corretamente os dias de festa e dar ao ritual uma forma agradável ao Deus. Levítico 23 é um calendário das festas para todo o ano agrário, como já aparece muitas vezes na tradição pré-sacerdotal (Ex 23,10-19; Dt 15,1–16,17). A tripla festa da colheita, a comparar com o outro paralelo em Números 28, nos oferece a oportunidade de reconhecer as especificidades do calendário de festas sacerdotal. A estrutura básica "Páscoa, festa das Semanas e festa das Tendas" está presente em todos os textos, determinando ainda hoje também o ciclo anual do calendário cristão. Também se fala de um ciclo maior: o ano sabático (livre/baldio) em Êxodo 23,10 s., o ano de remissão das dívidas (Dt 15,1-18) e o ano do Jubileu (Lv 25). Mas os detalhes de execução e o regimento de determinações singulares do período pós-exílico (Levítico!) são bastante diferentes daqueles do calendário de festas exílico (?) ou pré-exílico (?). Podemos dar somente algumas indicações muito importantes.

O sábado não desempenha em Deuteronômio 15 papel algum, e em Êxodo 23,12 ele talvez seja somente um eco do Decálogo (Ex 20,8-11; cf. 34,21). Na última passagem, o dever de descanso semanal parece estar inserido de modo estranho e sem motivo entre preceitos relativos às festas (Ex 34,18.21-23). O calendário do Levítico começa de modo programático: "As festas solenes do Senhor são aquelas em que deveis convocar reuniões sagradas. Estes são os encontros solenes comigo" (Lv 23,2); e prossegue, de modo totalmente inesperado, com o sábado:

> Durante seis dias se trabalhará, mas o sétimo dia é o Grande Sábado[37], cessação de trabalho, com reunião sagrada, dia em que não realizareis nenhuma tarefa: é o sábado de YHWH, onde quer que habiteis (Lv 23,3).

Assim, como se a ordem do sábado mesmo para os autores fosse uma inserção, o versículo 4 repete a introdução: "Estas são as festas solenes de YHWH, as reuniões sagradas", passando então para o antigo esquema das festas da Páscoa e dos Pães Ázimos (v. 5 s.). Mas as determinações seguintes atestam

---

37. šabbat šabbaton só ocorre em Levítico 23 e Levítico 16,31; 25,4 s.; Êxodo 16,23; 31,15; 35,2; cf. E. Haag, ThWAT VII, 1049.

que a prescrição sacerdotal do sábado não entrou no calendário como uma inserção errática. Agora (Lv 23,7 s.21.24 s.30 s. 35 s.39), como em nenhum outro calendário festivo, são prescritos também para as festas anuais do calendário a proibição de trabalhar e o dever de se reunir (?)[38]. A ordem do sábado se estende como uma rede sobre todos os tempos festivos e rituais[39]. Ela determina litúrgica e teologicamente o evento. Especialmente o sétimo mês recebe de modo abrangente uma forma cultual (v. 23-43). No primeiro dia soarão os instrumentos de som como em nenhuma outra festa (v. 24). O décimo dia é — até hoje — o dia festivo mais importante do ciclo anual, o dia do Grande Perdão (v. 27), e do dia 15 ao dia 17 realiza-se a grande festa do outono, originariamente dedicada à colheita de uvas e frutas (v. 34-36; 39-43; observe a dupla designação desta festa, interrompida pela prematura nota conclusiva nos v. 37-38). O resultado é esclarecedor: os autores sacerdotais ampliaram e sistematizaram a antiga tradição de três festas anuais, colocando-a sob a ordem do sábado[40]. Os sacrifícios prescritos são cuidadosamente levados em consideração. Assim, deram à nascente comunidade de YHWH um colete fixo de procedimentos litúrgicos. O sábado forma até hoje o fundamento do calendário anual judaico e só foi ampliado parcialmente por algumas festas tardias (por exemplo, Hanuká, Purim). É claro também que, como na maioria das tradições sacerdotais, o calendário festivo não é escrito como conhecimento profissional do pessoal especializado na liturgia, mas é dado como orientação para toda a comunidade: esta é a intenção da introdução, da conclusão e de certas fórmulas intermediárias (v. 2.43.10.23.31), assim como o tratamento em segunda pessoa do plural dos interlocutores, que é direcionado por elas e aparece em todo o texto.

Nos calendários anteriores ao sacerdotal, o ano sabático e o ano de remissão das dívidas é colocado à frente do ciclo anual. Isto é adequado especialmente para o ano sabático (Ex 23,10 s.), já que os usos agrários formam o pano de fundo de todas as festas. Mas no livro do Êxodo, como também no Deuteronômio (Dt 15,1-18: libertação dos escravos no sétimo ano), o tema do restabelecimento da situação anterior é ligado apenas levemente com as festas anualmente repetidas. Depois do calendário de Levítico 23, seguindo-se alguns materiais soltos inseridos (esta é nossa impressão: Lv 24 trata de

---

38. *miqra'*, "convocação", "chamada", tem aparentemente a qualidade de "reunião"; H. LAMBERTY-ZIELINSKI, ThWAT VII, 144 s.
39. J. MILGROM, Levítico 1,19 ss.; 27 s.; Levítico 2,135-152.
40. Êxodo 23,14.17; Deuteronômio 16,16. No Levítico, compreensivelmente, este número não é mais encontrado.

disposições sobre o Templo e de um exemplo de crime de "blasfêmia"), vem o capítulo da restituição (Lv 25), com solidez e grande amplitude, de um modo novo e particular. O repouso de sete anos (Lv 25,3-7.19-22) é juntado com a libertação dos escravos (hebreus!) por dívidas e com a devolução da propriedade imobiliária hipotecada (v. 8-23). Mas a grande diferença em relação às prescrições análogas anteriores é a substituição do ritmo de sete anos pelo de cinquenta anos:

> Declarareis santo o quinquagésimo ano e proclamareis na terra a libertação para todos os habitantes; será para vós um jubileu; cada um de vós voltará à sua propriedade, e cada um de vós voltará ao seu clã. Será para vós um jubileu, o quinquagésimo ano: não semeareis, não ceifareis o que tiver brotado por si, não vindimareis a vinha que não foi tratada, pois será um jubileu, será santidade para vós. Comereis o que brotar nos campos. [*A terra só pode ser "vendida" dentro deste período no valor das colheitas esperadas, pois...*] a terra não será vendida em caráter perpétuo, porque a terra é minha; soia apenas migrantes e moradores junto de mim; por isso, em toda essa terra que tereis em posse, concedereis o direito de resgate sobre as terras (Lv 25,10-12.23-24).

Depois destas declarações básicas seguem seis casos particulares de resgate ou devolução de escravos e propriedades, introduzidos com oração condicional e descritos com precisão (v. 25-55). O grande capítulo do ano do jubileu sacerdotal desenvolve, portanto, uma visão grandiosa e única de perdão geral das dívidas no quinquagésimo ano. Sua "história da aplicação" merece atenção e tem efeitos até hoje[41].

Bastam aqui algumas observações importantes sobre Levítico 25. Este capítulo revela muito da estrutura social da comunidade de Yhwh no período persa. — Libertação e devolução depois de cinquenta anos ocorrem no Dia do Perdão (Lv 25,9, Yom Kippur). A cerimônia, analogamente a Levítico 23,24, deve começar com o ressoar do berrante (chifre de carneiro). O Dia do Perdão, que em Levítico 16 e 23,27-32 é pensado só com sacrifícios, recebe aqui uma outra dimensão. Ele se torna um instrumento singular, talvez utópico, de compensação social. Em razão da distância histórica e da falta de fontes não se pode descobrir se essa reforma agrária radical a cada cinquenta anos foi consequentemente realizada alguma vez. O episódio da libertação dos escravos sob o rei Sedecias (Jr 34,8-22) deve nos prevenir de considerar

---

41. Veja os anos "Santos" da Igreja Católica e a "Campanha 2000" pelo perdão das dívidas dos países mais pobres; Erhard S. Gerstenberger, "zu lösen die Gebundenen", in Kirchlicher Entwicklungsdienst der EKHN (Hg.), *Erlassjahr 2000. Entwicklung braucht Entschuldung*, Frankfurt, 1999, 59-96; cf. acima Excurso "dívidas e perdão das dívidas no antigo Oriente", p. 125.

tais concepções socioeconômicas como realidade institucional. Mas é certo que está presente um forte espírito de responsabilidade social neste projeto de uma reparação periódica das relações socais ideais, estruturado de modo tão sacerdotal. Assim como em Levítico 19, esta responsabilidade está embalada num tecido ritual. Nas determinações do ano do perdão é fundamental aquele misterioso "sábado da terra" (Lv 25,2-4; 26,34 s.) que dá "repouso" à terra sagrada diante do abuso agrícola. A libertação de escravos por dívidas, originariamente prevista para cada sete anos, é adiada para o quinquagésimo ano (Lv 25,8-11). Entretanto, as possibilidades de resgate são destacadas neste longo prazo irreal: o próprio escravo (Lv 25,26 s.49) ou seu clã (Lv 25,47-53) são capacitados para esta ação; a diminuição anual da soma devida pode facilitar o resgate do membro da família escravizado. Que, teoricamente (por razões teológicas!) o escravo por dívida seria tratado como um trabalhador contratado (v. 39-42.53), isto é, como merecedor de dinheiro próprio, evidentemente apoia a opção de resgate. Regras semelhantes são válidas para os imóveis. O resgate rápido é previsto (v. 25). Há na cidade um direito de resgate especial, com prazo de um ano. Depois disto, a doutrina do ano do perdão das dívidas é eliminada na área urbana por razões de segurança geral na situação de posse: o proprietário da casa e do terreno recebe sua posse (familiar) garantida em longo prazo (v. 29 s.). Posse duradoura da terra fora das cidades é, ao contrário, expressamente proibida (v. 31). Vemos como a realidade cogente da vida urbana elimina a utopia teológica segundo a qual a terra seria propriedade de YHWH e os homens a usariam somente como um tipo de arrendamento (v. 23 s.). O mesmo acontece em Levítico 25 também num segundo ponto sensível. Eventualmente são atribuídos, nas tradições sacerdotais, direitos plenos ao estrangeiro (Ex 12,48 s.; Lv 18,26; 19,33 s.; 24,16.22, e frequentemente em outras passagens), realizações de convivência que vão muito além do que as democracias modernas conseguiram nessa área. Mas, quando se trata de direitos pessoais e patrimoniais sólidos, então o princípio elevado e altruísta fica imediatamente esquecido. Uma moral etnicamente colorida *ad intra et ad extra* toma-lhe o lugar:

> Quanto aos servos e servas que vierdes a ter, comprá-los-eis entre as nações que vos cercam; poderei também comprá-los dentre os filhos dos moradores que vivem entre vós, ou em um dos clãs deles que habitam entre vós tendo-se procriado na vossa terra. Eles serão vossa propriedade, que deixareis em herança a vossos filhos, a fim de que, depois de vós, os possuam como plena propriedade. A eles, poderei tê-los como escravos para sempre, mas vossos irmãos, os filhos de Israel..., ninguém da tua casa dominará seu irmão com brutalidade (Lv 25,44-46).

A visão teológica e a realidade vivida separam-se, também nos textos bíblicos.

Nos outros capítulos de Levítico e Números encontram-se ainda diversos temas que apontam para a situação das comunidades judaicas (pós-)exílicas em Jerusalém/Judá e na diáspora daquele tempo. Como nos escritos cronistas, era um problema daquele tempo, por exemplo, a legitimidade dos levitas e sacerdotes em exercício (Nm 3 s.; 18) e as consequentes rivalidades e lutas pelo poder (Nm 12; 16). Trata-se também de suplementos às prescrições levíticas sobre sacrifícios e pureza (Nm 5; 15; 28 s.), da segurança financeira do santuário (Nm 7) e dos cargos e funções religiosos descuidados até então (Nm 6). Em suma: as tradições sacerdotais pretendem claramente ancorar as estruturas comunitárias e a vida cotidiana do período persa na situação normativa do Sinai, bem como orientá-las e ordená-las. Assim, Israel acampa na montanha de Deus e recebe, pela mediação de Moisés (cf. a fórmula repetida: "YHWH falou com Moisés: Falarás aos filhos de Israel..."), orientações para a ação, cuidadosamente aguçadas e reivindicando validade para sempre, como convém à comunidade que, enquanto comunidade "sagrada", existe na vizinhança imediata e presença de Deus.

Para nós se coloca sobretudo a questão de quanta informação podemos tirar das numerosas determinações de tipo ético e sagrado nas tradições sacerdotais do Pentateuco, consultando eventualmente passagens semelhantes do livro de Ezequiel sobre a estrutura social, o culto e a teologia da comunidade pós-exílica. Análises e reconstruções histórico-sociais até hoje não floresceram muito na ciência[42]. Ora, é justamente das regulamentações que, nas perícopes sacerdotais do Sinai, visam claramente à contemporaneidade que se deve esperar esclarecimentos sobre estruturas, instituições, condições de vida e concepções teológicas do tempo da autoria literária.

Em nosso espaço cultural se pensa, quando se fala de estruturas sociais, primeiramente na escala de autoridade que todo agrupamento humano inevitavelmente produz. A primeira impressão global dos escritos sacerdotais é: YHWH instrui sua comunidade. A fórmula conclusiva de autoapresentação "Eu sou YHWH, vosso Deus" faz pensar numa teocracia direta, sobretudo em Levítico 19. Sempre se supõe a comunidade ouvinte e chamada a seguir as orientações divinas. Mas a voz instrutora de YHWH não vem do céu ou da

---

42. Cf. H. G. KIPPENBERG, *Religion*; H. KREISSIG, *Situation*; J. P. WEINBERG, *Agrarverhältnisse*; ID., *Bürger-Tempel Gemeinde*; R. KESSLER, Frühkapitalismus, *EvTh* 54 (1994) 413-427; ID., *Sozialgeschichte*; J. BERQUIST, *Juda*; L. L. GRABBE, *Yehud*.

sarça, mas é mediada por seres humanos em diferentes papéis e cargos. Figuras como Míriam (Nm 12) ou os setenta anciãos dotados de espírito (Nm 11,16-30), talvez também os presunçosos sacerdotes em Levítico 10 e Números 16, fazem concorrência à autoridade de Moisés. Este, porém, parece fundamentalmente obrigatório na corrente principal da tradição. Mas qual autoridade pós-exílica se esconde por trás de Moisés? No livro de Esdras–Neemias, o "escriba", isto é, o doutor nas Escrituras, de certo modo governa. Ele pode apresentar os textos sagrados, mas também proteger, copiar e cuidar deles ritualmente. Aparentemente os sacerdotes estão submetidos a ele, e Esdras é descrito como sacerdote só de modo secundário. Nas camadas sacerdotais — à diferença das deuteronomistas! — a escrituração das normas divinas e a consequente leitura delas quase não desempenham papel algum (Ex 24,7?); apesar disso, as amplas coleções de prescrições, com estilo preciso e técnico, dão uma impressão literária. As frequentes considerações finais ("Estes são os mandamentos/instruções..."; cf. Lv 7,37 s.; 11,46; 13,59; 14,54-57; 15,32 s.; 27,34 etc.) são de tipo literário (colofão). Isto pode significar: também do ponto de vista sacerdotal, os doutores das Escrituras e os mantenedores da tradição literária são os principais dirigentes da comunidade. Eles são os mediadores da palavra, não o sacerdote que cuida do culto. A implicação da comunidade como uma instância que ouve e eventualmente age e toma decisões sublinha a concepção de uma entidade religiosa laica, não monárquica, organizada em diversas funções. Entretanto, os doutores ficam escondidos por trás dos textos[43]. Somente o sistema de culto com o "sacrifício" como foco é apresentado amplamente. Uma oposição (cultual!) não é prevista. Grupos rivais existem, mas isto é ilegítimo. A presença do espírito nos anciãos em Números 11 indica um elemento profético só de longe (cf. Nm 11,29; cf. Jl 3,1 s.). Em primeiro plano, no contexto da obra sacerdotal, o espírito de YHWH é um auxílio ao se assumir um serviço administrativo difícil. A função carismática do nazir (Nm 6) está baseada num juramento pessoal de dedicação e aparentemente pode conter diversas funções (cf. Nm 6,21). No lado político-jurídico faltam os juízes e árbitros, tão importantes na obra deuteronomista. Se um crime ainda não fixado na tradição deve ser esclarecido, o caso é apresentado a Moisés. Ele aguarda uma decisão divina, e "toda a comunidade" se torna órgão executor da vontade de Deus (Lv 24,10-23). A infraestrutura de todo o Israel é traçada segundo um sistema tradicional de tribos (Nm 1; 2; 7 etc.). Dirigentes são chamados *nesi'im* ("príncipes"?, Nm 7) ou eventualmente

---

43. Cf. T. VEIJOLA, *Erben* (bibl. III.2.1).

sarim ("chefes" militares, Nm 31,14.48-54, entre outros). Os "chefes de família" (Nm 7,2; 17,18; 31,26; 36,1) representam a ordem abaixo das tribos. Especialmente depois dos deslocamentos da população no período exílico tal ordem tribal fixa parece ser algo ideológico e artificial, que não corresponde à realidade. — Portanto, temos globalmente a impressão de uma comunidade religiosa articulada, orientada como um todo para YHWH, para a comunicação de sua palavra, para o culto adequado e para a vida cotidiana dirigida por sua vontade. A escala de autoridade não é regulada somente através de cargos descritos. A comunidade inteira é levada em consideração como grupo tratado na segunda pessoa do plural (eventualmente como indivíduo na segunda pessoa do singular) e é uma grandeza *sui generis*.

Em muitos textos transparecem as condições de moradia e de vida na comunidade de YHWH. "Israel" vive num grande número de "assentamentos", "localidades" (Lv 23,3.14.17.21.31, entre outros) e, naturalmente, em Jerusalém. O catálogo de ameaças em Levítico 26,14-32, cujo auge prevê a dispersão entre os povos (v. 32), mostra implicitamente que a diáspora babilônica também é considerada. Apesar de haver uma concentração no Templo e na comunidade dos cidadãos do Templo, a dispersão espacial da comunidade parece já ter sido assimilada: por exemplo, problemas de peregrinação não são mencionados. — A base econômica do membro da comunidade é agrícola. Colheitas e animais desempenham um grande papel. Nos sacrifícios privados, o oferente traz para o Templo animais próprios, que são verificados quanto à aptidão; o sacerdote só realiza o rito de sangue, no altar (Lv 3,1 s.). Diversamente, pelo menos a elite espiritual está em casa em Jerusalém e no meio urbano. Uma concentração de reflexão teológica como a das camadas sacerdotais não pode ser alcançada na zona rural. A economia monetária já substituiu em parte a troca de gêneros (Lv 5,15; 27). Diferenças sociais podem ser sentidas até nos preceitos sobre sacrifícios: aqueles que não têm meios podem trazer uma pomba no lugar de um carneiro como dom expiatório (Lv 1,14; 5,7). As determinações sociais, especialmente em Levítico 19, mostram na comunidade uma grande responsabilidade pelos socialmente fracos, pelos deficientes físicos e pelos estrangeiros. Entretanto, conforme a mentalidade da época (medo de demônios, tabus, perigo de contaminação), pode ocorrer que uma pessoa seja excluída da comunidade, especialmente a marcada com um castigo divino (Lv 13,45 s.). De resto, subsiste uma associação familiar forte, como aparece nas informações genealógicas e também nas antigas listas de "graus de parentesco proibidos", elaboradas pelos sacerdotes em Levítico 18. A relação sexual dentro de um clã que vive junto é regulada com exatidão, isto é, é limitada por meio de fortes tabus. A comunidade familiar não pode ser ameaçada. Além dela, a comunidade de YHWH no lugar é o mais importante ponto de referência, no qual se passa toda a vida cultual, religiosa e social. O "próximo" não é o membro da família, mas o companheiro de fé, sobretudo na associação local. Do ponto de vista sociológico, foi naquele tempo pós-exílico de Israel que as comunidades paroquiais, existentes ainda hoje — sob condições diferentes —, começaram a adquirir sua forma.

As passagens do livro de Ezequiel e de outros escritos proféticos referentes ao Templo e ao serviço dos sacerdotes também devem ser consideradas neste contexto. Elas pertencem à tradição sacerdotal da comunidade judaica em formação. Como exemplo seja indicado Ezequiel 8, a sombria descrição do santuário abusado. Dirigentes da comunidade e mulheres realizam ritos abomináveis e ilegítimos, trazendo impureza múltipla para os átrios sagrados. A morada de YHWH é irreparavelmente profanada. Pode-se olhar também Ezequiel 40–48: numa ampla visão descreve-se a reconstrução do Templo e da cidade sagrada de Jerusalém[44]. Os detalhes da ordem prevista estão globalmente em harmonia com as concepções de pureza e santidade sacerdotais nos livros Levítico e Números. Um debate sobre as linhagens sacerdotais permitidas lembra discussões semelhantes nos livros das Crônicas. Estrutura e ocupação da cidade sagrada são desenvolvidas a partir de concepções sacerdotais do sacerdócio. Assim, as camadas sacerdotais do Antigo Testamento podem dar a impressão de que a nova comunidade dos fiéis de YHWH que se desenvolveu no período persa adquiriu uma forma determinada pela teologia sacerdotal da *kabod*: YHWH ocupa seu lugar central no santuário de Jerusalém num brilho inacessível[45]. Entretanto, uma análise exata das camadas literárias em questão mostra, como destacado acima, que os interesses sacerdotais estão dentro de estruturas comunitárias mais amplas, entre as quais a tradição escritural mosaica se mostra dominante. Mas ambas — a tradição do santuário e a da interpretação — só são concebíveis num ambiente urbano, seja na Palestina, seja na diáspora. A comunidade de YHWH é, do ponto de vista sociológico, um fenômeno urbano — como a encontramos em muitas camadas dos escritos hebraicos —, mesmo que homens das regiões rurais na periferia urbana

---

44. É polêmica a datação temporal do livro de Ezequiel. Cf. R. ALBERTZ, BE 7, 261-263. Também Albertz considera que os esforços para "reorganizar a comunidade na Palestina, que se encontra em Ezequiel 40–48, só são compreensíveis a partir de uma situação na qual um reinício está muito próximo, portanto no máximo desde a queda do império neobabilônio em 539, mas provavelmente somente depois da campanha do Egito de Cambises em 525" (ibid., 264).

45. Cf. F. HARTENSTEIN, *Unzulänglichkeit*.

também tenham pertencido à comunidade. Mas eles não davam nela o tom, como aparece nos escritos conservados. Tanto as atividades sacerdotais quanto a dos escribas dentro da comunidade pressupõem cultura urbana. Apesar disso, a consideração dos documentos de Elefantina já mostrou que não se pode pensar numa uniformização da teologia e da estrutura das comunidades judaicas (cf. acima 2.4.2).

3.1.1.4. Novelas: José, Rute e Jonas

R. ALTER, *The Art of Biblical Narrative*, New York, 1981. – A. BERLIN, *Poetics and Interpretation of Biblical Narrative*, Sheffield, 1983. – G. W. COATS, *Saga, Legend, Tale, Novella, Fable*: Narrative Form in Old Testament Literature, Sheffield, 1985 (JSOT.S 35). – P. A. DAVIES, *Scribes and Schools*, Louisville, 1998, espec. 142-151. – W. DIETRICH, *Die Josepherzählung als Novelle und Geschichtsschreibung*, Neukirchen-Vluyn, 1989 (BThSt 14). – J. EBACH, *Kassandra und Jona*, Frankfurt, 1987. – I. FISCHER, *Rut*, Freiburg, 2001 (HThKAT). – F. W. GOLKA, *Joseph* – biblische Gestalt und literarische Figur, Stuttgart, 2002. – M. D. GOW, *The Book of Ruth*: Its Structure, Theme, and Purpose, Leicester, 1992. – R. LUX, *Jona, Prophet zwischen "Verweigerung" und "Gehorsam"*. Eine Erzählanalytische Studie, Göttingen, 1994 (FRLANT 162). – A. MEINHOLD, Die Gattung der Josephsgeschichte und des Esterbuches: Diasporanovelle I und II, ZAW 87 (1975) 306-324; 88 (1976) 72-93. — C. MESTERS, *Der Fall Ruth*, Erlangen, 1988. – D. B. REDFORD, *A Study of Biblical Story of Joseph (Genesis 37-50)*, Leiden, 1970 (VT.S 20). – H. SEEBASS, *Josephsgeschichte (Genesis III)*, Neukirchen-Vluyn, 2000. – U. SIMON, *Jona. Ein jüdischer Kommentar*, Stuttgart, 1994 (SBS 157).

As obras literárias até agora apresentadas são, com relativa clareza, ligadas às estruturas sociais de Israel e às condições históricas do período persa. Em três peças literárias "novelísticas" do Antigo Testamento isso vale em medida menor. A questão fundamental é: de qual gênero literário trata-se realmente? Como se deve determinar sua situação vivencial e sua finalidade? Na época persa, já havia — como é a primeira impressão — tal literatura edificante direcionada para um público leitor privado na comunidade judaica? Ou devemos classificar a literatura novelística de modo totalmente diferente? Claramente, as peças narrativas em questão — a história de José, os livros de Rute e Jonas — parecem ser alta literatura. Mas também é justa a seguinte questão: composições tão amplas e tão maduras tanto estilística quanto teologicamente foram transmitidas primeiro oralmente e só fixadas por escrito mais tarde? No debate atual há uma inclinação geral a considerar esses textos como originalmente produzidos em forma literária. Mas isso pressupõe disseminada em Israel uma cultura literária alta que normalmente é suposta existir somente no período helenístico. Todavia, não se pode excluir seu surgimento na fase tardia do império persa, por volta da segunda metade do século IV. Nossas três "novelas" deveriam, então, ser localizadas neste período, já por razões formais[46].

"Novelas" são, segundo nossa concepção, obras literárias de tamanho médio, que respeitam um cenário de ação construído artificialmente e, com fina sensibilidade, dão forma dentro deste cenário a personagens que agem como protagonistas tipicamente humanos. A finalidade é a apresentação de uma situação-modelo da vida humana edificante, que faz refletir e educa. Até aqui, nada a objetar. Mas devemos levar em consideração que nossa concepção do uso da obra literária não corresponde ao tempo bíblico. Assim, o critério decisivo para determinar o gênero literário é a situação vivencial de cada texto.

A história de José (Gn 37–50) está fora dos quadros dos padrões das outras narrativas sobre os patriarcas. Ela trata em primeiro plano de problemas familiares: a relação de Jacó com seu filho favorito, José, e de sua arrogância perante seus irmãos. As tensões familiares são apresentadas — de modo hábil narrativa e psicologicamente — por meio da venda do odiado arrogante para o Egito, o grande reino ao sul. José vive de modo singular a mais profunda humilhação na prisão do Faraó e, depois, uma ascensão milagrosa, tornando-se vizir do Egito. Ele salva da inanição a gente do Nilo e assim também sua própria família. As rivalidades entre os irmãos são reconciliadas com sabedoria, Jacó morre em paz, podendo ser sepultado na Palestina, e seu clã continua a gozar de uma vida segura na prosperidade egípcia (Gn 50,1-21). As tensões familiares e o idílio familiar não são, entretanto, o tema central; não são o motivo para que o narrador crie a narrativa de José e para que ela continue a ser transmitida. Desde o início da composição, todos os traços individuais e interpessoais possuem uma dimensão social profunda. A afirmação interna do poder de José tem algo a ver com a tribo do mesmo nome. A inaudita ascensão do escravo José que se torna governante salutar do Egito, uma potência mundial, causada de modo misterioso e sem grande ostentação pública de YHWH, deve ter algo a ver com a fé de Israel e de Judá em um único Deus universal. Somente destes dois fatos surge a difícil questão da provável localização temporal da narrativa. As opiniões se dividem. Elas oscilam entre o período pré-estatal e o pós-exílico. Mas os traços fundamentais das "novelas" falam

---

46. O conceito evidentemente tem origem na ciência literária moderna (cf. A. FOLLES, *Einfache Formen*, Tübingen, ⁷1999), mas pode ser aqui aplicado com cuidado. Devem ser levadas a sério as advertências de "minimização" ou "trivialização" dos textos (I. FISCHER, *Ruth*, 77-85). Mas o gênero literário não exclui a intenção de tipo *midrash* dos narradores.

em favor do tempo tardio do Antigo Testamento. Eles dão ao enredo como um todo uma perspectiva mundial, cosmopolita e universal, na qual o pequeno Israel já transmite para a lendária potencia mundial, o Egito, os impulsos salvadores de seu Deus. A salvação não vem do Egito, mas se move para o Egito e salva os homens da morte causada pela seca. O fato de que José, um representante das tribos da Palestina central, é o mediador da vida não indica de modo algum o período no qual o reino do norte, Israel, mandava no espaço palestino. José não é dotado de poderes régios, mas de competências sapienciais, mesmo astrológicas, sendo mais o modelo de um mago do que de um ator político. Portanto, ele não reflete o período monárquico e suas concepções, mas o período civil do exílio e do pós-exílio. Além disso, a história de José é totalmente inserida no contexto literário das narrativas sobre os patriarcas e o êxodo, composto tardiamente. Ela tem uma função de ligação e recorre mesmo nos detalhes a tramas narrativas anteriores, por exemplo na caracterização dos irmãos de José ou na predileção de um patriarca pelo filho mais novo, que de fato não deveria herdar. Além disso, ela dá um desejado contraste para o tema da opressão de Israel sob um faraó sucessor, que "não conhecia mais José" (Ex 1,8). A localização da novela de José em Judá no período persa tem, portanto, boas razões para si[47].

Vale a pena aqui dar uma olhada no livro de Ester, que provavelmente surgiu na época helenista, pois a retrospectiva lendária e a visão geral do mundo, incluindo a teodiceia histórica em favor de Israel, está ainda mais distante do cenário tratado, a Babilônia, do que podemos supor para a história de José. Ester mostra traços que podem ser entendidos como um desenvolvimento dos paradigmas colocados na história de José.

> Enquanto Mardoqueu atua como um personagem de fundo, Ester representa perante o "insensato" Hamã a figura da "mulher bela e sábia", que vence a morte e multiplica a vida enquanto personificação da sabedoria. Qual imagem feminina de José, ela é uma figura utópica de identificação para todos os que, por um lado, vivem no estrangeiro (diáspora) e, por outro, tomam nas próprias mãos a luta pela sua sobrevivência[48].

O Deus universal YHWH não é mencionado uma única vez na novela de Ester. Entretanto, ele mantém em suas mãos, mediante a bela e sábia judia, todo

---

47. É assim, mesmo que com fraca fundamentação, em A. MEINHOLD, *Diasporanovelle*; D. B. REDFORD, *Study*; H.-P. MULLER, Die weisheitliche Lehrerzählung im Alten Testament und seiner Umwelt, *WO* 9 (1977/1978) 77-98; diferente E. BLUM, *Komposition*, 234-244; W. DIETRICH, *Josepherzählung*.

48. E. ZENGER, *Einleitung*, 207.

o poderoso império persa, assim como ele governava o Egito através de José. Esta deve ser a mensagem das duas narrativas formalmente perfeitas. Nesta amplitude universal, ela só é possível depois da anexação de Judá às estruturas imperiais do antigo Oriente. O livro de Ester segue o modelo da história de José e é, por sua vez, usado nas narrativas de Daniel, ainda mais tardias.

As novelas de José e de Ester tratam do problema da dominação mundial tal como era vivenciada desde a perspectiva de uma pequena minoria religiosa nos impérios multiétnicos de então. O livro de Rute trata de temas totalmente distintos — casamento por levirato, sucessão matrilinear, procedimento com prosélitos, árvore genealógica de Davi —, mas é igualmente enraizado inteiramente nas estruturas sociais e condições de vida da comunidade da diáspora exílica e pós-exílica. Novamente, os problemas em jogo são moldados numa forma estilística e literariamente perfeita. A estrutura da ação, finamente tramada, é apresentada como história de família: a viúva Noemi volta, depois de anos de exílio causado pela fome, com sua nora moabita para Belém, onde habita a família de seu marido. Lá ela habilmente costura a ligação de Rute com o rico agricultor Boaz. Ele é um parente distante, mas tem dever de resgate. Acontece o que deve acontecer: Boaz se apaixona por Rute e a toma como mulher. Assim fica resolvido o problema da família de Elimelec: o descendente masculino de Rute vale como filho de Noemi (!), e assim indiretamente de Elimelec. São resolvidas com elegância outras complicações: que a mãe biológica de Obed é estrangeira[49] e este filho é antepassado de Davi. Tem-se a impressão de que as decisões defendidas no livro de Rute conscientemente são mantidas em conflito com esforços tradicionais de delimitação contra o que é estrangeiro. Algumas passagens podem ser lidas como comentários diretamente contrários aos autores que favorecem a separação. Coloca-se a questão se todo o livro de Rute, na forma de uma narrativa de alta literatura, não tem uma função de *midrash*, isto é, de comentário e contraste para escritos sagrados já em circulação e uso[50].

Se estas suposições são corretas, então temos diante de nós, no livro de Rute, outro reflexo da vida comunitária do período pós-exílico. A grande política e a fé universal em YHWH não desempenham papel algum. Os ouvintes da narrativa de Rute interessam-se mais pelos problemas existenciais de sua

---

49. Contra isto há leis e costumes que buscam impedir a influência estrangeira, sobretudo a de Moab. Cf. Deuteronômio 22,4-7; Números 25,1-9; Esdras 10; Neemias 13,1-3.23-27.

50. Sobretudo Irmtraud FISCHER justificou cuidadosamente este aspecto; cf. seu comentário a Rute na série HThKAT. "Intertextualidade" é outra palavra-chave: Rute discute a cada passo com escritos já existentes; cf. ibid., 47 s.61-65.81-85.

vida cotidiana. Como relacionar-se com imigrantes estrangeiros? Eles devem realmente ser excluídos da comunidade judaica, como exigem alguns contemporâneos? De modo algum, segundo os autores da tradição de Rute, pois até mesmo a árvore genealógica de Davi, o sagrado rei fundador[51], contém uma moabita. Os homens devem cumprir seu dever de gerar descendentes para parentes mortos? Devem assumir também a responsabilidade por uma viúva e pela família colateral? O dever é válido, mas é possível escapar dele por boas razões (prejuízo dos próprios interesses: Rt 4,3-10; Dt 25,5-10). É praticável e ético o resgate de propriedade de terra (hipotecada)? A questão dos imóveis (terra hereditária de uma família!) devia ter muita importância em Judá depois do exílio, do contrário não lhe seria dedicada tanta atenção (cf. Lv 25; 27,16-25; Nm 27,1-11; 36). Em suma, o convívio na comunidade de Yhwh trazia consigo numerosas questões de fé e de ordem jurídica. As camadas sacerdotais do Antigo Testamento reagiam aos problemas da vida com coleções de prescrições de tipo catequético. Lá se encontram orientações para o comportamento cultual, social e moral. As novelas escolhem uma forma literária artística que mostra as questões fundamentais na vida como histórias exemplares e propaga normas válidas. Ambas se encontram na tradição da Torá.

O livro profético de Jonas apresenta outra variante de reflexão e orientação embalada numa narrativa. Também este pequeno livro recebe uma forma literária perfeita, em que entra até mesmo uma boa dose de humor. O profeta que lhe fornece o nome se recusa a assumir uma missão de anúncio de Yhwh. Ele tenta fugir da exigência do "deus altíssimo" e embarca para Tarsis, no extremo oeste do mundo de então. Mas Yhwh usa uma tempestade, os marinheiros pagãos e o famoso grande peixe, para levar Jonas para o local da ação, a capital assíria Nínive. A pregação de Jonas resulta num estrondoso sucesso, algo totalmente inesperado. A cidade, seus habitantes e animais fazem penitência; Jonas então discute com Deus, que desiste da aniquilação. Novamente Deus ensina a Jonas, de modo quase satírico, que a vingança não pode ser o único princípio de ação:

> Tu, tu tens dó desta planta, que não te deu nenhum trabalho, pela qual não fizeste o mínimo esforço, nem fizeste crescer; filha de uma noite, com uma noite desapareceu. E eu, eu não teria piedade de Nínive, a grande cidade, com mais de cento e vinte mil seres humanos, que não sabem sequer distinguir a mão direita da esquerda, sem contar o muito gado? (Jn 4,10-11).

---

51. Para a maioria dos contemporâneos judeus a dinastia de Davi corporifica a dedicação válida a Yhwh; cf. a obra cronista, mas também 2 Samuel 7 e Salmos 89.

A narrativa funciona como uma paródia sobre profetas e teólogos obstinados e arrogantes. Opiniões acadêmicas sobre a justiça e a misericórdia de Deus, sobre a inevitabilidade das ameaças proféticas e sobre a posição e a culpa do império mundial não são cem por cento obrigatórias. Há desvios divinos da norma. Um profeta tem somente uma determinada tarefa de anunciar, mas o anúncio pode ser cancelado em decorrência de novos desenvolvimentos históricos. Deus não age de modo mecânico nem legalista. Sua compaixão penetra mesmo os muros de outros povos; arrependimento e penitência autênticas eliminam até crimes pesados cometidos por inimigos políticos. São válidas, também para as relações externas de Yhwh com povos estrangeiros, as indicações sobre Deus na liturgia judaica, louvado como clemente e misericordioso, lento na cólera (Ex 34,6 s.; Sl 103,8). Como poderia um Deus universal se comportar de outro jeito perante os outros, que não são do mesmo rebanho? Assim, fé em Deus e profetismo são testados no contexto dos impérios mundiais.

Como é possível constatar também em outros livros proféticos, a narrativa de Jonas pressupõe outras tradições fixadas por escrito. Os oráculos proféticos sobre os povos estrangeiros em Isaías, Jeremias e Ezequiel expressam em geral condenações sem compromisso dos países inimigos. Na maioria das vezes é mencionado o império assírio e seu grande rei; cf. Isaías 14,24; 31,1-9; 37,21-29; Ezequiel 32,22 s. Algumas palavras proféticas são dirigidas diretamente a Nínive, sobretudo no livro de Naum, um ataque único a esse estado inimigo superior:

> Yhwh é um Deus ciumento e vingador. Yhwh é vingador; terrível é sua cólera.
> Yhwh se vinga de seus adversários, inflama-se contra seus inimigos (Na 1,2).

As palavras que em seguida aparecem no texto de Naum — "lento para a cólera", "bom" — referem-se àqueles que amam Yhwh, que "confiam nele", mas não a seus inimigos. Assim, parece que todo o livro de Naum está direcionado para a aniquilação impiedosa de Nínive (como talvez também a redação original de Sf 1–3, especialmente Sf 2,13, mais tarde reinterpretada para Jerusalém). Não se pode pensar em cancelamento da decisão do juízo. Mas é justamente contra isto que se volta o livro de Jonas, que parece querer contradizer a linha rigorosa de Naum. O texto de Naum prega uma teologia quase deuteronomista de "ação e consequência", segundo a qual é agraciado quem faz penitência (cf. Jr 18,7 s.). Jonas compartilha com Zacarias 13,3-6 a dúvida sobre a saúde mental dos profetas e sobre a autêntica legitimação deles por Yhwh. E a proximidade de Jonas com a linguagem e com as concepções litúrgicas mostra-se primeiro na temática: no centro está o Deus misericordioso, que renuncia à vingança rigorosa. Além disso, o salmo de ação de graças inserido em Jonas 2 lembra o louvor da comunidade no culto. Em suma, no livro de Jonas podem ser reconhecidas várias ligações com outros textos e temas do Antigo Testamento, sinal típico de autoria e tradição eruditas. O livro discute com a profecia daquele tempo sobre os povos estrangeiros e apresenta um Y<small>HWH</small> que supera o modo do mundo e não está fixado exclusivamente em Israel e seus mensageiros nacionais. É impossível não perceber a sátira sobre a limitada teologia provinciana e a simpatia pela arrependida grande cidade, Nínive[52]. Disto se conclui, em relação à consciência geral no Judá persa e nas comunidades da diáspora, que a particularidade de Israel num grande império era discutida e recebia diferentes respostas e avaliações. Se no livro de Esdras–Neemias era exigida uma rigorosa separação, até a dissolução de casamentos etnicamente mistos, em Jonas, no livro de Rute e na história de José as portas e janelas abrem-se amplamente para outras culturas e religiões. Um sopro dessa abertura pode ser sentido ainda em Isaías 19,23 s., por exemplo, um texto que supostamente também pertence ao período posterior à vitória babilônica de 587 a.C.:

> Naquele dia, uma estrada irá do Egito à Assíria. Os assírios virão ao Egito e os egípcios à Assíria. Os egípcios adorarão junto com os assírios. Naquele dia, Israel formará uma tríade com o Egito e a Assíria. Esta será a bênção que, na terra, Y<small>HWH</small> Sabaot pronunciará: "Benditos sejam o Egito, meu povo, a Assíria, obra das minhas mãos, e Israel, minha herança" (Is 19,23-25).

Ao concluir este exposição sobre as "novelas" da Bíblia hebraica, queremos levantar novamente a questão: quais estruturas sociais podem ser descobertas, eventualmente, a partir dos textos tratados? Não temos informações diretas. Mas podemos exprimir suposições pontuais, se aceitamos em geral a hipótese de que peças escritas são marcadas pelas situações de gênese e de uso delas. A alta qualidade literária das três narrativas nos leva a um possível uso privado do texto — em analogia à cultura livresca hoje conhecida. Isto indicaria uma cultura de leitura individual e uma correspondente estrutura profissional e de lazer da (elite da?) sociedade. Mas talvez nos encontremos com tais análises em um caminho falso, sugerido por concepções modernas. As numerosas relações intertextuais constatadas em Rute e Jonas indicam antes um trabalho erudito delegado por uma comunidade. Esse trabalho supõe grande especialização

---

52. Não havia na Palestina assentamentos da grandeza descrita — diâmetro de três dias de viagem, 120 mil habitantes; v. Volkmar F<small>RITZ</small>, *Die Stadt im alten Israel*, München, 1990, 19; 39-54; 61-112.

literária e religiosa. Encontramos na figura de Esdras, e talvez no escriba Baruc em Jeremias, pela primeira vez, pessoas especializadas em transmitir e desenvolver a tradição sacra. As obras de literatura deles provavelmente não eram feitas em primeira linha para a leitura privada, mas para uso na comunidade, como era costumeiro na época. As três novelas seriam, então, textos para leitura de nível elevado; só permanece a questão de saber quais instituições a comunidade possuía para dar destaque ao texto[53].

Os temas e motivos tratados nos permitem concluir certas coisas sobre os problemas dentro da sociedade. Como já vimos, o interesse primário está na constituição e na identidade da comunidade de YHWH. A relação com outras comunidades étnicas e religiosas está em debate. Os autores da tradição ocupam-se com a confiabilidade da palavra de Deus e o caráter questionável dos mediadores humanos. A diversidade dos temas levantados e o tratamento narrativamente profissional e internamente crítico da matéria atestam um alto grau de reflexão teológica. Diretamente, nada sabemos dos ouvintes, mas os que recebem a matéria são implicitamente concebíveis só como parceiros de reflexão e julgamento. Eles devem entender as numerosas referências à tradição, válida e também debatida. Eles têm que formar uma opinião, nos duradouros debates sobre costumes jurídicos e posições teológicas. Pelo que sabemos sobre a época, poderia se tratar do grêmio dos anciãos, dos doutores das Escrituras ou mesmo de toda a comunidade reunida. Enquanto textos catequéticos, como os textos sacerdotais da Torá, aparentemente se referem a instituições pedagógicas da comunidade dentro ou ao lado do culto, as narrativas aqui tratadas poderiam apontar para pequenos grupos com maior nível cultural. Mas certamente não se exclui o uso na comunidade. Com todas as ligações institucionais, a finalidade teológica e pedagógica das "novelas" é a característica que se destaca.

3.1.2. Literatura profética

3.1.2.1. Ageu, Zacarias e Malaquias

L. BAUER, Zeit des Zweiten Tempels – Zeit der Gerechtigkeit, Frankfurt a.M., 1992. – K.-M. BEYSE, Serubbabel und die Königserwartungen der Propheten Haggai und

---

53. Ph. R. DAVIES coloca as três "novelas" hebraicas no grande contexto da cultura narrativa antiga, desde os relatos egípcios de Sinué e de Unamon, passando pela história de Aicar até os romances helenistas (*Scribes and Schools*, Louisville, 1998, 142-151, tít. Serious Entertainment; cf. também J. BERQUIST, *Judaism*, 230 s.). Mas não há em lugar algum uma determinação exata do "local de uso" dessa literatura.

Sacharja, Stuttgart, 1972. – J. BLENKINSOPP, Geschichte der Prophetie in Israel, Stuttgart, 1998. – W. BOUSSET, Kyrios Christos, Göttingen, 1913 (FRLANT 1913). – E. W. CONRAD, Zechariah, Sheffield, 1999. – J. DAY (Ed.), King and Messiah in Israel and the Ancient Near East, Sheffield, 1998 (JSOT.S 270). – H. DELKURT, Secharjas Nachtgeschichte, Berlin, 2000 (BZAW 302). – H.-J. FABRY, K. SCHOLTISSEK, Der Messias, Würzburg, 2002 (NEB Themen 5). – H. GRESSMANN, Der Messias, Göttingen, 1929 (FRLANT 3). – J. KESSLER, The Book of Haggai, Leiden, 2002 (VT.S 91). – M. KRIEG, Mutmassungen über Maleachi, Zürich, 1993 (AThANT 80). – T. POLA, Das Priestertum bei Sacharia, Tübingen, 2003 (FAT 35). – S. MOWINCKEL, He That Cometh, Nashville, 1955. – A. RENKER, Die Tora bei Maleachi, Freiburg, 1979 (FThSt 112). – W. H. ROSE, Zemah und Zerubbabel, Sheffield, 2000 (JSOT.S 304). – R. SANTALA, Der Messias im Alten Testament im Licht der rabbinischen Schriften, Neuhause/Stuttgart, 1997. – J. H. SCHOEPS (Ed.), Geschichte, Messianismus und Zeitenwende, Berlin/Wien, 2000 (Menora 11). – S. SCHREIBER, Gesalbter und König, Berlin, 2000 (BZAW 105). – K. SEYBOLD, Bilder zum Tempelbau. Die Visionen des Propheten Sacharia, Stuttgart, 1974 (SBS 70). – O. H. STECK, Der Abschluss der Prophetie im Alten Testament, Neukirchen-Vluyn, 1991 (BThSt 17). – J. E. TOLLINGTON, Tradition and Innovation in Haggai and Zechariah, Sheffield, 1993 (JSOT.S 150). – E.-J. WASCHKE, Der Gesalbte, Berlin, 2001 (BZAW 306). – I. WILLI-PLEIN, Prophetie im Ende. Untersuchung zu Sach 9-14, Köln, 1974 (BBB 42).

As três últimas unidades do livro dos Doze Profetas estão estreitamente unidas temática e teologicamente, como também por algumas características literárias. Além disso, estão de antemão localizadas por meio de datação, aparentemente exata, no período persa (cf. Ag 1,1; Zc 1,1). Entretanto, é necessária uma reflexão fundamental sobre a literatura profética da época. O esquema tradicional da profecia (escritural), tomado da cronologia do desenvolvimento bíblico, projeta um período clássico da comunicação profética da palavra em três ondas. A primeira se localiza — segundo os prólogos dos quatro livros proféticos de Isaías, Oseias, Amós e Miqueias — na segunda metade do século VIII a.C., aproximadamente o tempo de governo dos reis judeus Ozias, Jotão, Acaz e Ezequias, explicitamente mencionados quer como quarteto completo, quer como torso de um grupo de quatro que marcaram época. Segundo o modelo dos profetas Elias e Eliseu (conhecidos somente por tradição oral), que agiam no reino do norte, Israel, no século IX, os quatro profetas "escriturais" emblemáticos teriam recebido de YHWH, por visões e vozes, missões de "anunciar" aquilo que consequentemente transmitiram ao rei, à elite e a toda a população. Este modelo de comunicação da palavra seria então incorporado nos séculos seguintes por Jeremias e Ezequiel, assim como por alguns profetas menores, como Sofonias. No início dos livros com o nome deles, é-lhes atribuída uma atividade na fase final do reino de Judá (rei Josias e sucessores). Segundo a concepção bíblica, depois destas duas primeiras ondas da profecia de YHWH (fixada em livro), o espírito e a palavra teriam intervindo com menos frequência e menos intensidade no destino do povo de Israel, justamente até a aparição dos três profetas acima mencionados, Ageu, Zacarias e Malaquias. Estes não podem mais aparecer no esquema clássico de confrontação "profeta *versus* rei", mas ocupam-se primeiramente com o Templo, a comunidade e as expectativas de salvação. São datados no período de governo do persa Dario.

Nas décadas recentes, tem-se mostrado cada vez mais que essa imagem tradicional do anúncio clássico de YHWH por intermédio de homens (e de algumas mulheres!), sempre incumbidos, porém pregando espontaneamente, pode ser um construto totalmente ligado ao tempo exílico e pós-exílico[54]. Talvez nunca tenha existido um período inicial que determinou o padrão profético. A concepção clássica de profecia como "palavra de YHWH" seria um sistema teológico projetado retrospectivamente para o período assírio. Assim, até o fim do período dos reis teria havido numerosos tipos de mediadores religiosos, mas não teria havido receptores, pregadores e intérpretes "oficiais". A comunidade de YHWH, para a qual eles poderiam ter pregado, não existia até o século do exílio. Como mostra a profecia de Mari, o rei é um receptor adequado das mensagens especiais de Deus apenas de modo limitado. Os homens de Deus das três ondas da tradição hebraica mostram tendência crescente a se dirigir à comunidade reunida em volta da Torá e de YHWH, o que é um sinal seguro de gênese tardia.

Ageu, Zacarias e Malaquias se encaixam nesta imagem: a data mais remota possível para seu surgimento é sob Dario, e seguramente chegaram à forma de livro ainda no período persa. Malaquias parece ter sido originalmente uma coleção de ditos anônima, que só mais tarde recebeu título próprio, artificial e programático: "Meu mensageiro". Ageu e Zacarias estão ligados tematicamente pela história da construção do Templo. De Zacarias 9 até Malaquias 2 (ou 3) aparece de modo recorrente o título de *massa'*, "proclamação (punitiva)": Zacarias 9,1; 12,1; Malaquias 1,1. É certamente interessante retraçar a gênese literária deste bloco de três[55], mas podemos considerá-lo como uma relativa unidade na qual os temas "Templo–culto–escatologia–Lei" desempenham

---

[54]. Cf. sobretudo J. BLENKINSOPP, *Geschichte*; nele E. S. GERSTENBERGER, Ausblick, loc. cit., 266-290.

[55]. Cf. A. SCHART, *Die Entstehung des Zwölfprophetenbuches*, Berlin, 1998, 256 s.; 291-303 (BZAW 260); em outro sentido J. D. NOGALSKI, *Literary Precursors to the Book of the Twelve*, Berlin, 1993, 216-275 (BZAW 217); E. BEN ZVI, Twelve Prophetic Books or "the Twelve", in J. W. WATTS et al., *Forming Prophetic Literature*, Sheffield, 1996, 125-156, espec. 134-139 (JSOT.S 235).

papéis importantes. O profeta Ageu luta pela reconstrução do Templo de Jerusalém:

> Assim fala Yhwh Sabaot: Considerai aonde chegastes! Subi à montanha, trazei madeira e reconstruí minha Casa: nela encontrarei prazer e manifestarei minha glória, diz Yhwh (Ag 1,7-8).

É difícil calcular a proximidade temporal entre os textos sobre a construção do Templo e a restauração efetiva sob Dario I. Ageu e Zacarias parecem ter agido no segundo ano de governo do grande rei, portanto em torno de 519 a.C.; segundo Esdras 6,13-15, a construção teria sido terminada e dedicada no sexto ano, que seria 515 a.C., uma data aceita sem contradição na pesquisa veterotestamentária. Esdras até menciona os dois profetas (Esd 6,14; 5,1 s.) O decisivo, porém, não é a data exata na qual foi estabelecido o Segundo Templo, mas sim sua função na comunidade de fé, Israel, e no império persa. Tanto em Esdras-Neemias quanto em Ageu e Zacarias, o restabelecimento do centro cultual é confiado ao líder político Zorobabel e ao sumo sacerdote Josué (Esd 3; 5 s.; Ag 1,1-6; Zc 4,8-10). Nos escritos dos profetas, a reorganização do culto tem claramente traços escatológicos:

> A palavra de Yhwh veio uma segunda vez a Ageu, no vigésimo quarto dia do mês: "Fala a Zorobabel, governador de Judá, e dize-lhe: Vou abalar céu e terra. Vou derrubar os tronos dos reinos e aniquilar a força dos reinos das nações; vou revirar os carros e seus condutores; cavalos e cavaleiros cairão, cada um pela espada de seu irmão. Naquele dia — oráculo de Yhwh Sabaot — eu te tomarei, Zorobabel, filho de Sealtiel, meu servo — oráculo de Yhwh. Farei de ti meu anel de sinete, pois foi a ti que escolhi — oráculo de Yhwh Sabaot" (Ag 2,20-23).

Um ungido de Yhwh (ou dois) assumirá o domínio em Judá:

> A palavra de Yhwh veio a mim, dizendo: Recebe os dons dos deportados, de Heldai, Tobias e Jedáias. Entra tu mesmo hoje, entra na casa de Josias, filho de Sofonias; eles chegaram de Babilônia. Tomarás prata e ouro para deles fazer coroas e põe sobre a cabeça de Josué, filho de Josedec, o sumo sacerdote. E falar-lhe-ás dizendo: "Eis o que diz Yhwh Sabaot: Eis um homem cujo nome é Germe, sob seus passos tudo germinará e ele construirá o Templo de Yhwh. É ele que construirá o Templo de Yhwh Sªbaot. É ele que será revestido de majestade. Tomará assento em seu trono para dominar. Um sacerdote tomará também assento no seu trono e entre ambos haverá perfeito entendimento..." (Zc 6,9-13; *cf. a representação de duas figuras líderes em Zc 4,11-14: as oliveiras da visão são "os dois ungidos", v. 14*).

A direção da comunidade judaica se encontra numa dupla liderança: no líder político Zorobabel, claramente um judeu natural da Babilônia, e no "sumo sacerdote" Josué, filho de Josedec (o nome varia nos textos, mas se trata da mesma pessoa). O título *hakkohen haggadol* ("sumo sacerdote", Ag 1,1; Zc 3,1) aparece aqui pela primeira vez, mostrando a destacada importância do Segundo Templo. Assim como Esdras-Neemias descreve as forças externas contrárias à reconstrução, com Ageu e Zacarias podemos sentir as dúvidas internas da comunidade de YHWH. Aparentemente, na disputa sobre as prioridades na constituição da comunidade se expressa uma divisão entre os antigos habitantes e aqueles que estavam retornando para a pátria. Compreensivelmente, os grupos que retornavam do exílio babilônico traziam consigo suas concepções emotivas ligadas a valores e esperanças tradicionais. Entre estas, o plano de transformar o antigo santuário estatal do tempo dos reis no símbolo da comunidade de YHWH renascente, fazendo dele eventualmente — em efervescência escatológica — uma "casa de oração" da fraternidade de fé e das nações e criando na morada de YHWH um centro obrigatório para os sacrifícios necessários — e mais ainda para a Torá (Is 2,3). Aqueles que haviam ficado em Jerusalém resistiam a essa pressão religiosa com reflexões bastante pragmáticas: primeiro a construção de moradias, depois a do Templo! (Ag 1,2-4). Seria suficiente o culto substitutivo provisório. Mas, para os judeus babilônicos, a apresentação e o brilho do santuário contavam como reflexo de fidelidade da fé. Trata-se de mostrar mais ou menos confiança em YHWH, algo típico de imigrantes, que precisam de afirmar-se e delimitar-se com critérios de identidade próprios perante outros grupos num ambiente estranho. Sempre o fogo da fé se acende — se é que se acende — com maior frequência e intensidade na diáspora do que nas comunidades arraigadas, onde os habitantes de sempre vivem, mais ou menos à vontade, na concha de seus costumes, ritos e concepções tradicionais.

Quando há uma diferença de mentalidade para a constituição do culto, então talvez também para as exageradas expectativas relativas ao futuro e ao fim esboçados nos textos proféticos. O sumo sacerdote recebe uma consagração cheia de futuro. A metáfora "Germe" (Zc 3,8; 6,11 s.) permite prever desenvolvimentos amplos[56]. O líder político e o correspondente espiritual são descritos com o nome enfático de "Ungido" e cercados com símbolos misteriosos (candelabros! oliveiras! [Zc 4,2 s.]). O primeiro é adornado com o título honroso "Anel de sinete de YHWH", que indica nada menos que a vice-regência sob a direção de YHWH (Ag 2,23). Em suma, os textos dos profetas revelam

---

56. Cf. S. MOWINCKEL, *He That Cometh*, Nashville, 1955, espec. 120; 159-165; 286-294; 456 s.; W. H. Rose, *Zemah*.

uma perspectiva universal e uma tensa expectativa de futuro. Evidentemente o domínio de YHWH começaria logo, e a comunidade judaica seria plenamente restaurada, ascendendo a uma posição destacada no grande império. Fica a ser pesquisado se tais expectativas para o futuro foram inspiradas também pela religião de Zoroastro.

Mas nos três profetas mencionados o olhar para o futuro escatológico não é totalmente dominante. Ele está pelo menos acoplado a uma consciência da tradição que do passado distante aguarda a salvação. Sabe-se (H. Gunkel) que o fim dos tempos está baseado no princípio dos tempos. E no princípio dos tempos israelita surgiu a Torá. Embora não apareça qualquer menção explícita a Moisés e ao Sinai — exceto em Malaquias 3,22, uma nota conclusiva provavelmente acrescentada tardiamente —, a doutrina sagrada é pressuposta: "Os lábios do sacerdote guardam o conhecimento (*da'at*) e da sua boca se procura a instrução (*torah*), porque ele é o mensageiro de YHWH Sabaot" (Ml 2,7). A oposição típica na piedade da lei "justo/ímpio" domina a discussão em algumas partes do livro (Ml 3). A problemática do sacrifício correto (Ml 1–2) é um dos interesses centrais do Pentateuco (cf. Lv 1–7). A ética fraternal é o conteúdo mais importante da mensagem profética (cf. Zc 7,7-10); as ameaças em forma escrita devem impedir desviar-se da Torá (Zc 5,1-4). O rei messias é "justo" (Zc 9,9), os profetas são pregadores de conversão (Zc 1,4) e doadores da Lei, junto com os sacerdotes (Zc 7,1 s.). Os sacerdotes realizam cultos de lamentação (Zc 7,5). A Torá nunca está longe da "palavra".

Excurso: O Messias e o fim do mundo

A esperança no renascimento da dinastia na figura de um descendente ("Germe": Zc 3,8; 6,12; Jr 23,5; 33,15) só é compreensível se a ruptura na sucessão de governantes se situa no passado. Por isso, quase todas as referências ao aparecimento de um novo governante judaíta da casa de Davi são concebíveis só depois da data decisiva de 587 a.C. (S. Mowinckel). As referências vivas, em parte emotivas, nos escritos proféticos falam por si mesmas. Amós 9,11 chama à linha de Davi uma "cabana que está para cair" e a ser levantada; Ezequiel 34,23 s. promete, em imagens usuais no antigo Oriente, um "pastor" salvador, o novo Davi. Ele conduzirá Israel unido sob a vigilância de YHWH. Isaías 11,1 usa a imagem do rebento. Isaías 9,5 s. anuncia o nascimento de um filho régio, que assumirá plenamente poder e domínio. Já os nomes de coroação prometem efusivamente ricas bênçãos (Is 9,5). Eles garantem que seu governo será "grande" (universal?) e que a "paz" (*šalom*) e a "justiça" (*şedaqah*) deste governo dado por Deus durarão eternamente (Is 9,6). O rei, que defende em nome de Deus o direito e a justiça, é um ideal milenar nas culturas do antigo Oriente. Também Zacarias 9,9 s., Salmos 45,4-8; 72,1-8 e outros descrevem esta antiga qualidade do governo monárquico, absolutamente certa para o futuro. Jeremias 23,5 s.; 33,15-17 fazem o contrastam às nefastas situações anteriores. O retorno das antigas relações de poder liga-se também à pátria de Davi, Belém (Mq 5,1-3), ou à capital original, Jerusalém/Sião (Mq 4,8). Assim, diversos textos do Antigo Testamento atestam que a ruína da monarquia judaica não foi aceita como definitiva nos séculos posteriores. Repetidamente se acendia — não sabemos com que frequência e em quais grupos da população — a esperança de que um descendente de Davi, protegido por Yhwh e representante dele, restaurasse as antigas relações de poder. A declaração eufórica, em Isaías 44,28; 45,1-6, de que Ciro seria o Messias encarregado de Yhwh vale provavelmente só para o período de libertação do jugo babilônico, cf. Is 55,3 s., onde Davi entra novamente no jogo. Mas é correta, também, a observação frequentemente feita: as expectativas de futuro do antigo judaísmo não dependem da figura de um novo governante davídico. Em trechos amplos das passagens proféticas relevantes fala-se somente do Deus Yhwh, que age em favor de seu povo.

Evidentemente devemos nos perguntar como se desenvolveram as expectativas sobre o Messias e o fim dos tempos nas comunidades do período persa e em que ambiente espiritual-teológico elas adquiriram forma. A experiência da catástrofe nacional visivelmente provocou medo e depressão entre os judaítas (cf. Is 40,27; Sl 44,10-27; 89,39-52; 137; Is 63 s.). Mas sinais de mudança para melhor, como em 2 Reis 25,27-30, Isaías 44,28; 45,1-4, acendem centelhas de esperança, que normalmente aparecem mesmo em povos abatidos e incitam a vontade de construir. É compreensível que essa esperança fosse ligada por vezes com a dinastia de Davi. O desenvolvimento de uma concepção de fim e reinício da história do mundo — como encontramos em alguns textos — parece ser algo específico de círculos culturais influenciados pelos persas. Já em conexão com a figura do Messias davídico são ouvidas vozes que veem no aparecimento do Messias o surgimento de felicidade e paz definitivas. A salvação de caráter paradisíaco faz desaparecer os perigos dos animais ferozes (Is 11,6-8; 65,25), da doença e da morte prematura (Is 65,20; Zc 8,4), do agir iníquo e pecador (Is 11,9; 65,22 s.; Zc 13,1). Yhwh cria um novo mundo com estruturas novas e definitivas, chances plenas para todos (Is 65,17; Zc 8,7-14; 14,8-11). É uma questão secundária se um governante messiânico participa na nova criação. O fato de que se aguardava em Judá e nas comunidades da diáspora para o futuro uma mudança universal deveria ser discutido no contexto das religiões persas. Nota-se nelas, desde as mais antigas camadas do *Avesta*, admirável orientação para a salvação futura. A decisão individual pelo Deus único, Ahura-Mazda, e por sua "justiça" leva o crente ao caminho do paraíso (transcendente). Mas também grupos e povos são tidos cada vez mais como responsáveis; a doutrina zoroastrista desenvolve a ideia do juízo final que afeta a todos os homens.

Na escatologia do Antigo Testamento reflete-se esta atitude voltada para o futuro. O modelo do espaço vital perfeito (Gn 2) é talvez tirado dos jardins de prazeres dos reis persas. No final de seu tempo, os homens retornam ao paraíso. O que é passageiro é distinguido do duradouro. Impressionada por esta diferença, a teologia judaica do período persa começa a pintar a esperada restauração do povo de Yhwh (Is 8,23b–9,6) com as cores da permanência infinita. A salvação produzida e dada por Yhwh recebe traços mais gerais, atingindo cada vez todo o globo terrestre. Isto fica mais evidente nos "começos da apocalíptica", que encontramos, por exemplo, em Zacarias 1–8, Isaías 24–27, Ezequiel 38 s. (cf. abaixo 4.3.4). A antiga concepção israelita de salvação nacional é ampliada espacial, temporal e socialmente (universalizada) em harmonia com a espiritualidade persa.

3.1.2.2. O Terceiro Isaías

J. BLENKINSOPP, *Isaiah 56–66*, New York, 2003 (AB 19 B). – U. BERGES, *Das Buch Jesaja*: Komposition und Endgestalt, Freiburg, 1998 (HBS 16). – J. S. CROATTO, *Imaginar el futuro*. Estructura retórica y querigma del Tercer Isaías, Buenos Aires, 2001. – E. U. DIM, *The Eschatological Implications of Isa 65 and 66 as the conclusion of the Book Isaiah*, Bern/Berlin, 2005 (La Bible dans l'Histoire 3). – M. EMMENDÖRFER, *Der ferne Gott*, Tübingen, 1998 (FAT 21). – I. FISCHER, *Wo ist Jahwe?*, Stuttgart, 1989 (SBS 19). – J. GOLDENSTEIN, *Das Gebet der Gottesknechte*, Neukirchen-Vluyn, 2001 (WMANT 92). – P. HÖFFGEN, *Jesaja: Der Stand der theologischen Diskussion*, Darmstadt, 2004. – P. S. HANSON, *The Dawn of Apocalyptic*, Philadelphia, ²1979. – W. LAU, *Schriftgelehrte Prophetie in Jes 56–66*, Berlin, 1994 (BZAW 225). – R. H. O'CONNELL, *Concentricity and Continuity*, Sheffield, 1994 (JSOT.S 188). – K.-C. PARK, *Die Gerechtigkeit Israels und das Heil der Völker*, Frankfurt, 2003 (BEAT 52). – L. RUSZKOWSKI, *Volk und Gemeinde im Wandel*, Göttingen, 2000 (FRLANT 191). – C. WESTERMANN, *Das Buch Jesaja Kapitel 40–66*, Göttingen, ⁵1986 (ATD 19).

Desde B. Duhm é tradição considerar Isaías 55–66 obra originalmente autônoma. A quantidade de ligações linguísticas, literárias e teológicas desta terceira parte do rolo de Isaías com os dois primeiros "livros", porém, torna cada vez mais aparente a possibilidade de um crescimento na redação e na tradição histórica. Em todo caso, Isaías 55–66 representa uma coleção de textos que tratam de problemas específicos e de expectativas de uma comunidade (pós-exílica) de YHWH. Evidentemente se trata não tanto de questões relacionadas com o retorno do exílio (embora o tema ainda apareça: Is 57,14) e com a reconstrução (Is 63,18; 64,9 s.), mas da ordem interna e da relação com o meio ambiente (J. S. Croatto). A coleção reflete discussões sobre a correta adoração de YHWH, o significado do Templo e a composição da comunidade. Da perspectiva da história das formas, surpreendem as numerosas passagens litúrgicas referentes à comunidade, que contradizem estritamente a hipótese de uma origem puramente literária dos grupos textuais.

Em forte contraste com a "lei da comunidade" de Deuteronômio 23,2-9, Isaías 56,1-8 pretende receber castrados, eunucos e estrangeiros na comunidade dos fiéis de YHWH, bastando que mantenham o mandamento do sábado! É abandonada a distinção dos estrangeiros segundo etnias como está no Deuteronômio. Somente o sábado é debatido como critério de identidade, sinal de uma situação de discussão tardia. Mas não há, estranhamente, qualquer referência à circuncisão, como em Êxodo 12,3-48. Provavelmente, este importante sinal pós-exílico de filiação à comunidade esteja incluído na menção da "Aliança" (Is 56,4.6):

Os estrangeiros que aderirem a YHWH para assegurar o seu serviço, para amar o nome de YHWH e para lhe pertencer como servos, todos os que que guardarem o sábado sem desonrá-lo e que se mantêm na minha aliança, eu os farei vir à minha santa montanha e os farei jubilar na Casa da oração minha; seus holocaustos e sacrifícios serão aceitos sobre o meu altar, pois a minha Casa será chamada: "Casa de oração para todos os povos". Oráculo do Senhor YHWH, que reúne os expulsos de Israel: Reunirei a ele ainda outros, além dos já reunidos! (Is 56,6-8).

A abertura ao mundo é surpreendente diante da vinculação à tradição particular de YHWH; é possível comparar com o horizonte universal nas narrativas de Jonas e Rute. O mandamento do sábado aparece mais uma vez em Isaías 58,13 s. como orientação especial. Já no trecho Isaías 57,1-13 predomina a reclamação profética, como também em muitas outras passagens (cf. 56,9-12; 65,1-7; 66,3 s.). Aí visa-se diretamente a "filhos da bruxa", do "adúltero" e da "prostituta", "filhos do pecado e semente da mentira" (Is 57,3-4). No contexto, como também nos capítulos 65 e 66, só pode se tratar de adversários internos. Do ponto de vista do autor ortodoxo, eles se encontram no falso caminho. Em Isaías 57,5 eles sacrificam "debaixo de toda árvore frondosa" (cf. Jr 2,20; Ez 6,13; 1Rs 14,23 = acusação padrão) e em outros locais na natureza, para divindades estranhas não mencionadas. Eles se ligam a outros deuses — numa metáfora sexual, os apóstatas são tratados como mulher (Is 57,8; Os 12–14; Ez 16; 23) — e se tornam culpados de adultério perante o único Deus ao qual estão obrigados. Em Isaías 66,3-4 é denunciada uma indeterminada prática de sacrifício, não sendo mencionados nem o local, nem as circunstâncias, nem as divindades. Isaías 65,3b-5 descreve em detalhe as falsas práticas de sacrifício:

> ... fazem sacrifícios em jardins, queimam aromas sobre tijolos, ficam em sepulcros, passam a noite em grutas, comem carne de porco, e seus pratos não passam de um caldo de imundícies. Eles dizem: "Cuida de ti, não te aproximes de mim, pois eu te tornaria sacrossanto! [= impuro]". [Esses procedimentos] são [= provocam] fumaça em minhas narinas, fogo incandescente, o dia todo.

As alusões polêmicas indicam cultos privados em círculo restrito, possivelmente dedicados aos mortos. Isaías 65,11 chega a mencionar pelo nome duas divindades estrangeiras, para as quais os membros da comunidade ofereciam sacrifícios: Gad e Meni. Entretanto, as informações sobre elas são mínimas (inscrição em Palmira: Gad = que proporciona a fortuna). Provavelmente os dois entes adorados são um tipo de divindade de proteção pessoal. Em todo caso, do contexto fica claro: no período pós-exílico, a comunidade ortodoxa de YHWH tem que lutar com todo tipo de cultos estrangeiros atrativos para os judeus. No período persa havia grande número de ofertas religiosas. Seria muito limitado aplicar ao pluralismo religioso da época, ao qual estava exposto o novo Israel, o conceito estreito "religiões canaanitas de fertilidade", embora as práticas vizinhas, naturalmente, tenham exercido mais influência do que as práticas distantes. Em matéria de doutrinas religiosas e rituais cultuais não se devem subestimar os efeitos distantes, induzidos pelo comércio e pelos militares.

Isaías 58,1-12 levanta a questão da correta prática do jejum, tematizando um problema ritual típico da comunidade exílica e pós-exílica. Jejum coletivo é um elemento central nos ritos de lamentação em situações de necessidade da comunidade. Era algo inevitável nos chamados ritos de humilhação, com os quais se pretende readquirir a atenção e o favor da divindade irada ou indiferente. Por ocasião de uma praga de gafanhotos, os sacerdotes do livro de Joel convocam um "jejum sagrado" (Jl 1,14). A grande cidade de Nínive faz penitência em sacos e cinzas; os habitantes jejuam (Jn 3,5). Aqui, no Terceiro Isaías, o problema é espiritualizado de modo significativo. Desenvolve-se um diálogo didático entre a comunidade murmurante e seu Deus. Os confessores de YHWH praticantes esperam resultados imediatos e concretos de seus atos de jejum. Eles exprimem diretamente suas acusações: "De que nos serve jejuar se tu não vês, humilhar-nos se não ficas sabendo?" (Is 58,3). Segue-se a resposta de Deus pela boca de locutor (no culto):

> Ora, no dia do vosso jejum, sabeis fazer bom negócio e brutalizais todos os que por vós labutam. É no meio de contenda e disputa que jejuais, golpeando com punho maldoso! Não jejuais, hoje, de modo a fazer ouvir no alto a vossa voz (Is 58,3b-4).

Em Isaías 53,6-10 segue-se um preenchimento positivo da prática do jejum. Deus não quer que, nos dias de jejum, sejam realizados somente ritos exteriores, mas que o jejum se exprima em atos de solidariedade com os fracos, os subjugados, os pobres, os sem-pátria, em suma, com todos os que precisam de ajuda. Tal reinterpretação ética de deveres rituais é encontrada muitas vezes nas escrituras hebraicas (cf. Sl 50), no Novo Testamento (Mt 6,16; Mc 2,19), no Corão (como instrução para o Ramadã)[57]. Ela já está presente nas antigas doutrinas de vida do Egito e do Oriente Médio, aparecendo também no *Avesta*[58].

---

57. Cf. sura 2,185 e a tradição islâmica. Já no Corão "alimentar um pobre" é uma "prestação substituta" possível (sura 2,184; 2,177).
58. Na religião zoroastrista tardia o jejum é rejeitado como desprezo pela boa criação; cf. M. STAUSBERG, *Religion*, v. 2, 163; 364; P. GERLITZ, TER 11, 44,8-14 (referência ao *Avesta*: Vendītāt 48).

Isto significa: as atitudes e a ação dos que realizam atos rituais são frequentemente questionadas. Além do redirecionamento ético das ações rituais, destaca-se uma segunda afirmação, uma promessa: se na prática do jejum for realizada a solidariedade, "então a tua luz despontará como a aurora, e o teu restabelecimento se realizará bem depressa. Tua justiça caminhará diante de ti e a glória de Yhwh será a tua retaguarda" (Is 58,8; cf. 58,10). As metáforas da luz estão nas representações de libertação e de mudança de destino, como também em Isaías 59,9 s.; 60,1-3 e Isaías 8,20–9,1[59]. É como se devesse ser comemorada com uma procissão o fato de Yhwh ter ouvido; é o que sugerem os verbos de movimento em Isaías 58,8 e em seus paralelos. As forças salvíficas apropriadas a Yhwh — luz, saúde, justiça — acompanham aqueles que oram com eficácia; a glória de Deus (*kavod*) parece ser o verdadeiro agente ativo da mudança. Encontram-se na Mesopotâmia analogias a estas forças divinas, mas também na religião persa, na forma dos *ameša spentas*. Todas elas sinalizam potências de vida, que, em nosso contexto, correspondem à prática correta e orientada eticamente da penitência e da abstinência, em vista do restabelecimento e florescimento de uma comunidade em sofrimento. Temos assim um modelo teórico de um autêntico culto de penitência e de súplica. O texto quer dizer que, quando as coisas ocorrem de modo reto, então testemunhos de alegre gratidão para Yhwh se seguem ao jejum, à liturgia de súplica e às ações solidárias.

O amplo ritual de lamentação em Isaías 63,7–64,12 oferece semelhante situação inicial, mas na forma de autênticos textos litúrgicos. Com sua forma linguística de salmo e sua sequência litúrgica, as lamentações e súplicas aqui reunidas parecem no mínimo ser muito próximas a um provável culto comunitário pós-exílico. Isaías 63,7-9 glorifica num hino o cuidado benévolo de Yhwh por seu povo em tempos passados. O versículo 10 constata a ingratidão e a infidelidade, assim como a reação punitiva de Yhwh. Segue-se então a conversão da comunidade. O texto narra primeiro como o povo, novamente, pergunta por Yhwh, isto é, retorna para ele (v. 11-13.14: referências ao êxodo, citação de perguntas diretas da comunidade; a primeira pessoa do plural antecipada no versículo 14 rompe o estilo narrativo). Então, o texto passa para uma oração de lamentação e súplica que se dirige diretamente a Yhwh e usa amplamente a primeira pessoa do plural comunitário, pronunciada pelo coro ou pelo que preside a oração. A proximidade de forma e conteúdo com as

---

[59] Somente no livro de Jó aparece um uso da palavra "luz" tão frequente (Isaías, 27 vezes; Jó, 32 vezes). "Luz" se torna frequentemente metáfora para o "bem" e para a "vida" (cf. Jó 30,26; 17,12-16).

lamentações do povo no Saltério (e em outras Escrituras hebraicas) é constantemente evidente[60], mesmo que a oração coloque acentos claramente próprios. A comunidade em oração insiste com perguntas "onde" e "por quê" diante de YHWH, reclama veementemente, em declarações gerais, da derrota perante os inimigos, da destruição do Santuário e de seus locais de moradia, e do que se manifesta em tudo isso: o abandono de Deus. O argumento principal para que YHWH intervenha então em favor de Israel é:

> Pois tu és o nosso Pai! Abraão, com efeito, não nos conhece, e Israel também não nos conhece; és tu, YHWH, que és nosso Pai, nosso Redentor desde sempre, este é o teu nome (Is 63,16; cf. Is 64,7).

Com insistência é invocado três vezes em relação a YHWH o papel de pai, uma expressão não usual para uma comunidade que se refere predominantemente à aliança com YHWH e não a uma relação familiar[61]. Mas todos os contornos se ajustam bem ao período pós-exílico persa. Como mostram algumas camadas do texto (como nos hinos de lamentação individuais), havia na comunidade certa afinidade com as formas familiares de religião; o nome "pai" também é usado para YHWH em outros lugares (Ml 2,10), e o modo civil e comunitário de tratar Deus fala em favor de uma localização tardia de nosso trecho. Nas citações acima referidas sentimos falta de confissões de culpa mais fortes, como se encontram, por exemplo, nas orações de penitência de Esdras 9 e Neemias 9. Portanto, não teríamos diante de nós, em Isaías 58 e 63/64, liturgias completas, mas partes importantes de tais textos que crescem no vivo processo comunicativo comunitário.

Também outras partes do Terceiro Isaías podem ser classificadas, do ponto de vista da história das formas, ainda que menos conclusivamente, dentro da prática comunitária. Isaías 59,1-8 é uma acusação (profética, deuteronomista) contra a comunidade que age de modo não solidário. Do ponto de vista retórico ou litúrgico, a mudança do tratamento direto, na segunda pessoa do plural (v. 1-3), para a apresentação neutra, na terceira pessoa do plural (v. 4-8), não representa ruptura. O orador responsabiliza as pessoas, porque o *ethos* válido na comunidade foi frequentemente violado, mas não faz referência direta à Torá. O trecho seguinte, Isaías 59,9-15a, é evidentemente uma resposta às duras acusações. No estilo comunitário "nós", claro indício de ancoragem litúrgica, os acusados assumem a responsabilidade. Também eles utilizam a

---

60. I. FISCHER (*Jahwe*) mostra corretamente esta situação; cf. também C. WESTERMANN, ATD 19, 305 ss.
61. Cf. E. S. GERSTENBERGER, *Jahweh*, 17-27.

metáfora "luz–trevas": "esperávamos a luz, e aí estão as trevas; a claridade, e caminhamos na escuridão..." (v. 9-10); "as nossas revoltas se multiplicam diante de ti e nossas faltas depõem contra nós" (v. 12). Uma autêntica oração de penitência, portanto, com ampla confissão de culpa — no sentido da teologia da exclusividade pós-exílica (v. 12 s.) —, considera a perda da "justiça" e da "salvação" (ambas em abrangente sentido existencial; v. 9.14) como efeito exclusivo do próprio comportamento. Diferente de Isaías 63/64, Deus tem neste texto todo o direito de deixar sua comunidade cair na miséria (cf. Is 59,1-3). — Mas, se esperamos depois da confissão de culpa uma mudança para melhor, então ficamos parcialmente frustrados pelo texto que segue. Este, inicialmente (v. 15b-19) salienta mais uma vez a decisão divina de vingança, antes de entrar no perdão de Israel (v. 20 s.). Disto se pode concluir que o último trecho do capítulo 59 tem origem em outro contexto, ou então que, possuindo unidade, na primeira parte (v. 15b-19) só tem em vista diretamente a punição dos inimigos de Israel. O apresentado "encouraçamento de Deus" com as armas da justiça fala mais em favor desta última opinião. Como em 63,1-6, YHWH se coloca prazerosamente contra os inimigos de Israel numa atitude totalmente guerreira (v. Ex 15,3; Is 42,13: atributo "guerreiro"; Na 1,2). — Portanto, continua duvidoso se Isaías 59 reproduz uma liturgia coerente, mas certo é que conserva fragmentos litúrgicos, sobretudo na oração de penitência citada.

Os capítulos 60–62 formam uma unidade temática e seu estilo está predominantemente na primeira pessoa do singular. A pessoa que fala é, em longos trechos, claramente o próprio YHWH, mesmo faltando fórmulas de mensageiro ou de legitimação. Por outro lado, também fala claramente um homem sem nome como porta-voz. A palavra é continuamente dirigida à cidade ou à comunidade de Jerusalém. Isto se pode reconhecer sobretudo pelo uso frequente de formas singulares femininas e, em medida menor, pela menção de nomes (Sião). No centro temático está a renovada relação salvadora entre YHWH e sua "noiva Sião" (62,4 s.). O trecho inicial Isaías 60,1-3 tem praticamente a função de um título e de indicação do conteúdo. Para nós é um texto de advento:

> Põe-te de pé e torna-te luz, pois está chegando a tua luz... Eis, trevas cobrem a terra, e um nevoeiro cobre as populações, mas sobre ti YHWH vai levantar-se e a sua glória é avistada sobre ti.

A mensagem de retorno dos habitantes de Jerusalém é recebida e aumentada até o escatológico. Os povos peregrinarão para ela e buscarão sua salvação na cidade de YHWH. Eles prestam ajuda na construção. A cidade ascenderá politicamente, sendo respeitada no mundo: "Serás uma coroa de esplendor na mão de Yhwh, uma tiara de realeza na palma da mão do teu Deus" (Is 62,3). Os temas do retorno e da peregrinação (Is 62,10-12) concluem todo o trecho "Jerusalém se ergue iluminada", e justamente em seu meio aparece o tema do Messias, com apoio nas palavras finais de Davi (2Sm 23,1-7) e na lei de libertação do Pentateuco:

> O Espírito de Yhwh Deus está sobre mim: Yhwh fez de mim um ungido, ele me enviou a levar alegre mensagem aos humilhados, medicar os que têm o coração confrangido, proclamar aos cativos a liberdade, aos prisioneiros a abertura do cárcere, proclamar o ano do favor de Yhwh, o dia da vindicta do nosso Deus, confortar todos os enlutados... (Is 61,1-2).

A expectativa de uma reconstrução gloriosa de Jerusalém, tornando-se sede de um vice-rei davídico no meio do império persa (não considerado digno de menção), dá asas a essa composição sobre Jerusalém. Seu caráter litúrgico e o forte acento no Deus do mundo, Yhwh, que está ele mesmo falando, e sobre sua relação matrimonial com Sião, fazem pensar num anúncio festivo. Talvez o terrível trecho Isaías 63,1-6, com o Deus que "pisa o lagar" — em forte contraste com a salvação pacífica e universal (Is 60–62) —, ressalte o aspecto tempo final que não pode ser pensado sem violência. Assim, passando pelo ritual de lamentação em 63,7–64,11, ele conduz para os trechos apocalípticos finais do Terceiro Isaías.

Do ponto de vista interno, nos dois capítulos finais ocorre o ajuste final com os renegados dentre os adeptos de Yhwh (Is 65,1-16; 66,3 s.15-17.24) e a realização da salvação final para a comunidade fiel (Is 65,13-16.18-25; 66,5-14; cf. abaixo 4.3.4). E tudo isto ocorre dentro de uma renovação universal e mundial: "Com efeito, vou criar céus novos e uma terra nova" (Is 65,17). O destino de todos os povos está em jogo e encontra sua realização em Jerusalém (Is 66,16.18-22). Uma pintura poderosa, na qual desempenha o papel central a minúscula comunidade dos que, conforme propõe Blenkinsopp, se chamavam "os que tremem" (Is 66,5; cf. "Quaker", "Shaker"). Concepções persas de mundo de luz, juízo, salvação são comparáveis aos modelos usados no Terceiro Isaías.

3.1.2.3. E os outros escritos proféticos?

J. Barton, *Joel and Obadjah*, Louisville, 2001. – G. Baumann, *Liebe und Gewalt*, Stuttgart, 2000 (SBS 185). – E. BenZvi, *A Historical-Critical Study of the Book of Zephanjah*, Berlin, 1991 (BZAW 198). – B. C. Birch, *Hosea, Joel, and Amos*. Louisville, 1997 (Westminster Bible Companion). – J. L. Crenshaw, *Joel*, New York, 1995 (AB 24 C). – U. Dahmen, G. Fleischer, *Die Bücher Joel und Amos*, Stuttgart,

2001 (Neuer Stuttgarter Kommentar, AT 23,2). – W. DIETRICH, M. SCHWANTES (Hg.), *Der Tag wird kommen*, Stuttgart, 1996 (SBS 170). – F. GARCIA MARTINEZ, *Wisdom and Apocalypticism in the Dead Sea Scrolls and in the Biblical Tradition*, Löwen, 2003 (BEThL 168). – L. L. GRABBE, R. D. HAAK, *Knowing the End from the Beginning*, London, 2003 (JSPE.S 46). – L. R. MACQUEEN, *Joel and the Spirit*, Sheffield, 1995 (Journal of Pentecostal Theology, Suppl. 8). – R. MASON, *Zephaniah, Habbakkuk, Joel*, Sheffield, 1994 (OTGu 23). – J. M. O'BRIEN, *Nahum*, Sheffield, 2002. – L. PERLITT, *Die Propheten Nahum, Habakuk, Zephania*, Göttingen, 2004 (ATD 25/1). – J. RENKEMA, *Obadja, vertaald en verklaart door J. Renkema*, Kampen, 2000. – D. B. SANDY, *Plowshares and Pruning Hooks*, Downers Grove, 2002. – K. SEYBOLD, *Satirische Prophetie*, Stuttgart, 1985 (SBS 120). – ID., *Nahum, Habakuk, Zephania*, Zürich, 1991 (ZBK.AT 24,2). – R. SIMKINS, *YHWH's Activity in History and Nature in the Book of Joel*, Lewiston, 1991 (ANETS 10). – E. STRUPPE, *Die Bücher Obadja, Jona*, Stuttgart, 1996 (Neuer Stuttgarter Kommentar (AT 24,1). – A. WAGNER, *Prophetie als Theologie*, Göttingen, 2004 (FRLANT 207).

Partindo do pressuposto de que a "libertação" de Israel pelos persas deu o autêntico impulso para a composição e o colecionamento das Sagradas Escrituras e para a construção de uma estrutura comunitária nova, impõe-se a suspeita: provavelmente todos as Escrituras hebraicas — com exceção de pequenas composições ocasionais — se devem, em sua forma atual, mais ou menos canônica, àquele período de mudanças do Segundo Templo. Em relação à reunião e à sistematização da tradição profética, isto implicaria a despedida da teoria de que os profetas clássicos teriam, pessoalmente ou por intermédio de "discípulos", deixado notas escritas que foram redigidas e ampliadas na sequência. Parece mais provável a construção retrospectiva de histórias, sentenças e discursos proféticos, a partir de uns poucos fragmentos de tradição[62]. Deixando de lado, portanto, as epígrafes deuteronomistas e historicizantes dos livros proféticos, consideremos, pelo menos em relação aos livros de Joel, Abdias, Naum, Habacuc e Sofonias, a hipótese de uma possível redação final no período persa.

O livro de Joel apresenta uma "liturgia num caso de praga de gafanhotos" (Jl 1–2) e passagens de orientação escatológica, talvez ligadas à liturgia mediante o termo-gancho "Dia de YHWH" (Jl 3–4). Sobretudo esta segunda parte do livro revela uma expectativa de futuro que dificilmente pode ser mostrada antes do início do domínio persa em Israel. Ou dito de modo positivo: provavelmente só a religiosidade persa trouxe para o antigo Oriente Próximo tal atmosfera de "fim do mundo", que possibilitou o desenvolvimento de cenários

---

[62]. Cf. ID., Ausblick, in J. BLENKINSOPP, *Geschichte der Prophetie in Israel*, Stuttgart 1998, 266-290.

como o do juízo final de: "Abalem-se as nações; subam o vale de Josafá [= 'Yhwh julga']. É lá que me assentarei para julgar todas as nações dos arredores" (Jl 4,12; cf. "vale da decisão": Jl 4,14). Como os quatro capítulos do livro evidentemente são uma composição unida, não havendo qualquer indício sério de deslocamento temporal, a pequena compilação pode ser um produto do período persa. A comunidade de penitência e expectativa de fim dos tempos, que assim aparece, confessa constantemente sua culpa; e ela espera, insistentemente, de um benevolente juiz do mundo, a sua salvação, bem como a humilhação dos inimigos. A concepção de um derramamento do espírito sobre todos os membros da comunidade, mulheres e homens (Jl 3,1; Nm 11,16 s.26-29; Is 44,3-5; Ez 39,29), faz parte da fé pós-exílica[63].

O pequeno fragmento de Abdias é um pedaço solto de uma cerimônia de queixa contra os vizinhos do sul, os edomitas, os quais representavam para Judá, nos séculos VI-V a.C., um sério concorrente[64]. Numerosos pronunciamentos proféticos atestam a animosidade dos judeus contra eles (cf. Is 21,11-15; Jr 49,7-22 [texto-base para Abdias?]; Ez 35,1-15; Jl 4,19; Sl 137,7). Se confiarmos em Abdias 10–14, tropas edomitas usaram a derrota dos judeus para a Babilônia, em 597 ou 587 a.C., para assegurar sua participação no butim. Mas tais informações não podem ser verificadas historicamente. Os textos bíblicos só atestam claramente que a relação de irmandade entre populações aparentadas estava tensa. Ela já foi tematizada também na relação entre os gêmeos Jacó e Esaú (Gn 27) e desenvolvida nas genealogias. As irritações entre Judá e Edom evidentemente persistiram e até chegaram ao auge no período persa. O "livro" solto de Abdias deve ter origem neste tempo. Não sabemos como chegou ao cânon dos Doze Profetas. Possivelmente fazia originalmente parte da tradição de Amós e mais tarde tornou-se independente, quando surgiu a exigência redacional de alcançar o número de doze para os profetas "menores". Também este raciocínio leva ao período persa, se a questão é a localização histórica provável.

Do livro dos Doze permanecem mais três pequenas unidades, que facilmente podem reivindicar uma origem ou uma edição no período persa. Naum

---

63. É ampla a literatura especializada sobre Joel e o livro dos doze profetas. Cf. R. Albertz, BE 7, 164; A. Schart, *Entstehung* (v. bibliografia II.2.2), 318-336; P. L. Reddit et al. (Ed.), *Thematic Threads in the Book of the Twelve*, Berlin, 2003 (BZAW 325); M. A. Sweeney, *The Place and Function of Joel in the Book of the Twelve*, Berlin 2003, 133-154 (BZAW 325). O profeta é localizado por alguns em torno de 400 a.C.; cf. J. Jeremias, TER 17, 91, lin. 49-54.

64. M. Weippert, *Edom*, Diss., Tübingen, 1971; E. A. Knauf, Supplementa Ismaelitica, *BN* 45 (1988) 62-81.

e Habacuc não foram fixados temporalmente pelos últimos redatores através de introduções, mas segundo os temas tratados eles se localizam no mundo espiritual de Judá durante o Segundo Templo — apesar de às vezes estarem ligados, aparentemente, a um passado distante. O terceiro livro, Sofonias, apesar da localização redacional nos dias de Josias (Sf 1,1), possui em si todos os sinais de composição e origem posteriores.

Naum se apresenta inteiro como acusação, ameaça e hino de vitória contra a potência mundial dos assírios, que já havia ruído no ano 612 a.C. sob pressão dos medos e babilônios. Nínive é descrita como grande potência hostil a Deus. Ela se torna símbolo da política mundial arrogante e brutal desse reino, o que só pode ocorrer realmente em retrospectiva, já que o processo de estereotipar potências históricas exige tempo. Em geral, é para gerações posteriores que elas servem de exemplos para intimidação (raramente para imitação), e frequentemente visam a novos senhores que andam nas pegadas de antigos tiranos. A reconstrução moderna de um Naum histórico, que teria agido no século VII a.C. durante o domínio assírio, fica assim ultrapassada. Ele não teria à disposição uma imagem tão madura de "Nínive, cidade assassina e prostituta" (Na 3,1-7). Permanece, portanto, a questão de saber se a denúncia do poder mundial representado pela capital assíria se refere ao poder imperial babilônio, imediatamente seguinte, ou ao persa, que surgiu um pouco mais tarde (ou devemos pensar também na época helenista?). As duas hipóteses maiores são plausíveis. A resistência à política imperialista da Babilônia é atestada em muitos textos proféticos. E apesar da euforia relativa à libertação por meio dos persas, no Segundo Isaías e em Esdras–Neemias, a comunidade dos fiéis de Yhwh sofre os mecanismos de exploração dos novos senhores (cf. Ne 9,32-37; interessante: a miséria começou sob Assur e dura "até este dia"). A linguagem, as representações e o pano de fundo litúrgico etc., como aparecem no Livro de Naum, falam em favor de uma composição e de um uso deste escrito no período persa, em minha opinião. Aparentemente — como confirma o livro de Jonas —, foi justamente no período persa que a comunidade de Yhwh discutiu sua atitude perante as grandes potências. O escrito de Naum seria o polo contrário ao livro de Jonas, ou o inverso: Jonas parece reagir ao rigoroso anúncio de julgamento contra uma potência "pagã". Os dois escritos estão ambientados no debate sobre a correta relação dos fiéis de Yhwh com uma potência mundial dominante. Mesmo a marcante metáfora do casamento[65], usada primeiro para a relação de Yhwh com seu povo e depois, em sentido derivado, com uma

---

65. Cf. G. Baumann, *Liebe*; sobre Naum, loc. cit., 218-222.

nação estrangeira, me parece uma autêntica descoberta teológica do período pós-exílico. Isso vale também para seu uso nos livros de Oseias e Jeremias, do mesmo nível temporal que o uso nos livros de Ezequiel e Isaías. Em suma, o livro de Naum pode se qualificar como produto do período persa.

O mesmo vale para o livro de Habacuc[66]. Neste aparecem, de modo pontual, os neobabilônios (caldeus) (Hab 1,6), mas sem exigir maior atenção. A multiplicidade de expressões surpreendentemente "civis" e "litúrgicas" permite descobrir como fundo criativo uma comunidade de fé não estatal. "Civis" e centradas no *ethos* válido em tal comunidade são, por exemplo, as "maldições" (Hab 2,4-20). Provavelmente elas e numerosos exemplos semelhantes espalhados nos profetas, nos Salmos e na literatura sapiencial têm origem em instituições educacionais da comunidade pós-exílica[67], assim como a contraparte, as bênçãos. O trecho em Habacuc é também cheio de ecos da tradição da Torá cultivada na comunidade confessional judaica. "O justo vive por sua fidelidade" (Hab 2,4) se liga, por exemplo, a Gênesis 15,6; 18,22-32. Avisos para não explorar economicamente o próximo (Hab 2,6.9.12) têm seu correspondente nas leis sociais do Pentateuco e nas regras de convivência humana supostas nos escritos proféticos (cf. Am 2,6-8; 4,1; 5,11 s.; Is 5,8-23; 10,1-2). A incriminação de falhas morais e cultuais (Hab 2,15.19) lembra trechos como Gênesis 9,21-27; 19,30-35 (álcool e sexualidade) ou Jeremias 2,26-28, Isaías 44,17 (adoração de objetos mortos). As maldições de Habacuc evidentemente se originam do meio da comunidade, pretendendo originalmente manter o comportamento dos membros da comunidade dentro do aceitável. As interpretações atualmente presentes no texto (Hab 2,7 s.10 s.13 s.16-18) colocam os pronunciamentos no espaço político mais amplo no qual se encontra a comunidade pós-exílica.

Outras passagens de Habacuc possuem explícito caráter litúrgico-cultual. Entre elas, a oração da comunidade em Habacuc 1,12-17, cuja introdução apresenta uma formulação típica na primeira pessoa do plural (v. 12b). Sobretudo o salmo de Habacuc 3 é uma peça litúrgica manifesta, que parece ser copiada do Saltério[68]. Não apenas porque a primeira linha lembra as introduções dos Salmos 17; 86; 90; 102; 142 e outros, mas também por causa das observações

---

66. R. ALBERTZ também coloca Habacuc no período persa (BE 7, 190 s.), assim como L. PERLITT, ATD 25,1, 43.

67. Não estou ainda convencido de que estes textos devam ser classificados dentro da retórica de lamentação — o que é amplamente aceito. Cf. E. S. GERSTENBERGER, The Woe-Oracles of the Prophets, *JBL* 81 (1962) 249-163.

68. Cf. ID., *Psalms in the Book of the Twelve*: How Misplaced are They? Berlin, 2003, 72-89 (BZAW 325).

técnicas sobre o culto (Hab 3,1 e 3,19 — sem exemplo no Saltério). Este enquadramento é acidente redacional ou modelo normal da tradição dos Salmos? Quanto ao conteúdo, a descrição da teofania[69] em Habacuc 3 está na linha de numerosos textos do Saltério (cf. Sl 18; 50; 68; 77; 97 etc.). A aparição de YHWH na revolta dos elementos, na luz e na condenação, já tinha no período persa se desligado de rituais guerreiros tribais havia muito tempo, sendo celebrada na comunidade civil (também em lembrança das tradições de Moisés e da Montanha) e tendo recebido traços escatológicos:

> Arrebentas a terra com torrentes. As montanhas põem-se a tremer à tua vista. Cai uma tromba d'água, o Abismo faz ouvir sua voz, levanta as mãos para o alto. O sol e a lua param em suas moradas, à luz de tuas flechas que partem, ao brilho fulgurante de tua lança. Indignado percorres a terra, irado calcas aos pés as nações. Tu saíste para a salvação de teu povo, para a felicidade de teu ungido (Hab 3,9c-13a).

Muitas características de forma e conteúdo falam em favor da origem e do uso do Salmo de Habacuc na comunidade do período persa. Isso também vale para o trecho introdutório Habacuc 1,2-4. Ele recebe inteiramente a forma de um elemento de lamentação de uma oração individual de súplica. Mas o conteúdo e a forma linguística indicam uma situação de necessidade especial. Lamenta-se sobre a condição interna da comunidade (Hab 1,3: ruína, perdição, opressão, violência, disputas e ódio). Ele descreve os efeitos: a Torá "ficou impotente", o direito, impedido (Hab 1,4). A estrutura básica da comunidade ameaça desmoronar. Se o livro de Habacuc foi reunido intencionalmente, então este pequeno trecho introdutório tem uma função diretriz. Um mestre da comunidade reclama das ameaçadoras manifestações de decadência. Ele lembra uma possível reação de YHWH e usa como ameaça a opressão babilônia ainda não esquecida (v. 5-11). Já neste tempo, os profetas (Hab 1,1!) têm a função de proclamar a Torá e vigiá-la. A retórica da sentinela (Hab 2,1-4; Ez 3,17; 33,1-9) situa-se neste contexto. Habacuc é caracterizado como escrito da comunidade tardia do Antigo Testamento também por sua concepção dos profetas, que permeia todos os três capítulos.

Também constatamos no livro de Sofonias[70] (ou nas camadas redacionais tardias) um acentuado tom apocalíptico e escatológico, não pertencente ao

---

69. Cf. J. JEREMIAS, *Theophanie*, Neukirchen-Vluyn, ²1977, 38-51 (WMANT 10); ID., *Kultprophetie und Gerichtsverkündigung in der späten Königszeit*, Neukirchen-Vluyn, 1970, 55-89 (WMANT 35).

70. Cf. W. DIETRICH et al. (Hg.), *Der Tag wird kommen*, Stuttgart, 1996 (SBS 170); M. STRIEK, *Das vordeuteronomische Zephanjabuch*, Frankfurt, 1999 (BET 29); M. H. FLOYD, *Minor Prophets Part 2*, Grand Rapids, 2000, 163-250 (FOTL 22).

período pré-exílico. Por isso, não se pode confiar na introdução histórica em Sofonias 1,1. A intenção dos redatores seria somente salientar o funesto destino que se acumulou sobre Josias, sem a contribuição dele. O tom dominante aparece já no início do livro:

> Exterminarei tudo da face da terra — oráculo de Yhwh. Exterminarei homens e animais, exterminarei os pássaros do céu e os peixes do mar, tudo o que leva à queda os maus. Suprimirei o ser humano da face da terra — oráculo do Yhwh (Sf 1,2-3).

É anunciada a aniquilação de toda vida, como no apocalipse de Isaías (Is 24,1-6). Dentro do grande ajuste final ocorrerá a ruína de Judá e de Jerusalém, anunciada com fórmulas escatológicas: "naquele dia", "o dia de Yhwh está próximo" (Sf 1,7.10.12.14). A linguagem passional abalou e fascinou leitores por séculos:

> Ele está perto, o grande dia de Yhwh, está perto, vem a toda pressa. Haverá acerbos clamores no dia de Yhwh, até o valente clamará por socorro. Dia de furor e de angústia, dia de calamidade e de desolação, dia de trevas e de escuridão, dia de névoa, de sombrias nuvens, dia de soar o berrante e de alarido de guerra (Sf 1,14-16).

O ajuste de contas do Deus único e senhor do mundo não deixará Judá e Jerusalém intactos (Sf 2,1-3; 3,1-5: veja a violação da Torá no v. 4). Mas no texto atual a condenação de Yhwh visa sobretudo aos povos vizinhos hostis (Sf 2,4-15; 3,8) e, assim, à libertação de Judá e à salvação que lhe cabe (Sf 3,6-20). São feitas grandes promessas de Yhwh a seu povo; depois do juízo, elas se estendem aos outros povos (Sf 3,9 s.). E um retumbante hino de ação de graças da comunidade conclui a liturgia do juízo:

> Grita de alegria, filha de Sião, brada, Israel, rejubila-te, exulta de todo o coração, filha de Jerusalém. Yhwh cancelou as sentenças que pesavam sobre ti, afastou teu inimigo. O rei de Israel, Yhwh, está no meio de ti, não terás mais de temer o mal. Naquele dia, dirão a Jerusalém: "Não temas, Sião, não se enfraqueçam tuas mãos; Yhwh, teu Deus, está no meio de ti como guerreiro, como salvador. Ele exulta por tua causa com alegria, no seu amor, ele te renova, jubila e grita de alegria por tua causa" (Sf 3,14-17).

Todos os indícios indicam[71] que Sofonias consiste em peças textuais litúrgicas, as quais revelam um progresso na agenda: anúncios sombrios de um juízo final e todo tipo mensagens de ameaças e de julgamento contra grupos

---

71. V. E.S. Gerstenberger, Der Hymnus der Befreiung im Zefanjabuch, in: W. Dietrich, Tag, 102-112.

de Jerusalém seguidos pelo anúncio da intervenção de YHWH, sobretudo contra os que afligem Israel. A vitória de YHWH sobre todos os adversários está fora de questão; a libertação da comunidade está próxima, podendo ser tocada. É difícil descobrir a situação vivencial de tal festa de alegria escatológica. A expectativa de um fim do mundo próximo aparentemente libera uma intensa esperança de abrangente melhoria das relações.

Se olharmos em conjunto a série de escritos proféticos que podem ter surgido — ou provavelmente surgiram — no período persa, o número é impressionante. Grande parte do livro dos Doze Profetas se mostra como típico da comunidade judaica do Segundo Templo. Os interesses teológicos característicos da época dominam os anúncios. Mas é difícil distinguir as comunidades na pátria e na diáspora. As grandes diferenças dos primeiros anos depois da libertação por meio dos persas provavelmente diminuíram cedo na província de Yehud. Segundo o testemunho de Esdras–Neemias, tornaram-se mais importantes as tensões com a província da Samaria e outras regiões vizinhas. — Em todas as partes tardias do livro dos Doze, a figuras individuais dos profetas ("autores") recuam. Alguns nomes podem ser ficções programáticas (Malaquias, Abdias, Joel etc.). Por trás das palavras "proféticas" perfilam-se com nitidez a comunidade de YHWH pós-exílica e seus rituais. Ela providenciou textos de uso e mediante estes deu forma à comunicação comunitária. Assim, o fenômeno profético se deslocou para o uso comunitário, para a forma escrita da palavra e para a interpretação autorizada das tradições[72].

3.1.3. Obra poética e litúrgica

R. ALTER, The Art of Biblical Poetry, New York, 1985; reimpr. Edinburgh, 1990. – R. J. BAUTCH, Developments of Genre between Post-Exilic Penitential Prayers and the Psalms of Communal Lament, Atlanta, 2003 (SBL.Academia Biblica 7). – W. P. BROWN, Seeing the Psalms, Louisville, 2002. – W. BRUEGGEMANN, The Psalms and the Life of Faith, Minneapolis, 1995. – A. DOEKER, Die Funktion der Gottesrede in den Psalmen, Berlin, 2002 (BBB 135). – P. FLINT, P. D. MILLER, The Book of Psalms. Composition and Reception, Leiden, 2005 (FIOTL 4). – E. S. GERSTENBERGER, K. JUTZLER, H. J. BOECKER, Zu Hilfe, mein Gott, Neukirchen-Vluyn, ^{4}1989. – ID., Psalms, Grand Rapids, 1988, 2001, 2 v. (FOTL XIV e XV). – J. A. GRANT, The King as Exemplar, Atlanta, 2004 (SBL.Academia Bíblica 17). – A. S. GRUND, "Die Himmel erzählen die Herrlichkeit Gottes", Neukirchen-Vluyn, 2004 (WMANT 103). – H. GUNKEL,

---

72. A ciência do Antigo Testamento cada vez mais considera uma profecia "erudita", que aparece como diretamente oposta aos mensageiros imediatos de IHWH; v. J. Jeremias, Gelehrte Prophetie, in: C. BULTMANN et al. (Ed.), Vergegenwärtigung des alten Testaments, Göttingen 2002, 97-111; A. WAGNER; O. H. STECK, Abschluss.

J. BEGRICH, Einleitung in die Psalmen, Göttingen, 1933, ⁴1985. – M. D. GOULDER, The Psalms of the Sons of Korah, Sheffield, 1989 (JSOT.S 20). – F.-L. HOSSFELD, E. ZENGER, Psalmen 51–100, Freiburg, 2000 (HThKAT). – D. J. HUMAN (Ed.), Psalms and Liturgy, London, 2004 (JSOT.S 410). – H. IRSIGLER, E. BONS (Hg.), Mythisches in biblischer Bildsprache, Freiburg, 2004 (QD 209). – R. A. JACOBSEN, "Many are Sayung": The Function of Direct Discourse in the Hebrew Psalter, London, 2004 (JSOT.S 397). – H. G. KIPPENBERG, Religion und Klassenbildung im antiken Judäa, Göttingen, 1978 (StUNT 14). – Ch. LEVIN, Das Gebetbuch der Gerechten, ZThK 90 (1993) 355-381. – N. LOHFINK, Psalmengebet und Psalterredaktion, AWL 34 (1992) 1-22. – O. LORETZ, Psalmstudien, Berlin, 2002 (BZAW 309). – C. MANDOLFO, God and the Dock, London, 2002 (JSOT.S357). – H.-P. MATHYS, Dichter und Beter. Theologen aus spätalttestamentlicher Zeit, Fribourg/Göttingen, 1994 (OBO 132). – M. MILLARD, Die Komposition des Psalters. Ein formgeschichtlicher Ansatz, Tübingen, 1994 (FAT 9). – P. D. MILLER, They Cried to the Lord. The Form and Theology of Biblical Prayer, Minneapolis, 1994. – L. A. SCHÖKEL, Manual de poetica hebrea, Madrid, 1987; ed. ingl.: A Manual of Hebrew Poetics, Roma, 1988). – K. SEYBOLD, Poetik der Psalmen, Stuttgart, 2003 (Poetologische Studien zum Alten Testament 1). – ID., E. ZENGER, Neue Wege der Psalmenforschung, Freiburg, ²1995. – T. M. SIQUEIRA, Salmos de Coré, Petrópolis, 2002 (Estudos Bíblicos 76). – ID., Salmos de Asaf, Petrópolis, 2004 (Estudos Bíblicos 81). – M. SMITH, Palestinian Parties and Politics that Shaped the Old Testament, New York, 1971; London, ²1987. – P. L. TRUDINGER, The Psalms of the Tamid Service, Leiden, 2004 (VT.S 98). – G. H. WILSON, The Editing of the Hebrew Psalter, Chico, 1985 (SBL.DS 76). – E. ZENGER (Hg.), Der Psalter in Judentum und Christentum, Freiburg, 1998 (HBS 18). – ID. (Hg.), Ritual und Poesie, Freiburg 2003 (HBS 36).

A poesia sacra do Antigo Testamento, que frequentemente definimos com expressões como "orações", "hinos", "lirismo", "liturgia" etc., é ainda mais difícil de localizar no tempo do que as composições narrativas e proféticas. Isto se deve, por um lado, ao fato de que nos textos não poéticos há referências históricas supostamente mais sólidas, que procuramos identificar a partir de um ponto de vista posterior. Por outro lado, os textos litúrgicos transmitidos foram muito polidos por seu longo uso: geralmente perdeu-se o fato singular concreto, porque tinha no máximo valor de identificação simbólica. Assim dependemos, para a datação de peças poéticas, de indícios de forma e conteúdo, e as opiniões dos especialistas divergem fortemente em cada caso. Em certa medida, podemos afirmar que no período persa surgiram coleções de Salmos, provavelmente para uso litúrgico múltiplo, não exclusivamente no Templo, e que o Saltério como um todo — e consequentemente também a sua divisão em cinco partes, orientada pela Torá — recebeu sua forma definitiva o mais cedo no período helenista.

3.1.3.1. Coleções de salmos

As tentativas de localização histórica em relação ao Saltério podem ser tratadas rapidamente: os títulos de muitos textos pretendem estabelecer uma relação histórica (e ideal, teológico-litúrgica) com o rei da harpa Davi. As tentativas são muito interessantes em relação aos antigos transmissores e redatores, mas não possuem valor histórico ou histórico-literário em relação às unidades textuais. Alusões a determinados acontecimentos temporais — como nos Salmos 137; 44; 74; 83; 89; 95; 132 etc. — não levam muito longe. Elas podem ter sido formuladas retrospectivamente. E os textos polidos pelo uso, inversamente, são tão cheios de condensadas experiências históricas e de fé que sugerem uma longa tradição. Seria mais útil para nossos fins procurar a história da gênese do Saltério nos vestígios da época persa. Sobretudo observações da história da teologia e da ideologia podem fornecer apoios.

O livro dos Salmos, pelo que parece, surgiu de coleções parciais, num processo de longa duração. Na discussão atual é polêmica a determinação de cada estágio redacional; determinações demasiadamente restritas devem geralmente ser evitadas. Entretanto, é possível esboçar a seguinte cronologia das coleções parciais, que se localizam, com alguma probabilidade, nos séculos VI e V a.C.: salmos de Asaf e de Coré; diferentes coleções de Davi; hinos de peregrinação, hinos de louvor especiais, salmos do rei YHWH. Aqui ainda não será considerado se houve, além disso, redações de caráter temático, como de orientação "messiânica", "escatológica" ou "da Torá". Quando podemos supor tais trabalhos redacionais, eles devem ser atribuídos ao período pós-persa.

Nas introduções aos salmos são atribuídos, ao todo, 24 hinos a Asaf e a Coré, mais exatamente doze para cada cantor: Asaf teria composto os Salmos 50; 73–83, Coré, os Salmos 42–49; 84–85; 87–88. Deixemos de lado se estas informações são confiáveis. É notável que os respectivos salmos não estão (mais) em dois blocos, um ao lado do outro, mas separados por outros textos. As coleções possuem um perfil teológico determinado: em Coré, por exemplo, se encontram muitos hinos com referência a Sião e à teologia pós-exílica de Sião (Sl 46; 48; 84; 87; eventualmente também 42 s.; 45; 47). Para Asaf pode-se apontar a pequena parte de hinos individuais de lamentação e graças (Sl 73), enquanto há uma preponderância de orações comunitárias, eventualmente na forma "nós" (Sl 75; 79; 80; 81) e no "eu" de YHWH, a ser entendido como homilia (Sl 50; 81). Esta avaliação é apoiada até certo grau pelo diagnóstico cronista. Os levitas Asaf e Coré são patriarcas de importantes clãs de cantores do Templo (cf. 1Cr 6,7.24; 16,5.7; 2Cr 20,14.19). Talvez esteja por trás desta visão uma lembrança histórica confiável. Neste caso, alguns clãs teriam sido responsáveis também por determinados cultos litúrgicos, dias festivos e sacrifícios no Segundo Templo. — A outra possibilidade parece pouco concebível, mas é apoiada por dados antropológicos e indícios do Antigo Testamento: no antigo Oriente existiu por milênios a profissão de "sacerdote exorcista" (acádio: *āšipu*; sumério: *mašmašu*), que era vinculado a um templo, mas tinha amplamente a função de livre curandeiro[73]. Sua especialidade eram exorcismos e esconjuração de doenças, que ele realizava na casa do paciente[74]. O sacerdote possuía os rituais e as orações para tal culto casual. Provavelmente depois de um diagnóstico detalhado dos sintomas da doença ou dos maus agouros, ele fazia o doente recitar linha por linha uma oração de lamentação e de súplica. Ora, como as coleções da família de Asaf e de Coré contêm um núcleo de hinos de lamentação individuais (Sl 42/43; 49; 73; 88) e como a indicação dos títulos só surgiu mais tarde, na perspectiva da comunidade que privilegiava os textos coletivos, é possível conceber, também em Israel, uma profissão como a do "sacerdote exorcista". No Antigo Testamento há indícios vagos de tais curandeiros, dispostos a visitas domésticas (homens e provavelmente também mulheres "de Deus"), como nas figuras de Elias e Eliseu, que até mesmo levantam mortos (1Rs 17,17-24; 2Rs 4,18-37; 5,1-14), ou como Isaías (Is 38). Na tradição posterior são apresentados levitas como Asaf, Coré, Hemã (Sl 88,1) e Etã (Sl 89,1) cuidando da tradição de oração, mas não os profetas legendários como Elias, Eliseu, Isaías; isto provavelmente se relaciona com a primazia das novas liturgias no Templo e na comunidade. As figuras do curandeiro, do "homem de Deus" ou do exorcista deveriam ser incluídas no pano de fundo da história da gênese das coleções de salmos.

Davi serve de fato como a grande referência das orações e hinos das nascentes comunidades judaicas. Não menos de 73 salmos da edição massorética mencionam, na introdução, o rei cantor como autor, isto é, como modelo e presidente da oração. Na Septuaginta são acrescentadas ainda outras menções. Na tradição literária Davi não tem nenhuma relação com doença e cura. A obra cronista o vê como o grande organizador do culto comunitário (1Cr 16: Asaf aparece nos v. 7 e 37 como líder dos cantores) e mentor dos levitas

---

73. V. W. MAYER, *Untersuchung zur Formensprache der babylonischen "Gebetsbeschwörungen"*, Roma, 1976, 59-66; S. MAUL, *Zukunftsbewältigung*, Mainz, 1994, 67-71; J. BOTTÉRO, Magie, in *Mesopotamien*, RlA 7, 200-234, espec. 225-228.

74. Cf. E. S. GERSTENBERGER, *Der bittende Mensch*. Bittritual und Klagelied des Einzelnen im Alten Testament, Neukirchen-Vluyn, 1990, espec. cap. 2.2: Das Gebet in der babylonischen Beschwörung, 64-112 (WMANT 51). S. MAUL, *Zukunftsbewältingung*. Eine Untersuchung altorientalischen Denkens anhand der babylonisch-assyrischen Lösenrituale (Namburi), Mainz, 1994, espec. 67-70.

do Templo. A referência a Davi nas diferentes coleções parciais (Sl 3–41; 51–70; 108–110; 138; 145) e nos salmos singulares 86; 101; 103; 122; 124; 131; 133 cultiva esta imagem do rei. O colofão depois do Salmo 72, o qual é atribuído a Salomão, o filho, constitui provavelmente a conclusão da coleção de Davi, Salmos 51–70 (o Sl 71 não tem epígrafe). Esse colofão tem perfil e peso próprios: "Fim das orações de David. Filho de Jessé" (Sl 72,20). Os antigos escribas de fato terminavam assim suas coleções. Mas não sabemos a que grupo de salmos esta legenda uma vez pertenceu. Ora, parece ser claro o seguinte: na tradição judaica, Davi foi o grande e determinante compositor de cânticos, sem que sua atividade fosse ligada a algum gênero. As mencionadas coleções parciais contêm uma mistura variada de orações litúrgicas, mas as "poesias sapienciais" — a ser tratadas — não marcam forte presença aí.

As muitas coleções de Davi possuem um perfil próprio? Justamente as duas coleções mais sólidas (Sl 3–41; 51–70), também chamadas de primeiro e segundo Saltério de Davi, abrangem certa faixa de textos litúrgicos. Em sua maioria, os hinos e orações podem ser classificados como hinos individuais de lamentação e de ação de graças, podendo ser contados nesta categoria cerca de 35 dos 59 salmos. Em treze salmos de Davi é estabelecida uma relação especial com a história da ascensão do rei em 1-2 Samuel (Sl 3; 7; 18; 34; 51; 52; 54; 56; 57; 59; 60; 63; 142). Doze destas indicações biográficas estão dentro das duas grandes coleções de Davi. Todas as alusões mostram o ser humano sofredor e perseguido, não o organizador e rei. Aqui está o segredo da atribuição a Davi: os autores da tradição (pós-exílica?) se interessavam sobretudo por situações de necessidade típicas, as quais estão em harmonia com o tom e o conteúdo dos hinos de lamentação do indivíduo. Perseguido, envolvido em culpa, em perigo de morte, lutando contra inimigos internos e externos — assim se oferece a imagem do primeiro Davi na tradição narrativa. O pretendente ao trono e rei salvo e triunfante aparece somente em Salmos 18,1; 60,1; ambos acolhem as tradições de vitória de Israel. A grande maioria das notícias biográficas sobre Davi falam, porém, do ser humano miserável, ameaçado. Elas fortalecem, nas duas coleções, o caráter de lamentação e súplica. É com ponderação que as coleções de Davi, Salmos 3–41 e 51–70, são coordenadas com esta figura central. Elas atestam, lateralmente, que os hinos de lamentação e os correspondentes hinos de salvação foram muito usados na comunidade pós-exílica para indivíduos em necessidade. Foi um objetivo teológico e prático fundamental também da comunidade pós-exílica mostrar a prática curativa casual para homens em perigo de morte — como no antigo Oriente e, além, nas sociedades tribais de todos os tempos (ela sobrevive na modernidade numa vestimenta medicinal, psicológica e psicoterápica). O modelo básico de lamentação, expressão de confiança e súplica[75] perdurou através de diferentes formas de organização social em Israel. A reestruturada comunidade de YHWH do período persa sofre influência dos interesses de seu tempo, seu ambiente e sua teologia próprios (Sl 12; 102 por exemplo), mas utiliza livremente modelos de textos dados para ocasiões relevantes. Permanece sem resposta como eram os rituais das cerimônias de cura para pessoas em necessidade no tempo pós-exílico, quais especialistas em ritos assumiam a direção naquela época, se no lugar da antiga e rigorosa referência à família surgiu então uma confinação nas liturgias comunitárias — e mais outras perguntas.

Os chamados cânticos de peregrinação (Sl 120–134) são um grupo especial de hinos de louvor (salmos de aleluia e de louvor: Sl 111–113; 117–118; 135–136; 146–150), assim como os salmos do rei YHWH (Sl 47; 93; 95–100), muito discutidos por algum tempo. Eles refletem, cada qual a seu modo, os interesses teológicos e humanos da comunidade pós-exílica sob o domínio persa. Provavelmente também aqui cada texto possui uma base antiga, mas eles são adaptados aos novos parâmetros da comunidade e do ambiente dominado pelos persas.

O primeiro destes dois grupos, os salmos de peregrinação, representa uma coleção mista quanto ao gênero. Lado a lado articulam-se lamentações, consolo, hinos, expressão de confiança, agradecimento, instrução, bênção, confissão etc. O frequente título "Canto das subidas" (para Jerusalém) revela o uso, comum para todos os textos, por ocasião das peregrinações a serem localizadas no período do Segundo Templo. Já o Deuteronômio determinou o Templo em Jerusalém como o único lugar de sacrifício legítimo (Dt 12,11-14). E a antiga regra, que provavelmente se referia antes a santuários locais, foi cada vez mais aplicada a Jerusalém:

> Tu me celebrarás todo ano com três peregrinações... Três vezes ao ano, todos os teus varões virão ver a face do senhor: YHWH (Ex 23,14.17; cf. 34,23).

Somente o Deuteronômio acrescenta, ao mandamento geral das festas: "... no lugar que ele houver escolhido", pensando claramente em Jerusalém (Dt 16,17). A ideia e a prática da peregrinação nasceram, portanto, o mais tardar, no século VI. Mas é só na época persa que ela adquire sentido real, pois somente depois de 515 a.C. tornaram-se possíveis a adoração e o sacrifício

---

75. Uma apresentação mais exata dos elementos dos hinos de graças e de lamentação individuais no Antigo Testamento e nas orações de pacientes babilônicos em E. S. GERSTENBERGER, *Mensch*; cf. ID., *Psalms*, Grand Rapids, 1988, 2001 (FOTL XIV e XV).

no Templo restabelecido. Não há testemunho direto de que então se começou a cantar salmos durante o caminho para a cidade santa, mas os títulos da coleção de salmos o sugerem. A outra possível explicação do título *šīr hamma'alot*, no sentido de "canto dos degraus" — para ser cantado nos degraus do Templo —, não convence. Afinal, o conteúdo de uma série de "salmos de peregrinação" se adapta muito bem à situação de peregrinação. Alguns cantos falam diretamente, por exemplo, da aura de Jerusalém: os peregrinos precisam de proteção e abrigo durante o caminho; ajuda divina só vem do Templo e não de qualquer lugar alto ou dos santuários nas montanhas (Sl 121). Então temos a feliz chegada no lugar abençoado:

> Que alegria, quando me disseram: "Vamos à casa de YHWH!". Nosso pés já estão nas tuas portas, Jerusalém! Jerusalém, a bem construída, a cidade bem coesa! Para lá devem subir as tribos, as tribos de YHWH, segundo a regra vigente em Israel, para celebrar o nome de YHWH. Pois lá estiveram tronos para o juízo, tronos para a casa de Davi (Sl 122,1-5).

A ligação com Jerusalém e com o Templo é expressa também nos Salmos 125; 127; 132; 134: assim, os salmos de peregrinação no todo testemunham um claro anelo por Sião. Certamente aparece este sentimento também em outros textos do Saltério, por exemplo nos Salmos 84; 87, e ainda nos Salmos 46; 48; 74 etc. Para os Salmos de Sião vale, portanto, em geral o seguinte: devemos nos perguntar desde quando é concebível a teologia intensamente orientada para a morada de YHWH em Jerusalém em sua variante pessoal. Em minha opinião, tal espiritualidade individual, que deixou para trás há muito tempo os antigos mitos da montanha de Deus e dos exércitos inimigos em ataque, pressupõe o desenvolvimento exílico e pós-exílico de uma fé pessoal em Deus, dentro de uma íntima comunidade local de YHWH. Se isto for correto, então pelo menos os cantos pessoais sobre Sião devem também ser considerados poesia do período do Segundo Templo. Ocupando posição privilegiada, como "salmos de peregrinação", e fazendo da peregrinação a principal festa do ano neste período, essa coleção pode consistir em grande parte em poesias contemporâneas. É notável também a presença de imagens domésticas em alguns salmos: Salmos 123; 127; 128; 131; 133. As bênçãos da família aparecem real e metaforicamente como os maiores dons de Deus para quem crê em YHWH. Isto é um fenômeno que só pode ser observado nos salmos de peregrinação.

Os cantos de louvor especiais, que começam com exortações de louvor e de agradecimento, concentram-se nos dois últimos "livros" do Saltério. Se acrescentamos os textos que começam com um imperativo de *brk*, "bendizer"

(Sl 103;104), aos que começam com *hll*, "celebrar", e *yhd*, "agradecer" (Sl 105; 106; 107; 111-113; 117-118; 135-136; 146-150), conseguimos um corpo imponente de dezessete textos com diferentes tamanhos e temas, todos determinados para o louvor individual ou comunitário. Já no tempo do Novo Testamento observamos o uso do Hallel (Sl 113-118) nas festas da Páscoa (Mt 26,30). No culto posterior na sinagoga, este bloco foi usado em diferentes ocasiões festivas[76]. Portanto, este uso pode muito bem recuar até o período persa e além. Temas típicos e interesse da piedade são a eleição de Israel por YHWH, as experiências históricas do povo com seu Deus, a espantosa manifestação da graça de YHWH na criação e na manutenção do mundo e — novamente, como nas coleções já mencionadas — o destino pessoal do ser humano perante esse Deus. O mundo é visto desde a concepção de fé do indivíduo. Desde o início, o ser humano é uma criatura minúscula, que está diante do Deus universal e superpoderoso:

> Ele sabe perfeitamente de que massa fomos feitos, ele se lembra de que somos pó. O homem! Seus dias são como a erva; floresce como a flor do campo: basta que passe o vento, ela não existe mais, e o lugar onde estava esqueceu-a (Sl 103,14-16; cf. 90,4-6; Is 40,6-8).

A transitoriedade da vida humana se torna um problema; mas a certeza da presença misericordiosa de Deus, a segurança dentro de uma ordem do mundo abrangente dão motivo para louvor exaltado, que atravessa todos os hinos de louvor com muitas variações. O Salmo 104 descreve a fundação do mundo favorável à vida mediante a sujeição das águas do caos por YHWH. As águas domadas tornam possível a vida para todos os seres. Também o ser humano recebe seu abrigo, assim como o leão, o cabrito, pássaros e peixes. O criador providente "lhes dá alimento no tempo devido" (Sl 104,27). Na história, YHWH provou massivamente que cuida de Israel, também pela libertação do Egito (Sl 105). Mesmo o comportamento negligente e revoltado de seus fiéis não o levou a se distanciar de sua aliança (Sl 106). Deixemos de lado o quanto, no culto, uma confissão formal de culpa (Sl 106,6) contribuiria para a quitação. O salmista conhece a mudança de atitude de Deus, e isso é motivo para um canto comunitário (Sl 106,45.48). Mas também o indivíduo é afetado. Também ele é repetidamente salvo pela bondade de Deus (Sl 107) e pode cantar sua gratidão. Nos Salmos acrósticos 111 e 112 (também Sl 145) a comunidade de fé pós-exílica se exprime talvez com a máxima força. O indivíduo canta

---

76. Cf. I. ELBOGEN, *Der jüdischen Gottesdienst in seiner geschichtlichen Entwicklung* [1931], reimpr. Hildesheim, 1967, 125; 137 s.; 249, entre outras.

no meio de pessoas em festa. As duas experiências se articulam num coro de louvor. Do louvor das obras maravilhosas de YHWH decorrem benção e bem-estar (Sl 112). O louvor a Deus constitui o mundo (Sl 118,1-4; 148). Por isso os mencionados hinos de louvor soam tão plenos e complexos. A comunidade do Segundo Templo descobriu de modo especial o poder do louvor, e a reunião definitiva dos Saltérios colocou intencionalmente as dinâmicas coleções de louvor no final. Adquirimos assim diretamente uma imagem da comunidade cultual do período persa orando e cantando.

Os hinos do rei YHWH (Sl 47; 93; 95–100) mostram, de seu modo especial, o tempo e as condições de vida dos discípulos de YHWH pós-exílicos. Também em relação a estes cantos surge a questão se foram totalmente criados naquele tempo, ou se representam um trabalho sobre textos mais antigos. Em geral aceita-se a última hipótese. Assim, os salmos que desenham, com farta terminologia monárquica, YHWH como senhor universal e superior ao mundo viriam da tradição dinástica davídica. Caso contrário, as concepções sobre Deus teriam se desenvolvido das visões imperiais de origem babilônica ou persa. Contra a opinião corrente, defendo que as concepções do antigo Oriente sobre um domínio monárquico de um reino de Deus superior a tudo e a todos servem como parâmetro da teologia de domínio mundial em torno de YHWH[77]. Uma simples reflexão está por trás disto: provavelmente as tradições régias de Israel sucumbiram com o exílio. Depois da derrota para os babilônios não se pôde, por meio delas, criar um Estado — no sentido mais verdadeiro desta palavra — em Judá. Podemos com justiça duvidar que haja no Antigo Testamento tradições não falsificadas sobre a monarquia israelita e judaica. O que encontramos são predominantemente vozes críticas à monarquia, como na obra deuteronômica, e textos dinásticos com acréscimos messiânicos, como 2 Samuel 7 (cf. Sl 89). Ora, neste desenvolvimento de uma ideologia monárquica israelita houve também influências babilônicas e persas. — Se isto é válido para a ideologia do Estado, então devemos supor também a influência — consciente ou não — dos ideais de domínio do antigo Oriente nas concepções do rei YHWH que se desenvolviam paralelamente. Desenvolvimento de poder político e de poder divino vão de mãos dadas, neste aspecto. Na medida em que, desde o III milênio a.C., se formaram impérios mundiais (segundo as concepções geopolíticas daquela época — cf. os impérios de Acad e da

---

77. Cf. E. S. GERSTENBERGER, "World Dominion" in Yahweh-Kingship Psalms, HBT 23 (2001) 192-210; E. ZENGER, Theophanien des Königsgottes JHWH, in *Ritual und Poesie*, Freiburg, 2003, 163-190 (HBS 36).

III dinastia de Ur), não se podia mais colocar de lado a ideia de um único Deus, supremo organizador do mundo. Através dos séculos, na sequência dos impérios, se aprofundou no âmbito político a concepção de "rei dos reis", "rei das quatro regiões do mundo", "rei de tudo". Paralelamente, o Deus nacional e imperial (Enlil, Marduk, Assur, Ahura-Mazda — este sem título monárquico) se tornou o grande Deus-Rei, ao qual todo o mundo estava submetido. O vice-governador dele era o correspondente grande rei, que realizava a vontade da divindade suprema. Os povos submetidos podiam apresentar no máximo pequenos reis e pequenas divindades. Ninguém, nem mesmo no antigo Israel, teria reivindicado em são juízo um significado universal para o próprio Estado. Alimentadas pela glorificação posterior, as reivindicações territoriais amplas do rei Davi ideal se referem à Palestina e à Síria, no meio das grandes potências do Nilo e do Eufrates (Js 1,4; 2Sm 8,1-14; 1Rs 4,21, Salomão)[78].

Neobabilônios e persas partilharam totalmente estas concepções de grandes e pequenas monarquias do antigo Oriente[79]. Os títulos monárquicos salientam tradicionalmente o aspecto universal do domínio imperial. Não há expressões de domínio monárquico em Ahura-Mazda, particularmente. Mas os grandes reis persas recebem do "Senhor da Sabedoria" (Ahura-Mazda) a clara missão de dar uma ordem salutar ao mundo. Isto aparece, por exemplo, na clássica inscrição monumental de Behistun, que Dario I mandou esculpir na rocha ao lado e acima da cena de triunfo, a vitória definitiva sobre os nove "reis da mentira". Ela apresenta insistentemente, na introdução (1-9), a missão dada a Dario I pelo Deus imperial: "Ahura-Mazda me concedeu este domínio monárquico. Ahura-Mazda me auxilia até alcançar este domínio monárquico. Segundo a vontade de Ahura-Mazda possuo este domínio monárquico" (9)[80]. O rei dos persas é tido como "o maior dos reis" dentro de um grupo de senhores só nominalmente iguais, e Ahura-Mazda é "o maior dos Deuses"[81]. Dele é derivado direta e universalmente todo poder ordenador (cf. abaixo 4.3).

Um olhar sobre os *gathas* de Zaratustra fechará as reflexões sobre as declarações de domínio de Yhwh. Diferente da retórica dos grandes reis, os textos em antigo avéstico não aplicam a Ahura-Mazda a linguagem de poder e a exigência de obediência. Certamente algumas declarações soam hierárquicas: "E se Tu me dizes: 'Com prudência alcanças a

---

78. "De mar a mar" e "até os fins da terra" em Salmos 72,8 já é um desenvolvimento messiânico, que está no contexto dos Salmos 2; 110 etc.
79. Cf. G. Ahn, *Religiöse Herrscherlegitimation im achämenidischen Iran*, Leiden/Louvain, 1992 (Acta Iranica 31); P. Briant, *From Cyrus to Alexander*, Winona Lake, 2002, 204-254.
80. Citado segundo a versão em persa antigo da inscrição traduzida por W. Hinz, TUAT I, 424.
81. Citado em G. Ahn, *Herrscherlegitimation*, 181 e 182.

verdade', então Tu me dás ordens a não serem desobedecidas"[82]. E às vezes se cai numa retórica guerreira: "Isto eu Te pergunto, dize-me sem restrição. Ahura, se Tu tens o poder para proteger-me com a verdade: quando os dois inimigos em combate se enfrentarem um ao outro por causa dessas ordens que Tu queres estabelecer, o Sábio, a qual dois lados, a quem destinarás a vitória?"[83]. Mas no todo não se encontra nos *gathas* uma dimensão política e monárquica. Ahura-Mazda nunca recebe o título de rei. Ele é o "criador" de todas as coisas, ele sobretudo criou desde o início a "verdade", a "ordem cósmica fundamental" (cf. *Yasna* 37; 43,5).

> Isto eu Te pergunto, dize-me sem restrição, Ahura: quem é por seu nascimento o primeiro pai da Verdade? Quem determinou o curso do sol e das estrelas? Quem faz com que a lua ora cresce, ora decresce? (*Yasna* 44,3; segundo H. HUMBACH, *Gathas*, 157)[84].

As respostas a tais perguntas retóricas (como no livro de Jó) são claras em si. *Aša*, "verdade", "harmonia", "ordem", a entidade mais mencionada e mais adorada depois de Ahura-Mazda (cf. *Yasna* 37,4), é a força dominante no mundo. Ela se estabelece através da sabedoria, do bom pensamento, da atitude correta e outros *Ameša Spentas*.

> Integridade e imortalidade, ambas são alimento para Ti. Pela força do bom pensamento, sinceridade junto com verdade faz crescer, ambos, estabilidade e poder. Com tudo isso fazes tremer nossos inimigos, o Sábio (*Yasna* 34,11; segundo H. HUMBACH, *Gathas*, 142)[85].

O poder divino age no discurso da sabedoria, na decisão pelo "bem melhor", na defesa espiritual perante demônios e tentações — sempre no quadro da fé individual. Os imperadores persas utilizaram bastante esta religião muito "privada" para seus fins de poder. Em muitos salmos do Antigo Testamento, a retórica de dominação foi aplicada a YHWH.

Podem ser estabelecidos os seguintes resultados: os salmos se desenvolveram em situações vivenciais muito diferentes: de contextos familiares, de comunidade de vizinhos, de organização tribal e nacional. A comunidade pós-exílica acolheu os diversos gêneros e os preparou para suas próprias finalidades cultuais e comunicativas. O colecionamento por escrito no Saltério sucedeu, então, gradativamente, dentro da comunidade e segundo suas necessidades.

---

82. "And when Thou tellest me: 'With foresight thou reachest truth', then Thou givest me orders (Which will) not (be) disobeyed." *Yasna* 43,12, segundo H. HUMBACH, *Gathas*, 159.

83. "This I ask Thee, tell me plainly, O Ahura, in case Thou hast power (to do so) in order to protect me with truth: when the two warring hosts will confront each other because of those rules which Thou wishest to establish, o Wise One, to which side of the two (sides), to whom wilt Thou assign the victory?" *Yasna* 44,15 segundo H. HUMBACH, *Gathas*, 161.

84. Original inglês de HUMBACH: "This I ask Thee, tell me plainly, O Ahura: / Who (is) through (His) begetting the primal father of Truth? / Who assigned the course of the sun and of the stars (its proper place)? / Who (is he) through whom the moon (now) waxes, now wanes?".

85. Original inglês de HUMBACH: "Integrity and immortality both (serve) Thee as food. / By the power of good thought, right-mindedness along with truth makes [sic!] grow / both, stability and might. With (all) these, Thou makest (our) enemies tremble, o wise One".

3.1.3.2. Gêneros de salmos

Em relação às coleções de salmos até agora tratadas, ficou aberta a questão das tradições antigas utilizadas nestes textos. Teoricamente, pode se tratar de versões totalmente novas dos textos ou — o que é mais provável — de refundições parciais de gêneros transmitidos. Pode-se perguntar também se há gêneros de salmos que, no período persa, se desenvolveram dentro da nascente comunidade de fé judaica ou que podem ser considerados típicos dela. Em minha opinião, é possível uma resposta unívoca: das formas de organização daquele tempo dentro da nova comunidade de YHWH e do seu típico culto sinagogal surgiram categorias de salmos específicas. Elas podem ser reunidas sob o aspecto litúrgico-cultual de "instrução". Aqueles salmos do Antigo Testamento que surgiram da instituição de um ensino comunitário pertencem a este gênero básico. Salmos que são em geral ligados a "sabedoria", "doutrina", "pregação", "meditação", "Torá" etc. devem ser, na realidade, compreendidos em conexão direta com o ensino comunitário dentro da nascente estrutura da sinagoga. Conto entre estes "salmos de ensino" os seguintes 32 textos: Salmos 1; 9/10; 14; 34; 37; 39; 49; 50; 52; 53; 58; 62; 73; 75; 78; 81; 90; 91; 95; 101; 105; 106; 107; 111; 112; 114; 115; 119; 127; 128; 139; 149. Pode-se discutir se pertencem ou não à categoria mencionada, mas se supõe que surgiram e foram usados no gênero das situações de ensino comunitárias e litúrgicas. A distribuição relativamente regular destes exemplos pelo Saltério inteiro sugere que tais composições foram acrescentadas em coleções parciais preexistentes. Enquanto já existiam tradições suficientes dos gêneros antigos de salmos, "cantos de lamentação e de agradecimento", "hinos", os dirigentes comunitários ou pessoas especializadas contratadas devem ter composto, naquela época, novos textos para ensino na comunidade. Eles podiam no máximo se apoiar em rudimentos de "instruções" disponíveis do ambiente familiar ou local. A "instrução" no culto para a comunidade deve ter sido algo novo das comunidades do exílio.

Excurso: instrução comunitária como situação vivencial

Sobre as chamadas escolas de sabedoria e os "salmos de ensino" comunitários: em geral, os exegetas dos salmos não conseguiram até hoje explicar qual é a "situação vivencial" dos "salmos de sabedoria". Muitos seguem o exemplo de S. Mowinckel, que coloca os textos do Saltério de tom reflexivo e de feitio tardio no "gênero dos salmos eruditos"[86].

---

86. S. MOWINCKEL, *The Psalms in Israel's Worship*, New York/Nashville, 1962, v. II, 104-125. Sua lista de poesias "não cultuais" contém: Salmos 1; 19B; 34; 37; 49; 78; 105; 106; 111; 112; 127 (ibid., 111).

Em sua concepção, os poetas estariam ligados à escola de escribas vinculada ao Templo, mas trabalhariam num espaço acadêmico privado e não cultual[87]. Já se escreveu muito sobre a corporação dos escribas e eruditos assim concebida, e quem escreveu foram os atuais membros dessas corporações. Aparece como essencial aos pesquisadores modernos a dependência material dos antigos eruditos perante os governantes (iletrados na maioria), a autonomia espiritual e a alta aptidão artística que se exprime em seus escritos. As escolas de escribas eram locais de formação de caráter único. Seus mestres formavam a verdadeira elite espiritual daquele tempo, cujas ideias sobreviveram nas literaturas do antigo Oriente[88]. Assim como é indubitável, nas fontes desde o tempo dos sumérios, a existência de mestres de sabedoria e de escolas de escribas, bem como seu significado religioso e cultural, também é certa esta regra hermenêutica básica, raramente refletida: intérpretes atuais projetam maciçamente sua própria realidade nas condições antigas. E, visto que leitores e leitoras acadêmicos, fascinados pelos textos relevantes bíblicos e outros, percebem a afinidade especial com a elite literária e espiritual de então, a imagem dos escribas antigos e de seu ambiente "acadêmico" facilmente se assimila ao modelo da cultura literária atual. Exegetas protestantes, por exemplo, em geral identificam-se menos com reis e sacerdotes do que com profetas e mestres de sabedoria. Eventualmente pode-se perguntar até que ponto o retrato do sábio do Antigo Testamento foi traçado como cópia direta do erudito moderno em seu escritório — pesquisando, escrevendo e ensinando[89]. Isto não é de admirar, pois o passado é inevitavelmente construído com concepções do presente. Mas na ciência sempre se deve questionar a apresentação acrítica de um retrato próprio sob a aparência de história. Isto é válido sobretudo para a figura e o papel do sábio no antigo Oriente Médio. No presente caso dos poemas sapienciais do Saltério, a localização dos textos junto a eruditos individuais parece ter eliminado o centro dado previamente nas liturgias cultuais. Isto sacrifica muito a plausibilidade: como poesias pessoais dos sábios entraram mais tarde nas coleções de salmos? Ou a poesia erudita tardia transformou posteriormente todos os outros gêneros em leitura privada edificante? No mínimo, os defensores da poesia sapiencial individual têm muita pena para tornar compreensível a existência de salmos meditativos e instrutivos no *corpus* como um todo[90]. — Enquanto a existência dos "salmos de instrução" é um forte indício de funções orientadoras na comunidade, é difícil reconhecer nos textos bíblicos alusões diretas a tais práticas. A figura de Esdras oferece um auxílio: ele é o "escriba erudito" por excelência e age em nome e em missão da comunidade de YHWH (Ne 8). Algo semelhante pode ser dito

---

87. Ibid., v. II, 104 e 109 s.
88. Cf. o retrato entusiasmado da classe dos escribas em Ph. R. DAVIES, *Scribes and Schools*, Louisville, 1998, 17-19. Também é fundamental A. LEMAIRE, *Les Écoles et la formation de la Bible dans l'ancien Israel,* Fribourg, 1981 (OBO 39).
89. Cf. por exemplo, C. SPALLER, *"Die Geschichte des Buches ist die Geschichte seiner Auslöschung" (ExuZ 7)*, Münster, 2001, 167-175.
90. Por exemplo F. STOLZ, *Psalmen im nachkultischen Raum*, Zürich, 1983 (ThStu 129). O autor descreve corretamente a formação da nova comunidade religiosa dos judeus na Palestina e na diáspora. "É possível descrever seu culto, no qual aparecem como procedimentos fundamentais a verificação e o ensino, como 'culto escolar'... (ibid., 29). Mas, sob influência da sabedoria "privada", pensa Stolz, este culto se separa totalmente do culto do Templo com seus sacrifícios: uma divisão na realidade religiosa segundo preconceitos protestantes.

do escriba Baruc, cuja atividade como secretário particular de Jeremias dá a impressão de anacronismo. Ele pode ser melhor compreendido como um especialista trabalhando para a comunidade (pós-exílica) (cf. Jr 36; 45). Também a profetisa Hulda tem traços de uma especialista nas Escrituras: de que outro modo os judaítas se voltariam para ela, para que desse um parecer? (2Rs 22,8-20). A figura de Moisés também pode servir como prova. Em seu cargo "dirigente da comunidade" aparece o modelo do encarregado de Yhwh como alguém que repetidamente anuncia a Torá = instrução de Yhwh por escrito e oficialmente (sobretudo Dt 29–31). Assim é justamente Moisés o protótipo do "escriba" e do "mestre", que age no serviço direto da comunidade viva, bem longe de uma posição separada de erudito. A constituição da comunidade, nas circunstâncias daquele período persa, destinava a função de mestre para a classe dos escribas. E o que se escrevia como tradição sagrada servia prévia e exclusivamente para o ensino da comunidade. Portanto, não é estranho que os salmos de instrução no Saltério mostrem grande proximidade com os temas do Pentateuco, como também com a antiga sabedoria popular (ditados, regras de vida) e com céticas discussões escolares (discursos doutrinais, poesias sobre problemas).

Vale a pena examinar com mais exatidão pelo menos alguns temas importantes dos "salmos de instrução" supostamente surgidos no período persa, pois eles revelam muito, mesmo, sobre a situação interna das comunidades nas quais eram usados. A piedade vivida e refletida está assentada nas estruturas sociais e no padrão comportamental da existência cotidiana e dos rituais religiosos. Além dos textos narrativos (Esdras-Neemias) e de restos de arquivos obtidos pela arqueologia (Elefantina!), estes salmos proporcionam uma visão da constituição interna das comunidades pós-exílicas. Pode-se dizer, numa variante da intimidade da oração dos salmos, enaltecida por Martinho Lutero (Prefácio ao Saltério de 1545) e H. Gunkel (Prefácio ao comentário sobre os Salmos de 1926), que "aqui se pode olhar no coração da comunidade de Yhwh". Por isso, o esboço seguinte tem grande importância para a apresentação geral da fé judaica durante o período persa.

Perante os antigos salmos de lamentação e de ação de graças destaca-se, em alguns textos do período pós-exílico, uma atitude diferente perante a vida e a morte. Os antigos pedidos de salvação do perigo de morte e o agradecimento correspondente se concentravam em festejar a vida readquirida e o novo começo. Agora encontramos textos que lamentam em expressões gerais a transitoriedade e a precariedade da vida individual (cf. especialmente Sl 39; 49; 90; 139).

> Yhwh, faze-me conhecer o meu fim, e qual é a duração medida dos meus dias; que eu saiba quanto sou efêmero! Um palmo foram os dias que me deste, a duração de minha vida é quase nada diante de ti. Sim, todo homem não é mais que vento! Sim, o homem vai e vem como um reflexo! Sim, sua agitação é vento! Ele acumula, e não sabe quem recolherá (Sl 39,5-7; cf. Jó 7,7-10).

O tom de lamento é inegável. Não se trata, porém, de um perigo atual, concreto, de doença, difamação ou algo semelhante, mas da transitoriedade, do passageiro na existência humana e do tempo de Deus que perdura muito. O Salmo 90 evoca de modo impressionante precisamente este aspecto da vida. Ele coloca em jogo a cólera de Deus em relação à "culpa" acumulada (necessariamente?) pelos seres humanos (v. 7-9) e deriva disto a curta duração da vida humana, no máximo 70, 80 anos (v. 10). Aparentemente é um problema do tempo que a vida passe rapidamente. — No grandioso Salmo 139 soa como causa da lamentação a insegurança geral da existência sob a presença inevitável e importuna de YHWH. "Aonde irei, para estar longe de teu sopro? Aonde fugirei, para estar longe da tua face?" (v. 7).

Nos três textos é a preocupação do orante individual que importa. Parece que ocorreu uma mudança essencial de paradigma diante dos antigos cantos de lamentação do indivíduo. Enquanto nas tradições antigas, casuais e familiares, o sofredor lutava pela salvação e pela reabilitação, provavelmente dentro do círculo dos próximos e sob a direção de um especialista ritual, o indivíduo piedoso agora está só (no meio de sua comunidade local?). O antigo grupo familiar não é mais a unidade religiosa básica, à qual todos pertencem de modo natural. Todo o que adere a YHWH está só e tem que decidir pelo Deus da nova comunidade religiosa com responsabilidade pessoal. A comunidade assume em parte a proteção de que o indivíduo precisa, mas é o comportamento de cada um perante YHWH e perante o próximo (companheiro de fé) que é decisivo para a posição do orante. Ele pertence ao grupo dos "justos" ou ao grupo daqueles que se comportam com rebeldia perante YHWH? Da individualização da fé e da responsabilidade plena, que só pode ser própria a cada um, surge uma preocupação inédita com a própria existência perante o Deus máximo. A decisão pessoal a favor ou contra ele é o eixo dessa nova atitude de fé[91]. A fidelidade à Torá torna-se o padrão (cf. Sl 119). Entretanto, questões torturantes não se deixam totalmente calar por testemunhos de confiança. Espalha-se certo ceticismo, que certamente é inerente à cultura global, muito além das fronteiras de Israel e de Judá. É experiência humana geral, na segunda metade do primeiro milênio a.C., a falta de segurança e estabilidade

---

91. Deve-se pesquisar mais atentamente até onde essa situação de decisão do crente já está dada na religião de Zaratustra. Cf. M. STAUSBERG, *Religion*, 124-128: a "decisão" (*fravaši*) do crente é adorada como entidade nos textos avésticos antigos. Fundamental para todos os seres humanos é a distinção dos mundos bom e mau e a clara tomada de posição em favor de Ahura-Mazda. Ela implica especialmente a rejeição dos demônios (cf. ibid., 135-150). Depois da vida terrestre, a biografia espiritual de cada ser humano decide sobre sua recepção no paraíso (ibid., 144-150).

no âmbito cultural do Oriente Próximo⁹². Ela influencia de muitos modos o pensamento humano. A mudança na estrutura social e na espiritualidade pode ser reconhecida concretamente em Judá: a antiga fé, ligada à família e ao clã, em diferentes divindades protetoras foi substituída por uma relação pessoal com Yhwh, o Deus de "Israel", o qual também é o senhor universal⁹³. O sujeito da fé não é mais a família, mas o confessor individual de Yhwh no seio da comunidade.

Nestas circunstâncias, a transitoriedade se torna uma séria dificuldade para o sujeito da fé que está relativamente só. Antes, a permanência da família (patriarcal) era considerada sinal da benevolência da divindade. A esperança de "eternidade" é expressa mais claramente nas promessas de permanência para os fundadores de dinastias. As genealogias familiares atestam o mesmo enraizamento no passado e a confiança no futuro. A perda da antiga fé familiar e a concentração na relação individual com Deus reduzem o tempo relevante da religião à duração da vida individual. Não é a fé dos pais ou dos netos que sustenta o piedoso; seu fundamento são somente os atos e decisões pessoais. O crente está viajando em um caiaque individual e em águas perigosas. O trajeto da vida é curto, penoso e cheio de situações opressivas. O fim se desvanece, não havendo nenhum paraíso em vista — ao contrário dos testemunhos avéstico-persas. A crença na ressurreição só aparece timidamente no Antigo Testamento em Daniel 12,2, isto é, no período helenístico tardio. O Saltério não mostra o menor sinal dessa solução teológica tardia. Numa tal existência, vã e sem segurança, a adversidade pode facilmente ser explicada como a "cólera" de Deus, quer reagindo aos "pecados" ou comportamentos falhos, quer agindo arbitrária e soberanamente como Deus majestoso. Mas a responsabilidade de Deus não se mostrou uma explicação suficiente para a miséria experimentada.

Fortemente ligada ao destino do crente está a pergunta sobre as forças que causam o sofrimento e a morte. Naquele mundo, medo e necessidade deviam ser explicados por poderes pessoais do ambiente humano ou da esfera sobrenatural e demoníaca. Ainda não havia conhecimentos científicos sobre as causas das doenças. Portanto, seres humanos maus — próximos ou não muito distantes — deviam estar atuando para prejudicar os sofredores. A lamentação sobre a traição, mesmo no âmbito da solidariedade familiar, surge

---

92. É perceptível em bom número de obras literárias "pessimistas" a atitude básica negativa em relação à ação das divindades, à justiça e ao sentido da vida no Oriente Próximo no primeiro milênio a.C. Cf. abaixo 3.1.3.3.

93. Cf. E. S. Gerstenberger, *Theologien*, 166-216.

nos antigos salmos de súplica (Sl 41,6-10; 55,13-15). O antigo gênero "canto de lamentação do indivíduo" está cheio de tais exorcismos dos inimigos, que às vezes resvalam para o demoníaco, por exemplo nas metáforas de cães em Salmos 22,17; 59,7.15 ou na menção a demônios de febres e doenças no Salmo 91,5 s. Desempenham forte papel a difamação, acusações falsas, calúnia de pessoas próximas, que indicam a quebra do dever de solidariedade. A distinção entre lamentações antigas e novas — apesar de toda a semelhança — está no seguinte: as descrições dos inimigos antigamente visavam à situação concreta de necessidade de um "paciente". Os especialistas rituais deveriam diagnosticar as causas da necessidade no caso singular e preparar orações para a doença correspondente num culto de súplica "privado" (casual). Nas lamentações individuais do período pós-exílico fala o orante (ou todo um grupo de sofredores) que sofre genericamente sob as condições de vida de seu tempo — isso segundo as concepções em vigor sobre as ameaças de morte e as condições de salvação. A situação de necessidade parece universalizada, a miséria é imanente ao sistema. Aparecem claramente, por exemplo, condições sociais insuportáveis. Poderosos economicamente usam sua superioridade para explorar sem escrúpulos os mais fracos:

> Com arrogância os ímpios perseguem os fracos: oxalá caiam nos planos que andam armando. Sim, o ímpio se gloria em sua cobiça; o bem-sucedido benze amaldiçoando YHWH. O ímpio é autossuficiente. "Ele não cobra, Deus não existe", é tudo o que planeja (Sl 10,2-4).

Na sequência o salmo descreve drasticamente as manobras do rico opressor (v. 5-11). Outros "salmos dos pobres" (Sl 37; 49; 73) são textos com poesia de alta qualidade, eloquentes, que com alguma certeza foram usados na liturgia. Eles espalham a base para nossa percepção da "teologia dos pobres" no Saltério. Passagens como Neemias 5 e Levítico 25 mostram a situação e atestam as contramedidas da comunidade para impedir o empobrecimento social. A necessidade financeira das burocracias e dos exércitos persas era gigantesca. O mais tardar desde a reforma do império por Dario, cobradores de impostos, eventualmente coletores privados, trabalhavam com assombrosos rigor e precisão. Nas províncias, o povo sofria sob as contribuições fixas e prestações especiais para o exército e a administração. Assim, grandes segmentos populares empobreceram, o que trazia também lucros, conforme a experiência, para uma fina camada de colaboradores, a burguesia local. Os chamados salmos refletem uma necessidade econômica geral, na qual a riqueza e a pobreza se separavam além da medida conhecida tradicionalmente. Comunidades inteiras empobreciam: os ganhadores diretamente reconhecíveis são os ricos banqueiros do próprio povo — Neemias 5 e Levítico 25 pressupõem o endividamento e a falência de muitas empresas familiares[94].

Ora, a constatação de um conflito social nas comunidades judaicas do período pós-exílico não diz tudo. Os ímpios na comunidade, que querem destruir a comunidade junto com os seguidores de YHWH individuais, são também "inimigos" de YHWH, pois Deus quer que todo o povo passe bem e que ninguém caia sob o poder explorador de um capitalista ou do cobrador de impostos. As comunidades de YHWH desenvolveram uma forte consciência de solidariedade entre si. Quem a viola age conscientemente contra a vontade do Deus comum. Não é por acaso que os exploradores são retratados no Salmo 10 como homens de poder, que esqueceram Deus. Eles pensam que podem ignorar o dever comunitário ordenado por YHWH. Para o observador ortodoxo do cenário, isto significa: os brutais negociantes não só aceitam cinicamente a miséria e a morte de seus companheiros na comunidade, mas também avançam além de qualquer atitude de fé defensável. Sua confissão é "Deus não existe" ou "Deus não nos vê" (Sl 10,2-6), isto é, ele é irrelevante e sem ação. Assim também em Salmos 73,3-12: para o piedoso que sofre necessidade a pontada maior está no fato de que os crimes blasfemos deles perduram muito tempo antes que Deus os puna (v. 18-20.27). O problema da justiça de Deus é, portanto, colocado; isto corresponde ao clima espiritual da época (cf. abaixo 3.2.3.2).

Tal caracterização dos inimigos como adversários de Deus não está longe de uma exclusão real de oponentes falhos e malquistos. Aquele que fere de modo retumbante a ordem social querida por Deus também mostrará comportamento ilícito em outros âmbitos da vida. A não observância de prescrições rituais, a transgressão de direitos hereditários, os desvios da agenda das festas — qualquer infração da norma pode desencadear tendências de divisão e exclusão. Já encontramos em Isaías 56–66 grupos que excluem e condenam um ao outro. O par oposto justos/ímpios (ṣaddiqim/rešaʿim) dá sua contribuição ao Saltério. Ele passa por toda a redação final do livro, aparecendo ancorado especialmente nos "salmos de instrução"[95]. A estatística não oferece muito: "justo" aparece 43 vezes no Saltério aplicado a seres humanos, isto é, a membros da comunidade de YHWH[96]. Somente os Salmos 1; 34; 37; 58 usam a palavra duas vezes ou mais; nos Salmos 14; 52; 58; 75; 112 ela

---

94. H. G. KIPPENBERG, *Religion*, passim.
95. Cf. Chr. LEVIN, *Gebetbuch*.
96. Além disso, YHWH é designado nove vezes como "justo". O adjetivo aparece 52 vezes no Saltério de um uso total de 206 vezes no Antigo Testamento. Este é um uso pouco maior da palavra. Mas se se leva em consideração o significado especial "membro confessor da comunidade de

aparece uma única vez. É de notar que no mais longo salmo do Saltério não aparece "justo", apesar de quase cada versículo falar dele. Somente YHWH recebe uma vez o atributo "justo" (Sl 119,137)[97]. Só no salmo 37 se constata uma forte concentração desse adjetivo. O justo aparece seis vezes em antítese — do modo dos provérbios — ao "ímpio" (cf. Sl 37,12.16.17.32.38 s.). Ele aparece três vezes no centro da atenção (v. 25.29.30). É claro que o confessor de YHWH aparece neste salmo como justo (v. 3-7.25-31.37).

A situação se torna mais clara quando se confronta isso com o injusto, o "sacrílego", o "ímpio". O conceito aparece no Saltério 82 vezes, sempre em relação a seres humanos, inimigos do orante. O Salmo 37, há pouco mencionado, tem a maior participação no *reša'im*, com treze menções. O texto doutrinal insiste formalmente nos maus inimigos. É colocado um abismo intransponível entre o justo e o ímpio. Somente a aniquilação dos maus e o pleno reconhecimento dos amigos de YHWH podem resolver o problema da injustiça. Como já dito, também a questão social entra aqui. O Salmo 37 trata realmente da posse da terra (v. 9.11.22, também 18 s.25), que era a base de segurança de vida na Antiguidade. Na necessidade deve-se confiar em YHWH, o Deus salvador, simpático aos miseráveis. Os maus, aparentemente tão bem-sucedidos, desaparecerão.

Além do Salmo 37 outros poemas de instrução tratam de perto dos "ímpios", como os Salmos 9/10 (8 vezes), 119 (seis), 1 (quatro), 75 (três), 73; 82; 112 (duas vezes em cada). De resto, os "ímpios" são mencionados expressamente ainda em sete textos de nosso grupo. Isto significa: dos poemas de instrução, quinze textos possuem tal referência ao inimigo. Eles mencionam a expressão incriminadora pelo menos quarenta vezes, quase metade do que aparece no Saltério. Portanto, um décimo dos salmos contém 50% de todas as menções dos "ímpios". Isto é uma concentração notável, que permite tirar conclusões sobre as constelações da época. Os homens designados daquele modo não são estranhos; eles estão próximos de quem fala. Eles agem como indivíduos, mas pertencem a um grupo designado. Do contrário não se pode explicar a numerosa ocorrência do plural. Do ponto de vista do salmista, os

---

YHWH", então o conceito de "justo" é quase totalmente limitado ao Saltério (cf. porém Gn 18,22-33; Ez 18,5-29). O uso frequente nos provérbios está em outro nível.

97. A falta de atributos para os "justos" humanos é mais que compensada por numerosas expressões com "eu" e "ele", que mostram o discípulo de YHWH como modelo de seguidor fiel da vontade de Deus. "Antes de ser humilhado, eu me transviava; agora observo as tuas ordens. Orgulhosos sujaram-me com suas mentiras, mas eu, de todo o coração, observo os teus preceitos. O coração deles coagulou como a gordura; quanto a mim, delicio-me com a tua Lei" (Sl 119,67.69-70).

ímpios se excluíram por meio de seu comportamento perante a comunidade de YHWH. Eles se tornaram "não-pessoas", as quais só podem ser tratadas com desejo de aniquilação. À diferença dos antigos cantos de lamentação com suas condenações e maldições de indivíduos, os desejos de morte se voltam agora contra grupos inteiros de "ímpios" (cf. Sl 37,2.9.15.17.20.22.28.34.36.38 e outras passagens). A ideologia do "extermínio de todo o mal", que já havia desempenhado um papel nos escritos deuteronomistas, adquire força eventualmente desenfreada[98]. A compreensão dos oponentes como grupo irreconciliável diante dos "justos" permite concluir que havia tensões ou divisões na comunidade (cf. acima 2.3.1). Mesmo que amaldiçoar os "outros" fosse uma retórica exagerada, aparece nisto um mecanismo de separação e exclusão[99], que só poderia terminar numa ruptura da comunidade ou que a pressupõe. A separação das comunidades de Qumrã da "igreja" mãe em Jerusalém e a correspondente retórica hostil são um exemplo tardio do fenômeno mencionado[100]. Portanto, a fragmentação teológico-espiritual do judaísmo começou ao mais tardar com a construção do Segundo Templo.

Naquela comunidade, que nos deixou o Saltério e os salmos de instrução, houve uma consolidação em torno do Deus YHWH. O sujeito da fé era em primeiro lugar o indivíduo confessor de YHWH. Mas ele não era, como em nossas sociedades ocidentais secularizadas, autônomo e isolado, mas estava assentado na comunidade dos fiéis, o povo de YHWH. Por isso, a identidade do seguidor de YHWH — a ser tratada agora — possui dois aspectos. Por um lado, trata-se da consciência pessoal de estar abrigado em seu Deus. Por outro lado, como ainda era desconhecida a vida de fé solipsista, a constituição e a disponibilidade da comunidade eram um complemento necessário para o confessor como colete ou proteção do indivíduo. O melhor dos justos estava perdido sem a comunidade; dez justos compõem um grupo funcional, liturgicamente eficaz (Gn 18,32).

---

98. Só no Salmo 37 aparece cinco vezes o verbo *krt* niphal ("ser cortado, abatido, exterminado"), que também aparece no Deuteronômio neste sentido. Cf. G. F. HASEL, ThWATIV, 355-367, espec. 362-364 (= "fórmula de extermínio": só o afastamento do indivíduo de seu grupo é levado em consideração). Não há uma reflexão crítica sobre os desejos de extermínio no Saltério.

99. Neste ponto se deveria buscar incondicionalmente auxílio nos modernos estudos sobre formação de identidade, comportamento de grupo, separação de minorias e cenários de conflito e de inimigos. A psicologia social, a pesquisa de comportamento, a antropologia cultural têm muito a contribuir para este tema.

100. Cf. H. STEGEMANN, *Die Essener, Qumran, Johannes der Täufer und Jesus*, Freiburg, 1993, 198-213; 229-231. Mas Isaías 56–66, os "salmos sobre inimigos" tardios, a luta pelo sacerdócio (Lv 10; Nm 16) etc. refutam a tese de que o judaísmo teria sido "algo homogêneo" antes do cisma dos Macabeus.

Primeiro, quanto à proteção na "sombra das asas de YHWH" (originalmente dos serafins?) (Sl 17,8; 36,8; 57,2; 61,5; 63,8; 91,4)[101]: experiências de confiança arcaicas, iniciadas na religião familiar, estão vivas na espiritualidade paroquial. Uma série de salmos muito curtos vive totalmente do idílio doméstico, porém não alienada do mundo (Sl 123; 127; 128; 131; 133). O caráter didático não se manifesta diretamente nestes textos, que em parte assumem a forma de invocação orante. Mas indubitavelmente eles pertencem ao âmbito dos salmos de comunidade tardios. As "bênçãos" (cf. "Feliz aquele..." em Sl 112,1; 119,1 s.; 127,5; 128,1 etc.) são formas retóricas usadas para instrução. Isto aparece também na sutil ligação entre as conotações domésticas e comunitárias:

> YHWH, não é soberbo o meu coração, nem altivo o meu olhar; não ando à procura de grandes coisas, nem de coisas maravilhosas demais para mim. Pelo contrário, fiz calar e sossegar a minha alma; como a criança depois de mamar quieta nos braços de sua mãe, como essa criança é a minha alma para mim. Israel, põe tua esperança em YHWH, desde agora e para sempre (Sl 131).

A força da metáfora convence imediatamente. A relação com Deus é igual à relação entre mãe e filho, e esta mais pessoal das experiências humanas serve de modelo para a comunidade inteira. Também a metáfora dos servos domésticos (Sl 123), que vivem em acordo com os senhores, era adequada para esclarecer a relação com Deus. É significativa (como em muitos salmos "nós"!) a primeira pessoa do plural comunitária e a contraposição contra exploradores arrogantes, talvez nas próprias fileiras (v. 2-4). As relações sociais privadas e as estruturas primárias são extraordinariamente importantes para a comunidade pós-exílica. Delas se retira a força vital e o material para visualização teológica. O indivíduo crente ainda existe na sua família, recebe na comunidade o enquadramento fixo de sua vida de fé e é responsável pessoalmente por seu próprio destino. A bênção de YHWH se mostra no círculo mais íntimo (Sl 128): a mulher — uma "vinha fértil" —, os filhos — "mudas de oliveira" —, a proximidade e a bênção de YHWH a partir de Sião: aí está a suma da felicidade.

A confiança do homem primitivo num Deus pessoal começou nas antigas religiões familiares e foi experimentada por milênios, antes de fluir para dentro

---

101. Cf. S. SCHROER, Im Schatten deiner Flügel, in R. KESSLER et al., *"Ihr Völker alle, klatscht in die Händel!" (ExuZ 3)*, Münster, 1997, 296-316. A autora defende com boas razões que YHWH é comparado a um abutre, que protege sua cria e cuida dela de modo exemplar, como uma mãe (ibid., 300 s.).

de grandes associações religiosas humanas e, sobretudo, antes de ser ativada nas comunidades judaicas do período persa. Precursores são as expressões e os cantos de confiança do Saltério, que se movem autenticamente ainda no âmbito familiar e nos cultos de súplica casuais (Sl 4; 11; 23 etc.)[102]. O Salmo 62, por exemplo, marca a transição para o cântico de confiança comunitário. A confissão pessoal de ser abrigado em Deus é seguida, no versículo 9, pela exortação dirigida aos ouvintes: "Confiai nele em todo tempo, vós, o povo[103]! Expandi vosso coração diante dele; Deus é para nós um refúgio".

As declarações de confiança individuais se orientam, portanto, pelas experiências e dimensões do Deus doméstico, que atua de modo familiar. Elas não precisam de uma história da salvação coletiva, de nenhuma tradição histórica em geral. Este traço da religião de pequenos grupos se manteve nas comunidades exílicas e pós-exílicas. YHWH é a divindade pessoal (ou familiar), que cuida do indivíduo. O potencial de confiança original, que também se manifesta nos nomes (nomes de salvação, de proteção e de preservação), dá apoio ao orante. Por isso, ele pode se voltar para a "comunidade" no Salmo 62 e transmitir sua confiança. Ele apela diretamente a todos os ouvintes para que tenham a mesma confiança em Deus. Então ele se junta numa confissão na primeira pessoa do plural aos presentes: "Deus é para nós um refúgio!", e conclui com a indicação insistente do poder e da misericórdia de Deus. O capital de confiança ajuda o indivíduo, mas vem do tesouro comum das tradições familiares e do clã, e por isso será útil para a comunidade inteira.

O outro lado, o correspondente imprescindível da fé individual em YHWH e da decisão em favor de YHWH é justamente a fé da comunidade. Ela cresceu no período exílico e pós-exílico. Até onde vai nosso conhecimento, não havia ainda no período pré-exílico uma comunidade "confessional" de YHWH. Existiam cultos familiares e locais ao lado do culto de Estado do rei[104], mas a comunidade de YHWH no sentido de uma comunidade religiosa não oficial, fundada na decisão pessoal, só surgiu depois da perda da autonomia estatal. A pressão por uma nova organização depois da tomada de poder babilônia produziu uma nova e admirável formação. Sob certo aspecto, a fundação da comunidade de YHWH foi o motivo e a precondição do desenvolvimento da fé pessoal.

---

102. Mais detalhes em E. S. GERSTENBERGER, *Psalms,* Glossary, verb. "Affirmation of Confidence" e "Song of Confidence", e os salmos mencionados (FOTL XV).

103. O massorético tem *bekol 'et 'am*, "todo tempo, povo"(?); a LXX supõe "comunidade toda", *kol 'adat 'am*.

104. Esta tese é mais bem fundamentada em E. S. GERSTENBERGER, *Theologien,* 26-77; 131-165.

Este fato sempre foi bem conhecido pelos antigos piedosos. Por isso, eles comemoravam em suas instruções comunitárias YHWH, o senhor do povo eleito. O acontecimento fundador da eleição de Israel foi datado no passado — como poderia ser diferente? Eles não foram atrevidos a ponto de identificar o começo do mundo com o início da comunidade de YHWH, mas, dependendo das respectivas tradições locais, os teólogos identificavam Abraão, Jacó, Moisés, Davi, Esdras como as figuras decisivas, que mediaram as relações com Deus de modo permanente. A partir das diferentes lendas de origem, uma tradição em atividade continua juntou, nos chamados livros históricos do Antigo Testamento, uma coerente história da salvação. Os salmos de instrução recorrem parcialmente aos relatos históricos já disponíveis, mas possuem também um perfil próprio.

Retrospectivas históricas sempre ensinam alguma coisa. Do contrário, por que alguém narraria o passado sem a intenção implícita de transmitir conhecimento, ancorar o presente em acontecimentos anteriores, fornecer aos jovens sua identidade e sua origem? A linha de separação entre salmos históricos de louvor com intenções implícitas de instrução e poemas declaradamente instrutivos é fluida. Ela pode ser fixada pelo uso concreto dos textos, o qual se reflete nas formas e nos conteúdos do discurso. Os Salmos 78; 105; 106 — acima chamados de "salmos de instrução" — mostram uma tendência acentuada ao ensino. É puríssima "abertura de professor" o trecho do Salmo 78,1-4: "Ó meu povo, escuta minha lei...", comparável com Deuteronômio 32,1-2; Salmo 50,7 etc. Também o Salmo 105 está desde o início sob o signo da "lembrança" ("Lembrai os milagres que ele fez, seus prodígios e os julgamentos saídos de sua boca", v. 5). O Salmo 106, por sua vez, começa, depois de uma exclamação de gratidão e de uma pergunta em tom de hino — "Quem é capaz de dizer as proezas de YHWH?" (v. 2) —, com uma bênção tipicamente didática (v. 3). Os episódios da história da fé mencionados em seguida (v. 7-39) são apresentados como exemplos comoventes de advertência. Nos versículos 40-47 eles são repassados até o tempo do salmista, avaliados e apropriados[105].

Os grandes salmos 105 e 106 foram compostos, no Saltério em crescimento, de modo consciente. Eles retomam de modo acentuadamente diferente a tradição histórico-salvífica, já formada e provavelmente até mesmo escrita.

---

105. Detalhes sobre as intenções didáticas dos salmos mencionados em E. S. GERSTENBERGER, *Psalms*, sobre os respectivos textos. Cf. também J. C. MCCANN, The Psalms as Instruction, Int 46 (1992) 117-128.

O fato essencial é a aliança com o povo de Israel, a qual inclui primeiramente a promessa da terra — um inflamado interesse das gerações no exílio.

> Vós, semente de Abrão, seu servo, vós, filhos de Jacó, seus eleitos! É ele Yhwh nosso Deus, que governa a terra inteira. Ele se lembra sempre da sua aliança, palavra de ordem para mil gerações, que ele firmou com Abraão, jurou a Isaac, confirmou em decreto para Jacó, aliança eterna para Israel, quando disse: "Dou-te a terra de Canaã, a herança que vos cabe!" (Sl 105,6-11).

Seguindo livremente as histórias dos patriarcas, as novelas de José e os acontecimentos do êxodo (Gn 12 — Ex 16), os autores do salmo desenvolvem seu ensino visual sobre a direção providente do povo por Yhwh, que cumpre as promessas para Israel apesar de todas adversidades da política mundial. Yhwh protege o povo escolhido na fase de peregrinação dos patriarcas (v. 14 s.). Ele faz com que o faraó nomeie José vizir para que Israel tenha um refúgio perante a fome que grassa (v. 16-23). Ele doma os senhores posteriores do Egito por meio de pragas (v. 28-36) para que libertem Israel da escravidão (v. 37 s.). Este episódio é apresentado em detalhe; não assim a salvação no mar Vermelho, só vagamente aludida no versículo 39. O fornecimento de alimento e água no deserto (v. 40) é o último exemplo de cuidado divino neste salmo. A conclusão formula a lição que se deve tirar da história da salvação: devido ao comprovado cuidado de Yhwh, "guardem os seus decretos e observem as suas leis (*torot*)" (v. 45).

Como nos Salmos 135 e 136, a história de Israel com seu Deus Yhwh aparece aqui com brilho. Os episódios do passado escolhidos provam (sem os acontecimentos do Sinai segundo a sequência canônica) a benevolência única de Deus para com os descendentes de Abraão. Moisés e Aarão são grandes milagreiros e líderes, mas não explicitamente legisladores, juízes e sacerdotes. Yhwh está acima e por trás de tudo o que acontece, sem que sua autoridade universal seja intensivamente colocada em primeiro plano (compare o v. 7 com os salmos do rei Yhwh). A saída do Egito e a entrega da terra em Canaã são os principais pontos da direção divina. A imagem geral do cuidado de Yhwh por Israel é clara, popular, arrebatadora, e não teológica, reflexiva, problemática. Uma alegria exuberante e uma certeza de vitória perpassam o salmo. O gozo da própria terra e de bens (de cultura) tomados dos habitantes anteriores aparece por toda parte. Para o salmista "é um prazer viver", porque Yhwh quase que naturalmente toma conta do povo escolhido. De onde vem esta avaliação extraordinariamente positiva da vida e da relação com Deus? Por que só se fala de rupturas, inimizades e catástrofes na medida em que foram superadas e não são mais atuais (v. 14.16 s.25)? Miséria e hostilidade são somente panos de fundo sombrios, diante dos quais as intervenções salvadoras de YHWH e o bem-estar de seu povo brilham com maior intensidade. Uma explicação disso só pode ser dada pelos contextos nos quais o salmo era usado. Alegria e gratidão eram expressas em algumas festas, sobretudo nas festas de colheita, nas vitórias militares ou experiências de felicidade pessoais (por exemplo nos ritos de passagem). Aspectos sombrios da vida e da divindade deviam recuar. Nessa situação a mensagem decisiva era: "YHWH gosta de nós! Ele cuida de nós!". A instrução devia se concentrar numa afirmação da vida. Dos guetos judeus surgiram as canções de Klesmer, que exprimem alegria e vontade de viver mesmo sob perigo de morte. É concebível também a utilização de tais salmos históricos na instrução de crianças e jovens. Pedagogos lhes pintam com prazer as chances positivas da vida, a felicidade alcançável. De qualquer modo, um salmo didático de pura alegria da fé, de pleno júbilo por promessas divinas cumpridas e realizadas tem, dentro de um mundo real cheio de dor e de complicações, um lugar vivencial bem determinado. Não pode ser lido como expressão dogmática para todas as situações da vida.

Outro caráter possui o salmo "gêmeo" do Salmo 105, o Salmo 106, que por seu conteúdo está entre as grandes orações penitenciais do povo (cf. Esd 9; Ne 9; Dn 9)[106]. Formalmente, o salmo contém formulações de súplica nas primeiras pessoas do singular (v. 4-5) e do plural (v. 47), a confissão de culpa comunitária ("nós pecamos...", v. 6) e uma grande retrospectiva da história da rejeição a YHWH, o qual não se cansa de preocupar-se com seu povo (v. 7-39). Justamente neste trecho — assim como nas fórmulas de abertura didáticas já mencionadas dos versículos 2-3 — são perceptíveis as tendências pedagógicas. É tremenda a lista das falhas cometidas pelos pais que foram assimiladas e assumidas pela geração ainda em vida. Ela termina com a mancha que contamina a terra que lhes foi dada.

> Imolaram seus filhos e suas filhas aos demônios. Derramaram sangue inocente, o sangue dos seus filhos e das suas filhas que eles sacrificaram aos ídolos de Canaã — e a terra foi manchada por culpa de sangue. Conspurcaram-se pelas suas práticas e prostituíram-se pelos seus atos (Sl 106,37-39).

A imponente série de crimes foi colhida das tradições então disponíveis de um modo muito particular. Sem que se observe a sequência canônica, os livros de Êxodo até Números e também algumas passagens do Deuteronômio fornecem a base para uma apresentação homilética didática. YHWH é o salvador da necessidade no mar Vermelho (v. 10) e no deserto (v. 15), mas

---

106. Cf. R. KESSLER, Das kollektive Schuldbekenntnis im Alten Testament, *EvT* 56 (1996) 29-43.

também pune com mão rigorosa (v. 17 s.23.26 s.). Moisés se colocou na brecha (v. 15), assim como Fineias, o sacerdote zeloso de Números 25,6-15 (v. 30 s.). Cada acontecimento da história é mencionado e avaliado. Não se recorre a nenhum esquema literário ou litúrgico. Predominam pontos de vista deuteronomistas e sacerdotais, mas cada afirmação carrega um tom "pessoal". O catálogo dos erros corre para uma acusação geral: os povos de Canaã não foram completamente expulsos (v. 34-36; cf. Dt 7,1 s.; 12,2 s.; Jz 1,28; 2,23; 3,6 etc.). Segue a acima citada passagem sobre a mancha lançada sobre a terra pelos sacrifícios a Moloc (v. 37-39; cf. Lv 18,21.24-29; 20,2-5; 2Rs 21,6.16). Enquanto os versículos 34-36 retratam provavelmente o período do exílio[107], além da indicação da dispersão entre os povos no versículo 27, sobretudo o trecho 37-39 abre o olhar para a atualidade pós-exílica: Yhwh pune por meio das deportações (v. 40-42), mas tem piedade de suas comunidades e faz que os opressores sejam clementes; e a mudança do destino é palpável (v. 43-46). A súplica final da comunidade em culto (forma "nós"!) confirma mais uma vez em linguagem litúrgica o desejo de retorno e reunificação (v. 47). Sob a consciência de culpa da comunidade pós-exílica, a miscelânea de episódios incriminadores do passado se transforma num discurso didático e homilético. As transgressões do povo sempre foram pesadas; e continuam, motivando as justas penas aplicadas por Yhwh. Sobretudo a diáspora entre os povos foi e continua sendo o justo pagamento pelos desvios de Israel. Mas a paciência e a graça de Yhwh perduram nas piores tempestades e levam a um fim feliz. "Recordou-se de sua aliança com eles, e na sua grande fidelidade voltou atrás. Fez que deles tivessem pena todos os que os haviam deportado" (v. 45 s.) — eis um sinal da mudança que veio a partir de Ciro.

O Salmo 78 segue um tom semelhante: ele também reflete sobre a culpa de Israel na história e termina com um ato de salvação de Yhwh para seu povo. Mas o período escolhido é outro, e a posição hermenêutica do salmista parece estar no período dos reis judeus. A sequência dos episódios que servem de advertência vai do êxodo até a tomada da terra (v. 12-55), abarcando, portanto, a "salvação" clássica do distante passado mosaico. Mas antes e depois dessa história de cunho deuteronomista surgem observações sobre "Efraim" (v. 9-11) e a falta de fidelidade de Israel (v. 56-58), que conduzem à condenação de Silo (v. 59-64), à rejeição de José e à eleição de Judá com a liderança de Davi (v. 67-72). Com tal corte, parece quase evidente que o salmo surgiu e foi usado no período pré-exílico. Mas a aparência engana. As

---

107. O vocabulário revela o ponto de vista do exílio: cf. Salmos 106,35 com Esdras 9,2 etc.

fases deuteronomistas da ação salvadora de YHWH para Israel — apostasia e rebeldia do povo, punição de Deus, conversão dos castigados, nova graça de YHWH — podem ser muito bem reconhecidas como um princípio de construção histórica. Toda a temática da fidelidade exclusiva de Israel a YHWH foi enraizada numa teologia tardia que tematiza sua unicidade. O "cativeiro" do versículo 61 transmite o tom das grandes deportações do século VI e não o do roubo da arca em 1 Samuel 4,21. O texto como um todo indica mais uma época exílica e pós-exílica[108], sendo que os salmistas posteriores teriam avaliado a ascensão de Judá e de Davi perante as tribos do norte como paradigma da vitória da sua causa. Talvez ainda falte uma parte do texto na forma transmitida, pois o salmo termina de forma atípica com a descrição do bom tempo do governo de Davi (v. 72), sem nenhum canto final ou fórmula litúrgica que marque o fim do salmo.

Apesar de todas as questões que o texto faz surgir, o Salmo 78 se mostra já na introdução claramente como discurso didático. Um conferencista apresenta a si mesmo e a intenção do discurso (v. 1-8). Temos aqui, com toda a clareza desejável, um discurso didático, que menciona claramente a intenção do salmista e a função do texto. As "histórias antigas" constituem uma "instrução", e a instrução não é outra coisa senão a Torá (v. 1 e 5)! Um conhecedor fala perante uma assembleia, fala diretamente para os ouvintes. Seu argumento em favor do ensino da história é que o conhecimento tirado do próprio passado e sobre ele não pode ser esquecido. Por que não? O conferencista responderia: este passado junto ao Deus de Israel constitui o presente. Só da tradição pode ser tirada a norma fundamental da vida, a instrução de YHWH a seu povo sobre como e onde viver. Trata-se de um conhecimento sólido e do aprendizado da vontade divina. Os pais o transmitiram desde muito tempo aos filhos (v. 3.5). Trata-se da manutenção das instruções de Deus (v. 7), e os próprios pais fornecem exemplos intimidadores sobre a tergiversação e a apostasia (v. 8). O paradigma fundamental da doutrina, portanto, é: aprendam da história. Não se deixem afastar da fidelidade a YHWH por nada. Não caiam no antigo modelo da vontade de autoafirmação, da rebelião aberta contra Deus. Pelo amor de Deus, não ignorem os bons tempos concedidos por YHWH. Não se apeguem ao poder próprio, à glória própria e a outras ilusões. A rebeldia é contraprodutiva, ela não leva a nada. YHWH é o único ponto de cristalização para a identificação

---

108. F.-L. HOSSFELD indica corretamente a análise histórico-literária e a imagem de Davi depois do exílio como tornando impossível uma datação antes do exílio: HThKAT Psalmen, 429; v. também H. SPIECKERMANN, *Heilsgegenwart*, 146 s.

pessoal e comunitária. A atitude exigida é: "estar firme (*ne'emnah*) em Deus com seu espírito (vontade, sentido: *ruaḥ*)" (v. 8d). (As palavras escolhidas lembram também as antigas fórmulas persas de dedicação; cf. *Yasna* 27,13-15.) A finalidade da instrução é uma decisão firme por YHWH.

Parece que a confissão de culpa é algo específico da fidelidade a YHWH depois do exílio. Todos os comentários indicam que, como no Salmo 78, as grandes orações penitenciais em Esdras 9, Neemias 9 e Daniel 9 acentuam uma confissão dos pecados que abarca a história e o presente: "Desde os dias dos nossos pais até hoje, grande é a ofensa de nossa parte..." (Esd 9,7: a oração se torna então um agradecimento, pois YHWH salva um resto). Neemias cita primeiro os bons atos de YHWH no tempo de Aarão e de Moisés, e continua: "Mas eles e nossos pais foram orgulhosos e enrijeceram a nuca..." (Ne 9,16; seguem-se episódios de apostasia e de renovada clemência de Deus até a entrada em Canaã). "Mas eles rebelaram-se e revoltaram-se contra ti; rejeitaram a tua Lei (*torah*) para bem longe deles, mataram os teus profetas..." (v. 26). As consequências foram as deportações para Babilônia. Israel grita novamente por ajuda e é perdoado, ele tem uma recaída e é anistiado — uma cadeia sem fim de apostasia e restauração (v. 27-31). Em Neemias é dominante a visão negativa da história, iniciada pelo deuteronomista: ela ensina a lamentar, a confiar e a suplicar, e está assim em paralelo direto com os salmos didáticos históricos (cf. Ne 9, sobretudo v. 32-37). A confissão de culpa assume posição fixa (v. 33-35). A oração de Neemias termina de modo não litúrgico com a descrição da miséria (v. 36 s.: exploração de Judá através dos "reis"); poderíamos esperar como conclusão súplicas, promessas e louvores. É claro que o passado é assimilado e a duradoura história de falhas do povo de YHWH se torna consciente. Com intensidade, a consciência de culpa profunda é expressa em Daniel: "Nós pecamos, cometemos faltas, fomos ímpios e rebeldes..." (Dn 9,5; repetição intensificada da confissão de culpa nos v. 6-15). Pelo que vemos, a falha culpável do povo se torna um tema constante desde o aparecimento de uma interpretação teológica da história deuteronomista, a qual, aliás, influencia sobretudo algumas correntes protestantes da modernidade. Como mostram os nossos três salmos didáticos, ela se torna um lugar-comum privilegiado diante de outras tradições que atribuem a culpa pela catástrofe a YHWH (Sl 44; 89) ou deixam aberta a questão das causas da ruína (Sl 66,10-12; 124,3-7; 137 etc.).

Outro exemplo importante da doutrina da história da rebelião de Israel contra YHWH é Deuteronômio cap. 32. O "Cântico de Moisés" foi considerado, já pelos redatores, um documento de fé de primeira importância, que serviria para instruir exortando e avisando (cf. a introdução em Dt 31,19-22.30). Para o leitor, "este Cântico" (31,30) já é um conceito fixo antes da sua citação em 32,1-43. Ele tem visivelmente a posição de uma importante peça catequética. E depois da citação textual, o redator diz ainda uma vez: "Moisés... veio então pronunciar todas as palavras deste cântico aos ouvidos do povo" (Dt 32,44). Em seguida, Moisés exorta o povo para que seja fiel à Torá (v. 46 s.). A relação literária entre este cântico e a Torá não se define facilmente. O Cântico de Moisés deve ter tido uma função muito importante. Em certo momento pode até ter sido concorrente com a Torá narrada ou decretada. Seja qual for a avaliação literária e teológica[109], já está presente aqui o tom básico de uma história de apostasia de YHWH, como a encontramos nos Salmos 78 e 106. Certamente o cântico é modulado num vocabulário próprio, com conceitos específicos. YHWH "encontra" Israel no deserto, como uma criança abandonada: "... ele o envolve, o instrui, vela sobre ele como a pupila dos seus olhos. [YHWH] é como a águia encorajando sua ninhada: plana sobre seus filhotes, desdobra toda a sua envergadura, toma-os e os conduz sobre suas asas" (Dt 32,10 s.). Com imagens, mais míticas do que históricas, o Cântico descreve os "anos de juventude" de Israel (v. 12-14). "Assim Ieshurun engordou, mas escoiceou — ficaste gordo, robusto, corpulento —, ele deixou YHWH, que o fez, desonrou seu rochedo, sua salvação" (v. 15). E numa fala mais direta: "Negligenciaste o rochedo que te gerou, esqueceste o Deus que te pôs no mundo" (v. 18). YHWH reage, numa longa acusação (v. 20-33), a qual prevê o exílio e o domínio estrangeiro sobre o povo infiel. Mas a partir do versículo 34 irrompe uma mudança em favor do povo desviado: YHWH promete vingança pelos sofrimentos que aturaram (v. 32-42). Uma exortação aos povos para louvar YHWH conclui o salmo. A miséria e a opressão foram superadas — diferente de Neemias 9 e Daniel 9, mas comparável a Esdras 9 e Salmo 109.

O paradigma "Israel carrega desde o início pesada culpa" é extremamente importante em todos os exemplos. Como peça doutrinária, o tema desempenha um papel fundamental em pelo menos algumas situações. Quais eram as ocasiões de sua recitação? Devemos pensar nas cerimônias de lamentação pós-exílicas, já que a agenda litúrgica do século do exílio não parece ter acentuado especialmente a ideia de culpa[110]. No século V a.C., o tema "culpa dos pais" está em voga. Deixemos de lado se se pode falar de uma "obsessão de culpa". A recepção dogmática, ancorada na antropologia, da consciência de culpa só se deu provavelmente com o cristianismo. Paulo foi um teórico proeminente da situação geral de pecado: "Pois não há diferença: todos pecaram, estão privados da glória de Deus" (Rm 3,23). A doutrina da total pecaminosidade de todos os humanos se transforma no cristianismo numa ampla corrente da tradição, que passa por Agostinho, Lutero, Calvino e Karl Barth. Não se pode acusar os salmos didáticos pós-exílicos de tal "ideologia acadêmica". Textos que não são orientados pela culpa, como o Salmo 105, ou os Salmos 44 e 89,

---

109. A discussão sobre o Salmo 32 é polêmica. Cf. O. EISSFELDT, *Das Lied des Mose Deuteronomium 32,1-143*, Berlin, 1958; P. SANDERS, *The Provenance of Deuteronomium 32*, Leiden, 1996.
110. Cf. R. ALBERTZ, BE 7, 117-130.

bem como Isaías 63,7–64,10, previnem isto. Ora, o tema da culpa histórica tem um papel especial na instrução reflexiva do período persa.

Neste ponto é adequado perguntar pelo clima espiritual-religioso do período persa. Havia na fé de Zaratustra uma comparável consciência de pecaminosidade e impureza universal, a ser expiada por meio de penitência? A religião de Zaratustra tem orientação ética e ritual: ela prevê a possibilidade de penitência por decisões erradas e transgressões dos seres humanos. Além disso, as declarações em avéstico antigo desenvolvem uma divisão de épocas da história que conhece as fases da pureza e da felicidade bem como o domínio de demônios e da escuridão. Nestes dois pontos encontramos alguma afinidade com a construção israelita de uma história de pecado desde os dias dos pais e com as exortações à penitência como melhoria das relações com Deus. Entretanto, a "superação do mal" avéstica se reveste fortemente de demonologia[111].

YHWH é o centro da fé pessoal e comunitária na comunidade pós-exílica. Tudo gira em torno dele, sua santidade, sua justiça, sua clemência, sua benevolência e seu auxílio. Em comparação com épocas históricas, estruturas sociais, hábitos cotidianos e sistemas de valores antigos, a realidade da vida de Israel mudou consideravelmente na fase de fundação, possibilitada pela política persa. As mudanças exigiram um novo pensamento teológico. A presença de Deus não podia mais ser experimentada num culto estatal próprio e em santuários locais, "lugares altos" e cultos familiares paralelos. O Deus guerreiro YHWH, que cabia na união tribal e no estado nacional monárquico, não é mais atual. Em vez disso, tornou-se um Deus de grupos minoritários espalhados, locais, configurados paroquial e patriarcalmente. Um Deus que mantém unidas comunidades distantes, desde Elefantina no Egito até os assentamentos judeus na Babilônia. Sua presença é experimentada menos mediante teofanias cultuais, missões proféticas e auxílios militares do que mediante o culto, a escrituração das diversas tradições e a discussão com o novo ambiente imperial.

Mestres da religião persa, como Zaratustra e seus discípulos, podem ter precedido a invenção e o colecionamento das Sagradas Escrituras. Em todo caso, a utilização da milenar arte da escrita para fins religiosos estava no ar, na Mesopotâmia. Já nos tempos sumérios (terceiro milênio a.C.), templos e sacerdotes anotaram parcialmente rituais, orações e outros gêneros religiosos — contra a resistência daqueles que consideravam importante a oralidade na

---

111. Cf. M. STAUSBACH, *Religion*, v. 1, 135-153; M. BOYCE, *History*, v. 1, 85-129.

transmissão dos textos. Provavelmente, a melhoria da comunicação a distância nas grandes estruturas estatais foi o propulsor da escrita. Veja-se a organização do serviço postal persa! Já existiam na Mesopotâmia, no primeiro milênio a.C., coleções de presságios, exorcismos, orações[112]. Mas não havia, até o tempo persa, coleções de textos escritos para comunidades de fé. Israel, provavelmente depois de alguns exercícios esporádicos nas chancelarias dos reis e na possível escola do Templo em Jerusalém, ingressou, por ocasião do exílio, inteiramente no processo de escrever as próprias tradições. As narrativas sobre o homem Moisés, sua convocação no Egito, seus encontros com Deus no monte Sinai (Horeb) tornaram-se documentos fundadores da comunidade religiosa. E as instruções recebidas, por Moisés, de YHWH — plenamente no sentido das revelações experimentadas por Zaratustra de Ahura-Mazda — tornaram-se os estatutos fundadores da fé. A Torá — e a poesia didática referente à Torá utilizada na liturgia — tornou-se uma orientação abrangente para a comunidade. Rolos e livros substituíram cada vez mais o encontro cultual ou profético com a divindade. O elemento histórico não pode ser aqui desconsiderado: a revelação da Torá não foi um ato único e fechado, como aparece em Êxodo 20,1; 21,1, Deuteronômio 5,31; 6,1; 28,58.61.69; 30,10 etc. Gerações colaboraram na gênese das ordenações da vida comunitária e privada. As camadas do Pentateuco podem ser claramente reconhecidas. Entre Moisés e Esdras há mundos. Eles ainda são refletidos nos salmos didáticos, os quais tematizam o dom da Torá (Sl 1; 19; 50; 119) e apresentam, eles mesmos, uma forma de manifestação da Torá.

Inicialmente (depois do exílio) ou sob certas condições comunitárias falou-se preferencialmente da aliança entre YHWH e Israel, isto é, do início de uma ligação estreita, organizada contratualmente entre os judeus, que se viam como o "o resto", e o seu Deus (cf. Sl 50,5; 78,10; 105,8-10). A cerimônia de comprometimento poderia tomar a forma bem concreta de um banquete com o próprio Deus (Ex 24,9-11). Começa uma relação de fidelidade e dependência. A atenção se dirige, naturalmente, para as orientações sobre a forma de vida privada, comunitária e cultual. Qual é a verdadeira vontade de Deus? Para muitas situações não há regulamentação alguma, devendo-se pedir a YHWH instrução complementar (Lv 24,12). Mas em geral a Torá vale como o grande presente para a comunidade, carente de uma clara direção da parte de Deus.

---

112. Cf. S. MAUL, *Zukunftsbewältigung*; G. CUNNINGHAM, *"Deliver me from Evil"*. Mesopotamian Incantations 2500-1500, Roma, 1997 (StP.SM 17); A. ZGOLL, *Die Kunst des Betens*, Münster, 2003 (AOAT 308).

A instrução [*torah*] de Yhwh é perfeita, restaura a alma; o testemunho de Yhwh é seguro, torna sábio o simples. Os preceitos de Yhwh são retos, alegram o coração; o mandamento de Yhwh é límpido, ilumina os olhos (Sl 19,8 s.).

O Salmo 119, o grande salmo acróstico sobre a Lei, canta o maravilhoso dom da instrução, mas também revela as dificuldades e tentações de uma vida sob a orientação de Yhwh. Dificuldades e incertezas são experiências de vida bem reais:

> Minh'alma definha aguardando tua salvação, espero na tua palavra. Meus olhos definham procurando tuas ordens, e eu digo: "Quando me consolarás?". Eu sou semelhante a um odre tostado, mas não esqueço teus decretos. Quanto durarão esses dias para teu servo? Quando farás julgamento contra os meus perseguidores? Orgulhosos cavaram fossos contra mim, em menosprezo à tua Lei. Todos os teus mandamentos são fidelidade: agora que me perseguem falsamente, ajuda-me. Reduziram-me a quase nada sobre a terra, mas eu não abandonei os teus preceitos. Segundo a tua fidelidade, faze-me reviver, e eu observarei o testemunho de tua boca (Sl 119,81-88).

Seguem-se pedidos; um tom de confissão e louvor passa por todos os trechos. Importa sobretudo socializar o jovem na Lei. Assim, a vida recebe um fundamento sólido e uma direção clara. Assim, as declarações na forma "eu", que confessam a Yhwh e sua instrução, são o tema básico deste salmo didático exemplar (v. 97-104, entre outros). O orante adquire sabedoria, torna-se mesmo "mais sábio que os antigos", pois ele mantém a Torá (v. 100). Ele se declara abertamente em favor da vida com Yhwh.

Chegamos a um ponto final provisório com o elemento de confissão. Como se deu que uma minoria étnica e religiosa do império persa destacasse cada vez mais o caráter confessional da fé? Qual é a importância de uma vinculação pública a uma determinada divindade? Primeiro devem ser descritos os fatos: encontramos no Saltério, sobretudo nos "poemas didáticos", nas instruções dos salmos, uma quantidade considerável de declarações pessoais ou comunitárias formuladas direta ou indiretamente, as quais têm como conteúdo a pertença incondicional a Yhwh. Nos textos mais antigos a confissão pode consistir na frase lapidar "meu Deus (pessoal) és tu (ele é)" (cf. Sl 31,15; 40,18; 63,8; 71,1-3; 143,10). A função da declaração em conexão com orações individuais de lamentação e de súplica é afirmativa: a divindade em obrigação de solidariedade com o suplicante. A comunidade posterior invoca Yhwh no mesmo sentido: "Tu és nosso pai!" (Is 64,7). Ela se confessa a ele em frases como "Yhwh é nosso Deus" ou "Tu, Yhwh, és nosso Deus" (cf. Sl 8,2.10; 18,32; 48,15; 81,2; 95,7; 113,5). O desejo de confessar Yhwh pode entrar em outros contextos, sobretudo de louvor e agradecimento. Nos salmos pós-exílicos sempre está presente também a intenção pedagógica (cf. Sl 34,4.9.19.23; 52,10 s.; 58,12; 62,7 s.; 73,28; 75,10 s.; 90,1b; 95,3).

Como o Salmo 75, o Salmo 52 desenvolve a lealdade a Deus a partir da oposição diante dos ímpios. Este fato merece consideração; ele pressupõe, como já mencionado, certas constelações histórico-sociais. Grupos contrários tornam discutíveis a relação do orador com Deus. A reação é novamente um desejo de aniquilação dos inimigos (v. 7), ao passo que os justos confessores estão ao lado do Deus bom e justo. O ímpio, que edificou sobre poder e posse, vai perecer (v. 9). A confissão a YHWH marca, ao contrário, a única atitude correta na vida. Assim apresentam as coisas também os Salmos acrósticos 111 e 112. O primeiro é um hino didático, o segundo acompanha as bem-aventuranças dirigidas à comunidade e traça o ideal do justo:

> De todo o coração celebrarei YHWH no conselho dos homens retos e na assembleia. Grandes são as obras de YHWH! Todos os que as amam as estudam. Sua ação é brilho e esplendor e sua justiça subsiste para sempre (Sl 111,1-3).

> Bom é o homem que se compadece e empresta: ele administra seus negócios segundo o direito. Para sempre será inabalável, sempre se guardará a memória do justo. Ele não receia os boatos maliciosos; com o coração firme, confia em YHWH (Sl 112,5-7).

A fidelidade a YHWH compensa, pois Deus retribui com bênção e bem-estar. Confessar significa assumir uma posição firme numa comunidade claramente definida; significa reconhecer o Deus determinado como seu patrono pessoal. Num mundo espiritual pluralista como o do império persa, isso implica a rejeição de outras divindades. Isto é expresso nos escritos do período de modo polêmico e radical com muita frequência (cf. Sl 115,3-8; Is 44,9-20)[113]. O louvor a YHWH, entretanto, se intensifica até chegar a visões do futuro. Os confessores de YHWH vivenciarão sua vitória sobre todas as potências inimigas. Eles mesmos executam o julgamento divino: "Tirar vingança das nações..." (Sl 149,7). Júbilo estrondoso sela a grande obra de YHWH (v. 1-3). Esboça-se a consciência militante e apocalíptica de serem "santos" ("fiéis", "piedosos", "confessores" etc.). YHWH é o Deus salvador para a comunidade por ele escolhida; ele reverte o destino da minoria oprimida. Aqueles que lhe pertencem vencem militarmente seus dominadores. O julgamento de Deus está escrito (v. 9). Há aqui uma referência aos Escritos Sagrados, a revelações proféticas?

---

113. Cf. H.-D. PREUSS, *Verspottung fremder Religionen im Alten Testament*, Stuttgart, 1971 (BWANT 92).

É provável, pois como se poderia entender de outro modo o caráter escrito? Difícil também é o problema dos inimigos: acham-se nos escritos do Antigo Testamento, em grande número, acusações, ameaças, maldições e oráculos contra babilônios, assírios e egípcios. Em lugar nenhum a dominação persa é mencionada expressamente como opressora. De fato, Neemias 9,36 s. lamenta a dominação estrangeira, e Neemias 5 traça uma imagem visível clara do empobrecimento econômico. Mas não há confrontos diretos, e as descrições positivas do governo imperial persa são dominantes em Esdras e Neemias. Apesar disso, o Salmo 149 e sua militância podem ser reclamados para o período persa. A confissão a Yhwh implica a recusa de outras divindades concorrentes e de outras reivindicações de poder em volta da comunidade judaica. Assim como se opuseram abertamente — talvez com apoio do governo imperial — ao centro administrativo e religioso da Samaria (cf. Esd 4–6; Ne 3–6), assim também outras oposições a povos vizinhos podem ter se tornado virulentas e ter sido assimiladas nas cerimônias litúrgicas. A designação dos poderes inimigos como "reis" e "nobres" (Sl 149,8) é adequada liturgicamente, mesmo que o uso oficial falasse mais de "administradores/governadores".

Mas as confissões da comunidade à divindade eram faladas para quem? Perante quem? Com que finalidade? Que função sociológica possuem tais textos, que pretendem construir e afirmar sua participação? Declarações de confissão, assim como símbolos e comportamentos confessionais, sempre possuem um impulso para dentro e outro para fora. Para a própria comunidade, elas apresentam um colete de apoio interno, que possibilita coordenação e cooperação eficaz das pessoas. A confissão é o código interno ao qual todos se sabem obrigados. Yhwh e a Torá eram, para os judeus na pátria e para os da diáspora, pontos de referência indispensáveis para a própria comunidade, naquela mistura de povos do grande império persa. Cultos de clã e de família não são mais suficientes para consolidar a comunidade de Yhwh. Ruíram as estruturas de tribo e nação. Restou a comunidade confessional, a qual deveria ser expressamente confessa. Aparentemente existiam condições análogas também na fé de Zaratustra[114], pois as partes antigas do *Avesta* falam muito, como já foi dito, da decisão pessoal de cada ser humano em favor do bem, que se concretiza em Ahura-Mazda, nos *Ameša Spentas* e em tudo que se coloca contra a mentira. A dedicação aos poderes bons deve ser sempre repetida e

---

114. Não há quase pesquisas sobre a estrutura social das comunidades persas de Zaratustra; M. STAUSBERG (*Religion*, v. 1, 11, nota 37) faz referência a D. RAFIY, *Politische und soziale Implikationen des Zarathustrismus*, Frankfurt, 1999 (EHS 31, 397).

consolidada por meio de atos (cultuais e profanos), talvez também em palavras. O primeiro impulso para a formação da comunidade confessional foi dado pela ruína do Estado de Judá, pois no período pré-exílico não se pode reconhecer motivações para tal desenvolvimento. Provavelmente a realização plena dessa concepção só se deu sob os persas. Sabemos, entretanto, muito pouco sobre a história social da época. Por isso, não podemos ir além de suposições.

Externamente, a confissão delimita contra outras comunidades e assegura assim, em relação a grupos semelhantes, a identidade dos confessantes. Assim se fala de outro problema básico totalmente não resolvido: como devemos conceber a estrutura religiosa no império aquemênida da perspectiva dos povos dominados? Constatamos acima (2.2) que o governo imperial não deixava surgir dúvida alguma sobre a primazia do Deus Ahura-Mazda, mas concedia às províncias ampla autonomia religiosa. Mas isto é um juízo geral, que nada fala da realidade religiosa e sociológica no detalhe. Como eram organizados de fato as populações, as comunidades, os grupos religiosos? Como eles se identificavam no centro do império e nas províncias? A comunidade de fé com caráter pessoal segundo o modelo dos seguidores de Zaratustra e da comunidade de Yhwh fez escola e levou a mudanças do modelo religioso com caráter étnico? É espantoso que nas polêmicas do Antigo Testamento que podemos localizar no período persa (por exemplo, Terceiro Isaías, partes de Jeremias e Ezequiel, Zacarias, Malaquias, coleções de Salmos) o caráter confessional das comunidades concorrentes seja expresso fracamente, quando muito, e que não haja nenhum tipo de referência direta à proximidade e à ameaça das religiões persas. Ao contrário, algumas declarações teológicas direcionadas a Yhwh parecem estar em harmonia com formulações e mesmo conteúdos de Zaratustra. A ausência de imagem de Deus, um tema polêmico dos teólogos judeus na discussão com cultos babilônicos e sírio-palestinos, cria no contexto persa um denominador comum. Isto também é válido para algumas visões sobre verdade e mentira, luz e trevas, para a valorização da sabedoria, para o elemento leigo na comunidade, para estruturas de decisão, para práticas de sacrifício ou para sua ausência, para a escatologia etc. Talvez os governos persas tenham visto a religião do Sábio Maior, Ahura-Mazda, realizada também no formato de outras religiões, e esta relativa tolerância pode, vice-versa, ter produzido uma aceitação da religião do império e de suas comunidades por parte das comunidades minoritárias afetadas. Então não teria sido necessária em Judá uma delimitação rigorosa diante da religião de Zaratustra, que, de fato, foi ignorada pela tradição. — De modo global, os traços da comunidade de Yhwh, tal como visíveis a partir dos salmos didáticos, são "modernos", diferentes da tradição sacerdotal. Eles se sujeitam à imagem de uma associação religiosa dentro da qual cada indivíduo deve tomar sua decisão em favor do Deus a ser adorado com exclusividade. Temas que moviam os seres humanos naquele tempo vão desde o medo da morte até as esperanças do fim dos tempos, desde o comportamento solidário mútuo até a delimitação diante de divindades estrangeiras. Os crentes individuais vivem dentro do espaço de proteção da comunidade paroquial, que persiste, na tradição judeu-cristã, ainda hoje como modelo básico.

3.1.3.3. Coleções de provérbios e literatura sapiencial

B. ALSTER, *Studies in Sumerian Proverbs*, Kopenhagen, 1975 (Mes[C] 3). – G. BAUMANN, *Die Weisheitsgestalt in Proverbien 1–9*, Tübingen, 1996 (FAT 16). – J. BLENKINSOPP, *Sage, Priest, Prophet*, Louisville, 1995. – H. BRUNNER, *Altägyptische Weisheit*, Zürich, 1988. – C. V. CAMP, *Wisdom and the Feminine in the Book of Proverbs*, Sheffield, 1985 (BiLiSe 11). – A. B. ERNST, *Weisheitliche Kultkritik*, Neukirchen-Vluyn, 1994 (BThSt 23). – A. D. JACOBSEN, Proverbs and Social Control, in J. E. GOEHRING et al. (Ed.), *Gnosticism and Early Christian World*, Sonoma, 1990, 75-88. – O. KAISER, *Gottes und der Menschen Weisheit*, Berlin, 1998 (BZAW 261). – W. G. LAMBERT, *Babylonian Wisdom Literature*, Oxford, 1960. – B. LANG, *Die Weisheitliche Lehrrede*, Stuttgart, 1972 (SBS 54). – K. LÖNING (Ed.), *Rettendes Wissen*, Münster, 2002 (AOAT 300). – C. MAIER, *Die "fremde Frau" in Proverbien 1–9*, Fribourg, 1995 (OBO 144). – A. MEINHOLD, *Die Sprüche*, Zürich, 1991. – A. MÜLLER, *Proverbien 1–9*: Der Weisheit neuer Kleid, Berlin, 2000 (BZAW 291). – G. von RAD, *Weisheit in Israel*, Neukirchen-Vluyn, 1970. – H. REVENTLOW, *Weisheit, Ethos und Gebot*, Neukirchen-Vluyn, 2001 (BThSt 43). – K. F. D. RÖMHELD, *Wege der Weisheit*, Berlin, 1989 (BZAW 184). – S. SCHROER, Die göttliche Weisheit und der nachexilische Monotheismus, in M.-T. WACKER et al. (Hg.), *Der eine Gott und die Göttin*, Freiburg, 1991 (QD 135) 151-182. – R. SCORALICK, *Einzelspruch und Sammlung*. Komposition im Buch der Sprichwörter Kap. 10–15, Berlin, 1995 (BZAW 232). – N. SHUPAK, *Where can wisdom be found?*, Fribourg, 1993 (OBO 130). – R. N. WHYBRAY, *Wealth and Poverty in the Book of Proverbs*, Sheffield, 1990 (JSOT.S 99). – C. YODER, *Wisdom as Woman of Substance*, Berlin, 2000 (BZAW 304). – Cf. também a literatura de 3.2.3.3.

Mais difícil ainda do que determinar idade e gênese das tradições narrativas, normativas e proféticas escritas, é determinar idade e gênese da literatura sapiencial, pois a sabedoria do antigo Oriente surgiu, primeiramente, não dos escritórios dos eruditos, mas das raízes autênticas, profundas e arcaicas que possui na vida cotidiana. Da observação da experiência diária, cheia de dor e prazer, foram destiladas, desde os tempos mais antigos[115], as sentenças

---

115. Coleções de provérbios já existem desde o tempo sumério, e provérbios certamente já existiam antes; cf. B. ALSTER, *Studies*; W. H. P. RÖMER, TUAT III, 17-67; *Ägyptische Lebenslehren*: TUAT III, 191-319, retrabalhado por H. Sternberg-el-Hotabi, G. Burkard, I. Shirun-Gtumach, H. J. Thissen.

que posteriormente foram reunidas em coleções orais e escritas. É evidente que, no desenvolvimento dessa reflexão popular sobre a condição humana, os profissionais da sabedoria — mestres de escolas de escribas, conselheiros régios, intérpretes de presságios — contribuíram para a forma e o conteúdo dos adágios e sentenças populares. Mas a essência da antiga tradição sapiencial era e continua a ser a tradição popular de sentenças que encontramos nos escritos do Antigo Testamento, e de forma especialmente compacta em Provérbios 10-29. Obras literárias que, tanto no estilo como no conteúdo, claramente receberam manipulação profissional, como Provérbios 1-9, Jó e Eclesiastes, devem ser consideradas separadamente[116].

Continua a ser extraordinariamente difícil localizar de modo razoável esses dois ramos da tradição sapiencial na história literária e social das tradições bíblicas. A experiência cotidiana parece ser ainda menos influenciável do que a tradição litúrgica (cf. acima) pelos chamados "acontecimentos históricos", pelo sobe e desce das disputas políticas. Não que o destino individual humano não fosse afetado pelo caminhar da grande história. Todos sabem quanto o ser humano sofre sob conflitos armados e como eventualmente se sente valorizado depois de vitórias triunfais de seu grupo. A experiência que se sedimenta nas sentenças sapienciais não trata de tais sofrimentos e alegrias momentâneos. As sentenças[117] que chegaram até nós destilam um sentido geral de experiências particulares, frequentemente dolorosas. Um provérbio não conta o que acontece ao ser humano em uma situação determinada ou uma experiência de uma vez sob determinadas condições, mesmo que a forma exterior da sentença possa dar esta impressão. A sentença soma as experiências de muitos; não pressupõe situações históricas únicas, nem destinos rigorosamente individuais. Ela reconhece situações iniciais típicas que sempre se repetem, conta com um comportamento constante dos atores e tira conclusões que têm validade ao longo de gerações. Assim aparecem, por cima das culturas, constantes antropológicas, que algumas vezes em nosso mundo tão diferente, à distância de milênios, não apenas encontram compreensão, mas até acertam no alvo. Antigas afirmações sobre paixões humanas e descrições de caráter, por exemplo, nos parecem ser com frequência extraordinariamente atuais. Sob estas condições, a delimitação temporal dos provérbios é quase impossível. Somente se aparecerem fenômenos laterais determináveis e de

---

116. Elas tem mesmo fora de Israel uma história de transmissão própria; cf. W. G. LAMBERT, *Wisdom*; W. von SODEN, TUAT III, 110-188.
117. Cf. E. S. GERSTENBERGER, Proverbia, TER 27, 583-590.

curto prazo na história cultural será possível esperar uma determinação mais precisa da época.

Portanto, nos provérbios separados, a determinação da idade é simplesmente impossível. As coleções de provérbios, por sua vez, podem ser classificadas historicamente com mais facilidade, porque eventualmente mostram particularidades de estilo ou de redação. No livro dos Provérbios do Antigo Testamento aparecem diversos títulos parciais. Eles indicam o esforço de ancorar o respectivo grupo de provérbios na história do Israel antigo. A atribuição dominante é: "Provérbios de Salomão..." (Pr 1,1; 10,1; 25,1). Isto está em harmonia com a imagem, desenvolvida no livro dos Reis, de Salomão como soberano sábio e internacionalmente superior (1Rs 3; 5,9-14; 10). Especialmente o fato de ele ter composto provérbios e cânticos (1Rs 5,12) é assumido e confirmado nos títulos das coleções. Como para todos os títulos acrescentados pela redação, deve-se perguntar quando ocorreram tais atribuições e datações. Em regra, isso ocorreu no tempo em que as coleções foram escritas pela primeira vez e acrescentadas ao cânon de textos já existentes. Seja como for, no caso dos provérbios e do resto da literatura sapiencial do Antigo Testamento — eles pertencem todos à terceira e mais recente parte do cânon — pode-se pensar numa época relativamente tardia de reunião de textos relevantes para a comunidade.

É notável a introdução ampliada em Provérbios 25,1, além da indicação de Salomão: "A seguir mais uma compilação de provérbios de Salomão, recolhidos pelos homens de Ezequias, rei de Judá" (*'tq, hif*: "abrir; continuar, transferir > compilar"; outros: "receber"). Esta é uma nota redacional única no Antigo Testamento. O rei Ezequias é considerado desde a construção histórica deuteronômica um monarca excepcional, fiel à lei[118]. Ele teria reformado o culto e a vida em Israel no sentido da ulterior piedade toraica (cf. 2Rs 18,4-7). Essa imagem de soberano agradável a YHWH pode ter sido o motivo para querer atribuir-lhe a coleção de provérbios não atestada em outro lugar. As sentenças de sabedoria teriam então um valor religioso. Aquele que se preocupa com tal tradição popular e até mesmo a documenta por escrito não age somente como protetor de monumentos culturais, mas certamente também numa missão divina. A consciência de que ordenar, reunir e transmitir por escrito a antiga tradição é uma missão de YHWH não existia com tal intensidade já no tempo dos reis, mas

---

118. Cf. 2 Reis 18–20; Isaías 38; L. CAMP, *Hiskija und Hiskijabild*, Altenberg, 1990; E. RUPRECHT, Die ursprüngliche Komposition der Hiskjia-Jesaja-Erzählung und ihre Umstrukturierung duch den Verfasser des dtr. Geschichswerkes, ZThK 87 (1990) 33-66. A. SCHOORS (BE 5, 214-218) localiza Provérbios 25–29 na corte de Ezequias.

provavelmente surgiu somente depois do exílio. Teríamos diante de nós, portanto, na introdução de Provérbios 25,1 um indício para localizar o escrito no exílio ou depois dele. Isto parte da suposição correta de que as parábolas foram reunidas no decorrer dos séculos. Só retrospectivamente é que os reis de Judá recebem um papel essencial na proteção da tradição. Ideais nostálgicos de uma casa real orientada pela Lei (cf. Dt 17,14-20) produziram esse retrato do rei.

Se continuamos a nos guiar pelo modelo de que somente no período persa se iniciou ou se divulgou a escrituração de tradições e a compilação de escrituras sagradas para o uso na comunidade, então nada nos impede de datar nessa época também as coleções de provérbios. A valorização da "sabedoria" como dom e propriedade divinos, a exclusão claramente religiosa da mentira e do engano como forças destrutivas e contrárias a Deus, a ligação com YHWH de uma tradição que até então era teologicamente neutra, tudo isso se adapta muito bem à imagem do período persa. É possível postular pelo menos provisoriamente uma massa de textos "profanos" que lidava com caracterizações como "honesto e perturbado", "esperto e néscio", "esforçado e preguiçoso", "honrado e mentiroso" etc., e que não falava de uma relação com Deus (mas naturalmente a pressupunha implicitamente). Nas coleções de provérbios que foram conservadas estão contidas numerosas sentenças aparentemente não religiosas. Por outro lado, as máximas agora reunidas no livro dos Provérbios mostram uma clara tendência teologizante, no seguinte sentido: a tradição "profana" é tomada e reformulada para fins pedagógicos da comunidade, tal como aparece em parte nos salmos didáticos do Saltério (cf. 3.1.3.2).

Isso é válido de algum modo, por exemplo, para a coleção parcial apresentada em Provérbios 10–29(31). Certamente é complicado o processo histórico da redação de tal conglomerado. Mas o período não deve ter durado infinitamente, pois podem ter ocorrido esforços paralelos relativos a essa tradição[119]. Coleções separadas foram por fim reunidas; os restos de títulos presentes no próprio livro dos Provérbios demonstram que o processo ocorreu em várias etapas[120]. É consensual que a coleção de "discursos didáticos" (Pr 1–9) deve ser contrastada com o bloco das "sentenças" (Pr 10–31); este possui um perfil típico, mas é internamente subdividido e demonstra tendências teológicas que não podem ser ignoradas.

---

119. Cf. L. SCHWIENHORST-SCHÖNBERGER, Das Buch der Sprichwörter, in E. ZENGER et al. (Hg.), *Einleitung in das Alte Testament*, Stuttgart, 1995, 255-263.

120. Além das mencionadas indicações historicizantes encontram-se também referências indeterminadas de autoria e de finalidade das coleções de provérbios: "Sentenças dos sábios" (Pr 22,17; 24,23), "Palavras de Agur" (Pr 30,1); "Palavras de Lemuel" (Pr 31,1).

Predomina quanto ao tamanho e à força retórica a primeira coleção, Provérbios 10,1–22,16, indicada somente com o nome de Salomão. Não feita de uma só vez, mas desenvolvida de modo complexo, ela talvez tenha fornecido, com seus 375 versículos, o núcleo básico de todo o livro dos Provérbios posterior, sendo-lhe anexadas outras coleções parciais. É notável com se misturam provérbios com referência a YHWH e outras, que são simples condensações da experiência, expressadas sem referência a Deus. É provável que o material tenha passado por um processo de vinculação a YHWH, mesmo que a distribuição das sentenças com YHWH apareça muito irregular. Entretanto, o texto final adquire uma dimensão claramente religiosa pelo tempero das referências a YHWH. Avaliemos alguns trechos. O capítulo 10 começa em nível meramente humano e sem menção a qualquer divindade. Mas já no terceiro versículo aparece repentinamente YHWH:

> Um filho sábio é a alegria do seu pai, um filho insensato entristece sua mãe. Tesouros iníquos nada aproveitam, mas a justiça livra da morte. YHWH não deixa o justo passar fome, mas o apetite dos maus ele rechaça (Pr 10,1-3).

A advertência sobre o filho mal socializado e a exortação contra o enriquecimento fora das normas reconhecidas representam uma problemática tipicamente mundana (mas não por isso arreligiosa); elas buscam a manutenção dos modelos e regras de comportamento social. No verso seguinte, então, YHWH é o grande vigilante e realizador de um modo de vida ordenado, e o mundo é dividido automaticamente entre "justos" (*ṣaddiqim*) e "maus" (*reša'im*). Esta segunda perspectiva, totalmente diferente e fundada teológica e socialmente, perpassa todo o capítulo (v. 6.7.11.16.20.24.25.27.28.30.31.32). Ela não se choca realmente com outras oposições, como "preguiçoso/diligente" (v. 4), "sábio/estulto" (v. 8.14.23), "íntegro/desviado" (v. 9), "odioso/amoroso" (v. 12), "entendido/sem juízo" (v. 13), "rico/pobre" (v. 15), "disciplinado/indisciplinado" (v. 17), "loquaz/prudente" (v. 19). Mas o texto como um todo é caracterizado pela repetição monótona da contraposição "justo"/"ímpio, malfeitor". Os conceitos não possuem aqui mais o sentido jurídico original, pressuposto pelo menos no termo *ṣaddiq*. Eles se tornaram abreviações teológico-técnicas da atitude e do modo de vida conforme YHWH ou do contrário, assim como ocorre nos salmos pós-exílicos. Sobretudo a conclusão do capítulo é fortemente caracterizada pela concepção de YHWH que abençoa e que pune. Três das quatro menções do nome divino no capítulo 10 aparecem aqui:

> É a bênção de YHWH que enriquece; nossa fadiga nada lhe acrescenta.
> Para o insensato, é brincadeira praticar o crime; para o homem de sabedoria de razão, cultivar a sabedoria.

O que o mau receia, isso lhe acontece; mas aos justos será dado o que desejam.
Veio o furacão, o mau sumiu! O justo, ao contrário, está sempre firme.
Qual vinagre nos dentes e fumaça nos olhos, assim o preguiçoso para os que o empregam.
O temor de YHWH prolonga os dias, os anos dos maus serão abreviados.
(Pr 10,22-27).

Os versículos seguintes, 28-32, limitam-se a tematizar o justo e o ímpio sob a autoridade de YHWH (v. 29). Sem a referência a Deus, as sentenças experienciais são lidas como tomadas de posição objetivas pragmáticas, sujeitas a discussão. Elas possuem qualidade científica e provocam opiniões contrárias fundamentadas. A sentença sapiencial objetiva apresenta-se como resultado testável de longa experiência de vida. Quando ela tira conclusões sobre o que acontece com o bom e o mau, certamente algumas questões ficam abertas. A norma desejada influencia a quintessência. Entretanto, as sentenças (originárias?!) permanecem totalmente dentro do horizonte humano. Já com a introdução do nome de YHWH modifica-se a atitude fundamental do usuário da sentença. Ele insiste que sua divindade, YHWH, intervém nos acontecimentos humanos, executando seu poder dirigente e sua autoridade punitiva e recompensadora. As sentenças com YHWH possuem, portanto, uma qualidade distinta das sentenças teologicamente neutras. Deve-se constatar aqui um nível de redação ou de tradição próprio, por três razões: essas sentenças perpassam — mesmo que irregularmente — toda a complexa coleção Provérbios 10,1–22,16; elas possuem a mesma qualidade e podem ser claramente diferenciadas diante da multiplicidade conceitual e terminológica dos outros textos; e, pelo menos em Provérbios 10–12, elas estão estritamente ligadas à oposição pós-exílica "justo/ímpio"[121]. Não que autores posteriores tenham trabalhado as partes antigas do texto na escrivaninha, cuidadosamente, segundo nossas concepções atuais, isto é, segundo as regras literárias atuais, levando em consideração nossas exigências de concordância. Não se pode conceber como um trabalho de escrivaninha a gênese textual de tais coleções com fins práticos. Os textos para o uso foram antes modificados segundo as necessidades, tanto oralmente quanto por escrito. Daí surge a irregularidade da menção de YHWH. Algumas das sentenças de YHWH parecem ser paráfrases de uma sentença teologicamente

---

121. Neste sentido, por exemplo, R. N. WHYBRAY, Yahweh-Saying and their Contexts in Proverbs 10,1–22,16, in M. GILBERT (Éd.), *La sagesse de L'Ancien Testament*, Löwen, 1979, 153-165 (BEThL51). A. Meinhold (*Sprüche*) defende a colocação intencional das sentenças com YHWH durante a montagem da coleção (loc. cit., 38 s.).

"neutra" (cf. Pr 10,2 s.; 15,9 s.; 16 s.; 18,10 s.). Em seguida, elas entraram no texto como interpretações do tipo *midrash* junto a sentenças citadas antes ou depois. Outras tiram consequências amplas da verdade empírica formulada (cf. Pr 10,22.27.29; 14,2.26). Outras são ligadas a concepções teológicas ou éticas especiais: o temor de Yhwh é frequentemente citado (cf. Pr 14,2; 15,16.33; 16,6; 19,23), bem como seu controle abrangente da vida humana (cf. Pr 15,3.11; 17,3). Também é tema destacado a integridade desejada por Yhwh (cf. Pr 11,20; 12,2.22) e, estranhamente, até mesmo a honestidade no comércio (cf. Pr 11,1; 16,11; 20,10.23). Yhwh é o Deus presente, predominante, poderoso e totalmente superior (cf. Pr 16,1.4.9.33; 19,21; 20,12.24; 21,1.31; 22,2). Ele se preocupa sobretudo com a ordem e a justiça (cf. Pr 10,3; 15,25; 17,15; 19,17) e não tanto com culto[122], pureza, hierarquia sacerdotal, interesses nacionais ou fim da história. Todas as particularidades teológicas mencionadas adaptam-se extraordinariamente bem à imagem da comunidade de Yhwh no período persa. Todas elas parecem pressupor a estrutura social dessas comunidades, isto é, a comunidade de confissão local ("paroquial") edificada sobre os vínculos familiares e o *ethos* do clã. Do ponto de vista sociorreligioso, temos diante de nós o nível intermediário de socialização, a meio caminho entre os grupos primários e a grande sociedade anônima. A comunidade de Yhwh judaica primitiva podia (e devia) receber as tradições éticas de clã e aldeia, que serviam para a socialização dos jovens, e desenvolvê-las no sentido da confissão de Yhwh, o Deus único. Isto ocorreu no contexto de um poder político universal, representado por tropas, impostos e leis civis persas. No caso dos provérbios, podemos observar claramente a recepção de "normas"[123] éticas não definidas religiosamente. Trataremos abaixo ainda mais de sua situação vivencial.

Neste ponto é adequado olhar o número gramatical das designações de pessoas e grupos. Seria de esperar que, nos adágios pedagógicos e ético-sociais, se falasse, em regra e de modo exemplar, de um indivíduo, o "bom", o "esforçado", o "honesto" e, mais no sentido da posterior formação da confissão, do "justo", do "fiel", do "perfeito", assim como de seus polos contrários. Muitos dos provérbios claramente pós-exílicos preenchem, de fato, essa expectativa: "O salário do justo leva à vida; o ganho do mau, ao pecado" (Pr 10,16). "O justo é libertado da angústia, e o mau entra nela em seu lugar" (Pr 11,8).

---

122. Por exemplo, o sacrifício é mencionado raramente e não de modo muito positivo (cf. Pr 15,5; 21,3).

123. Frequentemente os provérbios servem como substitutos das normas nas sociedades acéfalas; cf. A. D. Jacobson, *Proverbs*. Sentenças de experiência reconhecidas e citadas universalmente ainda hoje exercem em nossa sociedade funções de interpretação e regulamentação: "mentira tem pernas curtas!", "uma mão lava a outra!" etc.

Frequentemente, porém, os dois tipos aparecem no plural, evocando um grupo excluindo o outro. Algumas vezes, o "justo" individual aparece diante do bando de "ímpios": "O Senhor não deixa o justo passar fome, mas o apetite dos maus ele rechaça" (Pr 10,3). "Bênção sobre a cabeça do justo! Mas a boca dos maus encobre a violência" (Pr 10,6). "A lembrança do justo é abençoada, mas o nome dos maus apodrecerá" (Pr 10,7). Em nenhum lugar pode ser descoberta a razão objetiva do uso do plural. Os "ímpios" não aparecem como sedutores ou perseguidores do "justo", segundo a máxima "se maus companheiros te quiserem seduzir..." (Pr 1,10; Sl 22,17); eles são mencionados somente como contraste; o singular aplicado ao oponente é suficiente para o que se quer dizer. O uso do plural, também em relação aos "justos", surgiu certamente de considerações pedagógicas. "Bons" e "maus" se reúnem, cobrindo cada lado o outro com vocabulário negativo. Dos usos do plural podemos deduzir tendências de divisão já na comunidade pós-exílica, as quais mais tarde se exprimiram visivelmente nos grupos heterodoxos dos samaritanos e na comunidade de Qumrã.

Se tomamos Provérbios 10 como uma unidade delimitável (a divisão de capítulos só foi feita muito mais tarde), então temos a impressão de que ocorreu uma redação com o tema "YHWH" no decorrer da gênese do texto, provavelmente em virtude do uso da antiga tradição de provérbios na comunidade de fé nascente. A distinção entre os "justos" (fiéis a YHWH) e os "ímpios" (renegados) é paralela à "javeização" da tradição de provérbios (veja a ligação interna entre a referência a Deus e a descrição dos tipos antropológicos em Pr 10,27-32!). Seria difícil compreender as sentenças sobre os "justos" e os "ímpios" sem o contexto de YHWH. As atitudes opostas se constituem na relação do homem com YHWH. O vocabulário e as concepções dessa sabedoria centralizada em YHWH — ou desses conhecimentos teológicos — lembram alguns textos não sapienciais do Antigo Testamento, como o "temor de Deus" (cf. Pr 10,27; Sl 19,10; 111,10; Is 11,2 s.), o (não) "habitar a terra" (cf. Pr 10,30; Sl 37,3.27.29; Gn 26,2; Is 34,17; 65,9; Jr 23,6), a esperança alegre do justo (cf. Pr 10,28; Os 2,17; Zc 9,[9].12; Sl 62,6; 71,5; Jr 31,[12-14].17). Dentro da coleção de provérbios, os versos com YHWH mostram uma antropologia e uma teologia claramente distintas daquelas das sentenças pragmáticas, que só representam acontecimentos cotidianos. Aqui se discute uma experiência de Deus refletida, claramente com uma intenção comunicativa pedagógica religiosa.

Os demais capítulos das coleções de sentenças do livro dos Provérbios são permeados de reflexões sobre YHWH em concentração variável. É difícil reconhecer algum plano redacional; há antes acaso nos padrões de uso dos textos[124]. Para aqueles que usam os adágios em algumas ocasiões comunitárias

---

124. Quem vê um trabalho só de autores sábios tem que supor a colocação intencional dos versos com YHWH. Cf. A. MEINHOLD, *Sprüche*, 163 etc.

era suficiente fazer esporadicamente referência a YHWH. O texto de acompanhamento adapta-se automaticamente a essa conotação religiosa. Mesmo a palavra mais neutra sobre um acontecimento cotidiano recebe das reflexivas sentenças com YHWH sua consagração espiritual na nova comunidade de fé. Assim, se seguimos a atual divisão dos capítulos, vemos que em Provérbios 11–14, formalmente, "YHWH" é pouco usado (Pr 11,1.20; 12,2.22; 14,2.26.27). Mas a oposição do justo e do ímpio perpassa todo o bloco textual. Ora, este contraponto é típico da comunidade de YHWH no período persa. As formas plurais dos dois grupos antagônicos indicam um progresso das ideias exclusivistas: "Derruba os maus e eles desaparecem! A casa dos justos permanece firme" (Pr 12,7). "Os justos só podem esperar o bem; os maus só podem esperar a cólera" (Pr 11,23). "A luz dos justos brilhará jubilosa; a lâmpada dos maus se apagará" (Pr 13,9). "A casa dos maus será demolida, enquanto a tenda dos retos florescerá" (Pr 14,11). Na última citação, "reto" (*yašar*) entrou como sinônimo de "justo". Isso ocorre raramente. Surpreende ao contrário a monotonia da oposição "justos" e "ímpios", "ímpios" e "justos". Assim, é determinado o horizonte de fé, que é próprio dos provérbios teologizados. Ele é um indício da comunidade pós-exílica. Igualmente outras sentenças, talvez originalmente profanas, são claramente puxadas para o processo de espiritualização teológica: "O ensinamento do sábio é fonte de vida, para evitar as ciladas da morte" (Pr 13,14); "A justiça conduz à vida, mas quem segue o mal encontra a morte" (Pr 11,19); "O zombador busca a sabedoria e não a acha, mas para o sensato o saber é fácil" (Pr 14,6). As concepções teológicas parecem ter se condensado especialmente em Provérbios 14. Depois do provérbio citado aparecem outras sentenças que transcendem a vida cotidiana:

> Há quem julgue reto seu próprio caminho, mas no fim é caminho de morte (v. 12).
> Quem despreza o próximo peca, mas quem tem pena da gente humilde é feliz (v. 21).
> Quem oprime o indefeso ultraja a seu criador, mas honra-o quem tem dó do pobre (v. 31).
> A justiça engrandece uma nação, mas o pecado é a vergonha das nações (v. 34).

A linguagem e as concepções de tais sentenças de experiência espiritualizada devem ser lidas em relação à divindade, mesmo que esta não seja mencionada diretamente.

Os capítulos 15 e 16 mencionam YHWH de modo extraordinariamente frequente, a saber, vinte vezes, enquanto ele aparece somente dezenove vezes de Provérbios 17 a 22,16, um conjunto de textos três vezes maior. Tudo isto parece falar em favor da tese de que as coleções de provérbios curtos surgiram no uso da comunidade orientada para YHWH. Ou material antigo foi integrado às dominantes sentenças com YHWH, ou as sentenças com YHWH foram inseridas em antigas coleções "profanas". YHWH aparece como o ilimitadamente superior, que se coloca rigorosamente ao lado do "justo" e rejeita radicalmente o "ímpio". O Deus de Israel vê e conduz tudo (Pr 15,3; 16,9). Esta é a constelação da comunidade judaica no período persa. Diferente do costume das coleções de provérbios "profanas", aparecem na edição javeizada referências a instituições ou deveres cultuais, como ao sacrifício (Pr 15,8) e à oração (Pr 15,29). As exortações ético-religiosas assemelham-se àquelas que encontramos em alguns salmos sapienciais (cf. Pr 16,3 e Sl 37,5; Pr 15,33 e Sl 19,10; 111,10). Só podemos fazer suposições sobre como menções a "reis" (Pr 16,10-15; 25,1-6 etc.; cf. Pr 8,15; 14,28.35) se adaptam ao ambiente espiritual da comunidade pós-exílica: justamente o uso do plural mostra que não se pensa nos reis judeus do passado. Num mundo de cunho monárquico também é possível para povos submetidos, que não possuem mais regentes próprios, citar a monarquia como a essência do Estado e da autoridade autônomos. Portanto, o conceito de "rei" não atesta antiguidade maior para as coleções de provérbios. — A alta concentração de sentenças com YHWH em Provérbios 15 e 16 não modifica o caráter geral da coleção. Unidades "profanas" e "religiosas" estão entrelaçadas; as sentenças com YHWH dão o tom.

De Provérbios 17,1 até 22,16 também nada muda nisso. O nome de YHWH soa esporadicamente, com frequência ascendente (Pr 17,3.15; 18,10.22; 19,3.14.17.21.23; 20,10.12.22.23.2.27; 21,1.2.3.30.31; 22,2.4.12.14), mas a oposição entre justos e ímpios não tem a importância de Provérbios 10–13. A base das coleções de provérbios aqui reunidas é formada por experiências de vida concretas, relativas ao convívio entre homens nos assentamentos. Com efeito, as regras de comportamento básicas não regulam a vida familiar interna ou a vida doméstica. Onde brigas, pobreza, falência, maledicência, infrações, alcoolismo etc. se tornam problema, não só os parentes estão envolvidos. É mais provável que as comunidades dos vizinhos na aldeia, na cidade ou em outras formas de assentamento constituam o pano de fundo. Este é o local no qual os provérbios desenvolvem sua força reguladora, promotora do bem comum. São normas pré-jurídicas, apresentadas com suave ênfase a cada homem ou a cada mulher (sobretudo aos homens e aos jovens querendo se tornar homens). Sua citação pressupõe aceitação geral. E no segundo nível de sua aplicação, a saber, na comunidade de YHWH do exílio e do pós-exílio, essas regras gerais de costumes da sociedade israelita (em parte da sociedade do antigo Oriente) estão enquadradas, como dito, em sentenças com YHWH e, portanto, são colocadas dentro do espaço da comunidade confessional. Para ela, naturalmente, é válido o mesmo *ethos* que para os não-crentes e os que têm um outro credo daquela sociedade.

As restantes coleções do livro dos Provérbios possuem — baseadas nos costumes válidos em geral — cada qual um caráter peculiar, como se viessem de regiões diferentes. Isto é válido sobretudo para Provérbios 22,17–24,22.(34); esta coleção indica de modo extraordinário relações estreitas com a doutrina egípcia de Amenêmope[125]. Tratar-se-ia aqui de uma tradição da diáspora judaica no Nilo? Os paralelos mais fortes com as regras de vida egípcias devem ser registrados em Provérbios 22,17–23,14. Lá (22,20) se fala até mesmo de "trinta" máximas, que estão presentes em Amenêmope, mas são mantidas no extrato hebraico de modo muito fragmentário. A coleção hebraica pode ser dividida, talvez, em dez unidades. Destas, a introdução (22,17-21), a primeira (22,22 s.), a segunda (22,24 s.), a quinta (22,29), a sétima (23,4 s.), a oitava (23,6-8) e a décima (23,10 s.) se apoiam quase literalmente no padrão egípcio, em geral maior. Diante de tal proximidade literária, não deve espantar que pensamentos, concepções e valores do ambiente cultural do sudoeste tenham entrado no texto hebraico. Assim, na tradição egípcia, o clichê negativo é frequentemente o "sangue quente", o "descontrolado":

> Não tenha como companheiro o quente / não o procure para uma conversa… / não corra a se unir a um tal / para que não te alcance o terror. (H. RINGGREN, ATD 16,1,90; cf. TUAT III, 235).

Provérbios 22,24 (segunda unidade) soa totalmente igual se a palavra hebraica *ba'al 'ap* ("bufador") é entendida no sentido de "irascível":

> Não te faças amigo de um homem irascível, nem andes com o violento, para que não te habitues aos seus caprichos, nem armes uma cilada para ti mesmo (Pr 22,24).

O ambiente da corte egípcia parece eventualmente se projetar nos provérbios bíblicos:

> Viste algum perito em seu trabalho? Ele poderá apresentar-se aos reis …
> Se estás à mesa com um poderoso, presta atenção ao que está na tua frente. Põe uma faca na tua garganta, se és de muito comer! (Pr 22,29–23,2).

Amenêmope está naturalmente totalmente impregnado pelo ambiente da corte:

---

125. Cf. K. F. O. RÖMHELD, *Wege*; N. SHUPAK, *Wisdom*.

Um escriba hábil no seu ofício / será considerado digno de ser um homem da corte (RINGGREN, loc. cit., 91; cf. TUAT III, 250; cf. *Amenêmope*, cap. 30 e 23 = regras da mesa).

Das normas sociais partilhadas no Egito e em Israel (e provavelmente em todo o antigo Oriente Próximo) surgem sentenças importantes também no trecho tratado:

> Não removas um marco antigo, nem invadas o campo dos órfãos, pois seu defensor é forte: assumirá a causa deles contra ti! (Pr 23,10 s.; cf. 22,28).
>
> Não despojes o indefeso: é um indefeso! Nem oprimas, no tribunal, o homem de condição humilde, pois YHWH defenderá a causa deles e despojará a vida dos que os despojaram (Pr 22,22-23).

Em Amenêmope as instruções correspondentes dizem:

> Não desloques um marco até o limite dos campos cultivados... / E não desloques os limites de uma viúva (RINGGREN, loc. cit., 92).
> Cuide de não despojar um miserável / e não expulsar um fraco (ibid., 90).

Nas coleções de provérbios, assim como em alguns textos legais do antigo Oriente Próximo, podem ser encontrados ainda muitos outros exemplos transculturais de proteção dos fracos e dos menos privilegiados. Também a introdução de YHWH em normas antiquíssimas, como se constata em Provérbios 22,23, não muda nada de seu conteúdo. Isto só é sinal da integração de sistemas de valor universais na vida e na instrução das comunidades pós-exílicas. Diante deste pano de fundo soam autênticos mesmo os suplementos ao trecho mais claramente egípcio. Provérbios 23,15-18 é, formalmente, a doutrina de vida de um pai para seu filho (cf. os discursos do pai: 23,15.19.26, da mãe: 31,1 s.), possuindo longa tradição e amiúde usada no Egito, sendo conservada em muitos textos[126]:

> Meu filho, se teu coração for sábio, / meu coração também se alegrará. / Os meus rins exultarão / quando teus lábios falarem com retidão (Pr 23,15-16).

É clara a estrutura relacional familiar. O pai transmite a seu filho a alta estima do comportamento prudente, reconhecido socialmente. A socialização dos filhos é assunto do chefe da família. Mas o próprio *ethos* pressupõe deveres humanos na sociedade maior, sobretudo na comunidade de moradia, vida e trabalho local. Na comunidade pós-exílica, o grupo confessional se torna o *background* para esse arraigado costume. — Provérbios 23,19-28

---

126. Um panorama sobre as "doutrinas da vida" egípcias e as do antigo oriente em A. Meinhold, Sprüche 26-37; TUAT III, 17-67 (W.H.P. Römer), TUAT III, 191-319 (G. Burkard; I.Shirun-Grumach; H.J. Thissen).

movem-se no mesmo quadro familiar; o trecho é completado por um poema satírico, quase épico, sobre o bêbado, que não atinge as metas de sua vida (Pr 23,29-35). Os temas tratados — modelo dos pais, advertências sobre a "mulher estrangeira", rejeição insistente do vício e do esquecimento do dever — são constitutivos também da comunidade religiosa. Por isso, eles podem ser assumidos sem qualquer teologização exterior. — Provérbios 24 liga-se à coleção egípcia com outras exortações à razão e à inteligência, à solidariedade com os necessitados e advertências sobre a falta de responsabilidade social (cf. o poema sobre o preguiçoso, v. 30-34). Entretanto, é acrescentada duas vezes uma sentença com YHWH (v. 18 e 21). As duas palavras iluminariam comportamentos especialmente sensíveis eticamente. Trata-se, por um lado, da alegria maliciosa e da busca de vingança (v. 17-20, cf. o v. 29, "profano": "Não digas: 'como ele me fez, assim lhe farei; retribuirei a cada um conforme sua obra'"). Por outro lado, exorta-se (coisa anacrônica?) à fidelidade ao rei e a YHWH (v. 21 s.). Entretanto, o verbo *yr'*, "adorar", esconde problemas. Em nenhum outro lugar do Antigo Testamento o "temor diante de YHWH e do rei" pode ser exigido tão simplesmente. De fato, as pessoas de respeito na sociedade sempre foram sancionadas religiosamente e, por isso, estão sob proteção divina (cf. Ex 21,15.17; 1Sm 24,7). Entretanto, a adoração ativa e teologicamente refletida diante de Deus e de seu regente parece ser mais uma tradição egípcia que se infiltrou mais tarde em Israel com a ideologia monárquica (Sl 45,7). Talvez também a glorificação do grande rei persa tenha contribuído para se falar abertamente, neste lugar, em dupla reverência. O conceito de "rei" significava então "autoridade", "governo" em geral e não os reis davídicos do passado. Na parte final, Provérbios 24,23-34, deve ser observado o subtítulo: "Também isto é dos sábios" (v. 23), que evidentemente corresponde a "Palavras dos sábios" em Provérbios 22,17.

No todo, a imagem que as coleções de provérbios oferecem é colorida. Provérbios 25–29 é uma coleção que segue o *corpus* até agora tratado e se assemelha a Provérbios 10–21. O título, com suposta precisão histórica, é muito *sui generis*: "Mais uma compilação de provérbios de Salomão, recolhidos pelos homens de Ezequias, rei de Judá" (25,1). O editor tardio estabeleceu uma relação com Provérbios 1,1 e não pode ter agido num passado tão distante quanto pretende a inserção temporal no tempo de Ezequias, pois nos capítulos 1–24 estão disponíveis sobretudo coleções exílicas e pós-exílicas. A menção a este rei é, bem provavelmente, uma retroprojeção. Como o acréscimo secundário de Provérbios 25–29 era problemático e o coletor-editor tinha consciência disto, ele buscou um ponto de garantia no período dos reis pós-salomônicos.

Podia-se chegar rapidamente ao rei Ezequias, pois nas obras narrativas cronistas e deuteronomistas ele tinha boa fama como importante reformador fiel a YHWH (2Rs 18–20; 2Cr 29–31). No relato das Crônicas ele tem, além disso, a qualidade de um homem sábio: "Ezequias agiu assim em todo o Judá e fez o que é bom, justo e fiel perante YHWH, seu Deus. Toda a obra que empreendeu para o serviço da Casa de Deus, para a Torá e para o mandamento, ele o fez buscando a Deus de todo o coração e alcançou êxito" (2Cr 31,20-21). Ele se arrependeu em tempo de um acesso de orgulho e arbítrio (2Cr 32,24-26), e isto também uma característica dos que temem YHWH.

Em outros aspectos, a coleção parcial Provérbios 25–29 não se distingue fundamentalmente da coleção Provérbios 10,1–22,16. Diferenciações graduais podem ser constatadas: a relação das sentenças com formas discursivas parenéticas (discursos diretos) parece ter se deslocado em favor das últimas (v. 25,6.8.9.16.17.21); a comparação simples é usada com mais frequência (v. 25,12-14.18.20.25.26.28). A inserção de YHWH na tradição dos provérbios é menor, aqui, do que na primeira coleção salomônica. O nome de Deus aparece somente seis vezes (Pr 25,22; 28,5.25; 29,13.25.28). Também a polarização entre "justos" e "ímpios" é limitada a poucas passagens (25,26; 28,1.12.28; 29,2.7.16.27). Pode ser acaso ou influência de ambiente monarquista que o rei seja novamente tematizado, em Provérbios 25,2-7, e que a corte real sirva mesmo de cenário (Pr 14,28.35; 16,10-15; 19,12; 20,2.8.26.28; 21,1; 22,11). Podemos, também aqui, seguramente supor que a menção ao rei não representa uma garantia para o surgimento do texto no período da monarquia judaica-israelita. O período sem reis foi profundamente moldado pelas estruturas monárquicas ainda existentes no ambiente daquele tempo. Assim, os textos de sabedoria do exílio e do pós-exílio puderam, em Judá e na diáspora, de modo bastante natural, usar monarcas e altas autoridades como símbolos. Portanto, as coleções de provérbios tradicionais feitas supostamente por homens de Ezequias adaptam-se à imagem ampla dos textos de sabedoria exílicos e pós-exílicos.

Restam os pequenos grupos de adágios especiais de Provérbios 30 s. Eles possuem títulos inusitados, abrigam formas menos corriqueiras, como provérbios numéricos, apresentam uma espiritualidade e uma teologia raras e transmitem uma imagem ilustrada da mulher (patriarcal?). As duas figuras dos títulos, Agur, filho de Iaqué de Massa, e Lemuel, rei de Massa, são desconhecidos na tradição. Nem os nomes exóticos, nem o suposto local (nordeste da Arábia?[127]) podem ser identificados mais exatamente. Talvez

---

127. Cf. E. A. KNAUF, *Ismael*, 1985, 71-73 (ADPV).

na localização dada pela redação tenha desempenhado um papel somente o encanto do exótico. Apesar de todas as tendências segregadoras, nas minorias de grandes sociedades pluralistas também se desenvolve, frequentemente, o impulso para ultrapassar as fronteiras culturais. Por isso, Provérbios 10–31 pode ser bem compreendido no todo como uma composição literária em muitos níveis do período pós-exílico, quando a comunidade de Yhwh recebia as mais diferentes tradições e construía delas uma identidade própria dentro do grande império persa.

Entretanto, a localização no período persa da coleção Provérbios 1–9, inserida antes do *corpus* "mais antigo" de provérbios, é objeto de viva discussão[128]. Também a mentalidade helenista amava as personificações de poderes espirituais, exatamente como a religiosidade ligada a Zaratustra. A vivamente personificada Senhora Sabedoria, nesta coleção, talvez venha ao encontro deste clima espiritual tardio; no antigo *Avesta* não se encontra uma figura feminina tão expressa. Mas quem afirmaria que antes de Alexandre Magno uma tal personificação seria impossível? Já nos textos de salmos supostamente mais antigos, paz e justiça se beijam (Sl 85,11), e graça e fidelidade são arautos de Yhwh e sustentam o seu trono (Sl 89,15). Os *Ameša Spentas* persas são por um lado abstrações de poderes bons, mas também mostram características pessoais. Ahura-Mazda, o Deus máximo da religião de Zaratustra, é a encarnação da sabedoria fundadora do mundo, que a tudo transcende. Destas reflexões gerais surge a possibilidade de reclamar também Provérbios 1–9 para os séculos V e IV a.C. Assim, todo o livro dos Provérbios seria um produto da época persa e um reflexo da situação daquele tempo, por exemplo, nas comunidades judaicas (cf. abaixo 3.2.3.3). Os primeiros nove capítulos contribuem com novas cores e detalhes para a pintura do tempo. Toda a vida, sobretudo a dos adultos, estaria sob a vigilância da "sabedoria", isto é, da razão crente. O pai e a mãe, ou a própria "Senhora Sabedoria", transmitem os conhecimentos necessários em discursos sempre longos, exortativos e admonitórios, os quais supostamente possuem sua "situação vivencial" não no sistema escolar secular, mas na instrução religiosa da comunidade de Yhwh. Lá também era ensinada a Lei; sugere-se a pergunta se a instrução sapiencial se ligava à transmissão da Lei ou se lhe era equiparada e fundida com ela. Em todo caso, os temas

---

128. B. Lang (*Lehrrede*, 60) não pode se decidir por uma localização no tempo; A. Wolters (JBL 104 [1985] 577-587) coloca Provérbios 1–9 no período helenista. G. Baumann (*Weisheitgestalt*, 268-272) vota em favor de cerca de 400 a.C.; C. Maier, *Frau*, 262-269, cf. 25-68. Veja abaixo 3.2.3.3.

tratados vêm ao encontro dos conteúdos da Lei. Provérbios 1,2-7 determina como finalidade geral da instrução:

> ... para dar a conhecer a sabedoria, a educação e a compreensão de sentenças inteligentes; para proporcionar uma educação esclarecida: justiça, equidade, retidão; para proporcionar aos inexperientes a prudência, aos jovens, conhecimento e discernimento — que o sábio escute, e aumentará seu cabedal, e o homem que entende aprenderá a arte de dirigir — para a compreensão do provérbio e da palavra figurada, das máximas dos sábios e de seus enigmas. O temor de YHWH é o princípio do conhecimento; sabedoria e educação, os estultos as desprezam.

O programa é abrangente. Trata-se da formação integral de pessoas (homens) responsáveis, com o fim de torná-las irrepreensíveis, sociáveis e aceitas por YHWH. É o ideal de formação da antiga comunidade judaica que aqui fala. Provérbios 1-9 dramatiza a luta do indivíduo pela correta orientação na vida. Pai e mãe ou a Sabedoria pessoalmente (não YHWH!, apesar de 2,6 e outras passagens) fazem apelos veementes para que a razão tome o caminho correto e o mantenha. São armadilhas mortais as seduções para a falsidade, a mentira, o adultério (com alguém casado), a desobediência. Depois de muitos discursos apaixonados, a coleção se extingue com uma apresentação dos dois caminhos. Sabedoria e insensatez convidam cada uma para um banquete, e cada convidado tem que se decidir pela vida ou pela morte (Pr 9). O apelo final da sabedoria, o qual precede a cena do banquete, soa assim:

> E agora, filhos, escutai-me. Felizes os que seguem meus caminhos! Para serdes sábios, escutai esta lição e não a desprezeis. Feliz o homem que me ouve, todos os dias velando à minha porta, montando guarda no meu limiar. Pois quem me encontra encontrou a vida e alcançou o favor de YHWH, mas o que peca contra mim violenta a própria alma; todos os que me odeiam amam a morte (Pr 8,32-36).

Como em todos os textos bíblicos e outros textos antigos, deve-se levantar a questão fundamental de seu uso prático. Cada texto possui uma "situação vivencial"; sem ela, as declarações antigas permanecem pálidas e não comprometem. Parece improvável objetivamente o uso privado das coleções de sabedoria como material de leitura, no período persa. Nada se sabe sobre bibliotecas privadas. Uma cultura de leitura digna de ser mencionada só se desenvolveu nas classes privilegiadas do período helenista[129]. Consequentemente, as coleções

---

129. Fundamento disto é o impulso educacional do período; cf. M. HENGEL, *Judentum und Hellenismus*, Tübingen, 1969, 120-194, 202 s.; E. HAAG, BE 9, 104-111.

literárias do período persa eram destinadas a finalidades comunitárias, isto é, para a leitura pública, pelo menos na comunidade judaica. Ocasiões de leitura pública dos textos sagrados ocorriam nos encontros esporádicos ou regulares da comunidade (cf. Ne 8). Instrução sapiencial deve ter sido usada no contexto do ensino da Torá, ao lado da exortação profética e da poesia exemplar. Provérbios 1–9 revela ainda o tema vivo e insistente do discurso voltado diretamente para numerosos ouvintes (discurso didático). As coleções de Provérbios 10–31 são, na maior parte, bem mais sóbrias, mas podem igualmente ter sido usadas no mesmo processo de instrução. A leitura da Torá era considerada como instrução do próprio YHWH, mediada pelos dirigentes da comunidade de então (escribas, levitas, sacerdotes, eruditos). A exortação sapiencial, como se apresenta em muitos estratos no livro dos Provérbios, possui em si uma afinidade especial com a instrução divina. Portanto, os textos de sabedoria do cânon hebraico estão estreitamente ligados aos textos da Torá. Eles são corolários da Torá, e a única questão aberta é se eles apareciam diretamente no culto de leitura (e pregação?) da comunidade ou em reuniões paralelas especiais, ainda mais pedagógicas.

Apesar de todas as lacunas em nosso saber, parece ser seguro que dificilmente as tradições didáticas e os provérbios do antigo Oriente teriam chegado ao cânon escrito da comunidade judaica, se não fossem regularmente usados na vida comunitária. A tradição sapiencial, atualizada pelas sentenças com YHWH, tinha uma importância constitutiva na nova comunidade religiosa. O uso da forma do provérbio no Saltério (cf. Sl 34; 37 etc.) comprova esta suposição. Disto podemos deduzir: o *ethos* da tradição sapiencial e familiar sustentava a comunidade judaica e não estava em contradição com a confissão a YHWH. Peculiaridades delimitadoras da comunidade formaram-se na vida cultual: a exclusividade da vinculação a YHWH, o sábado, a circuncisão, o calendário festivo. A substância ético-social era dada nas antigas tradições sapienciais. Elas eram imprescindíveis em razão de seu modo de ação específico, não baseado num monopólio de poder político. Como comunidade religiosa "privada", com uma jurisdição interna supostamente fraca, ela precisava de apoio de regras éticas básicas, amplamente reconhecidas e suavemente reguladoras. A monótona concentração dos autores deuteronomistas no mandamento central de adoração a YHWH se torna talvez compreensível a partir disto.

3.1.3.4. Rolos festivos

D. BERGANT, *Lamentations*, Nashville, 2003. – U. BERGES, *Klagelieder*, Freiburg, 2002 (HThKAT). – A. BERLIN, *Lamentations*, Louisville, 2002. – J. BARTON, *Die Einheit der Schrift und die Vielfalt des Kanons*, Berlin, 2003 (BZNW 118). – A. BRENNER, *The Song of Songs*, Sheffield, 2001 (The Feminist Companion to the Bible 2,6). – I. ELBOGEN, *Der jüdische Gottesdienst in seiner geschichtlichen Entwicklung* [1931], Hildesheim, 1967. – D. GARRET, P. R. HOUSE, *Song of Songs and Lamentations*, Nashville, 2004 (WBC 23 B). – S. C. HORINE, *Interpretative Images in the Song of Songs*, Frankfurt, 2001 (Studies in the Humanities 55). – E. KITOV, *The Book of Our Heritage*: The Jewish Year and Its Days of Significance, Jerusalem/New York, 1968, 3 v. – A. LACOCQUE, *Le livre de Ruth*, Genf, 2004 (Commentaire de L'Ancien Testament 17). — N. C. LEE, *The Singers of Lamentations*, Leiden, 2002 (Biblical Interpretation Series 60). – K. M. O'CONNOR, *Lamentations and the Tears of the World*, Maryknoll, 2002. – S. OLYAN, *Biblical Mourning*, Oxford, 2004. – X. H. T. PHAM, *Mourning in the Ancient Near East and the Hebrew Bible*, Sheffield, 1999 (JSOT.S 302). – P. K. TULL, *Esther and Ruth*, Louisville, 2003. – S. P. de VRIES, *Jüdische Riten und Symbole*, Wiesbaden, 1982. – Y. ZAQÔVÎS, *Das Hohelied*, Freiburg, 2004 (HThKAT).

A inserção na tradição hebraica de cinco pequenos livros, Cântico dos Cânticos, Rute, Lamentações, Eclesiastes e Ester, numa coleção de "rolos festivos" (*Megillot*) só é atestada no Talmude, isto é, na Idade Média (cristã). Na história do cânon anterior (por exemplo na Septuaginta), estes livros muito diferentes não tinham conexão alguma uns com os outros; cada um aparece em diferentes lugares da coleção de escritos sagrados em 22 livros. Entretanto, seja aqui brevemente aludido que o início do calendário festivo com as respectivas leituras litúrgicas se deu no período persa. As raízes de muitas cerimônias cultuais da tradição judaica remontam, com efeito, até o exílio/pós-exílio e além.

O livro de Ester, como acima aludido, seria adequadamente localizado no período helenístico[130]; o livro serviu provavelmente, desde o início, como lenda etiológica da festa de Purim, até hoje festejada em 14/15 do mês de *adar* (décimo segundo mês). O calendário festivo de nosso período persa — sobretudo Levítico 23 — não prevê ainda a festa do Purim, tendo, portanto, surgido antes da introdução dela.

"Eclesiastes" ou "Coélet" também é, segundo a opinião geral, produto da época pós-persa por sua espiritualidade caracteristicamente grega[131].

A situação é distinta para as Lamentações. Esta coleção pode ser situada — segundo a proposta de Rainer Albertz[132] — na fase da nova consagração do Templo. Mas o uso cultual dos textos, segundo Albertz, só começa mais

---

130. Cf. E. HAAG, BE 9, 118-133.
131. Cf. ibid., 112-118; O. KAISER, *Einleitung in das Alte Testament*, Gütersloh, ⁵1984, 398 s.; L. SCHWIENHORST-SCHÖNBERGER, HBS 2, Freiburg, ²1996.
132. R. ALBERTZ, *Exilzeit*, 124-130 (BE 7).

tarde, quando a comunidade se preocupa em lembrar a destruição do santuário, talvez em paralelo às festas de fundação. Segundo Zacarias 7,3-6, depois da nova dedicação do Templo em 515 a.C., surgiu a questão de se ainda se justificavam os cultos de lamentação. A resposta parece ser positiva (v. 5 s.). Isto poderia indicar que mesmo com a restauração do Templo se lembrava a sua destruição anterior, segundo o modelo sumério ou mesopotâmio em geral. Em todo caso, o livro das Lamentações dificilmente teria sido uma poesia não cultual devido à sua forma poética sublime e à condensação litúrgica; certamente foi criado para acontecimentos comunitários e rituais e foi usado por séculos em determinados dias de lembrança. Zacarias 7,3.5 mencionam o quinto e o sétimo mês como datas festivas. Nenhum vestígio disto foi mantido no calendário festivo. A derrota em 587 a.C. e a destruição do santuário de Jerusalém pelos babilônios foram, entretanto, acontecimentos históricos tão significantes, e é tão clara a referência de alguns lamentos populares (cf. Sl 44; 74; 79; 89) e do livro das Lamentações à situação espiritual, que parece provável a adoção de rituais de crise. Possivelmente no período sem o Templo festas comemorativas sem sacrifícios foram adotadas, as quais não foram explicitamente mencionadas no calendário festivo determinado pelos sacrifícios. No sétimo mês, com forte determinação da liturgia e dos sacrifícios (cf. Lv 23,23-43), teriam sido anexadas a outras tradições festivas as comemorações da destruição e da reconstrução do Templo (cf. o título do Sl 30 e seu conteúdo).

Essencial para nossos fins é a suposição de que "Lamentações" representa uma coleção de cantos litúrgicos usados em reuniões cultuais já no período do exílio e provavelmente também na época persa. Portanto, este livro é o primeiro "rolo festivo" que na tradição judaica tardia, depois da destruição do Segundo Templo pelos romanos, foi usado para o dia de luto por causa da queda do Templo. A festa da dedicação do Templo, Hanuká, celebrada desde o século II a.C., conserva, depois da vitória romana, a tradição da queda do Templo; ela ocorre até hoje no dia 25 *kislev*, o nono mês, como festa das Luzes. Além disso, já no tempo judaico antigo havia dias de jejum[133]. Um dia de luto e penitência — 9 de *av* (quinto mês) — era dedicado especialmente a lembrar a destruição do Templo[134]. Nesta ocasião, o mais tardar desde a Idade Média, eram lidas as Lamentações como leitura da festa. Assim, da influência

---

133. Cf. I. ELBOGEN, *Gottesdienst*, 225-231; cf. Ph. de VRIES, *Riten*, 100-103.

134. Ibid., 141-145. "Depois da oração, [o cantor] se coloca no estrado diante do armário da Lei e lê os cinco capítulos das Lamentações" (ibid., 143).

posterior do ritual de lamentação podemos alcançar uma noção das origens desta festa. O livro das Lamentações pertence aos produtos litúrgicos dos cultos de lamentação cujos vestígios ainda são perceptíveis.

Não se sabe muito de concreto sobre o uso do livro de Rute (cf. 3.1.1.4) na festa da colheita de cevada (festa das Semanas). É evidente a proximidade da narrativa com a época da colheita quanto ao conteúdo. É seguramente possível uma apresentação pública devido à estrutura artística dramática da obra literária. Se nos distanciamos das concepções dos hábitos de leitura modernos, a questão do modo de comunicação fica aberta. Do ponto de vista do estilo, sucedem-se no livro de Rute trechos em diálogo e outros, narrativos. Tal estrutura de texto é favorável a uma apresentação oral e não exclui uma apresentação cênica. A elevada espiritualidade e a qualidade artística do livro de Rute não devem induzir-nos a crer somente numa criação escrita e/ou discussão entre eruditos. Também o livro de Rute teve um uso comunitário, e sua "situação vivencial" deve ter sido num evento de comunicação na comunidade. Infelizmente, esta pergunta é amplamente ignorada na literatura especializada. E, como não temos qualquer indicação direta das leituras ou das apresentações da narrativa de Rute, só nos restam suposições. Tendo em vista a leitura de Rute na festa das Semanas — embora atestada tardiamente —, não é impossível que tenha surgido e tenha sido usado no âmbito daquela tradição festiva. Alguns pesquisadores consideram genericamente este escrito como um tipo de homilia para a perícope sinagogal Deuteronômio 22–25[135].

O Cântico dos Cânticos, no fundo uma coleção de hinos de amor ou de cantos de noivado e matrimônio, soa profano e festivo. Os noivos ou os recém-casados cantam louvores mútuos, numa alegria erótica pura. É hipotética a vinculação dos hinos de amor a possíveis rituais (pré-exílicos?) para a festa do matrimônio sagrado[136]. É impossível uma datação exata em razão do caráter atemporal do material. Mas nada fala contra a localização no período persa (apesar de vestígios de grecismos em Ct 3,9-11), quando o processo de pôr por escrito todas as tradições importantes para a comunidade atingiu o auge. Fica aberta somente a questão de por que uma coleção de hinos eróticos teve importância para a comunidade de fé em YHWH em consolidação, sem que tivesse que receber marcas confessionais visíveis. O enigma poderia ter uma

---

135. Assim, G. BRAULIK, The Book of Ruth as Intra-Biblical Critique on the Deuteronomic Law, *Acta Theologica* 19 (1999) 1-20, espec. 18 s.

136. Cf. H. SCHMÖKEL, *Heilige Hochzeit und Hoheslied*, Wiesbaden, 1956; S. N. KRAMER, *The Sacred Marriage Rite*, Bloomington, 1969; O. KEEL, *Hoheslied*, v. 2, 183-191; M. H. POPE, *Song of Songs*, New York, 1977 (AB 7C).

solução pragmática: talvez o Cântico dos Cânticos fosse usado nas comunidades judaicas de modo bastante natural como parte do ritual de matrimônio. Nesta hipótese, a recepção dos textos na tradição da comunidade representaria um primeiro passo para a sacralização de uma importante transição biográfica. Nascimento, puberdade, casamento, morte são acontecimentos enquadrados ritual e cultualmente em muitas sociedades. Enquanto os ritos de puberdade e de sepultamento[137] receberam muita atenção no antigo Israel, pelo menos desde o exílio, nascimento e casamento aparentemente aconteciam tradicionalmente no âmbito não cultual ou em outros cultos. A recepção do Cântico dos Cânticos na literatura "oficial" da comunidade de YHWH pode sinalizar por si só — sem o processo de inserção de YHWH no texto — a necessidade da comunidade de dar uma forma ritual a esta fase da vida. Interpretações teológicas, amplamente alegóricas, da relação amorosa colocaram em seguida este pequeno e refrescante escrito em outros contextos cultuais. A leitura na festa da Páscoa é atestada só tardiamente, no contexto da junção dos cinco rolos.

Tentemos um breve balanço das explicações sobre os cinco rolos: no período persa consolidaram-se as festas anuais da comunidade judaica. Algumas heranças literárias daquele tempo remontam originalmente a situações de comunicação comunitária de cunho cultual variável. O ciclo festivo anual, a partir do qual ou dentro do qual se formou um costume de reunião mensal e semanal, foi a matriz essencial para o surgimento de literatura de uso litúrgico, teológico e pedagógico, a qual foi administrada e cuidada por dirigentes incumbidos da comunidade. Além disso, havia, pelo que parece, festividades puramente profanas, que pertenciam ao ciclo da vida (ritos de passagem) e talvez possam ser consideradas como situação originária de textos de uso comunitário. A longa história dos textos de leitura usados em determinadas reuniões festivas comunitárias começou, pelo que parece, no período persa.

3.2. Reescrita de textos mais antigos

J. BARR, *Holy Scripture*: Canon, Authority, Criticism, Philadelphia, 1983. – P. R. DAVIES, *Scribes and Schools*. The Canonization of the Hebrew Scriptures, Louisville 1998. – A. van der KOOIJ, K. von der TOORN (Ed.), *Canonization and Decanonization*, Leiden, 1998. – S. NIDITCH, *Oral World and Written World*, Louisville, 1996. – J. A. SANDERS, *Canon and Community*: A Guide to Canonical Criticism, Philadelphia, 1984.

Para os judeus, o período persa foi de longe o mais frutífero quanto à reunião e fixação das tradições. Não só surgiram novas obras literárias, mas

---

137. Cf. S. OLYAN, *Mourning*; X. H. T. PHAM, *Mourning*.

também escritos já disponíveis e coleções de literatura ritual continuaram a ser usados nos processos comunicativos das comunidades e foram adaptados às situações modificadas. É bom refletir mais uma vez sobre a mudança. A tomada de poder pelos persas trouxe novos impulsos para os povos e províncias submetidos. A política religiosa dos novos senhores tinha efeitos libertadores. Os exilados na Babilônia puderam retornar para sua pátria ou entrar em contato com ela sem impedimentos. O Templo viveu seu renascimento. Aqui e ali se acendia a esperança de uma restauração da dinastia davídica. A lei nacional dos judeus foi, segundo a lenda, promovida pelo governo. Jerusalém adquiriu certa autonomia na satrapia transeufratênia. Houve grandes progressos na consolidação das comunidades em torno da Torá, na introdução de símbolos de identidade, como a circuncisão, o sábado, festas litúrgicas anuais, e na canonização de tradições escritas etc. Em qualquer aspecto, os dois séculos de dominação persa foram tempos únicos no desenvolvimento judaico, fundamento do judaísmo nascente, apesar das dificuldades econômicas e políticas apontadas.

A reunião, a reforma e a fixação das tradições literárias provavelmente floresceram plenamente só depois da restauração da comunidade do Templo. É questão aberta quais partes da atividade erudita devem ser atribuídas, já no século VI, à fase babilônica. Ao tratar da matéria[138], Rainer Albertz situou extensas partes da literatura do Antigo Testamento nos quase setenta anos do exílio — para ele, o período entre 587 e 520 a.C.[139]. Mas, provavelmente, o choque da derrota e das deportações logo paralisou os afetados. O pregador do exílio cita sua comunidade na Babilônia nestes termos: "Por que dizes, ó Jacó, e falas, ó Israel: O meu caminho está encoberto ao YHWH, e o meu direito passa despercebido ao meu Deus?" (Is 40,27). O desânimo se espalhou. Sob a pressão das circunstâncias, os judeus dispersados, assim como os que ficaram na pátria provavelmente concentraram suas energias principalmente na sobrevivência. Do ponto de vista sociopsicológico, só se pode, de fato, esperar grandes progressos quando os sinais de esperança se multiplicam. Para os deportados, a reanimação começou talvez com a graça dada a Joiaquin em 562 a.C. (cf. 2Rs 25,27-29), mas certamente com a expectativa do salvador estrangeiro Ciro, que recebeu diretamente o título de "Messias". E isto, não só da parte de teólogos judeus (c. 540 a.C.; cf. Is 44,28; 45,1-7): também

---

138. R. ALBERTZ, *Die Exilzeit*, Stuttgart, 2001, 163-323 (BE 7).
139. Ibid., 11 s., 97. A mudança ocorreu, entretanto, como se pode concluir do Segundo Isaías e dos adversários babilônios de Nabônides, já com o surgimento de Ciro em 539 a.C.

os sacerdotes babilônicos saudaram o conquistador como libertador. Uma inscrição de Ciro descreve o crime do último rei babilônio, Nabônides. Ele enfureceu tanto o deus da cidade e do império, Marduk, que este mandou um libertador:

> Ele [Marduk] examinou todas as terras, ele passou em revista seus amigos, ele pegou com sua mão segundo seu coração um príncipe justo. Ele convocou Ciro, rei de Anshan, ele disse seu nome para dominar tudo... Marduk, o Grande Senhor, que cuida de seus homens, olhava alegre suas boas obras e seu coração justo. Ele o ordenou a ir para sua cidade Babel... [*Marduk ajuda Ciro a tomar a Babilônia. Os "libertados"*...] dobraram seus joelhos perante ele, beijaram seus pés, alegraram-se com seu domínio e a face deles se iluminou[140].

Evidentemente, trata-se aqui de propaganda pró-persa, mas mesmo entre os judaítas banidos alguns acreditavam que Ciro trouxe a grande mudança, querida e dirigida por Deus. Agora estão livres as forças que levarão à reconstituição do "antigo" Israel e à descoberta teológica do mundo único e do Deus único. Ainda que os princípios da reconstrução, possivelmente, tenham existido já no período do exílio, parece-me que o grande impulso para a escrita de antigas tradições e para a colecionamento de textos sagrados só foi dado com a mudança para o domínio persa e com a respectiva reordenação da comunidade e de sua cultura. Amiúde sentimos nos textos (no Segundo Isaías!) a excitação com a qual a novidade foi recebida. Extraordinariamente significativo é, neste contexto, o fato já mencionado de que a Babilônia é considerada na tradição judaica o maior inimigo[141], enquanto a Pérsia aparece numa luz claramente positiva (cf. Esdras–Neemias).

Assim, não é de estranhar que hoje, cada vez mais, os pesquisadores do processo de escrita do Antigo Testamento partam sobretudo do período entre 539 e 330 a.C.[142]. Os grandes relatos sobre o processo de escrita — cf. Dt 31,9-22; Jr 36 — e da redescoberta de uma Torá desaparecida (2Rs 22) são talvez retroprojeções e pertencem mais ao período pós-exílico. Falando claramente: estes dois séculos e seus parâmetros políticos, religiosos e econômicos, acima esboçados, ofereceram de fato o solo fértil para surgimento e formação

---

140. Inscrição de Ciro segundo K. GALLING, TGI, Tübingen, ²1968, 83; cf. TUAT I, 408-410. Um poema difamatório babilônico descreve os crimes de Nabônides e os grandes atos de Ciro: ANET 312-315; ³TGI, 66-70; H. P. SCHAUDIG, *Inschriften* (cf. bibliografia em 2.1.1); cf. acima 1.1.

141. As maldições proféticas sobre a Babilônia atestam uma opressão brutal e uma resistência desesperada. Cf. Isaías 13; 14; 21; 47, Jeremias 25; 50; 51, Zc 5. Também os salmos (cf. Sl 137) e algumas narrativas (cf. Gn 11,1-9) refletem ódio e desconfiança contra o poder mundial da Babilônia; cf. U. SALS, *Die Biographie der "Hure Babylon"*, diss., Würzburg, 2003.

142. Cf. por exemplo Ph. DAVIES, *Scribes*, espec. 106.

da fé em Yhwh e dos escritos sagrados que a sustentam. A comunidade de Yhwh está se formando. A formação de uma elite dirigente laica e sacerdotal desempenha nisto um papel tão importante quanto as reuniões e festas que estão sendo fixadas e recebendo forma ritual. Provavelmente desde o início dos encontros litúrgicos eram recitados textos que lembravam as raízes primitivas da comunidade. Peças poéticas, hinos sobre a intervenção benéfica de Yhwh, coleções de normas de comportamento antiquíssimas, exortações à fidelidade ao Deus de Israel, anedotas das histórias dos pais, tudo isto misturado e variado segundo o lugar. Dessa massa de textos litúrgicos surgiram coleções literárias de escritos orientadores — mais ou menos organizados tematicamente. Comunidades dirigentes, sobretudo na diáspora babilônica, reuniram tradições de um espaço amplo: elas se tornaram obrigatórias regionalmente e, por fim, para todos os judeus. Em todo lugar é visível o forte esforço de reconduzir a situação atual a uma ordem antiga, a revelação e costumes antigos. Noé, Abraão, Moisés, Aarão, Jeremias e outras figuras de tempos passados são considerados garantes das tradições agora escritas. Esdras só pôde receber em suas mãos a "lei do Deus do céu" e trazê-la para Jerusalém, porque ela já havia sido anunciada e escrita em tempos passados, estava guardada por séculos e, de certa vez, casualmente reencontrada. Na realidade, foi sobretudo no período persa que foi feito o imenso trabalho erudito de reunião e escrita.

Especialmente os círculos de orientação sacerdotal introduziram uma ordenação cronológica na história de Israel, dos princípios até o tempo de Moisés. A continuação da cadeia até o exílio babilônico e a libertação de Joiaquin coube aos coletores e redatores que, devido à falta de informações concretas, identificamos como "escola deuteronomista". Foge ao nosso conhecimento quantas outras mãos anônimas contribuíram na escrita das tradições. Parece-me importante a seguinte suposição básica: nas comunidades judaicas em formação, certas coleções literárias de textos litúrgicos se fixavam; elas foram atreladas em grande parte a um quadro histórico. O princípio da antiguidade cuidou para que as antigas tradições sobre o surgimento e a organização da comunidade de Yhwh gradualmente fossem consideradas as partes mais importantes e fundamentais. Delas surgiu a Torá de Moisés, tomando por fim a forma de cinco rolos. Aparentemente este processo já havia chegado a certa conclusão no século V, pois tanto a tradição deuteronomista quanto a tradição de Esdras supõem uma "Torá de Moisés" já reconhecida. São irrelevantes e vãs as especulações sobre a participação do governo imperial persa na produção de uma ordem jurídica obrigatória para os judeus. As informações disponíveis não nos fornecem nenhum dado confiável sobre tal contribuição direta. Mas a tolerância de uma organização civil e religiosa, nas minorias submetidas, pode ser deduzida a partir do tratamento dado a outros povos no grande império[143].

3.2.1. Narrativas históricas (deuteronomistas)

A. F. CAMPBELL, *Unfolding the Deuteronomistic History*: Origins, Upgrades, Present Text, Minneapolis, 2000. – W. DIETRICH, *Von David zu den Deuteronomisten*, Stuttgart, 2002 (BWANT 156). – E. EYNIKEL, *The Reform of King Josiah and the Composition of the Deuteronomistic History*, Leiden, 1996 (OTS 33). – M. E. HARVEY, *Retelling the Torah*: the Deuteronomistic Historian's Use of Tetrateuchal Narratives, London, 2004 (JSOT.S 403). – H.-D. HOFFMANN, *Reform und Reformen*. Untersuchungen zu einem Grundthema der Deuteronomistichen Geschichtsschreibung, Zürich, 1980 (AThANT 66). – S. L. MCKENZIE, M. P. GRAHAM (Ed.), *The History of Israel's Tradition*. The Heritage of M. Noth, Sheffield 1994 (JSOT.S 182). – M. NOTH, *Überlieferungsgeschichtliche Studien*, Halle, 1943; Tübingen, ²1957. – B. PECKHAM, *The Composition of the Deuteronomistic History*, Atlanta, 1985 (HSM 35). – R. F. PERSON, *The Deuteronomic School*: History, Social Setting and Literature, Leiden, 2002 (Studies in Biblical Literature 2). – D. C. RANEY, *History as Narrative in the Deuteronomistic History and Chronicles*, Lewiston (NY), 2003. – T. RÖMER (Ed.), *The Future of the Deuteronomistic History*, Leuven, 2000. – H. N. RÖSEL, *Von Josua bis Jojachin*. Untersuchung zu den deuteronomistischen Geschichtsbüchern im Alten Testament, Leiden, 1999 (VT.S 75). – U. TÜTERSWÖRDEN, *Von der politischen Gemeinschaft zur Gemeinde*, Bonn, 1987 (BBB 65). – T. VEIJOLA, *Moses Erben*: Studien zum Dekalog, zum Deuteronomismus und zum Schriftgelehrtum, Stuttgart, 2000 (BWANT 149). – H. M. VERVENNE, J. LUST (Ed.), *Deuteronomy and Deuteronomistic Literature*, Leuven, 1997 (BEThL 133).

De acordo com a opinião (unânime?) dos membros da comunidade judaica antiga, morreu com Moisés o autêntico fundador da fé em YHWH, segundo Deuteronômio 34[144]. Mas o que aconteceu com os outros patriarcas? As comunidades exílicas e pós-exílicas se ocupavam com esse questionamento, porque a promessa da terra foi posta em questão, sendo impossível encontrar-lhe uma solução na tradição mosaica. O retorno dos exilados depois da tomada de poder pelos persas também não resolveu o problema. Qual era a situação das propriedades dadas às famílias e aos clãs? Outras coisas mediante as quais podem ser adivinhados os interesses da comunidade de fé judaica são as ordens

---

143. Cf. acima 2.2.1., Estruturas imperiais. A política religiosa dos aquemênidas é objeto de ampla discussão. L. L. GRABBE previne corretamente contra uma avaliação exagerada dos esforços de tolerância da Pérsia antiga (*History*, 209-216).

144. 1-2 Crônicas orientam a atenção para a organização de Templo, culta e festas depois de Davi, a tal ponto que praticamente não dedicam atenção a Moisés, que nem sequer é mencionado nas genealogias de 1 Crônicas 1–9.

e instituições da comunidade, seus cargos e funcionários, questões básicas de ética numa sociedade pluralista, a exclusividade da adoração a Yhwh etc. Na literatura recebida, não tanto as peculiaridades estilísticas e literárias analisáveis, mas seu direcionamento e interesses específicos permitem tirar conclusões sobre como ela foi reescrita e qual sua aplicação na vida comunitária pós-exílica. Portanto, não exercermos aqui uma abordagem crítico-literária, mas uma pesquisa crítica acerca de ideológica e interesses. Os livros desde Josué até 2 Reis[145] serão tomados como um complexo de tradições conectado, o qual foi juntado e reescrito nos séculos persas. A questão do uso de um texto é mais importante que a questão de sua origem.

Josué. Da perspectiva do período persa, o livro de Josué é cheio de referências a situações do tempo que nos ocupa. O tema central é a ocupação da terra (Js 1–12) e sua distribuição (Js 13–21). Contra todas as tentativas de explicar esta temática a partir do perigo assírio para as terras israelitas no século VIII a.C., parece-me que a ocupação e a divisão das terras em Josué serão melhor compreendidas a partir das experiências, receios e esperanças do período exílico e pós-exílico. O desejo dos exilados era voltado para o retorno e para uma nova ocupação da terra da herança (cf. Jr 24; Ez 33,23-29; 36,1-5.24-36). Para isso eram necessárias as listas dos que retornavam e o conhecimento das regiões originais de assentamento. As detalhadas descrições de local de moradia e de limites segundo um sistema de parentesco tribal no livro de Josué podem ser o fundamento para reivindicações de posse familiar. A tese de uma completa expulsão dos povos pela invasão de Josué com seu exército tribal na Jordânia ocidental reflete a reivindicação dos exilados ao retornarem a seu pedacinho de terra prometido. As disputas concretas sobre a devolução da propriedade familiar só começaram depois da permissão de retorno pelo governo imperial persa (a partir de 539 a.C.). As tradições sobre a divisão de propriedade hereditária deviam se tornar fundamentos de sobrevivência para os que retornavam.

Uma abundância de temas liga o livro de Josué ao período pós-exílico. A ideia da Torá de Moisés acabada suporta todo o livro. Na introdução, o sucessor do pai fundador recebe ânimo e exigência de Yhwh:

> Sim, sê forte e corajoso; sê atento em agir conforme a Torá que meu servo Moisés te prescreveu. Não te desvies dela nem para a direita, nem para a esquerda, a

---

145. O debate sobre a história deuteronomista está em curso em muitas direções. Cf. a literatura acima apresentada, sobretudo T. Römer, *Future*; W. Dietrich considera a história deuteronomista pertencente ao período persa (*David*, 261 s.).

fim de seres bem-sucedido em toda parte aonde fores. Este livro da Torá não se afastará da tua boca: murmurá-lo-ás dia e noite, a fim de que tenhas o cuidado de agir conforme tudo o que nele se acha escrito (Js 1,7-8).

A ideia de um piedoso que estuda a Torá sem cessar (cf. Sl 1; Dt 17,18-20) só é concebível por motivos objetivos, no período persa depois da preparação dos escritos mosaicos, talvez a partir da segunda metade do século V a.C.[146] Completando a exortação à Torá, no início do livro de Josué, encontram-se as cenas finais do sucessor de Moisés: Josué aparece como pregador de penitência e conversão ou como líder da comunidade, dirigindo-se à comunidade de YHWH conforme o modelo do fundador e aguçando-lhe a consciência em favor da fidelidade perante YHWH: "... velai por agir conforme tudo o que está escrito na Torá de Moisés... para que não vos mistureis com esses povos... nem jureis pelo nome de seus deuses, mas apegai-vos a YHWH, vosso Deus" (Js 23,6-8). Depois de longo discurso parenético, Josué conclui a aliança da comunidade, também seguindo Moisés (24,25-27). Não sabemos desde quando e como esta cerimônia era festejada em Israel. Mas ela se adapta perfeitamente à imagem da comunidade de YHWH em formação e revela claramente traços litúrgicos: a exortação a decidir entre YHWH e outros deuses segue a confissão e a declaração de fidelidade dos discípulos ortodoxos de YHWH, elemento autêntico da antiga piedade judaica (Js 24,14-18; cf. Ne 10). Palavras e ideias desta aliança não são compreensíveis sem uma comunidade de YHWH firmemente estabelecida. E a comunidade da aliança continuou firme depois que os exilados retornaram e a vida religiosa foi incutida[147]. De resto, Josué 23/24 revela outros detalhes interessantes da práxis litúrgica: Josué não aceita de imediato a declaração de comprometimento. Ele indica primeiro o risco de abandonar YHWH e de receber dura punição por causa disto (extermínio!, 24,20). Mas a comunidade mantém sua confissão: "Não, nós serviremos a YHWH" (v. 21). Só então se dá a confirmação da aliança (24,22-26).

A conclusão da aliança e a sua teologia foram provavelmente desenvolvidas em Israel desde o exílio. Elas amadureceram no período persa, isto é, sob as condições do livre exercício da religião e da renovação do culto no Templo. A autoimagem da comunidade (pós)-exílica se exprime nas ideias e nos rituais relativos à "aliança", pois provavelmente não existia antes do exílio a

---

146. Cf. W. Dietrich, *David*, 253, 261 s.
147. L. Perlitt forneceu faz muito tempo em sua dissertação de habilitação (*Bundestheologie*, Neukirchen-Vluyn, 1969 [WMANT 36]) a fundamentação para uma datação tardia da teologia da aliança.

comunidade religiosa confessional. Os camponeses de Israel se ligavam mais a divindades locais, familiares e vizinhas, as quais eles adoravam em santuários ao ar livre e em alguns poucos templos regionais[148]. A eleição de Israel pelo Deus YHWH, que exige uma adoração exclusiva, é o fundamento da nova comunidade na fase persa de reestruturação.

A relação com vizinhos, estrangeiros e pessoas de outras crenças é dada pela identidade própria, e o livro de Josué reflete frequentemente relações pós-exílicas. De fato, a terra prometida por YHWH é propriedade exclusiva de seus partidários. É o ideal purista dos autores da tradição: Israel vive separado, serve a seu Deus no solo que foi dado ao povo como pátria. Outras etnias, com outros deuses, podem perturbar perigosamente a relação exclusiva com Deus. Por isso é válida a política de expulsão, extermínio e sujeição conhecida do Deuteronômio (Dt 20). Josué limpa a terra prometida com suas campanhas. Mas a concepção purista tem exceções. Os guibeonitas conseguem com astúcia uma promessa de preservação, e quando o engano é revelado a promessa não pode ser quebrada: a cidade próxima de Guibeon é preservada, mas os habitantes devem prestar serviços de escravo para Israel (Js 9). Isto corresponde em parte às experiências pós-exílicas dos crentes de YHWH. Eles precisam separar-se radicalmente dos vizinhos cananeus (não dos persas; cf. Esd 10 e Ne 13,23-28) e eventualmente das comunas babilônicas e egípcias, para manter sua posição singular como povo-propriedade de seu Deus. Mas a presença de grupos com outras crenças nas proximidades, como é visível na cidade de Guibeon, é um fato que não pode ser negado pelos seguidores pós-exílicos de YHWH. O sonho deles seria afastar esses "outros" ou degradá-los socialmente. Mas na realidade persa, eles representam minorias, igualmente submetidas ou talvez até pertencentes à elite dominante. A ideologia da "guerra santa" no livro de Josué e no Deuteronômio é, totalmente, um construto ideológico virtual — embora com base costumes do antigo Oriente[149] —, o qual conscientemente ignora a completa impotência de Israel no período pós-exílico. Vemos, portanto, que as condições de Judá no período persa, refletidas no livro de Josué, são adaptadas retrospectivamente a situações antigas. Mas este distanciamento histórico oferece a possibilidade de articular, numa imagem ideal, seus próprios desejos e convicções de fé.

---

148. Cf. E. S. Gerstenberger, *Theologien im Alten Testament*, Stuttgart, 2001, 78-91.
149. Cf. a inscrição de Meša, K. GALLING, TGI, ²1968, 51-53; M. WEIPPERT, "Heiliger Krieg" in Israel und Assyrien, ZAW 84 (1972) 460-493.

história e tem todos os povos e reis em sua mão. Talvez haja também uma referência aos grandes reis babilônios e persas sob a roupagem de monarcas locais, que aparecem em listas como um poder reunido (Js 10,3.23; 11,1-5; 12,7-24). Mas Yhwh é aparentemente também senhor de poderes da natureza como a água do Jordão, a qual ele pode deter à vontade (Js 3,9-17). Também neste episódio há uma alusão a um modelo, a passagem pelo mar Vermelho em Êxodo 14 s. — Por estas alusões são reveladas funções e estruturas comunitárias. Além do "funcionário" acima mencionado, Josué é também o protótipo de um dirigente comunitário. Com efeito, ele se compromete com a Torá (Js 1,8) e age como pregador da Torá (Js 23 s.). O livro de Josué, portanto, em seus relatos sobre o tempo antigo de Israel, revela — mesmo que com certa refração — concepções, mentalidades, instituições do período pós-exílico (cf. Excurso "Estruturas comunitárias").

Na série de livros históricos deuteronomistas que segue — Juízes, Samuel, Reis —, a marca da vida comunitária pós-exílica pode ser reconhecida de modo essencialmente mais fraco. Aparentemente, isto se dá porque neste complexo muitos materiais antigos são retrabalhados e porque a importância própria dos fatos históricos e seu colorido do passado pesam mais na balança. Entretanto, alguns traços da história desenhada são compreensíveis como reflexo das condições e atitudes pós-exílicas.

Juízes. Em Juízes é tratado o período pré-estatal que decorreu, em parte, de modo idílico, em parte, caoticamente. Juízes 1,1-36 liga-se à temática e à teologia do livro de Josué, embora a morte do líder (Jz 1,1) marque um corte. A doutrina da conquista da terra prometida é difícil de ser conciliada com a permanência de um resto de população autóctone. Os numerosos assentamentos cananeus na Palestina (Jz 1,17-36: lista de posse negativa) apresentam talvez situações pós-exílicas. Referência mais clara ao período persa é a aparição de mensageiros (celestes?) em Juízes 2,1-4. O enviado de Yhwh aqui parece mais civil do que aquele de Isaías 5,13-15, mas mostra que está em voga uma angelologia que pode ser relacionada com o mundo espiritual iraniano da época[154]. Isto também é válido para o problema dos "casamentos mistos" (Jz 3,5 s.; cf. Ex 34,16; Dt 7,3 s.; Js 23,12; Esd 10; Ne 13,23-29). Este problema se tornou um teste de sobrevivência da comunidade de Yhwh somente no império persa multiétnico, sob as condições de livre exercício da religião e ampla autonomia na administração civil.

Juízes reúne narrativas sobre figuras salvadoras e outros episódios relevantes para Yhwh do período pré-estatal e os atrela ao esquema deuteronomista geral: Israel abandona Yhwh, seguindo-se apuros com os inimigos e, depois,

---

154. Sobre a religião popular no império aquemênida, cf. M. Boyce, *History*, v. 1, 22-177; G. Widengren, *Religionen*, 7-59; M. Stausberg, *Religion*, 115-118.

Isto também é válido para a situação interna da comunidade judaica e seus reflexos no livro de Josué. Um número de instituições comprovadamente criadas só durante o exílio e fixadas somente depois da tomada de poder pelos persas, bem como outras peculiaridades da época, são conhecidas pelos redatores de Josué. Elas são consideradas, em parte, sinais constitutivos do povo de Israel: circuncisão (Js 5), Torá e aliança (Js 8,30-35; 24,25-27), páscoa (Js 5,1-12), estrutura de cargos comunal (Js 1,10; 23,2; 24,1)[150], perspectivas etiológicas em vista de futuras questões sobre descendentes (Js 4,6.21; 6,25), concepções acerca da hierarquia celeste dos anjos (Js 5,13-15), crença em milagres cósmicos (Js 10,12-14)[151], significado central de Jerusalém (Js 22,10-34), referências intertextuais aos escritos tardios do Antigo Testamento[152].

Muitas observações interessantes podem ser feitas sobre cada uma das passagens mencionadas e das numerosas não mencionadas. Assim, por exemplo, a "construção de um altar ao lado do Jordão" (Js 22) não tem, evidentemente, qualquer antiga tradição por trás, sendo totalmente uma instituição pós-exílica[153], com motivações teológicas e político-litúrgicas. A mudança da função de um altar para ser "testemunho entre nós e vós" (a saber, ser membro da comunidade de YHWH, v. 28.34) certamente levanta novas questões: para que tipo de rituais litúrgicos pode servir um altar-testemunho ('ed)? Pensava-se nas estelas mudas, cuja função era lembrar certas realidades? A ideia de "sinais" ou "testemunhos memoriais" visíveis é comum na literatura hebraica (cf. Gn 31,44.48; Dt 31,19.21.26; Js 4,4-6; 24,22). Parece que eles foram cultivados especialmente no período pós-estatal.
— No livro de Josué aparecem aqui e ali, de modo marcante, as dimensões cósmicas da fé em Deus. O sol, uma antiquíssima divindade maior no antigo Oriente, perde sua potência e até obedece às ordens de um seguidor de YHWH (Js 10,12-14). Um príncipe dos anjos se preocupa com o povo de YHWH (Js 5,13-15). Josué reage à aparição do sagrado supramundano com o conhecido gesto de tirar as sandálias de Êxodo 3. YHWH conduz a

---

150. Entre os termos para funções dirigentes se acha o termo deuteronômico *šoter*, "funcionário (erudito?)", uma expressão certamente só usada tardiamente na tradição hebraica; contra K.-D. SCHUNCK (ThWAT VII, 1255-1258), que admite o uso pré-estatal. U. RÜTERSWÖRDEN (*Die Beamten der israelitischen Königszeit*, Stuttgart, 1985 [BWANT 117]) infelizmente trata pouco dos significados pós-estatais (cf. ibid., 112-114).

151. É de notar a reflexão histórico-teológica sobre a parada do sol e da lua sobre Guibeon no vale de Aialon, com a afirmação sobre sua singularidade: "Nem antes, nem depois houve um dia comparável a este dia em que YHWH obedeceu a um homem, pois YHWH combatia por Israel" (Js 10,14).

152. Josué é, depois do Deuteronômio, um dos escritos com caráter mais fortemente deuteronomista. Mas também podem ser estabelecidas ligações com estratos não deuteronomistas. Cf. por exemplo YHWH e o sol (Sl 72,17; 84,12; Ml 3,20; Nm 6,24-26); O. KEEL, C. UEHLINGER, Jahweh und die Sonnengottheit von Jerusalem, in W. DIETRICH et al. (Hg.), *Ein Gott allein?*, Fribourg, 1994, 269-306.

153. Assim, com razão, V. FRITZ, *Das Buch Josua*, Tübingen, 1994, 220-222 (HAT I/7): "... fundamento da admissão de todos os moradores deste lado do Jordão — tido como fronteira — ao culto de YHWH em Jerusalém" (ibid., 221).

a misericórdia de Deus, que se concretiza no envio de um herói libertador. Provavelmente este esquema surgiu já no período exílico como chave interpretativa privilegiada da história pré-exílica do povo de YHWH[155]. Os autores e transmissores ativos no período persa assumiram o esquema deuteronomista já existente e lhe deram novos acentos. É digno de ponderação quanto o ciclo de Sansão (Jz 13–16) e as histórias anexadas de Micá (o ladrão que erigiu um santuário privado) e da violação da mulher do levita e da consequente campanha sagrada punitiva (Jz 17–21) respondem a questões do período persa. Sansão é o exemplo acabado de um nazireu (Nm 6), e pelo nome e pelos atos um evidente herói solar. A teologia restauradora e criativa da era persa aparentemente amava tais construções quase míticas do passado (cf. Gn 6,1-4; Nm 13,28; Dt 5,13; 1Sm 17,4-10). A fabricação de uma imagem de Deus e o levantamento de uma casa de culto por Micá têm continuação no culto regional da tribo de Dã (Jz 17). Esta linha é estendida até a deportação assíria em Juízes 18,30, sendo legitimada até mesmo por um sacerdote descendente de Moisés. O alongamento da perspectiva talvez exprima o interesse exílico e pós-exílico de mostrar as vantagens da centralização do culto em Jerusalém. Por fim, a história da violação e da punição em Juízes 19–21 trata da violação de um tabu sexual e da hospitalidade, o que também é denunciado em Gênesis 19. A temática, inclusive a estratégia de extermínio dos culpados, é bastante condizente com a mentalidade de pureza do Segundo Templo (cf. Lv 18; 20). De resto, percebe-se que os grandes e pequenos juízes (Jz 3–12) dificilmente podem ser avaliados com o padrão da piedade toraica. Entretanto, os atos de salvação são eventualmente ligados com a renovação do autêntico culto a YHWH (cf. Jz 6,25-32). Por que não há referências diretas à Torá? A renovação do culto é para ouvintes posteriores sinal suficiente de uma vida de acordo com YHWH? Ou a recepção do espírito pelo lutador serve como legitimação (Jz 7; 11,29)? É notável a longa fundamentação da guerra de YHWH, por Jefté (Jz 11,12-28): aqui o salvador enviado por YHWH age como exegeta e pregador da tradição do Pentateuco. Na discussão verbal (!) com o rei dos amonitas, ele invoca as tradições conservadas em Números 21 s. sobre as experiências de Israel com Seon, de Edom, e Balac, rei dos moabitas. Gedeão, por sua vez, trata com um enviado que vem diretamente de YHWH e não precisa de nenhuma exegese histórica (Jz 6,11-24). Mas os dois modos de apresentação traem uso tardio. Segundo tudo o que foi achado sobre o

---

155. Apresentação exemplar deste programa em Juízes 2,6-23; 10,1-16; cf. R. ALBERTZ, BE 7,222.

livro dos Juízes, ficamos assegurados de que ele foi lido na sua forma final ou quase final pela comunidade de YHWH pós-exílica à luz de sua própria situação. A vida na época dos persas deixou suas pegadas no tratamento de tradições certamente mais antigas.

Samuel-Reis. Samuel e Reis estão numa conexão relativamente cerrada. Os problemas principais são o surgimento e a manutenção da monarquia de Israel, tema fundamental que, desde o exílio babilônio, certamente mexia com alguns corações da comunidade de YHWH[156]. Como eram lidas estas histórias em torno de Saul, Davi, Salomão e os davididas do extinto reino do sul, depois da reconstrução do Templo e durante a constituição da comunidade em Judá e na diáspora? Onde se colocavam os acentos? Quando olhamos para a apresentação cronista, percebemos linhas que provavelmente se tornaram dominantes no século IV a.C: os reis judeus, sobretudo Davi e Salomão, se ocuparam com a construção do Templo, a instituição do culto, a organização de classes sacerdotais, a introdução e a renovação do calendário de festas litúrgicas: a tradição deuteronomista é completada e corrigida. Quando descobrimos na forma redacional dos livros deuteronomistas de Samuel-Reis pontos de vista cronistas, podemos concluir que há vestígios do antigo período persa. A discussão sobre a questão da culpa deve ser atribuída, antes, à obra exílico-deuteronomista, enquanto a apresentação positiva da monarquia, sobretudo em relação ao culto em Jerusalém, deve ser datada no período do Templo reinstituído. Nesta sucessão de acentos teológicos contextuais diferentes pode se encontrar a solução para a atitude ambivalente do Deuteronômio[157] quanto à monarquia. Sob a égide babilônica e sob a impressão da derrota e da destruição do Templo era dominante o esquema interpretativo da apostasia e punição de Israel, mas depois da mudança persa o interesse da comunidade se transferiu para as instituições positivas e atuais no período pós-exílico da comunidade de cidadãos do Templo.

Neste sentido, lido do ponto de vista do século V a.C., o significado especial do culto no Templo de Jerusalém e das ações rituais a ele ligadas penetra no livro dos Reis. A construção e o equipamento do santuário são descritos amplamente (1Rs 6 s.). Assim como nas instruções extraordinariamente detalhadas e nos relatos de execução da Tenda da Reunião (Ex 25–31; 35–40), trata-se de textos que não se orientam pelas construções de Moisés e Salomão

---

156. Ibid., 222-231.
157. Ibid., 222: "É espantoso ver que o... tempo do reino unificado é avaliado... pelos historiadores deuteronomistas... como um período de fé pura e não falsificada em YHWH".

supostamente históricas, mas totalmente pelo Segundo Templo no período persa. Linguagem, estilo, mentalidade, teologia, tudo indica uma época posterior. Os ouvintes daqueles textos tinham diante dos olhos sua própria realidade, considerada criada no passado como protótipo sagrado. Foram precursores do único santuário legítimo, entre outros, os santuários de Silo (1Sm 1 s.), Guilgal (1Sm 13), Nob (1Sm 21 s.), Hebron (2Sm 15,7-10) e Guibeon (1Rs 3). Isto é, os autores exílicos e pós-exílicos reconheceram plenamente a adoração a Deus em muitos lugares de Israel até Salomão. Eles também conheciam a importância da arca, aquele antigo símbolo de YHWH que foi trasladado para o Templo em Jerusalém (1Sm 4–6; 2Sm 6; 1Rs 8). Segundo Deuteronômio 12, porém, só o culto de YHWH em Jerusalém continua válido — um costume consolidado só a partir de 515 a.C., desde a reconstrução do Templo, que antigamente era o santuário do rei, mas agora está a serviço da comunidade confessional de YHWH. Esta mudança da função do Templo, causada pela mudança da comunidade que o sustentava, modificou também a forma do culto. Com efeito, enquanto o santuário central da monarquia judaica tinha servido estritamente para a manutenção da dinastia e do Estado (sendo que numerosos santuários locais e regionais prestavam serviços religiosos para os súditos), a construção sagrada recém-dedicada devia oferecer sacrifício permanente, mas também estar à disposição para a oração comunitária de adoradores próximos e distantes ("Casa de oração", Is 56,7). A grande oração de dedicação colocada na boca de Salomão põe no centro, sem restrição, esta inédita e importante função da casa de Deus. Ela nem mesmo menciona o serviço de sacrifício usual, certamente pressuposto como conhecido[158]. Muito importante para os autores do período persa é o culto de oração comunitária (1Rs 8,23-53). Ele é desenvolvido em todas as direções, primeiramente na introdução:

> Ouve a súplica que teu servo fizer voltado para este lugar. E quando ouves a prece de teu servo e de teu povo Israel suplicando voltado para este lugar, ouças tu no lugar em que habitas, no céu! Ouve e perdoa (1Rs 8,29b-30).

Segue-se então uma série de sete situações de oração e pedidos para o crente em YHWH individual e para a comunidade como um todo[159], sempre com uma preparação estereotipada: "Se alguém... em sua necessidade orar para

---

158. É fortemente destacada a ligação com a tradição nas ações que circundam a oração de dedicação: os sacerdotes trazem a arca, a tenda e os instrumentos sagrados para o recém-construído Templo e sacrificam numerosos carneiros e bois (1Rs 8,3-6.62-64).

159. Alusões ao número sagrado e mágico 7 estão concentradas nos versículos 46-51. Cf. B. O. LONG, *1 Kings*, Grand Rapids, 1984, 101-104 (FOTL IX); J. D. LEVENSON, The Paronomasia of Solomon's Seventh Petition, HAR 6 (1982) 135-138.

ti nesta casa/ voltado para esta casa... ouve e age em seu favor". O modelo básico destes pedidos parece variar, mas o texto final é bastante cerrado. O catálogo começa com o caso geral de erro pessoal: "Caso um homem peque contra outro e lhe imponham um juramento com maldição, e ele venha a proferir este juramento perante teu altar nesta casa..." (1Rs 8,31). A maldição a si mesmo é um ordálio, um julgamento divino no qual é estabelecida a culpa ou a inocência de um suspeito diante da falta de meios jurídicos (cf. Sl 7; 17; 26; Nm 5). O procedimento é claramente do Segundo Templo, pois o santuário do tempo dos reis era reservado ao culto estatal, e o "povo" provavelmente não tinha acesso à área sagrada. Não tem base a frequente localização deste texto no século do exílio, quando o Templo estava em ruínas. A oração conta com um Templo em funcionamento e com uma liturgia polida.

Dois casos introduzidos com frases no infinitivo simulam a derrota de Israel na luta (v. 33 s.) e a necessidade coletiva decorrente de seca persistente (v. 35 s.). As duas catástrofes são condicionadas pelo "pecado" e exigem conversão a YHWH, invocações rituais, isto é, cultos de súplica comunitários. Então queira YHWH ter misericórdia e "levar seu povo para a terra" (v. 34) que ele deu a seus pais (v. 35). A oração pode ser feita a distância, isto é, na diáspora, mas em direção ao Templo. Diferente dos versículos 31.33, a distância física é muitas vezes pressuposta (v. 38.42.44 e sobretudo 47). E a prece para que YHWH queira "indicar o bom caminho" (*torem*, v. 36: "indica") para a comunidade é uma formulação que lembra a indicação da Torá. A oração sobre atos a ser realizados, projetada para a era de Salomão, revela, portanto, mesmo em seu disfarce histórico, uma perspectiva pós-exílica.

Três dos outros objetos da oração são construídos como condicional com *ki*, "se" (v. 37.44.46), sendo o quarto caso anexado ao anterior no mesmo fluxo, sem a partícula condicional (v. 41). Assim, os pedidos formam uma unidade formal através da frase consecutiva estereotipada "ouças" (v. 32.34.36.3.45.49), a qual é preenchida em cada caso de modo diferente. O quarto trecho (v. 37-40) abrange um amplo espectro de possíveis situações de necessidade; elas coincidem em parte com as outras partes mencionadas. Mas é bastante significativa a distinção entre dificuldades comunitárias (fome, peste, seca, ferrugem nos cereais, gafanhotos, locustas, inimigos, v. 37a) e as pessoais, individuais (pragas e doenças, v. 37b.). A explicação no versículo 38 mostra que a distinção é intencional: "seja qual for o motivo da prece, seja qual for o motivo da súplica, que ela venha de uma pessoa particular ou de todo Israel, teu povo, quando este tomar consciência do flagelo que atinge seu coração e estender a mão para esta Casa". No versículo 39 continua o texto sobre o indivíduo: "... trata-o segundo a sua conduta, já que conheces o seu coração — na verdade somente tu conheces o coração de todos os filhos dos homens". Uma tal classificação cuidadosa dos pedidos coletivos e individuais e a acentuação da responsabilidade individual correspondem à estrutura social da comunidade pós-exílica, não à de uma grande sociedade nacional. — Plenamente de acordo com a abertura do

Templo para estrangeiros no Terceiro Isaías (cf. Is 56,6-8), os versículos 41-43 dão aos estrangeiros, de longe ou de perto, acesso à oração para YHWH, aparentemente para as mesmas necessidades acima descritas. A declaração ecumênica "... a fim de que todos os povos da terra conheçam teu nome e, como Israel, teu povo, tenham temor a ti e saibam que teu nome foi pronunciado sobre esta casa que construí" (v. 43) não fica, em sua amplitude universal, atrás das fortes fórmulas de abertura de Isaías (cf. Is 2,2-4; 19,23-25). Todas elas são sinais seguros de uma teologia que só podia aparecer no império persa, aberto religiosamente — apesar das táticas de segregação e da preocupação com a identidade daquele tempo, explicadas de outro modo.

O sexto trecho da oração de dedicação (v. 44 s.) esclarece, como o segundo (v. 33 s.), a situação de Israel em guerra — registro de um momento histórico que podia ser válido para o tempo dos reis, mas não para o período exílico e pós-exílico. Às duas circunstâncias, derrota e luta iminente, apenas se faz alusão neste contexto; elas só mostrariam a situação histórica de Salomão. No caso de conflito, ele e seus sucessores deviam se voltar para YHWH. O contexto não quer transmitir mais para os ouvintes pós-exílicos. A sétima unidade (v. 46-51) recebe mais atenção. Nela todo o ciclo da situação da oração chega a seu auge, como mostram as já mencionadas fórmulas "ouças tu". Com efeito, nas cinco primeiras unidades da oração é dito de igual forma "ouças tu", com destaque no pronome pessoal, mas na sexta e na sétima vez entra um "ouças tu sua prece e súplica" mais destacado ainda (não mais no imperfeito, mas no perfeito consecutivo) (v. 45.49). A mudança no versículo 45 aparentemente prepara o versículo 49, pois o tamanho, a escolha das palavras e a teologia deste trecho indicam sua importância especial. Tudo o que pode ser deduzido dele em relação a suas raízes na realidade social mostra um pano de fundo pós-exílico: deportação e retorno aparentemente já ocorreram (v. 46-53). Na superfície, o tema é a profecia do rei Salomão, três séculos antes, sobre a deportação da elite para a Babilônia como punição enviada por YHWH. No nível litúrgico, o exemplo da deportação e da prudentemente aludida libertação (v. 53) serve como um forte sinal de esperança para a nova comunidade de YHWH depois da restauração do Templo. Os grandes intercessores e oradores de Israel, Moisés e Salomão, trouxeram em seu tempo suas palavras em favor de Israel diante de YHWH de modo tão forte — e a recepção do paradigma do exílio na liturgia (sem este passo decisivo o texto não teria sido transmitido) tornou isto consciente — que também há para a comunidade esperança de perdão e de ajuda. A necessidade do exílio permaneceu no tempo do Segundo Templo um paradigma impressionante para a oração e a intervenção divina.

Quanto a linguagem, estilo e teologia, a unidade da oração dos versículos 31-53 apresenta uma proximidade espantosa com o Levítico (ver Lv 4; 5; 13; 26 etc.). Mostra-se, caso a caso, um interesse pelos erros individuais e comunitários (palavra-chave *ḥṭ'*: "transgredir") e os possíveis rituais expiatórios. A oração em 1 Reis 8,31 ss. é uma variante da expiação do pecado. O vocabulário para "ter misericórdia", "expiar" é sacerdotal. — O jogo sublime com verbos que soam parecidos e o número "sete" na passagem dos versículos 46 s.[160] estariam também na conta dos círculos sacerdotais. — Concepções universalistas de Deus e fortemente orientadas para o céu, mas também antropologia universalizada e internacionalizada, as quais dão a impressão de sabedoria, devem ser esperadas especialmente no período persa. — Uma peculiaridade na sétima parte da oração é a citação de uma confissão de penitência (ou o início de uma), a qual está em contato com as grandes orações penitenciais do período pós-exílico (Esd 9; Ne 9; Sl 106 e Dn 9). A citação no versículo 47 parece até ser uma fórmula litúrgica corrente para uma confissão de culpa coletiva (cf. Sl 106,6; Dn 9,5). Do ponto de vista da história das formas, a passagem 1 Reis 8,31-53 não é um modelo direto de oração que se usava, mas um relato histórico sobre uma oração de súplica para a comunidade exílica e pós-exílica. Porém, neste relato há uma instrução: vocês, em tempos distantes, isto é, na comunidade do Segundo Templo, devem orar deste modo, no tríton da dominante teoria do pecado[161]: "pecamos, carregamos culpa sobre nós e nos tornamos ímpios" (v. 47: *ḥaṭa'nu weh‛ 'winu raša'nu*). A oração de Salomão serve como relato histórico, podendo portanto ser escutada como modelo. A oração própria tem base numa longa tradição de súplica intercessora, mas segue um modelo próprio: numa situação de necessidade, YHWH deve ser invocado sob a confissão da própria culpa. Ora, de nossa posição distanciada, podemos reconhecer que o modelo salomônico não é distinto do modelo usual de súplica em necessidade do período pós-exílico. 1 Reis 8,31-53 pressupõe a cada passo e em cada trecho a experiência da comunidade com as ações litúrgicas no Segundo Templo. Se o texto é de origem deuteronomista, então esta parte da obra histórica é do século V e não do século VI a.C.

Salomão age na história da dedicação do Templo não só como o sacerdote que oferece em sacrifício gigantescas quantidades de animais (1Rs 8,5.62-64). Ele é sobretudo a imagem de um dirigente comunitário que deve cuidar da Torá (e da arca) (v. 1-9), invocar YHWH como presidente da oração e abençoar a comunidade (v. 17-27); e algumas declarações possuem o caráter de pregação (v. 15-21). Segundo a opinião deuteronomista, os reis deveriam ser eruditos na Torá, antes que políticos (Dt 17,14-20). É segundo este padrão que serão avaliados no decorrer posterior da história dos reis. A maioria dos monarcas depois de Salomão se sai mal, governando sem base na Torá. Outros são suportáveis, mas não seguem o mandamento de centralização do culto de sacrifício. Segundo a interpretação deuteronomista do passado, somente alguns alcançaram nota positiva; são os reis de Judá reformistas: Asa (1Rs 15,9-24), Joás (2Rs 12,5-17), Ezequias (2Rs 18–20) e Josias (2Rs 22 s.)[162].

---

160. Cf. ibid., 157.
161. Cf. R. KNIERIM, *Die Hauptbegriffe für Sünde im Alten Testament*, Gütersloh, 1965.
162. Cf. H.-D. HOFFMANN, *Reform und Reformen*, Zürich, 1980 (AThANT 66).

As reformas do tempo dos reis se referem ao Templo e ao culto, à Torá e às festas anuais, temas que foram recebidos na obra cronista posterior e totalmente colocados em primeiro plano. Mas isto significa, também, que justamente estes problemas ocuparam as comunidades do período persa. Neles se decide a autocompreensão da comunidade de YHWH. E é claro, novamente, que no tratamento da matéria extremamente atual dado no livro de Reis se encontra sedimentada a experiência da comunidade com o Segundo Templo. Dificilmente poderiam ter sido redigidos os relatos sobre essas reformas sem a visão viva do edifício do Templo e dos rituais lá realizados, sem o costume já estabelecido de leitura e interpretação da Torá, sem os usos e tempos das festas. Vendo isto, pode-se postular a origem pós-exílica das descrições relevantes na obra histórica deuteronomista. O rei Asá recebe, provavelmente mais por acaso, somente um atestado sumário de sua ação positiva: "Expulsou da terra os hieródulos e suprimiu todos os ídolos..." (1Rs 15,12), "despedaçou seu ídolo infame", a saber, Asherá, que sua mãe havia mandado fazer (v. 13); também sua atitude básica é reconhecida: "... o coração de Asa permaneceu integralmente fiel a YHWH durante toda sua vida" (v. 14). Os outros três reformadores são honrados com relatos detalhados. Joás realiza um amplo trabalho de renovação do edifício do Templo, uma medida sempre histórica e significativa para o Estado na história do antigo Oriente (2Rs 12,5-17; cf. a cópia do episódio na história de Josias, 2Rs 22,3-7). Vale a pena notar que o rei precisa cobrir os custos da restauração com doações e contribuições do povo. Isto seria puro anacronismo, pois o Templo no tempo dos reis era parte das instalações do palácio e santuário dinástico; era santuário do Estado somente através da figura do monarca. O texto revela, portanto, as relações financeiras privadas do Segundo Templo. Além disso, ele nos revela problemas da economia tardia do Templo: as entradas regulares — taxas para diferentes atos e impostos (v. 5; elas não podem ser identificadas com certeza e objetivamente no texto) — não são usadas na manutenção da construção, mas evidentemente acabam nos bolsos dos sacerdotes (v. 7-9). Joás e seu tutor, o sacerdote Joiada, têm a ideia gloriosa de colocar um cofre sagrado extra para a renovação do edifício (v. 10-17). Entrando agora regularmente as doações extras dos visitantes do Templo, a obra de renovação pode se realizar. Trata-se estritamente de sanar o edifício; os aparelhos do Templo e os salários dos sacerdotes são pagos não com doações, mas ainda com taxas (v. 14.17). Todo o trecho transpira as ideias e os problemas financeiros e estruturais do período pós-exílico. Somente o Segundo Templo depende fundamentalmente, em todos os seus interesses, de doações e contribuições da população.

Cinco dos oito compromissos da aliança em Neemias 10 — os mais longos e mais salientes — se referem à manutenção do Templo e dos sacerdotes (v. 33-40). Os estratos sacerdotais do Antigo Testamento são plenos de debates e de medidas voltadas para a Casa de Yhwh, isto é, o Segundo Templo (cf. "dons para sacrifício" = *t^erumah*, Ex 25,2-9; 30,11-16; 35,4-29; também os "dons" dos líderes, Nm 7). Essencialmente toda a comunidade é responsável. Eventualmente se fala até com ênfase de todos os "homens e mulheres" que pertencem a Yhwh (Ex 35,20-29). A nomeação, a contratação e o pagamento dos artesãos são apresentados em Êxodo 36,1-7 de modo semelhante à perícope de Joás. Em Êxodo 38,21-31 há uma prestação de contas, pelo menos no que diz respeito aos materiais doados. Diferentes instruções do Levítico se ocupam com a manutenção dos sacerdotes e de suas famílias (cf. Lv 2,3.10; 6,9-11.19-23; 7,14.31-36;22; Ez 44,28-31; 48,8-22 etc.). Naquele tempo, eles não são mais funcionários do rei, mas empregados da comunidade, que devem ser sustentados por ela. Em suma, as descrições veterotestamentárias do Templo de Jerusalém durante a monarquia e dos sacerdotes em exercício lá são predominantemente de origem pós-exílica e pressupõem o Segundo Templo. É este o modelo que utilizam, ainda que os autores falem da tenda da reunião de Moisés e do santuário de Salomão. A restauração sob Joás é um bom exemplo da projeção da situação pós-exílica para o período dos reis.

Os reis Ezequias e Josias desempenham um papel especial na reconstrução deuteronomista da paisagem da reforma. O primeiro recebe, em retrospectiva, a maior nota entre os monarcas de Judá[163]: "Ezequias pôs sua confiança em Yhwh, o Deus de Israel. Não houve entre seus sucessores rei igual a ele em Judá, nem entre seus antecessores. Permaneceu fiel a Yhwh, sem nunca dele se afastar. Ele guardou os mandamentos que Yhwh prescrevera a Moisés. Yhwh estava com ele; ele tinha êxito em tudo o que empreendia" (2Rs 18,5-7). A relação de Ezequias com o Templo é determinada pelo aparecimento belicoso dos assírios. Eles exigem o pagamento de gigantescos tributos, 300 talentos de prata (1.026 kg), 30 talentos de ouro (102,6 kg). Ezequias paga a soma a partir do tesouro do Templo e do rei (v. 14 s.). Na mesma linha da oração de dedicação do Templo, o rei traz sua necessidade e a do povo diante de Yhwh no Templo (2Rs 19,14-19). Depois de sua cura e da prolongação da vida milagrosas, Ezequias promete também fazer uma oração de agradecimento no

---

163. Cf. a igualmente alta avaliação de Josias em 2 Reis 23,25; sobre Davi e Salomão corriam muitas histórias negativas para que os teólogos pós-exílicos pudessem salientá-los de modo tão absoluto.

Templo (2Rs 20,8). Yhwh, por seu lado, promete proteger a cidade de Jerusalém e repele preventivamente o ataque do rei assírio (2Rs 19,32-37). Não há outras indicações de engajamento em favor do Templo e do sacerdócio. A imagem do Templo insinuada é aquela da casa de oração, de central importância para Israel. A apresentação sumária dos atos de Ezequias fortalece esta concepção pós-exílica. Ezequias teria agido de modo enérgico, como nenhum outro rei, contra os santuários locais, para que o Templo de Jerusalém pudesse chegar a seu pleno valor: "Foi ele que fez desaparecer os lugares altos, quebrou as estelas, cortou o poste sagrado e esfacelou a serpente de bronze que Moisés fabricara..." (2Rs 18,4). Quanto ao resto, sua imagem é traçada segundo o modelo do piedoso do tempo exílico e pós-exílico. Ele não é nem político, nem militar, e na crise assíria e na grave doença coloca sua esperança totalmente em Yhwh, auxílio e salvador (2Rs 18–20); ele "confiava" em seu Deus (2Rs 18,5; cf. 18,19-24; Sl 115,8-11). Um enviado de Yhwh ("anjo") aniquila os exércitos assírios (2Rs 20,2-11), e o profeta Isaías leva a notícia da cura e do prolongamento da vida (2Rs 20,2-11), baseando-se, como na história de Josué, também em sinais milagrosos espetaculares, ligados ao movimento do sol (v. 8-11; Js 10,12-14).

Em Josias encontramos um modelo básico semelhante, mas os acentos se deslocam (2Rs 22–23). Primeiro, o rei assume medidas de manutenção do Templo sempre necessárias, como seu antecessor Joás (2Rs 22,3-7). A passagem parece ser um excerto da história de Joás mais detalhada e, de fato, serve ao autor somente para introduzir o tema principal: durante os trabalhos de reforma no Templo, a Torá — desaparecida? — é descoberta (22,8 ss.). A ação para limpar o Templo dos símbolos de religiões estrangeiras e a abrangente destruição de outros locais de culto, junto com seu pessoal (2Rs 23,4-20), é um segundo topos, que, porém, parece subordinada ao tema da Torá. Um terceiro tema é o arco que se estabelece entre a profecia contra o altar de Betel (1Rs 13,30-32) e sua realização da palavra profética pela ação de Josias (2Rs 23,16-18). Mas o peso maior está sem dúvida na perícope da Torá (2Rs 22,8–23,3; 23,21-24). Houve longa discussão sobre a autenticidade histórica deste relato. Ernst Würthwein mostrou de modo irrefutável o anacronismo histórico[164]. Justamente o último rei significativo de Judá teria pouco antes do fim da monarquia reencontrado a Torá de Moisés e colocado em sua posição legítima através de uma aliança? E isto ocorreu apesar de

---

164. Cf. E. Würthwein, Die Josianische Reform und das Deuteronomium [1976], in Id., *Studien zum deuteronomistischen Geschichtswerk*, Berlin, 1994, 188-216 (BZAW 227).

ele e todos os seus predecessores terem sido sempre julgados — no esquema interpretativo deuteronomista — conforme este "livro da Lei"? Do ponto de vista histórico, o relato da redescoberta da Torá é uma lenda. Ela tem um pano de fundo e finalidades teológicos. A questão é: quando e em quais círculos tal fábula pode ter surgido. As expressões exatas, consideradas evidentes a ponto de dispensar qualquer esclarecimento quanto ao conteúdo — "Livro da Lei", "o Livro", "o Livro da Aliança" —, designam aparentemente algo fixo, um escrito sagrado reconhecido. Mas, provavelmente, tal versão "canônica" de um "livro" — sejam quais forem sua abrangência e conteúdo — só surgiu depois da constituição da comunidade do Templo, isto é, no período persa. O mais cedo a partir do século V a.C., "o Livro" de que trata a nossa tradição josiana era o eixo da vida comunitária e da existência pessoal de todos os discípulos de YHWH. O relato sobre a descoberta deste escrito sagrado e de seu estabelecimento como documento da aliança é feito tendo em vista a comunidade pós-exílica, justamente, pelos eruditos e liturgistas daquela comunidade de fé orientada para a Torá. Qual era a intenção destes autores e escribas? Não lhes era suficiente que as sagradas palavras de Deus da boca de Moisés fossem ancoradas num distante tempo dos fundadores (cf. Ex 24,3-8; Dt 31,9-13.19-22; Js 24,25-28)? Aparentemente não; toda a história do povo de YHWH deveria correr segundo as regras que a comunidade eleita cultivava no império persa. Segundo o modelo da comunidade confessional, também o tempo dos reis só podia ser aceito tendo como base a Torá. Por isso, o Templo desempenha para o povo um papel tão destacado e anacrônico. Por isso, os reis são também eruditos nas Escrituras e presidentes da oração. Por isso, pelo menos uma vez, na dinastia judaíta, a conclusão da aliança e a páscoa deveriam ser festejadas corretamente segundo as regras da Torá. Os teólogos pós-exílicos designaram para este papel Josias, rei brilhante pela graça de YHWH. A seu tempo já impregnado pelo declínio, ele contrapõe um sinal: uma comunidade que se confessa a YHWH não se perderá enquanto se mantiver na sagrada palavra de seu Deus.

Convém perguntar se é possível reconhecer na obra histórica deuteronomista outros reflexos do período pós-exílico. De fato, uma comparação com a obra cronista, muito mais impregnada da visão da comunidade, pode ajudar, como dissemos, a reconhecer tais constelações tardias. Os reis de Judá são descritos — no Deuteronomista de modo incipiente, nas Crônicas plenamente — como funcionários da recém-constituída comunidade de YHWH; assim também outros cargos tardios podem aparecer de modo anacrônico nas narrativas históricas. Como o Deuteronomista considera os sacerdotes, os levitas, escribas, profetas, liturgos e líderes da comunidade? Quem se esconde por trás dos funcionários reais e da corte? Dever-se-ia, também, examinar as relações de Israel com os vizinhos e com as grandes potências que aparecem na obra, para ver se assinalam condições pós-exílicas? Sobretudo as perspectivas teológicas do complexo de tradições do deuteronomista podem ser importantes para nosso problema. Em que medida as concepções sobre Deus e o mundo encontradas na da história dos reinados e da época anterior revelam traços de um tempo posterior? E não se pode deixar de lado a pesquisa negativa, a pergunta de controle: Quais constelações características do período persa estão faltando na apresentação deuteronomista da história? Isto é um amplo programa de pesquisa. Algumas observações sobre o assunto devem ser suficientes aqui.

Se tudo não nos engana, além do rei pregador, orante e dirigente da comunidade, também alguns outros cargos comunitários são retratados na história deuteronomista. No caso dos sacerdotes e levitas, cujas genealogias alcançam um passado distante, a tensa relação entre diferentes tradições sobre o sacerdócio conhecida pelas Crônicas poderia ser um critério para descobrir retoque tardio. Com efeito, provavelmente só no Segundo Templo a legitimação para servir no altar se tornou polêmica entre clãs com direito a reivindicar isto, levando a violentas discussões (Lv 10; Nm 16). No período dos reis, tais problemas eram resolvidos pela decisão do governo; ora, tal autoridade não existia na Jerusalém renascente do tempo persa. O governo central no máximo determinava a liderança política na província. No Deuteronomista ouvimos pouco sobre famílias sacerdotais em disputa. Possivelmente as histórias sobre sacerdotes corruptos em santuários locais, por exemplo em Silo (1Sm 2,12-17), ou sobre sacerdócio politicamente suspeito como o do santuário de Nob (1Sm 21,2-10; 22,6-19), talvez fossem lidas no período persa como apontando para um comportamento sacerdotal não ortodoxo. De fato, aparece através de toda a história deuteronomista a justificação do clã sacerdotal sadoquita, na origem provavelmente ligado a Jebus-Jerusalém, mas finalmente inserido na genealogia dos levitas descendentes de Aarão. Já na condenação dos filhos de Eli ressoa a profecia (deuteronomista!): "Suscitarei para mim um sacerdote confiável..." (1Sm 2,35). Esta previsão aparentemente tem por fim a instalação de Sadoc como sumo sacerdote e ministro de assuntos religiosos nos governos de Davi e de Salomão (2Sm 8,17; 15,24 s.; 1Rs 1,8; 2,35; 1Cr 5,34.38)[165]. As implicações políticas e econômicas da primazia do clã de Sadoc são visíveis

---

165. Cf. J. G. McConville, Priesthood in Joshua to Kings, VT 49 (1999) 73-87; D. W. Rooke, *Zadok's Heirs, The Role and Development of the High Priesthood in Ancient Israel*, Osnabrück, 2000.

em toda parte. A obra histórica deuteronomista coloca à disposição, em muitos contextos, os fundamentos da tradição que beneficiará a ulterior posição desta família de sacerdotes. Ora, também essa legitimação prévia seria do tempo do Segundo Templo. O problema da origem levítica do sacerdócio de Jerusalém liga-se a isso e é igualmente virulento (Js 3,3; 8,33). Josué 20–21, por fim, tratando da instituição de "cidades de asilo e dos levitas", fala, em relação ao futuro, até mesmo do "sumo sacerdote" que vai governar (Js 20,6), revelando assim claramente a origem pós-exílica de tal *vaticinium ex eventu*.

Outros cargos da antiga comunidade judaica são já conhecidos ou transparecem na história deuteronomista? Os levitas e escribas que desempenham importantíssimo papel na obra cronista retrocedem. No Deuteronomista, os escribas são sobretudo funcionários régios. No máximo se poderia perguntar se sob Safã, que servia a Josias (cf. 2Rs 22,3 s.), não estaria oculto o perfil do especialista da Torá na comunidade. Sucessores desse funcionário aparecem muitas vezes como simpatizantes ou mesmo funcionários da comunidade de Y$_{HWH}$ (cf. Is 26,24; 36,10 s.; 39,14; Ez 8,11). Os levitas são mencionados só de passagem. Eles seriam sacerdotes nômades (Jz 17 s.) ou um clã sagrado separado (Js 21), carregadores da arca (1Sm 6,15; 2Sm 15,24) e assistentes dos sacerdotes (1Rs 8,4). Não aparece (ainda) a relação de concorrência patente na obra cronista. Entretanto, a busca de legitimação do clã (levita!) de Sadoc não pode passar despercebida. — "Juízes" (*šop^{e}ṭim*) e "(altos) funcionários" (*šoṭ^{e}rim*) são, como já indicado, designações características de funções dirigentes na história deuteronomista, mas não sabemos exatamente como eram estruturadas e quais poderes elas incluíam. As duas podem no período pós-exílico estar ligadas à interpretação e cuidado da Torá. Os juízes menores (Jz 10,1-5; 12,8-15) podem ter exercido, segundo a concepção ulterior, funções de direção na comunidade de Y$_{HWH}$. Não se trata, é claro, do papel histórico destes líderes[166], mas da interpretação de suas funções na perspectiva das comunidades do Segundo Templo. Na perspectiva tardia, os reis eram liturgos, presidentes da oração, pregadores, dirigentes de assembleia do antigo Israel. Os "juízes" e os seguramente também ominosos "funcionários", que claramente estavam à frente dos sacerdotes (cf. Js 3,2 s.; 23,2: "anciãos, chefes, juízes e (altos) funcionários" — sem menção do clero; também Js 1,10; 24,1) — eram designações civis para dirigentes da comunidade. Talvez o conceito de "funcionário" indique também a função do escriba.

---

166. Não se trata tampouco da hipótese de Noth, segundo a qual os juízes menores seriam árbitros anfictiônicos (da Torá). Ver acima cap. 2, nota 124 (U. Rütersworden, K. D. Schunck).

Como sempre é salientado pelos especialistas, os profetas recebem um papel especial na história deuteronomista. Não é por acaso que os livros históricos de Josué até 2 Reis são chamados, na tradição hebraica, de "Profetas anteriores". A história do povo de YHWH é constantemente impulsionada pela palavra de Deus transmitida pela boca dos profetas. No livro de Josué ainda age imediatamente a palavra de Moisés, no livro dos Juízes o espírito de YHWH influencia diretamente um líder, de Samuel até Reis eventualmente aparecem nomes de mensageiros do Deus de Israel especialmente designados. Como as comunidades do império persa avaliavam retrospectivamente todo esse decorrer da história dirigido por YHWH através de mediadores? O que significava para a comunidade pós-exílica a profecia "clássica" e em que medida ela julgava aqueles antigos mensageiros de Deus segundo os padrões contemporâneos da palavra de Deus viva colocada em cena? As concepções da profecia na comunidade judaica antiga podem ser descobertas a partir dos escritos do período: havia fortes dúvidas contra protestos espontâneos e críticos da parte da divindade (cf. Ne 6,14; Zc 13,3-6). A palavra de Deus aparecia através de pessoas escolhidas com base na Torá. Deuteronômio 18,15 e 34,10 fixam o padrão: "YHWH, teu Deus, irá suscitar um profeta como eu..."; "E não houve nenhum profeta como Moisés em Israel".

O segundo profeta, ainda anônimo (*nabi'*), que aparece na história deuteronomista fala claramente como pregador da Torá. Ele prega o êxodo e a promessa da terra (Jz 6,7-10): apresentação e mensagem são deuteronômicas, citações de escritura. Elas se baseiam em uma fonte já existente autoritativa, como só pode existir depois do início da era persa. — A primeira aparição de um enviado de Deus é pouco clara. Débora "julga" Israel, é designada como "profetisa" (*n^{e}bi'ah*) e age como tal ao se aproximar de Barac (Jz 4,4-7). A partir desta primeira aparição de uma *n^{e}bi'ah* se estende um arco até a última profetisa da história deuteronomista, a famosa Hulda (2Rs 22,14-20). Todas as outras figuras proféticas estão incluídas neste trajeto. Mas também Hulda está fixada na Torá, pois ela deve dar seu parecer sobre os rolos da Torá recém-descobertos. De modo espantoso, os deuteronomistas solicitam uma figura profética feminina num caso extraordinariamente importante. Ela dirige aos enviados do rei uma clássica mensagem de maldição, com como base nas maldições escritas no "Livro" (2Rs 22,15 s.). Linguagem, estilo e conteúdo teológico da sentença pertencem ao âmbito deuteronomista, como já dissemos antes. De Débora até Hulda, os autores desenvolvem um vivo cenário de profetas nos importantes momentos da história. Samuel, Elias, Eliseu e alguns profetas da corte mencionados pelo nome são os principais atores do grande relato histórico. A narrativa do jovem Samuel, consagrado ao templo (1Sm 3), nos ensina a concepção sobre os profetas no judaísmo primitivo. É no âmbito de sacerdotes que o menino aprende seu ofício de reconhecer a palavra de YHWH e de transmiti-la, uma simbiose espiritual que indica a organização comunitária e a teologia do Segundo Templo. É só na comunidade de YHWH da época veterotestamentária tardia que a ação sacerdotal e profética confluem, como pode ser reconhecido em outros gêneros textuais (cf. Ez 1–3; Zc 3 s.; Sl 95). "A palavra de YHWH se tornou rara", "não há mais visões" — estas são constatações do período pós-exílico (cf. Is 58,2; 59,9-15; Sl 74,9). A "Palavra de YHWH" já se tornou um conceito fixo; refere-se ao que foi dito antes, exprimindo juízos gerais e de longo prazo, dirigindo-se ao grande contexto literário das famílias de Eli e de Sadoc (1Sm 3,11-14; cf. 2,27-36). O "homem de Deus" de 1 Samuel 2,27 e o próprio Samuel levam sua mensagem "profética" como uma exortação conforme a Torá ou como pregação de normas conhecidas por ouvintes atentos. Eles argumentam como intérpretes da Escritura, mesmo que a Torá não seja mencionada. A concepção que se tem do profeta, na comunidade tardia, exige do enviado de Deus que ele esteja ancorado na "palavra" de YHWH (cf. 1Sm 3,1) e, com suas mensagens, ponha essa palavra em ação. O profeta é um órgão executor da palavra de Deus conhecida e obrigatória. A mensagem de Samuel a Eli trata também da responsabilidade pessoal do endereçado quanto ao modo como conduz sua vida e seu cargo e quanto ao comportamento de seu clã. Estão em jogo a fé e o *ethos* do membro individual da comunidade. Estes são, desde a época judaica antiga, o alfa e o ômega de toda a vida de fé. Além disso, há o comportamento do "Israel" coletivo. Samuel dirige-se a toda a comunidade como pregador deuteronomista:

> Se é de todo coração que voltais a YHWH, retirai do meio de vós os deuses dos estrangeiros e as Astartes. Dirigi vossos corações a YHWH, servi somente a ele, e ele vos arrancará das mãos dos filisteus (1Sm 7,3).

O longo discurso de despedida do primeiro profeta amplamente apresentado na história deuteronomista mostra mais uma vez as qualidades do liturgo da comunidade radicado na Torá (1Sm 12,6-24). Ao modelo de Moisés, Samuel prega quanto YHWH foi amigo do povo e quão monstruosa foi a múltipla traição de Israel a YHWH (v. 6-11). Acresceu então, por ocasião da crise amonita de 1Samuel 11, o desejo blasfemo de uma constituição monárquica (cf. 1Sm 12,12), significando a rejeição da liderança teocrática por YHWH. A colocação do problema pode ser pré-dinástica, dentro de certos limites, mas aqui é claramente pós-monárquica, pois é só em tempos ulteriores que se apresenta a alternativa real entre liderança do rei ou liderança divina. Neste texto, ela é deixada como insignificante logo depois de uma demonstração do poder sobre-humano e do direito de YHWH (v. 16-19). As relações políticas se alteraram, não sendo mais nem mesmo de cunho monárquico, sendo portanto válida a velha questão da obediência a Deus numa nova situação. Trata-se da fidelidade exclusiva a YHWH (12,20-25).

Samuel não é designado com o título de "profeta", mas ele se comporta conforme a imagem do papel de um profeta no século V a.C. O enviado de YHWH deve fustigar a possível apostasia para outros cultos como principal perigo; ele deve destacar os grandes atos de YHWH em favor de seu povo escolhido e manter a adoração exclusiva a este Deus único. As funções principais do encarregado de YHWH são os pedidos em prol da comunidade e o ensino bom e reto dos correligionários (v. 23). Ora, isto significa que o profeta desta época já está plenamente vinculado à tradição (escrita!) da comunidade, ensinando a história da salvação e da eleição desde a perspectiva do judaísmo incipiente, como, aliás, também o fez o modelo, Moisés, e como era usual na tradição litúrgica (cf. Sl 78; 106; 136; Esd 9; Ne 9).

O profeta Samuel continua em serviço ainda alguns capítulos depois de sua despedida. Ele sobretudo critica o novo rei Saul e continua a agir como fazedor de reis (cf. 1Sm 13,7b-14; 15,24-31). A crise com Saul culmina em 1 Samuel 15, quando este supostamente ignora a regra do interdito da guerra santa e por conta própria preserva da aniquilação o rei de Amalec e os despojos selecionados. Samuel, intérprete rigoroso da lei de "interdito" ($herem$) de Deuteronômio 20, não fica satisfeito com a interpretação independente de Saul, menos ainda com a insinuação de que ele só queria sacrificar a YHWH corretamente e em local digno os despojos preservados. O "profeta" radical (ou mestre da Torá) exige aplicação incondicional e imediata dos mandamentos da guerra santa. Sua argumentação soa plenamente pós-exílica: "Obediência é preferível ao sacrifício..." (1Sm 15,22). Reconhecem-se imediatamente passagens paralelas (Sl 50,7-15; 40,7-11; Is 1,11-17; Jr 7,21-23), que são de um período posterior, quando o significado do culto no altar foi questionado e se reconheceu e confirmou o valor superior da relação pessoal com YHWH. Por isso, "escutar" (v. 23: $šm'$, "ser obediente", facilmente mal entendido!) e "estar atento" à instrução de YHWH é muito mais importante do que o sucesso de um ritual de sacrifício, que em si pode ser meramente mecânico e passar por cima do sujeito. Os antônimos são "rebeldia" (m^eri) e "obstinação" ($hapṣar$), pouco usuais e designando a rejeição culpável e a resistência contra YHWH. Toda a problemática da atitude individual perante a divindade é típica da comunidade de fé pós-exílica. O Samuel acima descrito se move, portanto, no espaço da comunidade tardia. É possível descobrir na imagem de Samuel traços arcaicos como o do sacerdote local, xamã e *ombudsman*, mas os escritos deuteronômicos o pintam como as figuras proféticas de tons pós-exílicos, ou também, o colocam no início da série.

Na série dos verdadeiros pregadores da Torá aparecem, depois da ascensão e sucessão de Davi, as famosas figuras de Elias e Eliseu, espalhadas dentro do complexo 1 Reis 17—2 Reis 13. As duas figuras são dependentes uma da outra e possuem atrás de si grupos de autores próximos. As imagens de ambos parecem bastante estratificadas: por um lado, a tradição os apresenta como zelosos por Yhwh e combatentes intransigentes da aliança exclusiva com Israel; por outro lado, mostram traços populares e miraculosos de curandeiros e homens de Deus. Talvez as duas correntes da tradição não estejam tão distantes uma da outra, pois também nos livros de Josué e Juízes pode-se reconhecer bastante o maravilhoso, traço que deve ser atribuído ao deuteronomista. Como quer que seja, no primeiro plano da imagem de Elias e Eliseu está o zelo por Yhwh. A maioria dos intérpretes da história deuteronomista considera as figuras dos profetas historicamente autênticas, mas reconhecem alguma reescrita posterior dos relatos[167]. A mim parece que Elias e Eliseu são figuras ficcionais desde a base: foram compostas na perspectiva da comunidade pós-exílica e inseridas na história dos reis. No contexto do século IX a.C., sua ação seria anacrônica. O rei Acab e sua esposa sidônia Jezabel, à qual se atribui a culpa principal pela idolatria de Israel, não valem como justificativa histórica do movimento "só Yhwh". Sua hostilidade a Yhwh e aos profetas é obra dos escribas e redatores deuteronomistas, tanto quanto o zelo javista de Elias e Eliseu. As tradições sobre os dois homens de Deus são de fato complexas e possuem muitas camadas, mas os traços de sua imagem que se destacam não são do antigo tempo dos reis, mas do período do Segundo Templo. É o que rapidamente explicaremos.

Elias é o grande combatente contra os profetas de Baal (1Rs 18). Ele foi o único a escapar da fúria da rainha Jezabel, mas ainda assim se colocou com coragem mortal contra o "inimigo íntimo" que estava no trono de Israel, mandando que envie o exército de 850 profetas de Baal e de Asherá para uma competição de vida e morte. Sobre o Carmelo veio a decisão. Primeiro Elias faz uma pregação de conversão ao povo no estilo de Moisés e de Josué: "Até

---

167. No lugar de uma bibliografia detalhada cf. somente: G. Hentschel, *Die Elijaerzählungen*, 1977 (EThSt 27); H.-J. Stipp, *Elischa — Propheten — Gottesmänner*, 1987 (ATS 24).

quando dançareis num pé e no outro? Se é YHWH que é Deus, segui-o, se é Baal, segui-o" (v. 21). Então ele determina as condições do juízo de Deus a ser realizado. Os concorrentes matam e preparam um animal para o sacrifício; o Deus verdadeiro enviará seu fogo para a lenha de Elias (1Rs 18,23 s.). O resultado é conhecido e teve grande influência na história da tradição. Os servidores de Baal se esforçam honestamente a mover seu Deus a uma intervenção pública, usando danças extáticas e sangrentas autocastrações. Em vão. Elias, por sua vez, torna as condições de sua demonstração de Deus mais difíceis. Ele cobre três vezes com água a lenha sob o animal a ser sacrificado, depois ora para YHWH, e o fogo pedido cai do céu. O pedido do profeta tem como intenção exterior a comunidade, tornando-a consciente da confissão. Implicitamente, porém, o atendimento visível de seu pedido seria uma demonstração contra Baal e uma intimidação de seus seguidores (v. 36 s.). A contraposição rude e intransigente entre YHWH e as "outras" divindades é sinal de uma teologia exclusivista desenvolvida. O Deus dos ancestrais que se vê e se ouve no Pentateuco é o Deus único e exclusivo da nova comunidade. Sua palavra e sua revelação estão disponíveis como instrução. É exigida da comunidade e de cada indivíduo uma dedicação total a YHWH. Os sedutores profetas de Baal são mortos (v. 40). Não é a religião persa (ou babilônia) que coloca em perigo a fé de Israel, mas o culto vizinho dos fenícios. Isto corresponde provavelmente à realidade pós-exílica. Vivia-se lado a lado numa sociedade pluralista e aberta, que recebia do poder imperial sua forma cultural e religiosa.

A jovem comunidade existia num império de muitos povos e estava em contato estreito sobretudo com as regiões vizinhas e suas populações — com efeito, a província transeufratênia era uma importante unidade administrativa; isto aparece justamente em algumas histórias de Eliseu. Daquele homem de milagres, algumas vezes excêntrico, se conta, entre outras coisas, que ele teria curado um general sírio da lepra que Deus lhe enviara (2Rs 5). Além disso, ele desempenha um papel (talvez em união com um "homem de Deus" desconhecido) nas lutas dos reis israelitas contra os arameus e realiza até mesmo uma missão divina em Damasco (2Rs 6–7; 8,7-15). Ele tem contato com uma mulher em Sunam, no norte (2Rs 4,8). Se se tira a roupagem histórica dessas relações, elas se tornam significativas para o período pós-exílico.

A história do general Naamã tem qualidades novelísticas. Uma escrava doméstica israelita faz o leproso buscar a cura com Eliseu. O doente se volta primeiramente para o rei em Samaria, mas colhe da parte do monarca só pura indignação: "Porventura eu sou Deus, capaz de fazer morrer e de fazer viver?" (2Rs 5,1-7). Eliseu fica sabendo da reação defensiva de "seu" rei, oferece ajuda e, sem diagnóstico, ordena por um mensageiro que o doente se banhe sete vezes no Jordão (v. 8-10). Naamã se zanga; ele esperava ao menos um encontro pessoal e uma cerimônia religiosa adequada (v. 11 s.). Novamente ele é movido por seus servos a seguir as instruções do profeta e, contra as expectativas, fica curado (v. 13 s.)! O general retorna e agradece a Eliseu. Ele tenta recompensá-lo regiamente, mas termina pedindo a terra de Israel que duas mulas podem carregar, para poder, futuramente, adorar YHWH no seu próprio chão.

Moldada em arte narrativa, a história corre no trilho das teses teológicas que estão na ordem do dia no contexto da comunidade pós-exílica. O leproso curado se converte a YHWH e se torna um prosélito sírio da mais alta camada social. Sua confissão soa monoteísta:

> Agora reconheço que não há Deus em toda a terra a não ser em Israel (2Rs 5,15 s.).

Aqui Deus é pensado geograficamente de modo universal. Não há nenhuma divindade senão aquela que vive em Israel! Naamã reconhece a exclusiva reivindicação da comunidade à verdadeira religião. Por isso, ainda preso a concepções particularistas, ele pede umas sacas da terra de YHWH para lhe permitir a adoração do único Deus verdadeiro (v. 17):

> ... porque teu servo não oferecerá holocaustos nem sacrifícios a outros deuses, mas tão somente a YHWH (v. 17 s.).

Inesperadamente, porém, ele recebe um convite excepcional, que lhe permite entrar a serviço em outro templo, lá em sua pátria: ele poderá acompanhar seu rei dentro do santuário de Rimon (v. 18). A declaração negativa: "Não há nenhum Deus senão..." é dominante no Segundo Isaías (cf. Is 44,6-8; 45,5.14.18.21; 46,9 etc.). Na confissão de Naamã salienta-se que YHWH está vinculado à terra e ao povo de Israel; encontram-se paralelos a isto em textos tardios (cf. por exemplo a peregrinação para Sião em Is 2,2-4). A visão teológica da perícope de Naamã é universalista tal como só é possível depois do exílio babilônico. A promessa de não sacrificar mais "para outros deuses", "mas somente para YHWH", adapta-se melhor ao período pós-exílico (cf. Dt 5,6-10; Js 24,14 s.; Jr 44,15-19 etc.). A narrativa é um ensino sobre a conversão à fé verdadeira no Deus único, YHWH. Ela consiste na rejeição dos outros deuses, impotentes, e na conversão ao Deus de Israel. O modelo da conversão à fé de YHWH tem como base diferentes finalidades em alguns textos do Antigo Testamento (cf. Gn 35,1-4; Ex 12,43-50; Dt 23,8 s.; Js 24,14-24; Is 56,6-8 etc.). Ora, proselitismo com confissão de fé só é possível depois da constituição da comunidade judaica primitiva (antes, a integração social valia como possibilidade de agregação). As condições de entrada, indicadas vagamente em Naamã, foram polêmicas no decorrer do tempo e das diferentes situações (cf. Dt 23,2-9; Is 56,1-8; Ex 12,3-49). Diversas soluções foram praticadas. Na história de Naamã destaca-se a interpretação generosa da proibição de deuses estrangeiros.

Também se destacam outros traços e características do ciclo Elias-Eliseu, que parecem igualmente não pertencer ao século IX a.C., mas a uma época ulterior. O modelo de Moisés de revelação no Sinai é reencenado (1Rs 19); renasce a fé em milagres, já aparente no livro de Josué: pela primeira vez se fala de ressurreição dos mortos (1Rs 17,17-24: a fórmula de confissão, semelhante à de Naamã, "Sim, agora sei que és um homem de Deus e que a palavra de Yhwh está verdadeiramente em tua boca", v. 24; 2Rs 4,18-37). O cadáver de Eliseu ainda reaviva um sepultado (2Rs 13,20 s.). A fixação em uma "palavra de Yhwh" existente e conhecida atravessa todos os textos. Uma história colocada na narrativa sobre o profeta Miqueias, filho de Jemla (1Rs 22), reforça a impressão de que se trata, no tempo de Elias e de Eliseu, de um embate com a fé baalista dos povos vizinhos — projeção tardia que reflete as tensões entre as religiões semitas do Oriente Próximo. Em suma, todo o texto, desde 1 Reis 17 até 2 Reis 13, é muito suspeito de ser a forma tardia da antiga história de reis segundo o modelo das concepções do século V a.C. Foram trabalhadas tradições antigas, bem como relatos sobre sacerdotes e profetas da corte: Abiatar serve a Davi como fornecedor de oráculos (1Sm 23,6.9.; 30,7), Natã e Gad são mediadores proféticos entre Yhwh e a corte do rei (2Sm 7,2 ss.; 12,1 ss.; 1Sm 22,5; 2Sm 24,11 ss.). Os dois últimos agem, em linguagem e atos, como enviados de Yhwh deuteronomistas, apoiando a dinastia e mantendo o caminho correto, ordenado por Deus.

Excurso: profetas, Torá e comunidade

Em suma, podemos montar uma imagem da primitiva comunidade judaica de fé javista a partir de diferentes traços dos cargos e das indicações sobre o Templo, das assembleias comunitárias, dos costumes de orações etc. da história deuteronomista e compará-las com o que é encontrado em Esdras-Neemias e Crônicas e em salmos contemporâneos. Apesar de Deuteronômio 29–31, a leitura da Torá ainda não possui o significado central que tem em Neemias 8. Mas estão fortemente atestadas ações litúrgicas como dedicação do Templo, sacrifício, oração, pregação e instrução. Dirigentes da comunidade revestidos como reis realizam todas as fases do culto comunitário. Os chefes coroados ou os sucessores imediatos de Moisés convocam a comunidade e ordenam as cerimônias. O que significava isso para a realidade da comunidade confessional judaica primitiva? Não

eram os sacerdotes, ou não somente os sacerdotes — Aarão e seus descendentes — que presidiam a comunidade. Leigos tinham grande importância. A autoridade máxima cabe aparentemente aos sucessores de Moisés, cujo modelo é Josué. Isto está de acordo com as condições descritas nas tradições sacerdotais, como no livro do Levítico[168]. O motivo disto seria: os escritos sagrados conteriam o tesouro da revelação de Deus. E estes escritos não estavam confiados aos sacerdotes, mas aos escribas e eruditos. Pelo que parece, nas Escrituras no século V os reis pré-exílicos estavam mais próximos das autoridades do que dos sacerdotes, os quais desde tempos imemoriais foram identificados primeiramente com o serviço do altar. As tentativas de lhes atribuir o cuidado e a interpretação da Torá (Esdras, o "sacerdote") parecem ser artificiais e secundárias. Mas, segundo o testemunho deuteronomista, onde ficavam os profetas? Eles conservavam amplamente a aura do xamã, primitivo mediador de Deus. Mesmo Isaías recebe os traços de um curandeiro arcaico (2Rs 20,7). Todos os enviados de Deus na história deuteronomista dispõem de forças sobre-humanas, que são ativadas na maioria das vezes através da palavra de YHWH, a qual lhes era confiada. Um homem de Deus anônimo prevê para o rei do norte Jeroboão I, por sua presunção em Betel, um juízo, que se realiza parcialmente, o resto só se realizando no fim da história de reis (meio literário de colocar entre parênteses!, 1Rs 13,1-5). O enviado de Deus sem nome é, portanto, uma figura dotada de poder extraordinário, segundo a apresentação deuteronomista. Ele usa de modo competente e seguro a palavra de Deus, que, em 2 Reis 23,16.20, atinge sua meta final. Mas a curiosa continuação da história mostra que mesmo imponentes anunciadores da vontade de Deus podem ser desviados e naufragar (1Rs 13,11-32). Também por trás destas histórias marotas e reflexivas se colocam provavelmente questões e problemas do período pós-exílico (cf. Jonas). Um velho profeta de Betel desvia de sua missão o colega que retorna e, contra a regra colocada, aceita hospitalidade (de um cidadão do norte impuro!). Deus manda imediatamente um leão, que mata o enviado "desobediente", mas não o come (sinal divino!, v. 24-26). Aqui é pressuposta a separação da região samaritana realizada em 722 a.C. pelos assírios e selada teologicamente em 2 Reis 17 e sob Esdras/Neemias. Na história deuteronomista são, portanto, apresentados de modo colorido e multifacetado as funções e os modos de vida dos homens de Deus e dos profetas. O que resulta disto para a comunidade judaica primitiva? Quais são as tarefas reais dos enviados de Deus no período persa? Eles de fato ainda existiam numa comunidade que começava a viver das Escrituras sagradas, ou os profetas são meramente anunciadores da Torá projetados no passado?
Não é simples responder a essas questões. No todo, pode-se constatar na história deuteronomista uma aproximação da imagem do profeta à figura de Moisés, portanto, à do mediador da Torá. Isto é válido para as figuras centrais, Elias e Eliseu, assim como para os profetas anônimos e da corte, entre os quais se conta também Isaías (a ausência de Jeremias e sua substituição por Hulda em 2Rs 22 continua a ser um enigma insolúvel). Também é significativo que o deuteronomista coloque os profetas em pequenos grupos nômades de "discípulos" (cf. 2Rs 4,38-41; 6,1-7) ou os torne eremitas independentes e perseguidos (cf. 1Rs 17,2-6; 19,4-10; 22,8; 2Rs 2,23-25). Em regra, eles aparecem diante dos reis do norte ou do sul, ajudando-os com a palavra de YHWH ou criticando-os com rigor

---

168. Cf. E. S. GERSTENBERGER, *Leviticus*, Göttingen 1993, 9-13 (ATD 6); L. L. GRABBE, The Priests in Leviticus — is the Medium the Message?, in R. RENDTORFF, R. A. KUGLER (Ed.), *The Book of Leviticus*, Leiden, 2003, 207-224 (VT.S 93).

pelo modo como conduzem a vida e o cargo. Os profetas, portanto, parecem predominantemente ser concebidos como antagonistas dos monarcas; contatos com pessoas comuns são provavelmente de camadas mais antigas (é notável que tanto Elias quanto Eliseu têm contatos estreitos com mulheres: 1Rs 17; 2Rs 4). São raras as aparições perante todo o povo ou a comunidade (cf. 1Rs 18,21 ss.; 2Rs 2,19; 6,32). São típicos os diálogos entre o profeta e o rei: Elias e Acab (1Rs 18,16-20; 21,17-24); um anônimo e Miqueias, filho de Jemla, com Acab (1Rs 20,13-22; 22,15-17.18-28); Eliseu num diálogo pastoral com Joás (2Rs 13,14-19) e mesmo com o usurpador sírio Hazael (2Rs 8,7-13). Alguns destes encontros têm o caráter de mera comunicação de um oráculo (cf. 1Rs 20,13 s.; 20,28). A maioria está assentada na teologia da história de linha deuteronomista. Assim, a profecia se tornou um anacronismo no período pós-exílico? Se não, quais seriam as funções dos oradores enviados por Deus no século V a.C.?

O surgimento de alguns livros proféticos e o trabalho sobre outros, nas comunidades do período persa, atestam claramente que o fenômeno profético (ainda) era conhecido, entretanto, na forma recebida naquele tempo. Além disso, há indicações eventuais a figuras proféticas (de oposição!) como Noadia em Esdras-Neemias (Ne 6,14). O material encontrado da história deuteronomista pode, portanto, ser interpretado assim: talvez no período pós-exílico tenha havido experiências com mediadores espontâneos da palavra de YHWH, mas as aparições proféticas foram sistematizadas segundo o modelo de Moisés. Os mediadores da palavra seriam, no fundo, anunciadores da Torá. Todavia, a Torá aparentemente ainda não era totalmente idêntica à palavra escrita, como vemos em Esdras, no fim do século IV a.C. Entretanto, foi conservado muito da concepção original de uma comunicação livre e espontânea da vontade da divindade, de modo que, também nas narrativas da história deuteronomista, os profetas não são estilizados como dirigentes da comunidade, cujas funções permanecem reservadas aos protótipos que são os reis. Segundo a concepção das comunidades de YHWH, os profetas tinham experiências da Palavra, inclusive visões da Palavra (cf. 1Rs 22,19-23) e uma formação no evento da Palavra (1Sm 3). Tudo isto está estritamente vinculado à tradição da Palavra de YHWH, inaugurada com Moisés e transmitida fielmente. A falsificação desta vontade de YHWH tradicional é, entretanto, um perigo constante. Miqueias, filho de Jemla, tem uma visão do conselho do trono na qual um espírito mentiroso se oferece para enganar os profetas (1Rs 22,19-23)!

Entretanto, sobre a vida da comunidade como um todo, independentemente dos mencionados estereótipos dos cargos, a história deuteronomista nos conta muito menos do que a obra cronista (com exceção do livro de Josué). Indivíduos em sofrimento são talvez modelados segundo os protótipos da época (cf. 1Rs 17; 2Rs 4; 8,1-6). Pouco se fala das atividades da comunidade. Reis, sacerdotes e profetas são os atores. Grandes resumos substituem informações mais exatas sobre o comportamento do povo (cf. Jz 2,6-23; 2Rs 17). Informações políticas estão antes das "eclesiais". Ações litúrgicas com a forma dada pelas elites sociais transparecem processos litúrgicos comunitários (cf. Jz 6,25-32; 1Rs 8; 2Rs 21,1-9). São interessantes muitas indicações etiológicas de fatos ou relações que duram desde a antiguidade ("... até o presente dia"; cf. Js 4,9; 5,9; 6,25; 7,26; 8,28 s.; 9,27; 10,27; 13,13; 14,14; 15,63; 16,10; 22,3.17; 23,8.9; Jz 1,21.26; 6,24; 10,4 etc.). Assim os autores estabelecem uma ligação entre o passado distante e seu próprio mundo. Aquilo que foi nomeado, instituído e decidido antigamente ainda vale na atualidade do narrador. E, inversamente, algumas realidades contemporâneas criam acontecimentos e fatos no passado.

Por fim seja dito: a historiografia deuteronomista recebeu muito material antigo, certamente também informações históricas sobre as cortes dos reis, mas ela surgiu no processo de formação da comunidade judaica. Por isso, muitos encadeamentos e episódios possuem a marca de costumes, expectativas e instituições pós-exílicos ou são um cópia deles projetada no passado. As "leis da comunidade" em Deuteronômio 16–18 nos transmitem a macroestrutura da sociedade judaica[169]; o direito civil de Deuteronômio 22–25 (também diferente de Ex 21–23) nos mostra a rede de relações da comunidade local.

3.2.2. Livros proféticos

U. BECKER, *Jesaja* – von der Botschaft zum Buch, Göttingen, 1997 (FRLANT 178). – J. BLENKINSOPP, *Geschichte der Prophetie in Israel*, Stuttgart, 1998. – R. P. CARROL, *Jeremiah*, London, 1986. – M. H. FLOYD, *Minor Prophets, Part 2*, Grand Rapids, 2000 (FOTL XXII). – V. FRITZ et al. (Hg.), *Prophet und Prophetenbuch*, Berlin, 1989 (BZAW 189). – R. KESSLER, Zwischen Tempel und Tora. Das Michabuch im Diskurs der Perserzeit, BN 44 (2000) 21-36. – ID., *Micha*, Freiburg, 1999 (HThKAT). – B. LANG, *Ezechiel, Der Prophet und das Buch,* Darmstadt, 1981 (EF 153) – E. W. NICHOLSON, *Preaching to the Exiles*, Oxford 1970. – M. NISSINEN, Spoken, Written, Quoted and Invented: Orality and Writtenness in Ancient Near Eastern Prophecy, in E. ben ZVI et al. (Ed.), *Writings and Speech in Israelite and Ancient Near Eastern Prophecy*, Atlanta, 2000, 235-271. – M. NISSINEN et al., *Prophets and Prophecy in the Ancient Near East*, Atlanta, 2003 (Writings from Ancient World 12). – J. D. NOGALSKI, *Literary Precursors to the Book of the Twelve*, Berlin, 1993 (BZAW 217). – S. PARPOLA, *Assyrian Prophecies*, Helsinki, 1997 (SAA 9). – P. REDDIT et al. (Ed.), *Thematic Threads in the Book of the Twelve*, Berlin, 2003 (BZAW 325). – A. SCHART, *Die Entstehung des Zwölfprophetenbuches*, Berlin, 1998 (BZAW 260). – J. W. WATTS et al. (Ed.), *Forming Prophetic Literature*, Sheffield, 1996 (JSOT.S 235). – E. ben ZVI, *Micah*, Grand Rapids, 2000 (FOTL XXI B). – E. ZENGER et al. (Hg.), *"Wort JHWHs, das geschah..." (Hos. 1,1)*. Studien zum Zwölfprophetenbuch, Freiburg, 2002 (HBS 35).

É evidente que os escritos dos profetas do Antigo Testamento foram usados pela nascente comunidade judaica no período pós-exílico. Se não, estes livros (ou seus precursores) não teriam entrado no cânon. Muitas peculiaridades, sobretudo as conotações socioteológicas, indicam, com igual clareza, que os textos foram retrabalhados depois do exílio. Ora, às vezes não é fácil distinguir as características exílicas das pós-exílicas. É polêmica a fronteira entre as duas fases da história de Israel. R. Albertz postulou no volume VII da *Enciclopédia Bíblica* que a grande maioria dos textos proféticos foi escrita

---

169. Cf. U. RÜTERSWÖRDEN, *Gemeinschaft* (cf. bibliografia de 3.2.1).

no século VI a.C. O argumento principal para tal localização é a ideia de que, imediatamente depois da catástrofe de 587 a.C., esse trauma histórico precisava ser trabalhado teologicamente. A coleção e nova criação de profecias de calamidade, projetadas retroativamente no tempo dos reis, podia, junto com a reconstrução deuteronomista da história, ajudar na compreensão da ruína de Israel e de Judá. Assim, os livros de Isaías, Jeremias e Ezequiel, bem como a matéria do livro dos Doze Profetas teriam sido fundamentalmente produzidos e parcialmente reeditados já nas décadas depois da queda de Jerusalém. Uma discussão detalhada de tais teses levaria muito longe, ainda mais porque as opiniões podem divergir bastante, por causa da situação confusa das fontes. Entretanto, neste ponto convém lembrar que o período entre a conquista de Jerusalém pelos babilônios e a tomada de poder persa (539 a.C.) foi relativamente curto. A assimilação do passado precisa de longo tempo depois da superação do choque inicial, sobretudo quando existe um sentimento de culpa; percebemos isso claramente no caso alemão depois de 1945. Por isso, R. Albertz desloca os esforços, essencialmente literários, para elucidar os problemas históricos fundamentais, para o início do domínio persa — de modo especial, para a reconstituição da comunidade do Templo (o "período exílico tardio"). Parece-me que esta perspectiva é em si correta. O fundamento para uma compreensão espiritual e teológica do passado é o novo começo, ou melhor, a fundação da comunidade de Yhwh a partir de 539 a.C. Neste processo, ocupa um lugar importante a reconstrução do Templo. Mas o surgimento e a consolidação da comunidade confessional não podem ter sido concluídos antes de 515 a.C., isto é, antes da nova consagração do Templo; e entram no século V a.C., onde encontram seu centro gravitacional.

Assim surgem critérios para a formatação literária também dos escritos proféticos. Existência e estrutura da comunidade de Yhwh determinam o interesse na transmissão profética e devem poder ser encontradas nos escritos então reeditados. O "monoteísmo", chegando à maturidade, só pode ter se formado no império multiétnico, religiosamente liberal, de proveniência persa. As discussões com as religiões vizinhas e os governos de províncias politicamente concorrentes são típicas para o período pós-exílico. Em relação ao governo central, a minoria judaíta parece ter tido uma atitude aberta e, por alguns períodos, até mesmo cooperativa. Talvez a fé universal aquemênida em Ahura-Mazda, o único, primeiro e último condutor do mundo, tenha promovido a formação da teologia de Yhwh. Em suma, as condições especiais do predomínio persa não passaram pela comunidade judaica sem ser notadas. A partir das condições de vida da comunidade podem ser reconstruídos os interesses e as expectativas voltados para YHWH. E estes, por sua vez, deixaram vestígios nas coleções de textos proféticos e nos trabalhos de redação dos escribas e dirigentes da época. Portanto, quando encontramos no conjunto de textos proféticos do Antigo Testamento sinais de uma firme comunidade de YHWH e de sua teologia universal, por um lado exclusiva, por outro inclusiva, podemos ver em ação os teólogos da comunidade judaica primitiva.

É adequada uma reflexão neste ponto: na pesquisa do Antigo Testamento, a palavra profética abstrata, confiada a mensageiros individuais, vale quase tudo. Mas a separação da "Palavra de YHWH" de seu motivo social concreto facilita só aparentemente sua apropriação hoje. Na verdade, para a avaliação correta e a plena compreensão do discurso profético precisamos muito de sua "situação vivencial". Onde, quando e como a palavra profética surgiu e foi usada no período pós-exílico? No ponto final da redação escrita não havia de modo algum um público com fome de leitura, como é normal em nosso tempo. Os escritos proféticos eram muito provavelmente pensados para o ouvido e não para a visão, para a comunidade ouvinte. Esta classificação das coleções de textos do Antigo Testamento como antigos "livros para escuta" pressupõe grupos para os quais eram lidos certos trechos (cf. Ne 8; Jr 36). Reuniões da comunidade tinham provavelmente caráter de anúncio e ensino. Palavras proféticas podem, portanto, ter surgido (assim como textos da Torá e do Evangelho) do processo de ensino comunitário, e secundariamente ter recebido a forma manejável de rolo. Naquela época, utilizavam-se, a respeito das figuras proféticas históricas, informações — supostamente poucas — que eram diferentes de uma região para outra, e a estas acrescentavam-se relatos e sentenças. Em caso de necessidade, criavam-se personagens proféticos como suportes da ação (Elias, Malaquias). Os profetas acusam Israel, ou pessoas individuais, de desvio da fé em YHWH e de transgressões sociais e cultuais que, no período persa, eram sentidos como "pecado". E eles trazem a mensagem libertadora de que YHWH novamente se volta para eles, depois de anos de humilhação e domínio estrangeiro. Por trás de suas acusações podem ser reconhecidas, durante o período persa, as regras já fixas da Torá. Os profetas não proferem mais mensagens espontâneas. Eles anunciam uma ordem bem conhecida, sendo, portanto, no fundo, vigias e intérpretes da Torá, eventualmente também "escribas" que a desenvolvem (cf. acima *Excurso: profetas*). Esta função típica dos profetas da época, impensável na época babilônia, quando as Escrituras Sagradas ainda não eram disponíveis, torna compreensível a leitura de textos de calamidades e de salvação nas reuniões da comunidade. Para a comunidade eram palavras proféticas também a Torá

— palavra vinda de YHWH — e os discursos de Moisés. Provavelmente uma ordenação cronológica de todos os textos usados no culto e em outras reuniões (em primeiro lugar os de Moisés) deu forma ao Pentateuco e ao corpo profético e litúrgico da Escritura. O colecionamento de textos proféticos de uso pode ter ocorrido em diversos centros, como Jerusalém e os assentamentos babilônicos. No final, as coleções disponíveis foram divididas segundo a relação de 3 para 12 (talvez lembrando os três patriarcas e os 12 filhos de Israel?) como perícopes de leitura a ser usadas. Segundo esta perspectiva, teríamos que nos separar da concepção ainda dominante de autoria profética[170]. Os autores destes livros não foram nem os profetas originais, nem círculos de discípulos dos profetas. Os títulos, de cunho deuteronomista, de algumas obras não conteriam nenhuma informação de valor histórico. Eles valeriam somente como indício de uma tardia classificação e localização da tradição na concepção da história da comunidade pós-exílica. — Tendo em vista as discussões sobre os escritos proféticos conduzidas nos volumes anteriores da *Enciclopédia bíblica*, apresentarei somente a perspectiva tardia da comunidade de YHWH, com a ajuda de algumas observações.

3.2.2.1. Coleção dos Doze

O grupo de escritos que termina o livro dos Doze (Ageu, Malaquias, Zacarias), assim como a lenda de Jonas foram reclamados acima para o período persa. Também a composição final deste variegado "livro dos profetas" teria surgido nesse tempo? Quase todos os especialistas supõem alguma reelaboração na história inicial do Segundo Templo; ninguém mais situa a origem da pequena coleção de livros atualmente disponível no período pré-exílico. A questão polêmica é: até onde se estendeu a atividade redacional dos escribas e teólogos daquele tempo? Quão profundamente eles intervieram na substância das tradições dos profetas, remodelando-a e complementando-a? Segundo a opinião de uma minoria dos especialistas, os redatores e transmissores destes escritos proféticos menores trabalharam com apenas uma pequena tradição disponível. Assim, sua participação na criação do texto é maior do que a pesquisa tradicionalmente admitiria. Não quero apresentar novas análises literárias; já existem à abastança. Em vez disso pesquisarei importantes elementos do gênero e temas do livro dos

---

170. Cf. B. DUHM, *Israels Propheten*, Tübingen, ²1922; F. E. DEIST, The Prophets: Are We Heading for a Paradigm Switch?, in V. FRITZ et al. (Ed.), *Prophet*, 1-18; E. S. GERSTENBERGER, Gemeindebildung in Prophetenbüchern?, in V. FRITZ et al. (Ed.), *Prophet*, 82-97; ID., Ausblick, in J. BLENKINSOPP, *Geschichte*, 266-290.

Doze em relação ao possível enraizamento dele e sua reelaboração no período persa. Portanto, essa composição profética será lida de modo seletivo, desde esta perspectiva posterior, tendo em vista o produto final.

As diferentes epígrafes (títulos), no *corpus* dos Doze Profetas, são em parte ferramentas dos círculos deuteronomistas e foram antepostas, portanto, com grande probabilidade, no período inicial do Segundo Templo ou nos últimos anos do exílio. Estão presentes antigas formas redacionais introdutórias que se deixam distinguir claramente dos estereótipos deuteronomistas, por exemplo Oseias 1,2a, Abdias 1a, Habacuc 3,1. As introduções deuteronomistas se caracterizam em regra pelo esforço de fornecer, além do nome do profeta e o do pai, o período de sua atividade. O mesmo interesse apresenta o editor das coleções de Isaías e de Jeremias (Is 1,1; Jr 1,1-3). Em ambos esses livros dos grandes profetas, uma sequência de nomes de reis de Judá serve para a localização histórica dos profetas titulares; em Isaías são quatro monarcas (Ozias, Jotão, Acaz e Ezequias), em Jeremias três (Josias, Joaquim, Sedecias). Os profetas, segundo a opinião dos redatores, tiveram um determinado tempo de mandato, isto é, eles eram mensageiros de Yhwh com emprego fixo e não chamados *ad hoc* eventualmente. Eles agiam diante de reis nomeados e pertencem ao contexto histórico do tempo mencionado. Segundo essa escola, aqueles profetas titulares serviam à "Palavra de Yhwh" continuamente. Tais concepções sobre a função e a classe dos profetas contradizem o fenômeno da profecia espontânea, em parte extática, bastante conhecido no antigo Oriente e no Antigo Testamento. Assim, as introduções deuteronomistas revelam, através de suas projeções históricas retroativas, as concepções contemporâneas de um cuidado da Palavra de Yhwh institucionalizado.

No livro dos Doze podem ser reconhecidos, claramente, vestígios da construção deuteronomista da história. Eles se estendem de Oseias (1,1), passando por Amós (1,1) e Miqueias (1,1) até Sofonias (1,1). Os pontos fixos (= período de governo dos reis de Judá e de Israel) são os mesmos que os fornecidos nas introduções dos livros de Isaías e Jeremias. Oseias teria pregado, como Isaías, sob Ozias, Jotão, Acaz e Ezequias. Além disso, aparece o rei israelita Jeroboão em Oseias 1,1, indicação de que as palavras de Oseias se dirigiam, em parte, expressamente a Efraim. Para Amós são anotados somente os tempos de governo de Ozias e Jeroboão. Suas palavras contra Samaria teriam provocado a menção do rei israelita. Miqueias é novamente colocado sob Jotão, Acaz e Ezequias, com a observação explícita de que suas mensagens se voltavam contra Samaria e Jerusalém. Sofonias, por fim, teria aparecido sob Josias, o último significativo descendente de Davi segundo a visão deuteronomista.

Desta forma aparece uma grade temporal que exclui a atividade profética de Elias e Eliseu, ancorada como está no quadro histórico do século IX. Segundo a reconstrução deuteronomista, no meio do século VIII se iniciam os profetas "escritos", atuando até o fim do Estado judaíta; a introdução a Ezequiel vai além, até as primeiras décadas do século VI. O livro dos Doze é inicialmente vinculado pelas quatro introduções mencionadas com a época clássica principal (de Ozias a Josias) numa sequência cronológica (Oseias, Amós, Miqueias, Sofonias). Em seguida estão os livros explicitamente datados no período persa, atribuídos a Ageu, Zacarias, Malaquias. A concepção geral deuteronomista é, portanto, bem nítida: desde o tempo de Moisés houve uma sequência ininterrupta de emissários proféticos de YHWH. Eles anunciam ao povo e ao rei a vontade de YHWH diretamente. Em princípio, suas mensagens são "Torá", instrução para a comunidade. Por toda a linha é pressuposta a comunidade confessional em formação, no período do exílio e depois dele. Os profetas deuteronomistas aparecem em todo lugar intervindo em favor dessa comunidade, mesmo quando anunciam calamidades. A profecia significa, deste ponto de vista, nada menos que a estrutura e a manutenção da comunidade no sentido da Torá.

A argumentação pode ser corroborada olhando outros elementos das introduções. Além do interesse na localização histórica, as introduções se interessam em geral pelo modo de comunicação divina. Duas designações dominam os títulos: importantíssimo é o conceito "palavra de YHWH". Esta palavra "ocorre", "vem" ao profeta (hebraico: *hyh*) ou é "vista" (*ḥzh*). Mas a expressão "visão" aparece também independente do conceito "palavra" (Ab 1; Is 1,1). Aparentemente a visão é uma comunicação mais primitiva de Deus, com a qual os redatores deuteronomistas têm que lidar, enquanto para eles mesmos o conceito "Palavra de YHWH" é, nitidamente, de importância extraordinária (Os 1,1; Jl 1,1; Jn 1,1; Mq 1,1; Sf 1,1; Ml 1,1). Eventualmente é conotada assim a Torá, a Palavra de YHWH pura e simplesmente, mesmo que isto seja raramente dito diretamente. Outras designações de uma coleção profética, sobretudo a ominosa expressão *massa'*, "acusação", "sentença"[171], bem como a ausência de introdução ao livro (Zc 1,1; Ag 1,1), provavelmente não devem ser atribuídas aos deuteronomistas. Aqui há trabalho de outros, os quais talvez sejam responsáveis também pela divisão em doze livros. O *corpus* deuteronomista dos escritos proféticos "menores" abrangia inicialmente,

---

171. Assim Naum 1,1, Habacuc 1,1; Malaquias 1,1 nas introduções; cf. Isaías 13,1; 15,1; 17,1; Zacarias 9,1; 12,1 etc.

talvez, apenas quatro partes, as quais, entretanto, tinham uma extensão diferente daquela dos "livros" agora introduzidos com fórmulas deuteronomistas: Oseias, Amós, Miqueias, Sofonias[172].

Além das introduções formais dos livros destaca-se a grande quantidade de textos litúrgicos conservados na coleção dos Doze. Certamente também Isaías, Jeremias e Ezequiel contêm textos poéticos e, possivelmente, litúrgicos. Não se pode deixar de considerar o uso comunitário como a provável finalidade principal da tradição veterotestamentária. Onde seriam lidas as tradições escritas em voz alta senão nas assembleias pós-exílicas dos partidários de YHWH? As partes litúrgicas nos textos proféticos são especialmente significativas, porque mostram a participação da "comunidade" (interlocutora). E se é usada a primeira pessoa do plural, então não é mais possível duvidar da constituição comunitária dos textos em questão[173]. Aqui me limito a alguns poucos exemplos: "Vinde, voltemos a YHWH. Foi ele que nos despedaçou; ele é que nos curará" (Os 6,1). Assim começa um canto de penitência de um culto comunitário (Os 6,1-3), com a autoexortação de arriscar voltar-se para YHWH e superar assim o afastamento dele. O contexto imediato deste salmo comunitário também consiste num discurso litúrgico: Oseias 5,8-14, uma declaração de desgraça em primeira pessoa de Deus através do orador que o representa, e Oseias 6,4–7,7, outros discursos acusatórios, reflexivos e ameaçadores de Deus. — Oseias 14,2-9 repete o esquema: uma exortação à conversão (v. 2 s.) é seguida por um pedido de perdão (v. 3b-4), e desta vez é atendido: "Eu os curarei de sua apostasia, eu os amarei com generosidade, minha cólera se afastou deles" (v. 5). YHWH promete uma vida florescente (v. 6-9). Uma sentença da Torá completa a liturgia (v. 10).

Tais textos são lidos como extratos da liturgia. Seu número pode ser consideravelmente aumentado no livro dos Doze. Joel 1–2 é uma única liturgia. Em Amós aparecem fragmentos de Salmos espalhados, os quais dificilmente podem ser explicados a partir de usos literários (Am 4,13; 5,8 s.; 9,5 s.). Habacuc 3 é um salmo de teofania, como mostram a introdução e o pós-escrito. Abdias pertence ao gênero dos oráculos às nações estrangeiras e é facilmente concebível no contexto litúrgico[174]. Os livros de Miqueias, Naum e Sofonias contêm ampla quantidade de hinos. Em suma, há tantos textos da agenda litúrgica que necessariamente se deve colocar a questão: como puderam eles

---

172. Cf. a discussão em R. ALBERTZ, BE 7, 163-191.
173. Cf. E. S. GERSTENBERGER, *Psalms in the Book of the Twelve*, 72-89 (BZAW 325).
174. Cf. H. W. WOLFF, *Obadja, Jona*, Neukirchen-Vluyn, 1977, 3 s. (BKAT XIV, 3).

entrar nas coleções de palavras de mensageiros proféticos? Se juntarmos o forte acento parenético e pregador de algumas sentenças dos profetas e colocarmos novamente o problema da "situação vivencial", não nos deixando enganar pela opinião dominante de que os profetas seriam anunciadores isolados da palavra de Deus, veremos que todas as características são bastante adequadas à imagem da assembleia comunitária em culto e recebendo instrução. Tais assembleias são, por sua vez, impensáveis antes do exílio, pois do ponto de vista sociológico não havia ainda uma comunidade confessional de YHWH. As festas e os ritos da população antes do exílio não tinham, provavelmente, o caráter confessional da comunidade de YHWH posterior. Somente com o exílio surgem as condições para tais congregações. E somente a política, promovida pela Pérsia, de organização restauradora e de estruturação de uma confissão étnica de YHWH criou realmente a possibilidade de uma liturgia comunitária paroquial com seu centro sacro em Jerusalém.

Os temas abordados no livro dos Doze e os traços das funções e da comunidade que aparecem também permitem concluir, parcialmente, que há uma responsabilidade pós-exílica. Um ponto central no anúncio da maioria dos profetas menores é a reivindicação de YHWH de ser exclusivamente cultuado por seus partidários. Nas histórias de Elias e de Eliseu, esta mesma exigência foi articulada inteiramente em linguagem deuteronomista e conforme as concepções deuteronomistas. A imagem do livro dos Doze é mais variegada. As sentenças e os discursos individuais possuem eventualmente uma clara afinidade com declarações deuteronomistas (cf. Os 4,12-19). Mas eles são, muitas vezes, independentes e exprimem uma amplidão de reivindicações de adoração. Nem sempre trazem a marca de uma fé universal, que, radicalmente exclusivista, nega todas as outras divindades — atitude que se deve pressupor para o período pós-exílico. Censuras proféticas por causa da adoração morna a Deus são conhecidas também dos tempos de visão politeísta do mundo. Assim, por exemplo, enviados assírios de Deus ou oradores de um Deus adorado em Mari eventualmente exortam o rei a um culto mais intensivo, mais decidido ou mesmo privilegiado de certa divindade. Também as coleções neoassírias de sentenças de profetas para Asaradon e Assurbanipal contêm predominantemente promessas de salvação para os dois soberanos. Mas em determinado texto, Ishtar de Arbela lhes diz claramente que sua providência tem limites: "Não te dei como nenhum outro?... [e tu] o que me deste?"[175]. Já soa parecida

---

175. Tabuleta K. 2401, III, 18.17.24 = K. HECKER, TUAT II, 61; S. PARPOLA, *Prophecies*, 26 (exigências cultuais).

uma carta de Mari um milênio antes. Adad, Senhor de Kalassu, comunica a Zimrilim que ele o criou e o levou ao trono. Mas se o rei não obedece a seu Deus "eu posso também tirar aquilo que eu (lhe) dei!"[176].

Indo além de tais ameaças dirigidas particularmente ao rei, as sentenças dos profetas modeladas depois do exílio deviam anunciar expressamente a universalidade e a unicidade de Y$_{HWH}$, seu domínio sobre todos os povos, a ideia da eleição incondicional de Israel, a vinculação à vontade de Deus apresentada unicamente na Torá e semelhantes coisas específicas da época. Não se exclui que as censuras proféticas da infidelidade ao próprio Deus e do desleixo de seu culto no período do exílio, pronunciadas em tom mais baixo, possam ser entendidas no sentido de um marcado monoteísmo. Mas buscamos passagens que claramente revelam a teologia do tempo persa.

O livro dos Doze Profetas começa com um grande debate sobre a apostasia de Israel, dramaticamente ilustrada com ajuda do casamento de Oseias (Os 1–3). A relação entre Y$_{HWH}$ e seu povo é pensada aqui — como em Jeremias 3,6 ss., Isaías 62,1-5, Ezequiel 16; 23 — como um vínculo matrimonial, que pode trazer para a parceira humana a satisfação máxima, comunidade com Deus e bem-estar (cf. Os 2,1-3.20-25). Mas a falha de Israel leva ao repúdio por Y$_{HWH}$ e à miséria (Os 2,11-15). Que época produziu a metáfora do casamento no Antigo Testamento e especialmente no livro de Oseias?[177] Tem esta imagem um significado relativo ou absoluto, isto é, os autores pensam em categorias universais ou regionais? Diferentes camadas da composição são claramente visíveis — Oseias 1,4, por exemplo, começa com os homicídios de Jeú no vale de Jezreel (2Rs 10,1-14) —, mas toda a trança do texto visa a uma compreensão de Israel abrangente no tempo e no espaço. Para o povo de Y$_{HWH}$ só há uma única possibilidade de sobrevivência, a saber: ao lado de Y$_{HWH}$. Assim como as mulheres, de fato, não têm outra escolha a não ser viver junto com seus maridos, assim também Israel e Judá (a divisão é tirada da história dos reis!) só podem achar meios de viver ao lado de Y$_{HWH}$. O aspecto universal de Y$_{HWH}$ como criador e senhor do mundo não está contido na metáfora, mas a imagem transmite a ligação exclusiva unilateral e é, por isso, uma versão poética da reivindicação incondicional de Y$_{HWH}$ sobre seu povo. A apostasia é teologicamente censurada como "prostituição" (Os 2,4-7; Jr 2,23-25; 3,6-10; Ez 16; 23 etc.). Esta metáfora só é de fato possível depois

---

176. Tabuleta A 1121 com A 2731, linha 22 f = M. D$_{IETRICH}$, TUAT II, 86. Cf. M. N$_{ISSSINEN}$, *Prophets*.

177. Cf. G. B$_{AUMANN}$, *Liebe und Gewalt*. Die Ehe als Metapher für das Verhältnis JHWH — Israel in den Prophetenbüchern, Stuttgart, 2000 (SBS 185).

da consolidação de uma firme comunidade de aliança. As estruturas monárquicas pré-exílicas estavam baseadas em acordos dinásticos com o Deus nacional Yhwh: elas não se adequavam a tais representações de uma ligação matrimonial civil.

Entretanto, estão bastante presentes as concepções teológicas relativas a Yhwh e seu domínio universal sobre todos os povos (vizinhos). Elas complementam para o lado global as declarações voltadas para Israel. Também são acrescentadas diferentes expectativas escatológicas. Elas culminam na fala sobre o iminente "dia de Yhwh", que atravessa muitos livros dos profetas menores. Aqui está em ação de fato uma teologia de caráter global e monoteísta, a qual é melhor concebível na fase persa da história da fé de Israel.

Sobre o primeiro aspecto, a dominação de Yhwh sobre o mundo das nações: as palavras proféticas no livro dos Doze se dirigem contra os vizinhos imediatos de Judá e Israel e contra as potências mundiais Assíria e Babilônia. O texto de Amós começa com um ciclo característico. Na forma de sentenças numéricas sapienciais, a voz divina se volta contra os vizinhos no oeste da Samaria, em seguida os pequenos Estados no sul e, por fim, os no leste (Am 1,3–2,3). "Por causa das três, por causa das quatro rebeldias... não revogarei minha decisão..." é a introdução estereotipada. Yhwh se mostra protetor de seu povo eleito (cf. Am 3,2); ele pedirá contas aos vizinhos por causa de seus abusos contra Israel, mostrando assim sua autoridade internacional, totalmente em oposição ao particularismo aparente, por exemplo, em Miqueias 4,5. Sob as condições políticas da segunda metade do século VIII a.C., a reivindicação de uma jurisdição penal além das fronteiras de Israel deveria ser chamada de ilusória e arrogante. Mas no estado multiétnico de proveniência persa são plenamente compreensíveis reivindicações deste tipo por parte de uma comunidade de orientação puramente religiosa e não política. Nada modifica, nas expectativas religiosas ambiciosas do ciclo de Amós, o fato de que os autores dirigem, em diversos impulsos, em Amós 2,4-12, a justiça punitiva de Yhwh para a própria sociedade israelita, no norte e no sul. O horizonte internacional de algumas passagens de Amós (cf. Am 3,9; 6,2 s.; 9,5 s.7-9) é outra prova de uma teologia que cada vez mais se entende universal. Uma lista dos povos vizinhos, que serão punidos por Yhwh, aparece também em Sofonias 2,4-11; ela corre nos versos seguintes para os distantes cuchitas e assírios! (v. 12-15).

O tema "Yhwh e Israel entre as outras nações" pertence ao estoque fixo nos doze profetas menores e nos três profetas maiores do Antigo Testamento. Os redatores e editores posteriores quiseram determinar a própria identidade comunitária através de oráculos de suas imaginadas figuras proféticas sobre as nações estrangeiras. O livro de Abdias — só artificialmente independente (forte contato com Jr 49,7-22; Is 34,5-15; Ez 25,12-14) — dirige-se contra os edomitas no sul, provavelmente seguindo Amós 1,11 s. Os livros de Jonas, Naum, Sofonias têm como tema total ou parcial o perigo e a dominação assíria. Experiências históricas estariam produzindo efeitos aqui. As campanhas de conquista assírias em direção ao oeste, ao mar mediterrâneo e além, até o Egito, foram traumatizantes por causa de sua brutalidade e permaneceram vivas na memória coletiva. Quando as poucas tradições disponíveis dos séculos VIII e VII a.C. foram reelaboradas e ampliadas no período persa, o conceito "Assur" se transformou em sinal de todo tipo de opressão política, imperial ou regional.

> Ele próprio será a paz. Se acaso Assur penetrar em nossa terra e pisar em nossos palácios, incitaremos contra ele sete pastores, oito príncipes humanos. Apascentarão a terra de Assur com a espada e a terra de Nimrod com o punhal. Mas ele nos libertaria de Assur, no caso em que este entrasse em nossa terra e pisasse nossas fronteiras (Mq 5,4-5).

Neste texto, que surge não antes do período persa[178], o nome "Assur" significa qualquer invasor ou soberano violento. A comunidade eleita da época, revelada através do "nós", é suficientemente segura para incluir o soberano do mundo, Yhwh, na defesa da terra, mesmo contra potências que poderiam ser lendariamente devastadoras. — Naum e Sofonias expressam seu problema com Nínive, capital da Assíria, o primeiro pela introdução redacional (Na 1,1) e pela menção ao nome no texto (2,9; 3,7; 3,18 = Assur), o outro de modo encoberto (Sf 2,13). Talvez os dois escritos proféticos reajam contra o tratamento brando que recebe Nínive no livro de Jonas. Naum 3,1-7 descreve a batalha contra os inimigos, a vitória sobre eles, a profanação deles. "Fulguração de espadas! Relampejar de lanças! Vítimas sem conta! Montes de corpos! Cadáveres sem fim! — Tropeça-se em mortos. Por causa das múltiplas orgias da prostituta, hábil sedutora." A notícia sobre a destruição e o abandono das capitais assírias (e sobre sua reconstrução!) foi conservada na tradição do antigo Oriente por tantos séculos quanto aquela sobre a destruição da Babilônia (cf. Gn 11,1-9). Pelo que parece, esta lenda foi usada nos escritos de Naum e Sofonias; ela ilustraria, diante de uma insegura comunidade de Yhwh, o poder ilimitado de seu Deus, séculos depois da queda do império assírio. Assim como os assírios, lendariamente despóticos e renitentes, foram humilhados por Yhwh,

---

178. R. Kessler, *Micha*, 234.

o Deus do mundo — a profanação da capital indica *pars pro toto* a vitória sobre todo o império —, assim também o Deus de Israel vai se impor em qualquer novo perigo contra as grandes potências humanas, em favor de seus eleitos. A menção a Babilônia pelo nome é rara no livro dos Doze Profetas: Miqueias 4,10, Zacarias 6,10, ambas passagens que olham retrospectivamente para o distante tempo do cativeiro. Zacarias 5,11 conta com a construção judaica, porém heterodoxa, de um templo na "terra de Sinear"; Habacuc 1,6 vê os caldeus (anacronisticamente) como o ameaçador e universal exército punitivo de YHWH.

O tema de um juízo (final) iminente e universal aparece com força no livro dos Doze; seu núcleo é o anúncio do terrível "dia de YHWH". Também podemos encontrar em Isaías e em Ezequiel algumas formulações deste tipo, mas as sentenças sobre um dia de julgamento — com algumas variações no significado — se concentram nos escritos de Joel, Sofonias, Amós, Abdias e Malaquias. Destacamos alguns exemplos: o livro de Sofonias possui uma orientação escatológica predominante[179]. Depois da introdução, começa com um cenário de final dos tempos, de medidas apocalípticas:

> Tudo extirparei da face da terra — oráculo de YHWH. — Extirparei homens e animais, pássaros do céu e peixes do mar, extirparei o que faz os maus tropeçarem; suprimirei o ser humano da face da terra — oráculo de YHWH (Sf 1,2-3).

Uma visão de terror abrangente, comparável à de Isaías 24: é apagada a vida sobre a terra! A concretização da mensagem sobre Judá e Jerusalém segue-se imediatamente (Sf 1,4-13). E então aparece a palavra "Dia de YHWH", como que fundamento da catástrofe do fim dos tempos. A ilustração clássica do juízo entrou profundamente na consciência também da tradição cristã com o tema do *dies irae*:

> Ele está perto, o grande dia de YHWH, está perto, vem a toda pressa. Haverá acerbos clamores no dia de YHWH, até o corajoso clamará por socorro. Dia de furor, esse dia. Dia de miséria e de angústia, dia de calamidade e de desolação, dia de trevas e de escuridão, dia de névoa, de nuvens sombrias, dia de tocar o berrante e de alarido de guerra... (Sf 1,14-16).

No terrível ajuste de contas no Dia de YHWH os inimigos de Israel também responderão (Sf 2,4-15), mas é visada principalmente a comunidade dos seguidores de YHWH (Sf 1,4-13; 3,1-7), se olhamos a lista das quatro funções dirigentes em Sofonias 3,3-4. Mas o extermínio do mal no mundo tem uma

---

179. Cf. W. DIETRICH, M. SCHWANTES, *Der Tag wird kommen*, Stuttgart, 1996 (SBS 170).

contrapartida iluminadora: a nova ordem do mundo das nações, a salvação do "resto de Israel", a vida sob o domínio de Deus: "Farei então que os povos tenham lábios puros para invocarem, todos eles, o nome de Yhwh e para o servirem num mesmo empenho" (Sf 3,9). O "juízo final" (v. 8) purifica também o "resto de Israel": "… não mais cometerá iniquidades, nunca mais dirão mentiras" (v. 13). Uma salvação paradisíaca aguarda aqueles que escaparem do juízo. — Os textos de Sofonias soam como recorte de uma liturgia comunitária. Depois de uma longa acusação e do anúncio do juízo seguem-se profecias de salvação: elas são então aceitas e concluídas com uma resposta hínica da comunidade e com a exortação ao júbilo e ao louvor (Sf 3,14-18), uma vez mais sublinhadas com promessas divinas (v. 19-20).

A tensa temática de juízo e salvação, juízo final e nova criação do mundo aparece também em outros lugares do livro dos Doze Profetas. O "livro" de Joel apresenta nos dois primeiros capítulos a estrutura de uma ação litúrgica contra uma praga de gafanhotos iminente, a qual de repente passa para o cenário do Dia de Yhwh e do juízo final (cf. Jl 2,1-11: "o dia de Yhwh está próximo…", v. 1; "Grande é o dia de Yhwh…", v. 11). A segunda parte de Miqueias (4–7) ventila parcialmente temas e perguntas escatológicas sobre o que ocorreria para a comunidade de Yhwh em tempos turbulentos; ela termina em uma renovação maravilhosa do povo de Yhwh:

> Apascenta teu povo sob teu cajado, o rebanho, teu patrimônio, que mora solitário num matagal, em meio a pomares. Que ele paste no Basã e no Galaad, como nos dias de outrora. Seja como nos dias em que saíste da terra do Egito: "Eu lhe farei ver maravilhas". As nações olharão, cobrir-se-ão de vergonha, apesar de todo o seu poder; porão a mão sobre a boca; seus ouvidos se ensurdecerão; lamberão o pó como a serpente, como os animais que se arrastam pela terra. Trêmulas, sairão de suas fortalezas — em direção a Yhwh, nosso Deus —, ficarão aterrorizadas, terão medo de ti (Mq 7,14-17).

Os "livros" de Oseias e Amós tocam, no final, sons salvadores para o futuro. O salmo de Habacuc festeja a teofania de Yhwh para a salvação de sua comunidade (Hab 3). "Tu saíste para a salvação do teu povo…" (v. 13). "Eu estarei na alegria por causa de Yhwh, exultarei pelo Deus que me salva" (v. 18). As indicações de uma expectativa messiânica por ocasião da nova consagração do Templo (Ag 2,23) em princípio estão de acordo com as declarações mais gerais sobre um novo rei a ser enviado por Deus (cf. Mq 5,1-3; Zc 9,9-12; a última parte deste livro, cap. 12–14, é frequentemente chamada de "apocalipse"). Em suma, o período persa também deu à nova comunidade judaica acesso às esperanças escatológicas. A expectativa do fim dos tempos deve ter afetado fortemente os seres humanos daquele tempo. O clima espiritual da época persa provavelmente deu impulso para isso: a fé de Zaratustra era caracterizada por uma ética rigorosa e tinha como fim essencial o juízo final sobre vida e morte.

O livro dos Doze é também transparente em relação às estruturas sociais de uma época posterior? Pelo menos os textos litúrgicos revelam as atividades da comunidade. Aquelas passagens nas quais aparece o "eu" do orador profético (cf. Mq 2,11; 3,8; Hab 2,1) e o "nós" da assembleia da comunidade (cf. Os 6,1-3; Mq 7,17-20; Hab 1,12) devem ser pesquisadas em conexão com os salmos "nós"[180]. Como as figuras proféticas aparecem em relação a isto dentro do *corpus*? São elas funcionárias do culto? Ao contrário do livro de Jeremias, por exemplo, são raras aqui as descrições biográficas. Fora as informações mínimas nas introduções e os pequenos episódios estilizados de Amós 7,10-17 e Oseias 1 e 3, é difícil achar uma palavra sobre o destino dos mensageiros de Deus ou sobre sua função comunitária. O modo de falar profético varia entre duros anúncios de calamidades, repreensões didáticas e reflexões pastorais e sapienciais. Denúncias severas e intransigentes de um comportamento falso devem ser vinculadas, em minha opinião, mais ao tipo do mensageiro divino espontâneo. Quando este modo de falar está acompanhado de visões, como em Amós 7,1-9; 8,1-3; 9,1-4, então parece imediatamente evidente a comoção provocada pelo espírito do mensageiro, o que caracteriza, em muitas fontes do antigo Oriente, o profeta. Esta tipificação do mensageiro de Deus é questionável para o tempo posterior (cf. Zc 13,2-6). Outras maneiras de falar, sobretudo a exortativa, a que pede a conversão, a que consola e dá segurança, a que delimita contra os de fora, são mais apropriadas à ideia da comunidade pós-exílica. Eventualmente são mencionados, nas palavras dos profetas, cargos de liderança comunitária, por exemplo profetas e sacerdotes. É utilizada predominantemente a designação tardia e sistematizante "profeta", *nabi'* (33 vezes). Conceitos mais antigos, como "vidente" (duas vezes: Am 7,12; Mq 3,7), "homem de Deus", "sonhador" (uma vez: Jl 3,1), "adivinho" (duas vezes: Mq 3,7; Zc 10,2; cf. Mq 5,11), praticamente não aparecem. Entretanto, também faltam quase totalmente as "novas" designações dos cargos da comunidade confessional da Escritura: escribas (cf. somente Hab 2,2), sábios, funcionários, árbitros. Aparecem umas poucas referências à Torá e ao direito que não podem ser empurradas para o tempo dos reis: é clara a localização tardia de Malaquias 2 s. e Ageu 2,11. Devem ser reconsideradas as frases de

---

180. Cf. E. S. GERSTENBERGER, *Psalmen und Ritualpraxis*, Freiburg, 2003, 80-83 (HBS 36).

Oseias 4,6; 8,1.12, Amós 2,4; Miqueias 4,2; Habacuc 1,4; Sofonias 3,4 (menção à Torá), assim como, por exemplo, a ocorrência do termo *mishpat*, "norma", "sentença" (cf. Os 2,21; 5,1; 6,5; 12,7; Am 5,24; 6,12; Mq 3,1.8 s.; 6,8; 7,9; Hab 1,4), que revela uma forte afinidade com a Torá. No *corpus* mais antigo dos Doze há mais referências à jurisprudência e à ordem comunitária pós-exílica do que normalmente se aceita. A menção ao "justo" como designação do fiel à Torá por vezes se destaca (cf. Os 14,10; Am 5,12; Mq 7,2; Hab 1,4.13; 2,4). Réplicas estritamente sapienciais (cf. Os 14,10; Mq 6,8 etc.) também ganham significado neste contexto. Muitos indícios mostram uso criativo ou até nova versão dos textos, pela comunidade de YHWH no período persa.

3.2.2.2. Isaías

U. BECKER, *Jesaja* – von der Botschaft zum Buch, Göttingen, 1997 (FRLANT 178). – U. BERGES, *Das Buch Jesaja*. Komposition und Endgestalt, Freiburg, 1998 (HBS 16). – E. BOSSHARD-NEPUSTIL, *Rezeptionen von Jesaja 1–39 im Zwölfprophetenbuch*, Fribourg/Göttingen, 1997 (OBO 154). – C. C. BROYLES, C. A. EVANS (Ed.), *Writing and Reading the Scroll of Isaiah*, Leiden, 1997 (VT.S 70/1). – B. S. CHILDS, *The Struggle to Understand Jsaiah as Christian Scripture*, Grand Rapids, 2004. – P. HÖFFKEN, *Jesaja*. Der Stand der theologischen Diskussion, Darmstadt, 2004. – M. D. GOULDER, *Isaiah as Liturgy*, Aldenshot, 2004 (MSSOTS). – O. KAISER, *Das Buch des Propheten Jesaja Kapitel 1–12*, Göttingen, ⁵1981 (ATD 17). – K. KIESOW, *Exodustexte im Jesajabuch*, Fribourg/Göttingen, 1979 (OBO 24). – R. G. KRATZ, *Kyros im Deuterojesaja-Buch*, Tübingen, 1991 (FAT 1). – K.-C. PARK, *Die Gerechtigkeit Isarels und das Heil der Völker*: Kultus, Tempel, Eschatologie und Gerechtigkeit in der Endgestalt des Jesajabuches, Frankfurt, 2003 (BEAT 52). – E. UCHEN, *The Eschatological implications of Isa 65 and 66 as the Conclusion of the Book of Isaiah*, Pieterlen/Bern, 2005 (La Bible dans l'Histoire 3). – J. M. VINCENT, *Studien zur literarischen Eigenart und zur geistigen Heimat von Jesaja kap. 40–55*, Frankfurt, 1977 (BEAT 5). – H. G. M. WILLIAMSON, *The Book Called Isaiah*, Oxford, 1994.

Depois do Saltério, o livro do profeta Isaías é o mais extenso do cânon do Antigo Testamento. Dada a multiplicidade de textos que contém, percebe-se uma gênese complicada. Sob o nome "Isaías, filho de Amós", que fornece o título, foram acumuladas milhares de linhas de textos de diferentes tempos e situações. A divisão *grosso modo* do material em previsões de calamidades, oráculos às nações estrangeiras e anúncio da salvação só é utilizável mui limitadamente como descrição de crescimento. Também a divisão literária em três livros distintos, em sequência cronológica (Is 1–39; 40–55; 56–66) tem pouco valor, pois sobretudo a primeira parte tem também passagens de períodos posteriores. Para nossos fins seria melhor, mais uma vez, considerar os textos atribuídos a Isaías como um conjunto de sentenças reunidas de fato "ao acaso", desde o início do exílio, tendo recebido a forma atual aproximada durante o período persa.

A terceira parte do escrito de Isaías, o chamado Terceiro Isaías (Is 56–66), é em geral localizada na fase posterior à consagração do Templo; ela foi tratada acima (3.1.2.2). Mas as passagens do Segundo Isaías — ao qual pertencem, além de Isaías 40–55, muitos outros trechos, por exemplo Isaías 35 — vivem da atmosfera de mudança dos judeus deportados na Babilônia; eles sentem que um novo início fundamental está muito próximo, ou já se deu. A data de referência para a mudança de então foi o ano de 539 a.C., quando Ciro entrou sem luta na Babilônia e foi até mesmo saudado como libertador pelos sacerdotes de Marduk autóctones. A designação "Hinos e oráculos divinos dos retornantes" (W. GASPARI 1934) deve ser localizada no processo de repatriação, ou melhor, depois do retorno, de modo que também este grande trecho do livro de Isaías cai dentro do período persa[181].

Sejam quantas forem as edições da coleção deuteroisaiana de sentenças e hinos, o importante é como as comunidades do Segundo Templo receberam a mensagem. Os textos relevantes estão entre os mais importantes do cânon do Antigo Testamento. Neles se exprime, de modo dramático e com efeito duradouro, a mudança espiritual e teológica nas colônias babilônias dos judeus deportados. A renovação da comunidade de YHWH no mundo multiétnico persa é realidade. No lugar da opressora política religiosa e econômica dos babilônios entra um novo poder, que permite amplamente às minorias religiosas e étnicas suas particularidades. Ciro aparece também para o teólogo judeu como libertador, até mesmo como "ungido" de Deus (cf. acima 1,1; 3.2; Os 5,1-4). Isto é inaudito em relação a tudo o que sabemos sobre o particularismo judaico e a fé na eleição. A reconstrução de Jerusalém junto com o seu Templo de YHWH é o sinal exterior da mudança fundamental que se deu sob Ciro:

> Sou eu, YHWH, que faço tudo: eu estendi os céus, eu sozinho, ... Faço acontecer a palavra do meu servo, faço ter êxito o projeto dos meus mensageiros: digo de Jerusalém: "Seja habitada", das cidades de Judá: "Sejam reconstruídas"; o que está devastado, eu o reerguerei. Digo ao alto-mar: "Sejas devastado! Farei secar tuas correntezas!". De Ciro digo: "É meu pastor"; tudo o que me agrada, ele o fará ter êxito, dizendo de Jerusalém: "Seja reconstruída", e do Templo: "Seja fundado de novo!" (Is 44,24b.26-28).

---

181. R. ALBERTZ trata em detalhe da edição, segundo sua opinião, em duas fases, do livro do Segundo Isaías; já a primeira edição é colocada em paralelo com a reconstrução do Templo (520-515 a.C.): *Die Exilszeit*, 283-323 (BE 7). Análises crítico-literárias são, entretanto, sempre muito especulativas, não sendo aqui apresentada nenhuma nova.

A potência mundial da Babilônia caiu no chão. Ela escravizou os povos submetidos. A libertação ganha, na comunidade dos judeus exilados, os tons da lendária saída do Egito sob Moisés. Há na literatura um jogo cruzado entre os temas do antigo drama do êxodo e do retorno para casa no início do império persa[182]. O desprezo, o prazer no mal alheio, o ódio dos judeus banidos e agora libertados se voltam contra os antigos senhores despóticos (Is 47,1-4). Nesta mudança política mundial a fé no Deus único, condutor do mundo, criador e libertador de Israel é confirmada na pequena comunidade dos judeus exilados. Os textos do Segundo Isaías são testemunhos ardentes dessa fé particular-universal, a qual designamos como monoteísta. Eles sugerem o gênero literário da "pregação"[183], pois pressupõem uma comunidade que ouve e em parte reage com reclamações refletidas (cf. Is 44,21 s.; 43,10-13; 44,6-9; 48,12 s.). Nestes trechos do Segundo Isaías tudo gira em volta do deus YHWH, único e eficaz. Ele é o criador e mantenedor do mundo, ele atribuiu a seu povo Israel um papel central na história do mundo. A esperança e a experiência real da libertação do domínio babilônico impelem o orador a estas proclamações de poder. Só YHWH; a comunidade única eleita; o reinício na pátria; Templo, Torá, hinos de louvor: o entusiasmo não tem fim. Nas fortes palavras de salvação é delineado um perfil da comunidade. Falam arautos, pregadores, e não "profetas". Podem ser encontrados somente rastros literários de oradores autorizados por Deus: as fórmulas de introdução das sentenças de Deus, o discurso direto aos ouvintes, a primeira pessoa divina das mensagens de YHWH ao povo. Este aparece sob os nomes estereotipados dos patriarcas Jacó ou Israel, mas também sob todo tipo de designações honrosas ou carinhosas: servos (frequentemente também no singular: servo de YHWH), verme de YHWH, eleitos, cegos e surdos, Sião, filhos de Abraão e Sara, esposa de YHWH (Jerusalém: cf. Is 54 e 62!) — uma quantidade de títulos afetivos. Eles refletem a autocompreensão da comunidade salva e eleita. Ela é o ponto de cristalização da comunidade humana universal. São mais que evidentes sua constituição por YHWH, através da palavra anunciada do reinício, e sua determinação escatológica. O anúncio do Segundo Isaías é um retrato vivo da situação em torno da reconstrução do Templo de Jerusalém e depois dela. Ele edifica a comunidade em consolidação.

Só resta falar do Primeiro Isaías. Há indícios do uso e da reedição desta parte do livro na época pós-exílica? É variada a coleção de palavras de Isaías;

---

182. Cf. KIESOW, *Exodustexte*; J. PIXLEY, *Éxodo*, Mexico City, 1983.
183. Cf. E. von WALDOW, *Anlass und Hintergrund der Verkündigung Deuterojesajas*, diss., Bonn, 1953.

os trechos da composição — em geral dividida em Isaías 1–12; 13–23; 24–27; 28–35 (tendo o último capítulo o caráter do Segundo Isaías); 36–39 — consistem em elementos de diferentes gêneros e revelam contextos históricos e litúrgicos diferentes.

Os capítulos finais, 36–39, são narrativas históricas lendárias e tratam do sítio de Jerusalém pelos assírios sob Senaquerib em 701 a.C. O texto repete amplamente a letra da reprodução do episódio em 2 Reis 18 s., tendo origem na mesma tradição[184]. O rei Ezequias, uma das figuras luminosas da historiografia deuteronomista, confia firmemente na ajuda de Yhwh, e o muito superior exército assírio é aniquilado através de intervenção divina em seu acampamento diante de Jerusalém ("o anjo de Yhwh feriu no acampamento dos assírios 185.000 homens", Is 37,36). Já foi mostrado acima que a discussão verbal teológica entre Ezequias, o comandante assírio e o próprio Senaquerib se desenrola dentro de um horizonte e um vocabulário deuteronomistas, dificilmente imagináveis naquele tempo. As duas versões, a do livro dos Reis e a do livro profético, são do tempo exílico e pós-exílico, com razoável segurança. Elas refletem os interesses e as ideias teológicas da comunidade judaica nascente. — As palavras contra as nações estrangeiras (Is 13–23) se referem por um lado aos pequenos estados vizinhos, como já vimos em Amós; por outro lado, às grandes potências Egito e Babilônia, só lateralmente à Assíria (Is 20), também à Arábia e Cuch (= Etiópia). O material reunido é muito heterogêneo, sendo interessante que contém, além das maldições costumeiras dos "inimigos", também uma visão de uma grande reconciliação dos povos:

> Então, se Yhwh golpeou vigorosamente os egípcios, há de curá-los: eles voltarão a Yhwh, que os ouvirá e os curará. Naquele dia, uma estrada irá do Egito a Assur. Os assírios virão ao Egito e os egípcios a Assur. Os egípcios adorarão junto com os assírios. Naquele dia, Israel formará uma tríade com o Egito e com Assur. Esta será a bênção que, na terra, Yhwh de todo poder pronunciará: "Benditos sejam o Egito, meu povo, Assur, obra das minhas mãos, e Israel, minha herança" (Is 19,22-25).

Passagens separadas das composições sobre os povos estrangeiros podem representar fases mais antigas de lutas contra inimigos ou de maldição cultual dos inimigos. Olhando o todo, as concepções, o pano de fundo teológico universal e o estado globalizante da discussão (a Pérsia só pode, entretanto, ser compreendida implicitamente em alguns lugares!) atestam uma composição

---

184. Uma diferença essencial é introdução de toda a oração de Ezequias doente em Isaías 38,9-20: sinal claro de uso litúrgico de todo o contexto narrativo?

tardia do corpo atualmente disponível. Sobretudo, são anacrônicos, diante da figura imaginada do Isaías do século VIII a.C., os anúncios de calamidades dirigidos à Babilônia, os quais explicitamente introduzem o corpo relativo aos povos estrangeiros (Is 13 s.; 21,1-9). Os medos já estão em atividade como adversários do império babilônio (Is 13,17; 21,2). O famoso hino de triunfo sobre a queda do domínio mundial babilônio (Is 14,4-21) é, temática, estilística e teologicamente, testemunha do período persa, quando o império anterior já tinha desaparecido. Ele descreve em grandioso estilo histórico o estado pacífico do mundo (*pax persica*!) depois da saída do imperador babilônico. Este se dirige despido de suas dignidades quase divinas ao mundo inferior, que torna tudo igual (v. 9-11): "Mas foste obrigado a descer ao Sheol, ao mais profundo do Fosso. Os que te veem fixam sobre ti o seu olhar e te fitam atentamente: 'É este o homem que fazia tremer a terra e desmoronar os reinos, que transformava o mundo em deserto, arrastando as cidades e não restituindo os prisioneiros a seu lar?'" (v. 15-17). Aqui já se faz provavelmente uma alusão à libertação dos exilados pelos persas. Os assírios não interessam muito mais (cf. Is 14,24-27). Tons apocalípticos se misturam (cf. Is 13,9-12; 17,12-14; 19,16-25). À composição das sentenças sobre as nações estrangeiras segue-se uma parte genuinamente apocalíptica: Isaías 24–27. Aparecem com tanta força os traços pós-estatais da teologia da comunidade israelita que nenhum exegeta científico poderia datar este capítulo no tempo dos reis:

> Eis que YHWH devasta a terra e a destrói, transtorna a sua face, dispersa os seus habitantes, tanto o povo como os sacerdotes, o servo como o patrão, a serva como a patroa, o que compra como o que vende, o que toma emprestado como o que empresta, o credor como o devedor. A terra será totalmente devastada, saqueada de ponta a ponta, como decretou YHWH. A terra está de luto e languesce, a orbe está de luto e languesce, desfalecem as alturas com a terra. A terra foi profanada sob os pés de seus habitantes, pois estes transgrediram as leis, mudaram os preceitos, romperam a aliança perene (Is 24,1-5).

A ruína vem sobre toda a terra, e todos os homens são afetados. Todos são acusados de desprezar a ordem divina. A imagem da sociedade é pós-monárquica; não aparece uma elite administrativa estatal, e a comunidade é descrita em seis pares antagônicos puramente civis (v. 2). Na sequência surge a imagem da destruição universal, que atinge todos os povos e inclui até mesmo as estrelas (Is 24,23; 25,6-8 etc.). Também são significativas as formas litúrgicas que envolvem o *corpus* textual. As passagens "nós" (cf. Is 24,16; 25,9; 26,1.8.12.13.16-18) indicam mais fortemente a comunidade cultual pós-exílica. Como em outros livros proféticos e no Saltério, tais textos na primeira pessoa do plural são um indício de que o trecho em questão se formou no ambiente litúrgico. Contra a localização mais tardia de Isaías 24-27 no período helenista há os fortes traços comunitários; a orientação apocalíptica nada fala contra isto necessariamente, nem mesmo as suaves sugestões de uma fé na ressurreição (cf. Is 25,8; 26,19; Ez 37,1-14), pois, assim como em outros trechos do cânon dos profetas (por exemplo, Zacarias, Ezequiel), amplos cenários de fim dos tempos pertencem ao âmbito das culturas e religiões influenciadas pela Pérsia.

Anúncios de calamidades amplas, não limitadas nacionalmente, assim como olhares escatológicos no futuro paradisíaco atravessam outras unidades do livro de Isaías. Em Isaías 1-12, o primeiro grande bloco, são tão frequentes tais textos singulares orientados para o futuro que a composição final não pode de modo algum ser datada no período dos reis. Otto Kaiser tem portanto razão quando, por exemplo, localiza a redação do chamado "memorial de Isaías" (Is 6-12) no período exílico e pós-exílico por razões de história teológica e de crítica ideológica[185]. Assim, a missão dada ao profeta de tornar o povo obstinado só pode ser entendida como legitimação retroativa do exílio. Os quadros messiânicos do paraíso em Isaías 9,1-6 e 11,1-9 são janelas abertas para o tempo apocalíptico da salvação. O hino de graças dos redimidos (Is 12,1-6) pertence à liturgia do período tardio, mesmo que nos versículos 1-3 seja mantida a primeira pessoa do singular do liturgo. Dirige-se diretamente aos ouvintes (v. 4-6):

> Naquele dia dirás: Eu te dou graças, YHWH, pois estava encolerizado contra mim, mas a tua cólera se acalma e tu me confortas. Eis meu Deus Salvador, tenho confiança e não tremo, pois a minha força e o meu canto é YHWH! Ele foi para mim a salvação. Com alegria tirareis água das fontes da salvação e direis, naquele dia: Rendei graças a YHWH, proclamai o seu nome, publicai entre os povos as suas façanhas, repeti que o seu nome é sublime. Cantai a YHWH, pois ele agiu com magnificência: que isto seja publicado em toda a terra. Solta gritos de alegria e de júbilo, tu que habitas Sião, pois é grande no meio de ti o Santo de Israel! (Is 12,1-6).

Já a mera inclusão do mundo das nações (cf. também Is 2,1-4) prova a redação tardia do hino. Mas também a situação tratada nos versículos 1-3 — a mudança na cólera de YHWH — e os tipos supostos de piedade, expectativa

---

185. O. KAISER, *Das Buch des Propheten Jesaja, Kapitel 1–12*, Göttingen, ⁵1981, 117-120, 195-209, 239-257 (ATD 17).

de salvação, fé em Sião condizem muito bem com aquilo que sabemos da comunidade judaica primitiva.

Assim, parece que também o "livro do Primeiro Isaías" foi compilado (ou ampliado) somente no período pós-exílico. No máximo podem ser encontradas proféticas mais antigas em Isaías 28–34, mas também nesta parte do escrito aparecem sentenças de tom messiânico e escatológico ou anúncios tardios de calamidades sobre povos estrangeiros. Há até mesmo uma menção frágil à existência de uma tradição escrita, um "livro de YHWH" (34,16), o qual serviria de norma (cf. 8,1). Também esta imagem só pode surgir de um período tardio. A expectativa da salvação definitiva num reino de paz determinado por YHWH transcende as visões da confusão da batalha na luta final. Seja qual for o decorrer e a sequência cronológica do ajuntamento das camadas individuais e das unidades composicionais do livro de Isaías, há um grande cabedal de sentenças proféticas de diversos tipos que não foi recebido como já formulado no tempo dos reis, mas surgiu da formação litúrgica e comunitária da época na qual o Templo de Jerusalém pôde assumir novamente suas funções e a comunidade começou a desejar uma justiça melhor de seu Deus.

3.2.2.3. Jeremias

B. BECKING, *Between Fear and Freedom*, Leiden, 2004 (OTS 51). – R. P. CARROLL, *Jeremiah*: A Commentary, Philadelphia, 1986 (OTL). – S. HERRMANN, *Jeremia*, Darmstadt, 1991 (EdF 271). – M. KESSLER, *The Battle of Gods* – The God Israels versus Marduk of Babylon, Assen, 2003 (SSN 42). – J. KISS, *Die Klage Gottes und des Propheten*, Neukirchen-Vluyn, 2003 (WMANT 99). – E. W. NICHOLSON, *Preaching to the Exiles*, New York, 1970. – K.-F. POHLMANN, *Die Ferne Gottes*, Berlin, 1989 (BZAW 179). – T. RÖMER, *Jérémie: du prophète au livre*, Poliez-le-Grande, 2003. – K. SEYBOLD, *Der Prophet Jeremia*: Leben und Werk, Stuttgart, 1993. – C. J. SHARP, *Prophecy and Ideology in Jeremiah*, London, 2003. – M. S. SMITH, *The Laments of Jeremiah and their Context*, Atlanta, 1990. – W. THIEL, *Die deuteronomistische Redaktion von Jeremia 26–45*, Neukirchen-Vluyn, 1981 (WMANT 52). – D. VIEWEGER, *Die literarischen Beziehungen zwischen Jeremia und Ezechiel*, Frankfurt a.M., 1993 (BEAT 26).

Cerca de 70% de todo o volume textual do livro de Jeremias tem origem em círculos de autores deuteronomistas ou de outros mais tardios ainda. A Septuaginta conservou um texto de Jeremias que é cerca de um oitavo (12,5%) mais curto que o texto massorético. Já estas constatações grosseiras alimentam a suspeita de que o livro do profeta cuja personalidade parece ser a mais evidenciada no Antigo Testamento, na realidade, remonta predominantemente a projeções retroativas e a instruções da comunidade, e não a narrativas e sentenças autênticas do profeta. De fato, mesmo formalmente predominam os longos discursos do protagonista Jeremias, embebidos de espírito deuteronomista. Os temas que abordam o mensageiro de YHWH, eficaz, mas fortemente hostilizado e impelido para o papel de sofredor, podem ser mais bem compreendidos em grande parte no contexto da teologia e da realidade pós-exílica.

Jeremias tem muito a falar sobre povos estrangeiros, inimigos e potências mundiais. Supostamente, ele — sua visão do mundo e sua teologia — se move num palco internacional. Isto deve ser compreendido até mesmo literalmente: o profeta anda até o Eufrates (Jr 13,3-7), prega (como sequestrado) no Egito (Jr 44), envia um livro carregado de maldições para a Babilônia (Jr 51,59-64). Ele é o único dos enviados de Deus do Antigo Testamento designado, por ocasião de sua vocação, como profeta "para as nações", cuja tarefa quase apocalíptica seria trazer sobre o mundo uma destruição seguida de salvação. "Vê, hoje te confiro autoridade sobre as nações e sobre os reinos, para arrancar e derrubar, para arruinar e demolir, para construir e plantar" (Jr 1,11). Assim, o livro massorético de Jeremias termina (diferente da versão LXX) com uma bateria de oráculos referentes a nações estrangeiras (Jr 46–51), à qual foi juntado ainda um trecho do relato deuteronomista sobre a tomada de Jerusalém por Nabucodonosor (Jr 52; observe-se o corte através da nota redacional em Jr 51,64). A cadeia de censuras às nações toca frequentemente o que é conhecido de Isaías. Ela se inicia, em Jeremias, com o Egito (Jr 40). O anátema sobre a terra do Nilo é seguido por palavras contra os vizinhos de Israel: filisteus, moabitas, amonitas, edomitas, sírios, árabes, elamitas (Jr 47–49). Mas os importantes capítulos conclusivos (Jr 50 s.) são dedicados à Babilônia. Isto não é menos anacrônico para um Jeremias imaginado como contemporâneo de Josias e do início do exílio, do que para um Isaías do século VIII a.C. Entretanto, surge a forte suspeita de que as previsões de queda desta potência mundial surgiram retrospectivamente, depois da ruína do império babilônio, isto é, depois que os persas tomaram todo o império, o centro da Mesopotâmia e as regiões do Além-Eufrates.

> Anunciai-o entre as nações, apregoai-o e levantai um sinal, apregoai-o, não o oculteis; dizei: Babilônia foi tomada, Bel ficou envergonhado, Marduk ruiu. Seus feitiços foram cobertos de vergonha, seus ídolos, exinanidos (Jr 50,2; cf. 50,15; 51,8.31.41-44).

Algumas declarações supõem, portanto, a queda da Babilônia. Ou são autênticos anúncios de uma ruína que ainda vai ocorrer? Como argumento em favor de tal autenticidade das sentenças sobre a Babilônia se alega frequentemente a descrição totalmente violenta e belicosa do fim, enquanto a realidade histórica é de uma entrada pacífica das tropas persas. Os oráculos sobre Babel em Jeremias 50 s. teriam ignorado a marcha real dos acontecimentos? Em minha opinião, tais reflexões ignoram a essência das condenações das nações. Muito provavelmente, trata-se de uma coleção de textos litúrgicos que eram recitados em assembleias carregadas emocionalmente como verdadeiras maldições contra os inimigos. Não havia lugar nelas para um julgamento pacífico da situação. O ódio contra a grande potência opressora se acumulou por décadas e arrebentou depois da libertação também em forma escrita. O grosso dos discursos ameaçadores é constituído de representações estereotipadas de humilhação de inimigos antes poderosos, da destruição da capital e da vingança da própria divindade. Ocasionalmente aparece o "nós" comunitário (Jr 51,10.51), e também permaneceu um hino litúrgico para atestar o lugar de origem destes textos (Jr 51,15-19). Na confrontação entre Babel e Israel se exprime, nestes dois capítulos do livro de Jeremias, a forte crença de que YHWH já puniu o antigo opressor de seu povo e já deu a seus fiéis uma nova chance de vida.

Entre a introdução de Jeremias como "profeta para os povos" e as veementes ameaças contra Babilônia no final há 48 capítulos, nos quais eventualmente é visível o horizonte das nações. O próprio profeta se move, como já mencionado, para terras distantes, livre ou coagido, ou ele entra em contato através de mensageiros ou por escrito. No Eufrates, ele realiza a ação simbólica com o cinto (o povo de YHWH amado, mas infiel) que lá apodrece (Jr 13,3-7). O livro de maldição dado à delegação babilônia traria a destruição da cidade inimiga (Jr 51,59-64). Jeremias então escreve uma carta aos deportados na Babilônia com outro tom: aceitem a vida no estrangeiro como algo duradouro! "Preocupai-vos com a prosperidade da cidade para onde eu vos deportei e intercedei por ela junto a YHWH: porque de sua prosperidade depende a vossa" (Jr 29,7). Esta atitude positiva do profeta é conservada em muitas sentenças e muitos textos narrativos (cf. Jr 21; 27 s.; 32). Ela levou à ideia de que Jeremias teria sido preso por traição à pátria (Jr 37,11-16; 38,1-6), assim como aos temas de sua atividade secreta de conselheiro para Sedecias, de sua salvação do calabouço, do suposto tratamento privilegiado por Nabucodonosor depois da queda de Jerusalém (Jr 38,14-28; 39,11-14) e do sequestro do profeta pelos próprios militares em torno de Joanã, filho de Carea (Jr 43,1-7). — Os editores do texto de Jeremias não impediram que, deste modo, duas imagens fundamentalmente distintas da Babilônia fossem assumidas no livro; não foram vítimas da ilusão autoral que move muitos exegetas modernos. Estas avaliações contrárias se harmonizam muito bem nas liturgias comunitárias. A

Babilônia sob Nabucodonosor foi um poder punitivo introduzido por Yhwh e era legítimo enquanto tal. Mas, uma vez cumprido seu serviço, Yhwh devia intervir contra ela por causa das atrocidades cometidas. Por isso, os oráculos contra os povos estrangeiros dão amplo espaço para as ideias de vingança.

A missão do Jeremias sequestrado alcança o Egito (Jr 43,8–44,30). Ele faz grandes pregações aos judeus lá refugiados ou contratados no estilo e no sentido da teologia deuteronomista. De resto, o reino dos faraós aparece como adversário infeliz de Nabucodonosor, enviado de Yhwh. Também, por causa desta avaliação das forças correspondente à realidade histórica, seria muito imprudente, se não suicida para o rei judeu, esperar dos egípcios a sua sobrevivência política (cf. Jr 2,18.36; 37,7).

Em resumo, pode ser dito sobre o horizonte mundial do livro de Jeremias o seguinte: as partes emocionalmente críticas da Babilônia são provavelmente posteriores à libertação pelos persas. Ódio, impulso de vingança, alívio foram reunidos retrospectivamente às ditas sentenças sobre as nações. As passagens favoráveis à Babilônia estão ligadas estritamente à história do sofrimento do profeta. Como Jeremias com seu comportamento levanta a suspeita de ser um partidário "comprado" de Nabucodonosor, ele sofre perseguição e maus-tratos de seus compatriotas. Muitos consideram os detalhes biográficos uma lembrança histórica confiável. Mas é mais plausível — diante das circunstâncias gerais de gênese dos escritos proféticos no período tardio — a suposição de que o cenário de sofrimento seria uma ficção, produzida segundo o modelo litúrgico do justo sofredor, do seguidor padecente de Yhwh (cf. Sl 69,8-13; Is 52,13–53,12). A discussão sobre a autenticidade das chamadas "confissões" de Jeremias, as quais sabidamente apresentam uma forte afinidade com os salmos de lamentação individual, é um indício da legitimidade da questão. Se a "paixão" (G. von Rad) de Jeremias de fato é uma ficção teológica retrospectiva, então sua redação pertence ao tempo mais calmo do pós-exílio, quando a comunidade se ocupava em pintar seu próprio passado de forma impressionante. — As ligações com o Egito, porém, são difíceis de fixar historicamente. Em todo caso, Jeremias 44 pressupõe uma significativa colônia de imigrantes judaicos no Nilo. Provavelmente ela surgiu como consequência do avanço babilônio para o oeste, portanto no século VI a.C. A colônia militar judaica de Elefantina não é idêntica aos assentamentos pressupostos por Jeremias, mas é uma prova de que tais fenômenos ocorreram (cf. 2.4.2).

Assim como o mundo exterior do livro de Jeremias, também o mundo interior indica amplamente o período exílico e, sobretudo, o pós-exílio. Segundo a tradição, Jeremias teria sido o primeiro e único profeta a se ocupar continuamente com a redação de escritos. A ele é associado um escriba profissional, de nome Baruc (Jr 25,13; 30,2; 36; 51,60). Isto significa: os autores estão conscientes de que os profetas, assim como as pessoas normais, não sabem ler nem escrever, mas eles conhecem a importância da palavra de Deus escrita a partir da práxis comunitária pós-exílica. Consequentemente, eles fazem de Jeremias um autor. Para esta tradição tardia, ele está enquanto autor dentro de uma longa série de mensageiros de Deus, a qual segundo a concepção contemporânea começa com Moisés e sua transmissão da Torá (cf. Jr 7,25; 25,4; 26,5; 35,15; Dt 18,15). A cadeia de enviados de Yhwh garante a verdade e a justiça da vontade de Deus, a qual é anunciada no período pré-exílico, mas sempre é desprezada. Os discursos deuteronomistas de Jeremias correspondem a isto. Eles pregam de modo monótono a reivindicação de Yhwh a uma adoração única, o afastamento punível, a proposta sempre renovada de Deus para se converter, fazer penitência e se assegurar da dedicação gratuita de Yhwh.

> Assim fala Yhwh: se não prestardes atenção em seguir as diretrizes que vos proponho, se não escutardes as palavras dos meus servos, os profetas, que vos envio incansavelmente — sem que os escuteis —, então tratarei esta Casa como tratei Silo e farei desta cidade, para todas as nações da terra, um exemplo de maldição (Jr 26,4-6).

A doação da Torá está ligada, na história deuteronomista, à conclusão da aliança (cf. Dt 29–31; Js 24). E a comunidade dos fiéis de Yhwh é um resultado da mudança exílica, a qual se concretiza numa "restauração" (nova organização!): "Maldito o homem que não escuta os termos da aliança..." (Jr 11,3). A comunidade vive sob a ameaça de que a aliança possa ser cancelada. A ideia da aliança se desenvolve no tempo do Segundo Templo; ela também aceita traços espirituais: "Eu depositarei minha instrução no seu íntimo, inscrevendo-a em seu coração..." (Jr 31,33), de modo que o conhecimento de Deus e da verdade seja imediato na nova aliança (Jr 31,34) e o meio escrito seja superado. A firme autocompreensão da comunidade de Yhwh se exprime claramente nestas passagens. A conclusão da aliança e a Torá são realidades estabelecidas; a comunidade é lembrada delas em estilo de pregação. Ainda mais: assim como no Segundo Isaías, a eleição e a constituição de Israel estão ligadas à ação criadora de Yhwh, isto é, a existência de Israel num império de muitos povos é uma pedra angular na ordem do mundo (cf. Jr 31,35 s.). A reivindicação de Yhwh se estende a partir de Jerusalém para toda a terra (cf. Jr 25,15-29). Nenhum dos povos é excluído, todos são mencionados. Por isso é dada a ordem direta ao profeta do mundo de oferecer a todos o cálice da cólera.

"Eu envio a desgraça, começando pela cidade sobre a qual foi proclamado meu nome; e vós, sereis poupados?" (Jr 25,29). YHWH domina a terra.

Às vezes pode ser sentido algo da constituição da comunidade de YHWH. Já foi mencionado o estilo de pregação deuteronomista: as exortações e instruções dirigem-se à assembleia comunitária, à qual expressamente se fala na proximidade do Templo ou em seu átrio (Jr 7,2; 26,2; 36,5 s.). Isto mostra a nova função do santuário como centro da comunidade do povo; já estão distantes os tempos do Templo estatal real. Os profetas são pregadores da Torá. A Torá transmitida por escrito é pressuposta, sendo inculcada pelos mensageiros de Deus. Daí o discurso formal de guardar a Torá, de retorno a YHWH e a sua Torá (sua aliança): "... durante vinte e três anos veio a mim a palavra de YHWH e eu vos falei incansavelmente, sem que me escutásseis" (Jr 25,3). O profeta é visto como enviado por toda a vida, na série dos anunciadores de YHWH desde Moisés. Ele deve continuar a falar a palavra de YHWH. Sua "pregação" completa a Torá, porque ela é totalmente referida à vontade escrita de Deus. Isto é uma característica segura da teologia comunitária estabelecida no pós-exílio. — Temas particulares do período, como circuncisão, sábado, santidade do Templo, serviço dos levitas, delimitação perante estrangeiros, aparecem esporadicamente no livro de Jeremias, evidentemente num quadro favorável à Torá. A exigência de decisão pessoal por YHWH e de dever de fidelidade individual ao Deus de Israel é uma característica da comunidade do Segundo Templo tanto quanto a expectativa — de intensidade variável — de um messias, do reino de Deus, da nova aliança etc. Exílio para a Babilônia e retorno do cativeiro aparecem eventualmente mencionados como acontecimentos já ocorridos. E — *last but not least* — algumas características estilísticas do discurso comunitário como o "nós" comunitário atravessam algumas partes do texto.

Alguns temas tratados podem ser brevemente ilustrados no detalhe: o sábado é apreciado em analogia a Neemias 13,15-22: "Guardai-vos de transportar fardos no dia do sábado e de transitar com eles pelas portas de Jerusalém. Tampouco tirareis de vossas casas qualquer carga no dia de sábado, nem executareis qualquer trabalho..." (Jr 17,21 s.). Igualmente a circuncisão já serve de sinal diferenciador das religiões, mas também como sinal de identidade que une; além disso, o sinal exterior já é também uma metáfora espiritual. YHWH pretende punir os povos circuncisos pois "eles têm um coração incircunciso" (Jr 9,25). Às vezes são visados o Templo e o pessoal do Templo, certamente também Jerusalém, Sião, sacrifício e festas. Permanecendo nos temas primeiro mencionados: o Templo é o local de assembleia da comunidade, mas é um abuso considerá-lo garantia da presença de YHWH (Jr 7,4-11). Aquele que pisa aos pés a Torá não pode invocar a presença de YHWH no Templo (v. 4: "palavras ilusórias", "palácio de YHWH, palácio de YHWH, palácio de YHWH"). Portanto, a comunidade se embala numa falsa segurança. Aparece de modo muito claro pela linguagem, pelo estilo e pelo conteúdo teológico do trecho, que não se trata do Templo destruído em 587 a.C. Jeremias 33,18-22 dirige-se à classe dos sacerdotes levitas. Destaca-se algo típico do período pós-exílico, a ligação estreita entre a promessa a Davi e a promessa de graça aos sacerdotes de Jerusalém. A visão cronista de Davi, o organizador do Templo, pode ser captada concretamente. A esperança de uma continuidade da linhagem de Davi era muito viva justamente no início do período persa (cf. Ag 2,23). "... multiplicarei os descendentes de meu servo Davi e os levitas, que são meus ministros" (Jr 33,22). O título de Davi como "servo" de YHWH tem conotações litúrgicas na obra deuteronomista e cronista (cf. 1Rs 8,24.26; 1Cr 17,4.7.17 s.23-27). E a expressão para o serviço dos levitas é, também nas camadas sacerdotais, šrt, "prestar serviço sacerdotal".

A delimitação diante dos povos estrangeiros não é realizada, no livro de Jeremias, segundo o modelo de Esdras–Neemias ou de alguns textos sacerdotais e deuteronomistas. Ela trata exclusivamente da proibição de cultos estrangeiros, isto é, da adoração a Baal. Os autores evidentemente seguem aqui a tradição de Oseias, a qual também aparece no Terceiro Isaías. A relação de YHWH com Israel é apresentada sob a metáfora do vínculo matrimonial, repetidamente rompido pelo povo.

> A palavra de YHWH veio a mim: Vai bradar aos ouvidos de Jerusalém: "Assim fala YHWH: Eu te lembro teu devotamento do tempo de tua juventude, o teu amor de recém-casada; tu me seguias no deserto por uma terra não cultivada. Israel era santo, reservado a YHWH, primícias a ele destinadas: quem delas comia devia expiar, a desgraça ia-lhe ao encontro — oráculo de Senhor" (Jr 2,1-3; cf. acima 2.2.2.1 sobre Os 1–3).

Segue-se um longo discurso argumentativo, com pluralidade de sentenças, todas assinalando a censura: Israel abandonou repetidamente YHWH desde aquele tempo idealizado da juventude. A metáfora do casamento não é mantida consequentemente. Quando Israel entrou na terra prometida, ressoa: "... manchaste a minha terra, transformando minha herança em abominação" (Jr 2,7 b). "Os detentores da Torá não me conheceram, os pastores se revoltam contra mim..." (v. 8). A esposa Israel rejeita a culpa, a qual, porém, é comprovada:

> Como te atreves a dizer: "Não me manchei, não corri atrás dos baalim"? Vê tua conduta no vale; reconhece o que fizeste. Camela leviana que cruza suas próprias

pegadas! Asna selvagem acostumada à estepe! Ardente de paixão resfolega; seu cio, quem pode contê-lo? (Jr 2,23-24).

A infiel "ia a toda montanha elevada para se prostituir debaixo de qualquer árvore verde" (Jr 3,6). "Por causa da sua leviandade e imundície, a terra ficou profanada; ela comete adultério com a pedra e a madeira" (v. 9). Jeremias 2 e 3 apresentam um contexto de composição litúrgica que encara, no sentido da teologia e da concepção histórica pós-exílica, os problemas então atuais, mediante acusação, arguição, exortação à conversão com promessa de salvação (Jr 3,14-18: Sião, Jerusalém "trono de YHWH!") e nova oração penitencial com exortação (Jr 3,22b–4,4). É central o anúncio da fé em YHWH e do culto exclusivo a ele, isto é, a recusa confessional de qualquer outra religião.

Assim, toca-se a dimensão decisiva da fé em Deus no período do Segundo Templo. O livro de Jeremias é testemunha da estrutura de fé que então se impunha como talvez nenhum outro documento do Antigo Testamento. Não se trata mais da fé familiar dos tempos antigos, que girava em torno do grupo pequeno[186].

Nem os assentamentos agrícolas, nem as antigas tradições tribais e estatais fornecem o pano de fundo para a nova relação com Deus, individual e paroquial. Na comunidade religiosa surgida desde a ruína do Estado de Judá está em primeiro plano a decisão de fé pessoal dentro de um horizonte comunitário e popular religioso. Não é estranho que, sob estes presságios, sentenças e conselhos sapienciais tenham entrado na literatura religiosa e litúrgica, pois as doutrinas sapienciais do antigo Oriente sempre foram moldadas para a ação do indivíduo responsável (mesmo que inserido no grupo). Nisto, é indiferente que se trate da variante popular do pensamento sapiencial ou da variante da corte. Linguagem e argumentação plásticas, visando ao controle da vida cotidiana, assim como um estilo que apela à razão e à inteligência são características da tradição sapiencial. "Maldito o homem que confia nos humanos…", "Bendito o homem que confia em YHWH" (Jr 17,5.7; cf. Sl 1). Bênçaos e maldições salientam os princípios da relação com Deus. A reflexão teológica é evidentemente crítica também perante a tradição sapiencial; mas isto não deve ocultar o uso essencial do modelo de pensamento sapiencial (cf. Jr 9,22 s.: contra qualquer autoglorificação!). Podem ser apresentados outros testemunhos do princípio da responsabilidade individual no livro de Jeremias. Assim, o *slogan* (sapiencial!) que responsabiliza as gerações, dizendo que

---

186. Cf. E. S. GERSTENBERGER, *Jahwe — ein patriarchaler Gott?*, Stuttgart, 1988; ID., *Theologien im Alten Testament*, Stuttgart, 2001, 26-77.

"os pais comeram uvas verdes e os dentes dos filhos ficaram embotados", já desautorizado em Ezequiel 18, é citado em Jeremias e por ele rejeitado com veemência (Jr 31,29). Em vez disso vale: "Cada um morrerá por seu próprio pecado" (v. 30). Nisto se reconhece a era individualizante, pós-exílica, da comunidade judaica.

O auge da responsabilidade pessoal e, portanto, também das dúvidas pessoais e do sentimento de abandono é alcançado na figura do profeta zangado, que se rebela e desafia Deus. Decerto, a figura literária é retratada no mediador extraordinário, quase sobre-humano, entre YHWH e sua comunidade, mas ela é em certa medida também um modelo para cada crente judeu. Portanto, nas orações íntimas de Jeremias (mais tarde na história eclesiástica chamadas de "confissões", ao modelo das confissões de Agostinho) encontramos uma janela aberta sobre a cultura da oração e a fé individual daquele tempo. Isto pode ser mostrado mediante a história literária e a critica dos gêneros literários: segundo tudo o que se sabe sobre o uso e os costumes privados da escrita no período pré-helenístico, são praticamente inconcebíveis anotações puramente pessoais do profeta naquele tempo. Portanto, as "confissões" (Jr 10,23-25; 11,18-23; 12,1-4; 15,10-18; 17,14-18; 18,19-23; 20,7-18; 32,16-25) são poemas litúrgicos colocados na boca do profeta, imitações dos salmos de lamentação[187]. Elas têm situação vivencial e intenção análogas às das "canções do servo de Deus" no Segundo Isaías. Os textos de Jeremias (acompanhados, de resto, pelas Lamentações de Sião e de YHWH) possuem grande força espiritual e exerceram longa influência, até hoje. Mas eles não devem ser lidos biograficamente; refletem sim as atitudes individuais dos judeus seguidores de YHWH (cf. Jr 12,1-4 com Sl 139!). A situação específica de um mensageiro de Deus aparece raramente nas orações de lamentação; mais claramente em Jeremias 17,14-18: "... Dizem: Onde está a palavra de YHWH?". Semelhantemente, Jeremias 15,10-18 ("tua palavra tornou-se meu gozo...", v. 16); 18,18 ("não faltará a palavra" ao profeta); 20,7-9 ("por causa da palavra de YHWH, o dia todo sou alvo de ultrajes e sarcasmos", v. 8). Nestas passagens fala-se sugestivamente do anúncio da palavra, na medida em que os autores da tradição imaginam o modo de ação de Jeremias. As referências à função do profeta atestam uma teoria sobre a profecia já fixada. O mensageiro de Deus apresentado é empregado por toda a vida como anunciador da vontade de YHWH (= pregador da Torá), e não chamado *ad hoc* de modo espontâneo e imprevisível. Assim se mostram

---

187. Cf. ID., Jeremiah's Complaints, JBL 82 (1963) 393-408; K. M. O'CONNOR, *The Confessions of Jeremiah*, Atlanta, 1988 (SBL.DS 94); J. KISS, *Klage*; M. S. SMITH, *Laments*.

todas as menções da palavra de Yhwh e da sua entrega à comunidade como modificações das orações de lamentação normais (cf. também Sl 69,8-10). As declarações sobre agressões recebidas por causa de Deus, dúvidas pessoais sobre o auxílio da divindade e a eventual certeza da proteção, transmitida através de oráculos especiais de Yhwh (cf. Jr 11,22 s.; 12,5 s.; 15,19-21), são tiradas totalmente do ritual de lamentação e de súplica dos sofredores. A desesperada maldição de si mesmo no final da longa cadeia de "confissões" é um documento sobre o desafio de Yhwh, o qual acontece no contexto da teologia radical sapiencial, não da profética (Jó 3,1-16)!

> Maldito o dia em que nasci! O dia em que minha mãe me deu à luz não deve ser bendito! Maldito o homem que anunciou a meu pai: "Nasceu-te um filho, um menino!" — enchendo-o de alegria. Que esse homem se torne como as cidades que, inexoravelmente, Yhwh destruiu! Que ouça, pela manhã, gritos de socorro e, ao meio-dia, gritos de guerra! E Ele, por que não me fez morrer desde o útero? Minha mãe teria sido meu sepulcro, sem nunca levar a cabo sua gravidez. Por que então saí do útero para conhecer dor e aflição, para ser corroído todo dia pela vergonha? (Jr 20,14-18).

As orações muito pessoais do Jeremias concebido teológica e literariamente são, portanto, formadas a partir da tradição da liturgia e dos salmos. Segundo o modo tardio de ver a profecia como envolvendo a testemunha da fé, estas orações querem exemplificar a mensagem de Yhwh no destino de seu transmissor. As partes do discurso que mostram o mensageiro "pregando" na primeira pessoa do singular apoiam tal teologia personificada. Mas fazem isto, sobretudo, aquelas passagens que descrevem o sofrimento de Jeremias (cf. sobretudo Jr 13,1-11; 19,14–20,6; 26,1-19; 37,11-16; 38,1-28; 43,1-7). Também esta "história da paixão" do profeta é provavelmente uma construção teológico-didática tardia (G. von Rad), servindo à comunidade do Segundo Templo.

No todo, o livro de Jeremias consiste, portanto, de diversos blocos e camadas da tradição que foram juntados por escrito no tempo do exílio e do pós-exílio. Palavras autênticas de um possível Jeremias histórico são, no máximo, transmitidas esporadicamente, por exemplo nas declarações de calamidades em Jeremias 4,5–6,26 ou nas críticas aos reis em Jeremias 22. O grosso do livro apresenta forma retrospectiva, tendo às vezes, talvez, como base um anúncio de Jeremias que continuou a ecoar. Para mim é decisivo que nos textos canonizados mais tarde se percebem os interesses litúrgicos e pedagógicos da comunidade pós-exílica. Do ponto de vista estilístico, também é sintomática a forma comunitária "nós" (cf. Jr 3,22b-25; 6,24; 8,14 s.; 9,18-20; 14,7-9.19-22 etc.), que aparece especialmente no livro dos Doze Profetas e nos Salmos.

É da comunidade, e não somente dos pregadores, redatores, compositores e escritores, que vem o interesse principal na hora da escrita e configuração da tradição. Na comunidade dos crentes em YHWH surgem as concepções de Deus, do ser humano e do mundo que encontramos delineadas no cânon dos profetas. YHWH é o grande e único Deus universal; a polêmica contra os ídolos que nada falam corresponde parcialmente àquilo que conhecemos do Deuteronômio e do Segundo Isaías (cf. Jr 10,1-16; 18,13-16; 19,1-5). YHWH, o Deus do mundo e dos povos, através da aliança e da Torá, reservou para sua comunidade um papel especial no teatro do mundo. Seu plano vale desde o início e se estende até o fim dos tempos. Nas sentenças sobre as nações estrangeiras e nas visões escatológico-apocalípticas (cf. Jr 4,23-28) é dominante o horizonte do futuro. Israel, a comunidade eleita, deve se submeter ao plano de Deus para o mundo; por isso, os discursos e narrativas são direcionados à conversão e à manutenção da ordem de YHWH e criticam os desvios políticos e religiosos. A cadeia dos pregadores da Torá que YHWH chama unifica a história e a tradição (cf. Jr 7,25; 25,4; 26,5; 35,15). A comunidade é firmemente constituída sob a direção de YHWH; a comunidade do Templo e as assembleias da diáspora funcionam, mas precisam do acompanhamento crítico constante de dirigentes e pregadores atentos, para que sejam evitados o abuso das instituições e a apostasia para outras divindades. A incorporação de um potencial crítico parece estranha, mas de fato é uma característica da formação da comunidade judaica primitiva. Provavelmente é resultado da recepção de diferentes tradições na estrutura eclesiástica paroquial única: a interpretação da Torá dos sacerdotes e a dos leigos, personificada por escribas e doutores. A profecia pertence a esta última camada. E a tensão entre ambas atravessa, com intensidades diferentes, os livros canônicos; devemos supor aqui diferenças locais e paroquiais. Entretanto, na maioria das vezes não sabemos onde surgiram os diferentes blocos da tradição. Quando perguntamos sobre o ambiente de origem do livro de Jeremias chegamos, apesar das excursões do profeta, à comunidade de Jerusalém.

3.2.2.4. Ezequiel

J. GARSCHA, *Studien zum Ezequielbuch*, Bern, 1974 (EHS 23). – S. T. KAMIONKOWSKI, *Gender Reversal and Cosmic Chaos*, Sheffield, 2003 (JSOT.S 368). – R. W. KLEIN, *The Prophet and His Message*, Columbia, 1988. – R. L. KOHN, *A New Heart and a New Soul*. Ezekiel, The Exile and the Torah, London, 2002 (JSOT.S 358). – M. D. KONKEL, *Architektonik des Heiligen*. Studien zur zweiten Tempelvision des Ezechiel, Berlin/Wien, 2001 (BBB 129). – T. KRÜGER, *Geschichtskonzepte im Ezechielbuch*, Berlin, 1989 (BZAW 180). – B. LANG, *Ezechiel*. Der Prophet und das Buch, Darmstadt, 1981

(EdF 153). – ID., *Kein Aufstand in Jerusalem*, Stuttgart, ²1981 (BBB 7). – C. LEVIN, *Die Verheissung des neuen Bundes in ihrem theologiegeschichtlichen Zusammenhang ausgelegt*, Göttingen, 1985 (FRLANT 137). – J. LUST (Ed.), *Ezekiel and his Book*, Löwen, 1986 (BEThL 74). – A. MEIN, *Ezekiel and the Ethics of Exile*, Oxford, 2001. – K. F. POHLMANN, *Ezechielstudien*, Berlin, 1992 (BZAW 202). – T. RENZ, *The Rhetorical Function of the Book of Ezekiel*, Leiden, 1999 (VT.S 76). – K. SCHÖPLIN, *Theologie als Biographie im Ezechielbuch*, Tübingen, 2002 (FAT 36).

O livro do profeta Ezequiel é uma coleção independente de visões, relatos, imagens e hinos, isto é, tem pouco em comum quanto ao estilo, ao gênero literário e à teologia com os livros de Isaías e Jeremias. Quanto à geografia, situa os fatos entre judeus exilados na Babilônia (Ez 1,1; 33,21). Quanto à cronologia, os editores do livro afirmam, numa série de catorze datações exatas e coordenadas entre si, que os textos reproduzem acontecimentos entre o "30º ano" (de quê?), que corresponde ao "5º ano" da deportação do rei Joiaquin (Ez 1,1)[188], e o "25º ano do nosso cativeiro" (Ez 40,1), portanto entre os anos 593 e 568 a.C. As datações são extraordinariamente exatas, mencionando, além do ano, o mês e o dia, e criando uma estrutura firme para o livro inteiro. O profeta teria vivenciado por vinte anos os acontecimentos históricos decisivos na diáspora, pontuando-os de modo visionário por meio da palavra de Deus que lhe vinha com a alocução típica "Tu, filho de homem".

Mas tal sequência cerrada e tão bem organizada dos textos de Ezequiel faz pensar. É *a priori* improvável que discursos proféticos tenham sido anotadas, com datação, por discípulos fiéis (como a anotação dos discursos festivos de Lutero?) imediatamente depois de pronunciados. Tampouco tem base firme a hipótese, já conhecida quanto a Jeremias, de que o próprio profeta fez anotações de suas apresentações, as quais seriam mais tarde juntadas e editadas. De fato, nas cidades da Mesopotâmia foram descobertos arquivos privados com documentos econômicos e jurídicos, mas nenhum tipo de memórias de homens ou mulheres de Deus ou outras anotações pessoais. A estrutura cronológica exata demais faz suspeitar que a redação final só começou depois da conclusão de todo o processo dos acontecimentos, ou construiu esse processo depois de concluída a parte histórica do livro, Ezequiel 40 ss. E esta conclusão do livro de Ezequiel, a grande visão do novo Templo, possui todas as características de uma composição com raízes no período persa. Nisto muitos especialistas estão de acordo. Aquele que descreve de modo tão intensivo a arquitetura do Templo, seu equipamento e seus sacerdotes e, além disso, retrata de modo

---

188. Sobre os problemas de datação cf. W. ZIMMERLI, BKAT XXIII/1, 40-45; K. F. POHLMANN, *Ezechielstudien*.

tão dramático a entrada da glória divina (Ez 43,4 s.; cf. 1,4-28; 10,1-22) tem perante os olhos construções e procedimentos concretos. Não fala a partir de um passado sem Templo sobre um futuro com Templo. Assim, devemos supor que, para os redatores e editores de Ezequiel 40–48, estava realmente presente o santuário de Jerusalém em pleno funcionamento. Portanto, pelo menos este potente retrato final do livro é totalmente da época persa. Mas também deste capítulo final sopra fortemente o espírito pós-exílico sobre os 39 capítulos anteriores. Assim, não é de estranhar que alguns pesquisadores considerem o livro de Ezequiel no conjunto uma obra dos séculos V a III a.C. e não do século VI[189]. Em todo caso, é preciso ser cauteloso na datação do livro, e a possibilidade de uma data tardia deve ser cuidadosamente avaliada.

Templo, comunidade do Templo, glória de YHWH no Templo, como já sugerido, são temas dominantes do livro de Ezequiel. A comunidade recebe suas possibilidades de vida do santuário, da presença de YHWH. A bênção idealmente sai de lá: "Eu os estabelecerei, multiplicá-los-ei. Estabelecerei meu santuário no meio deles para sempre" (Ez 37,26b). Infelizmente, os seguidores de YHWH não mantiveram a aliança. Eles desertaram para outras divindades, traíram YHWH, seu próprio Deus, também na liturgia do Templo. Eles são citados: "YHWH não olha para nós, YHWH abandonou a terra" (Ez 8,12), isto é, eles agem por frustração. Arrebatado pelo Espírito, o profeta vivencia numa visão chocante a profanação do Templo:

> Entrei e vi: havia todos os tipos de imagens de répteis e de animais — um horror —, e todos os ídolos da casa de Israel gravados na parede em todo o contorno. Setenta anciãos da casa de Israel, com Jaazanias, filho de Safã, no meio deles... Ele me levou à entrada da porta septentrional da Casa de YHWH; lá estavam sentadas as mulheres que choravam Tamuz. Ele me disse: "Viste, filho de homem? Ainda verás outras abominações maiores do que estas". Ele me levou ao átrio interior da Casa de YHWH; eis que na entrada do Templo, entre o vestíbulo e o altar, havia cerca de vinte e cinco homens, de costas para o Templo de YHWH e o rosto virado para o oriente: virados para ao oriente, adoravam o sol (Ez 8,10-11a.14-16).

O culto falso, no Templo que fora dedicado a YHWH, se direciona para Tamuz, entre outros, figura mesopotâmica de herói salvador bastante popular, assim como ao Deus solar Utu/Shamash. Também havia a adoração de ídolos com desenhos de pequenos animais, indício funesto de degeneração. Na

---

189. Cf. por exemplo: J. BECKER, in J. LUST, *Ezekiel*, 136-150; J. GARSCHA, *Studien*, espec. 287; K. F. POHLMANN, *Ezechielstudien*. Cf. também R. ALBERTZ, BE 7: Forschungsüberblick, 261-263: ele mesmo coloca o livro no tempo entre 545 e 515 a.C. (ibid., 264).

polêmica religiosa sempre se condenam, no outro lado, aberrações e monstruosidades horríveis para quem julga e que frequentemente têm a ver com as próprias sensações de nojo, mas não com a realidade do outro. A idolatria ocorre individualmente em compartimentos do próprio Templo — sinal claro de um uso pós-exílico, pois no período dos reis somente interesses estatais podiam atuar no santuário do Estado. A desculpa para o falso culto estaria na ausência de YHWH (cf. também Ex 32,1). Mas esta via conduz a algo pior em vez de levar a uma mudança. "Injustiça e violência" seguem imediatamente a idolatria (v. 17); e isto, precisamente, por causa da adoração da incorruptível divindade julgadora, o Sol. A ira divina e a punição não tardarão. Um anjo-escriba marca a testa dos inocentes, enquanto todos os culpados são mortos sem misericórdia (Ez 9,3-11), sendo rejeitada a intervenção do próprio profeta:

> Ele me disse: "O pecado da casa de Israel é grande, imenso; a terra está repleta de sangue, e a cidade, repleta de perversão; pois eles disseram: 'YHWH abandonou a terra; YHWH não olha'. Por isso, meu olho não terá compaixão, não os pouparei, seu proceder lhes cobrarei". E eis que o homem vestido de linho, que levava uma bolsa de escriba na cintura, prestou contas dizendo: "Fiz como me ordenaste" (Ez 9,9-11).

Esta pregação de castigo se dirige a quais ouvintes? Uma localização pré-exílica é praticamente excluída, apesar da datação Ezequiel 8,1 (592 a.C.). Na opinião dos redatores, a deportação já começou com o primeiro contingente, Joiaquin e a elite de Jerusalém (cf. 2Rs 24,14-16). Dificilmente se pode entender Ezequiel 8 como aviso aos que ficaram entre a primeira e a segunda deportação. Mas provavelmente também não se direciona à comunidade restante de Israel antes da libertação pelos persas. O Templo é concebido em pleno funcionamento; a comunidade na pátria se volta para divindades da Mesopotâmia e se macula com animais impuros. Aparentemente só resta a terceira possibilidade: do ponto de vista da diáspora babilônia, o culto em Jerusalém, no Segundo Templo já em funcionamento, aparece como impuro e idolátrico. A desculpa dos crentes locais: "O Senhor abandonou a terra; YHWH não olha", e a consequente mudança para outro culto (Ez 9,9; cf. Jr 44,16-18) correspondem a uma mentalidade discutida também pelo deuteronomista: divindades ineficazes são substituídas. A pregação de castigo pronunciada pelo profeta visa a dividir a comunidade em piedosos obedientes e impiedosos condenados — assim como já observado em Isaías 56–66. Em Ezequiel, o "anjo-escriba" pinta um sinal na testa dos eleitos, os fiéis de YHWH, que rejeitam o culto traidor (Ez 9,4.11). Mas, seguramente, as divisões em grupos confessionais são mais características da comunidade do Segundo Templo do que do início do século VI a.C. Neste contexto, os textos sobre o fim dos tempos no livro de Ezequiel aparecem somente como um desenvolvimento lógico do cenário de ameaça para uma comunidade de fé que busca o único conceito correto de Deus e a responsabilidade no mundo válida exclusivamente. Não que, sob o domínio babilônico, não fosse levantada a decisão fundamental por Yhwh, mas a discussão existencial entre "tradicionalistas" e "reformistas", teólogos da diáspora e líderes da comunidade de Jerusalém, só pôde desenvolver-se plenamente no período persa. Parte deste debate é a florescente visão escatológica, a qual se desdobra em veementes dimensões apocalípticas — provavelmente sob a influência das concepções do fim dos tempos de Zaratustra. O fim iminente por causa da corrupção generalizada do mundo se torna cenário das comoventes exortações para a comunidade de Yhwh. "Agora mesmo vou desencadear furor contra ti; irei até o fim de minha cólera contra ti, vou julgar-te segundo a tua conduta e fazer pesar sobre ti todas as tuas abominações" (Ez 7,8). O olhar ainda se dirige, em primeiro lugar, a Judá, mas já se anuncia a tradição do dia de Yhwh no sentido mais abrangente. É anunciado o fim do tempo da graça (cf. Ez 7,14-19). Os quadros de terror vêm, segundo o vocabulário e as concepções, da situação de sítio de uma cidade, mas esta é ampliada em direção ao "Dia de Yhwh" abrangente, seus traços são generalizados e tornados atemporais. O arco se estende até as manifestas imagens apocalípticas do campo dos ossos e do ataque das nações (Ez 37 s.). Potências meio míticas conquistarão a terra numa campanha até encontrarem Israel (cf. Ez 38,1-9). É polêmica a identificação dos exércitos do fim dos tempos e, portanto, também a localização temporal da perícope. É relativamente indiferente que sejam os exércitos lídios, babilônios, persas ou mesmo Alexandre Magno e seus sucessores que estão por trás do nome misterioso de "Gog" do reino de "Magog". Importantes são as verdadeiras manifestações cataclásticas do ataque de Gog (Ez 38,18–39,8). Como ponto fixo para o acontecimento é visado o fim dos tempos (38,8.16), quando Israel "morar em segurança" (38,14). Então, os domínios mundiais brutais vão sucumbir em Israel: "Tombarás sobre os montes de Israel, tu com todos os teus esquadrões e os povos que estão contigo. Vou dar-te como pasto aos abutres, a tudo que voa e aos animais selvagens" (39,4). Mas Israel vive seu renascimento. Diante de um vale cheio de ossos secos, o profeta recebe a animadora missão de anunciar:

> Ele me disse: "Pronuncia um oráculo sobre estas ossadas, dize-lhes: Ossadas ressequidas, escutai a palavra de Yhwh. Assim fala Yhwh Deus a estas ossadas: farei vir sobre vós um sopro, e vivereis. Porei nervos sobre vós, farei crescer

carne sobre vós, estenderei pele sobre vós, porei em vós um sopro e vivereis; então conhecereis que eu sou YHWH" (Ez 37,4-6).

Segue-se a interpretação da visão (v. 11-14), argumentando contra a falta de coragem dos "ossos ressequidos" e repetindo, com outra metáfora, a promessa de reinício: "Eu vou abrir vossos túmulos; vos farei sair de vossos sepulcros, ó meu povo, reconduzir-vos-ei ao solo de Israel" (Ez 37,12). Lembrando a história da criação (Gn 2,7; Sl 104,30), salienta fortemente o dom do sopro vital. Os anúncios de calamidade desembocam, portanto, num novo futuro maravilhoso sob a soberania de YHWH, e em parte também com uma dinastia davídica rediviva (cf. Ez 34,23 s.; 37,24). Este futuro já começou com a constituição da aliança e com os planos de uma nova cidade-templo, Jerusalém. O fortalecimento e a manutenção da comunidade de YHWH são, portanto, a meta última do anúncio profético.

Tem esta finalidade também toda a constituição da comunidade com base na Torá. Singulares e comparáveis, em certo sentido, com as passagens de Jeremias sobre a nova aliança, aparecem as relativizações da compreensão da Torá. Por um lado, a vontade de Deus está registrada na Escritura, e o profeta, em sua vocação, se alimenta de um rolo sagrado: "Eu o comi: na minha boca ele tinha a doçura do mel" (Ez 3,3). Por outro lado, os teólogos posteriores reconhecem que YHWH não alcançou suas metas com a revelação de sua vontade aos patriarcas de Israel. A Torá se perde, fica sem resultados, contraprodutiva até: "Dei-lhes meus mandamentos... dei-lhes meu sábado... mas a casa de Israel se rebelou contra mim..." (Ez 20,10-13). YHWH prolonga a estada no deserto, mas concede graça e se abstém de punição drástica (v. 14-17), impondo, porém, o exílio como última pena (v. 18-26). A argumentação apresentada, que pressupõe uma comunidade constituída na Torá, constata o fracasso das instruções divinas em três etapas: os pais no Egito não prestaram a obediência devida (Ez 20,4-9, sobretudo v. 8); a geração do êxodo, do mesmo modo, comete transgressão (v. 10-17, sobretudo v. 13), e a geração que pode entrar na terra segue o mau exemplo (v. 18-24, sobretudo v. 21). A constatação da culpa se dá em sentenças de teor semelhante: "eles se rebelaram/não foram obedientes" (v. 8, 13, 21). Mas então aparece, saindo do esquema, uma declaração sobre as prescrições divinas que não eram boas e que não fazem viver (v. 25 s.). Esta declaração é única na tradição hebraica e causou dor de cabeça a muitos exegetas. Transparece aqui, em alusão a um efetivo sacrifício do primogênito (cf. Ex 22,28), uma discussão sobre a oferta do filho mais velho? Em todo o caso, enxergamos os abismos do pensamento teológico, que soa ao mesmo tempo arcaico e moderno. YHWH coloca em suas regras fundamentais rastros de morte, ele quer matar (cf. Gn 32,25-31; Ex 4,24). Daí surge certa tensão com as leis fixadas por escrito. Ela é recebida nas confissões que proclamam o espírito de YHWH que atua vivamente:

> Eu vos tomarei de entre as nações, vos reunirei de todas as terras e vos levarei ao vosso solo. Farei sobre vós uma aspersão de água pura e ficareis puros; eu vos purificarei de todas as vossas impurezas e de todos os vossos ídolos. Eu vos darei um coração novo e porei em vós um espírito novo; tirarei de vosso corpo o coração de pedra e vos darei um coração de carne. Infundirei em vós o meu espírito, vos farei caminhar segundo as minhas leis e guardar e praticar os meus costumes. Habitareis a terra que dei a vossos pais; sereis meu povo e eu serei vosso Deus. Vou livrar-vos de todas as vossas impurezas, chamarei o trigo e o farei abundante; e não mais vos imporei a fome (Ez 36,24-29).

A lista das promessas de salvação inclui a exclusão da fome graças a ricas colheitas de cereal e de frutas (v. 29 s.), a reconstrução das cidades, a reparação de paisagens devastadas (v. 33-35). Tudo ocorre para que outros povos reconheçam a glória de YHWH (v. 36: "... conhecerão que eu sou YHWH, aquele que reconstrói o que foi demolido, que torna a plantar o que foi devastado"; cf. v. 23). Central é a concepção de que, depois dos esforços vãos dos meios de comunicação tradicionais (anúncio da palavra, leitura da palavra), somente o contato direto e íntimo com Deus pode superar as dificuldades de compreensão e realização da vontade de Deus. A infusão do espírito e a libertação da vontade orgulhosa fará que os fiéis de YHWH se envergonhem (v. 31 s.) e se afastem do próprio passado. Eles tornarão suas próprias as leis de YHWH, com pleno convencimento e de todo o coração (cf. Jr 31). Como deve ser entendido este milagre de mudança de atitude? O contexto é, sem dúvida, como em Ezequiel 20, um debate teológico sobre a adequação da Torá disponível por escrito e anunciada por enviados de Deus. Semelhantemente, como no livro de Jeremias, os autores da tradição de Ezequiel pressupõem uma forma fixa da palavra de Deus, a qual é continuamente acompanhada, ampliada e inculcada pela mensagem profética. Temas típicos da Torá daquele tempo, como a guarda do sábado ou a santidade absoluta, a distância e a ira ardente de YHWH, desempenham no corpo do livro um papel central. Nesta medida, a fixação por escrito é em si um problema teológico secundário para os dirigentes comunitários. Para eles, o problema é a inutilidade do anúncio da palavra como um todo, a qual se revela no duplo fracasso de YHWH em conduzir seu povo. Quando, segundo as concepções dos responsáveis, o Deus de Israel utiliza um meio totalmente diferente, implantando sua vontade diretamente e sem mediação no corpo e na consciência dos fiéis, então está terminada a fase do anúncio mediado da palavra. Como em Jeremias 31,33 s., a mudança de atitude — deixar a obstinação e ir para a espontânea concordância com Yhwh — é o último meio para realizar o plano divino. Em Jeremias e em Ezequiel não se põe em questão que tal procedimento é altamente questionável, inclusive diante de outros testemunhos bíblicos (cf. Gn 3; 6–9; 11), por talvez aniquilar a existência humana em sua ambivalência e se tornar lavagem cerebral. Para nossos fins é importante perceber, sobretudo, o seguinte: uma discussão profunda e radical sobre as possibilidades de condução divina e o valor da revelação mediada de sua vontade só é possível na base da longa experiência com as concepções sobre a Torá acima apontadas, portanto, talvez desde o fim do século V a.C.

Muitas outras observações no livro de Ezequiel podem confirmar que a elaboração da redação final e mesmo a origem de grandes partes da composição se deu no período persa. O horizonte das nações, como descrito nas palavras sobre um juízo contra os Estados vizinhos (Ez 25–32), abarca exclusivamente vizinhos menores e o Egito. A coleção não tem por alvo a Babilônia e a Pérsia. Nabucodonosor é agora um órgão executivo da vontade punitiva de Yhwh (cf. Ez 26,7-14). As ameaças — em parte completadas com sarcásticos cantos de lamento sobre o destino amargo dos punidos — se concentram nas cidades costeiras de Tiro e de Sídon (Ez 26–28) e no reino dos faraós (Ez 29–32). Certamente é difícil conciliar estes dados geográficos com a história política do Oriente Próximo e do Egito. Entretanto, vale a pena tentar determinar mais exatamente o contexto histórico das invectivas de Ezequiel.

Ezequiel 26–28 é uma crítica — única no Antigo Testamento — dirigida contra uma potência comercial. Não se trata de dominação política, militar ou religiosa e exploração de potências subordinadas, mas estritamente da hegemonia econômica, a qual leva a uma arrogância enlouquecida: "... disseste: sou um deus, estou sentado num trono divino no coração dos mares, quando na realidade és homem e não Deus, já que te julgaste igual aos deuses..." (Ez 28,2). Outras palavras do âmbito divino, com alusões aos antiquíssimos mitos da montanha de Deus e seu fogo, evocam essa autoimagem exagerada e sem medida:

> Eras um querubim cintilante, o protetor que eu havia estabelecido; estavas sobre a montanha santa de Deus, ias e vinhas no meio de brasas ardentes. Tua conduta foi perfeita desde o dia de tua criação, até que se descobriu em ti a perversidade: pela amplidão do teu comércio, te encheste de violência e pecaste (Ez 28,14-16).

O texto de lamento e acusação descreve, em detalhes coloridos, as atividades econômicas de Tiro, todas elas visando a enganar e explorar os parceiros comerciais no mundo inteiro, principalmente os vizinhos do mar Mediterrâneo (27,8-10). A lista inteira das relações comerciais (cf. sobretudo 27,11-25) é reveladora. Ela abrange, de oeste a leste, de norte a sul, muitas cidades, regiões e muitos. Estados conhecidos. Társis, Ásia Menor, nomes africanos e do Oriente Próximo podem ser reconhecidos em textos frequentemente difíceis de ser decifrados. Também a "Grécia" (Iavã, v. 13 e 19) aparece, mas isso não aponta para o período helenista, pois o termo pode também significar a Grécia da Ásia Menor, a qual adquiriu significação política mundial justamente no período persa, ou as ilhas gregas, as quais talvez sejam significadas, em parte, pelo nome de Rodes (v. 15 LXX). A própria cidade de Tiro possui uma longa história, atestada por fontes estrangeiras e que penetra profundamente no segundo milênio. Como metrópole comercial ela tem um fama lendária, fundada em diversos períodos de florescimento. No século VI a.C., ela foi vencida pelo babilônio Nabucodonosor, depois de um cerco de doze anos (573 a.C.), de modo que ela não pode ter tido a aura brilhante de sede divina no período questionável do Ezequiel "histórico". A partir do período persa, porém, a cidade readquiriu seu brilho. Os textos de Ezequiel, portanto, ou indicam uma fama passada, o que seria difícil de entender justamente no período de fraqueza, ou pressupõem a metrópole comercial novamente forte desde o início do domínio persa. Esta última explicação de Ezequiel 26–28 me parece mais esclarecedora.

Algumas observações quanto à forma e ao conteúdo teológico também combinam com o contexto persa. A análise do estilo e da forma literária pode indicar que o modelo do discurso profético no livro de Ezequiel segue determinadas formas "clássicas" de comunicação divina, desenvolvendo, porém, características próprias. Destarte, é moeda corrente em Ezequiel, assim como na maioria dos outros escritos proféticos, a fórmula do mensageiro "assim fala YHWH". Ezequiel também partilha com outras composições literárias, sobretudo com o livro de Jeremias, a fórmula do evento da palavra. Entretanto, é extraordinário o modo como Deus se dirige ao mensageiro ("Tu, filho de homem"; no total 93 vezes); ele é único no Antigo Testamento e não pode ser explicado facilmente. Por que não é chamado pelo nome? Por que o genérico "homem"? A estreita ligação entre visão e recepção da palavra aparece muitas vezes desde Amós. Mas a confusão de visões de Deus, apresentadas em detalhe, e missões fundamentadas pormenorizadamente possui uma qualidade diferente daquela das sucintas visões tradicionais. O mesmo vale para as ações simbólicas de Ezequiel. Algo comparável é conhecido de Isaías e Jeremias. Em Ezequiel, as variantes são mais numerosas, construídas com mais extensão e intensidade, mais fortemente entrelaçadas com a voz instrutora de Deus, em suma, estão assentadas num outro nível de metáfora e de alegoria. São notáveis, sobretudo, as ordens de profetizar que Yhwh pronuncia: depois da interpelação "tu, filho de homem", elas frequentemente adquirem uma grande extensão e até substituem completamente a parte narrativa, ou seja, a descrição da execução do discurso e das ações ordenadas.

Por exemplo, na introdução, Ezequiel 1–3, a visão dos quatro querubins rodando e avançando e do trono de Deus disposto sobre eles ocupa o primeiro capítulo. O estilo "eu" do relato do profeta é aqui constante, rompendo com frequência a apresentação objetiva "é". Em Ezequiel 2,1 começa o cerimonial de envio do profeta. Até o fim do bloco, em Ez 3,27 (ao todo 37 versículos), o decorrer da ação se dá predominantemente na forma de discurso de Deus (25 versículos), restando somente algumas sentenças para o relato novamente feito na primeira pessoa do profeta narrante (12 versículos). No decorrer dos acontecimentos o profeta permanece predominantemente passivo, como receptor da palavra. Muito raramente ele é interlocutor de Yhwh, eventualmente influenciando o andamento dos eventos (cf. Ez 4,14; 11,13; 21,5). Em regra fala somente o delegado de Deus. Assim, depois das cenas introdutórias o fluxo da palavra, inclusive o consumo do rolo escrito, é de cima para baixo:

> Ele me disse: "Filho de homem, a caminho, vai à casa de Israel e fala-lhes com minhas palavras. Porque não é a um povo de fala impenetrável e de língua enrolada que és enviado; tu és enviado à casa de Israel. Não é a povos numerosos de fala impenetrável e de língua enrolada, cujas palavras não entenderias — se a tais eu te enviasse, te escutariam! Mas a casa de Israel não vai querer escutar-te, porque não querem escutar a mim. Toda a casa de Israel tem a fronte endurecida e o coração obstinado. Vê, vou tornar teu rosto tão duro quanto o deles, e tua fronte, tão dura quanto a fronte deles. Torno tua fronte dura como o diamante, mais dura que rocha; não os temerás e não te assustarás diante deles que são uma casa de rebeldes". Ele me disse: "Filho de homem, recebe em teu coração, escuta com teus ouvidos todas as palavras que te falo. A caminho! Vai junto aos deportados, junto aos filhos do teu povo e fala para eles; tu lhes dirás: 'Assim fala o Senhor Yhwh' — quer escutem, quer não" (Ez 3,4-11).

Ezequiel é transportado pela força do espírito para a Babilônia (v. 12). Lá ele conhece as condições exatas de sua missão. Os ouvintes da mensagem profética são responsáveis por si mesmos, mas o profeta responde pela realização da missão (v. 16-21). Ele recebe assim uma dupla ordem. Por um lado, ele deve falar para a comunidade dos fiéis de Yhwh e levá-los ao caminho certo. Os autores constatam previamente a inutilidade do empreendimento, pois a comunidade recusará absolutamente a mensagem, uma vez que a resistência a Yhwh está neles implantada (cf. acima a discussão sobre a ineficácia do anúncio). É coisa acabada: exatamente como em Isaías 6, a antiga teoria da obstinação torna a missão do profeta fundamentalmente impossível. Por outro lado, pensa-se no crente individual, o qual pode ser ou se tornar ímpio, ou pode viver como justo, como salvo. Todos estes conteúdos são moldados em forma de discurso de Deus. Este discurso se torna, portanto, o elemento formal decisivo no livro de Ezequiel. O discurso de Yhwh anuncia e move a história e a sociedade. Ele é formalmente direcionada ao profeta, que o escuta e deve propagá-lo. Mas no texto não aparece esta propagação. A palavra de Deus falada ao profeta e confiada a ele, para ser comunicada, move os acontecimentos em si e por si. Não é preciso contar mais que isso. Tais discursos de Deus compõem uma parte considerável do livro de Ezequiel: 4,1-13.16 s.; 5,1-17; 6,1-14; 7,1-27; 11,2-12.14-21; 12,1-6.8-28; 13,1-23; 14,2-11.12-23; 15,1-8; 16,1-63; 17,1-24; 18,1-32; 20,2-44; 21,1-37; 22,1-31; 23,1-49; 24, 1-17. A longa cadeia de textos deve ser citada, pelo menos em referência à primeira parte do livro, para que se perceba a abrangência desta original revelação em discursos. São mantidos na forma como foram comunicados ao profeta — assim como no Deuteronômio e no livro de Jeremias — para serem constantemente citados e lidos diante da comunidade exatamente nesta forma, isto é, como Torá decretada! Nas sentenças sobre as nações estrangeiras, em Ezequiel 25–32, este estilo original continua e se estende, com poucas interrupções, até os diversos textos de Ezequiel 33–39. É espetacular tal uniformidade na estrutura do discurso diante de uma pluralidade de conteúdos, de elementos formais utilizados, diante também das evidentes diferenças de idade e de origem das partes do discurso. Sempre que há um estilo narrativo normal (cf. Ez 8,5.7.14; 24,18 s.; 33,21; 37,1 s.), ele está a serviço do grande complexo de discursos.

Excurso: Discurso para a comunidade em Ezequiel

O conteúdo dos discursos é, de fato, múltiplo: parece que são tratados, sobretudo, temas referentes aos problemas da comunidade no período pós-exílico. Ezequiel 4–7 contém um discurso temático fechado por capítulo. Em Ezequiel 4, Yhwh ordena ações simbólicas, as quais devem representar o cerco de Jerusalém. Ezequiel 5 contém a instrução para a parábola dos cabelos: Ezequiel deve mostrar o destino de Jerusalém e seus habitantes pelo cabelo raspado, do qual um terço vai para o fogo, um terço é despedaçado com a espada e um terço espalhado no vento (Ez 5,11 s.).

Também Ezequiel 6 e 7 contêm anúncios de queda de tipo geral, sem o acompanhamento de ações simbólicas. Pode-se perguntar por que se evoca aqui, no primeiro plano, uma atmosfera de catástrofe, tal como a que dominou Jerusalém antes da queda em 587 a.C. Certamente, o tema é levantado na intenção de se compreender o passado. Mas, como mostram por exemplo as indicações de idolatria no Templo (cf. Ez 5,11; 8–10), os autores completaram visivelmente suas concepções sobre o "horror" pré-exílico com material do período do Segundo Templo. O Templo de Salomão pertencia ao Estado e só o Segundo Templo recebeu funções autenticamente comunitárias e pôde servir para cultos estrangeiros populares (adoração do sol, adoração de Tamuz). Ezequiel 11 contém outras acusações contra Jerusalém, e percebemos também tensões entre os exilados e a comunidade de Jerusalém (v. 15-17: contra os hierosolimitas que reivindicam a propriedade das terras dos exilados!). Também Ezequiel 12, com a ação simbólica do banimento, se movimenta no tempo anterior à queda de Jerusalém. O problema da falsa profecia (praticada por homens e mulheres) move o capítulo 13. Em Ezequiel 14 (assim como em Ez 8; 20), os anciãos de Israel (ou de Judá) que buscam conselho são a ocasião de um discurso de revelação. Trata-se da idolatria. Em Ezequiel 15 segue-se um pequeno poema sobre a diferença entre a madeira e a videira, que visa à Jerusalém meio queimada. Os capítulos 16 e 23 são ocupados pelas parábolas impressionantes sobre a infidelidade de Judá (ou de Samaria e Judá), representada com figuras simbólicas femininas. Os dois textos possuem uma profunda dimensão histórica e refletem uma situação depois da catástrofe de Jerusalém. Ezequiel 17, com forma poética, começa com um enigma sobre a águia, o cedro e a videira. A interpretação (v. 11 ss.) liga a fábula descrita à primeira e à segunda invasão de Judá por tropas babilônias. O grande capítulo seguinte, Ezequiel 18, dá uma resposta à questão da responsabilidade individual: a responsabilidade coletiva não seria mais válida, pois cada um deve responder por seus atos e não deve sofrer pela culpa da geração anterior. Isto é um ponto de vista típico da comunidade pós-exílica. Cessou a responsabilidade da família, porque a comunidade local assumiu todas as funções religiosas do grupo de parentesco e porque ela coloca cada crente individual diante de YHWH imediatamente. O correspondente ético-social está em Ezequiel 22, em cujo discurso é tratado um catálogo de pecados. As acusações mostram em parte uma atitude sacerdotal (cf. v. 8-11.25 s.; Lv 18,7-16; 26,2). Elas se sedimentam mais claramente nas obras pós-exílicas dos escritos hebraicos do cânon. Elas estão ligadas ao Segundo Templo. Um canto de lamentação poético, provavelmente mais antigo, interrompe a série de discursos (Ez 19). Mas em Ezequiel 20 encontramos novamente o modelo de textos dominante: o discurso histórico tematiza, como já dito, a Torá escrita, profética e histórica, visível lugar-comum da comunidade pós-exílica. O renovado anúncio de calamidade em Ezequiel 21, que novamente inclui uma ação simbólica, evoca a queda da terra do sul (Judá?) pelo fogo e pela espada. Por fim, os discursos revelados em Ezequiel 24 completam o drama da cidade infiel e rebelde: ao mesmo tempo "precisamente neste dia o rei da Babilônia atacou Jerusalém" (v. 2). A cidade sanguinária (v. 6.9) cometeu crimes graves do ponto de vista sacerdotal: "O sangue que ela derramou permanece no meio dela. Ela o derramou sobre a rocha nua; não o derramou sobre a terra de modo que esta o cobrisse" (v. 7). A transição surpreendente para uma cena aparentemente autobiográfica (v. 18 s.) já foi mencionada. — Depois de oráculos sobre as nações, continuam as partes de forma discursiva, mas elas adquirem crescentemente uma perspectiva positiva. Ezequiel é mais uma vez colocado como sentinela, e mais uma vez aparece, fortemente salientada, a responsabilidade individual de cada fiel (Ez 33). É tratada então a liderança do povo de Israel. Parece haver na discussão duas possibilidades: o próprio YHWH ou um descendente de Davi assume as tarefas de liderança (Ez 34,15.23). As duas podem se tornar uma coisa só, como a redação do capítulo pretende fazer compreender. Depois de uma denúncia de Edom (Ez 35) segue-se um brilhante capítulo conclusivo (Ez 36): Israel pode ousar um novo começo, como foi anunciado na visão do campo de ossos revividos (Ez 37). Os trechos conclusivos apocalípticos (Ez 38 s.) são somente um ponto final literário, pois em Ezequiel 40–48 surge o grandioso projeto da atual e futura cidade-templo de Deus com suas instalações e seus funcionários, uma visão evidentemente tardia, fundada em fatos pós-exílicos.

Do ponto de vista do gênero literário, os discursos de Ezequiel situam-se a meio caminho entre os discursos deuteronomistas — sobretudo os de Moisés (cf. Dt 1–11; 29–31), mas também de outros protagonistas (cf. Jeremias!) — e os discursos de revelação, que se formaram especialmente na literatura gnóstica e apocalíptica[190]. Já o estranho tratamento "filho de homem" deve ser observado com cuidado, pois não se dirige a um homem concreto, com nome e local de nascimento, mas ao gênero humano. Ele se torna mediador da sabedoria divina. A instância que dá a missão é o Deus máximo, titular de todo o conhecimento e de todos os meios. Ele canaliza sua soberania e seu plano através de enviados anônimos — ou do homem essencial! — e comunica assim uma visão da realidade divina e do sentido divino da existência. As instruções ao mediador ou revelador Ezequiel referem-se a diversos âmbitos da vida. Elas possuem uma única finalidade: promover o reconhecimento do soberano máximo do mundo, produzir uma conversão dos projetos de vida e de mundo egocêntricos[191]. Evidentemente, o conhecimento da divindade máxima é o objetivo decisivo[192]. Os discursos de revelação em Ezequiel podem ser lidos, portanto, em grande medida, como universais, humanos, mas também em óptica particular e judaica. A sua situação vivencial, segundo todas as indicações, seria a comunidade da diáspora na Babilônia. Lá se refletiu por décadas, se não por séculos, por que a catástrofe de 587 a.C. teve de atingir a cidade sagrada de Jerusalém e seu Templo de importância central. Quando se buscou decifrar a destruição do Templo, responsabilizou-se por isso a idolatria formulada em experiências contemporâneas. A atualidade foi entendida como chance de um novo começo, a reconstrução do Templo de Jerusalém entusiasmou. Entretanto, o passado devia permanecer vivo como aviso eterno contra nova apostasia de YHWH. Esta é pelo menos uma parte da motivação para apresentar as advertências e as orientações endereçadas à comunidade pós-exílica na embalagem histórica da era babilônia.

---

190. B. J. MALINA, *On the Genre and Message of Revelation*, Peabody, 1995.

191. Cf. as frases conclusivas das unidades discursivas: "Eu, YHWH, falei" (Ez 5,17; 17,24; 21,37; 37,14); "eu, YHWH, sou vosso Deus" (Ez 34,31); "Para que saibais que eu sou YHWH" (Ez 6,14; 7,27; 12,16.20; 13,23; 14,23; 16,62; 20,44; 23,49; 24,27; 25,17; 28,26; 29,21; 30,26; 33,33; 35,15; 36,38; 37,28; 38,23); "e eu serei vosso Deus" (Ez 14,11); "convertei-vos para que vivais" (Ez 18,32).

192. Cf. W. ZIMMERLI, *Erkenntnis Gottes nach dem Buche Ezechiel*, Zürich, 1954.

Os escritos sagrados persas antigos revelam uma constelação semelhante à do Antigo Testamento. Deus, seu orador e a comunidade interagem. O mediador humano, apresentado nos *Gathas* com o nome de Zaratustra, dirige-se a Ahura-Mazda: "Eu te pergunto, ó Ahura, responde-me corretamente..." (*Yasna* 44) é o começo estereotipado das estrofes do nono hino. Fala-se também em outros lugares dos encontros do enviado com seu Deus. Um lugar-comum dos *Gathas* é o conhecimento de Deus e da harmonia fundamental (*aša*):

> [11]Eu te conheci como o santo, o Mazda-Ahura, quando tu me visitaste com Vohu Manah. Quando fui ensinado pela primeira vez com suas palavras, minha fé prometeu sofrimento entre os homens ao fazer o que me disseste ser o melhor para mim. [12]E quando tu me disseste: "Venha aprender, Asha", não me disseste nada inaudito: abrir-me antes que Sraosha venha a mim com o pagamento prometido de grande riqueza; as duas forças em luta receberão sua parte, salvação ou destruição[193].

Ahura-Mazda, o "Senhor da Sabedoria", é a figura divina transcendente; ele age junto com entidades divinas, as quais também podem ser entendidas como formas de manifestação dele, como o *Vohu Manah*, o "bom pensamento". Zaratustra se torna conhecedor e mediador através de um contato estreito com o mundo divino. Importa conhecer e transmitir o *asha*, o princípio fundamental da verdade e da harmonia. *Sraosha*, a força divina executiva, indica o ajuste final da obra de vida de anunciar o que Deus disse. Como no Antigo Testamento, sobretudo em Ezequiel, um mediador da palavra responsável está no centro do acontecimento. Ele recebe de Deus ensinamentos, conhecimento que ele deve transmitir aos homens. Estes devem decidir entre os espíritos da mentira e a única verdade que faz viver, de Ahura-Mazda:

> [1]Repetindo para vós estas determinações, anunciamos palavras não escutadas por aqueles que destroem os seres vivos de Asha, segundo as instruções dos espíritos da mentira, mas as melhores palavras, para aqueles que creem em Mazda. [2]Por isso, quando não se vê o caminho que é melhor escolher, então venho a vós todos como aquele que conhece Ahura-Mazda, como o juiz entre os dois partidos, para que possamos viver segundo Asha... [5]Dize-me, para a decisão,

---

193. (*Yasna* 43,11 s., trad. segundo a versão alemã de G. WIDENGREN, *Geisteswelt*); compare: I realize that Thou art prosperous, O Wise Ahura, When one attends me with good thought. Since through statements (voiced) by You, I learn (about) the primal (stage of existence) confidence in mortals appears distressing to me. Let me do what You tell me (to be) the best.
And when Thou tellest me: "With foresight thou reaches truth", then Thou gives me orders (which wil) not (be) disobeyed. Let me arise before (recompense for) Obedience will have come to me, followed by wealth-granting Reward, who at the benefaction will distribute the rewards according to (the respective) balances (*Yasna* 43,11 s., segundo H. HUMBACH, *Gathas*).

o que vós me destes do melhor, através de Asha, como saber através de Vohu Manah e como memória — assim como fui inspirado — daquilo que será e do que não será. ⁶O melhor será daquele que como sabedor disser minha fórmula certa, a de Haurvatat, de Asha e de Amartat: "A Mazda pertence o Reino, que ele faz crescer através de Vohu-Manah"[194].

Uma confissão ao criador de tudo, Ahura-Mazda, termina este quarto *Gatha* (*Yasna* 31,7-8). Nele ficam claras a missão e a importância do mediador, sendo indiferente que por trás disto se pense a figura histórica de Zaratustra ou não. Na primeira pessoa do singular da estrofe 6 aparentemente fala o enviado humano. Ele está vinculado a três forças fundamentais, as femininas Haurvatat e Amartat, as "benévolas imortais", e à ordem do Mundo Asha. O anúncio é endereçado ao ser humano em geral, a humanidade sem levar em consideração as nacionalidades e origens étnicas. "Todos os viventes" (*Yasna* 31,3), "Vós, os homens" (*Yasna* 30,11). Eles se dividem através de decisões pessoais rapidamente em dois grupos, os seguidores da verdade e os amigos da mentira ("seguidores do diabo", *Yasna* 30,11), mas a sabedoria salvadora é válida fundamentalmente para todos os homens e eles são universalmente chamados. Os bons e os maus são confrontados separada e diretamente com a palavra. Como exemplo serve a denúncia dos maus demônios, os *daévas*:

> ³Mas vós, todos Daévas, surgistes do Manah mau, e aquele que vos adula, e a mentira e a arrogância, tais são também vossos atos, através dos quais sois, desde muito tempo, conhecidos no sétimo círculo da terra. ⁴Desde que vós ordenastes que os homens que fazem o maior mal sejam chamados favoritos dos daévas — os que fogem de Vohu Manah, os que se afastam do conselho de Mazda-Ahura. ⁵Assim, vós levais desde então aos homens, longe da boa vida e da imortalidade, uma ação que vós, os daévas, com o Manah mau do mau espírito ensinastes, através da palavra má aos amigos da mentira, prometendo o poder[195].

Seja como for que se julguem os traços dualísticos na base de tal concepção, os *Gathas* mostram um mundo dividido, ao qual o profeta é enviado com sua mensagem de verdade, ordem e vida. Do ponto de vista da história das formas, os textos em avéstico antigo foram transmitidos como hinos litúrgicos que eventualmente revelam uma situação comunitária, inclusive pela primeira pessoa do plural, referida à assembleia em oração. Linguagem de oração, cantos de louvor, instrução, fala direta aos bons e maus, exortação, ameaça — todos estes elementos reconhecemos também nos discursos proféticos do

---

194. (*Yasna* 31, trad. da versão alemã de G. Widengren, *Geisteswelt*).
195. (*Yasna* 32,3-5, trad. da versão alemã de G. Widengren, *Geisteswelt*).

Antigo Testamento. Longos e contínuos discursos de Deus se encontram nos grupos de textos avésticos mais recentes, por exemplo no *Yasht*:

> ⁵⁵Ahura-Mazda falou então para Spitaman Zaratustra: "Decora a interpretação e a explicação da interpretação, revela a explicação e fala para os 'sacerdotes do fogo' e para os discípulos, fala no mundo para aqueles que depois de (dez) centenas de invernos não se tornaram inteligentes, fala para eles para que, por causa da esperança no corpo futuro e na redenção das próprias almas, não deem importância para a ira, a maldição e a resistência daqueles que não têm religião e que mesmo assim celebram Yasna, que pertence à religião".
>
> ⁵⁶E eu te falo, Spitaman Zaratustra, que aquele que nesta era busca o corpo não é capaz de libertar a alma, pois a boa alimentação do corpo significa a miséria da alma e sofrimento no inferno; mas aquele que busca a alma, ele tem miséria do corpo e sofrimento no mundo, é cheio de penas e pobre, mas sua alma tem boa alimentação no paraíso (Bahman Yasht, I).

Em tais diálogos de revelação entre o mediador e o Deus único, e na maioria dos discursos que confiam uma missão a determinadas pessoas, os exemplos do *Avesta* concordam também formalmente com o Antigo Testamento. O fenômeno dessas semelhanças profundamente fundadas não se explica por dependência literária, mas por um ambiente comum e por condições espirituais, culturais e mesmo religiosas comuns. Evidentemente, na esfera de influência persa estavam disponíveis estruturas de pensamento (ou um clima espiritual) que podiam ser usadas por diferentes comunidades religiosas. O soberano Deus criador e condutor do mundo não era mais o pastor natural de seus adoradores hereditários, ligado a uma sociedade e a uma dinastia, mas se comunicava a crentes e não-crentes como uma divindade especial, não legitimada mítica e genealogicamente. Através do mediador, ele exorta para uma decisão em favor de si. A religião de Zaratustra, como a de Moisés e de Ezequiel, era uma fé confessional a ser assumida individualmente, fundada ética e liturgicamente. Ela era construída sobre uma tradição escrita sagrada e era, em princípio, aberta a todos, universal. O mediador e anunciador oficial da verdade salvadora constituía o eixo central de comunicação, diferente das estruturas religiosas "naturais" dadas com a sociedade. O meio essencial de comunicação e de formação da sociedade era a palavra de Deus comunicada, diante da qual o indivíduo tinha que se decidir. O culto era secundário, mas irradiava no cotidiano da comunidade: prescrições de pureza valiam junto com altas regras éticas.

O livro de Ezequiel é, portanto, um claro testemunho do novo tempo, que começou com a tomada de poder pelos persas. Isto aparece na forma literária construída de modo original: com o destaque do "filho de homem" mediador e sua pregação admonitória para conversão; com o caráter litúrgico-homilético e o início da literatura apocalíptica; com seus projetos ideais para uma comunidade de cidadãos do Templo a ser construída; e com todos os sinais mencionados de individualismo, solidariedade e universalismo. — Os três profetas "maiores" apresentam grandes diferenças quanto ao gênero e ao conteúdo; cada livro possui um perfil teológico próprio, mas, quanto à situação vivencial e ao uso dos textos, aparentemente há muita coisa em comum.

3.2.3. A terceira parte do cânon

J.-M. AUWERS, *The Biblical Canon*, Leuven, 2003 (BEThL). – J. BARR, *Holy Scripture*, Philadelphia, 1983. – J. BARTON (Hg.), *Die Einheit der Schrift und die Vielfalt des Kanons*, Berlin, 2003 (BZAW 329). – S. CHAPMAN, *The Law and the Prophets*, Tübingen, 2000 (FAT 27). – D. CLINES et al. (Hg.), *Weisheit in Israel*, Münster, 2003 (Altes Testament und Moderne 12). – F. CRÜSEMANN, *Kanon und Sozialgeschichte*. Gütersloh, 2003. – P. R. DAVIES, *Scribes and Schools*, Louisville, 1998. – C. DOHMEN, M. OEMING, *Biblischer Kanon*: Warum und wozu?, Freiburg, 1992 (QD 137). – I. FISCHER et al. (Hg.), *Auf den Spuren der schriftgelehrten Weisen*, Berlin, 2003 (BZAW 331). – A. van der KOOIJ, *Canonization and Decanonization*, Leiden, 1998 (SHR 82). – L. M. MACDONALD (Ed.), *The Canon Debate*, Peabody, 2002. – J. A. SANDERS, *Canon and Community*, Philadelphia, 1984.

É bastante seguro que grande parte do Pentateuco e do cânon dos profetas surgiu no período persa. Mas o que ocorre com os "escritos" (*ketubim*), aquela terceira parte da Bíblia hebraica que reúne textos de muitos formatos e de usos teológicos e práticos claramente diferentes? Nas tradições manuscritas são bem diferentes a ordem e a sequência das coleções individuais. A multiplicidade é ainda aumentada pelas variantes relativamente autônomas da *Septuaginta*, sem mencionar os textos "apócrifos", que não entraram no cânon hebraico ou foram tirados dele em períodos de interpretação restritiva da canonicidade. Alguns textos permaneceram à margem do cânon hebraico, só fixado definitivamente na era cristã; eram polêmicos, e na história posterior foi questionada repetidamente sua inclusão nas Sagradas Escrituras. Isto quer dizer que eram fluidos os diferentes cânones vinculantes de livros bíblicos, condicionados pela sociedade e pelo contexto. No fundo, não havia e não há um único texto sagrado, válido exclusivamente. Cada comunidade — por exemplo, os judeus que falavam aramaico e hebraico, as comunidades judaicas helenizadas, comunidades separadas como a dos samaritanos e a de Qumrã, as nascentes comunidades cristãs — criou para si uma diretriz própria das "palavras reveladas" de seu Deus (abandonamos os conceitos exageradamente autorais de certa ciência literária!). Cada grupo de escritos fundamentais vinculantes servia para a formação de identidade de determinados grupos religiosos. Para a associação judaica de fé, foi entre 587 a.C. e 200 d.C. que se formou e se fixou sua identificação literária.

A divisão do cânon em três partes é provavelmente um fenômeno relativamente tardio, exatamente como, muitas vezes, a divisão em livros. Possivelmente muitos textos flutuavam para lá e para cá entre as diversas "capas de livros", até encontrar seu lugar definitivo. De modo geral, foram provavelmente perspectivas cronológicas, práticas e conteudistas que determinaram a instituição das coleções *Torah*, *Neviim* e *Ketuvim*. Aquilo que, segundo idade e natureza, correspondia à doação da Torá no Sinai ou antecedia este acontecimento decisivo foi colocado na primeira parte, na revelação mosaica. Provavelmente estes textos fundamentais eram lidos em importantes reuniões da comunidade. Tudo o que era posterior ou tinha a ver com o contínuo anúncio da Lei depois de Moisés entrou no cânon dos Profetas, igualmente usado na liturgia. Restaram "hinos de louvor a Deus e regras de vida para os homens" (JosAp I,8), a terceira parte das Escrituras — para a qual também se pode supor o uso ritual em diversas cerimônias. A sequência e a forma nesta última parte são ainda mais soltas do que nas duas primeiras partes do cânon. Temos que ver agora as coleções que já estavam disponíveis no período persa e foram retrabalhadas no uso comunitário a partir daí.

Podemos deixar fora de consideração os escritos surgidos no período seguinte, o helenista, como Eclesiastes, Ester (cf. acima 3.1.2.4), Daniel e, evidentemente, todas as coleções deuterocanônicas, mesmo que contenham antigo material disperso[196]. Já foram acima avaliados como produtos originais do período persa os livros: Crônicas, Esdras–Neemias, Rute e, com restrições, Cântico dos Cânticos e Lamentações. Restam o Saltério, Jó e Provérbios; provavelmente a substância principal deles já existia durante o período aquemênida, mas não se tornaram totalmente estáveis ainda — como mostra, sobretudo, a história textual das coleções dos salmos reconhecível em Qumrã.

3.2.3.1. *Saltério*

D. Erbele-Küster, *Lesen als Akt des Betens*. Eine Rezeptionsästhetik der Psalmen, Neukirchen, 2001 (WMANT 87). – P. W. Flint, P. D. Miller (Ed.), *The Book of Psalms*. Composition and Reception, Leiden, 2005 (VT.S 99). – E. S. Gertenberger, Der Psalter als Buch und als Sammlung, in K. Seybold, E. Zenger, *Neue Wege der*

---

196. Cf. E. Haag, *Das Hellenistische Zeitalter*, Stuttgart, 2003 (BE 9).

Psalmenforschung, Freiburg, 1994, 3-13 (HBS 1). – ID., K. JUTZLER, H. J. BOECKER, *Zu Hilfe, mein Gott*, Neukirchen-Vluyn, ⁴1989. – J. C. MCCAN (Ed.), *The Shape and Shaping of the Psalter*, Sheffield, 1993 (JSOT.S 159). – M. MILLARD, *Die Komposition des Psalters. Ein Formgeschichlicher Ansatz*, Tübingen, 1994 (FAT 19). – C. RÖSEL, *Die messianische Redaktion des Psalters*, Stuttgart, 1999 (CThM.BW 19). – C. SÜSSENBACH, *Der elohistische Psalter*, Tübingen, 2003. – C. WESTERMANN, *Der Psalter*, Stuttgart, 1967. – G. H. WILSON, *The Editing of the Hebrew Psalter*, Chico, 1985 (SBL.DS 76). – E. ZENGER, Was wird anders bei kanonischer Psalmenauslegung?, in F. V. REITERER (Hg.), *Ein Gott, eine Offenbarung*, Würzburg 1991, 397-413.

Como apresentado acima, as coleções de salmos surgiram de um passado indeterminado; cantos de lamentação, de louvor e de ação de graças serviam em diferentes rituais religiosos para ser recitados, pelo pessoal especializado competente, como importantes peças decorativas[197]. Elas foram adaptadas para o uso da comunidade de Jerusalém; novos gêneros e coleções foram acrescentados segundo as necessidades da nova forma de comunidade religiosa (cf. acima 3.1.3.1 e 3.1.3.2). Mas como se deu, a partir de textos de salmos existentes, usados liturgicamente em diversas ocasiões comunitárias, a organização do Saltério como um todo?

Nos últimos anos foi produzida uma vasta literatura científica sobre este processo da redação final do Saltério. Divergem fortemente entre si as teorias desenvolvidas sobre a integração de diferentes materiais e correntes da tradição. Contudo, elas se encontram juntas sobre a base da análise teológica e histórico-literária. O Saltério acabado é considerado um livro de leitura e de devoção, conscientemente reunido por redatores eruditos e levado à forma canônica[198]. Esta visão está sob a influência da exegese holística ou integral das Escrituras, desenvolvida principalmente por B. S. Schilds e R. Rendtorff. Sobreposto aos vários textos sálmicos individuais, que possuem em si mesmo conteúdos próprios, é associado um testemunho teológico, messiânico e salvador total. Assim como não se pode impedir os intérpretes atuais de lerem o Saltério de modo sincrônico, intertextual e em sequência temática, assim também permanece a questão de até onde os redatores do Saltério tinham como intenção tal leitura. Concedo: toda investigação sobre textos antigos usa determinados métodos exegéticos, pois só podemos captar fatos tão distantes histórica e culturalmente com ajuda de nossas próprias redes conceituais. Ora, essa antipática distância histórica deve ser respeitada, do contrário a exegese

---

197. Cf. minha interpretação dos salmos do ponto de vista da história social e da história das formas: E. S. GERSTENBERGER, *Psalms*, Grand Rapids 1988 e 2001 (FOTL XIV e XV).

198. Cf. por exemplo: E. ZENGER, *Psalmenauslegung*; M. MILLARD, *Komposition*; G. WILSON, *Editing*.

nivela as condições distintas do passado antes que sejam percebidas como estranhas. Também concedo que o necessário trabalho escrito de composição e transmissão do Saltério não ocorreu de modo neutro, deixando reconhecíveis vestígios dos redatores, de suas intenções e inclinações. Mas justamente por isso se tornam prementes as questões de quando e com que finalidade se deu a reunião cabal e a edição final do Saltério.

A maioria dos especialistas concorda que o livro dos Salmos contém algumas claras indicações da redação final. Os dois salmos iniciais sem introdução (Sl 1 e 2) teriam sido colocados antes da coleção somente no final da conclusão da reunião. Pelo menos o Salmo 1 é uma espécie de introdução a todo o livro, salientando a leitura da Lei e a entrega total a YHWH e prevenindo os ímpios (*rᵉšá'im*):

> Feliz o homem que não anda na companhia dos maus, não se detém no caminho dos pecadores, que não se senta no banco dos zombadores, mas se compraz na instrução de YHWH e murmura suas instruções dia e noite! (Sl 1,1-2)

Os homens membros da comunidade devem organizar sua vida segundo o modelo dos estudantes da Lei; Deuteronômio 17,18 s., Jeremias 17,8, Salmos 92,13-15 são paralelos, e Salmos 19,8-11 e 119 desenvolvem a alegria na palavra de Deus orientadora e o amor por ela. No Salmo 1, assim como nos textos paralelos, é pressuposta a comunidade dos seguidores de YHWH e aparece uma "anticomunidade" de desviantes. O salmo inicial indica não a leitura dos Salmos, mas expressamente a da Torá. Ele aconselha a todos os que lidam com os textos dos Salmos — tanto ao orante quanto ao ouvinte — uma ligação íntima com YHWH por meio de sua Torá e um ouvido dócil para a importantíssima palavra de Deus.

No livro dos Salmos, afinal canonizado, o Salmo 150 — sublime exortação ao louvor de YHWH e acorde musical conclusivo — forma o ponto final, e o número de 150 unidades textuais tem determinado valor simbólico. O Saltério inteiro apresenta, com seu número redondo, uma forma completa, ainda que em tradições variantes sigam ainda alguns outros salmos[199]. Esta impressão arredondada é fortalecida pela divisão do saltério em cinco partes, cada qual separada da seguinte por fórmulas litúrgicas (segundo Sl 41; 72; 89; 106) — lembrando talvez a divisão da Lei em cinco livros. Mas é difícil descobrir se o salmo final (150) e a divisão dos livros já surgiram no período persa ou essencialmente mais tarde. Alguns manuscritos achados na comunidade de

---

199. Os textos adicionais sírios são conhecidos há muito tempo; cf. H. F. van ROOY, The Psalms in Early Tradition, in P. W. FLINT et al. (Ed.), *Book of Psalms*, 537-550.

Qumrã sugerem que coleção ainda não estava concluída até então[200]. Como quer que seja, especialistas discutem também a possibilidade de que tenham surgido coleções sucessivas e diferentes, mais curtas do que o Saltério atual. E, justamente porque no *corpus* final há incerteza textual sobre a sequência e o número dos respectivos salmos, frequentemente se supõe um crescimento linear. Às coleções menores, como Salmos 3–41 e 42–72, teriam sido acrescentados outros blocos de texto. Assim, é possível supor no período persa um Saltério que vai do Salmo 3 ao Salmo 72. De fato aqui aparece uma nota redacional (colofão): "Fim das orações de David, filho de Jessé" (Sl 72,20). Esta informação parece indicar um provisório estado final no desenvolvimento do Saltério. Ele seria então menos que a metade da atual coleção canônica.

O Salmo 72 desenvolve a ideologia real do antigo Oriente: o soberano justo cuida de seu povo ou do orbe terrestre como representante do Deus nacional ou do Deus do mundo. Os reinados históricos de Israel e de Judá certamente partilharam a crença geral na ordem justa mediada pelos reis. Mas não temos quase nenhum testemunho original de tal ideologia. Os textos bíblicos foram todos reformulados no longo processo de transmissão, e agora estão disponíveis em versões tardias. Isto também é válido para o Salmo 72. Ele se concentra na situação de miséria do povo:

> Ó Deus, confia ao rei teus julgamentos, a tua justiça a este filho de rei. Que ele governe o teu povo com justiça, e os teus humildes segundo o direito. Que as montanhas tragam paz ao povo, e também as colinas, pela justiça! Que ele faça justiça aos humilhados do povo, seja a salvação dos pobres, esmague o explorador! (Sl 72,1-4; cf. v. 12-14)

O vocabulário usado é o da retórica tardia de humilhação, abandono e exploração do povo de Israel. "Humilhados" e "pobres" são autodesignações da comunidade exílica e pós-exílica. Os lamentos coletivos e os pedidos refletem as festas de lamentação e os rituais da época, os quais se seguem à derrota de 587 a.C. — Ao mesmo tempo, o salmo irradia uma expectativa de salvação utópica e universal, ligada ao rei e a sua dinastia:

> Que tenham temor a ti, enquanto houver sol e lua, de geração em geração! Que ele desça como aguaceiro sobre os restolhos, como a chuva que humedece a terra! No seu tempo, floresça o justo e cresça a prosperidade, até o fim das lunações! Que ele domine de mar a mar, do rio até o extremo da terra (Sl 72,5-8).

O desejo de significado mundial, que provavelmente também se encontrava um pouco nas potências menores, dificilmente teria tomado a forma expressa no Salmo 72 no período dos reis de Judá e Israel. Textos do Antigo Testamento com tão altas expectativas devem seguramente ser tomados como o que eles são: ou como reflexos de antigos sonhos de grande poder, ou como esperança de um futuro glorioso, no qual o rei universal YHWH, com ou sem um executor davídico (ou de outra estirpe?), tomará o poder em mãos. A expectativa escatológica, ou até apocalíptica, voltada para o futuro, é um efeito da ruína real do Estado independente judaíta, da reaquisição de uma identidade religiosa ou étnica desde o começo do domínio persa, da formação de uma fé universal e exclusiva em Deus

---

200. Cf. J. A. SANDERS, *The Psalms Scroll of Qumran Cave 11*, Oxford, 1965.

e do crescimento de uma correspondente compreensão do mundo: no fim, Yhwh fundará seu reino na terra, e talvez reviva a dinastia davídica (não mencionada explicitamente neste ponto). O horizonte pós-exílico do poema aparece no modo como o Salmo 72 se concentra na situação de miséria da comunidade e na futura efetivação da justiça divina com a ajuda de um rei (teoricamente também o grande rei persa poderia ser tomado como modelo!).

Portanto, se de fato existiu um Saltério que ia do Salmo 2 até o Salmo 72, ele deve ter tido um direcionamento messiânico: a coleção de salmos seria aberta com o anúncio de um domínio de Deus ilimitado, para todas as nações, através de um rei, filho de Deus, em Sião (Sl 2,7), contra todos os poderes rebeldes do mundo; e culminaria na expectativa segura da realização plena do reino da justiça (Sl 72). Mesmo que esta suposição seja correta, fica aberta esta pergunta: os textos inicial e final de uma coleção, mais as numerosas referências a Davi nos títulos e alguns poemas dispersos relativos ao rei (cf. Sl 20; 21; 45) seriam o suficiente para conferir índole messiânica a uma coleção de textos de uso orientados em outra direção (lamentação, pedido, confiança de orantes individuais)? No caso dos livros de oração e de hinos que hoje usamos, seria difícil provar tal orientação por meio do primeiro e do último texto.

Outros pesquisadores pensam que haveria uma conclusão do livro no Salmo 89. Não é por acaso que se pode perceber também neste salmo um "divisor de livros" (v. 53[52]).

O Salmo 89 trata da catástrofe do reino em 587 a.C. Ele começa com uma retrospectiva do grande tempo de Davi (Sl 89,1-38; cf. v. 4 s.), toca na promessa dinástica de 2 Samuel 7, mas adquire depois outro tom. Mesmo colocando inicialmente temas da criação (v. 6-13), o hino sobre o poder incomparável de Yhwh introduz a eleição do lendário fundador do Estado israelita. É citado um oráculo de Yhwh:

> Dei minha ajuda a um herói, exaltei um eleito do meio do povo. Encontrei Davi, meu servo, consagrei-o com meu óleo santo... Porei sua mão sobre o mar, sua destra sobre os rios. Ele me chamará: "Meu pai és Tu, meu Deus, o rochedo que me salva!" E eu o farei dele o primogênito, o altíssimo entre os reis da terra. (Sl 89,20-21.26-28)

Não é possível saber quanto deste oráculo são fórmulas autênticas do período dos reis. Pelo menos a declaração de poder sobre o mar e os rios é suspeita de representar uma camada posterior. A monarquia histórica não tinha grandes ambições de influenciar o ultramar, se deixarmos de lado 1 Reis 10,22, um provável exagero retrospectivo. E o domínio sobre os "rios" (plural!) soa em si fortemente mitológico. Também a mencionada filiação divina parece antes pertencer aos atributos acumulados no decorrer do tempo num olhar retrospectivo sobre a monarquia passada. Visto assim, já a primeira grande parte do salmo é uma construção pós-exílica. Isto fica ainda mais claro na segunda parte, de lamentação e súplica (Sl 89,39-52), a qual pressupõe a queda do Estado de Judá e um longo período de sofrimento. Os recitantes primeiramente pressionam Yhwh com acusações pesadas (v. 39-46.47: tratamento tu: "rejeitaste... renegaste... derrubaste" etc.), passando então para os pedidos (v. 48-52), apoiados por dois chamados à lembrança "... pensa na duração da minha vida... Senhor, pensa no opróbrio de teus servos..." (v. 48.51). A profunda reflexão sapiencial sobre a transitoriedade, a dúvida assim fundamentada sobre a validade das antigas promessas, o peso duradouro da derrota, a difamação do império multiétnico são sinais de uma longa e pesada situação de opressão e de dependência, cuja carga é levada para os tempos do reinício num ritual de lamentação (cf. Ne 9,36 s.).

Se o Salmo 89 fosse o texto conclusivo de uma antiga edição do Saltério e se o texto final tivesse tal significado, sinalizaria o fracasso da monarquia em Israel e Judá, não seu significado duradouro. Uma nota conclusiva deste tipo não é fácil de entender diante do início glorioso do Salmo 2. Também a vizinhança imediata do Salmo 89 não irradia fortes esperanças no futuro. O Salmo 88 é o lamento individual mais desesperançoso do Saltério. No Salmo 90, a tênue expectativa de vida de cada um é transformada em nada diante da eternidade de Deus. Um Saltério que terminasse neste contexto pretenderia realmente ressaltar a ideia de uma monarquia frustrada, apesar do conteúdo tão diferente e multiforme da composição do Salmo 3 até o 87? Ou os pedidos finais do Salmo 89 pesam tanto que uma nova perspectiva de futuro é aberta para os crentes? Seja qual for a resposta a essas perguntas, me parece plausível que o salmo final de uma coleção — ou o enquadramento dado pelo texto inicial e pelo final — não queira nem possa pura e simplesmente determinar o caráter de todo o livro. Coleções de textos individuais claramente definidos, que podem ser classificados em determinados gêneros literários e colocados em determinadas situações vivenciais, guardam seu caráter de coleção de textos de uso, apesar da intervenção redacional[201].

O terceiro salmo destacado, que foi interpretado como possível conclusão anterior de uma edição do Saltério[202], é o mais longo dos textos do livro de orações e hinos do Antigo Testamento: o Salmo 119. É um acróstico alfabético; cada grupo de oito linhas começa com a mesma letra, o que resulta na extensão total do salmo de $8 \times 22 = 176$ linhas. Apesar de sua extensão, o poema conhece um único tema: a Torá de YHWH e a piedade toraica desejada por YHWH. O grande poema tem exatamente a mesma finalidade que o pequeno poema inicial, o Salmo 1. É fácil conceber que os dois formam a moldura das outras 117 canções, orações e meditações e que eles indicam a tarefa comum: viver em contato estreito com a vontade revelada divinamente e recebida por escrito. A argumentação do Salmo 119 aparece detalhadamente como segue.

---

201. Cf. E. S. GERSTENBERGER, *Psalter*, espec. 9-13.
202. Segundo C. WESTERMANN; cf. N. WHYBRAY, *Reading the Psalms as a Book*, Sheffield, 1996, 18 (JSOT.S 222).

O primeiro bloco contém uma dupla bem-aventurança (desejo de felicidade), oração, agradecimento a Yhwh, louvor e súplica:

> Felizes aqueles cuja conduta é íntegra e que andam na Torá do Senhor.
> Felizes os que se conformam às suas exigências e de todo o coração o procuram.
> Não cometeram crime, andaram nos seus caminhos.
> Foste tu que promulgaste teus preceitos para que os observemos com cuidado.
> Que a minha conduta se firme para que eu observe os teus decretos.
> Então não serei decepcionado ao contemplar todos os teus mandamentos.
> Celebrar-te-ei com um coração reto, estudando as tuas justas decisões.
> Teus decretos, eu os observo, não me abandones de todo! (Sl 119,1-8).

As palavras sublinhadas são o próprio conceito da Lei (v. 1) e sete sinônimos dela (v. 2-8), podendo *ḥuqqim*, "decretos" (que aparece duas vezes, v. 5 e 8), ser cambiado por *'imrah*, "palavra". A vida do crente em Yhwh era centrada na Lei. Proximidade com a Lei significava proximidade com Deus. De tal proximidade saem forças vitais. Devia ser confessada a presença de Deus na Escritura Sagrada; esta deve ser buscada ativamente e exercitada. Quase todos os outros 21 blocos seguintes do salmo tratam disso. O estilo e a forma variam em certa medida, enquanto aparecem fortemente as orações dirigidas a Yhwh, de modo que o salmo inteiro pode ser lido como um discurso direto a Deus. Um discurso intensivo tão monótono sobre um tema de articulação múltipla mostra que este tema recebeu fortemente a atenção da comunidade. Trata-se de um bem tradicional e não de onda passageira. A Lei era para o Salmo 119 uma grandeza estabelecida, a qual cada indivíduo do grupo com a mesma crença tinha de aceitar. O poema redundante usa muitos lugares-comuns da lamentação e do hino de louvor individuais, mas os direciona para a nova situação da piedade toraica da comunidade. Assim entraram na litania também a lamentação por causa dos inimigos (v. 61 etc.) e a "instrução do ignorante" (v. 64 etc.). Mas o uso de formas de expressão antigas serve para indicar a mudança social estrutural ocorrida no período persa[203].

De fato, o Salmo 119 seria, ao nosso gosto, a mais bela conclusão de um Saltério concebido como livro de oração de uma comunidade orientada para a Torá. Ele estaria em harmonia perfeita com o texto de entrada, Salmo 1, e com a segunda parte do Salmo 19. Como esta obra tardia na literatura dos salmos também reflete fortemente outros gêneros da prática de oração individual, o Salmo 119 também satisfaria o conteúdo dos textos enquadrados (Sl 3–118). Eventualmente assumiria, de modo próprio, a tensão que perpassa todo o Saltério entre "ímpio" e "justo"[204] (somente seis vezes *rᵉšaʿim* contra seis *zedim*, "insolente"; *ṣaddiq*, "justo", somente uma vez em relação a Deus, v. 137). Mas também neste caso cabe o ponto de interrogação que colocamos em relação ao significado da técnica de composição. Se reconhecemos que os textos individuais do Saltério continuaram a ser usados em diferentes funções

---

203. Cf. E. S. Gerstenberger, *Psalms II*, 310-317 (FOTL XV).
204. Cf. Chr. Levin, Das Gebetbuch der Gerechten, ZThK 90 (1993) 355-381.

litúrgicas, mesmo depois de sua reunião em um "livro" — foi justamente nas redações finais que cada salmo recebeu todo tipo de indicações relativas a uso e efeito —, então fica claro que a vontade dos redatores de dar uma forma teológica sistemática não deve ser superestimada. No período persa o Saltério não havia se tornado ainda um livro de leitura dos piedosos, o que só é atestado com segurança na Regra de São Bento no século V. É verdade que antes disso, no período helenista e romano, desenvolvera-se a cultura de leitura privada (cf. At 8), mas ela não incluía necessariamente o Saltério. Sobretudo o Saltério, de acordo com a essência dos textos reunidos, não é um livro de "autor" ou de "leitor", como imaginamos, mas uma coleção de textos de uso, como ainda conhecemos nos hinários e missais.

As temáticas e as áreas de uso litúrgico dos textos dos Salmos são tão amplas quanto podemos supor do espectro da vida comunitária no período exílico e pós-exílico. Uma parte dos hinos deve ter existido em ligação com a assembleia plena de todos os israelitas — também no nível da paróquia? — como sugere Neemias 8 (mas também Dt 29 s. e Js 24). Das reuniões locais se desenvolveu a liturgia de sinagoga. As festas anuais ofereceriam a ocasião para hinos de louvor e súplica, instrução e recordação da história. Alguns gêneros de salmos vieram a ser usados somente na vida comunitária do Segundo Templo, como mostrado acima (3.1.3.2): doutrina, homilia e anúncio da Lei. Outros continuaram a viver, sendo tirados de contextos litúrgicos anteriores, sobretudo o grande grupo de cantos individuais de lamentação, de súplica e de graças. Eventualmente mostram vestígios de retoques que surgiram na passagem da esfera doméstica para o uso comunitário. O modelo básico se manteve: em situações de risco de perder a vida, os homens invocam o Deus protetor, apresentam sua necessidade, defendem-se de inimigos, pedem ajuda rápida. Sob os augúrios de uma associação comunitária, esta liturgia é elevada a nível corporativo. Assim, no Salmo 12,2-9, a lamentação do indivíduo se amplia para a classe dos pobres e oprimidos (v. 6)[205]. Em outras orações individuais, o interesse comunitário aparece imediatamente (cf. Sl 102,13-23). Esta mistura de preocupações individuais e comunitárias permite concluir que formas do familiar ritual de súplica continuaram a existir na comunidade local. Isto não é de estranhar, pois todo agrupamento humano precisa de instituições, por exemplo, de tratamento de doentes. Na comunidade pós-exílica, tais

---

205. Salmo 12 segundo E. GERSTENBERGER, K. JUTZLER, H. J. BOECKER, *Zu Hilfe*, 27 s.; sobre o tema cf. E. S. GERSTENBERGER, Psalm 12: Gott hilft den Unterdrückten, in B. JENDORFF, G. SCHMALENBERG (Hg.), *Anwalt des Menschen*, Giessen, 1983, 83-104.

rituais estavam sob o controle da religião de YHWH, não sendo deixados para divindades domésticas e protetoras estrangeiras e seus funcionários.

O Saltério, na forma em que existiu no período persa, reflete a vida variada das comunidades judaicas antigas. Ele contém orações, cantos, pregações e textos doutrinários para o uso dos fiéis de YHWH. Algumas formulações "nós" sugerem a participação direta deles na recitação dos textos, como já dito acima[206]. Mas a prática ritual e litúrgica da comunidade confessional não deve ser limitada ao Templo em Jerusalém. Seria, portanto, falso falar de um "hinário da comunidade do Templo", se com isso se quisesse excluir qualquer atividade ritual em outros locais — inclusive na diáspora. As comunidades paroquiais amplamente espalhadas, que se juntavam em primeiro lugar em torno da Lei e do anúncio da Lei e não em torno de locais de sacrifício, precisavam de textos adequados para suas festas, cerimônias de consagração e para o tratamento de doentes. Eles eram tirados da tradição ou recém-produzidos; aquilo que agradava e satisfazia era reunido, formando gradualmente um volume válido para a comunidade de fé judaica mundial. Interessante é que os eruditos tardios deram à coleção o título de *t^ehillim*, "Cantos de louvor". Isto significa que para esses editores o elemento hínico, fortemente presente, era o mais importante no Saltério. Hinos de louvor de diferentes tipos estão concentrados na última parte de nosso Saltério, formando um acorde final em alto tom (Sl 145–150; mas também Sl 103 s.; 111–118). Alguns exegetas veem na estrutura do Saltério um arco dramático, que se estende da lamentação ao louvor. A finalidade de cada hino de lamentação (com exceção de Sl 88?) é, de fato, levar para o agradecimento e o louvor. Por isso, a designação de "Cantos de louvor" é plenamente justificada, mas não é abrangente. O Saltério do período persa, que provavelmente sofreu ainda diversas modificações no helenismo, se tornou sem dúvida o mais estratificado e o mais profundo dos livros do Antigo Testamento.

3.2.3.2. Jó

L. ALONSO SCHÖKEL, J. L. SICRE DIAZ, *Job: Comentário teológico y literário*, Madrid 2002. – W. A. M. BEUKEN, *The Book of Job*, Leuven 1994 (BEThL 114). – M. CHENEY, *Dust, Wind and Agony*. Character, Speech and Genre in Job, Lund, 1994 (CB.OT 36). – K. J. DELL, *The Book of Job as Sceptical Literature*, Berlin, 1991 (BZAW 197). – J. EBACH, *Steiten mit Gott. Hiob*, Neukirchen, 1996, 2 v. – K. ENGLJÄHRIGER, *Theologie*

---

[206]. Cf. por exemplo Salmos 48; 80; 95; 100; 136; 147 etc.; E. S. GERTENBERGER, Psalmen und Ritualpraxis, in E. ZENGER (Hg.), *Ritual und Poesie*, Freiburg, 2003, 81-83 (HBS 36).

im Streitgespräch, Stuttgart, 2003 (SBS 198). – G. FUCHS, *Mythos und Hiobdichtung.* Aufnahme und Umdeutung altorientalischer Vorstellungen, Stuttgart, 1993. – F. GRADL, *Das Buch Ijob*, Stuttgart, 2001 (Neuer Stuttgarter Kommentar, AT, 12). – O. KEEL, *Jahwes Entgegnungen an Ijob*, Göttingen, 1978 (FRLANT 121). – W. C. LAMBERT, *Babylonian Wisdom Literature* [1960], reimpr. Oxford, 1975. – T. MENDE, *Durch Leiden zur Vollendung*, Trier, 1990 (TThSt 49). – H.-P. MÜLLER, *Dass Hiobproblem*, Darmstadt, ²1988 (EdF 84). – C. A. NEWSOM, *The Book of Job*: A Contest of Moral Imaginations, Oxford, 2003. – L. G. PERDUE, W. C. GILPIN (Ed.), *The Voice from the Whirlwind*, Nashville, 1992. – Y. PYEON, *"You have not spoken what is right about me"*: Intertextuality and the Book of Job, Frankfurt, 2003 (Studies in Biblical Literature 45). – M. REMUS, *Menschenbildvorstellungen im Ijob-Buch*, Frankfurt, 1993. – W.-D. SYRING, *Hiob und sein Anwalt*, Berlin, 2004 (BZAW 336).

O duplo tema de Jó — Por que um justo deve sofrer? Os deuses são justos para com os homens? — é antiquíssimo na Mesopotâmia. Existe, pelo menos, desde o segundo milênio. A dupla questão teológica pertence genericamente ao âmbito das cerimônias de lamentação e de súplica, nas quais os sofredores buscavam assegurar-se do auxílio de suas divindades. A um texto de lamentação neossumério foi dado o título de "Jó sumério", porque nele podem ser ouvidas leves censuras contra as divindades protetoras pessoais:

> ... meu camarada não me diz uma palavra confiável; meu companheiro responde com mentira a palavra correta que eu falei; o "homem da mentira" fala palavras hostis; (mas) tu, meu Deus (pessoal), não lhe respondes, tu levas adiante minha resolução! (*Der Mensch und sein Gott*, segundo W. H. Ph. Römer, 1990, 103, linhas 35-39 [TUAT III]).

Depois de uma lamentação muito comovente, questões e censuras à divindade, porém, seguem-se uma confissão de culpa do orante (linha 111-113) e o relato (adiantado?) do agraciamento e da reabilitação do suplicante, expulsão dos demônios causadores da doença e concessão de espíritos protetores (linha 118-129). Estão, portanto, presentes os elementos básicos do livro de Jó, ainda que a dramática discussão com amigos de outra opinião não pertença ao enredo. O ritual de lamentação com final feliz termina com um louvor: "O homem fielmente clama a grandeza seu deus (pessoal)!" (linha 130; loc. cit. 109).

O mais conhecido epos do tipo "Jó" do antigo Oriente foi redigido em acádio por volta de 1000 a.C. e diz nas linhas iniciais *ludlul bel nemeqi*, "quero cantar ao Senhor da sabedoria". Um "justo sofredor" traz sua necessidade perante Marduk, o deus da Babilônia. A grande obra (c. 480 linhas em quatro tabuletas) começa com um hino abrangente (tabuleta I, linha 1-40) e termina com a reabilitação do sofredor (tabuleta IV). Entre estas partes, o orante luta com veemência, à maneira de Jó, com as divindades. Ele sabe que é tratado injustamente:

> Chamo o deus, mas ele não volta sua face para mim,
> oro a minha deusa, mas ela não levanta sua cabeça para mim,
> o vidente não pode esclarecer minha situação vendo um sacrifício,
> o intérprete dos sonhos não torna a justiça visível para mim através da fumaça de seu sacrifício,
> Suplico ao deus do sonho, mas ele não me instrui,
> o exorcista não afasta a ira contra mim com seu ritual...
> Como alguém que não apresenta regularmente seu sacrifício perante o deus,
> ou que não menciona a deusa na refeição;
> que não abaixa o nariz, não sabe se abaixar,
> em cuja boca a oração e a súplica pararam;
> que falta no dia de festa do deus, que despreza a festa do mês,
> que despreza os ritos e se torna negligente;
> que não ensina a seu povo o temor ao deus e a atenção,
> não menciona o deus, cujas refeições come,
> abandona sua deusa, não lhe trazendo farinha torrada;
> como um homem que se porta ferozmente, esquecendo seu Senhor,
> que faz pesados juramentos pelo deus levianamente;
> a este exatamente sou igual!
>
> Mas eu mesmo pensava em orar,
> orar era para mim inteligência, sacrifício era costume.
> O dia de adorar o deus me era alegria no coração,
> o dia da procissão da deusa era lucro e ganho.
> As orações pelo rei eram alegria para mim,
> e música alegre para ele me era um bem.
> Ensinava minha terra a manter as ordens do deus;
> Instruía meu povo a valorizar o nome da deusa,
> Comparava a glória do rei à de um deus,
> Também ensinava à massa o temor diante do palácio.
>
> Se eu soubesse que o deus concorda com isto!
> O que parece bom para alguém poderia ser sacrilégio para o deus;
> O que parece muito ruim para o próprio juízo poderia agradar ao deus!
> Quem pode conhecer a vontade de deus no céu?
> Como captar a decisão de Anzanunzu?
> Onde descobrimos o caminho do deus envolto em nuvens?
> (Tabuleta II, linhas 4-9.12-38, segundo Von Soden, TUAT III, 121-123).

Até o fim da segunda tabuleta o sofredor aparece em amargas lamentações, sempre no estilo de relato objetivo e não se dirigindo em oração a uma divindade. Ele sofreu tormentos infernais sob o ataque de demônios e doenças. No início da terceira tabuleta começa uma mudança para melhor. Em formas oníricas lhe aparecem figuras de luz, que trazem salvação. Na quarta tabuleta, o torturado narra em detalhes seu restabelecimento e no fim exorta todos os homens a louvar Marduk, o único que pode trazer de volta à vida os que foram mandados para a morte (Tabuleta IV, l. 99-112)[207]. São consideráveis as semelhanças com a mentalidade, as concepções teológicas e os valores básicos do poema de Jó do Antigo Testamento. Em primeiro lugar, nas duas obras se esboça uma piedade pessoal que fundamentalmente conta com o funcionamento da conexão ação-consequência: aquele que vive de acordo com as instruções divinas pode exigir bem-estar. Esta expectativa fundamental foi bastante abalada desde o primeiro milênio a.C. no Oriente Próximo. Antigas dúvidas e censuras à divindade pessoal — ela teria descuidado de seu dever de providência no caso concreto — são agora ampliadas, questionando-se o governo divino do mundo em geral. Provavelmente desenvolvimentos políticos, econômicos e sociais, que trouxeram consigo pesadas experiências de dor, são responsáveis pela mudança no clima espiritual e religioso.

O terceiro texto, que deve ser rapidamente apresentado, recebeu dos editores modernos o título de "Teodiceia babilônia"[208]. Uma pessoa abatida pelo destino lamenta para um amigo a sua dor; o diálogo, parcialmente crítico aos deuses, flutua em 27 estrofes para lá e para cá, começando cada estrofe de 11 linhas com o mesmo sinal cuneiforme — uma moda literária maneirista (acróstico). Lendo na vertical estes 27 sinais iniciais aparece o nome do autor: "Eu, Sangil-kinam-ubbib, o exorcista, o que saúda bendizendo o Deus e o rei"[209]. O "sofredor" (Von Soden) se queixa de seu duro destino pessoal, mas alega a injustiça no mundo em geral como argumento contra a justiça dos deuses. O amigo, que raciocina segundo a tradição teológica, defende a impenetrabilidade da administração divina, mas por fim desiste de defender uma ordenação justa e concede que há uma mistura primordial do mundo com o mal. Isto permite ao sofredor uma conclusão conciliadora, subordinando-se com humildade:

---

207. "Fora Marduk, quem poderia mudar seu estado de morte em vida? / Fora Zarpanitu, qual deusa poderia dar a vida? / Marduk é capaz de chamar do sepulcro para a vida; / Zarpanitu sabe proteger da catástrofe" (Tabuleta IV, l. 103-106, segundo W. von SODEN, TUAT III,134).

208. Transcrição e tradução inglesa em W. G. LAMBERT, *Babylonian Wisdom Literature*, 70-91; tradução alemã por W. von SODEN, *Die babylonische Theodizee*. Ein Streitgespräch über die Gerechtigkeit der Gottheit, TUAT III, 143-157.

209. W. von SODEN, TUAT III, 143. Von Soden calcula que a obra tenha surgido entre 800 e 750 a.C.

XXIII. *O sofredor*:
Olhei em volta os homens, pois estão em condições bem diversas;
o deus não corta o caminho ao demônio Sharrabu.
O pai puxa o navio sobre as águas;
(mas) seu primogênito fica na cama.
O irmão mais velho segue seu caminho como um leão;
(mas) o mais novo (já) se alegra quando toca o asno selvagem.
O herdeiro corre como um vagabundo a estrada,
(mas) o segundo filho dá comida ao pobre.
Se eu me humilho perante os deuses, o que ganho?
Devo prostrar-me no chão ainda mais baixo do que o meu inferior.
Desdenha-me tanto o desprezado quanto o rico e orgulhoso!

XXIV. *O amigo*:
Hábil e sábio o que dispõe de conhecimento!
Teu coração é totalmente mau, tu que atormentas o deus.
A mente do deus é tão distante quanto o interior do céu,
seu pensamento é difícil de captar, por isso os homens não o compreendem.
Nas criaturas de Aruru, em todas as que vivem,
por que sempre o cordão umbilical de um descendente não é cortado (como convém)?
O primeiro bezerro de uma vaca pode ter pouco valor,
enquanto sua cria posterior vale o dobro.
Como filho nasce primeiro um pateta,
hábil e corajoso é chamado o segundo.
Podemos perceber, mas qual é o plano do deus, os homens não compreendem.

XXVII. *O sofredor*:
Meu amigo, tu és misericordioso, escuta bem minha lamentação!
Ajude-me, sofro algo pesado, sabe isso!
Sou um escravo que muito sabe e muito ora;
não vejo nenhuma ajuda, nenhum apoio para breve.
Sigo quieto pela praça de minha cidade,
o grito não soa alto, meu discurso foi abafado.
Não levanto minha cabeça, olho somente a terra;
como um escravo, não digo o louvor na reunião de [meus] companheiros.
Deus pode me designar como ajuda alguém que me abandone;
talvez a deusa tenha dó de mim, a que [me...]!
Talvez o pastor, o sol dos homens, como um deus [dê conciliação].

Apesar de algumas diferenças, destacam-se na teodiceia babilônia e no livro de Jó do Antigo Testamento importantes semelhanças. A estrutura de diálogo é comum nas duas obras, o que permite concluir uma situação vivencial determinada, a escola de sabedoria. O tom cético-crítico perpassa os dois textos; trata-se da ordem em geral injusta do mundo, pela qual as divindades são em última instância responsáveis. Também é uma característica dos textos análogos a relativa vitória da visão de mundo destrutiva; nos dois textos, o que protesta deve por fim transigir. Ele se dobra no fim diante do poder dominante dos deuses e pede clemência. Mas, estranhamente, este reconhecimento final do inevitável não anula as censuras prévias contra as divindades. Elas criaram um mundo ambivalente, de modo que o mal não pode mais ser afastado.

A épica veterotestamentária de Jó — paciente, rebelde, humilde — está situado na corrente tradicional do antigo Oriente. O livro de Jó apresenta uma variação dos temas "homem justo", "Deus justo", variação especificamente judaica, mas que se move totalmente dentro dos paradigmas da tradição suméria e acádia. O entrelaçamento com a literatura antiga acima citada pode ser reconhecido já pelo nome e pela localização de Jó. Eles não são israelitas. O nome pessoal talvez venha do semítico oriental *ayyâbu* = "Onde está meu pai?", e seria então um nome programático literário. A terra de Us era localizada naquele tempo no norte da Jordânia oriental ou ainda mais a oriente[210]. É claro, assim, que o autor é cosmopolita. A comunidade judaica se sentia plenamente em contato com as regiões vizinhas e cultivava tais tradições sapienciais que ultrapassavam as fronteiras nacionais, como mostra o livro de Jó. A obra tem pelo menos duas camadas. A discussão de Jó com seus "amigos", a qual tem várias fases, está enquadrada pela narrativa em prosa, na qual Jó é exposto ao sofrimento, tem que suportar muito, mas não cede ao tentador. O ouvinte experimenta um "prelúdio no céu", narrado de modo popular, mas com arte e grandiosidade: Deus recebe no conselho também o acusador-chefe de seu ministério celeste e, por duas vezes, entrega-lhe Jó, modelo do piedoso. Satã, muito viajado e atento, pode submeter Jó às mais pesadas provas que um homem pode sofrer durante sua vida: perda de bens e filhos, doença grave. Mas Jó, "íntegro e reto, que temia a Deus e se mantinha longe do mal" (Jó 1,1), não se deixa enganar e permanece fiel a seu Deus:

> Nu saí do ventre de minha mãe, nu para lá hei de voltar. O Senhor deu, o Senhor tirou. Bendito seja o nome do Senhor! (Jó 1,21).
>
> Sempre aceitamos a felicidade como um dom de Deus. E a desgraça? Por que não a aceitaríamos? (Jó 2,10).

Depois que Jó passou por todas as provas, a narrativa não traz uma terceira aparição de Satã no céu, na qual sua derrota poderia ser festejada. Tal cena é

---

210. Cf. G. FOHRER, *Das Buch Hiob*, Gütersloh, 1963, 71-73 (KAT XVI); B. LANG, NBL II, 214 s.

conscientemente evitada, pois, como experimentamos, o problema de Jó não desapareceu do mundo. Em vez disso, a narrativa continua com a descrição lapidar da reabilitação do homem provado (Jó 42,10-17). O modelo assim desenhado de um fiel de Yhwh, que pode ser extremamente incomodado mas mantém sem erro sua fé em Deus — mesmo contra a atitude crítica de sua mulher (Jó 2,9) e diante da dissolução da solidariedade familiar (Jó 19,13-22; 42,11) —, corresponde exatamente ao ideal do piedoso da Torá, tal como aparece por exemplo no Salmo 37 (v. 5 s.25a.37). O piedoso exemplar tira da Torá sua força vital e se mantém ligado a ela sob qualquer hostilidade e quaisquer tentações: este é também o tema do Salmo 119 (por exemplo, 41 s.; 50.71.92.120.141.143.153).

A parte do livro em diálogo apresenta, entretanto, outros acentos numa linha principal. Em Jó 4–27 três amigos de Jó com formação teológica, Elifaz de Temã, Bildad de Suás e Sofar de Naamá, falam cada um três vezes contra as acusações desesperadas de Jó (Jó 3) (a terceira série de discursos, Jó 22–27, não foi conservada na íntegra). Depois de cada diálogo, o justo sofredor toma posição cada vez mais áspera contra as exortações para ser humilde e confessar a culpa. Segue um intermédio misto, não dialógico (Jó 28–31), introduzido pelo louvor da sabedoria profunda, o mais alto mistério do mundo, o qual só pode ser conhecido por Deus (Jó 28). A sabedoria

> se esconde aos olhos de todo vivente, está oculta aos pássaros do céu. O abismo e a morte declaram: "nossos ouvidos souberam de sua fama". Deus discerniu o caminho até ela, Ele ficou sabendo onde ela mora. (Jó 28,21-23).

Este intermédio parece ser uma preparação para os discursos de Deus em Jó 38–41. Seja como for, depois deste louvor aparece um bloco muito interessante de declarações, que é mais adequado a uma situação de julgamento do que a uma discussão acadêmica (Jó 29). Jó descreve sua vida anterior: ele era uma pessoa respeitada, plenamente integrada na sociedade, alguém que cumpria especialmente seus deveres sociais para com os menos felizes (v. 12-17; cf. Lv 19,9-18; Dt 24,10-22; 26,12 s.) e assumia funções de liderança (v. 21-25). O retrato ideal, portanto, de um cidadão que está seguro da bênção de Deus e da confiança da comunidade. Em contraste está a descrição da miséria atual, que destrói todas as relações sociais (Jó 30). A lamentação gritada em voz alta algumas vezes se transforma em oração: "Eles me abominam, ficam longe de mim..."; "Eu grito a ti e não me respondes... tornaste-te um carrasco para mim..." (v. 10.20 s.) Os dois capítulos apresentam o sofredor numa posição defensiva. Ele descreve a felicidade anterior, destruída por Deus. É adequado a essa descrição da situação o detalhado protesto de inocência no capítulo seguinte (Jó 31). Jó jura não ter cometido determinados crimes, bastante comuns, que talvez fossem a causa de sua infelicidade. Aparentemente se fala de dez transgressões, segundo o número dos mandamentos, mas que não cobrem as sentenças do decálogo de Êxodo 20 e Deuteronômio 5. Três ou quatro destes protestos de inocência possuem uma forma clássica de juramento: "Se levantei a mão contra um órfão... arranque-se das costas o meu ombro" (Jó 31,21). Tais juramentos de pureza podiam desempenhar um papel também nos tribunais como meios de prova. Duas vezes uma transgressão é colocada como punível: "Se uma mulher seduziu meu coração... minha mulher gire a mó para um outro... pois tal coisa teria sido... crime que o meu juiz deve punir" (v. 9-11). O grande protesto de inocência de Jó tem alguns paralelos com o capítulo 125 do Livro dos Mortos egípcio e com a segunda tabuleta dos juramentos de Shurpu. No Livro dos Mortos egípcio, o morto presta perante o tribunal do submundo uma longa série de curtos juramentos negativos do tipo: "não blasfemei um deus; não oprimi um pobre; não ofendi ninguém; não fiz ninguém chorar; não matei ninguém..." etc. O ritual de cremação *šurpu* afastaria transgressões conhecidas e desconhecidas; ele lista as transgressões comuns (falso testemunho, rixas, adultério, lesão corporal etc.) e termina com um pedido de perdão e remissão[211].

Como quer que sejam formuladas as declarações, elas parecem pressupor um julgamento sagrado. Jó 31 seria então a tentativa de inocentar um acusado. Um tipo de colofão fecha a versão atual do texto (Jó 31,40: "Aqui terminam as palavras de Jó"). Mas Jó 32,1 se liga ao capítulo 27, pondo um ponto final na discussão com os três amigos e fazendo intervir um quarto interlocutor: Eliú, filho de Baraquel, um buzita (Jó 32,2-10: uma justificação dupla e circunstanciada para a nova série de discursos). Há aqui (Jó 32–37) o fragmento de outra versão de Jó? Por que só foram transmitidos quatro discursos de Eliú e nenhuma resposta de Jó? No julgamento final de Yhwh, que pertence à moldura narrativa, só são mencionados os três primeiros interlocutores de Jó (Jó 42,7.9; cf. Jó 2,11), não aparecendo mais Eliú depois de Jó 36–37. O próprio Yhwh toma a palavra nos capítulos finais (Jó 38–41). Em discursos grandiosos, o Deus criador desenvolve os mistérios de seu saber e de seu poder e pergunta ironicamente como as capacidades humanas se apresentam diante deles (Jó 38,2–39,30). Jó só pode responder muito baixo: "Sou insignificante, que vou responder?" (Jó 40,4). Depois de nova intervenção de Yhwh "do seio da tempestade" (Jó 40,6–41,26), Jó confessa mais uma vez sua insignificância

---

211. Cf. W. Beyerlin, RTAT, 156 s.

e sua fraqueza (Jó 42,1-6). Ele mesmo é culpado, saindo Deus justificado do caso (Jó 42,2-6).

Os diálogos e também o *intermezzo* do julgamento destacam o homem rebelado, que, com algumas censuras drásticas, acusa seu Deus de governo arbitrário e injusto. "Sabei que Deus violou meu direito... Se grito 'violência!', ninguém responde, aos meus apelos não se faz justiça" (Jó 19,6-7). Somente o discurso de Deus torna razoável o revoltado e cria um meio-termo entre a figura do que se opõe a Deus e a figura do manso sofredor da moldura narrativa. Alguns salmos mostram que as duas figuras podem também ficar uma ao lado da outra asperamente. Nas expressões de confiança, o orante aceita tudo que vem da mão de Deus (cf. Sl 11; 16; 23; 31; 42/43; 62; 120). Alguns protestos de inocência e acusações endereçadas a Deus insistem no direito próprio (cf. Sl 7; 17; 26; 44; 73; 88). Destes, sobretudo o Salmo 73 é chamado de "Salmo de Jó". O problema do sofrimento não compreensível está lá; Deus é identificado como o causador (cf. Sl 44,10-15; 88,7-10.16-19). Os orantes se revoltam contra Deus. Para nós a grande questão é localizar o período da resistência religiosa. Mais precisamente em relação a Jó: como e quando foram combinados o sofredor resignado e o justo revoltado?. Genericamente se pode dizer que tais pensamentos surgiram no antigo Oriente perto do primeiro milênio a.C. Depois de graves revoluções históricas e das imensas experiências dolorosas com as guerras dos cassitas etc., foi abalada a confiança dos habitantes da Mesopotâmia na ordem estável do mundo. Dúvida e resignação se espalharam. Mas a avaliação geral da situação espiritual nada fala ainda sobre Israel. Quando ocorreram lá as mencionadas mudanças na atitude de vida? Sobretudo: como pode ser explicada a reunião de concepções diferentes? Por que no livro de Jó aparece um perfil tão ambíguo daquele que sofre de Deus?

A forma linguística da obra, com seus aramaísmos[212], os temas (por exemplo, a figura de Satã, o cenário no céu)[213], os discursos de Deus em forma sapiencial[214], a teologia que tende ao ceticismo[215], tudo isto indica por um lado a sabedoria pessimista babilônia e, por outro talvez, o período persa como data inicial. Em todo caso o contexto humano universal indica que os poetas e editores judeus pensam num horizonte mundial. Tradições especificamente israelitas não dão o tom; mesmo o nome de YHWH aparece em poucos lugares

---

212. Cf. N. H. SNAITH, *The Book of Job*, London, 1968, 104-112.
213. Cf. H.-P. MULLER, *Hiobproblem*, 41-48; paralelos no antigo Oriente, ibid., 49-64.
214. Cf. O. KEEL, *Entgegnungen*.
215. Cf. K. J. DELL, *Book*.

(cf. Jó 1,6-9; 2,1-6; 40,1-6; 42,7-12 etc.). A comparação com outras tradições de Jó no antigo Oriente revela também que o poema bíblico está no final de um desenvolvimento. Entretanto, continua sobrando grande número de possíveis datações da conclusão do livro de Jó. Se queremos uma resposta mais próxima, é inevitável sondar a localização na vida e o contexto social.

Como mostra o nível da linguagem e da reflexão teológica, os diálogos de Jó não eram literatura popular ou aquela usada na liturgia. Devemos supor neste caso uma origem "acadêmica". São colocadas então, imediatamente, as questões de se e desde quando existiram em Judá e na diáspora judaica "instituições de ensino superior" para a elite teológica. Os pesquisadores se ligam a diferentes teorias. Alguns pensam que, por necessidade interna, a organização do Estado e do Templo teria criado escolas de escribas e funcionários já no período dos reis (desde Salomão?)[216], as quais teriam redigido também alta literatura. Outros propõem um início posterior para a corporação organizada dos escribas, ligando-a à constituição da comunidade religiosa exílica e pós-exílica, à reunião e ao desenvolvimento de antigas tradições de fé e à formação de uma destacada elite laica de escribas e eruditos teológicos. Provavelmente as escolas da Lei só se formaram plenamente a partir do período helenista[217]. Os escritos de Qumrã e a coleção da Mishná atestam uma tradição escolar na qual — talvez em contato com a vida litúrgica da comunidade — as tradições eram profissionalmente cuidadas e interpretadas. Talvez o livro de Jó (provavelmente também o Eclesiastes) pertença a este contexto espiritual. A cultura da disputa científica era muito desenvolvida. Jó e seus amigos são posições teológicas personificadas. Estavam em discussão concepções tradicionais de uma ordem do mundo justa, a qual possibilitava uma vida plena para quem é sem máculas morais e que anuncia aos "ímpios" e aos "maus" uma punição adequada durante a vida. Já as religiões do Oriente Próximo haviam chegado a um limite neste questionamento, pois dentro de seu horizonte imanente elas encontraram contradições insolúveis. Isto também ocorria no poema de Jó do Antigo Testamento. Diferente era a situação da religiosidade egípcia: para ela, todas as questões sobre o sentido dependiam de fato do além. Também outra é a

---

216. Cf. A. LEMAIRE, *Les écoles et la formation de la Bible dans l'ancien Israel*, Fribourg, 1981 (OBO 39).

217. Cf. P. R. DAVIES, *Scribes*: "É fato que escolas de escribas e de não-escribas claramente existiam em Judá no período helenista, e provavelmente escolas de escribas surgiram no período persa" (ibid., 77); "... continua verdade ineludível que a atividade dos escribas de escala 'canônica' deve ter existido no período persa e helenista, mas não podemos dizer se ela começou mais cedo ou não" (ibid., 87).

teologia persa: já nos mais antigos estratos do *Avesta* a vida terrestre é somente o período de prova antes da eternidade. O ajuste de contas final ocorre com a morte do indivíduo ou com o fim do tempo histórico e o juízo final sobre todos os homens. Seria talvez o livro de Jó também, subconscientemente, uma discussão com a diferentemente estruturada esperança do futuro da religião persa dominante e da religião babilônia ainda influente?

Tornou-se tema da pesquisa das últimas décadas localizar a inserção social concreta do drama de Jó[218]. A figura de Jó teria surgido de experiências em tempos economicamente turbulentos e desastrosos. Uma pessoa super-rica, que naturalmente se julga perfeita na moral e na religião, cai na miséria social e sente na pele o que significa sofrer doença e discriminação. Somente pelo reconhecimento humilde de sua infinita insignificância, depois de persistente resistência contra qualquer suspeita de culpa, ela pode ser reabilitada e continuar gozando de sua antiga fortuna aumentada. — Assim como deve ser pesquisada a ligação do problema de Jó com períodos de crise econômica da história daquele tempo, assim também não é aconselhável colocar levianamente uma obra densa, com tantas dimensões históricas e interculturais, e com tal densidade espiritual como o livro de Jó, em ligação direta com acontecimentos concretos e personagens históricos. As personagens e crises econômicas reais por trás das diferentes figuras de Jó tornaram-se, através dos séculos, um tipo humano genérico. Por outro lado, ver em Jó uma figura alegórica do povo de Israel sofredor seria uma interpretação violenta.

O conglomerado das partes singulares do "livro de Jó" hebraico certamente surgiu no período exílico e pós-exílico, talvez já no pré-exílico. Mas, visto o estado complexo da composição (entrelaçamento de diversas tradições), ele provavelmente não recebeu a redação final canônica antes dos dias finais do período persa, ou até depois, na era helenística. Isto significa: a obra foi terminada em algum momento do século IV ou do século III a.C.

3.2.3.3. Provérbios

G. BAUMANN, *Die Weisheitgestalt in Proverbien 1–9*, Tübingen, 1996 (FAT 16). – J. L. CRENSHAW, *Wisdom*. An Introduction, Atlanta, 1981. – H. F. FUHS, *Das Buch der Sprichwörter*,Würzburg, 2001(fzb 95). – ID., *Sprichwörter*, Würzburg, 2001 (NEB

---

218. Cf. F. CRÜSEMANN, Hiob und Kohelet, in R. ALBERTZ et al. (Hg.), *Werden und Wirken des AT*, Göttingen, 1980, 373-393; R. ALBERTZ, Der sozialgeschichtliche Hintergrund des Hiobbuches, in J. JEREMIAS et al. (Hg.), *Die Botschaft und die Boten*, Neukirchen-Vluyn, 1981, 349-372; T. KESSLER, "Ich weiss, dass mein Erlöser lebt". Sozialgeschichtlicher Hintergrund und theologische Bedeutung der Löser-Vorstellung in Hiob 19,25, ZThK 89 (1992) 139-158.

35). – H. J. Hermisson, *Studien zur israelitischen Spruchweisheit*, Neukirchen-Vluyn, 1968 (WMANT 28). – B. Lang, *Die weisheitliche Lehrrede*, Stuttgart, 1972 (SBS 54). – Id., *Wisdom and the Book of Proverbs*, New York, 1986. – A. Meinhold, *Die Sprühe*, Zürich, 1991 (ZBK). – R. E. Murphy, *Proverbs*, Nashville, 1998 (WBC22). – L. G. Perdue, *Proverbs*, Louisville, 2000. – K. F. D. Römheld, *Die Weisheitlehre im Alten Orient*, München, 1989 (BN.B 4). – N. Shupak, *Where can Wisdom be Found?*, Fribourg/Göttingen, 1993 (OBO 130). – R. N. Whybray, *The Composition of the Book of Proverbs*, Sheffield, 1994 (JSOT.S 168). – C. Yoder, *Wisdom as Woman of Substance*, Berlin, 2000 (BZAW 304); cf. bibliografia sobre 3.1.3.3.

Já escrevemos, acima (3.1.3.3), que as coleções individuais do livro dos Provérbios atestam o período pós-exílico. Razões gerais e alguns indícios falam em favor desta localização. É difícil provar definitivamente quando foi terminada a compilação completa e canônica do livro dos Provérbios inteiro. Uma possibilidade é que as três partes do cânon foram terminadas uma depois da outra. Depois do livro da Torá em cinco rolos teria vindo o cânon dos profetas, referido diretamente à tradição de Moisés. Os escritos sem articulação juntados uns aos outros, mas com conteúdo litúrgico e didático, teriam surgido ainda mais tarde. Mas esta teoria do surgimento do cânon parece simples demais. Provavelmente desde o começo do exílio se iniciaram alguns processos paralelos de coleção e redação. Na sua maioria, ou provavelmente todos esses processos estavam ligados às atividades da nascente comunidade confessional em torno de Yhwh e de sua Torá. As coleções de textos e os "livros" resultantes — fossem coleções para uso litúrgico ou para uso escolar — serviam à comunidade e não eram usados e conservados em caráter privado. Sempre que se fala no Antigo Testamento de escritos, rolos, "livros", trata-se de atos públicos, como que de propriedade pública ou comunitária (cf. Ex 24,7 s.; Dt 29,19 s.; 26; 31,9-13.19-22; 2Rs 22; Ne 8,1-5; Jr 36 etc.). A palavra escrita pertence a todos; sacerdotes, levitas e profetas (doutores) leem constantemente para a comunidade. Os crentes escutam e aprendem a palavra e não a possuem em casa na estante de livros. Onde fica o livro dos Provérbios como um todo? Qual finalidade específica ele preenche?

A introdução geral, Provérbios 1,1-7, nos dá ampla informação sobre isto. Ela nomeia a utilidade para todos em cinco infinitivos: "... para aprender sabedoria e disciplina", "para entender palavras de inteligência", "para adquirir a disciplina da perspicácia", "para proporcionar aos inexperientes a prudência", "para entender provérbios e palavras figuradas". O conhecimento daquilo que a comunidade aguarda e Deus ordena é necessário a todos, sem distinção de idade e sexo. Grupos específicos dentro da comunidade precisam de atenção especial dos "educadores", a saber, os "inexperientes" e os "jovens" (v. 4), nem sempre idênticos. Também aquele que já é sábio precisa constantemente refrescar seus conhecimentos e sua consciência (v. 5). A inteligência deve crescer constantemente; quem neste aspecto repousa enferruja. O auge da introdução é o versículo 7; talvez tenha sido acrescentado ao prelúdio dos versículos 1-6, mais velho, como marca:

> O temor de Yhwh é o princípio do conhecimento; sabedoria e educação, os estultos as desprezam (v. 7).

Já constatamos certa "javeização" nas coleções parciais (Pr 10,1–22,16). A introdução do livro dos Provérbios bate na mesma tecla com seu "temor a Yhwh". Menções específicas deste importante tema da comunidade confessional pós-exílica ou do nome de Yhwh também podem ser encontradas em Provérbios 1–9 (Pr 1,29; 2,5 s.; 3,11 s.19; 5,21; 6,16; 8,13.22.35; 9,10). Parece que esta orientação estrita a Yhwh é o que liga todos os subgrupos do livro dos Provérbios. Isto seria então um sinal seguro dos processos de redação finais de toda a obra.

Também é instrutiva a atribuição do livro a Salomão. Em Provérbios 25,1 já há uma introdução parcial que reclama a autoria de Salomão para os provérbios individuais e introduz uma instância mediadora que cuida da tradição ("os homens de Ezequias"), mas agora todo o livro é considerado herança do antigo rei sábio de Israel. Os editores do livro mantêm, portanto, sua inteligência extraordinária, dada por Yhwh, conforme a linha de 1 Reis 3; 5,9-13 e 10 (sabedoria e riqueza!). Mas quanto à quantidade e a qualidade dos poemas atribuídos a Salomão não há acordo:

> Pronunciou três mil provérbios, e seus cânticos são em número de mil e cinco. Falou de árvores: tanto do cedro do Líbano como do hissopo, que brota nos muros; falou de quadrúpedes, das aves, dos répteis e dos peixes (1Rs 5,12-13).

O livro dos Provérbios tem uma extensão mais modesta, e os dois únicos salmos atribuídos a Salomão (Sl 72,1; 127,1; na LXX??) não são uma multidão de canções. Não conhecemos absolutamente nada sobre fábulas por ele produzidas. Entretanto, a redação tardia reservou para o sábio rei a autoria de Provérbios, Eclesiastes, Cântico dos Cânticos, além de coleções não canônicas de sabedoria e de salmos. Do ponto de vista da história literária, mantém-se a tendência a atribuir também textos muito recentes ao lendário escritor modelo. Disto não se tira nenhuma indicação da localização da redação final do livro dos Provérbios.

Supomos que as coleções parciais contidas em Provérbios 10–31 surgiram no decorrer do período persa e eventualmente também foram juntadas umas às outras ou dentro das outras. O que podemos dizer de Provérbios 1–9? Em geral se supõe que se trata de uma coleção mais nova; ela se diferencia claramente — isto é seguro — dos outros provérbios quanto à forma e ao conteúdo. As unidades de texto são mais abrangentes, são discursos didáticos temáticos, na maioria das vezes estilizados como discurso direto[219]. "Dá ouvido, meu filho, à disciplina que teu pai te impõe, não rejeites o ensinamento de tua mãe" (Pr 1,8) é uma abertura típica. Pai e mãe estão por trás das exortações a uma vida responsável socialmente enquanto autoridade educadora. É incluída a rejeição de vícios conhecidos, falsidade, preguiça, hostilidade (cf. Pr 3,27-32; 6,1-19). Outra instância que se apresenta como loquaz é a própria sabedoria personificada: "... junto às portas, na cidade, proclama: 'Até quando, néscios, vos apegareis à vossa ignorância?'" (Pr 1,21 s.). Portanto, os pais e a sabedoria personificada são as autoridades imediatas de ensino; como já dito, YHWH aparece ocasionalmente (redacional?). É tradição antiga no Egito e no Oriente Próximo considerar o pai e a mãe responsáveis pela socialização de seus filhos. Que a Sabedoria apareça ensinando, em parte concorrendo com Dona Insensatez (Pr 9,13-18), é uma peculiaridade da coleção Provérbios 1–9. Os conteúdos ensinados pelas duas instâncias são paralelos. Por um lado, deve ser fortalecida a vontade dos jovens e inexperientes de se envolver com a voz da razão, isto é, do que é ordenado por Deus e socialmente tolerável, e de não ceder às seduções da vida preguiçosa. Não se trata, portanto, da apostasia de YHWH e de exortações cultuais, como nos textos proféticos e narrativos. O discurso sapiencial é motivado estritamente pela ética social. Seu tema mais urgente é o modo de vida correto na vida social do clã e da comunidade local observável. Ele é garantido por meio do aprendizado, da reflexão e da manutenção da doutrina comprovada. A sabedoria é o bem máximo, pois "longos dias há a sua direita; a sua esquerda, riqueza e glória. Seus caminhos são caminhos de deleite... Árvore da vida ela é para os que a abraçam" (Pr 3,16-18).

Um dos maiores perigos de se embrenhar no caminho errado está na facilidade com que os varões se deixam seduzir. Provavelmente, numa sociedade patriarcal os varões não eram muito limitados sexualmente. Eles tinham acesso a mulheres solteiras e a prostitutas. Por isso espantam a frequência e a intensidade dos avisos relativos às mulheres casadas. Entre três exortações à prudência, a do meio diz:

> Tu te livrarás, portanto, da libertina, da estranha de palavras lisonjeiras, que abandonou o companheiro de sua juventude e se esqueceu da aliança com seu

---

219. B. LANG, *Lehrrede*.

Deus. Sim, sua casa pende para a morte e seus meneios conduzem para as Sombras. Dos que vão a ela ninguém volta, nem encontra as veredas da vida (Pr 2,16-19).

Da perspectiva masculina dominante, a mulher sedutora leva toda a culpa. Esta visão é inculcada em Provérbios 5–7 de modo penetrante. O jovem inexperiente se aproxima ao entardecer como que por acaso da mulher lasciva e já está perdido.

Eis que essa mulher lhe vem ao encontro, trajada qual prostituta, toda insinuação. Agitada e sem compostura, seus pés não conseguem parar em casa. Ora na praça, ora nas ruas, fica espreitando em todas as esquinas. E então ela o agarra, cobre-o de beijos, dizendo-lhe deslavadamente: "Tinha de oferecer sacrifícios de ação de graças, hoje é dia de pagar minhas promessas. Por isso, saí ao teu encontro, para te procurar e te encontrei. Cobri minha cama de colchas, de tecidos multicores, de linho do Egito. Perfumei meu leito com mirra, com aloés e cinamomo. Vem, embriaguemo-nos de volúpia até o amanhecer. Gozemos juntos o amor. Pois o meu marido não está em casa, saiu de viagem, para bem longe. Levou dinheiro na bolsa, só voltará na lua cheia". Com toda essa lábia, ela o dobra e o arrasta com palavras lisonjeiras. Logo ele se põe a segui-la, como boi levado ao matadouro. E assim vai o bobo, atado, para o castigo, até que uma flecha lhe atravesse o corpo (Pr 7,10-23).

Além das evidentes fantasias masculinas, esse quadro dos costumes machista fornece algum conhecimento sobre as relações sociais e, portanto, sobre a localização temporal do texto? As declarações reunidas em Provérbios 1–9 parecem mostrar que avança o casamento monogâmico baseado no acordo mútuo: Provérbios 2,17 fala para a mulher do "companheiro da juventude", o qual ela não pode abandonar (Jr 3,4). A formulação lembra Malaquias 2,14-16: este texto fala da "mulher da juventude", "mulher da aliança", da "companheira" e da "fidelidade" do homem. Por outro lado, Provérbios 5,15-19 aconselha o homem a buscar prazer sexual somente com sua parceira, a "mulher de sua juventude". A concepção, ainda patriarcal, da parceria é adequada ao período persa, mas também ao helenista. Ele tornaria compreensível certa emancipação sexual da mulher diante da reivindicação de posse exclusiva masculina.

O outro tema que poderia ajudar na datação da coleção é a personificação e mesmo a hipóstase da figura feminina da sabedoria[220]. Ela atinge seu auge em Provérbios 8. Na entrada do capítulo surge novamente a mulher Sabedoria

---

220. Sobre isto em detalhe: G. BAUMANN, *Die Weisheitgestalt in Proverbien 1–9*, Tübingen, 1996 (FAT 16); cf. também S. SCHROER, Die göttliche Weisheit und der nachexilische Monotheismus, in M.-Th. WACKER, E. ZENGER (Hg.), *Der eine Gott und die Göttin*, Freiburg, 1991, 151-182 (QD 135).

em público e exorta os homens a viver com prudência e cautela (cf. Pr 8,1-9). A mulher Sabedoria apresenta seus atos e qualidades (Pr 8,10-21) e, depois, acrescenta um hino, um divino autoelogio, não desconhecido no antigo Oriente Próximo[221].

Esse autoelogio esclarece a relação entre YHWH e a Sabedoria, subordinando, portanto, esta potência hispostasiada à fé monoteísta em YHWH.

> YHWH engendrou-me primícia de sua ação, prelúdio de obras antigas. Desde sempre fui consagrada, desde as origens, desde os primórdios da terra. Fui gerada quando ainda não existiam os abismos, quando não havia ainda os profundos mananciais das águas (Pr 8,22-24).

Este texto é único no Antigo Testamento. Ele encontra mais tarde acolhida e paralelos sobretudo nas especulações gnósticas. Mas de onde surgiu a ideia de uma "sabedoria" preexistente, a qual dificilmente pode ser descrita senão como uma hipóstase, uma figura de identificação com o Deus máximo? Não faltam teorias de história da religião que esclareceriam[222]. Com certeza, devemos supor, com G. Baumann, que há muitas camadas de significado na figura da sabedoria, isto é: do ponto de vista da história da tradição, algumas ideias do entorno de Israel e de tradições israelitas confluem nela. Não se pode ignorar que, além das deusas do antigo Oriente e do Egito (Maat!), configurações teológicas persas também desempenharam um papel significativo. Não que a figura da sabedoria do Antigo Testamento seja uma cópia do modelo do zoroastrismo, mas ela apresenta afinidades surpreendentes com os *Amesha Spentas*, que essencialmente representam abstrações das forças da ordem, do direito e da razão e em geral encarnam o bem máximo e a verdade máxima. Uma lista das "imortais benevolentes" pode ser lida assim, segundo M. Stausberg: bom pensamento // a melhor verdade/ordem/harmonia // poder desejável/domínio // atenção benevolente/docilidade/atitude justa // ser ileso/integridade/saúde // imortalidade. Ahura-Mazda pertence a este grupo de potências máximas segundo outras listas, mas em geral é o "Senhor da Sabedoria" superior, idêntico aos *Amesha Spentas* somente quanto ao conteúdo real. As forças mencionadas podem ser reencontradas na figura da sabedoria de Provérbios 8. A relação com YHWH é semelhante à dos *Amesha Spentas* com Ahura-Mazda. A sabedoria hebraica é a primeira força criada, antes de todas as outras criaturas. Mas ela funciona como parceira e companheira em todas as obras da criação de YHWH. Isto mostra que ela é a essência fundamental do

---

221. Cf. A. FALKENSTEIN, W. von SODEN, *SAHG*, Zürich, 1953, 67 s. (Inanna).
222. Cf. G. BAUMANN, *Die Weisheitgestalt*, 4-57.

mundo e participa na essência e na ação do criador. Se há analogias persas, então a primeira parte do livro dos Provérbios pode ter surgido no período pós-exílico. Entretanto, a figura da sabedoria pode também ter-se formado no período helenista, quando impulsos teológicos e cosmológicos persas agiam com vigor.

Os papiros achados em Elefantina revelaram, entre outras coisas, uma coleção de provérbios em aramaico ligados a um fragmento de romance. Este texto, com o nome do famoso sábio Aicar, pode, na forma encontrada, ser datado com segurança no século V a.C.[223] e nos dá assim a oportunidade de fazer uma comparação com o livro dos Provérbios. O livro do Antigo Testamento mostra em suas concepções e em sua composição semelhanças com o livro de Aicar? De início constata-se uma diferença significante: Aicar, redigido em aramaico, não contém nenhuma referência a Yhwh, sendo mencionados como divindades Shamash, conforme o contexto ficcional assírio, e El, segundo a suposta terra de origem no sul da Síria. A sabedoria é eventualmente subordinada como grandeza feminina às divindades maiores. Portanto, o livro não pertence à comunidade de Yhwh, mas aos mercenários semitas ocidentais em geral, que prestavam serviços para os persas em Elefantina. Ora, da existência do texto de Aicar na ilha do Nilo e das numerosas versões mais novas conhecidas (síria, etíope, grega, árabe, armênia, eslava) podem ser deduzidas certa internacionalidade e inter-religiosidade da sabedoria; nisso também se percebe a grande popularidade e a ampla divulgação da matéria.

O prelúdio (ou enquadramento) narrativo esboçando o destino do herói do título pode ser comparado com a ação que enquadra o livro de Jó ou com as novelas de José. O sábio é salvo de perigo de morte na corte assíria (no tempo de Senaquerib e Asaradon), porque o carrasco se lembrou do bom ato do condenado e o protegeu por gratidão. No livro dos Provérbios não se encontra uma introdução narrativa do autor, ela é reduzida às breves indicações da autoria de Salomão. Ora, é costume no Egito e no Oriente Próximo ornamentar tais coleções, ligando-as com um autor histórico ou ficcional da sabedoria dos provérbios.

A coleção de provérbios juntada consiste predominantemente, na medida em que o texto foi conservado e pode ser entendido, em unidades breves; discursos didáticos são raros. Os breves provérbios são bastante diferentes

---

223. Segundo I. Kottsieper a narrativa é mais recente, enquanto a parte dos provérbios é, por sua linguagem aramaica antiga, mais velha (séc. VIII/VII a.C.): *Die Sprache der Achiqar-Sprüche*, Berlin, 1990 (BZAW 194).

quanto à forma e ao conteúdo. Sentenças se misturam com exortações, advertências, enigmas com afirmações empíricas na primeira pessoa do singular, comparações com animais e fábulas com instruções éticas diretas. Aparecem concentrações temáticas de sentenças curtas, mas a sequência das unidades é bastante hipotética diante do mau estado do papiro[224]. O discurso direto a um jovem receptor da instrução aparece frequentemente e determina muitos provérbios, que não usam endereço formal: "Sim, meu filho, colhe tudo o que está disponível para a colheita e faze qualquer trabalho, então ficarás satisfeito e terás o que dar a teus filhos" (col. V, 2, TUAT III, 328). Exortação e aviso são as formas linguísticas e emocionais dominantes. Eventualmente o autor dos provérbios cai na primeira pessoa: ele transmite sua própria experiência de vida para ser usada pela geração seguinte (col. XV, 11, loc. cit. 337).

A sentença e a comparação que deixam o ouvinte tirar a consequência correta pertencem ao padrão: "um homem cujo coração é bom e cuja vida é agradável é como uma cidade fortificada, na qual se encontra uma tropa" (VII,1, loc. cit. 331).

Nesta forma não diretiva de falar estão também as fábulas de animais e plantas.

> O leopardo encontrou a cabra e esta estava nua. O leopardo então se levantou e falou para a cabra: "Venha cá e te cobrirei com minha pele". A cabra [respondeu] e disse ao leopardo: "O que me traz tua cobertura? Não tires minha pele! Pois [o leopardo] não cumprimenta a gazela senão para sugar seu sangue" (XII, 8-10, loc. cit. 339).

No final da nona coluna e começo da décima (segundo Kottsieper) parece haver uma referência à sabedoria divinizada, motivo para comparar com Provérbios 8:

> A humanidade foi agraciada do céu, os deuses [manifestaram sua] sabedoria. Ela também é adorada pelos deuses; o poder [do seu Senhor está junto com ela]. Ela foi colocada no céu; sim, o Senhor dos Santos [a] exaltou (IX,16–X,1, loc. cit. 335 s.).

Se a reconstrução do texto e a tradução são corretas, então de fato há aqui um paralelo com a sabedoria divinizada, tal como ela era conhecida — com certas nuances — também no Egito e na Pérsia. Então, o livro de Aicar seria comparável ao livro dos Provérbios inteiro quanto à forma, ao conteúdo e ao

---

224. Cf. B. PORTEN, A. YARDENI, *Textbook of Aramaic Documents from Ancient Egypt* Jerusalem, 1993, v. 3, 23.

modo de pensar, mesmo que nem todos os detalhes e nem todas as características das duas obras sejam totalmente iguais. Entretanto, essa analogia entre as duas coleções de provérbios não permite concluir diretamente a localização no período persa. A literatura dos provérbios dificilmente pode ser delimitada a determinado período de gênese. Isto mostram também algumas doutrinas de vida egípcia, copiadas durante séculos e eventualmente muito antigas, que estão disponíveis em cópias relativamente recentes[225].

Podemos resumir o último ponto de discussão assim: Aicar corresponde amplamente, sobretudo na coleção de provérbios, quanto ao conteúdo e à forma, ao que é encontrado em Provérbios 10–31. Além disso, podem ser reconhecidos em Aicar princípios de divinização da figura da sabedoria. Somente a forte hipostasiação da sabedoria e seu autoelogio surgem no Antigo Testamento. Para o livro dos Provérbios como um todo o resultado pode ser assim formulado: as coleções complexas são concebíveis como agenda para o ensino da juventude na comunidade pós-exílica dos séculos V e IV a.C. Não se pode excluir uma redação posterior, no século III a.C., no contexto helenista, embora não haja claros pontos de apoio para isto (por exemplo, modos de pensar da filosofia grega).

3.2.4. A Torá (Pentateuco)

R. ACHENBACH, *Die Vollendung der Tora*, Wiesbaden, 2003 (Beihefte zur Zeitschrift für Altorientalistische und Biblische Rechtsgeschichte 3). – A. e J. ASSMAN (Hg.), *Kanon und Zensur*, München, 1987. – J. BLENKINSOPP, *The Pentateuch*, New York, 1992. – E. BLUM, *Die Komposition der Vätergeschichte*, Neukirchen-Vluyn, 1984 (WMANT 57). – ID., *Studien zur Komposition des Pentateuch*, Berlin, 1990 (BZAW 189). – F. CRÜSEMANN, *Die Tora*, München, 1992. – P. FREI, K. KOCH, *Reichsidee und Reichsorganisation im Perserreich*, Fribourg/Göttingen, 1984 (OBO 55). – C. FREVEL, *Mit Blick auf das Land die Schöpfung erinnern*: Zum Ende der Priestergrundschrift, Freiburg, 2000 (HBS 23). – J. C. GERTZ, *Tradition und Reaktion in der Exoduserzählung*, Göttingen, 2000 (FRLANT 186). – R. KESSLER, *Sozialgeschichte* (previsão 2006). – C. LEVIN, *Der Jahwist*, Göttingen, 1993 (FRLANT 157). – M. MILLARD, *Die Genesis als Eröffnung der Tora*, Neukirchen-Vluyn, 2001 (WMANT 90). – E. W. NICHOLSON, *The Pentateuch in the Twentieth Century*, Oxford, 2002. – E. OTTO, *Das Deuteronomium zwischen Pentateuch und Deuteronomischem Geschichtswerk*, Göttingen, 2004 (FRLANT 206). – M. NOTH, *Überlieferungsgeschiche des Pentateuch*, Stuttgart, 1948; ³1966). – R. RENDTORFF, *Das Überlieferungsgeschichtliche Problem des Pentateuch*, Berlin, 1976 (BZAW 147). – A. ROFÉ, *Introduction to the Composition*

---

225. Cf. TUAT III, 191-319 (M. STERNBERG-EL-HOTABI, G. BURKARD, I. SHIRUN-GRUMACH, H. J. THISSEN).

of the Pentateuch, Sheffield, 1999 (BiSe 58). – J. SANDERS, *From Sacred Story to Sacred Text*, Philadelphia, 1987. – J. van SETERS, *The Pentateuch*: A Social-Science Commentary, Sheffield 1999 (Trajectories 1). – J. W. WATTS, *Reading Law*: The Rhetorical of Imperial Authorization of the Pentateuch, Atlanta, 2001 (SBL. Symposium Series 17). – M. WEINFELD, *The Place of the Law in the Religion of Ancient Israel*, Leiden, 2004 (VT.S 100). – J. WELLHAUSEN, *Die Composition des Hexateuchs*, Berlin, ³1899; reimpr. 1963.

3.2.4.1. Condições da gênese

Os cinco rolos relacionados a Moisés são, de longe, a parte mais importante do cânon hebraico. Somente eles possuem na tradição o caráter pleno de revelação como concebido no judaísmo. Os discursos de Deus mediados por Moisés já pretendem, de modo ainda difuso, ser a plena declaração da vontade de YHWH para seu povo — dela nada pode ser tirado e nada acrescentado (Dt 4,2; 13,1). Disto se segue que, no tempo dos deuteronomistas — e este não é o final do século VII a.C., mas provavelmente o início do século V a.C. — existia, nas comunidades de fé judaicas, uma edição fixada por escrito e de algum modo canônica de textos autorizados, supostamente de Moisés. Esdras lida com a Torá de Moisés de modo natural. Não sabemos qual é exatamente o conteúdo desta escritura sagrada (fala-se de um rolo da Torá no singular). Podemos supor que, no século V a.C., quando Esdras e Neemias constituíam e regulavam a comunidade de YHWH de Jerusalém, foi reunido e codificado aproximadamente todo o conjunto de textos presentes ainda hoje no Pentateuco. A parte mais sagrada da Bíblia hebraica é uma obra da época persa, na qual a comunidade de YHWH se formava. A Bíblia e a comunidade cresceram juntas. Os samaritanos aceitaram a Torá, mas recusaram qualquer outro crescimento do cânon. Isto também indica o significado singular da Torá.

Desde mais de dois séculos, o processo da complexa tradição de Moisés é apresentado quase exclusivamente segundo o modelo "autor-leitor": autores que trabalhavam isolados ou grupos de editores trabalhando coletivamente produziam os textos e resumiam textos transmitidos por muito tempo para um conjunto de leitores não muito determinado. Nas últimas décadas surgiu um esquema diferente de explicação da história da tradição[226]: destaca-se a formação de blocos de tradição temáticos ("ciclos narrativos"), os quais continuaram a ser escritos separadamente e no final foram articulados uns aos outros. Disto resultam modelos de gênese literários complexos; os escritos teriam surgido

---

226. Na Alemanha, M. NOTH, R. RENDTORFF, E. BLUMM et al.

num trabalho de escrivaninha que durou gerações. Como exemplo, apresentamos o conceito misto concebido por E. Zenger; em sua opinião a gênese do Pentateuco demorou meio milênio. Muitos autores teriam trabalhado na massa de textos atualmente disponíveis e em direção à Torá.

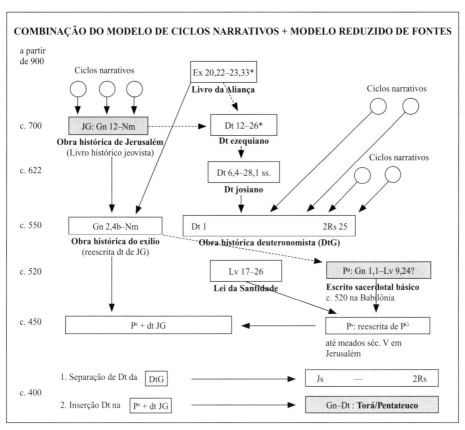

Um modelo modificado da gênese do Pentateuco (—> = reescrita, redação; ---> = estímulos conceituais) De E. ZENGER et al., *Einleitung in das alte Testament*, Stuttgart, ¹1995, p. 74 © 1995 W. Kohlhammer GmbH Stuttgart (modificada substancialmente nas edições seguintes)

Zenger explica a imagem assim (loc. cit., p. 73 e 75): ele aceita para as fases antigas da tradição o esquema dos arranjos narrativos e trabalha "a partir de 700 com um modelo de história da redação de duas ou três fontes". "O Pentateuco surgiu de três correntes de tradição (Fontes) (textos não sacerdotais = J; textos sacerdotais = P; textos deuteronomistas = D), que tiveram histórias separadas antes de se juntarem formando o Pentateuco. — A primeira apresentação abrangente da história surgiu depois de 700... em Jerusalém, sob a influência dos profetas Amós, Oseias e Isaías. [Obra histórica de Jerusalém = JG]

... — A segunda apresentação abrangente da história surgiu por volta de 520 no exílio na Babilônia. Em razão de sua linguagem sacerdotal e da teologia chamamos de Escrito sacerdotal básico = P^g... — Como terceira fonte pode ser vista a corrente da tradição que, no Pentateuco, é delimitável no livro do Deuteronômio." Este modelo é bastante modificado nas edições seguintes.

Os parâmetros usados são evidentemente tirados de nosso mundo literário e projetados no mundo antigo, um procedimento que pouco leva em consideração as condições da produção literária e as estruturas de comunicação antigas[227]. Falta sobretudo a referência permanente à comunidade receptora na qual os textos deviam ser usados. Ou seja, a potência criativa que, no mundo antigo, mais ainda que no nosso, surgia daqueles que usavam tal literatura em rituais e em outros processos de comunicação, pode não ser suficientemente levada em consideração nos modelos de esclarecimento literário fixados no "Hersteller" [produtor do texto]. Mas pesquisas sobre a "reader-response" [resposta do leitor] mostram que, mesmo na sociedade literária atual, a literatura surge numa ação recíproca entre "autor" e comunidade. E, como já notado muitas vezes, a comunidade de YHWH, responsável pelo surgimento da Torá, surgiu gradualmente depois de 587 a.C. Ela não existia ainda no período pré-exílico.

Agora devemos tentar desenhar a gênese do Pentateuco no período persa tanto quanto é possível no estado atual da discussão. O ponto de partida ficou claro nas explicações anteriores sobre a história deuteronomista e as camadas sacerdotais, assim como sobre a questão do cânon como um todo: à diferença dos muitos esforços crítico-literários sobre fontes e camadas de redação, aqui será usado em primeiro lugar um modelo teórico da história da tradição, que presta atenção sobretudo ao processo prático de uso do texto, de escrita e de transmissão dos textos de uso. Será levada em consideração a cooperação da comunidade de fé. Os escritos hebraicos não surgiram como anotações privadas de eruditos no escritório e em círculos acadêmicos, mas em conexão com as assembleias e ações litúrgicas e civis — em muitos níveis — da comunidade de YHWH. O impulso decisivo para a escrita está na leitura pública do texto (cf. Dt 29–31; Jr 36; Ne 8) e não na vocação pessoal para a literatura. A divisão literária antes usual das fontes que percorrem o Pentateuco (J. Wellhausen) estava fundada exclusivamente no princípio de autores individuais e pode ser hoje considerada superada. Hipóteses de história da tradição mais adequadas

---

227. Muito raramente se fala na pesquisa sobre o Antigo Testamento das possíveis diferenças no uso do texto. Cf. E. NIELSEN, *Oral Tradition*, London, 1954; J. W. WATTS, *Law*; R. ACHENBACH, *Vollendung*; J. SANDERS, *Story*.

(R. Rendtorff, E. Blum) aproximam-se mais dos fatos, como já dito, mas não se libertaram totalmente dos limites da concentração sobre o escritor.

Ora, segundo tudo o que podemos saber e reconstruir (cf. 3.1), os escritos hebraicos do Antigo Testamento são, com poucas exceções, pura literatura de uso, e a participação produtiva da comunidade na composição dos textos deve ser considerada alta. Evidentemente, isso não quer dizer que não foram indivíduos os que, concretamente, formularam e escreveram os textos. Mas esses "autores" individuais agiam segundo as expectativas e necessidades da comunidade e não sob própria responsabilidade. Consequentemente, vemos o Pentateuco como uma coleção de materiais para as reuniões comunitárias judaicas primitivas, na pátria e na diáspora babilônica (talvez também em outros lugares). Provavelmente todo o conjunto de textos era fluido por muito tempo, antes que assumisse a forma definitiva conhecida em cinco livros. E a quantidade de textos que se produziu nas comunidades exílicas e pós-exílicas era muito maior do que a extensão atual da Torá. Provavelmente, incluía grande parte do cânon dos profetas e dos "escritos", além de material perdido, de modo que a fixação do Pentateuco se deu paralelamente com a escolha dos textos de maior autoridade (mosaicos e pré-mosaicos?). Uma coleção com pretensões canônicas começa só depois do período do exílio, pois somente então (e não no tempo de Josias) existiam as condições sociológicas e eclesiais para a produção de uma escritura sagrada, como era preciso para a identificação da comunidade. Em outras palavras, a comunidade confessional dos fiéis de Yhwh se constituiu somente depois da queda de Jerusalém no ano 587 a.C. No período pré-exílico havia no máximo um culto estatal de Yhwh, sob a regência do rei, além de uma adoração variável de Yhwh, ainda não exclusivista, misturada como todo tipo de cultos locais. Não era necessária uma "Escritura Sagrada". A decisão individual e exclusiva pelo Deus de Israel só se desenvolveu depois da perda da monarquia, quando os judeus precisavam dar-se uma forma nova e radicalmente diferente enquanto minoria num império multiétnico. Sob as condições políticas do período do exílio, tentou-se, timidamente, iniciar esta nova orientação fundamental, mas o processo da constituição das comunidades de Yhwh em torno de sua coluna vertebral religiosa, a Torá, só pôde se completar depois da libertação pelos persas, em 539 — contemporaneamente com o surgimento dos escritos sagrados —, para ser concluído no século V a.C.

A gênese dos escritos sagrados, estimulada, talvez, no exílio babilônico (auge da cultura escrita na Mesopotâmia!) e mais tarde pelas comunidades zoroastristas já existentes e por sua tradição sagrada (*Gathas*), supõe evidentemente a existência de uma classe profissional de escribas. Atividades arquivistas são conhecidas nas cortes de Jerusalém e da Samaria, mas elas pouco se estendem aos locais de culto populares, à religião doméstica e aos "lugares altos" na terra de Israel. São mínimas as descobertas arqueológicas de inscrições (em túmulos, locais de culto, selos, óstracos etc.) no período dos reis, o que mostra que a cultura escrita não estava amplamente espalhada. Portanto, provavelmente não havia, no antigo Israel, fora das cortes, muitos especialistas em escrever. Com o fim da monarquia, a reorganização das comunidades de YHWH, a reunião de antigas tradições e a necessidade de sua fixação por escrito, surgiu uma demanda nova e maior de escribas. Os sacerdotes do antigo Templo do rei podiam em parte ser escribas (mas em nenhum lugar se fala deles como escribas antes de Neemias). A necessidade de tradição das comunidades de YHWH, que ia muito além do interesse sacerdotal, exigiu uma formação mais ampla daqueles que precisavam lidar com a palavra de Deus escrita. Assim teria surgido gradualmente a profissão de escriba (da Torá), junto com a reunião e a organização das tradições; em Esdras, esse processo culmina no título sonoro de "escriba da Torá de Deus dos céus" (Esd 7,12; cf. v. 6) e também no encargo de "doutor da Torá"[228].

Excurso: por que "Escritos Sagrados"?

Como estamos firmemente inseridos na tradição judaica e cristã, aceitamos geralmente como revelação divina que o único fundamento de nossa fé é a "Escritura Sagrada", eventualmente completada e interpretada através de explicações rabínicas, de confissões protestantes escritas, decisões ortodoxas dos Padres ou encíclicas romanas. Não é muito frequente levantar-se a questão, permitida e mesmo obrigatória na história das religiões (mas também na teologia!)[229]: por que as tradições sagradas foram escritas? Em que consiste a essência das religiões do "Livro", à diferença de comunidades de fé que se baseiam, parcial ou totalmente, no espírito de Deus e na tradição oral? Há numerosos exemplos, sobretudo nas religiões tribais, que mostram a existência de fortes objeções à fixação escrita de textos sagrados. Um escrito pode proporcionar, a não iniciados ou a outros não autorizados, acesso aos mistérios religiosos; pode até ameaçar uma comunidade de fé a partir de dentro. O caráter escritural significa vinculação a tempos passados, a figuras históricas, a ordens e concepções antiquadas e pode, assim, suprimir a presença viva de Deus. Algumas passagens bíblicas falam sobre tais momentos de perigo ou sobre as possibilidades de abuso e parecem não confiar na tradição escrita (Jr 31,31-34; Ez 20,23-26). Como, depois da deportação pelos babilônios, a nascente comunidade confessional de YHWH chegou a formar um cânon escritural? Ela não se torna facilmente atacável ao publicar

---

228. Cf. P. R. DAVIES, *Scribes*.
229. Um que levanta tais questões é W. J. HOLLENWEGER, *Christen ohne Schriften*, Erlangen, 1977.

sua fé desse modo? Uma razão exterior do processo, já mencionada, foi seguramente a alta cultura escrita dominante na Babilônia e fortalecida pelos persas. Somente quando se vive num tal ambiente pode surgir o desejo de moldar as próprias tradições na forma escrita. O caráter escrito de documentos religiosos significava provavelmente um alto grau de prestígio e aceitação. — A criação de marcas de identificação era extraordinariamente importante para a comunidade numa situação de minoria. O sábado e a circuncisão eram extraordinariamente adequados como símbolos confessionais. A Torá e o ciclo de festas foram acrescentados. Na falta do colete social "natural" (família, Estado etc.), membros de uma comunidade confessional necessitam de marcas diferenciadoras. A Torá se tornou para a comunidade um elemento no sistema dos símbolos válidos.

Mas o processo de pôr por escrito as relevantes declarações da vontade de YHWH parece ter sido adequado sobretudo à nascente fé de seus seguidores. A confiança no Deus de Israel devia poder ser articulada pessoalmente por cada membro. Em outros termos: cada pessoa pertencente à comunidade de fé devia ser informada das fontes da Aliança com YHWH e ter acesso a elas. As ordens de YHWH não foram, portanto, comunicadas exclusivamente aos dirigentes da comunidade (apesar da impressão dada por algumas passagens do Antigo Testamento), mas expressamente a todo o povo de Israel, ainda que Moisés e os profetas possuam uma posição especial enquanto mediadores. Mas não havia, na comunidade judaica nascente, uma disciplina arcana, reservada aos detentores de cargos. As tradições orais é que corriam o perigo de ser apropriadas por funcionários e usadas para fins próprios. Tradições fixadas por escrito oferecem a possibilidade de ser controladas pelos leigos, ao menos potencialmente. É verdade que, provavelmente, os membros da comunidade foram, por algum tempo, analfabetos e dependiam da leitura da Torá (e dos Profetas), mas as comunidades, aparentemente, se consideravam desde o início as verdadeiras detentoras das tradições escritas de Israel. Elas deram a Esdras a incumbência de ler a Torá (Ne 8,1). A palavra de Deus fixada por escrito e lida regularmente era memorizada por todos, podendo assim ser uma norma obrigatória para todos. Além disso, ela oferecia a um número cada vez maior de pessoas a possibilidade de leitura autônoma. Por um lado, a redação da Escritura em hebraico clássico (escrita alfabética em vez de silábica) facilitava o acesso para aqueles dispostos a aprender, embora, por outro lado, a apropriação pelos leigos fosse dificultada pela adoção do aramaico (imperial) como língua oficial na Siro-Palestina durante o período persa. O costume — que já aparece em Neemias 8 — de traduzir durante a liturgia linguagem hebraica dos textos para o aramaico deu aos leigos uma nova chance de entender diretamente a Escritura. Pelo que parece, nesse tempo, também as mulheres eram admitidas no estudo da Torá. Caso contrário, como se poderia entender (segundo a apresentação dos eruditos pós-exílicos) que numa situação decisiva — a redescoberta da Torá nos dias de Josias — a profetisa Hulda apresentasse o parecer que lhe pediram, confirmando em nome de YHWH aquilo que se julgava. Se ela não soubesse com segurança o que estava escrito, o narrador não lhe teria atribuído esta importância fundamental. As estruturas da comunidade, portanto, no fundo faziam que os fiéis de YHWH criassem para si apoio e orientação escritos. Ora, quanto ao momento inicial, podemos supor, com bastante segurança, que, durante todo o período persa, a palavra de Deus escrita ia lado a lado com a pregação profética (erudita), de igual importância. A fronteira entre a palavra de Deus escrita e a transmitida oralmente não havia sido ainda traçada de modo rigoroso (cf. acima 3.1.2).

3.2.4.2. Base sacerdotal e deuteronomista

Como já apresentado acima, no período persa foram reunidas todas as regras e normas para o uso comunitário, as quais serviriam à reordenação da comunidade de fé em Yhwh e seriam "canonizadas" em processos de muitas etapas. Assim, reconhecemos a chamada corrente sacerdotal do Pentateuco e as composições deuteronomistas, diferentes daquela. As duas correntes têm em comum o esforço de ancorar as ordenações básicas da nova comunidade confessional no período de Moisés. Como contraste, lembremos os livros das Crônicas, que buscavam o período formativo na era de Davi e Salomão. As duas coleções de textos de leitura, sacerdotal e deuteronomista, estavam em certa tensão entre si, mas se completavam e eventualmente misturavam seu material. Para os redatores sacerdotais, Moisés teria recebido o amplo cabedal dos textos da aliança no monte Sinai, como anotado em Êxodo 19 até Números 10. O centro do interesse está na construção e na instituição do Templo, na regulamentação dos sacrifícios e das funções sacerdotais, mas também em dar forma à vida da comunidade, tendo em vista o Deus santo e sua presença no Templo único e central de Jerusalém. Por meio de leitura pública, provavelmente nas reuniões da comunidade nas festas, formou-se o conjunto de textos sagrados. Parece que havia consciência de que o Templo, de fato, existia e funcionava. Os textos de leitura devem realmente ser lembrados e decorados. Em comparação, o "projeto de constituição" de Ezequiel aparenta caráter utópico. — No Deuteronômio, o monte da revelação de Deus se chama Horeb, não Sinai, e arranja-se o cenário ficcional de uma "repetição da Torá" na Jordânia oriental, em Moab. Embora também o Deuteronômio tenha algum interesse na instituição do culto do Templo (centralização, serviço dos levitas, calendário festivo), o centro está na adoração exclusiva de Yhwh, na rejeição dos cultos estrangeiros e nas instituições e estruturas civis. O Decálogo em Deuteronômio 5 (com seu entorno Dt 4–6) é o resumo do objetivo deuteronomista. Do outro lado, Levítico 19 (com os capítulos laterais 18 e 20) pode ser visto como as declarações centrais da tradição sacerdotal. As diferenças teológicas nas correntes de tradição podem seguramente ser consideradas como tendo origem nas diferentes situações comunitárias em específicos contextos sociais, históricos e culturais. Mas é questão aberta se as diferenças entre as comunidades da diáspora na Babilônia e dos judeus que permaneceram na pátria podem esclarecer as diferenças entre as tradições. De fato houve, entre os assentamentos da diáspora e os que permaneceram, opiniões, autoavaliações e reivindicações de posse bastante opostas (ver Jr 24; Ez 33,21-29). Divisões fundadas teologicamente estavam na ordem do dia justamente na fase da restauração e nova formação da comunidade religiosa (cf. também Is 56–59; 66). É mais que improvável que agrupamentos fortemente antagônicos tenham conseguido fazer um cânon comum de escritos sagrados. Os estratos sacerdotais e deuteronomistas do Pentateuco não mostram oposições inconciliáveis, mas antes se complementam. Provavelmente, portanto, surgiram de desenvolvimentos (paralelos ou sucessivos) dentro da mesma sociedade.

Um olhar sobre a intenção dos dois principais estratos do Pentateuco e sobre a finalidade prática dos textos lá reunidos pode tornar compreensível a gênese de toda a Torá. Partimos pragmaticamente da necessidade predominante das comunidades do período persa: elas precisavam de regras e orientações para dar forma à vida comunitária e cultual. Na comunidade de YHWH pós-exílica, as prescrições dadas a Moisés no Sinai e no Horeb eram consideradas fundamentos para a organização e o comportamento que eram dados para sempre, mas que em parte também precisavam ser desenvolvidas. Algumas vezes, os textos colocados de modo fictício no tempo de Moisés já são em si apresentados com uma visão distante sobre a comunidade judaica primitiva (cf. Dt 29,13 s.; 30,1-5 etc.). Consideramos como o principal ponto de partida para o colecionamento e estabelecimento das disposições da Torá a necessidade prática de instruções de ação. Os próprios autores relatam casos exemplares de uma necessidade jurídica: um israelita abusa do "nome" YHWH durante a peregrinação no deserto. O que se deve fazer? "Puseram-no sob custódia, aguardando uma ordem precisa da parte de YHWH" (Lv 24,10-12; cf. Nm 15,32-36, profanação do sábado). Por trás das perícopes está a necessidade de esclarecimento da comunidade pós-exílica, a qual já conhecia as regras básicas ("não abusarás do nome de Deus..."; "santificarás o sábado"), mas nenhuma determinação executiva. O que acontece com um homem que fere normas fundamentais? A narrativa de Êxodo 18 está baseada num tipo de questão semelhante: princípios jurídicos gerais não são suficientes num julgamento; para o caso concreto são necessárias decisões dos juízes. Entretanto, a comunidade espera da Torá indicações, detalhadas o quanto possível, para todas as situações de vida, também pela explicação de casos precedentes. Segundo a concepção judaica, embora a instrução divina seja completa, continua a haver bastante necessidade de discussão no caso concreto. Esta discussão continuada se sedimentou então, sobretudo, no Talmude e na Mishná.

Se, portanto, as questões "O que devemos fazer?", "Como podemos viver?" são o principal impulso das coleções sacerdotais e deuteronomistas da Torá, então elas podem esclarecer também os acréscimos de outros blocos e camadas literários, às vezes mais antigos. Portanto, em vez de buscar a origem do Pentateuco do modo tradicional, partindo de textos mais antigos e indo para os mais novos, deve-se perguntar, ao contrário: como foram enriquecidas as camadas formativas com temáticas que ultrapassam o interesse de organização imediato da comunidade judaica primitiva? — Ligada de modo indissolúvel com a expectativa de que YHWH dará através de sua Torá a seu povo um espaço para se formar está a certeza de que o Deus de Israel, no decorrer da história, lembrará sua comunidade de que ela fechou uma aliança indissolúvel com ele. A própria ideia só se formou plenamente no exílio e depois do exílio; a "aliança" como categoria teológica fundamental do Pentateuco só veio a ser usada mais tarde na literatura do Antigo Testamento, a saber, na camada sacerdotal e deuteronomista, apesar dos possíveis modelos assírios (contratos de vassalagem!)[230]. Mas a relação especial, das tribos de Israel e da nação, com YHWH foi afirmada muitas vezes na tradição. Os teólogos posteriores usavam as concepções disponíveis para ilustrar sua visão da antiquíssima aliança de Moisés, comprovada e também ameaçada. Elas respondem às questões comunitárias sobre a origem da comunidade de YHWH recém-surgida, a ancoragem na Antiguidade distante (não só nos reis! — Josias é meramente um reformador!). Assim, a primeira grande aparição de Deus no monte Sinai quase não usa o vocabulário da aliança, mas está, contudo, ligada às expectativas do período posterior (Ex 19). No capítulo há vestígios de diferentes redações. No centro está a antiquíssima concepção da teofania de um Deus da montanha e do tempo com todas as manifestações tectônicas que a acompanham (v. 16.18). Somente um único convocado — com alguns escolhidos — pode se aproximar desta divindade, sob perigo de vida (v. 9.20.24). A presença do povo (v. 17) indica a participação de toda a comunidade numa cerimônia de compromisso; somente a potência desta teofania impede este encontro (v. 21; cf. Dt 5,23-27; Js 24; Dt 29–31). A interpretação do acontecimento é colocada antes numa linguagem sacerdotal:

> Mas Moisés subiu para Deus. Da montanha, YHWH o chamou, dizendo: "Dirás isto à casa de Jacó e transmitirás este ensinamento aos filhos de Israel: 'Vós mesmos vistes o que fiz ao Egito, como vos carreguei sobre asas de águia e vos fiz chegar até mim. Agora, pois, se ouvirdes a minha voz e guardardes a minha aliança, sereis minha parte pessoal entre todos os povos — pois a terra inteira me pertence — e vós sereis para mim um reino de sacerdotes e uma nação santa'" (Ex 19,3-6).

---

230. Cf. L. PERLITT, *Bundestheologie*; H.-C. SCHIMTT, Das sogenannte jahwistische Privilegrecht in Ex 34,10-28 als Komposition der spätdeuteronomischen Endredaktion des Pentateuch, in J. C. GERTZ et al. (Hg.), *Abschied vom Jahwisten*, Berlin, 2003, 157-171 (BZAW 315). A explicação retroativa da gênese do Pentateuco também em E. ZENGER et al., *Einleitung*, 34-123.

Moisés transmite essa mensagem aos anciãos (representantes da comunidade), todo o povo concorda com esse acordo (Ex 19,7 s.), e só então ocorre a terrível aparição de Deus, que provoca a fuga do povo e leva à convocação de Moisés para ser mediador (Ex 20,18 s.). A mediação e a decisão ativa da comunidade foram, portanto, inseridas habilmente nas antigas representações da aparição de um arcaico Deus da montanha. Os autores resolvem o mesmo problema uma segunda vez, logo depois, em Êxodo 24,3-11, usando outros tons. Uma versão relata a conclusão da aliança mediante uma ceia sagrada. Participam Moisés, os sacerdotes e os anciãos, no número de setenta: eles "olham o Deus de Israel"... "comem e bebem". A representação da ceia com a divindade parece arcaica, tendo surgido talvez da religião familiar (cf. Gn 18,1-8; Jz 13,15-20). Moisés, os sacerdotes e os anciãos são comparados a uma representação regular da comunidade da época pós-exílica. Eles concluem a aliança com Yhwh através da comunhão sobre o monte. A descrição do espaço celeste pode ter sido colorida com representações babilônias (azulejos azuis!). É claro o uso de antigas concepções sobre Deus para a nova situação da comunidade. — A outra encenação da conclusão da aliança usa, sem escrúpulos, categorias do período persa para descrever a cerimônia realizada por Moisés (Ex 24,3-8): o compromisso da sociedade com a palavra de Yhwh; a escrita de um "livro da aliança"; o sacrifício das tribos de Israel com rito de sangue; a leitura do escrito; o compromisso da comunidade. Para a comunidade do Segundo Templo seria inconcebível, sem o sacrifício, um acontecimento tão fundamental como a eleição de Israel para ser propriedade de Yhwh. O rito com sangue inclui até uma aspersão da comunidade (v. 8; cf. Ex 4,25). Por outro lado, é imprescindível a redação por escrito de um contrato de aliança e sua leitura pública (cf. Ne 8; 10). A aliança se funda em palavras fixadas por escrito, o livro da aliança é um documento sagrado reconhecido, ainda que o seu conteúdo continue indefinido para nós. — O relato seguinte da conclusão da aliança (Ex 34) trata somente de duas tábuas de mandamentos, as quais Moisés levou ao monte Sinai. Ele chama Yhwh e tem um encontro direto com Deus, falando a formula litúrgica de clemência: "Senhor, Senhor, Deus misericordioso e benevolente, lento para a cólera, cheio de fidelidade e lealdade..." (v. 6). Moisés pede misericórdia e proteção (v. 9) e Yhwh oferece a conclusão da aliança, promete a terra e a expulsão dos povos concorrentes (v. 10-16). Então se segue o chamado decálogo cultual (v. 11-26) como documento da aliança, que será fixado por escrito em duas tábuas depois que Moisés jejuar quarenta dias sobre a montanha de Deus (v. 27 s.).

A conclusão da aliança está totalmente baseada em formas e fórmulas litúrgicas aparentemente correntes na comunidade pós-exílica: a autorrepresentação de YHWH com a fórmula de clemência (Ex 34,6 s.; Sl 86,15; 103,8; 111,4; 145,8; Ne 9,31), a prostração do liturgo (v. 8), a confissão de culpa da comunidade (v. 9b; primeira pessoa do plural), a voz de Deus que instrui e promete (v. 10 ss.). Uma teofania não é necessária e também não é praticável diante da palavra escrita mediadora. A conclusão da aliança é totalmente inserida na liturgia (da sinagoga).

Como mostram as passagens sobre o tema "conclusão da aliança", a comunidade pós-exílica não só tira do Sinai as instruções necessárias para sua vida civil e cultual (retroprojetando seus modelos de ação para o Sinai), ela projeta toda a sua existência no encontro de Moisés com Deus. Israel esteve reunido lá, sobre o monte da revelação e em torno dele. "Todo o povo" se tornou testemunha ocular e ouvinte do cerimonial de fundação, concluiu a aliança com YHWH, observando de longe e então recebendo — quer através de sacerdotes e anciãos delegados, quer como ouvintes do escrito que é lido — as comunicações de YHWH mediadas por Moisés. A história se condensa num único ponto, que abarca o presente e o passado. Os judeus ainda hoje são capazes de dizer: "... quando passamos pelo mar Vermelho", "quando estávamos ao lado do Sinai...". A mesma força formadora, construtora da história existia na comunidade do período persa. Nessa conclusão da aliança muitas vezes refletida, ela se apresenta a si mesma como chamada do imenso mundo das nações, como designada a ser parceira de YHWH, o único criador do mundo e condutor da história. Assim, a experiência da presença no império persa atraiu as antigas tradições familiares e tribais, as dos santuários locais e regionais, e as remodelou, tornando-as modelos válidos da comunidade de YHWH. A ideia que deu forma à composição das tradições do Pentateuco partiu da comunidade judaica primitiva e não do tempo de Moisés, passado historicamente difícil de ser captado.

À conclusão da aliança e à figura central de Moisés se ligaram muitos temas narrativos, que buscavam responder a todo tipo de questões das comunidades posteriores. Quase nada mais da tradição de Moisés e do Êxodo é historicamente autêntico. M. Noth, um fundador da perspectiva histórica da tradição, e H. Gressmann reconheceram as lendas de Moisés como ficções teológicas[231]. Só devemos acrescentar que os impulsos criativos para a construção das principais figuras históricas sempre partiram da comunidade ativa, a qual reúne materiais do passado e prepara uma base de identificação própria. Neste caso,

---

231. H. GRESSMANN, *Mose und seine Zeit*, Göttingen, 1913; M. NOTH, *Überlieferungsgeschichte des Pentateuch* [1948], Darmstadt, 1960, 172-191.

os teólogos criaram, olhando para trás, as situações da aliança e o mediador dela, segundo os parâmetros válidos em seu próprio tempo. Concepções tradicionais foram assim integradas, retrabalhadas e reformuladas.

Esta interpretação se refere em grande medida a toda a história de Moisés e do Êxodo tal como se encontra na tradição de Êxodo 1–15 e, adiante, também na tradição do deserto que se encontra, combinada de modo eclético, em Êxodo 16–18 e Números 10–36. Desde a perspectiva das comunidades do período persa, as origens de Israel têm a ver com o Egito. Não se pode mais esclarecer se o nome egípcio de Moisés sugeriu essa ligação ou se por trás dessa hipótese egípcia há notícias substanciais sobre um grupo de hebreus escravizados no Egito. Talvez também outras lembranças históricas sobre investidas egípcias em Canaã ou sobre grupos de refugiados que encontraram asilo no Egito tenham-se sedimentado nas narrativas do êxodo (cf. Os 11,1; Sl 80,9 etc.). Importa saber que o relato teológico da opressão no Egito e da libertação deve ser visto também em relação com a corveia sob Salomão e as experiências no exílio babilônico[232]. Foram, portanto, trabalhados temas mais próximos temporalmente, e a partir deles foram construídas as narrativas do êxodo. O que os contemporâneos podiam aprender das narrativas construídas por eles mesmos? Moisés, o mediador da aliança, foi milagrosamente salvo por Yhwh, já como criança, e levado à corte de Faraó (Ex 1,8–2,10; a exposição é um tema nômade, já usado também para Sargão de Acad). Sua fuga para Midian cria a ligação com o monte Sinai, o centro de gravidade da Torá, e inicia a salvação do Egito (Ex 2,11–3,22). As discussões com o poder estatal egípcio (Ex 5–12) são protótipos das tensões nas quais as minorias se encontram num sistema imperial. Assim como Yhwh, nas histórias de Moisés e do êxodo, salva, acompanha e protege o povo, assim também os descendentes da época persa queriam ser protegidos por Yhwh. Eles sabiam que a proteção de Yhwh estava com eles (cf. Esdras–Neemias).

Entretanto, a comunidade pós-exílica não é ingênua quanto a uma relação próspera com Deus. Sempre estava presente o problema da própria culpa e do desvio do bom caminho da Torá. Os narradores projetavam o mesmo enigma teológico na peregrinação no deserto antes e depois do evento no Sinai. Israel reclama no caminho difícil, resiste à vontade de Yhwh, sobretudo depois da doação da Torá (cf. Ex 16 s.; Nm 11; 12; 13 s.; 16 s.). Mesmo os dirigentes da comunidade, Moisés e Aarão, podem ser acometidos de dúvidas; eles são punidos por Yhwh por sua falta de fé (Nm 20,2-13). A antiga história do

---

232. Cf. J. Pixley, *Êxodo*.

povo se torna, assim, uma imagem refletida das experiências da comunidade nos séculos V e IV a.C. Certamente, também devem ser relatadas as vitórias e as bênçãos: YHWH mantém a eleição apesar da hesitação e da infidelidade de seu povo (cf. Nm 21; 22–24). Mas o difícil destino de Israel, causado na maioria das vezes pelo próprio comportamento falho perante seu Deus, tem grande importância para a comunidade pós-exílica, que ainda guarda em seus membros o choque da conquista babilônica. Ela tenta trabalhar os próprios complexos de culpa, concebendo e escutando os sóbrios relatos do tempo de Moisés e refletindo sobre eles. A projeção das próprias circunstâncias no passado vai tão longe que são prefigurados lá os perigos da idolatria ao Baal de Peor (Nm 25,3-5; Dt 4,3) em ligação com o casamento com estrangeiras (Nm 25,1 s.6-9). Aparentemente, o problema do casamento com estrangeiros/as foi discutido com veemência na época persa nas comunidades judaicas (cf. Esd 10; Ne 13,23-28; Rute). A história do zeloso Fineias (Nm 25,6-13) é um ensinamento para os radicais da política de casamento judaica no século V a.C. Tudo neste episódio literário é direcionado ao esclarecimento e à justificação de situações pós-exílicas. Fineias, filho de Eleazar, filho de Aarão, assegura ao clã privilégios no Segundo Templo (cf. Lv 10,6-12; Nm 20,25-28; 31,6; 1Cr 5,30; 24,1-6; Esd 7,5). As separações realizadas em Esdras–Neemias são fundamentadas antecipadamente. As animosidades na região do sul da Judeia (contra midianitas e edomitas), aparentemente surgidas no século VI a.C., são confirmadas[233] — contra outra tradição, na qual Moisés é genro de Jetro. Assim, as determinações legais e cultuais no contexto do êxodo e da peregrinação pelo deserto são em regra tradição ou reformulação sacerdotal. Elas são, portanto, adaptadas *a priori* ao contexto pós-exílico.

3.2.4.3. Complementação com narrativas antigas

E. BLUM, *Die Komposition der Vätergeschichte*, Neukirchen-Vluyn, 1984 (WMANT 57). – I. FISCHER, *Die Erzeltern Israels*, Berlin, 1994 (BZAE 222). – M. GÖRG (Hg.), *Die Väter Israels*, Stuttgart, 1989 (FS J. Scharbert). – R. C. HEARD, *Dynamics of Diselection*: Ambiguity in Genesis 12-36 and Ethnic Boundaries in Post-Exilic Judah, Atlanta, 2001 (SBL. Semeia Studies 39). – M. KÖCKERT, *Vätergott und Väterverheissungen*, Göttingen, 1988 (FRLANT 142). – K.-H. MATTHES, *Abraham, Isaak und Jakob geraten in die Geschichte der Väter*, Münster, 1997 (Theologie 3). – H. SCHMID, *Die Gestalt des Isaak*, Darmstadt, 1991 (EdF 274). – K. SCHMID,

---

233. Outra opinião: E. A. KNAUF, *Midian*, Wiesbaden, 1988. Cf. ID., NBL II, 802 s.: "Os midianitas são um coringa literário no Pentateuco, no qual são juntadas todas as possibilidades de encontro de Israel com outros povos".

Erzväter und Exodus: Untersuchungen zur doppelten Begründung der Ürsprunge Israels innerhalb der Geschichtsbücher des Alten Testaments, Neukirchen-Vluyn, 1999 (WMANT 81). – T. J. SCHNEIDER, *Sarah: Mother of Nations*, New York, 2004. – J. van SETERS, *Abraham in History and Tradition*, New Haven 1975. – T. L. THOMPSON, *The Historicity of the Patriarchal Narratives*, Berlin, 1974 (BZAW 133).

Modelar as histórias do êxodo segundo as necessidades das comunidades judaicas do período persa foi somente o primeiro passo sobre o palco da perícope do Sinai. Por interesses genealógicos e históricos, os teólogos do Judá primitivo foram recuando atrás do tempo de Moisés, pois a gênese do povo (da comunidade) no Egito precisava de uma pré-história. Como os hebreus chegaram ao delta do Nilo? Quais as linhas genealógicas a partir dos patriarcas? Nessas narrativas, que assim recuam até os primeiros pais (Gn 12–50)[234], o quadro geográfico se estende desde a baixa Mesopotâmia até Pitom e Ramsés, passando pela Síria e pela Palestina. Espaço de ação muito grande para uma punhada de famílias nômades! Mas esse horizonte geográfico corresponde mais ou menos aos impérios babilônio e persa, isto é, ao espaço que os grupos judeus conheceram, por experiência, depois de 587 a.C. Ur na Caldeia (Gn 11,27-32) seria a pátria primeira do clã de Abraão, de onde ele teria ido com seu irmão Nahor para Harran, na alta Mesopotâmia. Segundo a história de Jacó, lá se fixaram os parentes dos patriarcas. Por que então uma migração adicional do sul? Uma possível resposta seria: porque a região dos assentamentos dos exilados de 587 a.C. ficava muito ao sul de Harran e os autores não quiseram deixar esta região intocada pelas migrações dos primeiros pais. Os nomes dos primeiros pais, "Abrão", "Sarai" (e os nomes dos parentes imediatos), são mais semitas ocidentais do que acádios[235]. O *background* mesopotâmico dos hebreus (cf. Gn 24; 27 ss.) não pode ser provado histórica, arqueológica, étnica ou linguisticamente. Ele só pode ser explicado pelo interesse por essas regiões que se intensificou a partir do exílio.

As passagens puramente sacerdotais se destacam dentro das histórias dos patriarcas por sua linguagem e seu conteúdo. Sobre isso há amplo acordo na pesquisa sobre o Antigo Testamento. Sobretudo Gênesis 17 e partes dos capítulos 21, 23, 25, 28, 35 e 36 são consideradas, em geral, como provenientes de círculos sacerdotais. Os temas tratados correspondem aos interesses e

---

234. Uma discussão das teses literárias sobre as histórias dos patriarcas encontra-se em R. ALBERTZ, EB 7, 191-209. Não se deve decidir se o curto período entre 587 e 539 a.C. foi suficiente para a edição de duas versões destas narrativas.

235. T. L. THOMPSON, *The Historicity of the Patriarcal Narratives*, Berlin, 1974, 22-36 (BZAW 133).

à orientação teológica pós-exílica. Em Gênesis 17, a aliança entre Israel e YHWH é central e é apresentada simbolicamente com um sinal tipicamente pós-exílico: "todos os varões serão circuncidados" (v. 10); o que não tiver sido circuncidado (no oitavo dia de vida! [v. 12]) "deve ser eliminado" (v. 14). Como pode ser visto de outros textos pós-exílicos, a circuncisão possui para a comunidade judaica o caráter de um *status confessionis* (cf. Ex 12,48-50; Lv 12,3; Ez 32,17-32). Os autores sacerdotais fornecem, para o sinal da aliança a ser aplicado em cada seguidor masculino de YHWH, uma legitimação antiga, anterior a Moisés, e protegem o costume com ameaça de morte no caso de não cumprimento.

O grande problema da promessa e posse da terra provavelmente só se tornou central com a perda do Estado próprio. Ele move as narrativas do êxodo e da conquista da terra, mas é colocado na tradição de modo consequente e unânime como tema central da época dos patriarcas[236]. Os autores sacerdotais não só usam antigos textos de promessa (cf. Gn 12,7; 26,3; 28,13; Ex 3,8 — caso não tenham sido formulados por eles), mas também tematizam o início da tomada de posse da terra numa narrativa especial, a do sepultamento de Sara na caverna de Macpela. Abraão consegue comprar este pequeno pedaço de terra dos heteus que dominavam a terra. "Eu vivo convosco... como migrante e morador. Cedei-me uma propriedade funerária entre vós para que eu enterre a falecida que me deixou" (Gn 23,4). Depois da conclusão do contrato de compra, é dito laconicamente, mas informando o local e de modo exato e juridicamente correto:

> O campo de Efron em Macpela defronte Mamré, o campo e a caverna que nele se encontra, e todas as árvores que se encontram no campo, em todo o seu perímetro. Fica assegurada a aquisição deles a Abraão, à vista dos filhos de Het, de todos os que vêm à porta da sua cidade. Depois disso, Abraão enterrou sua mulher Sara na caverna do campo de Macpela, defronte Mamré; é Hebron, na terra de Canaã. Os filhos de Het garantiram a Abraão a propriedade funerária do campo e da caverna que ali se encontrava (Gn 23,17-20; cf. a compra de terra por Jacó em Gn 33,19).

Segundo a tradição, o túmulo de Sara foi usado como local de sepultamento de outros patriarcas e de suas mulheres (cf. Gn 25,9 s.; 49,29-32; 50,12 s.), e recebeu até hoje na tradição judaica um alto valor como sinal da promessa de Deus da terra a Israel. — Os escritores sacerdotais mostram também grande

---

236. Cf. M. KÖCKERT, *Vätergott und Väterverheissung*, Göttingen 1988 (FRLANT 142); M. WEINFELD, *The Promise of Land*, Berkeley, 1993; T. RÖMER, *Israels Väter*, Fribourg, 1990 (OBO 99).

interesse pelas genealogias, sobretudo naquelas linhas etnicamente laterais, que supostamente viriam do primeiro filho de Abraão, Ismael. A tradição começa sua narrativa com as histórias de Hagar (Gn 16; 21), tendo em vista o próprio Ismael na conclusão da aliança de Gênesis 17 (v. 23.25 s.), e passa então para a genealogia, a qual desenvolve a promessa de YHWH a este filho meio legítimo de Abraão: Gênesis 25,12-18. Os autores sacerdotais procederam de modo semelhante com os dois filhos de Isaac: a narrativa sobre como Jacó, o mais jovem, conseguiu a bênção de primogenitura foi provavelmente tirada da tradição (Gn 27). Os escritores sacerdotais se interessam em seguida também pelo destino do filho primogênito, não escolhido por YHWH, Esaú: ele infringe a proibição (pós-exílica), tomando uma ismaelita como esposa adicional (Gn 28,6-9). A apresentação narrativa do problema da descendência desemboca novamente numa genealogia detalhada dos povos e príncipes que surgiram de Esaú (Gn 36). Portanto, os escritores sacerdotais se esforçavam bastante para colocar as nações conhecidas por Judá no pós-exílio sob a proteção do Deus único YHWH, um esforço — como já dito antes — que continua nas genealogias da proto-história. Judá e seus vizinhos surgiram todos sob a proteção e a bênção do Deus do mundo, YHWH. Por um lado, há uma linhagem plenamente legítima, de Adão até Abraão e Jacó, a qual possui a bênção integral e carrega toda a responsabilidade perante YHWH; por outro lado, as linhagens laterais — todos os povos conhecidos (descendentes de Noé, Gn 6–9) — têm parte significativa nas promessas do Deus criador, mantenedor e condutor, YHWH.

A tradição pré-sacerdotal recebe na óptica da comunidade pós-exílica, como é evidente, um significado específico, relacionado ao próprio tempo. Lidas com os olhos dos membros da comunidade, as figuras e situações das histórias dos patriarcas se tornam modelos e indicações para as situações de fé no contexto persa. Abraão não é somente um antepassado, o "pai" da comunidade e da aliança; ele é o protótipo do adorador de YHWH, que, numa difícil decisão pessoal, põe toda a sua vida sob a direção do Deus único. A teologia da decisão e da obediência, como encarnada na figura de Abraão (desde quando?), sugere que esta teologia foi formada e recebida no período pós-exílico. Nas comunidades de fé pré-exílica havia princípios desta dimensão pessoal e comunitária da fé, por exemplo na relação do indivíduo e do grupo íntimo com a divindade familiar. Também havia fidelidade pessoal e confiança pessoal vinculada ao pequeno grupo. Mas a figura de Abraão já é integrada na comunidade religiosa "Israel" e referida ao Deus do mundo, YHWH. Consequentemente, nela se reflete o horizonte das comunidades no período persa.

A convocação de Abraão desde a pátria no sul da Mesopotâmia tem como finalidade mostrar a formação do povo, a posse da terra e a comunicação da bênção a todos os homens (Gn 12,1-3), um quadro verdadeiramente universal e amplo. E o convocado se submete à ordem divina sem nenhuma contestação — comportamento ideal, sonhado no Salmo 119 e em outros lugares. Em toda a corrente narrativa de Gênesis 12–25, Abraão é representado como o seguidor absolutamente leal de YHWH conforme o modelo dos observantes da Torá. Ele anda como estrangeiro pela terra que foi prometida a sua descendência e constrói aqui e ali altares para YHWH (cf. Gn 12,8; 13,17), resolve problemas familiares no sentido das promessas recebidas, cai em situações difíceis por causa de sua bela mulher Sara ou da solidariedade familiar com seu sobrinho Ló, pode contar sob todas as circunstâncias com o apoio de YHWH e repetidamente comemora a promessa da aliança de YHWH (cf., além de Gn 17, a versão aparentemente mais antiga de Gn 15): à apresentação original com o significativo rito de sacrifício de animais partidos, aparentemente indicando o destino dos que rompem a aliança (Gn 15,10), é acrescentada uma visão em sonho. O futuro se abre para o ancestral até o período pós-exílico, indício claro de uma interpretação ou construção retroativa. Os descendentes dele serão escravizados por 400 anos e então viverão o êxodo e tomarão posse da terra da fronteira egípcia até o Eufrates (Gn 15,12-14; v. 18-21). Esta geografia lembra o domínio de Davi, mas também pode estar levando em conta os judeus espalhados na Transeufratênia (cf. Esd 7,25). A interpretação profética da história da aliança é inserida numa antiga narrativa de solene sacrifício de compromisso[237]. Gênesis 15 é introduzido por um diálogo entre Abraão e YHWH, com caráter sapiencial: "Abrão teve fé no Senhor e por isso o Senhor o considerou justo" (Gn 15,6). A fé pessoal distingue o ṣaddiq. A falta de o receptor da promessa não ter filhos (Gn 15,1-5) é frequentemente um elemento de atraso nas histórias do Antigo Testamento. Aqui este antigo tema cria um cenário impressionante para a total entrega de Abraão à promessa divina. Os temas "crer em YHWH", "confiar em YHWH" ('mn, hiphil) são característicos da posterior piedade da Torá[238]. A imputação "justo" sugere a designação comum, antigamente, para o crente que se engaja por YHWH e sua Torá. Ele é o "justo" (ṣaddiq) em contraposição ao "malvado", raša', que esqueceu Deus[239].

---

237. Sobre a complexa estrutura literária de Gênesis 15 cf. C. WESTERMANN, BKAT I,2, 247-275; P. WEIMAR, Genesis 15, in M. GÖRG (Hg.), *Die Väter Israels*, Stuttgart, 1989, 361-411.
238. Cf. Êxodo 14,31, Jonas 3,5, Salmos 27,13; 106,10; 119, 66, 2 Crônicas 20,20.
239. Cf. J. SCHARBERT, A. FINKEL, *Gerechtigkeit I*, II TER 12, 404-414; H. RINGGREN, ThWAT VII, 675-684.

Os dois termos podem assumir, por exemplo, no Saltério ou em Provérbios, a função de palavras-chave para a redação tardia.

O caráter de modelo dado a Abraão[240] é radicalizado na narrativa do sacrifício de Isaac (Gn 22), chocante para o leitor moderno. Seu conteúdo se torna compreensível se levamos em conta as circunstâncias e os valores espirituais vigentes no tempo em que o texto surgiu e foi usado publicamente no anúncio e na instrução. Trata-se da absoluta confiança em YHWH, Deus das promessas e das realizações. Mesmo se este Deus exige um sacrifício absurdo, tudo deve estar certo. Abraão deve sacrificar seu único filho (Gn 22,1-3). Sem murmurar ou questionar, o herói da fé se põe a caminho para realizar o terrível ato. Segundo a concepção dos fiéis de YHWH na comunidade pós-exílica, a ligação com o Deus único e providente era o mandamento supremo e incondicional para todos os membros da comunidade. Diante dele, todos os outros deveres, desejos e preocupações se tornam insignificantes. Portanto, um mandato de Deus deve ser executado incondicionalmente, sem hesitação, mesmo contra os próprios sentimentos de dor. No sistema de valores do fiel de YHWH de então (são conhecidos exemplos modernos de diferentes qualidades) isto não era uma detestável obediência de cadáver, mas o cume da confiança no Deus bom, que exigia até algo que para sabedoria humana era absurdo. Isso lembra expressões de confiança do tipo "confio em ti, Deus" (cf. Sl 13,6; 25,2; 31,7.15; 52,10; 55,24; 56,4 s.12 etc.). Mesmo em tempos difíceis essa confiança fundamental em Deus deve ser mantida (cf. Sl 23,4; 42,6.12; 43,5; 62,2-9 etc.). A provação, que se apresenta especialmente no sofrimento do justo, leva consequentemente à situação de Jó (cf. Sl 73; Jó), isto é, a questionar o sentido do sofrimento. A ideia de que uma carga extrema, produzida ou permitida por Deus, possa ser uma "prova" da capacidade de sofrer e da fidelidade a Deus (Gn 22,1) pode dar outra direção à discussão, mas não pode sustá-la. O problema de Jó continua virulento no Antigo Testamento, e é possível que a atitude modelar de Abraão em Gênesis 22 sirva para aqueles que, no livro de Jó, se exprimem de modo contrastante na discussão intracomunitária sobre a justiça de Deus.

Não somente a piedade pessoal do período pós-exílico se reflete nas narrativas dos patriarcas. Espelha-se aí também a figura das comunidades judaicas primitivas, tanto positiva quanto negativamente. O encontro de Abraão com o

---

240. Cf. U. WORSCHECH, *Abraham*, Frankfurt, 1983 (EHS.T 225); M. OEMING, Der Glaube Abrahams, *ZAW* 110 (1998) 16-33; J. HA, *Gen 15*. A Theological Compendium of the Pentateuchal History, Berlin, 1989 (BZAW 181).

lendário Melquisedec de Jerusalém — depois da guerra vitoriosa do ancestral contra Quedarlaomer (Gn 14,1-16) — estabeleceria ligação com o Templo posterior: o idoso sacerdote-rei invoca a bênção sobre o patriarca que retorna, e este retribui, dando o dízimo "de tudo" (Gn 14,18-20). Neste ponto ressoa uma tradição de Jerusalém, que pouco aparece no Antigo Testamento, mas é bastante atestada nos textos não canônicos. Melquisedec é senhor temporal e espiritual de (Jeru)Salem, o que também é pressuposto em Salmos 110,4 (oráculo sobre o rei messias: "Tu és sacerdote para sempre, à maneira de Melquisedec"). A figura parece ser pintada de modo arcaico, simbolizando o governo divino antiquíssimo e futuro da cidade de YHWH. A extraordinária designação de Deus "El Elyon", "Deus altíssimo", bastante conhecida em volta de Israel e usada às vezes para YHWH, possui o mesmo tom arcaico. O sacerdote-rei leva para Abraão presentes de boas-vindas, pão e vinho, os quais introduzem o patriarca de modo quase sacramental na comunidade religiosa estrangeira, fazendo-o companheiro de mesa. Ele então lhe dá a bênção desse Deus altíssimo (El Elyon, como em alguns textos ugaríticos), que carrega o título potente de um Deus criador. Assim, Abraão é introduzido na comunidade de Jerusalém. No texto aparece a vaga ideia de uma tradição religiosa pré-javista. Mas através de Abraão ela é judaizada e assim adquire também um caráter javista. Com sua entrega do dízimo, o patriarca ainda justifica o tributo do Templo, válido mais tarde em Jerusalém (v. 20). Assim, sacerdócio, Templo e imposto são um esboço, retroprojetado no tempo de Abraão, da situação existente na era do Segundo Templo. A inserção errática da cena de Melquisedec nos acontecimentos bélicos babilônicos, meio míticos (Gn 14,1-17.21-24), apoia a localização do capítulo no período exílico ou pós-exílico. Já C. Westermann (que, entretanto, interpreta as partes singulares de Gn 14 de modo totalmente independente umas das outras) localizou o texto na época pós-exílica tardia[241]. O compilador concede a Abraão "uma grandeza abrangente na história do mundo"; ele busca assim "dar ao povo judeu um passado glorioso, que abre amplos horizontes diante do humilhante tempo presente"[242].

As infames cidades Sodoma e Gomorra são, nas histórias de Abraão (Gn 18,16–19,29), a contrapartida da santa comunidade do Templo em Jerusalém; nelas, injustiça e imoralidade cresceram excessivamente. Interessantes são os prelúdios da aniquilação das duas cidades. As narrativas

---

241. C. WESTERMANN, BKAT I,2,226.
242. Ibid., 245. Não se trata, portanto, nessas narrativas mais ou menos proféticas somente do passado, mas seguramente também do horizonte futuro de Israel.

originais devem ser entendidas como etiologia: elas se referem ao surgimento do incrivelmente profundo vale do Jordão e do mar Morto. Abraão recebe um papel lateral decisivo na preparação do tema da destruição das cidades más em fogo e enxofre. Ele acompanha pelo caminho o divino convidado, que reflete se deve esconder de seu escolhido o plano de destruir Sodoma (Gn 18,17-19). A intimidade da relação de Abraão com Yhwh é um efeito imediato da estreita convivência vivida na comunidade pós-exílica. A justificativa no versículo 18 vai ainda mais longe:

> Yhwh disse: "Irei eu esconder a Abraão o que faço? Abraão deve tornar-se uma nação grande e poderosa, na qual serão benditas todas as nações da terra, pois eu quis conhecê-lo, a fim de que ele prescreva aos seus filhos e à sua casa depois dele que observem o caminho de Yhwh, praticando a justiça e o direito; assim, Yhwh realizará para Abraão o que predisse a seu respeito" (Gn 18,17-19).

Uma fala de Amós impõe-se como paralelo: "Pois Yhwh nada faz sem revelar seu segredo a seus servos, os profetas" (Am 3,7). Esta fala cresceu do mesmo solo de confiança que Gênesis 18,17 s.; os profetas e a comunidade participam do conhecimento prévio de Yhwh. E este conhecimento é dado com a Torá. Este termo não é usado tal qual, mas o conteúdo sugere o dom da Torá. Abraão é responsável pelas gerações vindouras (seja notada a perspectiva do futuro!): sob a instrução dele, eles devem "observar o caminho de Yhwh e praticar a justiça" (v. 19a; cf. 26,5), o que é exatamente o conteúdo da obrigação da Torá (cf. Sl 119,33.44.60.112.121.166). Esse conteúdo é confiado aos descendentes de Abraão como representantes do mundo das nações (v. 18). Consequentemente, Israel é corresponsável pelo direito e pela justiça no sistema de coordenadas do império mundial, nos qual ele vive como minoria. A corresponsabilidade impõe que ele seja informado dos planos sobre Deus. Assim, Yhwh relata o que deve acontecer em relação a Sodoma: exame dos acusados, isto é, do comportamento falho, e eventual punição das cidades corruptas (v. 21). Abraão fica parado e assume o papel de intercessor em favor da cidade perdida (cf. Jonas). Seria este um ato de amor ao próximo diante de pagãos ignorantes, abandonados a si mesmos? Ou uma intervenção solidária em favor da minoritária comunidade de Yhwh, a qual deveria existir justamente nesta grande cidade de Sodoma? A última hipótese parece ser mais plausível. Pois Abraão consegue de Deus a promessa de não aniquilar a cidade se entre seus habitantes se encontrar somente dez "justos", termo que no uso costumeiro indica os "seguidores de Yhwh". O discurso de súplica do patriarca diante de Deus é uma obra-prima de retórica teológica pós-exílica:

Abraão se mantinha diante do Senhor, aproximou-se e disse: "Tu vais, de verdade, eliminar o justo com o culpado? Talvez haja cinquenta justos na cidade! Vais de verdade suprimir esta cidade, ou perdoá-la por causa dos cinquenta justos que ali se encontram? Longe de ti tal conduta de fazer o justo morrer junto do culpado! Sucederia ao justo o mesmo que ao culpado? Longe de ti! O juiz de toda a terra não aplicaria o direito?" (Gn 18,22b-25).

A questão sobre a culpa coletiva e a responsabilidade individual está sob exame. O indivíduo não envolvido deve sofrer com todos e eventualmente ser punido pelo comportamento geral de seus concidadãos? Por força de sua posição como parceiro da aliança de Y$_{HWH}$, Abraão intervém no mecanismo de culpa coletiva e sua estratégia de aniquilação, abaixando a exigência mínima de cinquenta para dez justos (Gn 18,22-32). Y$_{HWH}$ admite essa transação.

O debate sobre a culpa ou inocência de Sodoma se dá totalmente sob o aspecto da presença, na cidade, de um determinado número de "justos" ($saddiqim$), em contraposição aos "ímpios" ($r^e\check{s}a\,'im$). Ora, esta é a conhecida classificação padrão do período pós-exílico, a qual não coincide necessariamente com as nossas concepções morais. Trata-se sobretudo, ao menos na tradição sacerdotal, das categorias de santidade e impureza, como aparece na demonstração da culpabilidade de Sodoma em Gênesis 19,4-11. Os enviados de Y$_{HWH}$ se hospedam com Lot, um dos "justos" em Sodoma; a plebe da rua quer abusar sexualmente dos hóspedes. No antigo Oriente, isso é uma da piores infâmias concebíveis, uma bárbara infração contra a hospitalidade (cf. Jz 19,22-30). Além disso, a dimensão homossexual do ato desperta no ouvinte associações com Levítico 18,22 e 20,13, a proibição de contatos homossexuais masculinos por causa da incompatibilidade com a santidade sexual. Sodoma aparece (cada vez mais na tradição posterior) como um exemplo de anormalidade sexual, isto é, como imagem contrária à comunidade ideal santa e imaculada, indicada em Gênesis 14,18-20. O modelo positivo e o clichê oposto correspondem à ideologia da comunidade do Segundo Templo em Jerusalém.

Mas o verdadeiro grande tema das narrativas dos patriarcas são as promessas que Abraão, Isaac, Jacó e suas mulheres recebem de Y$_{HWH}$. Os oráculos divinos direcionados ao futuro distante correspondem aos fatos, já que tratam da posse da terra de Canaã e do aumento dos clãs, miseravelmente pequenos, nas gerações vindouras. Diante de tal perspectiva de futuro, inserida na natureza da promessa, só se pode perguntar qual época poderia ter tido um interesse especial nos temas da promessa depois do suposto período dos patriarcas, o início ou o meio do segundo milênio a.C. Essa época seria corresponsável pela formulação das afirmações correspondentes. Teoricamente, apenas dois períodos da história de Israel podem ser levados em consideração[243]. Um é o período no qual Israel se estabelece como grandeza política na terra prometida, isto é, a fase da "imigração" com o tempo subsequente, dos chamados juízes e o início da monarquia. O outro seria o período que se seguiu ao fim da monarquia, quando Israel perdeu seus direitos como Estado, invadido pelas tropas das potências mundiais, quando viu seus direitos de posse da terra serem drasticamente relativizados e só teria chance de sobrevivência e domínio por meio do aumento de sua população pelo mundo afora.

A primeira hipótese seria em si plausível se tivéssemos algum documento ou lembranças confiáveis dos dois últimos séculos do segundo milênio a.C. No máximo algumas peças poéticas e fragmentos de sentenças atestam a tomada da terra de Israel, talvez também alguns nomes de lugares e mudanças de nomes, determinados restos arqueológicos de assentamentos na montanha de Efraim e no sul de Judá. Mas desses fragmentos de informação não se pode chegar a uma imagem coerente e historicamente convincente do período antigo de Israel. Em especial, não se pode mostrar que as promessas aos pais são textos autênticos daqueles dias antigos, quando supostamente os antepassados dos hebreus ou seus descendentes imediatos se fixaram na terra prometida[244]. Os dois períodos da história, o das famílias de pastores nômades e o das tribos agrícolas infiltradas do Egito, são em grande medida construções da tradição surgida séculos depois. Os três primeiros pares de pais, completados pelo personagem de ligação egípcio, José, mais o povo aumentado no Egito correspondem, antes, aos interesses dos exilados e dos que retornavam à pátria no século VI a.C. Isto deve ser brevemente apresentado numa visão de conjunto das chamadas promessas aos "pais".

As promessas de YHWH aos primeiros pais se dividem em: anúncio da posse da terra, numerosa descendência, significado de bênção para outros povos e dominação sobre eles. Elas estão espalhadas por blocos narrativos e representam o fio condutor das histórias dos patriarcas como um todo. O Deuteronômio possui uma temática da promessa semelhante, vinculada primeiramente ao grupo de Moisés depois da fuga do Egito. Mas ele a liga secundariamente, em algumas passagens, aos nomes de Abraão, Isaac e Jacó[245].

---

243. É excluído um terceiro período da história, o início do reino unido sob Davi e Salomão, pois as promessas do livro do Gênesis quase não fazem referências políticas e monárquicas.

244. Cf. N. P. LEMCHE, BE 1; cf. FRITZ, BE 2; além disso as pesquisas de T. L. THOMPSON, *Early History of the Israelite People*, Leiden, 1992.

245. Neste sentido a tese de T. RÖMER, *Israels Väter*; trata-se de Deuteronômio 1,8; 6,10; 9,5.27; 29,12; 30,20; 34,4.

Os dois pontos de vista têm a ver com a situação exílica e pós-exílica, quando, tendo perdido a terra, os poderosos permitiram o retorno e era iminente uma reorganização em Canaã e na diáspora; então a questão do significado da própria minoria num imenso império excitava os corações. Por isso, todas as facetas da promessa aos patriarcas eram assuntos explosivos na comunidade pós-exílica. As promessas de YHWH afetaram os três primeiros pares de antepassados, mas também José em seu domicílio egípcio. YHWH fala programaticamente primeiro a Abraão: "Farei de ti um grande povo... Abençoarei os que te abençoarem" (Gn 12,2 s.; cf. 12,7). As palavras de YHWH sinalizam uma estreita solidariedade com Abraão, uma relação de aliança por assim dizer, na qual YHWH está incondicionalmente ao lado do patriarca e de sua família. O horizonte é universal, abarcando todo o mundo, como se esperaria depois das experiências de Israel com o império mundial do século VI a.C. A comunidade judaica só poderia se considerar mediadora da força da vida para todos os povos dentro do império persa depois que a tolerância religiosa da parte dos dominadores alimentasse também a esperança de exercer influência espiritual e eventualmente político-escatológica. Predominava o desejo de posse da terra: a comunidade buscava realizar sua autonomia num pedaço de terra próprio (cf. Ne 9,36 s.).

As histórias de Abraão (Gn 12–25) estão impregnadas de semelhantes promessas divinas ou indicações delas (cf. Gn 13,14-17: com exortações para a inspeção da terra prometida!; 15,5.7 s.16.18 s.: no contexto da conclusão da aliança; 17,2.4-7.8.15 s.20: junto com a aliança da circuncisão; 22,15-18: na promessa de bênção e domínio). As promessas continuam nas histórias de Isaac e Jacó (Gn 26,2-5; cf. v. 24): a referência à promessa de Abraão é clara na escolha de palavras e conteúdos; importante é novamente o fundo universal das declarações para o futuro. É acrescentada a indicação do cumprimento fiel da Torá por Abraão. — E continua com Jacó (Gn 28,13 s.); sua "descendência será como o pó da terra..."; conta-se nas dimensões de um império mundial. A mesma promessa ressoa na bênção de viagem que o pai Isaac dá a seu filho Jacó já antes, na partida dele para a Mesopotâmia (Gn 28,3 s.) e ainda antes na transmissão da dignidade de chefe da família, na bênção de primogenitura (Gn 27,27-29.39 s.: domínio sobre o povo irmão!). A oração de Jacó antes da luta no Jaboc contém uma indicação à promessa de multiplicação (Gn 32,13), e em conexão com a construção do altar em Betel e a renovação do compromisso o patriarca tem mais uma vez uma visão: seu nome é mudado para "Israel", a promessa da multiplicação e a da terra fortalecem o tom dominante do complexo narrativo (Gn 35,9-

12). Esta promessa encontra um eco tardio no ciclo de José, a saber, quando Jacó moribundo lembra a seu filho no Egito a visão em Betel (Gn 48,3 s.). Aliás, as promessas de YHWH já entram no estágio da realização na história de José. Por um lado, começa com o assentamento no Nilo o grande aumento populacional de Israel (cf. Gn 46,3; 48,16.19; Ex 1,6 s.); por outro lado, o transporte do corpo de Jacó para sua pátria, a "terra dos pais", para o campo em Siquém (Gn 33,18 s.), é um sinal claro da tomada de posse muito anterior à saída dos israelitas do Egito (Gn 47,30; 48,21 s.; 50,7-14). Dispor da terra na pátria de Canaã foi um grande problema para os exilados e para os que retornavam à pátria. As deportações no início do século VI a.C. foram acompanhadas de desapropriações. Até o retorno dos banidos ficaram abertas as questões de propriedade, causando polêmicas na população judaica (cf. Jr 24; Ez 33,23-29). Além disso, as posses familiares sofriam pesados encargos das potências ocupantes, tanto babilônicas quanto persas. Muitos agricultores foram levados à ruína (Ne 5). Na província de Judá a posse familiar de terra não era nada segura. Por isso, as histórias dos patriarcas e das matriarcas do Gênesis se desenvolvem tanto em torno do problema da terra. E as promessas de multiplicação surgem em última instância da mesma situação de necessidade. A comunidade judaica era dolorosamente consciente de sua situação de minoria. Somente um aumento da própria população e fazer carreira nas sociedades dominantes podia torná-la influente. Este tema aparece em muitas histórias do Antigo Testamento: <u>José</u>, conduzido ocultamente por YHWH no Egito, chega ao segundo posto no Estado. Assim, o "filho perdido" de Jacó pode ajudar decisivamente seu clã. <u>Ester</u> (através de uma condução de Deus não verbalizada!) conduz o grande rei persa de tal modo que o perigo de morte para os judeus é afastado e a iminente ruína se transforma em imponente vitória. <u>Esdras</u> e <u>Neemias</u> agem na corte persa conseguindo o melhor para o povo. Todos os exemplos mostram: a finalidade da multiplicação do povo e de sua expansão está na presença dos judeus em todos os lugares do mundo. Sobretudo nos centros de poder, servidores fiéis e habilidosos de cada dominador são agentes necessários de Deus (cf. também Daniel e Judite), que também transformam as antigas promessas em realidade. Os descendentes dos patriarcas seriam abençoados, sendo modelo para outros povos e religiões através de sua vida com YHWH e diante dela, com a Torá e através dela. As comunidades judaicas se abrem para toda a humanidade com tais promessas e a fazem participar da autocomunicação do Deus único (cf. Is 2,2-4; 19,23-25; 49,1-6; 56,1-8; Sl 87; Jonas). Os desejos não muito concretos de dominação, por fim, se desenvolvem da promessa de multiplicação: "... tornar-te-ei fecundo ao extremo: farei que dês nascimento a nações, e de ti sairão reis" (Gn 17,6[246]; cf. 22,17[247]; 27,29; 35,11).

As histórias dos pais e mães antepassados de Israel fazem surgir no todo um horizonte geográfico espantosamente amplo, junto com um horizonte aberto religiosa e espiritualmente. Provavelmente, os movimentos migratórios dos antepassados e fundadores da comunidade judaica não têm a ver com movimentos e migrações populacionais históricas. Estes surgem da experiência geral de que o local de moradia pode ser ameaçado e ser mudado em consequência dos desenvolvimentos políticos mundiais. Os autores ou ouvintes pós-exílicos das narrativas dos patriarcas olham em outra direção. Segundo o plano de YHWH para seu povo e para todo o mundo habitado pós-exílico, os patriarcas deixaram vestígios em todas as terras entre a Mesopotâmia e o Egito. O Deuteronômio resume assim a segunda e mais importante parte da história: "Meu pai era um arameu errante. Ele desceu ao Egito, onde viveu como migrante... lá ele se tornou uma grande nação, forte e numerosa" (Dt 26,5). A inconstância dos seminômades levanta a ideia do cuidado do bom Deus, que dá a orientação correta a seus eleitos: "Ouve minha oração, YHWH, e meu grito... pois não passo de um migrante junto a ti, um hóspede como todos os meus antepassados" (Sl 39,13). Permaneceu a imagem do migrante fiel a YHWH, contribuindo em sentido inverso para que a história dos patriarcas fosse apresentada como uma constante migração, da Mesopotâmia para Canaã, de Canaã para o Egito, com retorno e nova migração para o Egito — sem contar as correntes menores. Surgiu a imagem da fé dos piedosos que buscam fixar-se, mas sempre estão em movimento, desenraizados (Hb 13,14: "não temos aqui embaixo morada permanente..."; cf. os perfis de fé em Hb 13: Abel, Henoc, Noé, Abraão, Isaac, Jacó, José, Moisés e Raab — Hb 13,4-31).

3.2.4.4. Proto-história

R. ALBERTZ, *Weltschöpfung und Menschenschöpfung*, Stuttgart, 1974 (CThM.A 3). – M. BAUKS, *Die Welt am Anfang*, Neukirchen-Vluyn, 1997 (WMANT 74). – N. C. BAUMGART, *Die Umkehr des Schöpfergottes*, Freiburg 1999 (HBS 22). – R. CRÜSEMANN, Die Eigenständigkeit der Urgeschichte, in J. JEREMIAS et al. (Hg.), *Die Botschaft und die Boten*, Neukirchen-Vluyn, 1981, 11-29. – C. DOHMEN, *Schöpfung und Tod*, Stuttgart, ²1997 (SBB 17). – B. K. GARDNER, *The Genesis Calendar*: The Synchronistic Tradition

---

246. C. WESTERMANN, BKAT I/2, 315: Passagens que colocam "povos" e "reis" paralelamente (como Is 41,2; 45,1; 60,3; Jr 25,14) são "palavras de salvação do período exílico e pós-exílico".

247. O desejo de "controlar a porta dos inimigos" vem provavelmente de antiga literatura de súplica.

in Genesis 1–11, Lanham (Md), 2001. – T. HIEKE, *Die Genealogien der Genesis*, Freiburg, 2003 (HBS 39). – O. KEEL, S. SCHROER, *Schöpfung*. Biblische Theologie im Kontext altorientalischer Religionen, Göttingen/Fribourg, 2002. – A. LOUTH (Ed.), *Genesis 1–11*, Downers Grove (Ill), 2001 (Ancient Christian Commentary on Scripture: Old Testament 1). – U. NEUMAN-GORSOLKE, *Herrschen in den Grenzen der Schöpfung*, Neukirchen-Vluyn, 2004 (WMANT 101). – R. OBERFORSCHER, *Die Flutprologue als Kompositionsschlüssel der biblischen Urgeschichte*, Innsbruck, 1981. – S. SCHORSCH, *Die Vokale des Gesetzes*, Berlin, 2004; v. 1: *Das Buch Genesis* (BZAW 339). — W. S. TOWNER, *Genesis*, Louisville (KY), 2001. – B. TRIMPE, *Von der Schöpfung bis zur Zerstreuung*: Intertextuelle Interpretationen der biblischen Urgeschichte (Gen 1–11), Osnabrück, 2000 (Studien zur jüdischen und christlichen Bibel 1). – M. WITTE, *Die biblische Urgeschichte*, Berlin, 1998 (BZAW 265). – E. ZENGER, *Gottes Bogen in den Wolken*, Stuttgart, 1983; ²1987 (SBS 112).

Não era suficiente para as comunidades pós-exílicas começar com Abraão e sua mulher; outras questões precisavam ser respondidas. A curiosidade (no antigo Oriente e em Israel) se dirigia aos primeiros inícios. Qual era essa terra original, no sul da Mesopotâmia, de onde os hebreus emigraram? Como ela se relacionava com a Babilônia, ao norte? De que ambiente YHWH chamou os antepassados? Como surgiu esse outro mundo distante? Provavelmente, em especial os assentados à força na Babilônia refletiam sobre este espaço. Eles se familiarizaram, provavelmente, com as tradições dessa terra e formularam respostas no fundo das tradições que lá havia. A criação, o dilúvio, as genealogias dos povos do livro do Gênesis têm referências em expressões e situações mesopotâmias, mas este material disponível foi em parte retrabalhado. Os grandes épicos babilônios (Atramhasis, Gilgamesh, Enuma Elish) provavelmente não ficaram totalmente desconhecidos aos israelitas que habitavam na Babilônia, seja qual for sua forma literária ou oral. Para responder às questões sobre o período anterior a Abraão, construíram a seu modo uma história do princípio da humanidade, usando elementos da tradição babilônia[248]. Continua duvidoso se a proto-história alguma vez teve existência independente — para ser secundariamente acrescentada — antes de existir um livro, acabado ou em composição, da história da salvação israelita. Também não é claro onde deve ser traçada a linha divisória entre a história da humanidade e a do povo: depois de Gênesis 9 ou de Gênesis 11? Os argumentos mais fortes apontam para uma composição relativamente rápida, de responsabilidade dos autores sacerdotais, no período pós-exílico. A estrutura cronológica, sobretudo do livro do Gênesis, fala em favor de tal

---

248. Cf. M. BAUKS, *Welt*. A autora também leva em consideração os elementos egípcios e o tesouro de imagens comum no antigo Oriente; cf. ibid., 268 etc.

tese. E o que as comunidades judaicas primitivas e seus eruditos aprenderam e refletiram na Babilônia?[249]

Pode-se supor que não era usual, entre os grupos de agricultores do antigo Israel, dar à criação do mundo o triunfal primeiro lugar na tradição. Mas nos centros culturais no Eufrates, no Tigre e no Nilo e, em particular, entre seus teólogos era natural, desde mais de um milênio, refletir sobre a origem do mundo, escutando e falando sobre ela. Na festa do Ano Novo na Babilônia era encenado ou recitado o poema épico da cidade e do império, Enuma Elish, "como lá em cima"[250]. Os outros poemas épicos tinham aparentemente uma situação vivencial menos cultual-oficial, mas certamente também eram apresentados publicamente. O resultado da reflexão judaica acerca do tema dos primórdios é uma composição em dois níveis sobre a criação do mundo e da humanidade por YHWH (Gn 1–2). A primeira obra de criação termina no sábado: uma projeção na proto-história da própria estrutura semanal, surgida no exílio. Para os autores da proto-história, o andamento do tempo coroado pelo sábado, como eles o experimentavam, era tão importante que o inseriram já no ato da criação. Assim, a consciência humana exprime o seguinte: nosso mundo é ordenado, desde o primeiro início, do modo como nós o vivemos. Outros vestígios da própria interpretação teológica do mundo e de Deus são o falar performativo de YHWH na criação, o sequestro do poder das estrelas (que na Babilônia possuíam qualidades divinas), a designação do ser humano em geral (não dos reis) como vice-governador sobre a terra[251]. Tudo isso revela uma construção retroativa do ato da criação, a partir do horizonte de experiência da comunidade pós-exílica. Na segunda narrativa (Gn 2,4b-25) não é tão clara a coloração de uma época tardia. O tema principal é o ser humano,

---

249. A questão toca em outras sobre o material recebido e sobre as intenções dos redatores da proto-história no Israel antigo. Deve-se dar razão a D. J. A. CLINES: eles trabalharam temas que podiam interpretar diretamente à luz das próprias experiências no exílio e no pós-exílio, por exemplo a corrupção do ser humano (Gn 6) ou o desejo de poder dos povos unidos (num império) (Gn 11). Cf. os mesmos temas em Gênesis 1–11: R. S. HESS, D. T. TSUMURA (Ed.), *"I studied Inscriptions from before the Flood"*, Winona Lake, 1994, 285-309, espec. 308: "a proto-história foi escutada no exílio como uma história de Deus e Israel".

250. Sobre essa importante festa de mudança de ano, na qual eram redigidas as tabuletas de destino para o ano vindouro e renovada a força vital da terra no matrimônio sagrado, cf. W. SALLABERGER, B. PONGRATZ-LEISTEN, *Neujahr(sfest)*, RlA, 291-298.

251. Cf. U. RÜTERSWÖRDEN, *Dominium terrae*, Berlin, 1993 (BZAW 215). Mas devem ser distinguidas duas camadas em Gênesis 1,26-30: o mandato de domínio dos versículos 26-28 estão em tensão com o convívio igualitário entre ser humano e animal nos versículos 29 s. (assim também em Sl 104): E. S. GERSTENBERGER, "Macht Euch die Erde untertan" (Gn 1,28) — vom Sinn und Missbraucht der "Herrschaftsformel", in C. MAYER et al. (Hg.), *Nach den Anfängen fragen* (FS für G. Dautzenberg), Giessen, 1994, 235-250.

sua posição perante Deus, na estrutura social e diante dos animais. Um tipo de mapa do mundo do estado original paradisíaco é inserido (Gn 2,8-14). Esta última passagem possui caráter mesopotâmio. O Éden fica no Oriente, nas montanhas, de onde o Tigre e o Eufrates tiram sua água[252]. Os seres humanos diferenciados sexualmente são submetidos um ao outro de modo patriarcal, sendo a mulher o complemento (valioso) do ser humano, criada para a utilidade dele; essa era desde milênios a relação no antigo Oriente Próximo, e até hoje não foi essencialmente modificada. Deus é o criador e parceiro dos dois seres humanos, colocando-os a serviço e prescrevendo regras.

No Jardim do Éden começaram os problemas do ser humano. Ele recebe tarefas de Deus e limites lhe são colocados, o que leva à revolta da criatura contra o criador (Gn 2,15-17; cf. 3; 6; 11). Esta linha da proto-história, que fundamenta uma antropologia teológica especial, parece corresponder exatamente às concepções do período pós-exílico, isto é, à teologia da comunidade de então. Fundamental é a ideia de que YHWH exige a entrega total do crente, pertencendo a YHWH a soberania máxima. Diante de visões mais relaxadas, segundo as quais basta que o temente a Deus evite molestá-lo, ofendê-lo ou se destacar como mau diante dele, a atitude espiritual de Gênesis 2,15-17 significa um estágio refletido da vida religiosa, como aparece também na piedade toraica da comunidade (Sl 119). A ordenação de YHWH relativa à alimentação cotidiana e à aquisição de conhecimento indica uma abrangente regulamentação da vida humana por meio de ordens e proibições sagradas. No final, o ponto decisivo é a proibição de comer da árvore do conhecimento. Os autores e transmissores do texto sabiam que tocavam um ponto delicado. A distinção entre o bem e mal é uma qualidade básica do ser humano. Portanto, é interditado, no início da história humana, justamente o passo rumo ao verdadeiro ser humano. A fundamentação do lado de YHWH está em Gênesis 3,22:

> YHWH Deus disse: "Eis que o homem tornou-se como um de nós pelo conhecimento do que seja bom ou mau. Agora, que ele não estenda a mão para colher também da árvore da vida, dela comer e viver para sempre!". E YHWH Deus o expulsou do jardim do Éden...

Ser humano, como se sabia no período pós-exílico, inclui como qualidade perigosa um impulso ilimitado para o conhecimento e assim uma vontade de concorrência com Deus. O ser humano como rival da divindade máxima! Ao

---

[252]. Éden (termo sumério = estepe); paraíso (termo persa = jardim); cf. F. STOLZ, S. ROSENKRANZ, TER 25, 705-714. Em outro sentido M. GÖRG, NBL I, 467: Theologischer Jerusalemer Topographie.

contrário, no Salmo 8,6 ele é chamado de "pouco menos que *ᵉlohim*" (Deus)" e coroado com os atributos divinos "poder e glória". Gênesis 11,6 articula, de modo semelhante a 3,22, o medo de Deus diante da competência técnica acumulada pelo ser humano: "... são um povo só e uma língua só ... agora nada lhes será inacessível"[253]. As duas histórias, a do fruto proibido do paraíso e a da construção da torre para atacar o céu, intencionalmente construídas de modo paralelo, entendem o destino de morte do ser humano e a confusão das línguas como medidas defensivas da divindade perante uma humanidade poderosa demais. O ser humano criado por Deus possui algo divino em si; suas capacidades intelectuais e criativas vão muito além dos dons das outras criaturas. Justamente nisto está o perigo da presunção de "querer ser como Deus" (cf. também Ez 28,1-10). Na proto-história, YHWH fecha a barreira aos megalomaníacos que atacam Deus. Esta antropologia teve seu tempo; nem mesmo no antigo Oriente ela foi sempre evidente. Os mitos de criação babilônios mencionados não atribuem ao ser humano o poder de concorrer com os deuses, mas eles levam em conta que o barulho e a inquietação dos homens podem ser um incômodo para os celestes e podem provocar a aniquilação[254]. Os babilônios veem potencial revolucionário antes nas divindades concorrentes, como no senhor do submundo Erra[255]. Em todo caso, as figuras de pensamento são semelhantes às da proto-história bíblica. Erra consegue com astúcia tirar o domínio do mundo de Marduk. Imediatamente o caos absoluto entra na terra. Este modo de colocar em dúvida a boa ordem do mundo surge, de toda maneira, somente no primeiro milênio a.C., depois que experiências históricas devastadoras e uma reflexão radical mostraram a fragilidade do cosmo no qual se acreditava. Para o antigo Israel, as experiências do século VI a.C. foram a ocasião para questionar os conceitos teológicos e antropológicos válidos. Um primeiro passo dado na proto-história é reconhecer a ambivalência no ser humano enquanto tal: poder e presunção = queda na miséria. O segundo aspecto que encontramos na comunidade pós-exílica, com a mesma força, é o fato do mal aninhado dentro do homem. O mal não é senão a negação criminosa da ordem do mundo fundada por Deus, o desejo ativo de eliminar esta ordem[256].

A proto-história dá muitos exemplos deste fatal desejo de destruição. Nela, a comunidade pós-exílica reconheceu suas próprias dúvidas sobre a qualidade

---

253. C. UEHLINGER, *Weltreich und "eine Rede"*, Fribourg, 1990 (OBO 101).
254. Cf. *Atramhasis* (W. von SODEN), TUAT III, 612-645, espec. 629.
255. Cf. TUAT III, 781-801 (G. G. W. MÜLLER).
256. A interpretação da proto-história de E. DREWERMANNS capta um ponto importante, mas o exagera e ignora outras dimensões: *Strukturen des Bösen*, Paderborn, 1978.

moral do ser humano. O assassinato de Abel por Caim representa o insondável ódio entre irmãos; o canto de vingança de Lamec representa o excessivo desejo de matar (Gn 4). Na história do dilúvio, a fundamentação se perde numa obscuridade mítica: filhos de Deus se casam com filhas de homens, surgindo uma raça de gigantes, e Y<small>HWH</small> limita a duração da vida a 120 anos (Gn 6,1-4) — novamente uma medida de defesa contra o transbordante poder concorrente. Então começa nova história, o dilúvio, e se constata (tendo como base o terrível exemplo agora mencionado): "Y<small>HWH</small> viu... que o dia todo o coração deles não fazia outra coisa senão conceber o mal, e Y<small>HWH</small> arrependeu-se de ter feito o homem sobre a terra" (Gn 6,5). Segue-se a decisão de aniquilação.

O mal está profundamente enraizado no ser humano, eis uma das convicções da comunidade judaica do período persa. Em Salmos 14,3, isso se exprime assim: "Transviados todos eles, estão unidos no vício; um não há que pratique o bem, não há nenhum". As grandes orações de penitência individual ou coletiva, Salmos 51; 106, Neemias 9 etc., tocam a mesma trombeta. Uma profunda consciência do pecado (que pode caminhar paralelamente com eventual confissão de inocência!) tomou o homem e se exprime em rituais litúrgicos para a libertação da culpa e do pecado. Ouvimos tais práticas em textos pós-exílicos (Zc 7,2-6) ou encontramos até mesmo liturgias para o uso comunitário (Is 63,7–64,11). No espaço babilônio, justamente no primeiro milênio a.C., estão amplamente espalhados rituais para reabilitação por culpa pelo pecado ou outras desgraças que ameaçam o homem. Só precisamos pensar na confissão penitencial acádia contida, por exemplo, nas coleções de conjurações *šu-ila*[257]. Também a segunda tabuleta da série *šurpu* ("cremação")[258] contém uma abrangente confissão de culpa, enquanto a coleção *nam-bur-bi* ("sua solução")[259] aparentemente deixa de lado a culpa pessoal.

> Há alguém que não tenha pecado contra seu Deus, que tenha sempre seguido seus mandamentos? Toda a humanidade, que vive lá, é pecadora.
> Eu, Teu servidor, cometi todo tipo de pecado! Eu te servi bem, mas em mentira, falava mentiras e não dava importância para meus pecados.

---

257. Cf. E. E<small>BELING</small>, *Die akkadische Gebetsserie "Handerhebung"*, Berlin, 1953; A. Z<small>GOLL</small>, *Die Kunst des Betens*, Münster, 2003 (AOAT 308).

258. Ainda é padrão a edição de E. R<small>EINER</small>, *Šurpu*. A Collection of Sumerian and Akkadian Incantations, Graz, 1958 (AfO Beih 11).

259. Cf. a edição do texto com amplo comentário de St. M. M<small>AUL</small>, *Zukunftbewältigung. Eine Untersuchung altorientalischen Denkens anhand der babylonisch-assyrischen Löserituale (Namburbi)*, Mainz, 1994. Neste gênero de conjuração se expulsa a desgraça que objetivamente vem de maus espíritos. Entretanto, a oração de súplica do sofredor se dirige frequentemente ao "juiz" Šamaš e suplica "justiça". Além disso, o mau, que já se infiltrou no corpo do paciente, deve ser lavado.

Disse impertinências — tu sabes tudo! Não respeitei o Deus, que me criou, fiz
monstruosidades, sempre cometendo pecados.
Eu desejava tua ampla posse, desejava tua prata preciosa.
Levantei a mão e profanei o que era intocável, entrei no templo em estado de
impureza, constantemente te profanei, transgredi teus mandamentos em tudo
o que te desagrada.
Na minha loucura blasfemei tua divindade. Sempre cometi infâmias, consciente
e inconsciente. Caminhei segundo meu pensamento e cai na blasfêmia.
(traduzido de W. BEYERLIN, RTAT, 133)

Sempre existiu consciência de culpa do homem perante as divindades. No primeiro milênio a.C. há uma notável concentração dela, como já mencionado, e os textos da comunidade pós-exílica estão cheios dela. À luz do período tardio, a história do dilúvio é uma expressão característica da época. YHWH quer com ira e arrependimento anular a criação, como o deus Enlil no poema épico *Atramhasis* — por uma motivação pouco diferente: incômodo![260] (v. *Gilgamesh*, tabuleta 11). Do ponto de vista da comunidade pós-exílica, isso significa: Deus rescindiu suas obrigações de aliança perante o povo de Israel. Com o terrível dilúvio ele elimina tudo o que prometeu a Israel. A catástrofe elimina toda base de vida sobre a terra. Mas a salvação de Noé e sua família é uma luz na realidade obscura. Nem agora a graça de Deus se esgota. Há uma chance de sobrevivência para um pequeno número de seres humanos — e justamente estes serão os antepassados de Israel. O dilúvio, como toda a proto-história da Bíblia, esconde uma pequena luz de esperança, apesar da escuridão trágica que envolve o destino da humanidade. Sim, os fiéis de YHWH, libertados do cativeiro babilônico por YHWH e pelos persas, podem reivindicar para si as perspectivas positivas contidas na triste proto-história.

Junto com o exame dos temas do antigo Oriente, também deve ser colocada a questão sobre os possíveis vestígios do pensamento religioso persa. Algumas breves observações podem dar uma contribuição para a tese de que o Pentateuco foi, no essencial, composto no período do Segundo Templo. Aqueles pesquisadores[261] que prestam atenção ao *background* persa identificam como

---

260. O poema épico *Atramhasis* gira em torno da divisão do trabalho de corveia sobre a terra. Inicialmente os deuses menores, os Igigu, devem trabalhar para os deuses maiores, os Anunaki. Depois de sua rebelião, Mami (Nintu), a deusa mãe, e Enki criam os homens para substituir os Igigu sobrecarregados. O homem, Edimmu (Adão!), surge dos restos de um deus morto, possuindo portanto também qualidades divinas. Os homens obrigados à corveia se multiplicam muito e tiram Enlil de seu sossego. Ele decide aniquilar a humanidade, com exceção de Atramhasis.

261. Cf. por exemplo G. WIDENGREN, *Religionen*, 103 s.; H.-P. MÜLLER, Kohelet und Amminadab, BZAW 241, Berlin, 1996, 149-165; H. GUNKEL, *Genesis*, Göttingen, ⁷1966, 7 s.; C. WESTERMANN, BKAT I,1, 283-296.

herança persa, entre outras, a concepção de paraíso: ela teria um colorido persa. Contudo, nas partes mais antigas do *Avesta* não encontramos nenhuma descrição detalhada sobre um primordial jardim de Deus. Os estratos mais recentes mencionam a vida feliz no céu com Deus, sem velhice, doença ou mal. Ela começa somente depois da morte e do juízo final[262]. A concepção de um convívio eterno e perfeito com a divindade ressoa em Gênesis 3,22 e também aparece nas epopeias mesopotâmias, mas não com intensidade, nem referido aos seres humanos (que são inferiores). Nos textos sumérios, a terra de Dilmun possui qualidades paradisíacas, nos acádios, o local mítico da origem dos rios enquanto sede dos deuses[263]. A tarefa a ser executada pelo primeiro ser humano lembra o trabalho (corveia!) da epopeia de Atramhasis; a felicidade aparentemente pressuposta do casal na presença de Deus, como se pode concluir do diálogo de Yhwh com Adão depois da desobediência (Gn 3,8-13), corresponderia mais às convicções religiosas persas. Já nos "textos prístinos do *Avesta*" (séc. VI-IV a.C.), está amplamente retratado o paraíso individual e coletivo. Ahura-Mazda responde, por exemplo, no segundo capítulo do *Hadoxt Nask*, à pergunta de Zaratustra sobre o caminho do justo falecido (o que pensou, falou e cumpriu *Asha*). Ele encontra na peregrinação de sua alma uma jovem lindíssima, que é o bom *alter ego* de si mesmo. Ela o introduz gradualmente nas regiões celestes do paraíso, provavelmente até a presença do próprio Deus máximo[264]. O relato bíblico do paraíso é de uma simplicidade infantil em comparação com as reflexões do *Avesta*. Entretanto, há certas analogias entre ambos na concepção básica. Trata-se, nos dois casos, de vida anterior ou posterior do indivíduo humano na esfera de uma perfeição divina e de uma felicidade que lembra, em todo o caso, o culto dos mortos dos egípcios[265], mas não tem correspondente no espaço mesopotâmio.

Há outro elemento que, para a representação do paraíso, mais aponta para um fundo persa do que egípcio. No contexto narrativo bíblico, para os primeiros seres humanos tudo depende de eles aceitarem a autoridade benévola de Yhwh, o criador e condutor do mundo, e de não seguir outras vozes. Isto significa, na situação da comunidade pós-exílica, que só há uma possibilidade de permanecer em harmonia com o Deus que determina exclusivamente tudo: alternativas de instruções, ordens, cultos e atitudes de vida devem ser rejeitadas de modo ativo e pessoalmente responsável. A serpente em Gênesis 3 é uma

---

262. Cf. M. Stausberg, *Religion*, 144-153.
263. Cf. H.-P. Müller, BZAW 241, Berlin, 1996, 149.
264. Cf. C. Colpe, *Die religionsgeschichtliche Schule*, Göttingen, 1961, 126-139 (FRLANT 78).
265. Cf. R. O. Faulkner, *The Ancient Egyptian Book of the Dead*, London, ²1985.

potência contrária, a qual coloca em questão a soberania do Deus máximo e quer puxar para seu lado os seres humanos, criaturas do Altíssimo. Ela assume as funções dos demônios sedutores (Gn 3,1-5). Ela sugere a Eva: "Não morrereis", "Sereis como deuses" (v. 4-5). Parece-me que a suposta concepção do ser humano como alguém que deve tomar uma decisão de vida e de fé positiva em favor do Deus máximo e outra decisão negativa contra os demônios é claramente estampada na religiosidade persa, não existindo nas orientações de fé mesopotâmias ou egípcias. A declaração de vontade pessoal em favor do único deus verdadeiro e contra seu adversário está na base da religião avéstica. Já nos textos antigos se fala claramente disso, por exemplo no *Gatha*, que melhor tematiza o começo do mundo:

> Escute com ouvidos o Melhor, veja com sentidos em chamas
> para decidir entre as duas confissões de fé,
> cada homem por si mesmo, ponderando, antes da grande crise,
> que se realizará em nosso favor.
>
> Vamos! Os dois espíritos do início, reconhecidos como gêmeos no sono profundo,
> são no sentido, palavra e ação, o Melhor e o Pior.
> Os que enxergam claramente diferenciaram estes dois,
> Os que enxergam mal, não.
> (*Yasna* 30,2+3, segundo G. Widengren, *Geisteswelt* 150)[266].

A decisão entre Ahura-Mazda e Angra-Mainyu (ou entre seus demônios e hipóstases) é até mesmo personificada como Frauvashi no *Avesta*, um princípio divino que continuamente promove o lado positivo. Uma confissão formal, frequentemente usada na liturgia, salienta os dois aspectos da escolha: "Confesso ser adorador de Mazda, seguidor de Zaratustra, rejeito os demônios e sigo a doutrina de Aura" (*Yasna* 12, segundo M. Stausberg, *Religion* 473). O hino *Yasht* 13 é totalmente dedicado ao tema "Decisão em favor de Ahura-Mazda". Nestes textos e em outros semelhantes aparece a grande importância da decisão de fé pessoal para a religião de Zaratustra. Num modo muito mais econômico, os textos da comunidade judaica pós-exílica são orientados para a confissão em favor de Yhwh e para a renúncia a outras divindades: lembramos

---

266. Cf. para controle a versão de H. Humbach, loc. cit., 123, 30,2: "*Hear with (Your) ears the best (things)! View the radiance (of the fire), with (Your) thought, the invitations resulting from the discrimination of each single man, for his own self, before the great sharing (of good things), expecting (someone) to announce that to us.* 30,3: "*These (are) the two spirits (present) in the primal (stage of one's existence), twins who have become famed (manifesting themselves as) the two (kinds of) dreams, the two (kinds of) thoughts and words, (and) the two (kinds of) actions, the better and the evil. And between these two, the munificent discriminate rightly, (but) not the miserly*".

Deuteronômio 29,9 ss.; 30,15 ss., Josué 24,14 ss., 1 Reis 18,21 ss. etc. A mesma situação de decisão a favor ou contra YHWH já está dada em Gênesis 3, pelo menos nos olhos dos ouvintes pós-exílicos. A alternativa entre o Deus único e os poderes da destruição (a mentira, a infidelidade etc.) deve ser considerada como tendo uma tendência monoteísta, não podendo ser encontrada desta forma nas fontes egípcias ou orientais antigas, mas na religião persa. É difícil evitar a conclusão de que foi só sob o domínio persa que Israel conheceu o tema da decisão e o adaptou a seu modo.

Resta ainda dar uma olhada nas genealogias. Segundo as concepções usuais, elas são produto da criatividade sacerdotal ou da técnica de composição. Algumas analogias com listas do Oriente Próximo são notáveis, mas, por outro lado, aparece claramente uma vontade da comunidade judaica de dar novo formato. — As listas sumérias dos reis falam em diferentes versões de sete a dez arcaicos "reis antes do dilúvio", os quais apresentam tempos de governo incrivelmente longos, na maioria durando mais que 20 mil anos. Entretanto, as cidades nas quais eles teriam sido ativos são em parte identificáveis: Eridu, Bad-Tibira, Larak, Sippar, Shuruppak[267]. Os soberanos listados depois do dilúvio aproximam-se mais da realidade histórica, sendo o tempo de governo reduzido a alguns séculos; são mencionadas cidades-estado históricas: Kish, Uruc, Ur. Dos 39 regentes listados, alguns são identificáveis com segurança, mesmo que estejam presentes figuras míticas como Lugalbanda e Gilgamesh. Os autores bíblicos da proto-história adaptaram-se ao esquema conhecido: "Tempo inicial — dilúvio — história normal". O grande dilúvio para aniquilação da humanidade é a marca divisória entre os dois períodos principais da história humana. As genealogias hebraicas tratam, antes do dilúvio (Gn 5), de figuras individuais heroicas, sem conotações políticas. Os heróis sumérios dos tempos remotos são todos reis, pelo menos em função colateral. Isto deve ser avaliado como reflexo das sociedades nas quais as listas foram confeccionadas. A apresentação hebraica dos antepassados antes do dilúvio trata de homens privados; ela começa com Adão e se caracteriza somente pela fecundidade, pela manutenção da linha patriarcal e pela alta expectativa de vida, que se aproxima algumas vezes dos mil anos (auge: Matusalém, 969 anos), diminuindo então vagarosamente (como nas listas sumérias de reis). Antes do dilúvio, o último herói que atravessou são e salvo a fase da aniquilação ainda chegou aos 777 (Gn 5,31). Aliás, em algumas variantes o

---

267. Cf. Königlisten (D. O. EDZARD, RlA 6, 1980, 77-86; W. H. P. RÖMER, TUAT I, 328-337); P. MICHALOWSKI, JAOS 103 (1983) 237-248.

herói do dilúvio sumério Ziusudra (Utnapishtim em acádico) lhe é análogo. A natureza apolítica dos heróis bíblicos prístinos é uma tradição antiga ou paralela, ou reflete as relações privadas comunitárias no período pós-exílico. Naquela época não se queria mais desenhar os princípios da história humana sob sinais monárquicos.

Outra genealogia da proto-história bíblica encontra-se em Gênesis 10. Em vez de continuar com a sequência de soberanos e heróis, como nas listas de reis sumério-babilônias, os autores bíblicos do período pós-exílico concentram-se num tipo de árvore genealógica dos povos: dos três filhos de Sem, Cam e Jafé, que sobreviveram ao dilúvio com seus pais, surgiram os povos conhecidos do mundo de então. A forma da genealogia é mantida, mas o texto é, no cerne, uma "lista que coleciona os povos da terra"[268]. A apresentação começa com o filho mais novo de Noé, Jafé (Gn 10,2). Ele é, na perspectiva dos redatores e ouvintes judaítas, o antepassado das populações ou regiões de Gomer, Magog, Madai, Javã, Tubal, Mesec e Tiras. Devemos aceitar alguma insegurança na localização dos nomes: há amplo acordo sobre a interpretação de Madai como os medos (os quais podem ser entendidos, *pars pro toto*, como terra original dos persas) e de Javã como os gregos (Jônia). As outras cinco regiões podem ser consideradas com maior ou menor probabilidade como a Ásia Menor, o norte do Irã e as ilhas do Mediterrâneo. Isto indica o horizonte geográfico dos autores: eles olham primeiro não para a Mesopotâmia, mas para o norte e para o leste atrás da Mesopotâmia. Poderia haver indício melhor de que a realidade político-geográfica dominante tem algo a ver com o predomínio persa? Não há indicações precisas apontando os centros de poder na Pérsia; mesmo Elam não é ainda mencionado. Mas a menção aos medos pesa muito, e os gregos aparecem como vizinhos dos medos, apesar da ampla distância espacial entre eles.

Os descendentes de Cam, Cuch, Misraim, Put, Canaã (Gn 10,6), englobam os habitantes do vale do Nilo e povos situados mais para o sul, bem como os cananeus. Se Cuch significa os *cuchitas* = núbios (em grego, etíopes), então a descendência dos semitas orientais é extremamente curiosa (Nimrod, Babel, Erec, Acad, Calné, na terra de Sinear). Mas não se deve esperar nestas listas relações de parentesco exatas histórica ou etnicamente; além disso, o texto pode ter sido perturbado em sua transmissão. Se tomarmos o texto como ele se encontra, então os descendentes de Cam refletem os povos que circundavam Israel pelo sul e pelo oeste. Os cananeus (v. 15-19: Sídon, Het, o jebuseu,

---

268. C. Westermann, BKAT I,1, 672.

o amorreu, o girgaseu, o heveu, o arqueu, o sineu, o arvadeu, o semareu, o hamateu) desempenham um papel especial como vizinhos concorrentes, que, segundo a obra deuteronomista, tiveram de ser expulsos diante dos invasores israelitas.

Por fim, aparecem também os descendentes de Sem, o mais velho dos filhos de Noé: Elam, Assur, Arfaxad, Lud e Aram. Os três mais importantes são Elam, Assur e Aram, estados historicamente ativos, que exerceram grande influência por longos períodos no Oriente Próximo. Do ponto de vista da comunidade pós-exílica, Assur e Aram representavam centros de poder aos quais Israel temporariamente pagava tributos ou mesmo foi incorporado. É estranho que não seja mencionado nenhum estado na Jordânia oriental e no sudoeste. Moab, Amon e Edom são, em outras passagens do Antigo Testamento, vizinhos importantes e perigosos. O tempo deles já passou, ou eles não representam nenhum perigo sob a soberania persa dentro da província comum da Transeufratênia (contrariamente ao que sugere, por exemplo, Ne 2,19; 4,1 etc.)? É difícil responder à pergunta. Se localizamos a tábua dos povos de Gênesis 10 durante o período persa, então ela mostra o *mapa mundi* do ponto de vista judaíta. Judá e sua capital Jerusalém estão cercados por um cinturão de povos estrangeiros, mais ou menos aparentados, mas mesmo assim concorrentes; nada se fala das relações entre eles, exceto a notícia antecipada do versículo 25 ("no tempo dele a terra foi dividida"). Trata-se, portanto, somente de uma descrição dos povos assentados em volta de Judá. Com qual finalidade? A comunidade se assegura de seu mundo e de sua posição. Ela parece estar no centro: começando do norte, passando pelo Mediterrâneo com os povos das ilhas, para o sul e o leste, incluindo os fenícios, o mapa dos povos vai até os elamitas no sudeste distante e os arameus na vizinhança imediata a noroeste. Para nós esta ordem não é muito clara. Muitos nomes desconhecidos, talvez míticos, entraram na apresentação. Mas os que escutam a leitura deste mapa do mundo entendem-se como seus atores principais.

A história da torre, em Gênesis 11,1-9, demonstra aquilo que o mapa do mundo sugere: nessa mistura de povos não pode reinar boa ordem. Os povos tão numerosos perderam, por causa da arrogância humana, sua capacidade de comunicação harmoniosa e se espalharam por toda a terra. Depois deste fato, a genealogia continua (Gn 11,10-32), agora novamente no estilo de Gênesis 5, concentrada na linhagem de Sem e caminhando diretamente para Abraão. O filho mais velho de Noé gerou Arfaxad, viveu ainda 500 anos e teve ainda outros filhos não nomeados (v. 10). Então se segue o próximo passo. Arfaxad, o único importante mantenedor do clã, gerou Sela, que viveu ainda 403 anos e teve outros filhos (v. 12). Assim, passando por Éber, Peleg, Reú, Serug (figuras totalmente desconhecidas), a linha patriarcal rapidamente alcança os antepassados e parentes imediatos de Abraão, seu avô Nacor e seu pai Tera, que depois de Abraão, seu primogênito, colocou ainda dois filhos no mundo da alta Mesopotâmia, Nacor e Harã. Os nomes das pessoas são evidentemente atestados também como nomes de lugares[269]. Assim, é apresentado na alta Mesopotâmia um ponto fictício ou real para fixar a genealogia. A comunidade pós-exílica, em todo caso, reivindicou para si raízes babilônias, talvez tornando assim a permanência na região mais plausível e suportável. Sua situação no grande império persa não é tratada dentro da Torá mosaica, mas pode ser deduzida dos indícios mostrados, sobretudo do clima espiritual revelado nos textos.

3.2.4.5. Conclusão do Pentateuco

A verdadeira origem do Pentateuco permanece no obscuro, apesar de todas as informações e circunstâncias que podem ser recolhidas; e assim provavelmente permanecerá. Gostaríamos de saber exatamente quem fez por último os necessários trabalhos de redação e composição, com quais ações comunicativas das comunidades judaítas eram ligados os textos particulares e a obra como um todo, se e em que medida o governo imperial persa foi um instrumento na composição da Torá e muitas coisas mais. Há suficientes pesquisas de crítica literária e de história da tradição[270], as quais não precisam ser aqui repetidas.

Provavelmente as composições particulares ou as diferentes camadas redacionais do Pentateuco confluíram nos séculos V e IV a.C., recebendo uma forma final que não pode mais ser determinada. Não devem ser excluídos mudanças e acréscimos nas décadas seguintes; no prólogo do Sirácida grego (117 a.C.) já é disponível a Torá (completa?); já Neemias 8,1 s. (provavelmente em torno de 400 a.C.) pressupõe um escrito com autoridade para ser lido e traduzido, por horas, no culto. Estas são informações laterais, que não explicam nossas questões de detalhe. Já indiquei muitas vezes que as forças motrizes do colecionamento da Torá foram a comunidade e a liturgia comunitária, e que só as forças dirigentes da comunidade, sacerdotes, levitas, doutores e sábios, podem ser consideradas como autores imediatos ou órgãos executores. Fica

---

269. Cf. M. Görg, Abra(ha)m — Wende zur Zukunft, in Id. (Hg.), *Die Väter Israels*, Stuttgart, 1989, 61-71; D. Jericke, Die Liste der Nahoriden Gn 22,20-24, ZAW 111 (1999) 481-497.

270. Cf. J. van Seters, *Pentateuch*; E. Blum, *Studien*; J. Blenkinsopp, *Pentateuch*.

aberta a questão se e como o governo imperial ordenou a introdução da Torá como lei civil e cultual judaica. Esdras 7 sugere a tese da "autorização imperial" da Torá (cf. 1.2; 3.1.1.2), e alguns exegetas a assumem e a desenvolvem. Mas ela deve ser tratada com grande cautela[271]. O interesse próprio dos relatores judeus numa sanção oficial da Torá era tão forte que não podemos acreditar, sem outras informações, na iniciativa persa (assim como no caso do envio de Esdras e Neemias pelo grande rei). Decerto, são conhecidos os esforços dos aquemênidas, já mencionados acima, de pacificar as regiões e religiões do gigantesco império com ordenações jurídicas e cultuais locais, mas não se pode saber se houve uma tal lei para todos os judeus da província transeufratênia e se essa lei, caso tenha sido decretada, é total ou parcialmente idêntica à Torá. O relato interessado de Esdras não pode servir em caso algum de prova de tal posição estatal. É preferível um paradigma de explicação que considere um desenvolvimento "natural" conduzindo à Torá autoritativa.

Assim, o colecionamento de escritos sagrados orientadores, isto é, que comunicam a vontade de YHWH, depende primeiro do surgimento de comunidades judaicas na pátria e no estrangeiro, e não da política religiosa dos aquemênidas. As comunidades paroquiais daqueles que assumiram a fé em YHWH reuniam-se em festas anuais e festas comemorativas, para tratar de assuntos comuns; e, progressivamente, de modo mais regular, nos "dias da lua", isto é, os sábados. Parte dessas reuniões servia para confirmar aquilo que os antepassados fizeram e falaram nos tempos em que as condições de vida eram mais firmes, o que eles receberam e formularam como ordem fundamental da vida e da fé. Justamente este questionamento do "antigo" (cf. Jr 6,16; às vezes sentido como incriminador e induzindo ao erro: cf. Jr 31,31-34) é o impulso decisivo para o colecionamento e a formatação da tradição. Ela é escrita porque é repetidamente usada, isto é, recitada na assembleia. O costume de escrever as tradições para o uso comunitário, isto é, de confeccionar uma coleção de textos sagrados para o uso, provavelmente surgiu na Mesopotâmia e foi fortalecido sob os persas. Os judeus desenraizados assumiram o costume.

São evidentes os sinais de uso do Pentateuco nas assembleias comunitárias. Sinais de natureza estilística: discursos na segunda pessoa do plural (algumas vezes no singular), como é bastante usual nos textos sacerdotais e deuteronomistas, o que só pode ser avaliado como indício de um discurso vivo para ouvintes. É configuração padrão, tanto na tradição sacerdotal quanto

---

271. Com boas razões, por exemplo, em J. W. WATTS (Ed.), *Persia*; L. L. GRABBE, *History*, 215 s., 235 s., 324-337.

na deuteronomista, canalizar as falas de Deus para o porta-voz Moisés (ou o leitor Esdras)[272]. Isto sugere uma situação comunitária. Um porta-voz ou leitor legítimo confronta a comunidade diretamente com a palavra de Deus. Moisés, Josué, Jeremias (Baruc), Esdras são grandes modelos. Como estes, os liturgos da comunidade fazem o "eu" de YHWH falar (primeira pessoa do singular, representado pelo mediador!). Os textos possuem caráter homilético e catequético[273]. Eles formam a comunidade e indicam o caminho. Infelizmente no Pentateuco faltam os responsórios, as passagens "nós", frequentes nos salmos. Não podemos reconhecer bem como os ouvintes reagiram, quais textos eles eventualmente falavam em comum (cf. Js 24,16-18; Ne 10,31-40). Reações da comunidade só são indicadas indiretamente (cf. Dt 1,14.26-28.41 etc.). Tem precedência, no Pentateuco, a declaração da vontade de YHWH: YHWH fala através de seu mediador, o povo escuta e se abala ou se alegra (cf. Dt 5,23-27). Talvez nesta unilateralidade da ação divina se reflita uma parte do decorrer da liturgia.

Das tradições fragmentárias, lembradas ou fixadas por escrito, os eruditos guardiões da herança sagrada fizeram uma coleção variada e não muito "ordenada", sobretudo, de normas e instruções orientadoras, como presentes por exemplo em Êxodo 20–Números 36. Diretrizes para a vida cotidiana assim como para o culto de YHWH eram decisivas para as comunidades novas e sem firmeza. A narrativa prévia de Êxodo 1–19 busca explicar como se deu, sob Moisés, a comunicação ampla da vontade de Deus. As narrativas dos patriarcas construídas num passado distante explicam a reivindicação da terra na Palestina, a permanência no Egito e a libertação de lá. A proto-história, recuando mais longe, até os inícios, vincula Israel com a humanidade como um todo, isto é, concretamente, com a sociedade do império dominada pelos persas. O quinto livro da Torá (Deuteronômio) é uma criação de tipo distinto. Os deuteronomistas resumem mais uma vez os acontecimentos relativos a Moisés por motivos e ensejo desconhecidos. (Pergunta-se se esta síntese poderia ser o núcleo da formação do Pentateuco?). Talvez quisessem novamente reunir o que era transmitido para os fiéis de YHWH acerca de regras para a vida cotidiana. Pois não podem ser encontradas no Deuteronômio as prescrições especificamente cultuais da teologia da santidade fortemente presentes no livro do Levítico. Também a "repetição da Torá" é, em todo o caso — como

---

272. Para a tradição sacerdotal cf. E. S. GERSTENBERGER, *Leviticus*, 6-9, 23-25, 238-240 etc.
273. Cf. ID., Predigt, Altes Testament, TRE 27, 231-235; R. MASSON, *Preaching the Tradition*, Cambridge, 1990.

a parte sacerdotal do Pentateuco —, direcionada para a comunidade de YHWH; não se trata de uma lei estatal, as instituições que aí transparecem não são, no conjunto, monárquicas[274].

No Pentateuco — sem poder determinar exatamente a forma alcançada no período persa — temos diante de nós, portanto, o produto admirável de um escrito sagrado que surgiu da comunidade judaíta estratificada. Obras de caráter constitutivo semelhante, que dão uma identidade a comunidades religiosas, são os textos védicos, o *Avesta* persa, os escritos iluminadores budistas, algumas coleções gnósticas e o Corão, muito posterior: religiões do "livro"[275] surgiram, portanto, desde o século V a.C. e caracterizaram a história do mundo. Os inícios da formação de um cânon são evidentes nos escritos hebraicos do Antigo Testamento. O "Livro da Torá de Moisés" é em certos contextos uma grandeza fixa; a fórmula canônica "nada deve ser acrescentado, nada deve ser retirado" (Dt 4,2; 13,1) é aplicada ao anúncio da vontade de YHWH por meio de Moisés. Assim, a Torá entra na série dos escritos sagrados da humanidade, com consequências imensas para o espaço mediterrâneo e para as chamadas civilizações ocidentais. Apesar de todas as delimitações, o cânon permaneceu relativamente aberto na tradição judaica — seguem-se os profetas e os "escritos" e, logo depois, as interpretações rabínicas —, prova de um pragmatismo teológico benéfico. Também as fixações dogmáticas cristãs do cânon e a ortodoxia bíblica foram sempre ultrapassadas pela prática interpretativa.

---

274. Com L. PERLITT (*Bundestheologie*), contra todas as tentativas de ligar as ordenações deuteronômico-deuteronomistas com a sociedade pré-exílica de Israel/Judá! Cf. G. BRAULIK, *Studien zum Buch Deuteronomium*, Stuttgart, 1997; E. OTTO, *Deuteronomium*.

275. Cf. J. LEIPOLDT, S. MORENZ, *Heilige Schriften*, Leipzig, 1953; J. BARR, *Scripture*; RGG[4], v. 3, 1549-1551.

Capítulo 4
Fruto teológico

B. W. ANDERSEN, *Contours of Old Testament Theology*, Minneapolis, 2000. – J. BARR, *Concept of Biblical Theology*, London, 1999. – J. L. BERQUIST, *Judaism in Persia's Shadow*, Minneapolis, 1995. – W. BRUEGGEMANN, *Theology of the Old Testament*, Minneapolis, 1997. – ID., *The Book that Breaths New Life*, Minneapolis, 2005. – B. S. CHILDS, *Introduction to the Old Testament as Scripture*, Philadelphia, 1970. – ID., *Old Testament Theology in a Canonical Context*, Philadelphia, 1985. – F. CRÜSEMANN, *Die Tora*, München, 1992. – ID., *Massstab Tora*, Gütersloh, 2003. – A. DEISSLER, B. FEININGER, *Wozu brauchen wir das Alte Testament?*, Frankfurt a. M., 2004. – W. DIETRICH, *Theopolitik*: Studien zur Theologie und Ethik des Alten Testaments, Neukirchen-Vluyn, 2002. – E. EGO, *Gemeinde ohne Tempel*, Tübingen, 1999 (WUNT 118). – E. S. GERSTENBERGER, *Theologien Im Alten Testament*, Stuttgart, 2001, 166-223. – M. GETUI et al. (Ed.), *Interpreting the Old Testament in Africa*, New York/Frankfurt a.M., 2000. – M. GROHMANN, *Aneignung der Schrift*, Neukirchen-Vluyn, 2000. – W. GROSS, *Studien zur Priesterschrift und zu alttestamentlichen Gottesbildern*, Stuttgart, 1999 (SBAB 30). – O. KEISER, *Der Gott des Alten Testament*, Göttingen, 1993, 1998, 2003, 3 v. (UTB 1747, 2024, 2392). – B. LANG, *JAHWE der biblische Gott*: ein Portrait, München 1992. – C. LEVIN, *Die Entstehung der Bundestheologie im Alten Testament*, Göttingen, 2004 (NGWG.PH 1, 2004/4). – P. D. MILLER, *Israelite Religion and Biblical Theology*, Sheffield, 2000 (JSOT.S 267). – K. NÜRNBERGER, *Theology of the Biblical Witness*. An Evolutionary Approach, Münster, 2002 (Theology 5). – M. OEMING (Hg.), *Theology des Alten Testaments aus der Perspective von Frauen*, Münster, 2003 (Beiträge zum Verstehen der Bibel 1). – ID. (Hg.), *Der eine Gott und die Götter*, Zürich, 2003 (ATANT 82). – ID., *Verstehen und Glauben*, Berlin, 2003 (BBB 142). – G. von RAD, *Theologie des Alten Testaments*, München, 1958, v. 1; 1960, v. 2.

– R. RENDTORFF, *Theologie des Alten Testaments*, Neukirchen-Vluyn; v. 1: *Kanonische Grundlegung*, 1999; v. 2: *Thematische Enfaltung*, 2001. – H. REVENTLOW, *Die Eigenart des Jahwehglaubens*, Neukirchen-Vluyn, 2004 (BThSt 66). – W. SCHOTTROFF, Zur Sozialgeschichte Israels in der Perserzeit, VuF 27 (1982) 46-68. – F. SEGBERS, *Die Hausordnung der Tora*, Luzern, 1999 (Theologie in Geschichte und Gesellschaft 7). – D. L. SMITH-CHRISTOPHER, *A Biblical Theology of Exile*, Minneapolis, 2002. – O. H. STECK, *Gott in der Zeit entdecken*, Neukirchen-Vluyn, 2001 (BThSt 42).

Os pensamentos teológicos e modelos de argumentação já foram tratados extensamente acima, no capítulo 3, numa antecipação inevitável da temática final, porque a motivação principal para a redação de escrituras sagradas é teológica. O último capítulo, pois, não deverá ser excessivamente redundante. Trata-se de resumir os já mencionados desenvolvimentos teológicos da época persa, descrever ligações necessárias e complementos, estabelecendo algumas linhas de comunicação com o momento presente. De fato, um fruto merece tal nome se alguém pode desfrutá-lo, e este alguém só pode ser, na presente situação, o leitor atual daqueles escritos sagrados, surgidos há 2.500 anos e recebidos, interpretados e transmitidos continuamente por todo esse longo período pelas comunidades de fé de origem judaica e cristã. Mesmo críticos da religião como B. Brecht ou R. Augstein reconheceram, com razão, que as ideias bíblicas penetraram profundamente em nosso sistema cultural subcutâneo e muitas vezes influenciam consideravelmente nossas decisões, mesmo inconscientemente.

Com certeza, pode-se dizer, sobre os dois séculos de domínio aquemênida no Oriente Próximo (539-331 a.C.), aquilo que R. Albertz já havia clamado para os 58 anos de jugo babilônico sobre Judá e os judaítas deportados: "Nenhuma época na história de Israel é tão rica em frutos teológicos"[1]. Ainda que se leve em conta que, no ano de 560 a.C., a situação dos judeus subjugados melhorara (libertação de Joiaquin da prisão e sua pretensa promoção a hóspede de honra na mesa de Evil-Merodac), a verdadeira libertação dos deportados aconteceu só depois que Ciro tomou o poder em 539 a.C. (Is 45,1-7). A partir deste momento foram modificadas positivamente as condições de vida dos exilados e dos que viviam na terra natal, particularmente com respeito à religião. Os novos soberanos concederam liberdade religiosa aos seus súditos. Só mediante essa sensível mudança política foi possível iniciar no distrito de Jerusalém a reorganização das atividades do Templo e a refundação de uma comunidade religiosa de YHWH. A nova regulamentação das relações civis ou religiosas introduzidas ou toleradas pelos aquemênidas possibilitou a organização da

---

1. R. ALBERTZ, BE 7, 324.

comunidade judaica de YHWH. E esse verdadeiro recomeço de uma comunidade religiosa autodeterminante deu o impulso mais importante para a formação de concepções teológicas adequadas ao contexto, para a regulamentação das necessidades cultuais (nova consagração do Templo em 515 a.C.), para a produção de regras necessárias para a comunidade, para a instituição de cargos e funções de direção, para a sistematização do ciclo de festas anuais, para a introdução do sábado e da circuncisão como atos públicos de confissão e para a compilação e a redação da Torá e outras medidas estruturais. A administração do passado em celebrações de lamentação iniciou-se, seguramente, logo depois da ruína em 587 a.C. É possível, também, que tenham ocorrido tentativas locais de dar para a fé em YHWH uma forma exterior e uma legitimação pública. Regras refletidas em base mais ampla, válidas para todos os seguidores de YHWH, foram instituídas provavelmente só depois do surgimento dos persas. O processo prático de criação de novas estruturas civis e religiosas é a base para a produção da literatura teológica. De modo geral, um povo que foi prisioneiro e oprimido não teria forças para uma concepção nova e visionária. No entanto, os efeitos dessa nova concepção de "Israel" foram imprevisivelmente fortes, durando até hoje.

4.1. Contexto: religiosidade persa e babilônica

J. BOTTÉRO, *Religion in Ancient Mesopotamia*, Chicago, 2001. – M. BOYCE, *A History of Zoroastrianism*, Leiden, 1975, 1982, 2 v. (HdO 1/8/1/2/2a). – C. COLPE, *Iranier – Aramäer – Hebräer – Hellenen*: Iranische Religionen und ihre Westbeziehungen, Tübingen, 2003 (WUNT 154). – D. O. EDZARD, *Geschichte Mesopotamiens*. Von den Sumeren bis zu Alexander dem Grossen, München, 2004. – G. GNOLI, *The Idea of Iran*, Roma, 1989 (SOR) 62. – A. HAUSLEITER (Ed.), *Material Culture and Mental Spheres*, Münster, 2002 (AOAT 293). – M. HUTER (Hg.), Offizielle Religion, Lokale Kulte und individuelle Religiosität, Münster, 2004 (AOAT 318). – T. JACOBSEN, *The Treasures of Darkness*, New Haven, 1976. – R. G. KRATZ (Hg.), *Religion und Religionskontakte im Zeitalter de Achämeniden*, Gütersloh, 2002 (Veröffentlichungen der wissenschaftlichen Gesellschaft für Theologie 22). – M. KREBERNIK (Hg.), Polytheismus und Monotheismus in den Religionen des Vorderen Orients, Münster, 2002 (AOAT 290). – B. MEISSNER, *Babylonien und Assyrian*, Heidelberg, 1925, 2 v. – A. L. OPPENEHEIM, *Ancient Mesopotamien*, Chicago, 1964. – M. STAUSBERG, *Die Religion Zarathustras*. Geschichte – Gegenwart – Rituale, Stuttgart, 2002, 2 v.; 2004, 1 v. – G. WIDENGREN, *Iranische Geisteswelt*, Baden-Baden, 1961. – ID., *Die Religionen Irans*, Stuttgart, 1965 (RM 14). – K. WATANABE (Ed.), *Priests and Officials in the Ancient Near East*, Heidelberg, 1999.

Um momento importante do nascimento espiritual da comunidade de YHWH foi, seguramente, o clima religioso e espiritual geral com o qual Israel, como minoria desenraizada e vencida, devia ocupar-se e ao qual estava exposto a contragosto. Com a ajuda de fontes persas e babilônias podemos fazer uma ideia, em certa medida satisfatória, da situação na Mesopotâmia e na Palestina. A nós interessam particularmente as diferenças entre a religiosidade dos persas e a dos babilônios, porque é de esperar que traços de uma ou de outra atitude, isto é, da fé e da mundivisão dos persas e dos babilônios (quando se distinguem significativamente!) tenham-se sedimentado nas teologias do Antigo Testamento daquela época. As atitudes religiosas nos dois impérios devem ser levadas muito a sério como manifestações da crença humana. Colhemos delas algumas importantes afirmações teológicas:

— Especialistas atribuem ao primeiro milênio a.C. uma inclinação à monolatria ou até mesmo ao monoteísmo no Oriente Próximo. Isso poderia ser um reflexo da monarquia absoluta universal[2]. Estudos minuciosos sobre como se desenvolveu a reivindicação de poder em nome de determinadas divindades sublinham o caráter político e a amplitude espacial da veneração privilegiada e até exclusiva reivindicada pelo "Deus do Império"[3]. Isso vale para os grandes reis de todos os impérios da Mesopotâmia e, com restrições, também para os aquemênidas. Mas no plano da devoção pessoal surgem consideráveis diferenças na estruturação da relação com Deus. Ahura-Mazda, o deus único e supremo, não aparece como o rei dos deuses, nem na literatura oficial, nem na religiosa. Não lhe foram atribuídas metáforas monárquicas. No campo pessoal, ele é a essência da sabedoria, da verdade e da justiça universais, a qual se opõe radicalmente ao mal (a mentira). O crente tem que se decidir por ele e renegar os demônios maus. Essa ênfase na decisão de escolher entre o princípio bom e sua negação é estranha à religião babilônia. Pelo lado dos persas, ela pertence à essência da crença, como já muitas vezes mencionado. Deve-se considerar com atenção essa diferença na estrutura da religião.

— A literatura babilônia conhece o desejo da vida eterna, o medo da transitoriedade, a luta diária pela saúde e pelo bem-estar. Ela admite também o ceticismo e o desespero perante a ordem divina do mundo, particularmente no primeiro milênio a.C. Em contraposição à

---

2. Assim, por exemplo, T. JACOBSEN, *The Treasures of Darkness*. A History of Mesopotamian Religion, New Haven, 1976, 233 ss.

3. Cf. por exemplo W. SOMMERFELD, *Der Aufstieg Marduks*, Kevelaer/Neukirchen-Vluyn, 1982 (AOAT 213); G. AHN, *Religiöse Herrscherlegitimation im achämenidischen Iran*, Leiden/Louvain, 1992 (Acta Iranica 31).

serenidade de outrora e à atitude quase sempre positiva diante da vida, propagam-se na Babilônia do primeiro milênio a.C. certa resignação e a disposição para falar sarcasticamente da harmonia pretensamente instituída pelos deuses. No "Diálogo pessimista" uma passagem diz:

> Escravo, às ordens! — Sim meu senhor, sim! — Daqui breve desperta-me e dá-me água para minhas mãos, para que eu possa preparar um sacrifício para meu Deus! — Prepara, meu senhor, prepara! Um homem que prepara um sacrifício para seu deus tem o coração alegre, ele ganha confiança sobre confiança! — Não, escravo, eu não irei preparar um sacrifício para meu deus! — Não prepare, meu senhor, não prepare! Tu ensinas teu deus a correr atrás de ti como um cão! Ele irá exigir de ti quer ritos, quer uma estatueta de Latarak ou qualquer outra coisa! (W. von SODEN, TUAT III, 162).

Pelo que parece, tal sátira já não era considerada blasfema. Ela reflete uma atitude que considera possível a inversão da benéfica ordem do mundo. A epopeia *Erra* encena a ascensão ao poder do inferno e as consequências catastróficas disso para o mundo[4]. Em várias tabuletas a indizível calamidade tramada por Erra é relatada por seu administrador Ishum ou pelas divindades afetadas. Assim, Ishtaram, deus da cidade de Der (Tell Aqar, a sudoeste de Bagdá, ao lado de Badra), o acusa:

> Transformaste a cidade de Der num deserto,
> dobraste as pessoas de lá como um junco.
> Extinguiste seus ruídos como a espuma do mar,
> e não me deixaste de fora, me entregaste aos suteus!
> Por causa de minha cidade Der,
> não pronunciarei mais nenhuma sentença de justiça,
> não tomarei nenhuma decisão sobre a terra.
> Não darei nenhuma ordem e não mandarei sabedoria.
> Os homens desprezam o direito e escolhem a violência,
> abandonaram a justiça e planejam o mal.
> Mandarei os sete ventos contra uma terra.
> Aquele que não morrer na luta morrerá pela peste,
> aquele que não morrer pela peste será saqueado pelo inimigo,
> aquele que o inimigo não saquear será abatido pelos ladrões,
> aquele que o ladrão não abater será atingido pela guarda do rei,
> aquele que a guarda do rei não atingir será derrubado pelo príncipe,

---

4. Cf. L. CAGNI, *L'Epopea di Erra*, Roma, 1969 (Studi semitici 34); G. G. W. Muller, Ischtum und Erra, in TUAT III, 781-801.

aquele que não for derrubado pelo príncipe será arrastado por Adad,
aquele que Adad não arrastar será alcançado por Shamash,
aquele que sair pela terra será varrido pelo vento,
aquele que entrar em sua casa será derrubado pelo que espreita,
aquele que subir a colina morrerá de sede,
aquele que descer ao vale morrerá pela água
(Tabuleta IV, 66-86; segundo G. G. W. MULLER, TUAT III, 796).

As descrições da catástrofe seguem sem fim, lembrando algumas sentenças proféticas ou maldições bíblicas. É total a destruição da boa ordem. Por trás disso está Erra, o deus do inferno. Porém, a culpa humana participa na ruína, e também os deuses "bons" têm sua parte na catástrofe. Eles permitiram a Erra agir, parecendo às vezes até mesmo apoiar. Assim soam as censuras desesperadas contra o deus destruidor. A solução oferecida no fim consiste no seguinte: a fúria de Erra diminui, ele confessa ter exagerado na paixão de sua campanha de aniquilamento e promete ajudar na reconstrução da terra destruída. E o escritor do poema (ele o teria recebido numa visão noturna), no final o recomenda — num discurso em primeira pessoa de Erra — como conjuração comprovada contra todo mal possível. "Na casa onde esta tabuleta estiver, caso Erra novamente fique irado, caso Sibitti também mate, a espada da peste não se aproximará, pois lhe está determinado o bem-estar" (Tabuleta V, 57 s.; segundo G. G. W. MÜLLER, TUAT III, 801).

Podem ser agora percebidas as diferenças com o modo como Zaratustra resolve o problema da teodiceia. Enquanto na religiosidade babilônica, de modo monolátrico, o bem e o mal no fundo partem de uma única e mesma vontade de Deus, Zaratustra separou desde o início o mal do bem de modo dualista. Ahura-Mazda e seus "imortais benévolos" são capazes somente de bons sentimentos e de nenhum mau. Contra estes estão os *daévas*, demônios maus, forças antagônicas ao Bem e à Verdade, maus desde o princípio; eles devem ser abjurados, evitados, pois serão aniquilados no fim dos tempos. De tais diferentes perspectivas surgem em diferentes níveis sociais da existência humana atitudes teológicas e modos de comportamento ético diferentes.

— Assim foi mencionada outra diferença profunda entre as religiões da Mesopotâmia e a mensagem de Zaratustra, vinda das regiões orientais: a visão da história e do juízo escatológico, a avaliação de que a vida individual é uma etapa antes da entrada no ser definitivo, paradisíaco.

As duas concepções são adequadas uma à outra nos níveis coletivo e pessoal. Descrições detalhadas das coisas últimas não estão presentes nos *Gathas* em avéstico antigo. Mas também lá são encontradas indicações sobre as importantes decisões para o futuro. A religiosidade babilônica não possui essa orientação para decisões definitivas (juízo dos mortos, admissão no paraíso, ajuste de contas total da história no fim dos dias etc.). A vida humana e política acontece dentro do horizonte imanente, em nenhum lugar sendo prevista a transformação dela em algum tipo de realidade transcendente ou celeste. Nessa região do Oriente Próximo, as epopeias e os poemas sobre o inferno são sempre um obscuro fundo de contraste do mundo vivencial conhecido e experimentado[5]. Na fé de Zaratustra, ao contrário, brilha desde o início a realização do ser no além. A confissão pessoal ao bem único, a condução da vida individual segundo as regras autênticas do "bom sentido" e da "harmonia da verdade" recebem sua confirmação e sua realização plenas depois da morte. O mesmo se diga da vida dos povos: o pensamento exposto no *Avesta* antigo é amplamente desenvolvido em textos bem posteriores. A doutrina das idades do mundo que a humanidade vivencia, sendo assim provada e purificada, põe um fim na história universal com o juízo final. Depois disso começa a eternidade não mais maculada por erro e culpa[6].

Não há dúvida: com a tomada de poder pelos persas na segunda metade do século VI a.C. entraram em cena, no Oriente Próximo, novos elementos espirituais e religiosos. Desde a redescoberta da herança persa (de Zaratustra) na Europa do século XIX, a novidade asiática — sua visão de mundo e sua crença — fascinou, mas também chocou. Tem sido pesquisada sua influência sobre o pensamento grego, o judaísmo, o cristianismo e a gnose[7]. Mas ainda não foi suficientemente levado em consideração o fato de que também os conhecimentos de fé do Antigo Testamento surgiram ou pelo menos amadureceram durante o período de mudanças espirituais do século VI e depois. Os judeus entraram

---

5. Sobre as ideias babilônicas no primeiro milênio a.C. referentes a este mundo, ao além e ao sentido da vida etc., cf. acima na bibliografia de 4.1 os estudos de B. MEISSNER, T. JACOBSEN, A. L. OPPENHEIMER, M. KREBERNIK (Hg.) e D. O. EDZARD.

6. Cf. M. STAUSBERG, *Religion*, 135-153; G. WIDENGREN, *Religionen*, 102-108; M. BOYCE, *History* 1, 192 ss.

7. Cf. F. ALTHEIM, *Zarathustra und Alexander*, Frankfurt, 1960; W. BOUSSET, *Die jüdische Apokalyptik*, Berlin, 1903; N. COHN, *Cosmos, Chaos and the World to Come*, New Haven, 1993.

em contato direto com as ideologias imperiais e os ideais piedosos do Oriente desde sua deportação pelos babilônios, da incorporação de sua pátria no império babilônico, completada depois da ocupação duradoura pelos persas. Sua religiosidade semita ocidental, conhecida por exemplo através do textos ugaritas, deve ter se formado, do ponto de vista da história da religião, no encontro com os novos modos de pensar persas.

4.2. A gênese de estruturas eclesiais

J. BLENKINSOPP, Wisdom and Law in the Old Testament, Oxford, 1995. – H. C. BRENNECKE (Hg.), Volk Gottes, Gemeinde und Gesellschaft, Neukirchen-Vluyn, 1992 (JBTh7). – H.-J. FABRY, Studien zur Ekklesiologie des Alten Testaments und der Qumrangemeinde, diss. (Habilitation), Bonn, 1979. – A. H. J. GUNNEWEG, Vom Verstehen des Alten Testaments, Göttingen, 1977 (GAT 7). – P. HANSON, Das berufene Volk: Entstehen und Wachsen der Gemeinde in der Bibel, Neukirchen-Vluyn, 1993. – P. J. KING, L. E. STAGER, Life in Biblical Israel, Louisville, 2001 (Library of Ancient Israel). – H. G. KIPPENBERG, Religion und Klassenbildung im antiken Judäa, Göttingen, 1978. – J. J. PILCH et al. (Ed.), Handbook of Biblical Social Values, Peabody, 1998. – L. ROST, Die Vorstufen von Kirche und Synagoge im Alten Testament, Stuttgart, 1938 (BWANT 76). – C. SCHÄFER-LICHTENBERG, Stadt und Eidgenossenschaft im Alten Testament, Berlin, 1983 (BZAW 156). – J. L. SCHAPER, Priester und Leviten im achämenidischen Juda, Tübingen, 2000 (FAT 31). – M. SMITH, Palestinians Parties and Politics that Shaped the Old Testament, New York, 1971. – G. STRECKER, J. MAIER, Neues Testament, antikes Judentum, Stuttgart, 1989 (Grundkurs Theologie 2). – M. WEBER, Das antike Judentum, Tübingen, 1921, [8]1988 (Gesammelte Aufsätze zur Religionssoziologie, v. 3). – J. WEINBERG, The Citizen-Temple Community, Sheffield, 1992 (JSOT.S 151). – T. WILLI, Kirche als Gottesvolk?, ThZ 49 (1993) 289-310. – Z. ZEVIT, The Religions of Ancient Israel, London, 2001.

Reuniremos rapidamente o que já foi mencionado até agora (cf. 2.3.3-2.3.6 e 2.4) e o trataremos desde a perspectiva da sociologia da religião, tendo em vista a fé em YHWH em formação. Serão levados em máxima consideração conhecimentos modernos sobre a formação de grupos e comunidades, também do ponto de vista da emigração e da migração coagida. As condições de vida especiais das comunidades na terra de origem, a Palestina, assim como na diáspora (Babilônia e Egito), contribuíram decisivamente na formação das atitudes religiosas. Em outras palavras: aquilo que hoje reconhecemos como formas "únicas" da fé em Deus do Antigo Testamento está ligado ao histórica e sociologicamente "único", mas são experiências das minorias judaicas no império persa que podem ser compreendidas mediante um sem-número de situações análogas.

4.2.1. Identificação e delimitação

Na história da humanidade são encontrados inúmeros exemplos de nações e comunidades de fé que foram extintas, seja sob pressão de conquistadores agressivos, seja por outras razões. Os destinos dos habitantes primitivos no continente americano, na Austrália ou no Japão falam por si. Minorias étnicas só têm uma chance de sobreviver quando o número de seus membros não diminui abaixo do limite crítico de alguns milhares de pessoas; um "último dos moicanos" não pode mais salvar seu povo. Os restantes devem morar numa proximidade alcançável e permanecer em comunicação uns com os outros; uma dispersão atômica de grupos estrangeiros leva inevitavelmente à assimilação na sociedade dominante. A formação de guetos de estrangeiros sobretudo nas grandes cidades, como se conhece em todo lugar, é uma tentativa de manter a cultura, a língua e a religião próprias: Chinatowns e "bairros turcos" dão a impressão de serem mudas transplantadas de suas sociedades originais. Mas para a perpetuação da vida autóctone para lá das condições puramente físicas, as minorias e os imigrantes abatidos e humilhados precisam ter vontade de perpetuar a vida em comum dos próprios grupos em condições fundamentalmente distintas. A situação extrema de desistência, encontrada às vezes entre índios latino-americanos, manifestando-se em apatia geral, em recusa de se alimentar e tendência ao suicídio, não ajuda, mesmo que haja chances "objetivas" de sobrevivência física. Afinal, a constituição espiritual e religiosa é responsável em grande medida pela continuidade de grupos minoritários. E essa disposição interna necessariamente acompanha a avaliação da própria tradição e da própria língua. Só podem durar as pequenas comunidades que cultivam ativamente partes significativas de seus costumes éticos, culturais e religiosos, exprimindo-os visivelmente em sua vida comunitária. Os *amish* na Pensilvânia, os parses na Índia, os maoris na Nova Zelândia e milhares de outras minorias ao redor do mundo conservaram por séculos os costumes de seus antepassados — certamente também sob modificações consideráveis da herança recebida. A formação de sinais de identidade e diferenciação internos e externos é uma inevitável consequência lógica da vontade de sobreviver. Uma segregação, mais ou menos forte, do ambiente diferente é também um dos sinais exteriores peculiares necessários para a sobrevivência.

A população do antigo reino de Judá ainda tinha, na época da conquista babilônia, um número mínimo capaz de sobreviver, alguns milhares de pessoas. Foram deportados, em várias etapas, alguns milhares de seres humanos da elite, ficando numericamente acima do limite ameaçador e os novos assentamentos encontrando-se preferencialmente em localidades fechadas (Esd 2,59; Ez 3,15).

Provavelmente, a vontade decisiva de sobreviver foi ainda mais incentivada pela política persa de descentralização religiosa. Ela se cristalizou na fé, nos costumes e no culto e se sedimentou em parte na separação rigorosa diante dos "idólatras", bem como numa exaltada crença na eleição.

As características da formação da identidade judaica são conhecidas e já foram mencionadas. Em primeira linha, a fé em Yhwh tornou-se fundamento da nova comunidade confessional[8]. Como se pode entender esse desenvolvimento? A adoração de Yhwh não era estabelecida na fé popular. Por milênios se conservara nesta a veneração de divindades protetoras familiares, cujos vestígios ainda podem ser reconhecidos claramente no Antigo Testamento[9]. Nos cultos locais (santuários ao ar livre), eram festejados *numina* locais, os quais eventualmente possuem nomes de deuses e deusas maiores. Yhwh era conhecido pelos israelitas como o deus tribal guerreiro. Ele se mantinha como líder da federação de tribos e estava ligado a um santuário portátil, a arca. Em seguida, ele foi, sob Davi, o deus da monarquia e da dinastia regente. Mas o culto popular em diferentes níveis sociais não foi afetado diretamente pelo culto estatal. Como no caso de Assur ou de Marduc, a religião da grande sociedade só influenciava exteriormente a religião dos pequenos grupos: o nome das grandes divindades também era adorado pelo povo; na família, na aldeia e na cidade eles assumiam a função de protetores, curadores e exorcistas, como as divindades locais. Por que Israel, em sua nova forma pós-estatal como comunidade judaica, decidiu por Yhwh como Deus legítimo, único e central? A resposta está na natureza da coisa. Yhwh não se desenvolveu da religião popular, mas era o nome divino mais conhecido enquanto divindade oficial do Estado de Judá e da casa real de David. Yhwh representava o todo da unidade política. Se se quisesse manter um resto de unidade, no tempo sem reis, somente Yhwh se oferecia como sinal de identidade. Nenhuma divindade local podia ter o brilho que ligasse os clãs e as localidades e que Yhwh herdara da tradição nacional. Para os teólogos daquela época deve ter sido muito oportuno que Yhwh não fosse totalmente absorvido pela tradição monárquica. Ele já liderara as guerras tribais e impusera, a contragosto, um rei terreno (1Sm 8). Consequentemente, seu destino não era totalmente ligado

---

8. Segundo o estado atual das pesquisas do Antigo Testamento não se pode falar que Israel teria, num primeiro passo de sua história primitiva, se juntado como povo de YHWH: cf. E. S. Gerstenberger, *Jahwe, ein Patriarch?*, Stuttgart, 1988; Id., *Theologien Im Alten Testament*, Stuttgart, 2001.

9. R. Albert, *Frömmigkeit*; E. S. Gerstenberger, *Mensch*; Id., *Jahwe*; K. van der Toorn, *Family Religion*; L. G. Perdue et al. (Ed.), *Families in Ancient Israel*, Louisville, 1997.

à dinastia davídica. E as imagens tradicionais presentes no período pós-exílico deslocaram para tempos passados a origem da aliança com YHWH, até a proto-história. Elas falam pouco do reino de Israel e de suas tarefas religiosas, no Pentateuco absolutamente nada; somente na obra cronista exprimem-se alguns monarquistas.

Há talvez outra razão relativa àquele tempo para que YHWH se tornasse uma figura de identificação divina. A diáspora babilônia tornou-se, do século VI a.C. até a conquista islâmica ocorrida quase mil anos mais tarde, e ainda depois, um centro importante da cultura e da religiosidade judaicas[10]. Assim como, em muitos imigrantes e expatriados de todos os tempos e culturas, a saudade da antiga pátria é mais forte do que entre aqueles que não precisaram abandonar sua terra de origem, assim também parece que entre os exilados do antigo Israel o zelo por Jerusalém e pelas promessas de YHWH para seu povo foi extraordinariamente forte. Muitas ideias e formulações teológicas, e certamente também tal e tal legado escrito (tradição sacerdotal, Ezequiel), vieram da colônia babilônia, na qual, séculos mais tarde, também foi confeccionado o abrangente Talmude. Segundo algumas fontes deuteronomistas, a diáspora babilônia era formada da elite da Jerusalém davídica (por exemplo, 2Rs 25,11 s.; Jr 52,28-30). YHWH era conhecido dela como o Deus da casa real, da capital (teologia de Sião!) e do Estado de Judá. E a influência dela na formação da nova comunidade confessional é corresponsável pela centralidade da adoração a YHWH. A sobrevivência da ideologia da capital (cf. por exemplo Salmos 46; 48; 76; 87; 132; em Jr 44,15-19 a "rainha do céu" é uma séria concorrente de YHWH), em parte com traços davídicos, e o surgimento de expectativas messiânicas (cf. abaixo) são indícios de uma religiosidade cultivada no horizonte das estruturas estatais. — Além disso, a tendência, presente nas ideias babilônicas ou persas de império mundial, de juntar pessoas do mesmo grupo impulsionou a formação de uma teologia da unidade. Na Mesopotâmia, os judeus aprenderam a pensar universalmente.

Seja como for que representemos a dedicação a YHWH como o único Deus legítimo dos grupos populacionais judaicos, certo é que a confissão pessoal e coletiva desse Deus de Israel se tornou internamente fundamento de fé[11]. A ligação exclusiva com YHWH é o conteúdo essencial da pregação exílica e pós-exílica:

---

10. Cf. N. N. GLATZER, *Geschichte der talmudischen Zeit*, Neukirchen-Vluyn, ²1981, espec. 85-94.

11. Cf. E. S. GERSTENBERGER, *Glaubensbekenntnis*. Altes Testament, TRE 13, 386-388.

Escuta, Israel, Yhwh, nosso Deus, é o uno e único Yhwh. Amarás a Yhwh, teu Deus, com todo o teu coração, com toda a tua alma e com todas as tuas forças (Dt 6,4 s.).

A comunidade exílica e pós-exílica responde a essa exortação fundamental com um coro de mil vozes de confissões formuladas, tradicionais ou recém-criadas, as quais confirmam, louvando e suplicando, a incomparável relação com Deus: "Meu Deus és Tu..." (Sl 31,15); "És meu rochedo" (Sl 71,3); "Tu és minha esperança, Yhwh Deus, minha segurança desde a minha juventude" (Sl 71,5); "Sim, ele é meu rochedo e minha salvação, minha cidadela..." (Sl 62,7); "Senhor, nosso Deus" (Sl 8,2); "Quem pois é deus senão Yhwh? Quem pois é a rocha senão o nosso Deus? (Sl 18,32); "Este Deus é o nosso Deus para sempre. Ele nos conduz..." (Sl 48,15); "... vamos inclinar-nos, prostrar-nos de joelhos diante Yhwh que nos fez! Pois ele é nosso Deus; nós somos o povo que ele apascenta..." (Sl 95,6-7); "Exaltai Yhwh nosso Deus, prostrai-vos diante do seu pedestal!" (Sl 99,3); "É ele Yhwh nosso Deus que governa a terra inteira" (Sl 105,7); "Salva-nos, Yhwh, nosso Deus; congrega-te do meio das nações" (Sl 106,47). — Há uma legião de formulas de confissão; a tradição litúrgica vive dessas localizações espirituais. Yhwh se torna sobretudo no período persa a âncora fundamental da fé das comunidades judaicas. A rejeição rigorosa de todas as "outras divindades" (cf. Ex 20,2-6) é a consequência. Esse é um desenvolvimento novo na história religiosa do antigo Israel, pois antes do exílio não existiam as condições para a constituição de uma comunidade confessional desse tipo. Mais tarde, na época helenista, a autodefinição por meio do grupo religioso (no lugar do local de nascimento ou da família) não é mais uma raridade, como mostra a vinculação aos cultos de mistério[12]. No império persa havia evidentemente comunidades religiosas baseadas na decisão da vontade por Ahura-Mazda[13], e expandiu-se uma autocompreensão que colocava em primeiro plano o pertencer a determinada religião particular. Agora a participação pessoal num culto pode se tornar uma característica essencial de um ser humano. Quando os marinheiros perguntam pela identidade de Jonas, o sinistro passageiro, ele diz: "Sou um hebreu e adoro Yhwh, o Deus do céu, aquele que fez o mar e os continentes" (Jn 1,9). Não interessam o lugar, o clã, e a profissão do questionado. Pesa somente o grupo étnico, que concorda com a convicção religiosa. O Deus adorado

---

12. Alguém se torna membro, em parte, de modo místico-sacramental (não sem influência persa); cf. R. REITZENSTEIN, *Die hellenistischen Mysterienreligionen* [1927], Darmstadt, 1956, 242-275.

13. Os textos avésticos são predominantemente de tipo litúrgico e revelam uma comunidade de culto; cf. M. STAUSBERG, *Religion*, v. 1, 81 s.

é também o criador universal: a autorrepresentação de Jonas corresponde à mentalidade dominante. A ligação a uma determinada divindade ou confissão desempenhou um papel decisivo frequente desde então, como nas "guerras de fé e de confissão" na Europa. Outros fatores determinantes, como nacionalidade, raça, sexo etc., foram dominantes alternativamente na avaliação dos seres humanos; hoje, nas civilizações ocidentais, a confissão aparece como significativa somente em determinadas regiões ou segmentos sociais. Mas é notável a força inovadora das comunidades de YHWH (e de suas contrapartes zoroastristas): pela primeira vez surgiram associações religiosas entre pequenos grupos "naturais" e grandes sociedades políticas.

A identidade de grupo encontrada tem, quase automaticamente, efeito externo: quem não participa dos critérios especiais aceitos pela comunidade não pertence a ela, não tem acesso ao círculo interno da comunidade. Acima já se falou muito sobre o sábado, a circuncisão, a Torá e o calendário festivo dos judeus (também a conclusão da aliança). Todos esses atos simbólicos acentuam o caráter exclusivo da comunidade. A comunidade pós-exílica chegou a tematizar explicitamente a questão: "Quem é dos nossos? Quem pode ser aceito?". Como já mencionado, seguiram-se respostas polêmicas, pois as comunidades não eram homogêneas em suas visões sobre a fé. Não é sempre claro onde passava a linha divisória entre os grupos com orientações teológicas rivais. Mas certo é que, nas comunidades religiosas que se baseiam na confissão pessoal de uma divindade que reivindica a verdade absoluta, são inevitáveis discussões entre escolas de opinião ou de confissão. Também essa herança de discórdia teológica entrou nas histórias judaica, cristã e muçulmana e ainda move os corações confessionais. São espantosos, de nosso ponto de vista distante, os motivos e as diferenças mínimas que acendiam as disputas, o ponto de violência e de amargura que às vezes elas alcançavam e a frequência com que se chegava a cismas e a condenações mútuas. Provavelmente a consciência de sempre se estar lutando, diante da face do Deus absoluto, por coisas eternas, mesmo que pequenas, é responsável pelo impiedoso anátema sobre os desviantes.

No que diz respeito à relação com o ambiente eivado de outras crenças, as comunidades pós-exílicas e seus representantes teólogos promoveram, por um lado, a santidade da comunidade (Lv 19), a qual não podia ser maculada por nada estranho. (Certamente havia concepções diferentes de santidade e impureza[14].) Por outro lado, esses mesmos pioneiros da comunidade ou seus

---

14. Cf. S. M. OLYAN, Purity Ideology in Ezra-Nehemiah as a Tool to Reconstitute the Community, JSJ 35 (2004) 1-16; e os estudos com os quais ele discute: J. KLAWANS, *Impurity and Sin in Ancient*

colegas desviantes quiseram manter abertas as portas para os estrangeiros; eles formularam condições de entrada e critérios de exclusão, por causa da pureza da comunidade (*qahal*, "assembleia"; *'edah*, "assembleia do povo"; *'am*, "povo"; *miqra'*, "convocação"; *sod*, "grupo de conversação"; *yaḥad*, "comunidade estreita" etc.[15]). O fenômeno da associação fundada na fé em YHWH é expresso frequentemente nos textos pós-exílicos do Deuteronômio e da obra cronista. Para citar só dois exemplos contrários: A) castrados, bastardos (? *mamzer*), amonitas e moabitas são excluídos para sempre da comunidade (Dt 23,2-4). Edomitas e egípcios, ao contrário, podem ser admitidos depois de três gerações (v. 8 s.). Os autores dessas passagens levantam barreiras para a entrada na comunidade judaica, com rigor e sem indulgência, primeiramente contra homens cujos órgãos sexuais foram cortados (cf. Lv 21,16-21) e contra crianças de casamentos mistos (? cf. Zc 9,6; Ne 13,24), em seguida contra amonitas e moabitas, que supostamente surgiram de relações incestuosas (Gn 19,30-38). Os edomitas são admitidos por causa do parentesco genealógico direto (Gn 25,21-28; 27 s.; 33), e os egípcios porque concederam a Jacó os "direitos de hóspede" (cf. Gn 46 ss.; os acontecimentos do êxodo são ignorados). Destaca-se o ponto de vista estreito dessas determinações. Parecem ser dominantes os critérios sexuais e genealógicos. A escolha de poucos povos vizinhos surpreende; por que não há qualquer indicação sobre as etnias no espaço sírio, mesopotâmio e persa? Talvez seja errado querer completude neste ponto (cf. a tábua dos povos em Gn 10). Aparentemente, os teólogos decisivos visaram aos defeitos sexuais aos estrangeiros portadores de uma mácula provocada sexualmente. Eles perturbam a santidade da comunidade de YHWH. Pelo que parece, os "legisladores" tiram informações do Pentateuco já existente. Eles se deixam inspirar a partir dos Escritos Sagrados; só este fato fala em favor de uma redação pós-exílica da "lei da comunidade" em Deuteronômio 23. A realidade da comunidade é, portanto, construída com o exemplo de rigorosas limitações à admissão, a partir da Escritura, não da vida cotidiana.

B) Totalmente distinto é o proceder dos autores de Isaías 56. Referindo-se claramente a Deuteronômio 23, contradizem decididamente a concepção lá presente. Estrangeiros, sem nenhuma limitação quanto à pertença étnica (!), bem como castrados, têm pleno acesso à "Casa de oração para todos os

---

Judaism, New York, 2000; C. E. HAYES, *Gentile Impurities and Jewish Identities*: Intermarriage and Conversion from the Bible to the Talmud, New York, 2002.

15. Estas e outras designações frequentes estão presentes também na literatura não canônica e nos textos de Qumrã; v. H.-J. FABRY, F.-L. HOSSFELD, E.-M. KINDL, ThWAT VI, 1204-1222; L. ROST, *Vorstufen*.

povos" em Jerusalém, sob algumas imposições — santificação do sábado, manutenção das determinações da aliança. YHWH lhes quer dar "nomes eternos" (v. 5), isto é, eles serão plenamente admitidos no registro da comunidade. Também os autores de 1 Reis 8 ou da novela de Jonas defendem uma semelhante abertura para os "outros". Em Deuteronômio 23 e Isaías 56 se opõem, portanto, radicalmente o defensor de uma observação exata das regras de pureza e uma atitude liberal, bastante aberta, diante dos estrangeiros que desejam ser recebidos na comunidade judaica. Podemos estudar o mesmo tipo de discrepância teológica interna no caso dos casamentos mistos (Esd 10; Ne 13,23-28, contra o livro de Rute). A conclusão só pode ser: assim como hoje é comum nas comunidades confessionais, as comunidades de YHWH do período pós-exílico eram constituídas de agrupamentos teológicos diferentes. Todos eles viviam das tradições do antigo Israel, as quais foram reunidas, organizadas e codificadas naqueles séculos. Para todos eles a ligação com YHWH, o Deus de Israel, era o fundamento sagrado da fé e da forma de vida. Justamente por causa disso surgiram concepções concorrentes sobre a compreensão e a execução da vontade de Deus na busca da identidade israelita e sobre a correta relação com os numerosos povos ao redor.

A delimitação para fora é notável também nas designações para os "povos estrangeiros". Já se falou das condenações proféticas de outros deuses e seus partidários. Mas a terminologia de distinção entre "nós" e "os outros", voltada para fora, desenvolve-se em alguns contextos até uma desvalorização dos "povos pagãos". Para Israel é usada cada vez mais desde o fim do exílio a expressão "povo" (*'am*, no singular!) (cf. Sl 100,3), enquanto a palavra antes neutra *goy*, "povo, nação", acentua cada vez mais em sua forma plural a diferença (cf. Sl 96,3; 2Rs 17,8.11.15.33; Ez 20,32; Lv 18,24.28). No uso talmúdico tardio o singular *goy* pode ser usado para o indivíduo estrangeiro hostil[16]. No ambiente deuteronomista, os autores usam uma terminologia de santidade e eleição característica para descrever a posição especial de Israel:

> Pois tu és um povo consagrado a YHWH, teu Deus; é a ti que YHWH, teu Deus, escolheu para vir a ser o povo próprio seu, entre todos os povos que estão sobre a face da terra. Se YHWH se ligou a vós e vos escolheu, não foi por serdes o mais numeroso dentre todos os povos, pois sois o menor de todos os povos... mas é porque YHWH vos ama e mantém o juramento feito a vossos pais (Dt 7,6-8; cf. Dt 4,37; 10,14 s.;14,1 s.; 1Rs 3,8; Ex 19,4-6).

---

16. Cf. R. E. CLEMENTS, ThWAT I, 972 s.; E. A. Speiser, "People" and "Nation" of Israel, JBL 79 (1960) 157-163.

O menor povo sobre toda a terra (uma perspectiva imperial!) torna-se propriedade especial e sagrada do Deus do mundo — esta concepção corresponde muito bem ao clima espiritual do império persa: todas as nações estão incorporadas à única potência mundial realmente existente; elas competem umas com as outras, mas pertencem a um todo. A fé na eleição de Israel se assenta no antigo mundo global; em relação a este é que ela reivindica precedência. A reivindicação de exclusividade ocidental e também muçulmana deriva diretamente dessa herança do Antigo Testamento.

4.2.2. O perfil espiritual das comunidades

Já constatamos diversas vezes que a construção social de uma comunidade confessional, com seus cargos, símbolos e festas, no período persa foi uma novidade cheia de consequências. Considera-se, corretamente, que o surgimento de uma comunidade de fé não estatal, e em princípio também não vinculada etnicamente, foi um dado fundamental novo na história da religião, que até hoje não foi superado, pois no mundo ocidental, tanto no judaísmo quanto no cristianismo, manteve-se o modelo da comunidade local — isto é, da união dos companheiros de fé vivendo próximos —, não obstante algumas variações no detalhe. O modelo básico aparece, como já notado acima, em muitos textos bíblicos: evidentemente os exilados na Babilônia fundaram primeiro tais "comunidades eclesiais" em diferentes localidades, habitadas majoritariamente por judeus. Elas tinham certa administração própria (cf. os anciãos que buscam Ezequiel) e se reuniam para festas anuais ou de lamentação, e crescentemente também para a leitura da Torá, em determinados dias lunares, mais tarde nos sábados. Quanto aos papéis de liderança, encontramos nos testemunhos bíblicos, além dos anciãos, sacerdotes, profetas, escribas, juízes e algumas funções difíceis de ser interpretadas[17].

Tentemos desenhar o perfil espiritual das primitivas comunidades confessionais de Yawheh. Como viviam os judeus sua fé no período persa? Um olhar retrospectivo para a situação pré-exílica nos ajudará a destacar as peculiaridades da nascente comunidade de YHWH. Na grande sociedade organizada de modo estatal havia pelo menos três níveis nos quais as comunidades religiosas

---

17. Por exemplo os *sarim* sobre mil, cem, cinquenta e dez homens (Ex 18,21) eram seguramente líderes militares na origem; no contexto das comunidades pós-exílicas seguramente eles tiveram tarefas civis. Semelhante obscuridade está nas funções exatas dos *nasi'* na comunidade local (cf. Ex 16,22; 35,27; Lv 4,22-26; Nm 3,24.30.33; cf. acima 3.2.1). Êxodo 18 é localizado por alguns no período pós-exílico; cf. ThWAT VII, 874.

mantinham seu culto: na família e no clã, os homens do Oriente Próximo adoravam as divindades protetoras pessoais ou familiares; com os vizinhos no local de moradia eram celebrados, em santuários ao ar livre, os deuses do tempo e da fertilidade; e o culto estatal régio estendia-se por sobre o país inteiro — mas nenhum dos níveis sociorreligiosos exercia controle sobre os outros[18]. Agora, porém, a fé em YHWH é construída de modo fundamentalmente diferente na realidade vivida: apesar de a comunidade ter herdado as três formas de fé e assumido algo delas, só são válidas nela as regras e formas aceitas por todos. A vida de fé, agora, é — sobretudo em sua práxis ritual — homogeneizada, se a compararmos com a estratificação social anterior. Deve ser reconhecido pela comunidade aquilo que é permitido nas atividades litúrgicas. São tabu todos os cultos não permitidos, sobretudo aqueles que se voltam para uma divindade distinta de YHWH, pois o nome de YHWH é o símbolo máximo da identidade própria. Segundo a teoria da decisão de fé pessoal, a adoração de uma divindade estrangeira significa a saída da própria comunidade. A estrutura de fé monolátrica da comunidade é fechada por cima pela autoridade de YHWH. A autoridade divina também orientava os adoradores de Deus no modelo estratificado, porém através de organismos sociais diferentes, em cultos com diferentes formatos. Agora domina certa univocidade, e a vontade de Deus passa para a comunidade através dos correspondentes cargos, ritos e instituições. De modo totalmente diferente do período pré-exílico, a vontade de Deus é redigida por escrito, e o escrito se dirige a toda a comunidade, não sendo um manual para especialistas do culto. Isso significa: com a introdução desse escrito sagrado, que orienta a vida comunitária e o fiel individual, é superado, ou pelo menos muito relativizado, o puro culto de sacrifício tal como realizado, por exemplo, no templo do rei (Sl 40,7-11; 50,3-15; Is 1,11-17).

A centralização do culto deuteronomista (Dt 12) leva em conta a situação pós-exílica: não era possível, nem desejável, instituir locais de culto para YHWH em todos os lugares nos quais os judeus se encontravam. Pelo menos, esta é a visão da ideologia oficial de Jerusalém. A existência de um templo para YHWH em Elefantina evidencia o dilema dos teólogos de Jerusalém. O fundamento da comunidade não era o sacrifício, mas a vontade de YHWH transmitida através de homens de Deus, parcialmente fixada por escrito. Numa sociedade que não era, por meio de costumes e usos ancestrais ou por estruturas de poder estatais, organizada de modo evidente para todos, e que buscava com dificuldade seu caminho na situação nova (terra estrangeira,

---

18. Cf. E. S. GERSTENBERGER, *Theologien*, 26-165.

domínio estrangeiro, contato com outros cultos etc.), o mero sacrifício para a divindade máxima não podia ser suficiente como orientação. O fiel de YHWH precisava de orientação para toda a sua vida na direção da decisão por Ele. Ele precisava da Torá (Pentateuco, instrução profética, salmos da Torá etc.).

— O Salmo 50, acima mencionado, parece contradizer isso. Ele relativiza o sacrifício, mas não coloca como alternativa o dom da Torá, mas a prática pessoal da fé. Ela inclui talvez um sacrifício de agradecimento por salvação experimentada (Sl 50,14a)[19]; então o locutor da palavra de Deus insiste na oração cheia de confiança na necessidade (v. 15a). Trata-se, portanto, da fé, da confiança absoluta em YHWH. Ela pode ser exercitada no sacrifício de ação de graças, mas será certamente intensificada e completada no cumprimento dos mandamentos, seletamente mencionados nos versículos 16-20. Portanto, a Torá, que contém as definições claras para uma vida correta na comunidade com YHWH, adquire primazia também neste salmo.

A nova comunidade de YHWH assume muitas concepções teológicas dos cultos domésticos anteriores. No menor círculo de fiéis, a confiança em uma divindade companheira tinha sido incutida desde os tempos pré-históricos. Essa herança é, de fato, a coisa mais preciosa que os homens têm à disposição na relação com Deus: a confiança primordial em algo divino benevolente diante de nós. Mas a comunidade pós-exílica não se satisfaz com a confiança coletiva (Sl 22,5 s.). Ela desafia, como dissemos, o indivíduo a confessar YHWH pessoalmente, ainda que esse indivíduo esteja muito mais inserido em seu ambiente do que estamos acostumados hoje. A responsabilidade coletiva já decaía então (Ez 18). O indivíduo é que deve conduzir sua vida com YHWH e sob a direção da Torá, mesmo que sua família seja mais um impedimento do que um fomento na fé (cf. Jó 2,9; 19,13-22; Sl 55,13-15; 69,8 s.; Jr 16,5-9). Em certo sentido, à comunidade, ou a parte ortodoxa da comunidade, se torna o substituto da família. O seguidor de YHWH busca a Torá e a comunidade dos "justos" (cf. Sl 1,1; 331,1; 73,13-15; 111,1). Ele é totalmente responsável por si e está em solidariedade com os companheiros de fé. O "nós" da comunidade perpassa o Saltério, mas o "eu" do confessor individual é nele sempre destacado. Essa estrutura pessoal da fé, que encontra o "tu" de Deus — na realidade, o "tu" constitui o "eu" (E. Lévinas) —, entrou desde a fundação pós-exílica da comunidade na história da fé do mundo ocidental e permanece até hoje. Certamente, hoje as constelações mudaram

---

19. Assim, F.-L. HOSSFELD, in ID., E. ZENGER, *Die Psalmen I 9 (Echterbibel)*, Würzburg, 1993, 314 s. (diferente na tradução da p. 311 da obra citada).

em comparação com a Antiguidade. Nossa individualização, decorrente da estrutura industrial do trabalho, é, sob muitos aspectos, mais brutal do que poderia ser a responsabilidade individual antiga. Mas ainda hoje o indivíduo necessita e deseja um convívio humano. Por isso, o paradigma específico do indivíduo na comunidade que encontramos no Israel pós-exílico pode ainda hoje ser base de discussão para nossa situação.

Supomos que as estruturas comunitárias que surgiram naquela época continuam a existir até hoje, sob condições diferentes. Um olhar aprofundado sobre a combinação entre funções, cargos e grupos no modelo pós-exílico nos leva um passo à frente. Inicialmente é difícil entender as relações entre determinados representantes de interesses nos textos bíblicos. Sacerdotes em disputa com sacerdotes inferiores, verdadeiros profetas contra falsos, reis contra homens de Deus, mulheres contra homens, irmãos matando irmãos. A plena realidade humana que nos cerca cotidianamente se coloca diante de nós a partir de histórias bíblicas. Em grande parte, os conflitos entre pessoas que encontramos nos escritos hebraicos são do período pós-exílico ou devem ser lidos como reflexos daquele tempo. Vemos neste fato que os coordenadores e autores da literatura contemporânea não eram ingênuos, mas teólogos observadores e bastante realistas. Eventualmente seu ceticismo diante da natureza humana parece até mesmo exagerado (Sl 14). Sabemos hoje, depois de uma experiência histórica mais longa do que a de nossos precursores bíblicos, que a avaliação do ser humano é influenciada por conjunturas e períodos maus, e temos toda a razão para questionar as testemunhas do passado. O que é o ser humano? Esta questão é colocada muitas vezes naquele período. As respostas são ambíguas como a própria vida: o ser humano é "quase um deus", "coroado com glória e esplendor" (Sl 8,6) e nascido para "dominar" (Gn 1,26.28). Ele é "quase nada", "como uma sombra" (Sl 144,4), "abominável e corrupto", "bebe a iniquidade como água" (Jó 15,16). Ele é teimoso, mas deve manter sua posição. Ainda lidamos com o brilho e a miséria deste ente que nós somos.

Mas, na combinação das forças que animavam a comunidade judaica no período persa e no conflito entre elas, descobrimos não só problemas antigos. Traços extraordinariamente modernos se manifestam. Um deles, por exemplo, é a relação dos teólogos especialistas com os leigos, ou melhor, da comunidade com as figuras dirigentes. Do ponto de vista da teologia prática, pode-se ver nisso uma importante contribuição da comunidade de YHWH no período persa para nossa difícil discussão sobre as tarefas e a forma das comunidades.

A bênção divina flui na comunidade — assim como nas formas religiosas anteriores — de modo privilegiado através das pessoas, desde as especialmente chamadas ou encarregadas até as pessoas "normais". Este é um modelo de transferência de força espiritual muito antigo. Moisés, Josué, Samuel, Elias, Jeremias, Esdras — para mencionar somente as figuras destacadas da história de fé do antigo Israel — possuem um acesso especial a YHWH e são por ele encarregados de transmitir as comunicações divinas, a Torá, ao povo. Em sociedades monárquicas ocorre, muitas vezes, que o mediador é dotado também de poderes políticos. Isso pode levar a graves desvios do sistema religioso em direção ao cesaropapismo. As figuras mediadoras da palavra e da bênção de YHWH no Antigo Testamento são descritas como razoavelmente democráticas. Cada uma delas é questionável e deve responder à questão da legitimidade — um espelho da comunidade de YHWH no período do Segundo Templo. Figuras autenticamente políticas (por exemplo Neemias) desempenham um papel subordinado em assuntos religiosos (cf. Ne 10; 13). No fortalecimento do elemento leigo e na permissão da crítica aos dirigentes (e aos realizadores!) da comunidade judaíta de YHWH há algo que indica o futuro. Nem Moisés nem Davi são sacrossantos para a tradição. Alguns exemplos: "[Miriam e Aarão] disseram: 'Porventura o Senhor falou somente a Moisés? Não falou também a nós?'" (Nm 12,2). Todo o povo "murmura" contra as condições do deserto e, portanto, contra YHWH e seu encarregado (cf. Nm 11), mas agora se insurge também uma mulher contra a reivindicação de exclusividade do líder espiritual (o irmão Aarão seria um acréscimo posterior). Certamente as duas perícopes dão o direito a Moisés; sobretudo o questionamento (feminista?!) da irmã motiva os autores a dar um atestado em favor do líder escolhido Moisés (Nm 12,6-8). Entretanto, estas e outras semelhantes dúvidas quanto à autoridade única do dirigente da comunidade mostram que a) havia no período pós-exílico uma oposição de peso, que era discutida, e que b) se tinha consciência da legitimidade fundamental da "opinião contrária". Isso pode ser mostrado também a partir de um interessante episódio de Jeremias, por exemplo. Novamente mulheres argumentam contra o estereotípica "pregação Só YHWH " do profeta:

> Vamos fazer tudo o que decidimos: queimar oferendas à Rainha do Céu e lhe fazer libações, como fazíamos nas cidades de Judá e nas de Jerusalém — nós, nossos pais, nossos reis e nossos ministros —; pois então tínhamos pão em abundância e vivíamos felizes, sem conhecer a desgraça. Depois que deixamos de queimar oferendas à Rainha do Céu e de lhe fazer libações, falta-nos tudo e perecemos pela espada e pela fome (Jr 44,17-18).

Também aqui os autores dão razão a Jeremias (v. 20-23), mas num discurso contrário estranhamente fraco, que, sobretudo, não termina numa maldição, como se poderia esperar no caso de infração da aliança e apostasia (cf. Lv 10; Nm 16; Dt 27,14-26; 28,15-44). A comunidade não concedia à elite dirigente (apesar de Lv 10, Nm 16) nenhum poder absoluto em questões de fé e de vida. A própria comunidade de YHWH, Israel, o povo de Deus, parece ter sido na teoria e na prática o sujeito real da fé e o objeto do amor, da solidariedade e da comunicação de Deus.

Há indícios suficientes desta suposição nos escritos do Antigo Testamento. O "povo" (*'am*) de Israel, a descendência de Jacó, é o parceiro da aliança com YHWH, não as figuras dirigentes da comunidade. Quando a comunidade se reúne, ela engloba, frequentemente, todos os íntimos de YHWH, o povo todo, e algumas vezes se salienta: homens, mulheres, crianças e anciãos (cf. 1Rs 8,2; Ne 8,1.3). "... e pediram a Esdras... que trouxesse o livro da Torá de Moisés..." (Ne 8,1b) — o escriba age por ordem da comunidade. O povo reunido se exprime com força pelo "nós" em muitos textos, sobretudo nos Salmos (cf. acima 3.1.3.2), mas também nos responsórios à apresentação da palavra de YHWH (cf. somente Js 24; Ne 10). A maioria dos textos relevantes são formulações autênticas, coletivas, faladas em coro, não cláusulas inclusivas formais de um liturgo oficial. Na ampla literatura do antigo Oriente, sobretudo em contextos litúrgicos e rituais, os textos na primeira pessoa do plural são extremamente raros. Uma razão esclarecedora disso seria a ausência de uma comunidade religiosa confessional. Associações de culto baseadas em decisões pessoais só existem desde o período persa. Por isso, era de se esperar, no *Avesta*, a ocorrência de responsórios da comunidade, e, de fato, eles se encontram, ainda que poucos[20]. Portanto, a comunidade judaica do período pós-exílico contém também um elemento de contradição teológica (legítima) em seu organismo construído com tensão e diversas estratificações[21], algo de que toda comunidade religiosa precisa, caso não queira se afundar numa ideologia narcisista e num fundamentalismo mortal.

As regras de sacrifício do Levítico podem ser secas, mas nos transmitem um quadro da relação entre os sacerdotes, a comunidade e os grupos nela presentes. Olhando com atenção, especialistas em sacrifícios realizam determinados ritos, por exemplo a aspersão de sangue no altar. Da imolação e da retirada da pele do animal é incumbido, nas cerimônias privadas, o dono do

---

20. Cf. *Yasna* 28,6: "e nós também, Senhor...", uma interjeição que G. WIDERGREN avalia como responsório.
21. E. BLOCH reconheceu isso corretamente, mas deu ao fenômeno uma etiqueta enganadora: *Atheismus im Christentum*, Frankfurt, 1968; W. BRÜGEMANN, *Theology*, fala de "*conter-testimony*", "*dispute*".

sacrifício, isto é, o leigo, que faz a oferenda (Lv 1–7). Para os sacerdotes são reservados os ritos sangrentos, mas o quadro geral mostra uma dominação do laicato[22]. No sacrifício pelo pecado as instruções diferenciam a comunidade de YHWH segundo seus componentes: sacerdotes — toda a comunidade (Lv 4,1.13) e o dirigente da comunidade — membro normal (v. 22.27). Existem determinadas ordens de dignidade, às quais foram acrescentadas em algumas situações outras, por exemplo de idade, de sexo, de camada social, de estado de pureza etc.[23]. Apesar de tudo, o significado teológico superior da comunidade não é eliminado. Ela permanece sendo o fim da atividade divina, ela controla, por exemplo, os rendimentos dos sacerdotes (Lv 5,13; 7,8 s.; Ez 44,29 ss.) e pretende que o cargo de mediador seja exercido regularmente, segundo as regras da convivência humana solidária (cf. 1Sm 2,11-17). Assim como os profetas não estão tão submetidos à vigilância das autoridades do Templo quanto à da comunidade e podem ser denunciados por seus discursos e ações egoístas, que falsificam a palavra de YHWH, assim também o podem os sacerdotes que esqueceram seus deveres e que desempenham seu serviço no altar sem respeito (Ml 1,6-9). Na comunidade de Qumrã, que mais tarde se separou, os sacerdotes de Jerusalém são considerados empregados de Belial, o adversário de YHWH. Assim foi inserida na tradição da comunidade pós-exílica uma saudável desconfiança das hierarquias espirituais, do clericalismo autoafirmativo, que repetidamente se introduziu na história judaica e cristã[24].

Uma intuição sociológica fundamental desempenha um papel importante em todas as questões sobre a formação de identidade e a estrutura interna de uma comunidade: os judeus, pressionados pela necessidade, se organizaram, no período persa, numa forma que deve ser situada entre a família ou clã e a grande sociedade impessoal e burocrática[25]. Tais estruturas sociológicas "médias" ainda participam nas relações pessoais e concepções de solidariedade dos pequenos grupos familiares, mas também participam nos graus mais abrangentes de organização, estatais ou não, não mais fundados nas relações "eu–tu".

---

22. Cf. E. S. GERSTENBERGER, *Leviticus*, 77-86; L. L. GRABBE, The Priests in Leviticus, in R. RENDTORFF et al. (Ed.), *The Book of Leviticus*, 207-224.
23. Cf. E. S. GERSTENBERGER, *Leviticus*, 67-69; S. M. OLYAN, *Rites and Rank*, Princeton, 2000.
24. O escrito de Lutero de 1523, afirmando que "uma assembleia ou comunidade cristã tem direito e poder de julgar todas as doutrinas etc.", é somente um exemplo da permanente dinâmica de responsabilidade da comunidade; todos os modernos movimentos de base nas grandes Igrejas podem servir como outra prova; cf. também o forte destaque do "povo de Deus" dado em alguns documentos do Concílio Vaticano II.
25. F. TÖNNIES introduziu essa distinção em 1887 (*Gemeinschaft und Gesellschaft*, ^{8}1935, aqui Neudruck Darmstadt, 1972). Cf. R. KÖNIG, *Grundformen der Gesellschaft*: Die Gemeinde, Hamburg, 1958; J. WACH, *Religionssoziologie*, Tübingen, 1951, e pesquisa americana da comunidade.

Justamente essa existência mista abriga possibilidades e riscos para as comunidades de todos os tempos. Ela explica as categorias predominantemente pessoais na teologia e na ética, que podem ser constatadas na tradição judaico-cristã. E ela também sugere que faltam nos testemunhos bíblicos concepções para o Estado, devido à responsabilidade deficiente no âmbito das grandes sociedades.

4.2.3. Gênero na comunidade

Nas comunidades religiosas sempre desempenhou um papel a questão do sexo. A pesquisa moderna sobre as mulheres e os movimentos feministas aguçaram o olhar para o fato de que a relação entre mulher e homem, com todas as suas consequências sociais, institucionais e espirituais, representa um problema básico da vida humana. Também os autores do segundo relato da criação viam as coisas assim, mas eles evidentemente usavam os óculos patriarcais daquele tempo: o "ser humano", pensado naturalmente como "homem", não é capaz de sobreviver por si mesmo, mas precisa de uma companheira adequada (Gn 2,18). Assim, a mulher recebe uma posição "ao lado" do homem e para o apoio dele, com um comentário quase compassivo — da pena do redator masculino — de que a mulher deveria, infelizmente, por causa de sua primitiva sedução à desobediência a YHWH (Gn 3,16), ser "dominada", controlada como diríamos, pelo homem. Essa ideologia masculina de superioridade, que contradiz toda a experiência da realidade bem como a antiga tradição de Gênesis 2 s., parece impregnar parte das atitudes pós-exílicas em relação à mulher. Juízos sobre os homens por parte das mulheres não foram transmitidos em grande número. O pouco que o foi nos permite supor que mulheres inteligentes tinham pensamentos próprios sobre o mundo dos homens (cf. 1Sm 25,25; Pr 23,29-35; Jz 4,4-9), os quais, de seu lado, eventualmente tinham fantasias de superioridade como os senhores da criação. Infelizmente, as tradições da Bíblia são determinadas pelas perspectivas masculinas. Surgem de um tempo patriarcal, no qual os homens desempenhavam os papéis principais na vida pública. As sociedades do Oriente Próximo de então podiam ser descritas como patrilocais e patrilineares: interesses masculinos eram determinantes na linha genealógica, na sede da família e na representação na vida pública.

Apesar de tudo, não podemos projetar nos textos antigos critérios de patriarcado mais recentes, adquiridos, por exemplo, do mundo do trabalho industrial. Muitas vezes, as mulheres tinham — mesmo na vida pública — uma posição inesperadamente forte, sem falar do domínio que exerciam nas associações familiares e no âmbito doméstico. Vale a pena, portanto, uma análise mais atenta para reconhecer objetivamente e sem generalizações preconceituosas a relação dos sexos, tendo em vista as relações com Deus e a penetração teológica da experiência religiosa.

Deve-se partir da posição forte da mulher nas funções domésticas e de procriação, que provavelmente atraíam para ela uma posição dominante no culto doméstico[26]. O tratamento dado aos já mencionados *teraphim* em algumas passagens do Antigo Testamento, os numerosos achados de "deusas nuas" nas escavações de casas privadas do antigo Israel, a menção do pai e da mãe como instâncias educadoras da nova geração, também a agressividade das figuras dirigentes masculinas contra os "outros" ritos realizados pelas mulheres e a consequente suspeita de que as mulheres induziriam à idolatria, tudo isso fala em favor da importância religiosa das acusadas. Entretanto, com a construção de uma nova comunidade confessional exclusiva se chegou a um ponto de mudança que devemos pesquisar mais de perto.

As mulheres podem ter sido olhadas com desconfiança em todos os tempos pelos concorrentes masculinos em assuntos religiosos. Quando a comunidade de YHWH exílica e pós-exílica excluiu todos os cultos estrangeiros, as mulheres foram atingidas de modo especialmente duro em sua responsabilidade pelo culto doméstico a Deus e em sua competência em técnicas de exorcismo e de cura (cf. 1Sm 28). Uma proibição rigorosa se encontra em Êxodo 22,17: "não deixarás uma feiticeira viver". Esta exclusão especial de práticas religiosas femininas — não há no livro da aliança uma condenação equivalente da feitiçaria masculina — pode muito bem ser uma regra antiga, talvez entendida para os dois sexos (Lv 20,27), mas neste caso ela deve ter sido entendida, na nova comunidade pós-exílica no contexto da época, como defesa contra a magia feminina. Outras passagens com conteúdo semelhante não se restringem apenas a um dos sexos. Entretanto, é visada, no trato com espíritos e demônios, sobretudo, a competência feminina. As partes narrativas do Antigo Testamento descrevem de modo bastante impressionante a horripilante necromancia feminina (compare 1Sm 28 com Nm 22–24). O catálogo de nove práticas ilegítimas em Deuteronômio 18,10 s. usa formas masculinas, mas certamente com intenção inclusiva. É evidente que, com a proibição de qualquer ciência sobre augúrios, astrologia, exorcismo de demônios, os autores pretendiam afastar-se do ambiente mesopotâmio então em voga (cf. os magos

---

26. Cf. C. MEYERS, Procreation, Producion and Protection: Male–Female Balance in Early Israel, JAAR 51 (1983) 569-593; E. S. GERSTENBERGER, *Jahwe, ein patriachaler Gott?*, Stuttgart, 1988, 66-77.

na história de Jesus!, Mt 2,1-12)[27]. O povo de Deus não pode se permitir oficialmente o culto de outras crenças, pois isso significaria o reconhecimento de divindades estrangeiras ao lado de YHWH e contra ele. Lembramos novamente a renúncia aos demônios da religião de Zaratustra. As mulheres possuem uma posição firme, mesmo que não destacada, nas proibidas profissões de conjuração. Das profissões mágicas mencionadas no Deuteronômio 18,10 s., cujos perfis não podem ser claramente descobertos em razão da distância, pelo menos quatro eram exercidas também por mulheres, segundo testemunho do Antigo Testamento[28]. A "magia" (*kšp*, pi'el), diferentes tipos de "adivinhação" (*'nn*, po'el; *qsm*, qal) e a visão do futuro de modo técnico do "mântico" (*yidd^e 'oni*) incluíam mulheres, segundo testemunhos textuais (cf. Ex 22,17; Lv 20,27; Ez 13,23; 1Sm 28,3.9; 2Rs 9,22; 23,24; Is 8,19). Mesmo a acusação que aparece fora da lista antimágica em Deuteronômio 18,10, a de ter sacrificado as próprias crianças para deuses estrangeiros, está direcionada a mulheres em Ezequiel 16,20 s. No caso da "vergonha com animais" as mulheres são mencionadas explicitamente, depois dos homens (Lv 18,23). Uma misteriosa atividade das mulheres no Templo recém-construído é ligada com adivinhação e magia prejudicial (Ez 13,17-19). As acusadas "costuram ataduras para todos os punhos e confeccionam véus para as pessoas... para capturar almas [= vidas humanas]". Elas "fazem morrer os que não devem morrer e fazem viver os que não devem viver" (Ez 13,18-19).

Mulheres estavam sob suspeita de promover a apostasia para cultos estrangeiros na comunidade pós-exílica, por causa de suas funções e tradições religiosas, representando para os homens ortodoxos um perigo religioso. Olhando à luz, tratava-se, por um lado, de preconceitos masculinos contra o outro sexo, dissimulados por pretextos religiosos, e, por outro lado, de atitudes dos teólogos da comunidade a ser explicadas a partir da tradição histórico-religiosa. Sem dúvida, isso levou a uma desconfiança, fundada teologicamente, contra tudo quanto era feminino no Israel pós-exílico: por exemplo, o perigo de impureza da menstruação, fortalecido pelas leis de pureza encontradas em Levítico 12–15; a crescente atribuição da culpa à mulher, conforme Gênesis 3[29]; e a acusação geral de que, no decorrer da história de Israel, as mulheres

---

27. A questão sobre como eram realizadas de fato as ações de cura nas comunidades judaicas não foi ainda respondida; cf. 2 Reis 4,30-37; 5,8-17; Salmos 38; E. S. GERSTENBERGER, *Leiden*, Stuttgart, 1977, 105-108; ID., *Der bittende Mensch*, Neukirchen-Vluyn, 1980, 134-160.

28. Deuteronômio 18,11 menciona duas funções relacionadas com a conjuração dos mortos: "consultar os mortos" e "procurar os mortos" (cf. Sm 28,7).

29. Cf. H. SCHÜNGEL-STRAUMANN, *Die Frau am Anfang*, Münster, ²1997.

repetidamente desviaram os homens hesitantes da correta adoração de YHWH. Assim, sobretudo na obra histórica deuteronomista, Salomão é vítima de suas esposas (1Rs 11,1 s.), Acab seguia Jezebel, a princesa de Sídon (1Rs 16,31-33; 21,4-10). Estes são juízos retrospectivos, pois no tempo dos reis provavelmente ninguém se incomodaria com casamentos diplomáticos na corte (cf. 2Sm 3,2-5; 5,13-16 e os nomes bem misturados dos filhos). Esses fenômenos mostram, como usualmente, as atitudes da época pós-exílica, mas nos mandam perguntar pela participação das mulheres na teologia da época.

A suspeita acerca das mulheres e a sua exclusão, no período pós-exílico, não pode ser o único resultado de uma pesquisa das relações de gênero daquele tempo, pois acima já encontramos situações que indicam uma destacada corresponsabilidade religiosa das mulheres nas comunidades do período persa. Como as mulheres se adaptaram às novas estruturas da comunidade? Qual perfil espiritual elas deixaram?

A observação mais espantosa é a seguinte: na tradição predominantemente masculina das comunidades confessionais é salientado muitas vezes — o que é certamente autêntico — que mulheres exercem a importante função de anúncio da profecia (comunicação da Torá!). A designação feminina "profetisa" ($n^e bi'ah$) é dada sem receio a funcionárias (cf. Ex 15,20; Jz 4,4; 2Rs 22,14; Ne 6,14). Mais importante: a profetisa Hulda é instância decisiva, competente em oráculos e aparentemente erudita, devendo confirmar o achado na situação extremamente explosiva depois da "redescoberta" da Torá sob o rei Josias. Ela anuncia a execução da maldição da aliança (2Rs 22,16 s.), mas excetua o rei Josias da terrível pena (v. 18b-20). A profetisa é administradora e mediadora da palavra de Deus, estando, evidentemente, segundo a visão deuteronomista[30], acima do rei e podendo repreendê-lo e fortalecê-lo. A posição-chave da profetisa Hulda em 2 Reis 22 nos permite concluir que as comunidades pós-exílicas em princípio permitiam mulheres no serviço de anúncio profético. Essa atitude não deve ter sido meramente teórica. Provavelmente houve situações nas quais mulheres, seguindo modelos canônicos de liderança feminina como Míriam, Débora e Ester, tomaram nas mãos o destino das comunidades no período persa. Por razões práticas, isso podia ocorrer, sobretudo, nos âmbitos da vida nos quais importava a atividade espontânea. Os longos períodos de aprendizado necessários para a formação do escriba não estavam disponíveis em

---

30. A morte violenta de Josias (2Rs 23,29) contradiz a promessa de um final pacífico (2Rs 22,20). Isto não pode ser usado para localizar o relato de Hulda na realidade pré-exílica. A tradição deuteronomista é um tratado totalmente teológico, que presta pouca atenção à realidade histórica.

regra para as mulheres. Enquanto elas fossem férteis deviam estar disponíveis como mães para as famílias. Uma formação como escriba era, naquele tempo, ainda menos compatível do que hoje com os deveres cotidianos da mulher. Na profecia, apesar da ligação íntima com a Torá, foram mantidas liberdade da letra e inspiração em grau suficiente para que as mulheres eventualmente se afastassem do fogão e aparecessem como locutoras de YHWH. Mas o narrador deuteronomista pressupõe que Hulda dispunha de abrangente conhecimento da Torá. Em todo caso, é espantoso que os autores deuteronomistas tenham feito de uma mulher, legitimada como profetisa e erudita, a instância decisiva numa situação tão central para eles como a reforma de Josias. Ou pretendiam colocar a culpa do fracasso da reforma de Josias numa mulher profetisa? Como se um mediador masculino pudesse intervir diante de YHWH e mudar a situação... Em 2 Reis 22, Hulda não pensa numa intervenção junto a YHWH. Ela declara que o caso está terminado e devolvido a YHWH. O fracasso dos esforços são comunicados em 2 Reis 23,25-27, sem análise teológica. Josias se esforçou de modo quase sobre-humano em seguir a Torá e em reformar a cidade e o Estado. "Não houve entre seus antecessores um rei como ele... nem surgiu igual depois dele" (v. 25). "Todavia o Senhor não reprimiu o ardor da grande cólera que o inflamava contra Judá em razão das ofensas que Manassés cometera contra ele" (v. 26). Isso contradiz de modo flagrante ideias contemporâneas, registradas nos livros de Jeremias e Ezequiel, segundo as quais os filhos não devem ser punidos por causa dos erros dos pais. Mas escritores teólogos como os deuteronomistas seguem uma trilha histórica concreta, não podem racionar na transversal. Para eles, Hulda aparece como uma executora da firme decisão de YHWH de apagar Judá. Lá ela não tem outra função senão anunciar a desgraça. Ela é uma profetisa plena.

Um segundo vestígio de cooperação feminina em assuntos religiosos já foi indicado na explicação da literatura sapiencial e de outras literaturas. O pai e a mãe eram igualmente ativos na educação dos filhos, isto é, na socialização religiosa dos descendentes masculinos. As rigorosas e sagradas medidas de proteção para o pai e a mãe, uma vez até para a mãe e o pai, confirmam a imagem que se colhe dos discursos e sentenças do livro dos Provérbios (cf. Pr 1,8 s.; 6,20-23; 20,20; 30,17 s.). "Honra teu pai e tua mãe, a fim de que teus dias se prolonguem sobre a terra que YHWH, teu Deus, te dá" (Ex 20,12). "Cada um de vós deve ter temor a sua mãe e a seu pai e observar os meus sábados. Eu sou YHWH, vosso Deus" (Lv 19,3). Estas são declarações teológicas importantes. As passagens mostram que a mãe é introduzida com o mesmo valor no processo educativo. Justamente o período pós-exílico se distingue por essa valorização do elemento de autoridade praticado em comum. Isso significaria, no contexto, que pai e mãe transmitem as tradições da comunidade à nova geração. Em outras palavras: eles comunicam a Torá. O prelúdio programático aos discursos (Pr 1,8) diz exatamente: "Dá ouvido, meu filho, à disciplina que teu pai te impõe, não rejeites a Torá de tua mãe". Talvez se indique o rigor do pai e a orientação compreensiva da mãe. De qualquer modo, a "Torá" nos textos pós-exílicos não deve ser minimizada como instrução momentânea, de pouca importância. De fato, pensa-se frequentemente na instrução ou orientação de um dos dois educadores, mas por trás de toda "doutrina" desse tipo está a vontade de Deus obrigatória, acima de qualquer autoridade humana. Portanto, a mãe é a mediadora da instrução de YHWH nos contextos pedagógicos dados. Ela adquire assim uma posição religiosa decisiva na comunidade de YHWH. A indicação de que as mulheres são elemento integral da assembleia da comunidade (por exemplo, Ne 8,2 s.; Dt 29,9 s.17) confirma que pertencem estruturalmente à comunidade religiosa. A fórmula inclusiva "a assembleia, do homem até a mulher, e todos os que podiam entender" (Ne 8,2; Js 6,21; 8,25; 1Sm 15,3; 22,19; 1Cr 16,3) circunscreve a totalidade da sociedade ouvinte. Na relação de Deuteronômio 29,9 s. pode ser lida a hierarquia interna da comunidade: "Hoje, vós todos estais de pé diante de YHWH, vosso Deus: vossos chefes (corrigido para: *raše sibṭekem*), vossas tribos, vossos anciãos, vossos escribas (*šoṭerim*), todos os homens de Israel, vossos filhos, vossas mulheres e o migrante que mora contigo, no teu acampamento, para derrubar para ti árvores no campo ou para te servir de aguadeiro...". Não estão entre as figuras dirigentes os sacerdotes, os profetas, os sábios; talvez estejam contidos no conceito muito vago de "escribas". No nível da comunidade, os homens plenamente capazes iniciam a lista, vindo em segundo lugar os filhos homens e, em terceiro, as mulheres; depois os escravos e trabalhadores semilivres. As mulheres pertencem ao núcleo da comunidade. Frustrante para nós é que elas sejam colocadas depois dos filhos, que garantem a continuidade da linhagem. Como elas poderiam fazer valer suas experiências espirituais?

Os coletores e editores dos escritos sagrados no Israel pós-exílico não ignoraram as mulheres na comunidade, embora às vezes elas sejam vistas com desconfiança ou colocadas somente em papéis familiares. Experiências femininas chegam aos livros canônicos, escritos por homens e mulheres (Hulda?) dos quais não sabemos quase nada. Figuras como a rainha Ataliá ou a princesa de Sídon, Jezebel, são descritas pelos redatores posteriores de modo meramente negativo (cf. 2Rs 11; 1Rs 21,1-16; 2Rs 9,22). Elas incorporam, junto com as muitas esposas estrangeiras de Salomão, o permanente princípio mau na história dos reis. Por outro lado, os autores posteriores idealizaram heroínas da história primitiva, como Míriam, Débora, Abigail e Ester. Temos a impressão de que os varões escritores pretendem colocar um espelho para seus contemporâneos através dos modelos femininos. Débora e Ester são os melhores exemplos dessa atitude. Mas também Abigail, ela pode claramente descompor seu marido: "Ele é o que seu nome diz, um idiota" (cf. 1Sm 25,25). Onde as mulheres são vítimas de violência masculina ou de privilégios masculinos (v. Gn 12,10-20; 20,1-18; 26,7-11;34; Jz 11;19; 2Sm 13 etc.) há pouca compaixão literária (cf. as descrições emotivas do sofrimento masculino: 2Sm 1,11.17-27; 3,15 s.; 3,31-39; 12,16-20; 19,1-3). Talvez ainda o tema da mulher no parto, com medo e dor, sirva como metáfora para a necessidade e a aflição (cf. Gn 3,16; 35,16-18; Jr 4,30 s.; 31,15). Em suma, é limitada a comunicação de experiências e sentimentos femininos por escritores masculinos. A questão deve, portanto, ser: também as mulheres tinham sob alguma forma acesso direto à literatura canônica?

Não é muito grande a probabilidade de que no período pós-exílico as mulheres tenham podido aprender o ofício de escriba e que lhes fosse confiada a tradição religiosa. Na herança literária da Mesopotâmia e do Egito, diversas vezes mais ampla, são conhecidos poucos casos de atividade literária feminina. No reino de Acad, por exemplo, a filha de Sargão I, Eneduana, sacerdotisa maior de Inanna, redigiu ou editou uma coleção de hinos[31]. Esse é um acontecimento raro nos três mil anos de história da literatura sumério-acádia. Entretanto, ela mostra que a possibilidade existia, se mulheres podiam dedicar-se ao estudo. Elas então não poderiam assumir deveres familiares, como seria usual. Partindo da evidência textual surge a possibilidade de que partes da literatura canônica tenham sido redigidas por mulheres. Isso é válido, sobretudo, como já explicado, para o livro de Rute e partes do Cântico dos Cânticos, talvez para alguns textos litúrgicos para ocasiões especiais. O livro de Rute é tão fortemente concentrado nos interesses e ações de mulheres que é provável sua redação por uma mulher (cf. 3.1.1.4). No Cântico dos Cânticos, cuja datação é insegura, os sentimentos femininos desempenham seguramente um papel importante. Mas não podemos decidir com segurança se os textos só chegaram a nós através da atividade de escrita masculina. Nos gêneros litúrgicos, provavelmente também se sedimentaram direta ou indiretamente experiências de mulheres. Os já mencionados "Salmos domésticos" (Sl 123;

---

31. Cf. A. ZGOLL, *Der Rechtsfall der En-hedu-Ana*, Münster, 1997 (AOAT 246).

127; 128; 133) elogiam a harmonia familiar, um domínio feminino. Outros textos também são concebíveis pelo conteúdo como orações de mulheres[32]. Assim permanece desconhecida a participação feminina nos escritos sagrados, mas não podemos subestimá-la. Talvez análises mais exatas das metáforas na poesia do Antigo Testamento permitam outras conclusões sobre a atividade literária das mulheres.

A esfera doméstica aparece no grupo de salmos há pouco mencionados. Alguns exegetas não hesitam, por esse motivo, em defender a autoria de mulheres[33]. Os textos falam das representações da segurança familiar; eles pretendem conservar a paz no pequeno grupo ou restabelecê-la. Desta perspectiva doméstica surge também uma outra visão de Deus. Aquele que vive predominantemente no ambiente externo e é responsável por isso — a proteção exterior é assunto do homem (C. Meyers) — descreverá Deus também como fator de poder e em imagens militares. São assim as frequentes declarações de confiança em YHWH: "Tu és minha fortaleza; meu rochedo; meu escudo; meu rei" (cf. Sl 18,3; 31,3 s.; 44,5; 68,25; 71,1-3; 84,4). Soa muito mais doméstico e íntimo quando se fala de Deus como: "luz", "salvação", "vida" (Sl 27,1); "parteira", "mãe" (Sl 22,10; 71,6); "pessoa de confiança" (Sl 25,14); "pai ou mãe" (Sl 27,10); "esconderijo e abrigo" (Sl 31,21; 32,7; 61,5); "mestre e disciplinador" (Sl 39,5.12); "parente que tem o dever de solidariedade" (Sl 40,11 s.); "médico que cura" (Sl 41,4 s.); "bom amigo" (Sl 60,7). Eventualmente aparece a pedagogia dos pais: Deus dirige "com os olhos" o orante (Sl 32,8); assim também as partes do corpo de Deus desempenham importante papel na linguagem de oração[34]. YHWH é aproximado do orante com uma exortação amigável, materna-paterna:

> Filhos, vinde escutar-me! Eu vos ensinarei o temor do Senhor.
> Alguém ama a vida? Alguém quer ver dias felizes?
> Guarda a tua língua do mal, e teus lábios das maledicências.
> Evita o mal, faze o bem, procura a paz e persegue-a!" (Sl 34,12-15)

Esses são, no fundo, conteúdos familiares, transmitidos pelos pais (cf. Sl 37). A dona de casa e mãe deve — como hoje — ter tido a maior parte nessa tarefa de educação (cf. Pr 31,1). A relação com a mãe é, nos salmos, um

---

[32]. U. Bail tentou provar isto para o Salmo 55. Cf. ID., *Gegen das Schweigen klagen*, Gütersloh, 1998.
[33]. Cf. P. D. MILLER, *They Cried to the Lord*, Minneapolis, 1994, 239-243.
[34]. Cf. G. BAUMANN, Das göttliche Geschlecht, in HEDWIG-JAHNOW-FORSCHUNGSPROJEKT (Hg.), *Körperkonzepte im Ersten Testament*, Stuttgart, 2003, 220-250.

importante elemento de proximidade (cf. Sl 35,14; 50,20; 51,7; 69,9; 109,14; 131,2; 139,13). Na Antiguidade, o cuidado do doente passa na maioria das vezes pela mãe (veja 2Rs 4,18-24), por isso todos os salmos de doença se referem direta ou indiretamente ao dever da dona de casa de cuidar dos familiares. O Salmo de proteção 91 usa metáforas de caça (v. 3), mas também uma linguagem e uma representação muito íntimas. No oráculo final para os pacientes perseguidos por demônios é expressa a estreita relação pessoal com a divindade: "Já que ele se apega a mim, eu o liberto, eu o protegerei, pois conhece o meu nome" (Sl 91,14). A intimidade pessoal com a divindade vem do antiquíssimo tesouro de piedade familiar, pela qual sobretudo as mulheres tinham sido responsáveis nos cultos domésticos. A comunidade judaica usou esse imenso estoque de experiência de Deus em sua estrutura espiritual e provavelmente continuou a confiá-lo às mulheres.

Uma metáfora para a proteção e o cuidado de Deus especialmente rica e eficaz são suas asas (cf. Sl 36,8; 57,2; 61,8; 91,4 etc.). É interessante do ponto de vista da história da religião e da iconografia que essa proteção tão plástica e a atividade salvadora tenham sido atribuídas verdadeiramente a algumas deusas do antigo Oriente e assumidas por YHWH — como parte de seu caráter materno[35]. Desse contexto eu concluiria também que o simbolismo religioso das asas nos textos litúrgicos realmente surgiu da linguagem e das experiências femininas. O galinheiro e suas galinhas a cacarejar foi o local de origem dessa metáfora próxima da vida, e ele está no âmbito de responsabilidade das donas de casa (não somente na Antiguidade, mas também nas nossas fazendas e sítios).

Os papéis de gênero e os ideais de família prescritos no período pós-exílico têm até hoje forte influência por intermédio das tradições judaicas, cristãs e muçulmanas, primeiramente nas sociedades agrárias até a alta Idade Média, em seguida nas mudanças para a era da ciência, da indústria e da economia modernas. As igrejas cristãs tiveram grande dificuldade de perceber as grandes mudanças sociais como importante fator de uma ética responsável. Assim, na "guerra dos sexos" estão sendo transmitidos, muitas vezes sem reavaliação, antigos papéis e preconceitos contra mulheres, assim como contra a sexualidade em geral; a necessária igualdade de todos perante Deus, hoje como antigamente, está longe de se tornar realidade na vida.

---

35. Cf. S. SCHROER, "Im Schatten deiner Flügel", in R. KESSLER et al., *"Ihr Völker alle, klatscht in die Hände!"*, Münster, 1997 *(ExuZ 3)*, 296-316.

4.2.4. Festas, liturgia e rituais

C. BELL, *Ritual*. Perspectives and Dimensions, New York/Oxford, 1997. – B.-J. DIEBNER, *Gottesdienst II*, TRE 14, 5-28. – M. E. COHEN, *The Cultic Calendars of the Ancient Near East*, Wiesbaden, 1992. – I. ELBOGEN, *Der jüdische Gottesdienst in seiner geschichtilichen Entwicklung* [³1931], Nachdruck Hildesheim, 1967. – H. H. HENRIX (Hg.), *Jüdische Liturgie*, Freiburg, 1979 (QD 86). – E. KLINGER (Hg.), *Geschlechterdifferenz, Ritual und Religion*, Würzburg, 2003. – C. KÖRTING, *Der Schall des Schofar*, Berlin, 1999 (BZAW 285). – I. MÜLLNER, P. DSCHULNIGG, *Jüdische und christliche Feste*, Würzburg, 2002 (NEB 9). – S. M. OLYAN, *Biblical Mourning*, Oxford, 2004. – E. OTTO, *Das Mazzofest in Gilgal*, Stuttgart, 1975. – ID., *Fest und Freude*, Stuttgart, 1977. – G. ROBBINSON, *The Origin and Development of the Old Testament Sabbath*, Frankfurt a. M., 1988 (BET 21). – M. no MIYA TAKAHITO, *Cult and Ritual in the Ancient Near East*, Wiesbaden, 1992. – L. TREPP, *Der jüdische Gottesdienst*. Gestalt und Entwicklung, Stuttgart, 1992. – D. VOLGGER, *Israel wird Feiern*, St. Ottilien, 2002 (ATSAT 73). – S. Ph. De VRIES, *Jüdische Riten und Symbole* [1968; alem., 1981], Wiesbaden, ³1984.

Até o fim do período dos reis, a vida religiosa e cultual da família normal de agricultores do Israel antigo era provavelmente construída da seguinte maneira: em casa era cultuada a divindade protetora da família; na aldeia ou clã eram comemoradas festas anuais nos santuários ao ar livre próximos (cf. 1Sm 9,12 s.; 20,6). Em ocasiões especiais de súplica ou agradecimento (votos!), toda a família peregrinava para um santuário regional (Templo; cf. 1Sm 1 s.). Outros deveres religiosos poderiam surgir através do clã ou dos órgãos estatais no caso de ações guerreiras: o exército se reunia e realizava cerimônias preparatórias (cf. Jz 7,1-8; Dt 20,5-9: projeções no passado). Não havia uma vinculação permanente de grupos cultuais locais e familiares com estruturas subordinadas.

O exílio modificou fundamentalmente os costumes e as estruturas cultuais, não de modo abrupto, mas gradualmente, sobretudo depois da tomada de poder persa e da nova consagração do Templo de Jerusalém. As formas litúrgicas e o diferenciado ciclo de festas anuais que então surgiram influenciaram profundamente a história seguinte das liturgias e experiências de Deus judaicas, cristãs e em parte islâmicas. De fato, todas as estruturas litúrgicas ocidentais descendem diretamente do modelo básico desenvolvido nas comunidades judaicas antigas. Ele é, portanto, um importante e permanente fruto da época persa; o desenvolvimento ulterior da liturgia judaica no helenismo e depois não será considerado aqui.

Informações sobre a vida litúrgica das comunidades judaicas aparecem em três "calendários de festas" e em indicações espalhadas de todo tipo sobre cerimônias cultuais. Em geral aceita-se uma determinada sequência temporal do calendário, mas os intervalos são estabelecidos de modo bastante diverso: o texto mais antigo é Êxodo 34,10-28 (pré-estatal?), o chamado decálogo cultual. Segue-se Deuteronômio 16,1-17 (período dos reis tardio?). Levítico 23 seria o mais maduro (sacerdotal!). Além disso, há uma série de leis sobre o sábado, as regras para o ano sabático (Dt 15; Lv 25) e muitas determinações sobre sacrifícios (espec. Lv 1–7). Esses são os textos fundamentais. Em minha opinião, todos eles surgiram — com bastante segurança — na época persa: só há informações esporádicas sobre costumes e ações cultuais anteriores. Os diferentes perfis dos mencionados calendários festivos podem ser explicados, em parte, como modificações da história do culto e, em parte, como diferenças regionais. Todos os três textos supõem a centralização (teórica!) do culto a YHWH em Jerusalém, devendo, portanto, ser localizados depois da nova consagração do Templo em 515 a.C.

As festas anuais eram sem dúvida a estrutura fixa da vida litúrgica. Elas provavelmente começaram originalmente de modo local, mas depois da mudança houve um esforço para fazê-las sinais obrigatórios da fé comum no Deus único YHWH para todas as comunidades judaicas[36]. Aparentemente a esses esforços se deve a canonização de três festas anuais. Das festas locais únicas (cf. 1Sm 1) surgiram três encontros cultuais ligados ao ciclo anual agrário, que receberam então a forma de peregrinações para Jerusalém — seguindo a unificação das cerimônias de YHWH para todas as comunidades espalhadas. Depois da reforma babilônica do calendário (o início do ano foi deslocado do outono para a primavera), a festa da Páscoa inicia a roda das reuniões anuais (Ex 34,18; Dt 16,1-8; Lv 23,4-14). As lendas das festas formam as histórias do êxodo. Mas para a comunidade pós-exílica estava contido nisso mais do que uma reminiscência histórica do distante tempo de Moisés. A libertação da "escravidão" no Egito simbolizava ao mesmo tempo a libertação do jugo babilônico pelos persas; a tomada da terra por Josué representava imediatamente o retorno à terra prometida aos pais. Como podemos ler especialmente nos textos tardios de Isaías[37], os grandes atos de YHWH por seu povo no passado distante e recente se fundiam em uma unidade na festa da Páscoa. Também algumas passagens mostram na obra deuteronomista e cronista qual valor tinha para a nova comunidade de YHWH esta antiga festa agrária, que antecipava o verão: 2 Reis 23,21-23; 2 Crônicas 35,1-19; Ezequiel 45,21-24; Josué 5,10-12; 2 Crônicas 30,1-37; Números 9,1-14. A afirmação de que a

---

36. Cf. a correspondência entre Jerusalém e Elefantina sobre a data da Páscoa, acima, 2.4.3.
37. Cf. K. KIESOW, *Exodustexte* (bibliografia sobre 3.2.2.2); W. CASPARI, *Lieder*; J. PIXLEY, *Êxodo*.

Páscoa foi redescoberta em cada situação, de que a festa não foi corretamente observada antes, de que ela foi mesmo desprezada (cf. 2Rs 23,22; 2Cr 35,18; 2Cr 30,5) joga uma clara luz sobre seu significado destacado na comunidade. Mostra também a formatação cronista das prescrições da Páscoa. Sobretudo em 2 Crônicas 30 e 35 estão contidas — como já apresentado — duas formas concorrentes da Páscoa. Elas incluem um número de polêmicas na apresentação: a questão sobre a data correta da festa, as exigências de pureza para os sacerdotes e sua relação com as famílias dos levitas menores, todo tipo de prescrições sobre sacrifícios (cf. também os restantes textos sobre a Páscoa mencionados acima). Vemos: a grande festa anunciando o verão se tornou no período persa o centro do ciclo anual; sua importância foi mantida nos séculos seguintes nas diferentes comunidades confessionais. A força integradora das duradouras experiências de libertação, também no início do domínio persa, é expressa de modo exemplar na alegria salientada, de modo exemplar, no júbilo da Páscoa. Mesmo que não seja possível uma atribuição exclusiva, podemos nos representar uma série de salmos no contexto da festa, por exemplo Salmo 66; 84; 87; 105; 106; 136 etc. A Páscoa se tornou um sinal de identidade das comunidades judaicas; os cristãos modificaram seu significado e fixaram de outro modo a data da festa pascal da ressurreição, mas assumiram também conteúdos essenciais da antiga festa de libertação das antigas comunidades judaicas[38].

A segunda festa das três é a antiga ação de graças pela colheita dos frutos do campo, a festa das Semanas, mais tarde Pentecostes. Era festejada sete semanas depois do início da temporada de colheita, e mais tarde a história de Rute se tornou a lenda da festa. As determinações mais detalhadas sobre a festa foram transmitidas no calendário de festas de Levítico 23. Elas estão em clara tensão com regras antigas de Êxodo 23,16; 34,22, Deuteronômio 16,10 s. e ligam-se diretamente a prescrições anteriores sobre a Páscoa:

> Contareis sete semanas a partir do dia seguinte ao sábado, isto é, a partir do dia em que tiveres levado o feixe do rito de apresentação: as sete semanas serão completas. Até o dia seguinte ao sétimo sábado, contareis, portanto, cinquenta dias, e apresentareis a Yhwh uma oferenda da nova colheita: onde quer que habiteis, havereis de trazer de vossa casa, para o rito de apresentação, dois pães feitos de dois décimos de efá de farinha e cozidos em massa fermentada; são as Primícias para Yhwh. Além do pão, apresentareis sete cordeiros sem defeito da idade de um ano, um novilho e dois carneiros, e serão sacrificados em holocausto para

---

38. Cf. H. Haag, *Vom alten zum neuen Pascha*, Stuttgart, 1971 (SBS 49).

o Senhor; com a oferenda e as libações deles, é uma oferenda consumida, um perfume aplacador para Yhwh. Com um bode, fareis um sacrifício pelo pecado; e com dois cordeiros da idade de um ano, um sacrifício de paz; o sacerdote os oferecerá diante de Yhwh com o gesto de apresentação, os dois cordeiros ao mesmo tempo que o pão de primícias. São coisas santas para Yhwh, que caberão ao sacerdote. Para este dia exato, fareis uma convocação e tereis uma reunião sagrada; não executareis nenhum trabalho servil. Esta é uma lei perene para vós, de idade em idade, onde quer que habitardes (Lv 23,15-21).

Os autores pós-exílicos vincularam a festa das Semanas claramente ao ciclo dos sábados, olhando Levítico 23 — o tema condutor de todo o calendário — e a cronologia numérica nos versículos 15 s. Eles prescreveram o descanso do trabalho (v. 21) e contam com uma rede de localidades, que, mediante a entrega das oferendas, está em ligação espiritual e real com o Templo de Jerusalém (v. 17). Os sacerdotes celebram no versículo 20 a entrega das primícias (antes apresentada pelos próprios agricultores no campo!). A festa das Semanas não é muito registrada fora do calendário das festas. Talvez ela tivesse uma função mais ideológico-cultual do que prática. Também é difícil compreender que agricultores tivessem que participar duas vezes em sete semanas durante o tempo da colheita de uma festa cultual central. Tempos de festa com significado meramente regional certamente não foram assumidos no calendário pós-exílico. Só há referências casuais sobre a "festa da Tosquia" (Gn 38,12 s.; 1Sm 25,2 s.) ou a "lamentação da virgindade" (rito de iniciação: Js 11,38-40; Jz 21,19-21). A tradição normativa das comunidades assumia seletivamente alguns usos regionais e fez deles uma rede fixa de ritos (teoricamente!) obrigatórios para todos.

Esse processo estendido no tempo é claro, sobretudo, nas prescrições sobre a festa do outono do sétimo mês (cf. Lv 23,23-43). Podem ser reconhecidos diferentes graus de desenvolvimento: a festa original das Tendas para a armazenagem da colheita de vinho e de árvores já foi ordenada dentro do esquema dos sábados (v. 39). Todos os membros da comunidade devem por sete dias morar em tendas para lembrar do êxodo do Egito (v. 42 s.). No décimo dia do mês é juntada a esta festa, que começa no meio do mês, a grande festa anual de Expiação — provavelmente secundária —, cujo ritual é registrado em Levítico 16 (Lv 23,26-32; Yom Kippur). Ela é festejada totalmente como um dia de sábado, assim como os dias orientadores da festa das Tendas (v. 31 s.; 33-36). Quem profana o dia trabalhando deve ser eliminado (v. 29). Sobre os ritos de expiação, inclusive o ritual do bode expiatório, descobrimos um pouco em Levítico 16.

O primeiro dia do mês, novamente um sábado, é descrito como o ponto inicial do período de festas mais importante: nele soará o *shofar,* recebendo a qualidade de um dia de descanso especial para YHWH (*šabbaton*: grande sábado v. 23-25; v. 3[39]). O ciclo litúrgico anual forma uma sequência de dias festivos que se encaixam na fechada rede dos sábados a cada sete dias. As festas do início do ano e do outono recebem uma importância especial. Nelas é constitutiva a ligação com os acontecimentos do êxodo. O dom da Torá é acrescentado mais tarde como um apêndice ao conteúdo da festa (mas cf. Ne 8,1!), assim como o sétimo mês sofre muitas modificações na história cultual judaica[40].

Sendo fortemente salientado o esquema do sábado, é inevitável a ideia: o autor do calendário anual ordenou a vida ritual da comunidade segundo o mandamento do sábado (Ex 20,8-11; Dt 5,12-15). Ele tinha para ela um significado destacado: era ancorado profundamente na história da criação como uma disposição divina (Gn 2,2 s.). Por que o sábado se tornou tão importante na comunidade pós-exílica?

Segundo as concepções antigas, um dia não era igual ao outro. Dias específicos traziam consigo perigos específicos e uma sorte única. Alguns tempos tinham ligação com determinadas divindades; na astrologia babilônica a escolha de dias favoráveis desempenhava um grande papel para determinadas ações. A "escolha do dia" não é estranha às fontes do Antigo Testamento. O marido da sunamita se espanta quando sua mulher parte apressadamente para o profeta Eliseu: "Por que queres ir vê-lo hoje? Não é lua nova nem sábado" (2Rs 4,23). Os dias nos quais mudam as fases da lua são tidos como especialmente carregados de força ou desgraça. Não pode haver nenhuma dúvida sobre o sábado ter sido originariamente um dia da lua, significando justamente lua cheia[41]. Nele e em outras mudanças de fase desde sempre foram oferecidos sacrifícios especiais e tomadas medidas especiais de prudência[42]. A nova comunidade confessional de YHWH recebeu de seu modo usos religiosos existentes e ações cultuais e lhes deu uma forma como sinal distintivo dela mesma. Podemos

---

39. Aparece somente dez vezes no Antigo Testamento, das quais quatro em Levítico 23; além disso em Êxodo 31,15; 35,2; Levítico 16,23.31; 25,4 s. Cf. E. S. GERSTENBERGER, ATD 6, 311 s.

40. Cf. G. FOHRER, *Glaube und Leben im Judentum*, Heidelberg, 1979, 114-130: Zusatz von Busstagen, Neujahrsfeier.

41. Em acádio *šapattum*" quer dizer "dia da lua cheia"; W. von SODEN, AHW 1172. Também fala em favor disso a antiga ligação com a "lua nova" no Antigo Testamento (2Rs 4,23; Os 2,13; Am 8,5; Is 1,13).

42. W. SALLABERGER, *Der kultische Kalender der Ur III-Zeit*, Berlin, 1993; M. KREBERNIK, Mondgott, RIA 8, 360-369.

acompanhar esse desenvolvimento: os seguidores de Yhwh, ao refletir sobre a especificidade de Israel, concordavam que a Torá de seu Deus era um presente especial, em outras palavras: a tradição escrita da revelação da vontade de Yhwh e de sua condução da história era considerada sinal inequívoco de identidade da comunidade. Num ambiente religioso que reagia ao mundo de modo fortemente astrológico, surgiu a questão sobre a ação de Yhwh na formação do mundo. Em que lugares e em que tempos ele esteve presente eficazmente? No período pré-exílico, essa questão não era posta numa perspectiva de concorrência com outras divindades. Somente o pluralismo religioso da época babilônica e persa despertou essa reflexão. Os judaítas dispersados viam também Yhwh agir no mundo, de modo análogo ao grande deus da lua mesopotâmico, Sin. Seu poder era especialmente eficaz em alguns dias. Com efeito, logo depois de ter completado a criação ele reservou uma unidade do tempo (sábado) como sua propriedade, que originalmente talvez fosse o dia da lua cheia. Mas gradualmente a comunidade de Yhwh se libertou totalmente da revolução da lua e começou a celebrar as quatro mudanças de fase da lua. Em cada um desses dias se deveria agir com cautela especial, pois os seguidores de Yhwh se moviam praticamente vinte e quatro horas por dia na presença imediata de Yhwh. O sábado era a morada de Deus no tempo. Ele vivia nela, e os humanos, que repartiam com ele tempo e lugar, deviam evitar tudo o que o perturbasse ou ofendesse. Por isso a proibição absoluta do trabalho[43]. A sistematização em seis dias de trabalho e um festivo levou a uma ruptura definitiva com o ciclo da lua e com o ano solar. A semana de sete partes não é adequada à estrutura temporal da revolução da lua nem do sol. Os adoradores de Yhwh, que se julgavam superiores a todos os cultos astrais, contavam os dias e semanas de modo contínuo, sem levar em consideração as estrelas, aceitando as dificuldades resultantes para mediar as datas do sábado e do mês. Em todo caso, o sábado semanal se tornou um ritmo próprio de vida e culto. Como o sábado ficava intacto, pela proibição absoluta de trabalho, surgiu por fim o costume de se reunir em nível comunitário e de celebrar uma liturgia dedicada a Yhwh. A ordem litúrgica cristã e sinagogal tem sua raiz aqui.

A massa dos textos do Antigo Testamento que descrevem e mencionam o sábado surgiram no período exílico e pós-exílico. Deles podemos reconstruir aproximadamente o que as comunidades judaicas pensavam sobre o sábado e como se cumpria o mandamento de santificação. Em primeiro plano estava a

---

43. Nos épicos babilônicos o barulho dos homens irrita os deuses: TUAT III 626 s.; 629 (W. von Soden).

proibição de trabalho e de comércio. Uma interpretação rigorosa desse mandamento proibia também a preparação de refeições, vista como perturbação do descanso divino: os profanadores do sábado de Números 15,32-36 somente juntavam madeira para fogueiras e, seguindo um ordálio, foram apedrejados (cf. Lv 24,10-16). Também é proibido sob ameaça de morte acender um fogo (Ex 35,2 s.). De modo excepcional o maná no deserto não apodrece no sábado, podendo, portanto, ser recolhido no sexto dia o suficiente para o sétimo; aquele que foi buscá-lo no dia santo não encontrou nada (Ex 16,22-30). Neemias proíbe estritamente qualquer atividade comercial em Jerusalém (Ne 13,15-22). Importantes exortações do sábado falam sobre o "grande e santo sábado de YHWH" (Ex 31,15; 35,2). A transgressão do mandamento do sábado teria provocado segundo essa tradição a catástrofe de Jerusalém (qual exatamente?) (v. 18). Depois de uma exortação ao sábado dirigida aos eunucos e estrangeiros — associada ao dever de solidariedade (Is 56,1-8) — e de um discurso emocionado sobre o jejum correto e sobre a conexão entre jejum e piedade, o Terceiro Isaías fala sobre a santidade do sábado. Parece que os temas próximos, jejum e sábado, tinham uma base ritual comum:

> Se desviares teu pé do sábado, dos teus interesses no meu dia santo, se chamares o sábado de delícia, o santo dia de YHWH de glorioso, se o glorificares, renunciando a fazer tuas andanças, a buscar teus interesses e a vã falação, então encontrarás a tua delícia em YHWH, eu te levarei de carro sobre as alturas da terra, te alimentarei com o patrimônio de Jacó, teu pai. Sim, a boca de YHWH falou (Is 58,13 s.).

O tema da santidade do dia de YHWH é determinante em tudo; o componente social — descanso da vexação diária (cf. Dt 5,14) — também é reconhecível claramente em Isaías 56 e 58. Mas com isso nada se falou ainda sobre um eventual preenchimento positivo do dia de sábado. De fato, as atividades da comunidade no dia de sábado não aparecem tão claramente como as ações a ser evitadas, que perturbam YHWH em seu dia de descanso. O calendário de Levítico 23 já mencionado fornece possivelmente uma indicação. Todas "santas convocações" em "todas as localidades" são dias de sábado em seu cerne (cf. 23,2 s.). O conceito de "convocação" (*miqra'*) pode se referir à assembleia da comunidade, sobretudo em ligação com o nome "santo" (*qodeš*). A expressão aparece concentrada em Levítico 23, também em passagens próximas da tradição sacerdotal (Ex 12,16: festa da Páscoa; Nm 28,18.25 s.; 29,1.7.12: Páscoa; festa das Semanas; festa no sétimo mês). Somente no início do calendário de festas de Levítico 23 também o sábado recebe uma "assembleia santa". Seria isso eventualmente um reflexo das grandes festas do ano sobre a introdução repetitiva no calendário festivo? Ou são referidos somente aqueles "grandes sábados" das festas anuais (v. 2), de modo que a regra dos sábados, "seis dias de trabalho", se refere na realidade somente aos dias da semana antes do grande sábado festivo? Esta interpretação é possível. Ela forneceria mais uma prova de que nos dias sagrados de descanso podiam e deveriam ocorrer grandes assembleias da comunidade em ligação com as festas anuais. Mas passagens como Êxodo 31,15; 35,2 atestam que o alto título "grande sábado santo" pode ser atribuído também à simples conclusão da semana. O dia é confiscado por YHWH desde o início como sua propriedade (Ex 35,7).

Leve suporte recebe a hipótese da assembleia de outras passagens da Bíblia hebraica. O povo de Israel se reúne em uma grande comunidade para ouvir a leitura da Torá de Esdras, "em chegando o sétimo mês" (Ne 8,1). O momento deve ser interpretado como o início do mês lunar, e o primeiro dia desse mês seria, segundo Levítico 23,23, um sábado ou seria tratado como um sábado. Então, a leitura da Torá não seria uma transgressão do mandamento do sábado, podendo ser justamente uma ação conveniente para YHWH durante o descanso e apoiaria a prescrição. Oração e sacrifício também seriam atividades agradáveis no dia de sábado (cf. Nm 28,9 s.). — Infelizmente, as muitas indicações nos escritos pós-exílicos sobre as assembleias do povo de Israel não contêm informações exatas sobre o calendário. Elas falam somente que Israel é convocado e se reúne como comunidade de fé (cf. Dt 29,1[44]; Js 24,1.25; 1Sm 10,17.19; 1Rs 8,2[45] etc.). Mas na comunidade pós-exílica já era evidente que os encontros litúrgicos se realizassem no sábado. Raramente o evidente é explicitado.

A estrutura sabática do calendário religioso, portanto, se expande e é em parte já firmemente fixada. As festas anuais são construídas a partir do esquema do sábado. A partir dessa divisão do tempo peculiar, não atestada em outro lugar, podem ser entendidos os anos sabáticos, a semana de anos e o calendário dos jubileus. A ideia básica é: também a terra santa de YHWH precisa de sábados, nos quais ela está à disposição somente para o criador e mantenedor e não precisa alimentar os homens. O uso agrícola normal é pensado como corveia da terra (da mãe terra?). Israel deve ir para o exílio porque não cumpriu as regras de pouso da terra e os tempos sagrados de descanso dos campos. Durante a ausência do povo no exílio, a terra pode recuperar

---

44. No destacado "hoje" dos relatos deuteronomistas sobre as assembleias está indicado o sábado = "este dia"? Cf. Deuteronômio 29,3.9.12.14.17; Salmos 95,7.

45. A referência ao mês e à festa (Tendas) é um indicador da ligação com o sábado.

os anos sabáticos perdidos (Lv 26,33-35). Portanto, na nova comunidade de YHWH deve valer a regra fundamental do ano sabático santo, que será coroado com o grande ano do jubileu e perdão das dívidas, depois de sete semanas de anos (Lv 25). A cada sete anos deve haver o descanso (Lv 25,1-7; Ex 23,10 s.; Dt 24,19-22). Aquilo que a terra produzir por si mesma deve ser suficiente como alimentação (Lv 25,6 s.) Depois de sete vezes sete anos, deve ser festejado um ano de jubileu, no qual os escravizados serão libertados e a terra hipotecada, restituída (Lv 25,8-12).

O ano do jubileu se encontra, no antigo Oriente, dentro de uma longa tradição de perdão das dívidas (cf. excurso em 2.3.4). Por sua vez, ele influenciou a história judaica e cristã, até as modernas campanhas por perdão para os países mais pobres da terra[46]. Mas não há a refinada rede temporal nas fontes não bíblicas (ou pós-bíblicas, como o livro dos Jubileus apócrifo). No texto original, soa muito artificial. Quem poderá fazer e executar um plano de cinquenta anos na realidade vivida? Mesmo a organização milenar da Igreja católica romana tem suas dificuldades com o "ano santo" concebido a partir do século XIII d.C.[47]. A hipótese mais provável é que as antigas regras de descanso da terra e de perdão das dívidas, levadas a uma alta posição teológica, tinham um amplo caráter ideológico e teórico. Na realidade se festejaria, de forma visível, assim como no decorrer humano dos dias e da semana, a propriedade de YHWH sobre solo, terra e animais, através de uma regra sabatical expandida. As determinações executivas que seguem Levítico 25,13-55 tinham um significado prático, mas isso não contradiz a construção geral abstrata. A estrutura teoricamente refinada de dias de trabalho e sábados, festas anuais e ritmo de semana de anos certamente não funcionou de modo tão esquemático na realidade. Numerosos casos conflitantes em torno da santificação do sábado e de datas de festas, além de regras divergentes nas comunidades exteriores, como em Elefantina no Egito, manifestam, com certeza, que eram frequentes as regras especiais e que a "central" de Jerusalém (ou de Babilônia?) tinha dificuldades de se impor de modo geral.

Se se reconhece o caráter hipotético-teológico da ordem litúrgica do novo Israel, então surgem imediatamente questões sobre as expressões da fé não oficiais, toleradas ou banidas, no período persa e sobre seu significado para a teologia daquele período. A pesquisa da história da Igreja teve que aprender aquilo que a teologia judaica sempre praticou amplamente, a saber, que

---

46. Cf. E. S. GERSTENBERGER, "... zu lösen die Gebundenen", in *Erlassjahr 2000*: Schulden erlassen, Hg. KED der EKHN, Frankfurt, 1999, 59-96.
47. Cf. A. MEINHOLD, H. SMOLINSKY, *Jubeljahr*, TER 17, 280-285.

as opiniões divergentes também são relevantes teologicamente. Resistências contra a teologia "canônica" aparecem eventualmente nos escritos hebraicos (cf. Nm 12,2; Esd 10,15; Is 66,5; Jr 44,16-19; Jó). Às vezes transparecem cerimônias fora do sistema litúrgico reconhecido, causando escândalo e sendo combatidas ou permanecendo como inofensivo folclore, como diríamos. São do primeiro grupo os já mencionados ritos "horrorosos" nos jardins privados e nas sepulturas (Is 65,1-5.11), as conjurações dos mortos (1Sm 28), as consultas a Baal (1Rs 1,1-3), a idolatria e a magia (Ez 8) e muitas outras práticas desviantes. Pertencem à segunda categoria ritos e festas não comentados, os quais estavam em voga sobretudo nas comunidades locais, como a dedicação das jovens (Jz 11,39 s.; cf. 21,19.21), a tosquia (Gn 38,12), as festividades de casamento, a circuncisão dos jovens na puberdade (cf. Gn 17,23-27; uso que provavelmente se tornou circuncisão do recém-nascido no período pós-exílico: Gn 17,10-14). Não devemos subestimar o número de cerimônias realizadas fora dos quadros oficiais. Sobretudo no âmbito dos ritos de passagem, amplamente pesquisados pela antropologia, deve-se esperar também na comunidade judaica primitiva um amplo espectro de ritos. Achados arqueológicos podem nos dar sinais disso. Além de estatuetas de deusas, altares domésticos, templos não permitidos pelo Deuteronômio em Arad e Elefantina, há numerosos selos privados da época com um simbolismo ainda amplamente religioso, que provam irrefutavelmente a multiplicidade de práticas cultuais[48].

As pesquisas arqueológicas do período persa não permitem ainda conclusões abrangentes[49]. Atitudes de fé e práticas cultuais atestadas indiretamente na Bíblia, assim como orientações teológicas dedutíveis a partir de evidências não bíblicas, pertencem, até onde podem ser levantadas, ao relevante quadro teológico geral da fé judaica. Pois a vida a partir da qual o texto surgiu pertence ao texto. O conjunto de textos casualmente guardado num escrito sagrado (cf. os conjuntos bastante diferentes nas diferentes "coleções canônicas"!) precisam do complemento crítico através de vozes oprimidas e esquecidas do povo de Israel. O sujeito religioso é, nos escritos do Antigo Testamento, por um lado, o seguidor e confessor individual de YHWH e, em segundo lugar, a comunidade como um todo, a qual, com seus corifeus, frequentemente é chamada de parceira de YHWH. Todos falam juntos nos rituais e festas que devemos reconstruir.

---

48. Cf. O. KEEL, C. UEHLINGER, *Göttinnen und Götter und gottessymbole*, Freiburg, ²1993, 430-452 (QD 134): a frequência dos achados de outros cultos diminui (loc. cit., 450), mas não desaparece totalmente, graças à pressão da fé monoteísta: cf. acima 2.3.6.

49. Cf. O. KEEL, C. UEHLINGER, *Götinnen*, 231; H. WEIPPERT, *Palästina*, 687-918; cf. acima 2.1.2.

A comunidade pós-exílica criou modelos fundamentais litúrgicos e "eclesiais" que impregnaram o mundo ocidental. As Igrejas cristãs são filhas da sinagoga, não concorrentes tendo a mesma idade. Formas litúrgicas, festas anuais, anúncio da palavra, entendimento dos sacramentos, trajes oficiais, hinos, em suma, o espaço e o tempo sagrados com seus atores e rituais que usamos, tudo isso está em ligação direta com a comunidade de YHWH judaica primitiva. Daqui se segue a necessidade de entrar em debate com ela.

4.3. Caminhando para o monoteísmo

J. ASSMANN, *Die mosaische Unterscheidung*: oder der Preis des Monotheimus, München, 2003. – B. BECKING, M. C. A. KORPEL, *The Crisis of Israelite Religion*: Transformations of Religious Tradition in Exilic and Post-Exilic Times, Leiden, 1999 (OTS 42). – W. DIETRICH, M. A. KLOPFENSTEIN (Hg.), *Ein Gott Allein?*, Freiburg/Göttingen, 1994 (OBO 139). – D. V. EDELMAN (Ed.), *The Triumph of Elohim*: From Yahwismus to Judaisms, Grand Rapids, 1996. – E. S. GERSTENBERGER, *Theologien im Alten Testament*, Stuttgart, 2001. – R. K. GNUSE, *No other Gods*: Emergent Monotheism in Israel, Sheffield, 1997 (JSOTS 241). – O. KEEL (Hg.), *Monotheismus in Alten Israel und seiner Umwelt*, Fribourg, 1980. – ID., C. UEHLINGER, *Göttinen, Götter und Göttersymbole*, Freiburg, 1992 (QD 134). – B. LANG (Hg.), *Der einzige Gott*, München, 1981. – ID., *JAHWE der biblische Gott*: ein Porträt, München, 2002. – O. LORETZ, *Des Gottes Einzigkeit*: ein altorientalisches Argumentationsmodell zum "Schma Jisrael", Darmstadt, 1997. – H. NIEHR, *Der höchste Gott*, Berlin, 1990 (BZAW 190). – M. OEMING (Hg.), *Der eine Gott und die Götter*, Zürich, 2003 (AThANT 82). – B. N. PORTER (Ed.), *One God or Many?* Concepts of Divinity in the Ancient World, Bethesda, 2000. – J. RABINOWITZ, *The Faces of God*, Woodstock, 1998. – H. RECHENMACHER, *"Ausser mir gibt es keinen Gott!"*, St. Ottilien, 1997 (ATSAT 49). – W. SCHRAGE, *Unterwegs zur Einzigkeit und Einheit Gottes*, Neukirchen-Vluyn, 2002 (BThSt 48). – S. SCHROER, *In Israel gab es Bilder*, Fribourg/Göttingen, 1987 (OBO 74). – H. SHANKS, J. MEINHARDT (Ed.), *Roots of Monotheism*: How God is One. Washington (DC), 1997. – M. S. SMITH, *The Origins of Biblical Monotheism*, Oxford, 2001. – F. STOLZ, *Einführung in den biblischen Monotheismus*, Darmstadt, 1996. – Z. ZEVIT, *The Religions of Ancient Israel*, London, 2001.

Excurso: O que é monoteísmo?

O debate em torno do Deus único está onerado com muitas hipotecas, muitas vezes desconhecidas pelos debatedores. Em primeiro lugar, o conceito de "monoteísmo" e a questão sobre ele surgiram do ambiente ocidental do moderno pós-iluminismo. Na forma atual, eles não estão ancorados na Antiguidade. Hoje o monoteísmo designa, ao lado de uma série de outros teísmos, uma visão de mundo na qual uma única divindade dirige o destino de todos os homens e de todo o universo mais ou menos segundo a lógica da ciência crítica. É excluído qualquer motivo distinto da causalidade divina única para todo ser e todo acontecer. A perspectiva é racional, a maioria das vezes até mesmo tem o caráter das ciências naturais. No discurso popular, com prazer se comenta a contraditoriedade do conceito de um motor todo-poderoso solitário, reduzindo-o *ad absurdum*. Os filósofos da vida podem dar outros argumentos contra a unidimensionalidade do ser e do devir. E nenhum dos autores bíblicos entraria na questão moderna sobre o princípio único de causalidade divino; provavelmente nem conseguiria compreendê-lo no contexto da mentalidade antiga.

Outro cuidado surge da história da teologia e da Igreja. Onde quer que a fé no único Deus eficaz se liga a interesses estatais, ele automaticamente serve de legitimação daquele poder. Isso se tornou terrivelmente claro nas grandes guerras religiosas originadas na Europa: nas Cruzadas da Idade Média, nas campanhas de conquista do Novo Mundo e nas batalhas confessionais sobretudo do século XVII. Reduzido ao denominador comum, o monoteísmo significa em sua forma política: os representantes da única religião válida se sentiam encarregados de impor seu conhecimento de Deus (que reivindicava ser o único verdadeiro e único santificante) sobre todos os "de outra fé". A afirmada unicidade de Deus se transformava de repente numa reivindicação absoluta de domínio, a qual insistia em ter encontrado o único Deus verdadeiro. Com outras palavras, a fé monoteísta pode ser facilmente usada para realização dos próprios interesses. Na história da Igreja cristã isso sempre ocorreu quando governantes temporais ou espirituais buscavam transformar em realidade a vontade de Deus.

Com isso em mente, podemos perguntar pelas tendências ao monoteísmo na comunidade judaica de YHWH e no antigo Oriente Próximo em geral. Para os autores bíblicos vale o seguinte: a fé em YHWH, o Deus único, criador e dirigente do mundo, se refere predominantemente ao problema da vinculação exclusiva e decidida do povo com a força mais alta e melhor que de fato age no mundo conhecido, e não a um problema filosófico sobre o ser divino. O Segundo Isaías convoca repetidamente Israel a adorar YHWH ativamente e a segui-lo de modo eficaz. O profeta desconhecido ou o mediador desconhecido das correspondentes palavras de Deus cobre as outras culturas, especialmente a babilônica, e, portanto, as outras divindades com escárnio cáustico — por causa da falta de eficácia e por causa da confiança totalmente ilusória colocada nelas. A discussão sobre a divindade certa na segunda parte do livro de Isaías deve ser considerada como teste da eficácia do espírito e da força das divindades mencionadas. Não mudam isso aquelas afirmações que, para nosso entendimento, parecem suspeitosamente próximas a afirmações sobre o ser: "Sou o primeiro e o último, fora de mim não há nenhum Deus" (Is 44,6; 41,4; 43,11; 48,12 etc..), "Eu sou YHWH e não há outro além" (Is 45,18). Também o anúncio de exclusividade tem como finalidade as forças reais e a capacidade de realização do Deus de YHWH, não sua substância divina. Isso é válido também para as afirmações teológicas do Deuteronômio, as quais têm uma orientação monoteísta sobretudo em Deuteronômio 4–6. A proibição de imagens está no centro de Deuteronômio 4. Israel deve renunciar a qualquer comparação imagética em seu culto, pois nenhuma metáfora pode acertar a potência transcendente de YHWH; escuta-se e se espanta, pois o Deus do mundo colocou à disposição dos outros povos forças inferiores — como os corpos astrais nos quais os babilônios tanto confiavam — como divindades secundárias (Dt 4,19). A proibição de imagens e de deuses estrangeiros no decálogo de Deuteronômio 5,6-10 leva a sério a existência de outras divindades, do contrário seria supérflua. E a confissão fundamental de Deuteronômio 6,4: "Escuta, Israel, YHWH é nosso Deus, só YHWH!" (se prestamos atenção à formulação coletiva e comunitária) resume as intenções da fé monoteísta em Deus na comunidade judaica pós-exílica. Observações semelhantes podem ser feitas na história das religiões do antigo Oriente, sobretudo na adoração persa a Ahura-Mazda. O conceito ontológico de Deus de época posterior vem da tradição filosófica grega e romana e deve ser tratado de outra perspectiva. Para os textos do Antigo Testamento importam o poder e a efetividade de uma ligação com Deus. O espantoso é que a comunidade judaica arriscava tais afirmações sobre YHWH desde uma posição de impotência, portanto em flagrante contraste com a realidade. Seriam essas grandes afirmações teológicas somente a reação teimosa de um povo sem inteligência ou de alguns poucos teólogos obstinados? A história deu por algum tempo razão a esses teólogos, mas os cobriu dolorosamente de erros em outros pontos, pois o poder supremo de Deus não fundou, mesmo, o reino duradouro de justiça entre os homens.

O modelo tradicional de história da religião para a fé de Israel sempre foi e continua a ser aquele dado na história deuteronomista e no Deuteronômio: Israel no início de sua existência como povo recebeu a revelação de YHWH no Sinai e concluiu uma aliança com esse Deus. Os séculos até o exílio babilônico são uma única história de afastamento e retorno a esse Deus do mundo, o qual fez Israel seu parceiro privilegiado. Através de seu povo escolhido ele quer trazer todos os povos para o seu domínio[50]. No decorrer das últimas duas ou três décadas, essa imagem se tornou frágil em todas as posições pensáveis. Cada vez mais cresce o convencimento de que a fé no Deus único YHWH, que exclui todas as outras divindades, surgiu gradualmente no decorrer da história cheia de vicissitudes de Israel. O último e decisivo impulso para o monoteísmo veterotestamentário ocorreu com a reconstituição da comunidade no império persa[51]. Agora temos que delinear brevemente essa hipótese. A formação, em Judá, da fé monoteísta em YHWH tronou-se, provavelmente, a contribuição mais importante para a história espiritual do mundo ocidental.

4.3.1. Transformações das concepções sobre Deus

Como já foi dito muitas vezes, o desenvolvimento teológico judaico primitivo ocorreu dentro do ambiente oriental antigo, principalmente do mundo espiritual persa e babilônico, em parte também no egípcio. A decisiva constelação social foi a de uma organização comunitária, fundada na confissão a YHWH, a qual tomou consciência de seu significado universal. Como deve ser entendida a transição de uma concepção de Deus pré-exílica, surgida sobre os níveis sociais da família, da aldeia, da ordem tribal e estatal, para uma

---

50. Como exemplo desta visão menciono o popular manual de W. H. SCHMIDT, *Israels Glaube*, que foi publicado primeiramente sob o título *Alttestamentlicher Glaube und seine Umwelt*, Neukirchen-Vluyn, 1968. O livro chama-se, desde a segunda edição, *Alttestamentlicher Glaube in seiner Geschichte* (1975-); desde a oitava, *Alttestamentlicher Glaube* (Neukirchen-Vluyn, ⁹2004).

51. Cf. a discussão em M. S. SMITH, *Origins*, 163-166 etc.

divindade criadora e condutora da história, exclusiva, pessoal e universal e, no entanto, particular? O ponto de partida é a nova estrutura da comunidade religiosa autônoma (cf. acima 4.2.2). Esta forma de comunidade de fé está no meio da sociedade. A comunidade tem que se afirmar, espremida como está entre os pequenos grupos estáveis (família, clã), com seus costumes e concepções teológicas antiquíssimos, e os grandes conglomerados sociais, determinados pelos instrumentos de poder. Ela está exposta a pressões, mas tem que ser aberta em todas as direções. Ela cultiva a individualidade dos membros, mas dá grande valor à coesão e a uma unidade fundamental entre todos os companheiros de fé. Ela continua a servir como um substituto da família, mas também se espera dela a autoridade ordenadora da grande sociedade. É algo médio entre a micro e a macrossociedade, com a exigência de satisfazer a todos. Não é de estranhar que as imagens de Deus desenvolvidas no seio da comunidade variassem em todas as direções. Elas faziam empréstimos das concepções da pequena e da grande sociedade.

Yhwh assume todas as funções necessárias de uma divindade para essa comunidade de fé com muitas dimensões. O nome de Deus liga os diferentes aspectos da imagem de Deus, mas não pode garantir uma unidade obrigatória. Por baixo do Deus único e exclusivo permanecem os estereótipos de Deus cunhados pelas formas sociais.

As divindades protetoras pessoais conhecidas dos pequenos grupos são a herança básica da história da religião. Yhwh toma o lugar delas, oferecendo acompanhamento, bem-estar e bênção ao crente individual na comunidade judaica primitiva. As orações individuais de súplica, dirigidas antes a diferentes divindades, são na tradição conservada estritamente dirigidas a Yhwh ou a Elohim. Nas histórias dos patriarcas Yhwh toma sem escrúpulos partido de seus clientes, mesmo quando moralmente ambíguo. O título de pai ou mãe ou epítetos de parentesco são impregnados sobre o Deus da comunidade, ainda que em menor medida do que talvez se queira (cf. Sl 103,13; Is 66,13). Para expressar o que Yhwh significa servem, constantemente, atributos como "fiel", "veraz", "cuidadoso", sempre no sentido de uma ligação pessoal estreita entre o suplicante e a divindade. Assim como as antigas divindades protetoras familiares, ele é agora afeiçoado e solidário a cada membro da comunidade. "Entrega o teu caminho ao SENHOR; confia nele, e ele o fará" (Sl 37,5). Como divindade pessoal, o Yhwh universal promete sobretudo felicidade e abrigo.

Mas a relação entre o crente e a divindade não é intacta totalmente. Não há um automatismo total da ajuda divina, como talvez nas religiões familiares anteriores. Esse Deus Yhwh exige uma decisão pessoal em favor dele, excluindo outras práticas religiosas. Essa situação de decisão — já mencionada acima — pode ter começado no clima religioso persa. Para Israel, ela era necessária, porque a fé em YHWH era o único meio de ligação da comunidade e porque não havia outros sinais de identidade disponíveis. O Deus que devia ser confessado publicamente, caso se quisesse ser membro da comunidade, não é mais a antiga divindade protetora pertencente organicamente à família. Ele funda um novo tipo de grupo primário, uma comunidade de Deus. Por isso, ele se torna o grande pai apaixonado, que ensina, orienta, vigia, traz para o bom caminho e eventualmente pune todos os parentes espirituais. Os traços do Deus condutor da grande comunidade vêm em parte das tradições locais. YHWH se torna o Deus justo, que também se preocupa com que os mais fracos da comunidade recebam seus meios e sua dignidade. Isso ocorre sem grande uso de força. As ameaças de morte de algumas sentenças jurídicas são na realidade avisos estilizados, sem real intenção de execução[52]. YHWH era o Deus da comunidade solidária, ele se preocupava com boas colheitas (Sl 65), direito e solidariedade (Sl 82; Ex 22,20-26; 23,1-9), isto é, as condições exteriores e interiores para o bem-estar de sua comunidade.

Mas a comunidade de YHWH não consiste mais simplesmente naqueles assentamentos agrícolas do passado. Ela forma uma rede de grupos paroquiais que se espalha amplamente no império babilônio e persa. Ela é uma comunidade de YHWH abrangente; o centro espiritual é o Templo de Jerusalém, onde YHWH mora. O santuário permanece lá separado do peso morto do Estado monárquico. Não somente o rei e o sacerdócio participam da força vital do Deus. Todo o povo deve ser santo (Lv 19,2; Ex 19,6). O Deus santo e inacessível mora no meio dos seus, apesar de sua energia terrível; ele se deixa chamar repetidamente, transpondo a distância qualitativa, falando com os representantes da comunidade, podendo às vezes até ser visto (cf. Ex 33,18-23; 1Rs 19,11-13; Ez 1,26-28). O mistério da figura de YHWH é conservado por meio da proibição de imagens, mas toda vez que Deus se aproxima de sua comunidade e toda vez que a comunidade se volta para YHWH, esse mistério é colocado em questão.

E a comunidade não vive isolada para si, mas no meio de gente de outra crença e sob estruturas políticas, militares e econômicas na maioria das vezes sentidas como pesadas. Mas, mesmo nesse tecido de forças sociais de peso maior, o povo percebe o poder de YHWH. Aquele que experimenta pressão de

---

52. Cf. E. S. GERSTENBERGER, "... He/They shall be put to Death": Life-Preserving Divine Threats in Old Testament Law, *Ex Auditu* 11 (1995) 43-61.

fora deve definir sua posição. Ora, a reação da comunidade não podia dar-se no nível político ou militar. Só era possível uma resposta teológica. YHWH se torna o Deus superior do mundo, que submete todos os povos, mesmo os detentores imperiais do poder. Nesse ponto, a comunidade de YHWH pôde recorrer só parcialmente às tradições tribais e estatais. Certamente a história de Israel conhecia o Deus guerreiro YHWH, que entra na luta por seu povo (cf. Jz 4 s.). Mas as tradições tribais não falam de uma superioridade essencial do próprio Deus. A vitória contra as divindades e os grupos inimigos é festejada caso a caso; lamentações sobre batalhas perdidas se misturam na história de vitória (1Sm 4 s.; Sl 44; 68; 89). Ganha cada vez mais peso em Israel, depois do exílio, a convicção de que YHWH, o Deus único e onipotente, tem em suas mãos continuamente o destino de todos os povos e que toda resistência é vã. Antigas descrições da divindade que surge com poder são aproveitadas pelos teólogos da época e ampliadas para o universo:

> Não sabeis, não ouvistes, não vos foi anunciado desde a origem, não discernistes como a terra foi fundada? Ele habita sobre a abóbada que cobre a terra, cujos habitantes parecem gafanhotos! Ele estendeu os céus como uma cortina, ele os desdobrou como uma tenda para aí habitar. Ele reduz a nada os príncipes; dos juízes da terra faz uma nulidade. Mal são implantados, mal são semeados, mal a cepa deles está enraizada na terra, se sopra sobre eles, eis que secam, e o turbilhão os leva embora como a palha. A quem me assemelhareis? A quem serei igual?, assim fala o Santo (Is 40,21-25).

Devemos nos perguntar de onde vem a ideia de um domínio estável de YHWH sobre o mundo. Nas próprias tradições tribais e estatais há no máximo vestígios disso. Os pequenos reis da época não eram tão arrogantes a ponto de se ornar com títulos de dominador do mundo ou de os reivindicar para as suas divindades nacionais. Mas o conhecimento dos impérios mundiais assírio, babilônico e persa podia fornecer o fundo para a concepção de um poder permanente[53]. Essa pequena minoria de seguidores de YHWH no imenso império persa teria então assumido atrevidamente os parâmetros de domínio mundial dos soberanos terrestres e transferido para o próprio Deus. "YHWH é verdadeiramente grande. A ele toda a honra. Ele deve ser temido mais que todos os deuses" (Sl 96,4; cf. os hinos do rei YHWH: Sl 47; 93; 95–99).

Os contornos desse domínio universal do Deus de Israel nos chamados hinos de YHWH rei (cf. 3.3.1) correspondem, na verdade, aos paradigmas no antigo Oriente e não ao modelo davídico ou salomônico. Tais acentos não são

---

53. Cf. ID., "World Dominion" in Yahweh Kingship Psalms, *HBT* 23 (2001/2) 192-210.

conhecidos da parte de vassalos ou governadores dos reais soberanos mundiais. Mas a nova comunidade de YHWH ousou opor à reivindicação quase absoluta dos centros de poder a confissão do Deus superior YHWH. Isso foi uma legítima autodefesa? Ou pura loucura? No império babilônico tais expressões podiam gerar a suspeita de atividade subversiva. O governo imperial persa, como já dito, não se preocupou com a vida religiosa dos submetidos, antes promoveu as formas de fé próprias, talvez supondo que toda religião seria somente uma forma de expressão da fé única em Ahura-Mazda.

Vemos: a comunidade judaica de YHWH vivia e desenvolveu sua nova fé em YHWH a partir da situação de um minúsculo grupo minoritário dentro de um império multiétnico. As diferentes imagens de Deus são adequadas àquele tempo. Trata-se, sobretudo, da decisão correta em favor do Deus único, o qual era o Deus de Israel. Essa decisão era importante para o membro individual da comunidade, mas também para a comunidade local. A vida diária exige orientações dentro de um horizonte de interesses pequeno e pessoal. Nele é preciso confessar YHWH. Todas as afirmações sobre o Deus onipotente e mesmo violento servem, provavelmente, para a defesa e a delimitação para fora. Interessante é como as afirmações teológicas do Antigo Testamento digerem a tensão entre as diferentes dimensões da concepção de Deus. Uma fórmula litúrgica muito importante descreve YHWH como

> ... Deus compassivo e clemente, longânimo, grande em lealdade e fidelidade, que guarde a lealdade por milhares de gerações, que suporta a iniquidade, a revolta e o pecado, mas que não deixa passar nada e visita a iniquidade dos pais nos filhos e nos filhos dos filhos até a terceira e quarta geração (Ex 34,6 s.; Sl 86,15; 103,8; 111,4; 145,8; Ne 9,31; 2Cr 30,9 etc.).

Os epítetos vêm de diferentes âmbitos da vida da comunidade e se reúnem nesta fórmula litúrgica. Perspectivas familiares, estatais e comunitárias contribuíram aqui. Expressões como *raḥum*, "compassivo", *'erek 'appayim*, "longânimo", *rab hesed we 'emet*, "grande em lealdade e fidelidade", indicam de modo claro e forte relações familiares. Também no caso do termo "ser clemente" (aqui *ḥannun*) se pode supor uma forte queda social. Justamente na fórmula usual "compassivo e clemente" (Sl 86,15; 103,8; 111,4; 145,8; Ne 9,17.31) aparecem os dois conceitos surgidos de diferentes constelações sociais conscientemente unidas. E a combinação excepcional de três epítetos, "clemente, compassivo e justo", no Salmo 112,4 ressalta esta análise: aqui entra também a expressão típica do equilíbrio social geral. Êxodo 34,7b fala dessa "justiça" objetiva, imparcial, brutal, no fundo não disposta a perdoar, enquanto no versículo 7a ainda se busca estender a solidariedade familiar e a expiação da culpa a todos os descendentes. Nas "fórmulas de benevolência" litúrgicas, usadas antigamente tão intensiva e frequentemente quanto hoje, são conscientemente introduzidas concepções diferentes da solidariedade de Yhwh para com seus crentes e sua comunidade[54].

Podem ser encontrados em muitas passagens do Antigo Testamento vestígios de uma tal teologia complexa e sintética, e eles são então marcas lógicas de uma teologia da comunidade, a qual tinha em si muitas camadas e vivia da herança multiforme da tradição. Bom exemplo disso é a história do encontro de Elias com Deus no monte Horeb: "houve um vento forte e violento, que raspava as montanhas e fendia os rochedos diante do Senhor... Após o vento, houve um terremoto... Depois do terremoto, houve um fogo... Depois do fogo, o sussurrar de um sopro tênue..." (1Rs 19,11 s.). Yhwh não está nas demonstrações de poder, mas no "sopro tênue"! Pois a essência de Yhwh não pode ser pura e simplesmente descrita como majestade e domínio. Tempestade, terremoto e fogo são poderes primitivos, que podem ser utilizados pelo Deus do mundo. Ele põe em movimento as mais fortes forças cósmicas quando se manifesta (cf. Sl 18,8-16; 77,17-20; 104,1-9; Hab 3,3-15). Por que há aqui uma inversão da teologia da glória? Porque a experiência da comunidade de Yhwh no exílio e na libertação mostrou que o poder, mesmo o mais alto poder divino, não é a (única) solução para os problemas terrestres. Poder não pode forçar a justiça. A autoridade da Torá deve ser internalizada antes de entrar realmente em ação (Jr 31,33 s.) O sofrimento tem uma função redentora, e não o poder violento (Is 53,3-12). O que é pequeno e desprezado tem muitas vezes mais valor do que o poder e a riqueza (Dt 7,6-8). A inversão da escala de valores humanos frequentemente realizada nos escritos hebraicos influencia o conceito de Deus. Yhwh não é somente o guerreiro superior, o criador e juiz. Ele é mais poderoso justamente nos fracos (Paulo em 2Cor 12,9)[55]. Ele não surge de modo único e preeminente nos poderes primitivos, mas no sopro suave, e então fala somente aos profetas. A concepção teológica que inclui a humildade, o esvaziamento e o sofrimento de Deus é um resultado da mistura de diferentes imagens de Deus. Ela teve profunda influência na teologia judaica e cristã.

Portanto, a comunidade judaica primitiva é dependente, em suas concepções teológicas, de diferentes imagens de Deus. Ela foi um fenômeno

---

54. Cf. H. Spieckermann, "Barmherzig und gnädig ist der Herr...", *ZAW* 102 (1990) 1-18; Id., *Heilsgegenwart*. Eine Theologie der Psalmen, Göttingen, 1989 (FRLANT 148).
55. Cf. K. Nürnberger, *Theology*, 219 s.; W. Brüggemann, *Theology*, 319-332.

religioso novo, não podendo ser comparado com as estruturas orgânicas da família, da aldeia, da tribo ou do Estado. Naqueles sistemas as divindades exerciam funções relativamente homogêneas, as quais estão de acordo com a vida cotidiana dos membros. A comunidade nova e estratificada precisava constituir-se desde a base como comunidade de confissão e de contrato com YHWH, no meio de outros tipos de comunidade política e religiosa, no interior de uma grande sociedade imperial. A comunidade de YHWH participava em todas essas construções sociais e religiosas ou era por elas afetada. Ela recebeu estímulos de todas e precisou fechar compromissos com todas. Essa multiplicidade se exprime nas variações das imagens de Deus. YHWH era pai e mãe para a comunidade e para o indivíduo (cf. além das passagens já citadas: Os 11,1-9; Is 1,2 s.), amante e esposo (cf. Is 62,1-5; Os 1–3; Ez 16; 23), mas também rei e Grande Rei (Sl 95,3; 96,10; 97,1.9), criador do mundo, condutor da história e Senhor cósmico (Is 40,12-17; 41,1-5.25; 43,14-21; 44,24-28; Am 4,13; 5,8 s.; 9,5 s.). Uma ampla paleta de outras imagens funcionais de Deus emprestadas da vida social da comunidade podia ser usada[56]. Uma comparação com a amplidão e a funcionalidade dos atributos divinos do antigo Oriente seria muito elucidativa[57]. As imagens de Deus do Antigo Testamento continuaram a ser transmitidas por séculos em diferentes contextos. O Deus suave e compassivo aparece repetidamente, por exemplo nas teologias dos pobres ou em movimentos místicos. Mas frequentemente a divindade todo-poderosa e majestática tem a palavra: a autoridade absoluta como polo contrastante parece corresponder a uma profunda necessidade humana de exercício do próprio poder.

4.3.2. Universalismo e particularismo

Aquilo que os teólogos judeus do período persa descobriram e formularam sobre seu Deus YHWH sugere até hoje uma quadratura do círculo. O problema permaneceu virulento na maioria das tradições cristãs e dá cada vez mais trabalho na situação atual do mundo para os pensadores e políticos ocidentais. Como uma determinada minoria de seres humanos, pequena na massa da população mundial, pode afirmar que somente ela possui a informação

---

56. A multiplicidade de imagens de Deus desempenha um grande papel nas avaliações teológicas, mas não foi suficientemente explicada: cf. H.-D. PREUSS, *Theologie des Alten Testaments*, Stuttgart, 1991, 1992, 2 v.; W. H. SCHMIDT, *Glaube*; O. KAISER, *Gott*.

57. Cf. apresentações panorâmicas como: J. BLACK, A. GREEN, *Gods, Demons and Symbols of Ancient Mesopotamia*, London, 1992; O. KEEL, C. UEHLINGER, *Göttinen*; K. van der TOORN et al. (Ed.), *Lexicon of Deities and Demons in the Bible*, Leiden, 1995, ²1998.

correta sobre a vida e a fé; que somente ela foi visitada pelo Deus criador superpoderoso e superior a todos os povos em vista de certo projeto de mundo; que somente ela foi determinada a levar a verdade e a justiça para os seres humanos? Passagens centrais para a fé na eleição dos judeus são, por exemplo, Gênesis 12,1-3, Êxodo 19,4-6, Deuteronômio 7,6-10, Isaías 43,20 s.; 44,1-5. A consciência de ser o único povo escolhido na terra pelo único Deus teve profundos efeitos sobre sua autocompreensão e sobre as relações com os povos e religiões vizinhos. Perto disso está a opção de classificar todos os outros como inferiores, danosos e insuportáveis — eles não possuem acesso ao Deus único. Eles não possuem o direito de permanecer na terra sagrada que foi prometida por Yhwh a seu povo. A conclusão deuteronomista é que todos os outros grupos étnico-religiosos devem abandonar a terra de Israel ou serão aniquilados, excepcionalmente escravizados (cf. Dt 7,1-5; 20; Js 9). Também na segunda parte de Isaías aparece a hipótese de submissão (cf. Is 49,22 s.). A inversão das relações de poder coloca na frente o Israel humilhado: esta é uma reação compreensível dos injustiçados, mesmo que seja dificilmente justificável teologicamente. Numerosas outras passagens mostram outra via possível, as que falam da participação dos povos na salvação de Yhwh (Is 19,19-25). "Os egípcios junto com os assírios servirão a Yhwh. Naquele dia Israel será o terceiro na aliança com o Egito e Assur, uma bênção no meio da terra..." (v. 23 s.; cf. Is 2,1-4). A escala dos comportamentos dos povos, grupos e comunidades religiosas "eleitos" é, portanto, teoricamente muito ampla. Na história das religiões podemos encontrar muitos exemplos da mentalidade de eleição. Pesquisas psicossociais já confirmaram há muito tempo que as comunidades humanas tendem a se conceder o primeiro lugar numa lista de grupos comparáveis[58]. Não está longe o caminho para a desvalorização do outro ou mesmo para o ódio ao "estrangeiro".

A questão é como os descendentes espirituais lidam com a experiência de eleição das comunidades judaicas do período persa. É evidente, na tradição cristã, o esforço de se colocar no lugar do povo escolhido Israel e ao lado do único Deus, ou, pelo menos, se tornar participante da graça de Deus ao lado da antiga comunidade de Yhwh (cf. Paulo em Rm 9–11). Esse caminho seria hoje superado. Deve-se assumir o conhecimento, amargo para muitos, de que a consciência de eleição é relativa e não deve ser tratada como verdade

---

58. Cf. P. R. Hofstätter, *Gruppendynamik*, Hamburg, 1957, 96-111 (indicando as "colônias de férias de M. Sherif": experimento com grupos de jovens que desenvolvem rapidamente ideias de superioridade).

objetiva e eterna. Há muitas condições temporárias nas declarações sobre a onipotência da divindade única e a escolha de uma pequena minoria para a salvação de todo o mundo. Egocentrismo e chauvinismo desempenham um papel muito grande na afirmação da própria eleição e do menor valor dos outros. As ideologias de eleição das comunidades religiosas podem ser explicadas a partir de cada circunstância temporal. Junto com conhecimentos sobre psicologia de grupos e a análise dos estereótipos nacionais, também fica claro que as comunidades religiosas, ao menos desde o tempo dos persas (a religião de Zaratustra também possui tais traços), desenvolveram uma tendência ao exclusivismo junto com o crescente conhecimento da unicidade de Deus e do mundo. Hoje nossas conclusões devem ser diferentes daquelas usuais por séculos.

Afirmações de eleição de qualquer tipo e de todos os tempos, podemos dizer, são do mesmo tipo que outras afirmações teológicas: são ligadas ao contexto e possuem uma qualidade temporal, não eterna. Os antigos profetas do Antigo Testamento sabiam disso melhor do que os teólogos cristãos depois deles. Oseias, Amós, Isaías, Jeremias, Ezequiel contaram com uma eleição de Israel condicionada, anunciando eventualmente o fim da relação com Deus. No Pentateuco se fala dentro e fora das concepções sobre a aliança da precariedade do povo escolhido. A consciência crítica da comunidade do Segundo Templo é espantosamente desenvolvida. A eleição através do único Deus não pode ser uma oferta irrevogável, mesmo que se possa confiar na fidelidade de YHWH. Em outros textos, o ser chamado da imensa massa dos outros povos e homens coloca os escolhidos numa posição de servo e não de domínio. Em suma, à luz das fontes bíblicas tão estratificadas, não se pode falar de uma posição especial eterna, ancorada na essência, fundada numa qualidade especial de eleito por Deus. O amor de YHWH é, segundo Deuteronômio 7,7 s., o motivo único para a escolha de YHWH. O amor é certamente solidário e duradouro, mas já na Antiguidade ele pode ser enganado e frustrado (Os 1–3; Ez 16; 23), e as relações de amor e de aliança são passageiras. A insistência bíblica sobre a duração eterna da aliança e da eleição são declarações de esperança, não descrição de fatos. Portanto, já da perspectiva bíblica pode-se falar da relatividade da eleição. Em nosso tempo, depois da experiência histórica com a suposta eleição cristã através dos séculos de funestos desenvolvimentos político-eclesiais, devemos tornar mais clara aquela contextualidade. Com efeito, sempre que a fé na eleição, bíblica e contextualizada, foi vinculada com a ideologia de dominação das chamadas sociedades cristãs, as consequências foram sangrentas guerras de fé para a conversão ou o extermínio dos que tinham outra crença (cf. cruzadas, conquista do continente americano pelos bandos cristãos, a Guerra dos Trinta Anos e fenômenos semelhantes até hoje).

Entretanto, declarações de eleição possuem validade limitada, mesmo do ponto de vista teológico. Quando minorias oprimidas exprimem contra as forças opressoras de modo pontual o fato de que elas são amadas e preferidas por Deus, isso corresponde não só ao múltiplo testemunho bíblico, mas também ao sentimento de justiça e à intuição teológica. A confissão de eleição libertadora certamente nunca pôde ser ouvida tão claramente nos países dirigentes e industrializados do mundo ocidental como nas chamadas regiões subdesenvolvidas do hemisfério Sul. Lá se tem salientado nas décadas passadas a opção preferencial de Deus pelos pobres, nas comunidades de base e nas conferências episcopais, nos seminários teológicos e nas publicações cristãs. O discurso de eleição dos oprimidos foi até os órgãos do Conselho Mundial das Igrejas e desencadeou sempre, nos possuidores e fortes, certo desconforto, algumas vezes até resistência enérgica. Um canto simples da comunidade brasileira dos sem-terra exprime assim a reivindicação de eleição (o texto é transmitido anonimamente, mas certamente é do bispo Pedro Casaldáliga, de São Félix do Araguaia):

> Somos um povo de gente,
> somos o povo de Deus.
> Queremos terra na terra,
> já temos terra no céu.

A estrofe contém todos os ingredientes de uma clássica consciência de eleição. Ela pressupõe a situação de tensão na qual os menos privilegiados se encontram. A dignidade humana lhes é recusada explícita ou implicitamente. Os pobres opõem a essa sutil desumanização sua consciência recém-adquirida do valor próprio: também nós somos seres humanos[59]. Essa reivindicação de reconhecimento como ser humano tem um fundamento teológico: somos o povo de Deus! A exigência é lutadora, excluindo formalmente os outros, os opressores. O uso do título "povo de Deus" tira dos poderosos sua legitimação interior. Eles aparecem como representantes de Deus e exercem seu poder explorador e destruidor em nome dos mais altos valores. Portanto, aquele que quiser sair da condenação subumana deve tirar da elite dominante e de seu aparelho a legitimação divina e assumir o papel de "amado", "escolhido". No âmbito político viveu-se, na Alemanha recente, um exemplo esclarecedor de tal

---

59. Um relatório emocionante e uma reflexão teológica profunda sobre a reaquisição da autoestima está em Paulo FREIRE, *Pedagogia do oprimido*, Rio de Janeiro, 1987.

inversão do poder. Para os manifestantes na República Democrática Alemã[60] a frase "Nós somos o povo!" era uma confissão central, que esvaziava o poder estatal e colocava em jogo o próprio valor.

Se nos concentrarmos no conteúdo teológico e na justificação teológica das afirmações de eleição, reconheceremos suas condições legítimas. Sem uma pesquisa cuidadosa do contexto social e da localização social das afirmações de eleição não são possíveis os juízos sobre sua limitada correção. Isso é válido para todas as afirmações teológicas. A teologia é sempre ligada a um contexto e nunca surge no espaço vazio[61]. São legítimas a consciência e a insistência de preferência por Deus sempre que o direito e a dignidade de uma minoria são pisados. Aplicando às situações no Israel antigo: as afirmações teológicas de que Israel seria um povo escolhido do mundo dos povos, de que foi elevado a uma posição exemplar, de que foi guarnecido com uma salvação universal (terra, Templo, Messias etc.) são todas provavelmente do perigoso tempo depois da queda do Estado judaíta. Na época exílica e pós-exílica, as comunidades de YHWH existiam como minorias ameaçadas no complexo edifício estatal imperial. Os teólogos da comunidade resistiram às reivindicações de poder absoluto do império mundial e aos desejos de dominação das sociedades vizinhas, colocando-se como os privilegiados por Deus. Era para si mesmos que eles usavam a ideologia de superioridade. Aliança com Deus, eleição, comunicação da Torá eram para eles provas irrefutáveis de uma posição especial dentro da dominação universal de YHWH. Com uma tal consciência teológica se poderia sobreviver e conservar o que é próprio através da história. Portanto, a consciência de eleição é em parte legítima. Mas o que se passa quando ela permanece ativa também quando se goza de poder e dominação sobre outros? *Vestigia terrent.*

4.3.3. Criação do mundo e do ser humano

R. ALBERTZ, *Weltschöpfung und Menschenschöpfung*, Stuttgart, 1974 (CTM 3). – M. BAUKS, *Die Welt am Anfang*, Neukirchen-Vluyn, 1997 (WMANT 74). – D. E. CALLENDER, *Adam in Myth and History*, Winona Lake, 2000 (HSM 48). – R. J. CLIFFORD, *Creation Accounts in the Ancient Near East and in the Bible*, Washington, 1994 (CBQ. MS 26). – C. DOHMEN, *Schöpfung und Tod*, Stuttgart, 1988 (SBB 17). – K. EBERLEIN, *Gott der Schöpfer, Israels Gott*, Frankfurt, ²1989 (BEAT 5). – R. J. CLIFFORD, *Creation Accounts in the Ancient Near East and in the Bible*, Washington, 1994 (CBQMS 26).

---

60. A antiga Alemanha Oriental. (N. da ass. cient.)
61. Cf. E. S. GERSTENBERGER, U. SCHOENBORN (Hg.), *Hermeneutik — sozialgeschichtlich*, Münster, 1999 (ExuZ 1).

– A. R. GEORGE, *The Babylonian Gilgamesh Epic*, Oxford, 2003, 2 v. – M. GÖRG, *Nilgans und Heiliger Geist*: Bilder der Schöpfung in Israel und Ägypten, Düsseldorf, 1997. – D. GROH, *Schöpfung im Widerspruch*: Deutungen der Natur und des Menschen von der Genesis bis zur Reformation, Frankfurt, 2003. – J. HÜLLEN, *Zwischen Kosmos und Chaos*: die Ordnung der Schöpfung und die Natur des Menschen, Hildesheim, 2000 (Philosophische Texte und Studien 56). – O. KEEL, S. SCHROER, *Schöpfung*. Biblische Theologien im Kontext altorientalischer Religionen, Göttingen/Fribourg, 2002. – W. LAMBERT, *Enuma Elish*, TUAT III, 565-602. – M. H. POPE, *El in the Ugaritic Texts*, Leiden, 1955 (VT.S 2). – U. RÜTERSWÖRDEN, *Dominium Terrae*, Berlin, 1993 (BZAW 215). – W.-R. SCHMIDT, *Der Schimpanse im Menschen* – das gottebenbildliche Tier, Gütersloh, 2003. – W. von SODEN, *Atramhasis*, TUAT III, 1994, 612-645. – C. STREIBERT, *Schöpfung bei Deuterojesaja und in der Priestershrift*, Frankfurt a. M., 1993 (BEATAJ 8). – K. WARD, *Religion and Creation*, Oxford 1996.

Por que os escritos sagrados hebraicos começam com a proto-história e não com Abraão, Jacó, Moisés ou com a formação do povo de Israel? De fato, é difícil entender o horizonte universal de Gênesis 1–11 a partir de perspectivas puramente israelitas. Um sem-número de mitologias dos povos se satisfaz com uma apresentação do próprio passado étnico, a qual pode ter um caráter mais ou menos excludente, mas justamente por causa disso não tem uma verdadeira visão universal[62]. É de supor que Israel tenha conhecido os paradigmas de criação de seu ambiente e formado deles, num trabalho teológico próprio, sua visão de início do mundo e da humanidade.

Na literatura antiga dos entornos de Israel encontram-se por toda parte no pensamento teológico elementos de uma ideia da criação. Os textos ugaríticos não fornecem uma detalhada epopeia da criação do mundo, mas está presente abundantemente o tema análogo do conflito cósmico entre os deuses e os quase divinos poderes do caos[63]. Baal derrota o obscuro adversário e assume o domínio real. Por trás desses mitos também está o interesse na criação e na manutenção do mundo, o que mostram os numerosos epítetos atribuídos a Baal e a El, que indicam a dimensão da criação: El é "criador do céu e da terra", "criador das criaturas", "pai da humanidade", e seu protegido em ascendência é responsável pela manutenção do criado[64]. Também na mitologia egípcia o olhar vai até os primeiros inícios do mundo. Supõe-se um tempo no qual nada existia; deuses e forças primitivas que se criavam a si mesmos.

---

62. Exemplos disso são dados pelas tribos de índios da América do Norte e do Sul, cada uma das quais pergunta pelo princípio do próprio grupo.
63. Cf. M. S. SMITH, *The Origins of Biblical Monotheism*, New York, 2001, 37 s., 167-173.
64. Cf. W. SCHMIDT, *Königtum Gottes in Ugarit und Israel*, Berlin, 1961, 49-52 (BZAW 80); O. KAISER, *Der Gott des Alten Testament*, Göttingen, 1998; v. II: *Wesen und Wirken*, 233-278.

Entre estes está a água primordial, sobretudo Atum, que gerou o primeiro par divino, Shu e Tefnut. Daqui começa a correr história cósmica; a sequência das criações de Deus corresponde ao modelo do antigo Oriente[65]; a criação do ser humano se encontra, pelo menos no hino ao sol de Aquenáton, em conexão com o surgimento do mundo[66].

Soam com mais força nas culturas mesopotâmicas as perguntas sobre o primeiro começo. Muitos vestígios disso se mantiveram na poesia épica e hínica. As especulações sobre os estágios anteriores ao Ser, quando tudo não era deste modo ou era de modo totalmente diferente, se sedimentam na fórmula "ainda não" ou em semelhantes descrições do distante tempo inicial. Tais expressões aparecem não somente na conhecida epopeia *Enuma Elish* ("quando lá em cima o céu ainda não havia sido nomeado, e a terra aqui embaixo não havia sido chamada", Tabuleta I, linha 1 s.), mas também em outros textos. *Atramhasis* começa assim: "quando os deuses ainda eram homens" (Tabuleta I, l. 1). M. P. Steck pesquisou o prólogo de 29 epopeias sumérias e encontrou o tempo primordial sendo frequentemente usado como pano de fundo do verdadeiro tema narrativo[67].

1) Depois daqueles dias, os dias, nos quais o céu e a terra não haviam [se separado], ...
3) depois [daqueles anos], os anos, nos quais os modos de ser [foram divididos],
4) a [A]nuna nasceram...
9) os deuses poderosos presidiam o trabalho. Os pequenos deuses suportavam a corveia[68].

Os homens ainda [comiam] como carneiros a grama com sua boca.
Naqueles dias, eles ainda não [conheciam] o trigo nem a cevada nem o linho[69].

A pesquisa mostra claramente o esforço de esclarecer e avaliar o estado da civilização alcançado (agricultura, irrigação, alimentação, vestimenta, sexualidade etc.), mas também seus déficits e incômodos (perda do paraíso, abreviação do tempo de vida, doenças etc.). O tempo inicial — e deve ter havido um começo! — é contrastado positiva ou negativamente com o tempo

---

65. Cf. K. Koch, *Geschichte der ägyptischen Religion*, Stuttgart, 1993, 111-123, 337-382 etc.
66. Cf. o "Hino ao sol", linhas 76 ss. em E. Hornung, *Gesänge vom Nil*, Zürich, 1990, 138 s.
67. Cf. M. P. Streck, *Die Prologe der sumerischen Epen*, Or. 71, 2002, 189-266.
68. Ibid., 197 (da epopeia "Enki e Ninmah").
69. Ibid., 218 (de "How grain come to Sumer"); cf. as descrições do tempo primordial decifradas, loc. cit, 231-251. É espantoso o alcance dos temas: na maioria das vezes o tempo primordial é tido como não acabado.

atual. Aparentemente os teólogos babilônicos foram além e buscaram os motivos da piora do estado do mundo — as melhorias se explicam por si pelo princípio diretor. Eles fazem os deuses menores responsáveis pela criação do ser humano, e o barulho dos seres humanos, que tira o sono dos deuses, responsável pelo dilúvio (*Atramhasis*). Os judeus, a partir desta base, criaram a revolta culpável do primeiro par humano contra a ordenação de Yhwh como causa da perda da vida paradisíaca.

Os autores e redatores do Antigo Testamento no período persa viviam em um predominante clima espiritual das culturas babilônicas ou persas. Aquilo que eles pensavam acerca do início do mundo, da criação do universo e dos seres humanos foi pensado, exposto e escrito em conexão com aquele grande clima espiritual. Encontramos sua herança sobre esse tema nas narrativas de criação de Gênesis 1–3[70], em alguns textos proféticos, sobretudo do Segundo Isaías e Ezequiel, numa série de salmos e em escritos sapienciais tardios. Os autores do Israel antigo evidentemente davam importância para as seguintes afirmações teológicas: 1) o mundo foi criado pelo Deus único Yhwh; 2) a ordem da criação é boa; 3) o mal está inexplicavelmente presente no mundo; 4) os seres humanos são criaturas semelhantes a Deus; 5) eles são chamados a se decidir pelo bem.

Em relação a 1) e a 2): a criação do mundo e do ser humano supõe em Gênesis 1–3 como evidente o único Deus criador Yhwh. Concorrentes de mesma autoridade não estão realmente no horizonte. Pelo menos não são tematizados ali. O mal pertence no máximo indiretamente à criação do Deus criador. Na lista das obras de Yhwh (Gn 1,3-25) não aparece a serpente. Surpreendentemente lhe é atribuído em Gênesis 3,1-5 certo papel concorrente. Ela é o mais "astuto" entre todos os animais, possuindo qualidades tipicamente intelectuais, mesmo na possibilidade de distinguir o bem do mal. Essas capacidades intelectuais e a vontade de poder derivada delas fazem o ser humano o verdadeiro adversário de Deus. Mas na prática e na teoria Yhwh é e continua a ser o único soberano do mundo, com muitas formas. O discurso de Deus no livro de Jó (Jó 38–42) é uma expressão forte da reivindicação do criador e senhor absoluto. A literatura babilônica conhece muitas declarações semelhantes sobre a dominação de um Deus criador. E na mitologia babilônica são mantidas as características próprias locais e culturais das divindades iniciais uma ao lado da outra. De Enki até Marduk foram narradas no decorrer do

---

70. Que aqui se reclama para o período o segundo relato da criação (Gn 2,4–3,24) tem fundamento: pelo menos seu horizonte universal é um produto tardio da literatura hebraica (cf. 3.2.4.4).

tempo diferentes proto-histórias. A reivindicação de autoridade exclusiva de cada um, quando formulada, soa ilegítima e relativa. Ahura-Mazda, o Deus persa, é o único Senhor do mundo responsável. Mas contra ele se levantam demônios hostis e destruidores, que podem seduzir os seres humanos para longe do bem. Na tradição tardia da religião zoroastrista eles devem ser aniquilados no fim dos tempos pelo senhor do mundo. Os teólogos israelitas assumiram de seu entorno a questão sobre o primeiro começo, sobre a criação do mundo e do ser humano e, dentro dos quadros das religiões contemporâneas e daquelas imagens de mundo, a retrabalharam de seu modo, tornando-a uma imagem de YHWH, o Deus criador universal.

As questões sobre o primeiro começo, sobre a ordem fundamental do mundo e sobre a superação do mal foram, desde aquelas antigas narrativas sobre a criação a partir do caos e da escuridão, mantidas para a humanidade, completadas e modificadas. Elas determinam até hoje pelo menos o mundo ocidental e formam um colete mental e cultural pré-fabricado, fundamentalmente diferente de modelos asiáticos. O universo deve ter tido um único ponto de partida temporal e espacial[71]. Tal monocausalidade é o fruto tardio do monoteísmo judeu-cristão. A boa ordem do mundo, constantemente ameaçada, é ainda hoje o nosso modelo de pensamento preferido. Ela estrutura as histórias em quadrinhos e as reportagens sobre as bolsas. E a superação violenta do mal, necessária no antigo Oriente Médio para fundamentar uma vida saudável, fornece ainda hoje o fundamento para variadas concepções pedagógicas, jurídicas e políticas. No pensamento cristão é também enfatizada a "criação a partir do nada", *creatio ex nihilo*. A concepção de que não havia antes do início de nosso mundo literalmente "nada" surgiu provavelmente da filosofia grega. No mundo espiritual do antigo Oriente uma existência subordinada — não cognoscível — é tida como ponto de partida para o nosso mundo conhecido. — Outra modificação importante ocorreu na modernidade graças à ascendente explicação científica do mundo. Ela é mecânica e imanente, entendendo a conexão entre todos os entes e toda a vida como uma evolução eficaz por si mesma. As antigas concepções da criação veem uma vontade pessoal e divina como impulso decisivo para o surgimento do mundo. Só isto leva o edifício doutrinal cristão a uma contradição interna: se uma divindade pessoal existe antes do mundo, então não se pode falar de um vazio absoluto, do não-ser. Seja como for, o discurso cristão insiste

---

71. Cf. S. HAWKING, Eine kurze Geschichte der Zeit [1988]; ID., *Die illustrierte Geschichte der Zeit*, Hamburg, 1997. Não há quase resistência contra o domínio deste modelo de pensamento.

numa diferença essencial entre Deus e o mundo. Deus coloca o não-ente em movimento através de uma decisão da vontade. No pensamento cientifico, ao contrário, a explosão inicial inexplicável é o autoacender cósmico embutido na matéria. Teólogos antigos utilizam em regra categorias pessoais para a experiência humana do divino, também para tornar claras as realidades transociais. A teologia atual segue em geral este antigo modelo de explicação, não tendo ainda aprendido (talvez a partir de antiga tradição mística ou sapiencial) a tornar frutíferas as forças impessoais de Deus para uma doutrina da criação compatível com o conhecimento das ciências da natureza. Apesar das modificações consideráveis nos parâmetros da interpretação do mundo, os problemas do início do mundo são ainda hoje, no fundo, os mesmos de três mil anos atrás.

Em relação a 3): Os salmos do Antigo Testamento conservaram mais que Gênesis 1–3 elementos mitológicos das concepções de criação do antigo Oriente. Eles podem falar sem preocupação da luta com o caos. O único Deus criador tem que se afirmar perante potências primitivas antes de poder criar a boa ordem. Elas personificam as potências más, as quais podem ser encontradas de muitos modos na realidade empírica:

> Dominaste o mar com a tua força,
> Despedaçando a cabeça dos dragões sobre as águas;
> Esmagaste a cabeça de Leviatan,
> Dando-a de comer a um bando de chacais.
> Cavaste as fontes e as torrentes,
> Secaste rios inexauríveis.
> A ti o dia, a ti a noite:
> Deste lugar à lua e ao sol:
> Fixaste todos os confins da terra;
> O verão e o inverno, tu os inventaste! (Sl 74,13-17; cf. Sl 77,17-20; 104,5-9).

Aqui estão conservados os nomes das forças do caos conhecidos dos mitos ugaríticos. Somente depois de sua aniquilação ou repressão a vida tem uma chance. O maravilhoso Salmo 104 — com tons egípcios — expressa admiração efusiva sobre como a água do caos domada cria e mantém a vida. A religião persa, entretanto, transfere a superação do mal para a fase final da criação. Essa transposição foi assumida criativamente na apocalíptica judaica e no cristianismo (assim como no Islã). As concepções míticas sobre o surgimento do mundo e a afirmação do bem ainda hoje povoam, por exemplo, as produções de histórias em quadrinhos e cibernéticas e se encontram na imitação fiel da natureza, em todo tipo de grupos religiosos, os quais veem o modelo técnico-científico como ameaçador demais. Tais roupagens míticas são representantes do dilema vivido sobre como lidar no cotidiano com as forças destrutivas.

Portanto, também o problema do mal é atestado desde os primeiros testemunhos escritos da Mesopotâmia como uma questão perturbadora para a humanidade. Apesar dos diferentes modelos de explicação para o mundo (pessoal, mecânico), os modos de se comportar perante as potências destrutivas permaneceram de modo monótono quase iguais. Sempre que surgem conflitos entre os homens, projeções de todo o mal são feitas ao partido oposto, seja qual for o contexto: individual, grupal, nacional ou global. A psicologia e a antropologia social podem explicar em parte essas estratégias de divisão e imputação[72]. A ideia de que as soluções violentas conseguem uma solução pouco eficaz na "aniquilação do mal" não conseguiu até hoje modificar fundamentalmente os modelos de comportamento arcaicos, apesar dos consideráveis resultados nas diferentes estratégias de paz (África do Sul, superação da ditadura da República Democrática da Alemanha, Anistia Internacional etc.).

Em relação a 4) e 5): a antropologia do Antigo Testamento destaca a semelhança, a dependência, a rebeldia, a transitoriedade, a culpabilidade do ser humano. As afirmações estão muito espalhadas nos escritos hebraicos, são muito diferentes e não podem ser harmonizadas. É difícil decidir até que ponto diversas linhas de imagens antropológicas eram dominantes no período persa. Como a grande massa dos escritos sagrados estava disponível ou foi redigida naquele período, podemos supor que concepções não harmônicas, condicionadas pela situação ou pela sociedade existiram uma ao lado da outra. Alguns exemplos: onde deve ser localizada melhor a lamentação evidentemente dolorosa sobre a transitoriedade do ser humano: numa determinada situação histórica, social ou cultural? "Senhor, me diga quando vem meu fim. Quantos dias me foram medidos? Quero saber por que sou tão transitório!" (Sl 39,5; E. S. Gerstenberger et al., *Zu Hilfe*, 70). "Toda carne é erva, e toda sua glória é como flor do campo" (Is 40,6; cf. Jó 14,1-12; Sl 90,2-12; 103,15 s.; 129,6 s.). De fato, a autorreflexão relativa ao destino mortal parece ter alcançado um nível especial em algum momento do primeiro milênio a.C. Também a epopeia babilônica tardia de Gilgamesh lida de modo especial com a lamentação sobre a perda da vida e a busca da permanência.

---

72. Cf. por exemplo B. R. GIRARD, *Der Sündenbock* [1982], Zürich, 1988; busca-se conservar a própria integridade de superar as frustrações acumuladas.

Na primeira luz da aurora/ Enkidu ergueu sua cabeça, lamentando diante de Shamash, suas lágrimas corriam diante dos raios de sol:/ Apelo a ti, Shamash, tendo em conta minha vida tão preciosa!... (Tabuleta VII, 90-93[73]).

Seu amigo Gilgamesh lamenta efusivamente os mortos:

Escutai-me, ó jovens, escutai-me!/ Escutai-me, ó velhos [da numerosa cidade Uruc], escutai-me!/ Lamentarei Enkidu, meu amigo/ qual carpideira lamentarei amargamente./ O machado ao meu lado, no qual meu braço confiava,/ a espada de meu cinto, o escudo à minha frente;/ os trajes festivos, a faixa do meu prazer:/ um vento mau se levantou contra mim e roubou-me.../ Agora que sono é este que [te] tomou?/ Tornou-se inconsciente e não pode [me] ouvir (Tabuleta VII, 42-49.55[74]).

Esta lamentação é da versão padrão da epopeia do primeiro milênio a.C.; ela não aparece assim nas edições mais antigas, parecendo, portanto, atingir o estado de ânimo da época. Períodos antigos encararam o fim da vida individual evidentemente de outro modo — resignado ou sereno? — segundo o testemunho dos textos da época.

Podemos observar algo semelhante em relação à determinação da essência do ser humano. "O que é o ser humano?" é uma pergunta antropológica central em algumas partes do cânon hebraico (cf. Sl 8,5-9; 144,3 s.; Jó 7,17; 15,14). Ela recebe respostas espantosamente opostas. Tomemos duas passagens dos salmos como ponto de partida.

YHWH, que é o homem para que o conheças, este mortal, para que penses nele?/ O homem é como a neblina, e os seus dias, como uma sombra que passa (Sl 144,3-4).

Há muitas afirmações análogas sobre a transitoriedade e lamentações emocionadas sobre isso (cf. acima); o ser humano aparece diante de Deus como infinitamente inferior, modesto, um sopro. Mas perante isso também há fortes reivindicações de domínio:

Que é o homem, para dele te lembrares,/ e o ser humano, para que lhe prestes atenção?/ Fizeste-o um pouco menos que Elohim! Tu o coroaste de glória e de esplendor... (Sl 8,5-6).

---

73. Da versão de A. R. GEORGE, *Gilgamesh*, v. 1, 639.
74. Ibid., 655 e 657; depois do sepultamento de Enkidu, Gilgamesh parte para buscar a erva da vida, que depois lhe é roubada por uma serpente quando ele retorna do fim do mundo; cf. ID., *The Epic of Gilgamesh*, London, 1999, 70-99. Ao lado da versão comum da epopeia são conhecidas narrativas parciais de diferentes épocas que lidam com o destino da morte; cf. ibid., 175-208.

Também a reivindicação de um poder divino sobre a criação (v. 7-9) tem ressonância em outras passagens da Escritura (cf. Gn 1,26-28; 11,1-9). Portanto, duas questões idênticas sobre a essência do ser humano provocam respostas contrárias nos Salmos 144 e 8. É claro em todas as tradições do cânon hebraico que o ser humano foi feito por YHWH e não é autônomo e autocriador. Na tradição ocidental essa afirmação bíblica fundamental aparentemente tem sido relativizada e esquecida desde o renascimento e o iluminismo. E. Lévinas, entre outros, criticou esse desenvolvimento "falho" da criação feita por si mesmo que começou com Descartes (*Cogito ergo sum*). É fato que o desenvolvimento técnico e científico moderno dá constantemente ao homem novas e monstruosas possibilidades de manipulação, sem o que não seria possível a moderna consciência de si e de domínio. Mas podemos perseguir o problema até os antigos textos bíblicos. O homem antigo já fez por vezes a autoavaliação como "fazedor", "responsável", "igual a Deus", mesmo sob a premissa de ter sido criado. Não se pode verificar até que ponto a época persa seria especialmente responsável pelas experiências de impotência e de poder de Israel. Mas o caráter contraditório da formação da consciência pode muito bem ser localizado no clima espiritual de uma grande sociedade imperial. O dilema do "fazedor" moderno é descrito por H. E. Richter[75].

4.3.4. História e fim do mundo

J. BROKOFF, *Apokalyptik in Antike und Aufklärung*, Paderborn, 2004. – F. FUKUYAMA, *The End of History and the Last Man*, New York, 1992. – G. GAISBAUER et al. (Hg.), *Weltendämmerungen*. Endzeitvisionen und Apokalypsenvorstellungen in der Literatur, Passau, 2003. – L. L. GRABBE, R. D. HAAK, *Knowing the End from the Beginning*: the Prophetic, the Apocalytpic and their Relationships, London, 2003 (JSPE.S 46). – P. HANSON, *The Dawn of Apocalytic*, Philadelphia, 1975. – S. HUNTINGTON, *The Clash of Civilizations* [1993]; ed. alem.: *Der Kampf der Kulturen*: die Neugestaltung der Welpolitik im 21. Jahehundert, München, ⁴1997. – J. S. KLOPPENBURG et al. (Ed.), *Apocalypsism, Anti-Semitism and the Historical Jesus*, London, 2005 (JSNT.S 275). – K. KOCH, *Ratlos vor der Apokalyptik*, Gütersloh, 1970. – S. MOWINCKEL, *He that Cometh*, Oxford, 1956. – J. MOLTMANN, *Im Ende – der Anfang*: eine kleine Hoffnungslehre, Gütersloh, 2003. – H. A. MÜLLER, *Kosmologie*: Fragen nach Evolution und Eschatologie der Welt, Göttingen, 2004 (Religion, Theologie und Naturwissenschaften 2). – H. ROOSE, *Teilhabe JHWHs Macht*: endzeitliche Hoffnungen in der Zeit des Zweiten Tempels, Münster, 2004. – ID., *Eschatologische Mitherrschaft*. Entwicklungslinien einer urchristlichen Erwartung, Göttingen, 2004 (NTOA/StUNT 54). – W. SCHMITHALS, *Die Apokalyptik*, Göttingen, 1973. – S. SCHREIBER, *Das Jenseits*:

---

75. H. E. RICHTER, *Der Gotteskomplex*, Hamburg, 1979.

Perspektiven christlicher Theologie, Darmstadt, 2003. – A. N. WILDER, The Rhetoric of Ancient and Modern Apocalytptic, Interp. 25 (1971) 437-453.

Para o crescimento, nas comunidades judaicas, da concepção de mundo escatológica e apocalíptica sem dúvida o domínio persa criou excelentes condições, pois a religião de Zaratustra estimulou fortemente conceber o mundo como um processo único, com uma violenta renovação final[76]. Sobretudo os escritos proféticos e seus autores deram às concepções do fim e do julgamento do mundo um formato de cunho javista. Já indicamos isso acima, no lugar correspondente.

O discurso do "Dia de YHWH" recua possivelmente até as antigas tradições tribais: nesse contexto ele significa talvez o ajuste de contas com inimigos por diferentes motivos e eventualmente a exigência de prestação de contas para o próprio povo. Mas ele adquire uma nova qualidade no período exílico e pós-exílico como dia do julgamento dos povos estrangeiros que pressionaram Israel. No livro de Sofonias pode ser reconhecido, por exemplo, um desenvolvimento para concepções cada vez mais amplas. O "Dia de YHWH", no qual a ira de Deus irrompe numa região limitada (Sf 1,14-18), recebe traços universais e um horizonte escatológico:

> Vou agir contra todos os que te maltrataram — naquele tempo — salvarei as ovelhas mancas, ajuntarei as que foram afugentadas. Farei delas um louvor e renome em toda a terra em troca de seu opróbrio. Naquele tempo tornarei a reconduzir-vos, naquele tempo vos ajuntarei; estenderei vosso renome e louvor entre todos os povos da terra, quando mudarei vossa sorte diante de vosso olhos, diz YHWH (Sf 3,19-20; cf. 3.2.2.1).

A ideia de que os povos são responsáveis pelo destino de Israel e devem prestar contas certamente amadureceu na situação pós-exílica. Deste situação vêm as grandiosas pinturas sobre o futuro que encontramos no segundo livro de Isaías. O servo de YHWH se tornará "Luz dos povos" (Is 49,6), Egito, Kush e Sabá serão oferecidos como dinheiro de resgate (Is 43,3 s.). A comunidade de Israel se vê como centro do mundo das nações. Por sua causa YHWH move a história, inclusive o poderoso império persa (cf. Is 45,1-4). Ele quer libertar Israel e fazer valer seu valor; isso é encenado dentro da história e será realizado até o fim da história. Primeiro será atingido o poder opressor próximo que Israel experimentou mais recentemente, a Babilônia (Is 47). Nos diversos

---

76. Cf. G. LANCZKOWSKI, *Apokalyptik I*, TER 3, 189-191; R. OTTO, *Reich Gottes und Menschensohn*, München, ²1940; M. STAUSBERG, *Religion*, v. I, 203 s.; N. COHN, *Cosmos, Chaos and the World to Come*, New Haven, 1993.

ciclos proféticos das sentenças sobre os povos estrangeiros (cf. 3.1.2; 3.2.2) o horizonte escatológico se expande. Nas partes apocalípticas do cânon hebraico (Is 24–27; Zc 1–8; 9; 14; Ez 38 s.; mais tarde Dn 2; 7) é visado ou até incluído todo o orbe terrestre. A terra habitada se torna deserta e vazia, como no início da criação (Is 24,1-6; Sf 1,2-6). E, no quadro da complexa estratificação das tradições, que não obedece a nossa lógica, os povos vão se apoiar contra o poder superior de YHWH e lutar contra a capital divina Jerusalém (cf. Sl 2; 48; Sf 14,2). Mas YHWH os vence todos em sua imensurável soberania[77] e Jerusalém se torna aquilo que ela sempre foi sem que isso fosse reconhecido: o centro do mundo. YHWH assume sua sede de governo em Jerusalém, a partir da qual os rios do paraíso fecundam a terra (Zc 14,3-9).

Impressionante é o modo consequente com que os textos escatológico-apocalípticos da Bíblia (cf. alguns hinos de Zaratustra) fazem valer a visão teleológica da história. A partir da criação há um ponto de partida da história. A meta final lhe é correspondente: a superação absoluta das estruturas humano-mundanas e sua substituição pelo Reino de Deus justo — depois de atos aniquiladores catastróficos. O fim corresponde ao início (cf. H. GUNKEL et al.): será caótico, porque os bons atos de criação serão revogados em parte, como a criação das montanhas ou a separação do dia e da noite. Mas no caos e depois dele surge a chance de um recomeço no sentido da ordem saudável pretendida por Deus. Ela começa pela intervenção de YHWH e de seus exércitos celestes e cria a paz definitiva e a justiça divina.

> Eis que vou criar novos céus e nova terra; as coisas passadas não serão mais lembradas, não mais subirão ao coração. Pelo contrário, vos regozijareis e exultareis para sempre com aquilo que eu vou criar: com efeito, vou criar Jerusalém como exultação e seu povo como regozijo; sim, exultarei por Jerusalém, e me regozijarei em meu povo! E não se ouvirá mais nela a voz de choro, nem de grito (Is 65,17-19).
>
> ...
>
> Não se fatigarão mais em vão, não mais gerarão [filhos] para a calamidade, pois serão a descendência dos benditos de YHWH, e seus rebentos ficarão com eles. Antes mesmo que eles clamem, eu lhes responderei; quando ainda estiverem falando, eu os terei ouvido! O lobo e o cordeiro pastarão juntos, o leão, como o boi, comerá forragem; quanto à serpente, o pó será o seu alimento. Não se fará mal nenhum nem destruição em toda a minha montanha santa, diz YHWH (Is 65,23-25).

---

77. Cf. as descrições do cenário de fim dos tempos: Zacarias 14,12-19, Ezequiel 39; Isaías 24–27.

Estados paradisíacos retornam ao mundo inteiro. Todos os seres humanos, sejam quais forem a nacionalidade e a crença, poderão participar da Torá (Is 2,2-4; 19,23 s.). Para os crentes individuais surgem segurança, felicidade, bem-estar e tempo de vida prolongado: a paz domina entre todas as criaturas (cf. também Is 11,6-10). Ao contrário de todos os sistemas humanos conhecidos, todos contaminados por imperfeições, injustiças e discórdia, o governo de Y<small>HWH</small> trará paz perfeita e realização plena da vida: é notável que não se fale da ressurreição dos mortos e da vida eterna! Estas começam na fé de Zaratustra, mas aparecem na fé judaica somente no período helenista (cf. Dn 12). Aqui, no Terceiro Isaías, a realização da vida é robusta recompensa do esforço e rendimento, a ausência da frustrante falta de resultados em todos os esforços humanos e conservação segura da linhagem familiar. E a sonhada ampliação da expectativa de vida para 100 anos! (Is 65,20). Israel desempenha nessa descrição do futuro um papel especial e central. Sob a guia de Y<small>HWH</small> (metáforas: "pastor–rebanho"), ele gozará os privilégios do povo escolhido (por exemplo, Ez 34; Is 60–62). Mas o reino de Y<small>HWH</small> é concebido universalmente. Ele não conhece fronteiras e é fundamentalmente aberto a todos os seres humanos, como em Gênesis 12,2 s. e ainda no Salmo 82. O monoteísmo reconhecido leva à abertura para a humanidade.

Um ponto especial na escatologia judaica merece menção: eventualmente aparece nela a figura do Messias, que como instrumento de Y<small>HWH</small> traz o domínio da justiça e da paz, também com violência se necessário, ou como pura nova criação divina. Podemos dizer pouco sobre a primeira aparição desta pessoa humano-divina[78]. A antiga e natural expectativa de que, depois do fim de um Estado nacional, um descendente da dinastia caída poderia alcançar uma restauração do Estado antigo desempenha certamente um papel importante no aparecimento de expectativas para o futuro. Mas em primeiro plano estaria a ideia de que Y<small>HWH</small> se serve também de representantes humanos na superação de todas as resistências contrárias ao estabelecimento de sua dominação justa. Em primeira linha, eles seriam figuras monárquicas, mas no judaísmo eventualmente também figuras sacerdotais (cf. Zc 3; 6; Qumrã, por exemplo Melquisedec). Os traços históricos do messias se apagam mais tarde; trata-se cada vez mais de uma figura salvadora divina, que recebe extracanonicamente, por exemplo, o título de "filho do homem". Esta designação começa nos escritos hebraicos, como no livro de Ezequiel, como pronome de tratamento

---

78. Pesquisas clássicas são: H. G<small>RESMANN</small>, *Der Messias*, Göttingen, 1929 (FRLANT 43); S. M<small>OWINCKEL</small>, *He That Cometh*, Oxford, ²1959; cf. Excurso: O Messias e o fim do mundo, p. 209 s.

dado por YHWH aos profetas, ou em Daniel 7,13, como título de um representante divino. As tradições cristãs colocam Cristo no papel daquele que fará o julgamento do mundo no lugar de Deus (cf. Ap 20–22). Portanto, princípios da figura do messias podem ser encontrados também em testemunhos do período persa. Como exemplos sejam mencionados somente: Salmos 2; 110; Isaías 9,5 s.; 11,1-9; Jeremias 33,14-16; Ezequiel 34,23 s.

É interessante somente o fato de que se pode reconhecer na religião zaratustriana um desenvolvimento comparável. O grupo já mencionado dos *Ameša Spentas* pode ser tomado como antigas hipóstases de Ahura-Mazda. As forças individuais agem cooperando no lugar do senhor do universo onisciente. Além dessas entidades aparece no *Avesta* tardio a figura chamada "Saošiyant", uma figura lutadora e salvadora, que especialmente no final dos tempos ajuda Ahura-Mazda[79]. Do ponto de vista funcional, essa figura tem tarefas que são também assumidas pela figura do messias em desenvolvimento. À diferença das representações do Antigo Testamento, o discurso teológico de Zaratustra não é caracterizado por metáforas monárquicas. Por isso, não se questiona a derivação da figura do ajudante e salvador do conjunto dos conceitos estatais; já sugerimos que os teólogos judeus começaram dentro das concepções monárquicas, mas depois foram adiante. Apesar das diferenças, são evidentes as analogias entre as concepções persas e judaicas: a máxima divindade universal se serve de certas instâncias mediadoras justamente no controle da história e no ajuste de contas final, como já encontramos ao falar das concepções sobre os anjos (cf. 4.3.1).

Esse decorrer teleológico da história entrou sobretudo na teologia cristã e muçulmana como modelo básico de explicação do mundo. Esse esquema de pensamento desenvolveu uma influência imensa no mundo ocidental[80]. Ele alimentou especulações sobre o fim dos tempos e deu asas a sonhos de impérios mundiais. Até na modernidade se pode mostrar vestígios da concepção escatológica teológica da história no impulso missionário das igrejas cristãs e em alguns sistemas políticos seculares. Também o projeto islâmico de um domínio de Deus presente e futuro tem sua raiz naquelas formas de escatologia do período persa.

---

79. Cf. M. STAUSBERG, *Religion*, 150-153; A. HINTZE, The Rise of the Saviour in the Avesta, in C. RECK (Hg.), Iran und Turfan, Wiesbaden, 1995, 77-97; C. COLPE (Ed.), Altiranische und zoroastrische Mythologie, in *Wörterbuch der Mythologie*, Hg. H. W. Haussig, 1ª parte, v. 4, por exemplo: Eschatologie; Saosiyant.

80. Cf. por exemplo A. AUGUSTINUS, Der Gottestaat; Joachim de Fiore; zum letzteren: R. E. LERNER, TER 17, 84-88; K. LÖWITH, *Weltgeschichte und Heilsgeschehen*, Stuttgart, ³1953.

4.4. *Ethos* fraterno na comunidade de fé

J. ATTALI, *Brüderlichkeit*: eine notwendige Utopie im Zeitalter der Globalisierung, Suttgart, 2003. – U. BECK, P. SOPP (Hg.), *Individualiesierung und Integration*, Opladen, 1997. – F. CRÜSEMANN, *Bewahrung der Freiheit*, München, 1983. – ID., *Die Tora*, München, 1992. – M. EBERSOHN, *Das Nächstenliebegebot in der Tradition*, Marburg, 1993 (MThSt 37). – G. FRANZONI, *Die Einsamkeit des Samariter*. Impulse für eine neue Ehtik der Solidarität heute, Münster, 2003 (Glaube und Leben 15). – E. S. GERSTENBERGER, *Wesen und Herkunft des "apodiktischen Rechts"*, Neukirchen-Vluyn, 1965 (WMANT 20). – E. OTTO, *Theologische Ethik des Alten Testaments*, Stuttgart, 1994. – L. PERLITT, Ein einzig Volk von Brüdern, in D. LÜHRMANN et al. (Hg.), *Kirche*, Tübingen, 1980, 27-52. – W. H. SCHMIDT, *Die zehn Gebote im Rahmen christlicher Ethik*, Darmstadt, 1993. – J. SCHREINER, R. KAMPLING, *Der Nächste – der Fremde – der Feind*, Würzburg, 2000 (NEB Themen 3). – F. SEGBERS, *Die Hausordnung der Tora*, Luzern, 1999. – E. TROELTSCH, *Die Sozialehren der christlichen Kirchen* [1912], Tübingen, ³1923 (Gesammelte Schriften v. 1). – D. TUTU, *Gott hat einen Traum*: neue Hoffnun für unsere Zeit, München, 2004. – F. VANDENBROUCKE, Social *Justice and Individual Ethics in an Open Society*, Berlin/Heidelberg, 2001. – M. WEBER, *Das antike Judentum* [1921], Tübingen, ⁶1976. – M. WEINFELD, *Social Justice in Ancient Israel and in the Ancient Near East*, Minneapolis, 1995.

Não há exagero em colocar bem alta a "contribuição teológica" da época pós-exílica persa. Como indicado acima, na refundação da comunidade de YHWH naquele tempo foram "inventados" estruturas, instituições, modelos de linguagem e de pensamento que, entre outras coisas, tiveram ampla influência no mundo espiritual ocidental e que nos servem ainda hoje como orientação na administração da própria vida. Isso é válido em especial medida para muitas decisões éticas fundamentais. Elas foram descobertas naquele tempo, no contexto da nascente comunidade judaica de YHWH, como diretriz para o crente individual e para a coletividade dos próximos pela confissão. Elas se referem à vida individual às regras de comportamento comunitário, tanto no cotidiano como sob o aspecto da santidade de YHWH e de funções e dos deveres litúrgicos. Nos inflamados conflitos éticos atuais são expressas frequentemente posições fundadas no Antigo Testamento; mais frequentemente ainda atitudes dependem inconscientemente de princípios antiquíssimos (cf. a avaliação moderna da homossexualidade, os debates sobre a emancipação da mulher, as atitudes sobre a propriedade e o socialismo etc.). É, portanto, necessário, para uma avaliação objetiva dos problemas modernos, conhecer as constelações de antigamente.

Ponto de partida para as reflexões éticas é de fato a consciência de família confessional da comunidade judaica surgida no período persa. A comunidade de YHWH não se entende como algum tipo de associação funcional, salientando uma ligação solidária do tipo familiar — mesmo que isso não seja tematizado com frequência. Essa concepção foi fortalecida pelas ideias de aliança e de contrato tiradas da economia e da política. Mas essencialmente a responsabilidade mútua se funda numa ligação mútua entre irmãos sob um grande pai. Na crise social, descrita de modo preciso e vivo em Neemias 5, os devedores insolventes argumentam:

> No entanto, nossa carne é semelhante à carne dos nossos irmãos, e nossos filhos são semelhantes aos deles. E, contudo, somos obrigados a entregar nossos filhos e nossas filhas à servidão, e algumas das nossas filhas já são escravas; nada podemos contra isso. Nossos campos e nossas vinhas pertencem a outros (Ne 5,5).

É invocada contra a formação de classes (H. G. Kippenberg), sentida como injusta, a consciência de clã fundada na família e etnia com seu dever de solidariedade. Ela valeria para a comunidade de YHWH não mais fundada no parentesco de sangue. Ocorreu — de modo natural? — uma transferência. O espaço interno da comunidade é constituído predominantemente com os princípios éticos do clã. As prescrições sociais do Pentateuco exprimem o mesmo processo em muitas passagens. "Não emprestarás a juros a teu irmão... a um estrangeiro concederás empréstimos a juros, mas não a teu irmão..." (Dt 23,20 s.) "Se teu irmão empobrecer..." (Lv 25,25.35.39.47); "os israelitas são meus servos, são meus servos os que tirei da terra do Egito" (Lv 25,55). De fato, teologicamente correto seria dizer: "são meus filhos", como em Oseias 11, Isaías 63,8, Deuteronômio 32,5.20, Isaías 1,2 etc. Mas a menção da corveia no Egito seduz à designação de "escravos". Objetivamente, por trás do dever de solidariedade entre todos os crentes de YHWH está o *ethos* fraternal assumido da estrutura do clã[81]. A liturgia de lamentação de Isaías 63,7–65,11 exprime emotivamente a ideia: "Tu, YHWH, és nosso pai..." (Is 63,16; 64,7)[82]. Em uma passagem pós-exílica do livro dos doze profetas é expressa a metáfora familiar em seu sentido pleno:

> Acaso não temos todos nós um só pai? Não foi um só Deus que nos criou? Por que somos traidores uns para com os outros, profanando deste modo a aliança com nossos pais? (Ml 2,10).

A proximidade entre irmãos e a responsabilidade mútua são fundamentadas na paternidade de Deus. Aquele que não recebe solidariamente o "irmão" e

---

81. L. PERLITT, *Volk*.
82. Cf. I. FISCHER, *Jahwe* (cf. 3.1.2.2); E. S. GERSTENBERGER, *Jahwe*, 17-27; ID., *Theologien*, 45-54.

não se preocupa com ele coloca em risco a relação com o Deus da aliança, YHWH. Ou, como diz mais tarde a epístola de João: "Quem pretende estar na luz, embora odiando seu irmão, está ainda nas trevas" (1Jo 9). A estreita ligação entre o mandamento de amor a Deus e o dever de solidariedade para com o "próximo" (irmão) se desenvolveu a partir das estruturas familiares das primeiras comunidades judaicas (cf. Mc 12,29-31).

Os valores éticos fundamentais do Antigo e do Novo Testamento foram desenvolvidos, portanto, a partir das estruturas dos grupos primários. Somente lá pode haver, em princípio e sem questionamento, solidariedade plena entre os seres humanos. O pequeno grupo que se desenvolve conjunta e organicamente era na Antiguidade (e até a chegada da era industrial) uma unidade econômica, religiosa e espiritual; ele exigia mobilização total e incondicional de todos por todos. "Amarás o teu próximo como a ti mesmo" (Lv 19,18.34) é um princípio adquirido da solidariedade familiar e transferido para a comunidade de fé do povo dedicado a YHWH. Podemos também explicar plenamente o mandamento de amor a YHWH (Dt 6,5) a partir da comunidade familiar e de sua divindade protetora. Na pequena associação, a divindade pertence ao grupo quase como o membro chefe e, portanto, pode e deve ser "amado" como um parente. Em níveis sociais mais altos, esse vocabulário da íntima co-humanidade será usado para Deus, no máximo, de modo figurado[83].

Portanto, do ponto de vista de nossos valores antropológicos e éticos fundamentais aparecem harmonias e tensões com a perspectiva bíblica. Se levamos em consideração as condições sociais originárias, a situação se torna mais clara. O *ethos* comunitário judaico do período persa se alimenta de estruturas básicas, papéis e costumes das associações familiares e clãs do antigo Israel. Nossos valores fundamentais (dignidade humana, liberdade do indivíduo, democracia etc.) são devedores da moderna e esclarecida sociedade industrial. Há linhas de ligação entre o passado e o presente, por exemplo, na valorização do indivíduo, na recusa de uma hierarquia espiritual, na relativa igualdade dos sexos perante Deus etc. Podem ser sentidas tensões na avaliação da realização individual e de fins grupais, na importância das diferenças de gênero, na avaliação do sagrado e do profano etc. Mas no todo é possível, necessário e frutífero um diálogo com os testemunhos bíblicos acima dos tempos e das diferenças sociais.

---

83. Sobre a diferenciação social das concepções sobre Deus, cf. E. S. GERSTENBERGER, *Theologien*.

4.4.1. Amor e justiça

A vida na antiga associação familiar e, derivada desta, na nascente comunidade judaica era determinada pelo forte dever de ação solidária[84]. No caso ideal, isso quer dizer: um por todos, todos por um, mesmo que esse modelo básico de comportamento pareça ser deslocado em favor de uma prerrogativa masculina. Os membros masculinos da comunidade tinham que vigiar a honra da família (Gn 34), devendo assumir deveres de vingança de sangue mútuos (2Sm 3,27; Sl 127,5). A luta entre irmãos era um caso exemplar de autodilaceramento do clã; os irmãos deveriam se apoiar incondicionalmente (cf. Sl 133). A coesão interna era prescrita naturalmente, era a única garantia de vida em comum. Como mostram as histórias de família do Gênesis, as relações familiares nunca foram tão modelares quanto o dever ético pretendia. Entretanto, a exigência para cada membro de um grupo era reconhecida universalmente: comporte-se conforme a comunidade e utilize seu grupo, então também você passará bem. Nenhum indivíduo tinha boas chances de sobreviver isoladamente — à diferença de hoje. Esse mesmo *ethos* fraternal e familiar da "utilidade comum" entrou na comunidade judaica do período exílico e pós-exílico, evidentemente com algumas modificações: foi limitada a autoridade do chefe de família individual, sobretudo em assuntos de fé e de direito e nas relações exteriores do pequeno grupo (cf. Dt 18,9-13; 21,18-21), e a vingança de sangue foi anulada. Mas a responsabilidade da comunidade, sobretudo pelos os fracos, pelos sem recursos, pelos incapacitados, é — como dito muitas vezes — um traço diretamente derivado do *ethos* familiar tornado comunitário (cf. Lv 19,13 s.; 25,25-55; Dt 15,4.11). Na associação tão estreita sob a direção de Yhwh não deve haver mais nenhum "pobre", devendo a comunidade suportar todos os membros. A palavra "amor" (Lv 19,18.34) é uma exigência adequada quando a liberamos de conteúdos atuais puramente emocionais e prestamos atenção à comunidade solidária de fins dos parentes confessionais. Na associação íntima, ao contrário de quase todas as associações humanas determinadas economicamente, o princípio do mérito não encontra aplicação ou, no máximo, uma aplicação limitada. A proibição da cobrança de juros de um "irmão" foi um indício seguro disso (Dt 23,20 s.; Ex 22,24; Lv 25,36). Forma e conteúdo das proibições éticas muito espalhadas no Antigo Testamento[85] são outras indicações do enraizamento social dos mandamentos divinos e de sua finalidade comunitária. O

---

84. Cf. D. L. Petersen, Genesis and Family Values, JBL 124 (2005) 5-23.
85. Cf. E. S. Gerstenberger, *Wesen*, 110-144; Id., *Theologien*, 55-65.

amplo material textual relevante da Torá pode ser descrito em grande parte como literatura catequética com origem no *ethos* do clã[86]. As prescrições formuladas negativamente servem para a socialização dos adultos e para outras iniciações e orientações de todos os responsáveis na comunidade. Os princípios em questão (antes falsamente etiquetados como "direito apodíctico") se encontram predominantemente no Decálogo e em algumas passagens dos livros do Êxodo, Levítico e Deuteronômio, não tendo nada a ver com o âmbito jurídico, segundo mostram os éditos e as coleções jurídicas do antigo Oriente, mas aparecem acumuladamente nas doutrinas sapienciais, fortemente direcionadas para o aconselhamento e a exortação. Sua finalidade principal é excluir comportamentos destrutivos para a comunidade. As normas sociais do Decálogo são bons exemplos disso, assim como as prescrições negativas reunidas esporadicamente em Levítico 18; 19 e Deuteronômio 22 s.; 25. A forma proibitiva revela o estilo de exortação usual até hoje no processo educativo: "Não faça isto, isto prejudica você e os outros à sua volta!". São bons exemplos os três mandamentos primitivos, elementares e mais curtos do Decálogo, traduzidos num modelo análogo linguístico-mental: Não mate ninguém. Não roube. Não se torne um estranho (Ex 20,13-15; Dt 5,17-19). Os tipos jurídicos "homicídio", "adultério" e "roubo" são secundários. Tem-se em vista a ação destruidora da comunidade, a qual também faz o autor um expulso, isto é, tira dele ou de sua família o apoio familiar ou comunitário; isto é o fundamento da vida. Esta interpretação é válida para todas as proibições catequéticas no Antigo Testamento, também para as ameaças de morte[87] e alguns princípios formulados casuisticamente, os quais não pretendem resolver realmente um caso, mas descrever um caso especial de proibição.

Por outro lado, é interessante o resto das prescrições jurídicas reais, que têm relação com a prática jurídica da comunidade e foram recebidas no cânon das escrituras, sobretudo no chamado "livro da aliança" (Ex 21–23) e em partes do Deuteronômio (Dt 21–25). Os dois complexos de textos já são, entretanto, colocados como suplementos não jurídicos e reformulações para a instrução da comunidade. Comparando com coleções jurídicas semelhantes do antigo Oriente, tal como o Código de Hamurabi, as leis médio-assírias

---

86. Assim se rejeita a interpretação usual na ciência do Antigo Testamento como literatura jurídica; cf. E. S. GERSTENBERGER, *Leviticus*, 238-261.
87. A expressão muitas vezes usada "direito de morte" é em si mesma impossível; cf. E. S. GERSTENBERGER, "Apodiktisches" Recht — "Todes" Recht?, in P. MOMMER et al. (Hg.), *Gottes Recht als Lebensraum*, Neukirchen-Vluyn, 1993, 7-20; ID., *Ex Auditu* 11 (1995) 43-61.

ou as neossumérias[88] e também diversos éditos régios[89], destaca-se em todas as composições do Antigo Testamento o estilo discursivo direcionado, usado pontual ou amplamente. Todos os textos do Pentateuco foram lidos em voz alta para os membros da comunidade, evidentemente, como já descrito acima, em assembleias litúrgicas ou de orientação (cf. Ne 8). Os antigos trechos de coleções jurídicas anteriores, em parte mantidas juridicamente neutras na terceira pessoa do singular, mostram-se no estilo de anúncio insistente pessoal. O livro do Deuteronômio é quase totalmente reformulado como um discurso de Moisés para a comunidade e para os ouvintes individuais. Assim, passagens que reproduziam em parte antigos tipos objetivos aparecem como pregação, como podem mostrar, por exemplo, Deuteronômio 22,1-12; 23,4-26; 24,6-22; 25,11-19.

As partes legais das prescrições do Antigo Testamento são predominantemente dedicadas à reparação de danos e ao restabelecimento da paz interna do grupo, como também pode ser dito da maioria dos textos análogos do antigo Oriente. Seu *ethos* é orientado para a vizinhança. O parceiro ou o adversário nos contratos e discussões são originalmente o vizinho, *rea'*; ele se torna nos textos pós-exílicos o "irmão" (sobretudo no Deuteronômio) e "companheiro de fé", *'amit* (Lv 5,21; 18,20; 19,11.15.17; 24,19; 25,14 s.17). A justiça buscada entre clãs nos assentamentos de moradia e de trabalho deve ser bem separada da solidariedade nos limites familiares. Enquanto a ação mútua na família é incondicional, o dever mútuo se enfraquece com a diminuição do grau de parentesco. Isso pode ser reconhecido na vingança de sangue ou nas cláusulas do levirato. O sentimento jurídico prescreve que parentes distantes e os ligados somente pela vizinhança sejam medidos com o metro jurídico e econômico mais do que os parentes de primeiro grau e todos aqueles que vivem sob um mesmo teto. Lá aparecem os princípios do *do ut des*, da troca comercial e do mais forte. As diretrizes do comportamento mútuo justo são formuladas pela primeira vez e transmitidas oralmente ou por escrito. Tribunais locais, compostos de anciãos dos clãs, julgam: a opinião pública no assentamento em geral é suficiente para executar seus julgamentos e manter os acordos fechados diante deles. As nascentes comunidades judaicas investem tudo na criação de relações fraternais internamente. Mas isso não se dá sem a regulamentação jurídica de relações de propriedade, de questões

---

88. Cf. a pesquisa sobre os "livros jurídicos" em TUAT I,17-95 (W. H. P. TÖMER, H. LUTZMANN, R. BORGER).

89. Cf. sobretudo F. R. KRAUS, *Ein Edikt des Königs Ammi-Sadduqa Von Babylon*, Leiden, 1958 (SDIO 5).

matrimoniais e de herança e de casos criminais etc. — nisto a comunidade local de YHWH é semelhante ou idêntica às aldeias e cidades de Israel. A consciência jurídica cria instituições e ordenações também na comunidade fraternal de fé. Propriedade comum, por exemplo, existiu só temporariamente em grupos judaicos especiais separados (comunidade de Qumrã, grupos cristãos primitivos). As relações matrimoniais eram defendidas com toda a força (cf. Lv 18). Entretanto, os teólogos do período pós-exílico queriam colocar a "justiça" a serviço do "amor fraternal". Por isso, há exceções à aplicação rigorosa do direito (cf. Lv 25,25-55, com muitos exemplos; a formulação "não governar os outros com rigor" — v. 43.46.53 — pode também ser lida como: "não segundo o vigente direito de escravos"). O forte componente social nas regras de vida faz referência constante ao convívio com equidade, tal como aparece na família. Eles também buscam repetidamente dar uma forma humana às prescrições da Torá, vinculando-a a YHWH. Ideias e textos diretores servem como marcos do especial convívio dentro da comunidade de YHWH. Assim, Levítico 19,2 contém o lema de todo o capítulo: "Sede santos, pois eu sou santo". O Decálogo é duas vezes um sinal para as coleções que se seguem. Deuteronômio 6,4 contém o resumo da Torá: "Escuta, Israel! YHWH é nosso Deus, só YHWH!". A comunidade é representada pela primeira pessoa do plural; já se anuncia aqui tacitamente o duplo mandamento do amor, tendo em vista YHWH e os companheiros de fé. A representação da aliança pretende ser um apoio à formação da comunidade (cf. Sl 50,5: "Reuni os meus fiéis, que fizeram aliança comigo através de um sacrifício!").

Em suma, a comunidade fixa os padrões do comportamento ético dos membros com a ajuda de especialistas nas escrituras e funcionários do culto. Algumas narrativas descrevem como se deu na prática o processo de descoberta da verdade: Êxodo 18 narra que o sacerdote Jetro de Madiã deu ao insensato (!) Moisés o conselho prático de descentralizar os julgamentos. Levítico 24,12 e Números 15,34 deixaram a decisão a um oráculo divino no caso de um crime religioso. Deuteronômio 17,8-13 menciona um "juiz" e o supremo tribunal (do Templo?) de Jerusalém como última instância. Figura central no Pentateuco permanece Moisés, e, subordinado a ele, Aarão: Moisés é o mediador entre YHWH e a comunidade. Isso significa em palavras claras: a função do intérprete da Torá, do mestre e profeta é decisiva no estabelecimento e no desenvolvimento do *ethos* querido por Deus na comunidade de YHWH. No período pós-exílico essa função era polêmica, e, portanto, é descrita assim desde o começo. O povo se rebela contra Moisés (Ex 16,2-8; Nm 14,2-35; 17,6-15), e funcionários concorrentes disputam com ele a liderança (cf. Nm 12,1-15;

16,1-19). Isso quer dizer, para a situação pós-exílica: na direção da comunidade, partidos ou escolas disputam a liderança. Segundo a tradição, Moisés se mantém contra todos os críticos; ele precisa até mesmo pedir pela vida do povo revoltado na crise da rebelião de Coré, para salvá-lo da punição de YHWH. Seguindo a fala de Moisés, a terra engole os insubordinados (Nm 16,20-32). Assim era pensada a legitimação do verdadeiro enviado de Deus.

Portanto, o fundamento da vida e da ética da comunidade estava na função do mestre e pregador, simbolizado na figura de Moisés. As formas e os conteúdos dos discursos, sobretudo dos livros Levítico, Números, Deuteronômio, revelam que os valores básicos do amor (solidariedade) e da justiça eram comunicados no processo comunitário e litúrgico de interpretação da Torá. Eles formam o fundamento da ética judaica e, em seguida, da ética cristã. Entretanto, deve-se observar ao interpretar as normas e imagens diretrizes do Antigo Testamento — princípio hermenêutico básico! — que as condições sociais e espirituais hoje são diferentes daquelas do tempo bíblico. A partícula elementar da sociedade atual é o indivíduo, não mais o pequeno grupo primário e autóctone. E os grupos "nós" assumiram hoje muitas outras formas e funções — basta observar as análises da atualidade das muitas ciências sociais. Entretanto, é urgente dialogar com nossos antepassados bíblicos para que possamos reavaliar as posições do indivíduo e dos grupos e chegar a regras e concepções teologicamente responsáveis para nossa vida real.

4.4.2. Santificação e delimitação

Normas éticas e jurídicas são responsáveis só parcialmente pelo comportamento ético. Na Antiguidade, assim como na Modernidade, também há regras de tabu religioso ou mágico que escapam em grande parte à interpretação racional[90]. Os escritos do Antigo Testamento se interessam sobretudo pela concepção complexa da santidade de YHWH e de sua comunidade (cf. Ex 19,3-6; Lv 11,44 s.; 19,2; Dt 7,6; Is 6,3; Sl 99,3-9). É um fenômeno conhecido e frequente na história das religiões que Deus e o local de sua presença sejam envolvidos com a aura da santidade (= centro de força e perigo). A transmissão da santidade para toda uma comunidade de fé, por sua vez, não é tão comum. Em geral, somente alguns indivíduos escolhidos ou classes profissionais são elevados a essa categoria especial. A declaração "Sede santos, pois eu sou

---

90. Antropólogas como M. DOUGLAS nos libertaram da ilusão de que a ética moderna ocidental esteja livre de qualquer valoração irracional; cf.: *Reinheit und Gefährdung* [1966], Berlin, 1985.

santo" (Lv 19,2) tem amplos efeitos para o comportamento ético dos afetados. — "Santidade" é talvez concebida melhor como uma esfera crida ou experimentada de poder numinoso[91]. Ela sempre tem o perfil do "outro" ou do "totalmente outro" diante do profano; as duas realidades não podem ser reunidas. Um ser humano não pode encontrar o santo sem preparação. Ele só pode se qualificar para a santidade mediante um modo de vida especial e a manutenção de certas regras de cuidado.

No Antigo Testamento — como em todo o antigo Oriente — a presença de Deus irradia santidade ou força altamente concentrada e perigosa para a vida. O Templo como morada de Yhwh é o centro do fenômeno. Todos os locais nos quais pode ser vista a "glória" divina, isto é, o "brilho de luz", também estão carregados com essa força. O ser humano só pode aproximar-se do Santo depois de uma purificação ritual adequada, para que ele não seja morto no caso de um contato não permitido, como Uzá ao tocar a arca (2Sm 6,6 s.). Os sacerdotes precisam trajar vestimentas especiais no serviço do altar, preparar-se por meio de jejuns e continência sexual para todo contato com o Santo, trazer instrumentos cultualmente puros e se comportar de modo ritualmente adequado. Mas a santidade de Yhwh não é limitada aos locais e aos tempos nos quais o Deus de Israel se detém. Ela transborda para a comunidade de fé, ou de outro modo: os membros da comunidade de Yhwh devem viver constantemente, em seus negócios cotidianos, na presença de Yhwh; "Sede santos…" (Lv 19,2) significa uma determinação duradoura para toda a vida. Nas passagens decisivas em que se mostra a incompatibilidade do Santo com o profano, as Escrituras exigem um comportamento especial, que exclui a impureza. Ele começa com a recepção do alimento. Não surge nenhum problema com as plantas, exceto quando contenham veneno, mas com a alimentação animal — adquirida por meio dos sacrifícios — é ordenado máximo cuidado: "… dos animais ruminantes e de casco fendido não deveis comer…"; pequenos animais e cadáveres são em regra tabu (Lv 11; cf. Dt 14). Também há tabus de contato com sangue, mortos, certas doenças, sobretudo erupções na pele e na boca, e no âmbito da sexualidade e da higiene (Lv 12–14). Excreções das partes genitais provocam impureza extrema. São necessários rituais de lavagem imediatos para que o afetado possa ser novamente integrado na comunidade (Lv 15). Impureza ritual[92] é transmissível de homem para homem e também

---

91. Cf. R. Otto, *Das Heilige*, Gotha, [14]1926.
92. Sobre as leis de impureza no Levítico cf. E. S. Gerstenberger, *Das 3. Buch Mose*, 117-193 (ATD 6).

por instâncias intermediárias objetivas (na Mishná até mesmo pela sombra), mas a pureza não. Isso foi decidido mediante uma discussão interpretativa (Ag 2,11-13). Por isso, a impureza compromete fortemente o convívio. Contatos sexuais, por exemplo, são rigorosamente regulamentados. Ter relações durante a menstruação (Lv 15,19; 18,19; 20,18) é, segundo a antiga compreensão, muito perigoso e ameaçado com a morte[93]. Medidas preventivas, que impediriam a quebra de tabu e o contato com o impuro, bloqueavam o convívio mútuo. No caso extremo, elas levavam à exclusão de um "impuro" da comunidade, como no caso da psoríase e doenças da pele semelhantes. Se, depois de um exame cuidadoso dos sintomas por um sacerdote especialista, há um diagnóstico de "doença contagiosa, causada por Deus", não há mais possibilidade de cura, seja médica, seja social.

> O leproso assim atingido andará com as vestes rasgadas, os cabelos soltos e o bigode coberto e deve gritar: "Impuro! Impuro!"; ele será impuro enquanto o mal que o atingiu estiver sobre ele; impuro, ele morará sozinho e estabelecerá a sua morada fora do acampamento (Lv 13,45-46).

A exclusão social desse tipo significava a eliminação de todo comportamento solidário, a anulação dos deveres comunitários necessários à vida. Isso só é levado em consideração em pouquíssimos casos, por exemplo em determinados atos criminais, como a morte acidental (Dt 19,1-13). Em geral, a solidariedade familiar e comunitária é fundamento para a vida, não podendo ser tocada. Pode-se assim medir quão difícil era para o pensador ético daquele tempo colocar em questão esse valor fundamental.

Os tabus que cercam a santidade de YHWH parecem se referir a tempos arcaicos. Eles não são uma descoberta do período exílico ou pós-exílico, ou dos israelitas em sua comunidade de fé específica. Outros povos e religiões conhecem semelhantes medos de contato e de mistura, por exemplo os hititas, em relação à sexualidade e ao comportamento sacerdotal[94], ou os persas, em relação ao contato com mortos, excrementos e ações sexuais[95]. Também no Antigo Testamento podem ser encontrados avisos mágico-rituais. Eles foram provavelmente recebidos junto com tabus da santidade e aparentemente têm origem na religiosidade popular, apesar da consciente de "javeização":

---

93. Cf. ID., "... He/They Shall be Put to Death": Life-preserving Divine Curses in Old Testament Law, *ExAu* 11 (1995) 43-61.

94. Cf. H. M. KÜMMEL, TUAT II, 282-292; A. GOETZE, ANET, 207-211; ID., *Kleinasien*, München, 1957, 161 ss.

95. Cf. M. BOYCE, *History*, v. 1, 294-324; M. STAUSBERG, *Religion*, v. 1, 135-141; v. 2, 263-274.

Uma mulher não usará vestes de homem; um homem não se vestirá com vestimenta de mulher, pois quem quer que assim proceda é uma abominação para Yhwh, teu Deus... Não semearás em tua vinha uma segunda espécie de planta, sob pena de se tornar sagrado [= tabu] tudo o que tiveres semeado, a produção de tua vinha. Não trabalharás com um boi e um jumento juntos... Não usarás um tecido mesclado de lã e linho (Dt 22,5.9-11).

Observai as minhas leis: não acasales duas espécies diferentes do teu gado; não semeies no teu campo duas sementes diferentes; não uses vestes de pano de duas fibras diferentes (Lv 19,19).

Podem ser mencionadas muitas outras prescrições que revelam semelhante medo arcaico de quebra de tabu: "Não cozinharás o cabrito no leite de sua mãe" (Ex 22,19; 34,26); sacrifícios sangrentos não serão acompanhados de pão fermentado (Ex 22,18; 34,25); relações sexuais com animais são condenadas (Ex 22,18; Lv 18,23; 20,15 s.; Dt 27,21). São rigorosamente proibidos todos esses comportamentos perigosos — de um modo indefinido e também naquela época não compreensível racionalmente —, como incompatíveis com a fé no Deus santo. Eles destruiriam a relação com Deus e a comunidade. Aparentemente eles entraram nas escrituras junto com a teologia da santidade da comunidade judaica primitiva e, portanto, devem valer somente como marca característica daquele período. Toda sociedade tem seus tabus, sobretudo seus medos de mistura. Como já dito, isso já foi provado há muito tempo por especialistas das ciências sociais, como M. Douglas[96]. A nascente comunidade de Yhwh se tornou — talvez em analogia à religiosidade persa (tabu de cadáveres!) — sensível sobretudo a algumas formas de impureza ritual. A teologia da santidade que apoiava tal medo foi o ponto de cristalização de muitas medidas de precaução, as quais por sua vez têm fortes efeitos sobre o convívio humano. Seja mencionado só lateralmente que medos/tabus, por exemplo, diante de pequenos animais "nojentos" são no fundo dificilmente harmonizáveis com a fé na boa criação de Yhwh. Os teólogos da santidade daquele tempo ignoraram ou suportaram essa tensão, até onde sabemos.

Aquele que precisa se mover com cautela na vida cotidiana, para não infringir involuntariamente tabus religiosos, relativizará no comportamento social os deveres de amor e de justiça. Jesus levantou esse problema na parábola do samaritano misericordioso. O medo da impureza pode, no pior dos casos — como no caso de grave doença de pele —, proibir qualquer relação com o outro. Os salmos individuais de lamentação dão uma ideia de como a desconfiança e o

---

96. Cf. M. Douglas, *Reinheit und Gefährdung*.

medo entre próximos podem transformar a vida de um gravemente doente ou de um perseguido pela infelicidade num inferno no grupo íntimo (Sl 40,6-10; 55,13-15; 88,9.19). Um exemplo especialmente evidente do fato de que o tabu influencia o comportamento ético com o outro é a relação entre os sexos e a determinação do comportamento sexual "correto". As decisões então tomadas e sedimentadas nos escritos bíblicos — determinada seleção delas — tornaram-se orientadoras das concepções morais cristãs e judaicas; elas têm fortes efeitos até hoje, tanto no contexto religioso quanto no secular.

Podemos indicar detalhes só brevemente. A monogamia adquiriu provavelmente no período pós-exílico caráter normativo. Antes a poligamia do homem não era problema. Aparece pela primeira vez, em ligação textual com a concepção teológica do pai, a ideia de que a aliança feita com a mulher nos anos de juventude tem um caráter quase sacramental (Ml 2,14-16). Fala-se ao marido, ele é lembrado de seu dever de fidelidade. Isso é muito espantoso num contexto patriarcal. O marido "concluiu uma aliança com ela" e sob os olhos de YHWH (v. 14). A passagem é singular nos escritos hebraicos. O pano de fundo pode ser o de concepções místicas de uma essência da humanidade, a qual só foi separada em duas formas sexuais diferenciadas por uma intervenção criadora de YHWH, mas que estão determinadas a se tornar "uma só carne" (cf. Gn 2,21-24). Neste contexto, a ideia de santidade promove a intimidade entre os sexos. O tabu de sangue separa em todos os sentidos. Os espaços da casa usados pelos homens e pelas mulheres seriam separados na medida do possível. A separação dos sexos é um fato fundamental em muitas culturas e religiões. Contatos corporais e misturas de esferas definidas pelo sexo, como instrumentos de trabalho, locais de produção, vestimenta e corte de cabelo etc. foram classificados como perigosos. Eles podem perturbar a ordem saudável, torná-la ineficaz e abrir as portas para o caos. Sobretudo a relação sexual era cercada de medidas de precaução, e isso era válido sobretudo para o início oficial na noite de núpcias da festa de matrimônio. A noiva tinha que ir virgem para o casamento, o noivo se unia a ela em total escuridão — para escapar do olhar dos demônios? Para que o par continuasse anônimo? (cf. Gn 29,21-28). Toda relação sexual durante a menstruação significava, como já dito, um grande perigo para a vida e o corpo de ambos. Esse prazo daria para a mulher um tempo livre do desejo do homem? Ou essa determinação pretendia concentrar a atividade sexual dos dois nas horas mais férteis do ciclo feminino? Em todo caso, o importante é que não era a necessidade pessoal de amor nem o desejo sexual que dirigiam a relação sexual, mas concepções irracionais de um perigo do sangue feminino. Pode ser vista como um efeito de longo prazo de uma exagerada desconfiança do homem diante da mulher a discriminação parcial do sexo feminino no judaísmo e no cristianismo, pois, além da concorrência natural das duas partes na família (cf. 1Sm 25,14-25; Gn 27,6 ss.; 30,1 s.), também o tabu de sangue contribuiu para que homens e mulheres se encontrassem com medo e suspeita. A acusação disso derivada de que mulheres seriam mais suscetíveis do que homens aos cultos estrangeiros e ao mal se condensou em algumas passagens em atitudes hostis. Assim é na "história da queda" — que também poderia ser lida como narrativa da formação intelectual do ser humano (Gn 3,16) —, ou nos julgamentos estereotipados do autor deuteronomista de que princesas estrangeiras teriam levado os reis de Israel a desvios religiosos (cf. 1Rs 11,1-6; 21,4-16.23). Nos escritos proféticos pós-exílicos a apostasia de Yhwh é personificada como feminina e brutalmente castigada (cf. Ez 16; 23), e Zacarias 5,5-8 é um ponto alto da difamação genérica das mulheres:

> Adiantou-se o anjo que me falava e me disse: "Ergue os olhos e olha aquilo que se aproxima". Perguntei: "Que representa isto?". Respondeu: "É um tonel que se aproxima". E acrescentou: "É o pecado (*'awon*, cf. LXX) deles por toda a terra". E eis que um disco de chumbo se soergueu: uma mulher estava instalada no interior do tonel. Disse ele então: "É a maldade" [*riš'ah*]. Empurrou-a depois para dentro do tonel e lançou a massa de chumbo sobre a abertura".

Todo o mal e a ampla culpa de Israel são simbolizados numa figura feminina num disco de chumbo. Não é de admirar que as gerações seguintes de teólogos masculinos tenham se embaraçado mais ainda no mito da maldade da mulher[97].

Extraordinariamente graves eram as práticas sexuais marcadas então como "ilegítimas" — sobretudo o sexo com animais — e as daí derivadas relações sexuais entre pessoas do mesmo sexo. Não se fala de pedofilia, nem de sexo anal ou sexo oral enquanto tais. Relações lésbicas também não são explicitamente tematizadas; mas a homofilia entre homens é um grande problema em certas camadas sacerdotais do Antigo Testamento. Enquanto algumas narrativas valorizam sem preocupação estreitas relações de amizade usando terminologia erótica (veja David e Jônatas em 1Sm 18–20; sobretudo 2Sm 1,17-27; Rute e Naomi em Rt 1,16 s., como fórmula de compromisso), os textos de caráter sacerdotal colocam um pesado anátema cultual sobre tais relações (cf. Lv 20,13). Serenidade e mesmo benevolência perante o fenômeno sempre presente da homossexualidade e rejeição cheia de medo correm, portanto,

---

97. Cf. H. Schüngel-Straumann, *Die Frau am Anfang* (ExuZ 6), Münster, ²1997.

paralelamente. Tabus irracionais prejudicam o convívio humano e levaram no caso da homofilia a uma incrível história de sofrimento dessa minoria[98].

A ideia de eleição e a formação de tabus criam partidos, classes e castas dentro de uma comunidade e têm para fora efeitos excludentes em grande medida. A linha divisória pode ser traçada de maneira geral contra todos os diferentes, ou de modo direcionado contra determinados concorrentes e vizinhos. A palavra *goyim*, "nações", se transformou numa designação pejorativa para todos os não-judeus; autodesignações como "justo", "pio", "escolhido", "santo" recebem em sentido contrário a entonação de superioridade absoluta. Na "lei da comunidade" de Deuteronômio 23 — provavelmente a partir de uma ocasião específica daquele tempo — são separados como incompatíveis somente os amonitas e moabitas da Jordânia oriental: os versículos 4-7 dão uma fundamentação político-moral, enquanto Gênesis 19,30-38 menciona uma perversão sexual, incesto entre pai e filha, como causa da incompatibilidade[99]. A construção da diferença separadora se serve até hoje de muitas concepções, desempenhando um papel importante a acusação de aberração sexual. Mas felizmente há nos escritos bíblicos também princípios de construção de pontes entre grupos étnicos e religiosos. — É só aparentemente que os problemas hermenêuticos são mais difíceis na interpretação da realidades ligadas a magia e tabu do que no âmbito de compreensão racional, pois os arcaicos medos e tabus de fato não desapareceram plenamente na era moderna da cientificidade e da racionalidade. Ao contrário. Eles parecem aniquilar de tempos em tempos os resultados do iluminismo.

4.4.3. Universalidade e tolerância

A descoberta impulsionada pelo ambiente exílico e pós-exílico do criador e condutor da história único e universal obrigou os teólogos e dirigentes das comunidades judaicas, mas também todos os membros a pensar além do próprio grupo e se colocar as questões sobre os "outros". Aquele que fala do Deus único de todo o mundo e está consciente da própria situação gostaria

---

98. Sobre o fundo sacral da condenação das práticas homossexuais cf. E. S. GERSTENBERGER, Homosexualität im Alten Testament, in K. BARTL (Hg.), *Schwule, Lesben... — Kirche*, Frankfurt, 1996, 124-158; sobre a história da exclusão de homossexuais cf. J. BOSWELL, *Christianity, Social Tolerance and Homosexuality*, Chicago, 1980.

99. Também se comparam os preconceitos sexuais em Israel com os dos cananeus: por exemplo, Gênesis 9,20-27, Levítico 18,24-29; 20,22-26 etc. Sobre isso também E. S. GERSTENBERGER, Andere Sitten — andere Götter, in I. Kottsieper et al. (Hg.), *"Wer ist wie du, Herr, unter den Göttern?"*, Göttingen, 1994, 127-141.

de saber como Deus age fora de seu rebanho escolhido, qual é a relação da própria comunidade com "os de fora" e qual é a importância dos limites. Nos escritos canônicos exprimem-se numerosas testemunhas que se posicionaram diante do tema. Elas o fazem com uma liberdade e uma penetração espantosa e também se manifestam de modo autocrítico. As reflexões do autor bíblico em relação a Deus, ao ser humano e ao mundo são de fato únicas, sobretudo porque produziram forte influência posterior. Mas elas devem ser vistas no contexto do mundo antigo, no qual todo tipo de ideias e experiências essencialmente humanas foram tratadas — sob outras condições históricas e sociais. As tradições védicas, budistas, taoístas e avésticas, mais tarde também as islâmicas tiveram um efeito tão profundo sobre as culturas e orientações religiosas posteriores quanto a dos escritos hebraicos da comunidade judaica.

Na história da religião pode-se supor que conhecimentos de fé são produzidos em um primeiro momento em determinado grupo e para ele. Eles são expressos no modo de vida centrado na comunidade e na prática cultual. Também foi assim em Israel e na nascente comunidade judaica. E a mesma coisa ocorre em todos os agrupamentos religiosos de todos os tempos e lugares, provavelmente sem exceção. A atenção principal e a maior parte da força espiritual se dirigiam para a formação da própria vida comunitária, inclusive do comportamento individual. Mas nos tempos de entrelaçamento nacional, internacional e mesmo global, como agora, os seres humanos organizados religiosamente também têm que se relacionar com outras comunidades de fé. Entre o isolamento absoluto (raro na Antiguidade e hoje impossível na prática) e a abertura sem limites para toda a humanidade, entre o impulso missionário e a tendência ao sincretismo aparece todo tipo de modelo de relação. O Israel exílico e pós-exílico não seguiu um caminho único e dogmático, mas, segundo os documentos de fé determinantes, considerou diferentes argumentos e experimentou muitos conceitos.

Ao apresentar o panorama literário (cf. acima cap. 3) já encontramos alguns modelos de abertura e de separação da comunidade. Queremos agora retomar brevemente e sistematizar essas observações do seguinte ponto de vista: O que significa para o seguidor de Y$_{HWH}$ o contexto universal da teologia monoteísta? Muitas construções teológicas a respeito do mundo único não afetaram o indivíduo, ou só o afetaram indiretamente. Mas em que ponto a abertura e o fechamento dos próprios limites foram — e são — de vital importância?

Criação, proto-história e genealogia dos povos (Gn 1–11) podem, como já dito, despertar ou aguçar o sentido de ser cidadão do mundo. Exatamente essa era a intenção do autor que não quis começar o Pentateuco com Abraão nem com Moisés. A mensagem é clara: mesmo tendo certeza da eleição por

YHWH, Israel só pode se entender como parte de uma criação e de um mundo humano maior. O pequeno povo só chegou secundariamente à crença em sua posição privilegiada. Muitas passagens da Bíblia hebraica, nas três partes do cânon, mostram a comunidade de YHWH dentro de um mar de povos, atacada por todos os lados, vitoriosa e entregue à ruína, expulsa e salva por YHWH — "como quem morre, e eis que vivemos!" (2Cor 6,9). Esta era também no antigo Israel a experiência pessoal do crente em YHWH. A história dos povos foi para o pequeno povo mais um pandemônio do que um lugar paradisíaco de descanso. Turbulências políticas de todo tipo eram rápida e diretamente notadas de modo aterrador nos locais de moradia dos judeus, também dos exilados e dos emigrados:

> Ó Deus, tu nos provaste, depuraste-nos como se depura a prata. Levaste-nos para uma armadilha, puseste nossos rins num torno. Deixaste cavalgar sobre nossas cabeças. Entramos no fogo e na água, mas nos fizeste sair para a prosperidade (Sl 66,10-12).
>
> Quantas vezes, desde a minha juventude, me combateram, mas não prevaleceram contra mim. Os lavradores lavraram o meu dorso, abriram nele longos sulcos... (Sl 129,2-3).

A experiência da história muitas vezes é tenebrosa, mas o próprio destino não tem importância absoluta. A reação dos grupos maltratados através da história não se desfaz com a punição dos Estados opressores. Certamente deve haver punição, condenação e demonização do inimigo. As passagens correspondentes frequentemente prendem nosso interesse, como os já citados discursos sobre as nações em Isaías, Jeremias e Ezequiel. Ou os salmos correspondentes, a herança litúrgica, que clama por justiça (cf. Sl 2; 44; 79,12: "... Retribui sete vezes a nossos vizinhos, em pleno coração..."). Mas lá estão vozes que revelam outro horizonte. Já mencionamos algumas: por exemplo a declaração notável de uma futura tríplice aliança entre Egito, Assíria e Israel (Is 19,23-15, cf. acima 3.1.1.4; 3.2.2.2). O Egito foi o poder opressor no tempo de Moisés; a Assíria submeteu com violência brutal a Síria e a Palestina e deixou vestígios terríveis na memória coletiva de Israel. Mas contra isso estão as declarações de um futuro pacífico comum para todos os povos sob a direção de YHWH (Is 2,1-4); ou o dom da bênção através de Abraão e sua descendência (Gn 12,2 s.); ou o reconhecimento de todas as nacionalidades como habitantes legítimos de Jerusalém (Sl 87).

> Menciono Rahab [Egito] e Babilônia entre os que me conhecem. Sem dúvida, é na Filisteia, em Tiro ou em Kush que tal homem nasceu. Mas de Sião pode-se dizer: "Nela, todo homem tem direito natal, e quem a consolida é o Altíssimo!".

YHWH inscreve no livro dos povos: "Neste lugar nasceu tal homem", e eles dançam e cantam: "Em ti minhas fontes todas" (Sl 87,4-7).

Tais inclusões positivas dos outros povos são certamente misturadas com interesses particulares. Mas elas mostram a abertura fundamental da própria fronteira e uma disposição à coexistência. A abertura da fé em YHWH para todo o mundo foi colocada de um modo próprio, por exemplo, nos livros de Jonas e Rute, já tratados acima (cf. 3.1.1.4). Jonas oferece, por assim dizer, a salvação do Deus do mundo também aos violentos inimigos na Assíria. É exigida a penitência, como era usual no antigo Oriente, depois de decisões erradas diante de uma divindade. O narrador conta com uma rápida conversão dos ninivitas, atribuindo aos representantes de Israel uma atitude dogmática obstinada, segundo a qual o direito deveria vir antes da graça (Jn 4,10 s.). Em sua visão, a disposição dos inimigos para escutar a voz de YHWH é modelar (Jn 3,5-10; também a pregação de Jesus, a qual frequentemente atribui rigidez ao ortodoxo, mas ao estrangeiro e ao não-crente muita sensibilidade para a fala de Deus). — Rute é um claro aviso diante da separação puritana rigorosa dos povos. Numa linha genealógica fundamental, na família de Davi, entrou sangue moabita através de Rute, heroína temente a Deus (Rt 4,18-22). Sem as moabitas não teria existido Davi! Isso é um tapa naqueles que consideram blasfemo o "casamento misto" (cf. Esd 10; Ne 13,23-28).

Seguidores israelitas de YHWH devem ter experimentado intensivamente o problema dos estrangeiros no período pós-exílico, não em contato com grupos estrangeiros, mas em contatos individuais. Textos sobretudo jurídicos e cultuais mostram que, nas comunidades, imigrantes permanentes eram um problema. Uma determinada mistura entre populações fixas era provavelmente a consequência de séculos de acontecimentos bélicos no corredor entre a Mesopotâmia e o Egito, e o resultado da administração imperial das regiões dominadas. Como poderiam ser integrados os muitos estrangeiros anexados às comunidades judaicas? Como já mostramos acima (3.2.1; 4.2.1), variavam as opiniões e práticas na Judeia antiga em relação a esta questão, desde uma equiparação total até a classificação dos "estrangeiros" como pessoas de direito menor, as quais podiam também ser reduzidas à escravidão (cf. Is 56,6-8; Lv 25,44-46).

Olhando da nossa situação atual, que apresenta semelhantes problemas de integração de imigrantes, são admiráveis as declarações de amizade aos estrangeiros nos escritos judaicos; de modo algum há algo igual na Europa atual. Vale a pena repetir algumas palavras sobre os estrangeiros residentes: "Amá-lo-ás como a ti mesmo…" (Lv 19,34). Se ele for circuncidado, poderá participar da Páscoa, "na qualidade de nativo da terra" (Ex 12,48). "A lei vale para o nativo e para o migrante residente entre vós" (Ex 12,49). Os diferentes grupos são cuidadosamente diferenciados em Êxodo 12,43-49: escravos de origem estrangeira, trabalhadores temporários e estrangeiros residentes permanentemente. Todos os estrangeiros com residência fixa numa comunidade judaica podem ser integrados ao culto depois de sua circuncisão (em Is 56,2.6: com base na prática do sábado). A fé em Yhwh é o fator decisivo em última instância (cf. Rt 1,16 s.). Barreiras étnicas e linguísticas não têm importância. Temos a impressão de que fortes forças na comunidade queriam a integração plena de estrangeiros por razões teológicas; mas ocasionalmente manifestam-se nos textos relevantes os segregacionistas rigorosos (Lv 25,4-46).

Em um âmbito muito desprezado pela pesquisa, pode ser percebida claramente a força integradora da fé universal em Yhwh. Refiro-me a certas camadas da tradição sapiencial e litúrgica. O critério são as expressões gerais para Deus e para o homem que lá aparecem, precisamente em discursos que se referem a Yhwh. Já mencionamos esse fenômeno em relação ao livro dos Provérbios (cf. acima 3.1.3.3). Não se pode ocultar o fato de que, na camada básica dos escritos de sabedoria e das orações, foi utilizado um vocabulário amplamente genérico para a divindade e os seres humanos em interação. Esses níveis linguísticos assim diferenciados não podem ser ordenados cronologicamente de modo consequente, como se ocorresse o uso linguístico genérico só nos antigos estratos. As composições claramente pós-exílicas, como os grupos de salmos reflexivos já tratados (cf. 3.1.3.2), privilegiam claramente a linguagem não javista e não israelita. Lá se fala mais do ser humano e da divindade do que de Yhwh, dos filhos de Jacó, dos justos e dos habitantes de Jerusalém. Isto é, o destino humano geral e a relação geral com a divindade "eterna" estão em primeiro plano, e não a relação com o Deus judaico Yhwh. No Salmo 90 aparece no lugar do nome de Yhwh — fora a expressão genérica *'adon*, "Senhor", v. 13 — somente "divindade" (v. 2). Seria absurdo falar de caducidade humana somente em relação à comunidade de Israel. Não, as orações reflexivas do Saltério, que pertencem sobretudo ao período pós-exílico, tratam conscientemente do destino geral de todos os seres humanos. Eles partilham essa mesma tendência com as orações e os hinos em avéstico antigo, os quais não conhecem nenhum tipo de delimitação étnica. Um estudo abrangente das designações de Deus e dos termos antropológicos poderia provar o predomínio dessa perspectiva humana geral. Já a estatística é frutífera: "Ser humano" (*'adam*) aparece 562 vezes no Antigo Testamento. Nos Salmos ocorrem 62 menções, 119 nos três escritos sapienciais Jó, Provérbios e Eclesiastes, uma boa parte do resto em estratos claramente pós-exílicos, como nos textos sacerdotais (39) e no livro profético pós-exílico de Ezequiel (132). Semelhantemente, o sinônimo *'enosh*, "ser humano", aparece treze vezes no Saltério e dezoito vezes em Jó, do total de 42 aparições. A palavra *'iš*, "homem", é usada frequentemente como pronome pessoal indefinido e não pode, portanto, ser avaliada de estatisticamente de modo direto. Mas os resultados indiretos são significativos. Apesar das autodesignações particulares como "justo", "pio", "santo", que se justificam através da relação com YHWH, o Deus de Israel, está fortemente presente nos textos sapienciais e litúrgicos a terminologia antropológica.

Olhando o todo se constata: a mentalidade da nascente comunidade judaica era de um tipo especial, justamente em relação à figuração ética fundamental. Por um lado, ela apresenta um forte sentimento do próprio valor e uma consciência social extraordinariamente forte. Certamente isso pode ser o correspondente, do ponto de vista psicológico, de complexos e medos, os quais provavelmente se revelam na literatura hebraica. Por outro lado, as comunidades judaicas desenvolveram uma extraordinária capacidade de autocrítica, uma visão da limitação e da transitoriedade de toda vida humana, estando além disso sob a coação do horizonte monoteísta: pertencem ao único criador e condutor do mundo não só o povo escolhido, mas também todos os outros entes com face humana. Assim, tornou-se possível transgredir os limites da própria confissão e entrar em contato com o outro em plena responsabilidade. As tendências nos antigos judeus para fechamento e abertura estavam em tensão e se tornavam dominantes alternadamente. No mundo pluralista de hoje, todas as comunidades religiosas, olhando também para a experiência bíblica, têm o dever de repensar suas relações exteriores e de encontrar caminhos para a superação de ódio e antagonismos.

4.5. Impulsos para a formatação do mundo

H. ASSMANN, J. M. SUNG, *Competência e sensibilidade solidária*. Educar para a esperança, Petrópolis, ²2001. – C. BARTHOLOMEW, *A Royal Priesthood?* The Use of the Bible Ethically and Politically, Grand Rapids, 2002 (Scripture and Hermeneutics Series 3). – W. P. BROWN, *The Ethos of the Cosmos*. The Genesis of Moral Imagination in the Bible, Grand Rapids, 1999. – G. CASALIS et al., *Bibel und Befreiung*, Freiburg/Münster, 1985. – PONTIFICAL COUNCIL FOR JUSTICE AND PEACE, *Compendium of the Social Doctrine of the Church*, Vatican, 2005. – J. S. CROATTO, *Exilio y sobrevivencia*, Buenos Aires, 1997. – ID., *Hermeneutica práctica*, Quito, 2002. – C. FISCHER (Hg.), *Solidarität in der Krise*, Zürich, 2004. – K. FÜSSEL, *"... so lernen die Völker des Erdkreises Gerechtigkeit"*, Luzern, 1995. – I. FISCHER, *Gender-faire Exegese*, Münster,

2004 (ExuZ 14). – R. FORNET-BETANCOURT (Hg.), *Kapitalistische Globalisierung und Befreiung*, Frankfurt, 2000. – H. GEISSLER, *Glaube und Gerechtigkeit*, Würzburg, 2004 (Ignatianische Impulse 4). – E. S. GERSTENBERGER, U. SCHOENBORN (Hg.), Hermeneutik – socialgeschichtlich (ExuZ 1), Münster, 1999. – C. GESTRICH (Hg.), *Gott, Geld und Gabe*: zur Geldförmigkeit des Denkens in Religion und Gesellschaft, Berlin, 2004. – D. GOEDEVERT, *Mit Träumen beginnt die Realität*, Berlin 1999. – N. K. GOTTWALD, *The Bible and Liberation*: Political and Social Hermeneutics, Maryknoll 1983. – O. HERLYN, *Kirche in Zeiten des Marktes*: ein Störversuch, Neukirchen-Vluyn, 2004. – R. KRAMER, *Die postmoderne Gesellschaft und der religiöse Pluralismus*, Berlin, 2004 (Sozialwissenschaftliche Schriften 41). – H. KÜNG, *Projekt Weltethos*, München, 1990, ³1996. – C. MESTERS, *Vom Leben zur Bibel – von der Bibel zum Leben*, Mainz 1983, 2 v. – ID., *Sechs Tage in den Kellern der Menschheit*, Neukirchen-Vluyn, 1982. – ID., *Die botschaft des leidenden Volkes*, Neukirchen-Vluyn, 1982. – K. NÜRNBERGER, *Theology of the biblical Witness*. An Evolutinary Approach, Münster, 2002. – E. OTTO, *Krieg und Friede in der hebräischen Bible und im Alten Orient*, Stuttgart, 1999 (Theologie und Fieden 18). – W. SCHOTTROFF, *Gerechtigkeit lernen*, Gütersloh, 1999 (TB 94). – H. SCHÜNGEL-STRAUMANN, *Die Frau am Anfang*, Münster, ²1997 (ExuZ 6). – M. SCHWANTES, *Am Anfang war die Hoffnung*, München, 1992. – F. SEGBERS, *Die Hausordnung der Tora*. Biblische Impulse für eine theologische Wirtschaftsethik, Luzern, 1999 (Theologie in Geschichte und Gesellschaft 7). – C. SPIESS, *Sozialethik des Eigentums*, Münster, 2004. – D. M. B. TUTU, *Versöhnung ist unteilbar*. Interpretationen biblischer Texte zur Schwarzen Theologie, Wuppertal, 1977. – A. M. C. WATERMAN, *Political Economy and Christian Theology since the Enlightment*, Basingstoke, 2004. – Ver também a bibliografia de 4.4.

A Bíblia, por um lado, saiu de moda nas últimas décadas por todo o mundo ocidental: uma crescente maioria não espera dos textos, experiências e modelos bíblicos uma orientação adequada ao nosso tempo. O livro dos livros se torna algo distante, um objeto de museu. Por outro lado, muitos leitores da Bíblia ao redor do mundo — não somente nas comunidades de base do terceiro mundo — fazem a espantosa descoberta de que textos bíblicos podem falar de modo libertador e vivificador em nossa atualidade. As experiências e os conhecimentos bíblicos no trato com o divino se tornam espantosamente atuais, adquirem funções de orientação, iluminam a realidade atual com uma nova luz, abrem esperanças e mobilizam forças. A grande questão é: como e quando isso ocorre? E por que em muitos ambientes religiosos cristãos as Sagradas Escrituras são usadas evidentemente para estabilizar reivindicações de dominação, para a opressão de minorias e a pregação de ódio contra pessoas com crenças distintas?

4.5.1. Diálogo com a tradição

Os seres humanos são — mesmo que estritamente ligados com outras criaturas dos pontos de vista fisiológico e evolutivo, isto é, olhando a substância do genoma — criaturas especiais por sua responsabilidade por sua própria ação[100]. O preço das decisões tomadas hoje é pago — ou o fruto delas é colhido — o mais tardar pelas gerações futuras. Como chegaremos a um desenvolvimento da humanidade que possibilite às novas gerações chances justas na vida; que assegure a longo prazo a qualidade de vida sobre a terra; que garanta a cada indivíduo e à natureza meios sustentáveis (também rendimento econômico) e a proteção da liberdade e da dignidade humanas? Algumas perspectivas parecem ser claras na atual situação do mundo: uma ética da dignidade humana não pode ser formulada somente por um único estrato de senhores dominantes ou por uma "cultura diretora", mas deve se basear no diálogo intercultural e religioso — o que é buscado em alguns lugares[101]. A amplitude ecumênica da discussão é absolutamente necessária, pois supomos que estão sepultadas as reivindicações de posse exclusiva da verdade[102]. Outro pressuposto fundamental para tomada de decisões eticamente sustentáveis é a inclusão da dimensão temporal inteira, com passado, presente e futuro. Os seres humanos não podem fundamentar sua ação somente a partir do presente instantâneo. Eles não são moscas de um dia só, nem possuem um sistema sensitivo instintivo o suficiente para lhes mostrar a escolha necessária entre as possibilidades disponíveis. Eles precisam estabelecer seus padrões de ação na base da experiência do passado e do cálculo do futuro. Essa é uma tarefa sempre difícil, pois os interesses e experiências de todos os participantes são muito diferentes entre si. Isso não ocorre sem uma cultura democrática de discussão e de descoberta da verdade. São imensos os riscos inerentes tanto de interpretação errada do passado quanto de cálculo equivocado do futuro. Mas não temos outra escolha. Deve ser desenvolvida uma ética sustentável mundial com o olhar voltado para a história da humanidade. Neste ponto, o Antigo Testamento é insubstituível como interlocutor: ele influenciou decisivamente as civilizações ocidentais e, surpreendentemente, ainda hoje nos fornece opiniões atuais para a solução dos problemas básicos da humanidade.

A ética do Antigo Testamento tem a tarefa de pesquisar no cânon dos escritos hebraicos como as decisões éticas eram tomadas e colocar isso em

---

100. Cf. H. JONAS, *Das Prinzip Verantwortung* [1979], Frankfurt, 1984.
101. Os esforços por exemplo de H. Küng para tornar visível um *ethos* mundial são fundamentalmente corretos; cf. também os múltiplos esforços do Conselho Mundial das Igrejas, da Igreja católica, dos grêmios islâmicos, budistas e hinduístas e de indivíduos como o Dalai Lama.
102. Cf. R. BERNHARDT, *Zwischen Grössenwahn, Fanatismus und Bekennermut. Für ein Christentum ohne Absolutheitsanspruch*, Stuttgart, 1994; H. M. BARTH, *Dogmatik im Kontext der Weltreligionen*, Gütersloh, 2001; P. KNITTER, *Theologies of Religions*, Maryknoll/New York, 2002.

diálogo com a situação atual. Como não podemos assumir a concepção tradicional das diretrizes divinas dadas uma vez irrevogavelmente, mas podemos reconhecer o significado de antigas decisões, devemos desenvolver um modelo de diálogo. As tradições bíblicas são vinculadas ao contexto exatamente como as concepções éticas dominantes hoje. Isso é válido não somente para a imagem exterior das declarações éticas e teológicas, mas também para a forma e o conteúdo. A contextualidade não se limita a exterioridades, mas afeta também o núcleo da coisa. Portanto, temos que reconhecer que também as convicções e os valores fundamentais da tradição hebraica são relativos à época. Monoteísmo, avaliações da vida, ser pessoa, sociedade, concentração nas Escrituras Sagradas pertencem em primeiro lugar à estrutura da vida daquele mundo e devem ser entendidos a partir dela. Essa é uma antiga exigência da pesquisa histórico-crítica, da qual não podemos ser dispensados. Textos transmitidos possuem essa raiz antiga que não desaparece nem mesmo através de séculos de transmissão, de constante reutilização e de reinterpretação e dos trechos em questão.

Esse uso contínuo da Escritura não deve, entretanto, ser menosprezado (contra antigos princípios histórico-críticos) ou ser considerado uma falsificação do testemunho original. Ao contrário: a constante reinterpretação dos textos enriquece seu significado por meio de outras leituras, sempre ligadas ao contexto (J. S. Croatto). E a corrente das interpretações, sempre condicionadas à situação, alcança ainda hoje todos os leitores, tradutores e pregadores em sua nova situação. Portanto, contextualidade e reinterpretação nos ligam com os primeiros autores e com a comunidade de fé daquele tempo. Ainda existe outra linha de ligação universal. As sociedades humanas se formam segundo modelos análogos — independente da cultura e da religião. Os sociólogos têm muito a dizer sobre isso aos teólogos. Há por todo o mundo, entre seres humanos de diferentes origens e orientações, semelhantes estruturas de família, de clã, de tribo, de aldeia, de cidade e de povo, não importando quão diferentes sejam os costumes, os usos, as instituições e a divisão de poder. Todos esses trilhos de ligação tornam o diálogo com o mundo antigo possível e necessário.

Do ponto de vista pragmático, seria vantajoso começar o diálogo com os antepassados espirituais do mundo bíblico por uma análise da situação atual, como é frequente no contexto latino-americano. No discurso teológico europeu ou "ocidental" isso é em regra deixado de lado, porque na Europa a teologia e a exegese só veem a manifestação de Deus na história antiga e pretendem derivar de lá todos os conhecimentos teológicos. Na teologia da libertação, a vida atual, como resultado de longa tradição, mas também como ponto de partida de um diálogo frutífero, em sua novidade inspirada pelo Deus atual e no perigo causado pelo ser humano, pertence incondicionalmente à pesquisa teológica[103]. Não podemos esperar, sempre repete Hugo Assmann, que a Bíblia ligada a um contexto soletre nossos problemas específicos. No lugar disso devemos levantar em nossa atualidade questões, pontos de vista, critérios relevantes e erros de opinião e os colocar em diálogo entre o atual e o passado. Sem uma tomada de posição pessoal não pode haver uma troca frutífera. Perigoso é o trabalho de interpretação (tradicional, "alemão") quando posições inconscientemente atuais e interessadas se imiscuem e se apresentam como verdades eternas, sempre pensadas no texto.

Da análise do presente são levadas questões ao texto bíblico. Como os antepassados bíblicos pensaram e reagiram em situações análogas? Quais são as situações e estruturas antigas análogas àquelas nas quais se apresentam nossos problemas? Pois além das constantes antropológicas e sociais devemos constatar todo tipo de diferença nas concepções de mundo. Frequentemente não é fácil encontrar paralelos antigos com a ciência moderna, a técnica, a economia e a política. Mas se deixarmos de lado a tentativa de formar analogias e só reconhecermos abstratamente as estruturas bíblicas e modernas, postulando, portanto, um espírito e uma fé uniformes e não ligados à terra, correremos o perigo de não encontrar o sentido do discurso bíblico ou de ordená-lo falsamente[104].

Todo texto (bíblico) do Antigo Testamento deve, portanto, ser concebido em seu contexto social próprio; e deve ser buscada a "situação vivencial" análoga em nosso tempo e nossa realidade[105]. Não se trata de fornecer num único respiro e sem rodeios conhecimentos de Deus e uma escala de valores éticos de pequenos grupos como máximas de uma humanidade globalizada. Mas a situação social e mental análoga é válida como primeira base interpretativa. Deve ser examinada se ela é comparável, sendo mencionadas ao mesmo tempo

---

103. É impressionante a intensidade com que é feita a análise da atualidade nos círculos teológicos latino-americanos, justamente no tempo atual e pós-confrontativos. Menciono como exemplo os estudos teológicos, econômico-críticos do brasileiro Jung Mo Sung, *Teologia e economia*, Petrópolis, 1994; ID., *Desejo, mercado e religião*, Petrópolis, 1998, e a obra de orientação pedagógica de Hugo ASSMAN e Jung MO SUNG, *Competência*.

104. Um péssimo exemplo de erro de sentido é a recepção da condenação do homossexualismo em Levítico 18 e 20 na tradição cristã; cf. E. S. GERSTENBERGER, Homosexualität im Alten Testament, in: K. BARTL, *Schwule*, 124-158.

105. Cf. E. S. GERSTENBERGER (Hg.), *Hermeneutik*, 3-6, 157-170; ID., Warum und wie predigen wir das Alte Testament?, in B. JENDORFF, G. SCHMALENBERG, *Evangelium Jesu Christi heute verkündigen*. FS C. P. Mayer, OSA, Giessen, 1989, 33-45.

as eventuais diferenças — com as quais podemos com certeza contar. Grupos familiares são hoje construídos de modo diferente daqueles do Oriente Próximo antigo. Também o papel do indivíduo é coreografado diferentemente hoje e antigamente. Contudo, por causa das analogias fundamentais entre os pequenos grupos é possível tirar conclusões dos antigos textos ligados às famílias, bem como receber estímulos deles. Já é dada a situação atual, e até certo grau ela tem papel normativo. Os exegetas, homens e mulheres, precisam se tornar conscientes dos impulsos e orientações da situação presente. Não podemos pura e simplesmente destilar as normas necessárias da história (antiga). Valores fundamentais do mundo atual — dignidade humana, liberdade e democracia — são também decisivos na argumentação teológica. Certamente não devemos admiti-los sem crítica, assim como os paradigmas antigos são automaticamente válidos hoje, mas eles pertencem à reflexão teológica e ao discurso teológico.

Uma dificuldade fundamental é derivada das mudanças sociais e espirituais ocorridas desde a Antiguidade, sobretudo depois da revolução industrial e técnico-científica. Enquanto na Antiguidade bíblica o mundo ainda era organizado de modo totalmente geocêntrico, sendo interpretado depois de modo heliocêntrico, hoje não há mais nenhum centro alcançável, nem mesmo aproximadamente. O lugar do *big bang* é irrelevante. Antigamente um sistema causal baseado predominantemente em decisões de vontade pessoal representava o modelo fundamental de interpretação de todos os fenômenos; ele foi substituído hoje por conexões e interpretações mecanicistas das ciências naturais. Os textos éticos e teológicos do Antigo Testamento concentram-se no círculo de convivência próxima e na comunidade religiosa visível e falam pouca coisa construtiva para grandes sociedades anônimas (é lógico: o rebanho dos seguidores de YHWH, sobretudo no Israel pós-exílico, era pequeno); hoje se exige fortemente tomar em consideração as grandes conexões sociais, suas coações e possibilidades. Não podemos projetar as orientações da Bíblia sem cuidado nesse contexto mais abrangente. Israel, exatamente como as comunidades cristãs primitivas, era uma minoria ínfima numa estrutura imperial gigantesca. Os testemunhos bíblicos não tinham nenhuma responsabilidade direta pelas grandes sociedades e pelos grandes impérios. Mas eram testemunhas da época, vítimas e em parte também beneficiários do sistema social daquele tempo. Por isso, as reações da minoria de fiéis de YHWH são estímulos bem-vindos para a discussão atual sobre esse terreno. É supérfluo ressaltar que os debates éticos e teológicos hoje, se quiserem aproveitar os impulsos bíblicos, deverão estar especialmente atentos à transição da existência em pequenos grupos para aquela em grandes grupos e perguntar, mais intensivamente do que na situação de pequenos grupos, pelos critérios bons, reconhecidos e hoje acessíveis para as decisões a ser tomadas.

4.5.2. Relações entre seres humanos

As declarações das comunidades judaicas pós-exílicas sobre os seres humanos e suas relações sociais tornaram-se imensamente importantes para os leitores judeus e cristãos posteriores. Elas são consideradas padrão eterno de comportamento ético agradável a Deus e, por conseguinte, têm sido até hoje, em contextos religiosos e "laicos", ponto de partida para intensiva discussão, interpretação e busca de aplicação atual. Vivemos (ainda) num contínuo de tradições espirituais influenciadas pela instrução bíblica e por isso temos que lidar com essa influência. Devemos pesquisar em cada passagem adequada à discussão em curso os parâmetros e estruturas relevantes hoje e antigamente. No caso da ética individual e social devem ser observados pelo menos alguns dados fundamentais, que serão aqui somente mencionados.

O ser humano, segundo as Escrituras hebraicas do período persa, está entre o bem e o mal, e isso faz dele uma figura semelhante a Deus. Ele tem que se decidir pelo bem, que consiste, no âmbito das relações humanas, nas virtudes tradicionais da veracidade e da solidariedade perante outros seres humanos, graduados segundo o parentesco e a proximidade. Membros de uma família são ligados um com os outros pelos mais fortes cordões de solidariedade; amizades (de sangue) são iguais ao vínculo familiar. Quanto mais se sai desse círculo, mais diminui esse dever, até se transformar em desconfiança e inimizade diante de grupos concorrentes. O mandamento de hospitalidade, entretanto, que é válido para um não-parente em busca de abrigo, vai em sentido contrário ao medo do estrangeiro. Fundamental é que a nova forma da comunidade de Y<small>HWH</small> leva a uma ampliação da solidariedade familiar para os correligionários. Há um fenômeno de abertura (na doutrina, pelo menos!). Aparece em primeiro plano o "eu" diante de Deus. Cada pessoa está diretamente perante Y<small>HWH</small>. Assim são colocadas as bases da igualdade de todos. A divindade se encontra no "Tu" (M. Buber, E. Lévinas). Como o sistema tradicional, essa nova antropologia, concebida como não funcional ou parental, oferece ainda lugar para abuso (cf. Lv 25,44-46), mas está aberta à dignidade humanidade (veja Lv 19,18.34) e, assim, ao futuro.

Sobra, porém, muito material para discussão. A fórmula "ele os criou homem e mulher" (Gn 1,27) revela o esforço de manter cuidadosamente (funcionalmente!) separados os sexos. É um objetivo fundamental dos autores sacerdotais não confundir a diferença entre os sexos. Portanto, são válidos padrões diferentes nos costumes e no direito. Direito pleno e real só recebe o representante da família autônoma, o chefe masculino do grupo. As mulheres lhe são subordinadas na estrutura patriarcal, tendo que se sacrificar ao bem do pequeno grupo antes do homem. Isso também é válido para as crianças e os escravos. A igualdade fundamental entre os seres humanos é novamente graduada segundo o sexo, a idade e a origem étnica. — Hoje não é possível admitir tal modificação da igualdade. Nossa sociedade está teoricamente obrigada à igualdade absoluta entre todos os seres humanos, sem considerar sexo, formação, confissão, raça, idade, grau de perfeição corporal e espiritual. Certamente, todo ser humano sabe que isso é um sonho e que a realidade possui outra face. Mas não podemos desistir da meta teórica. Tudo o que possui uma face humana é colocado no mesmo nível, segundo as declarações sobre a dignidade e o direito do indivíduo. Mas como se pode construir uma sociedade a partir de puras mônadas independentes?

Do ponto de vista material, a ética do convívio humano no Antigo Testamento é dominada por temas ainda atuais, embora tenha novos acentos. Eram muito importantes para os antigos a convivência "sem engano", positiva e promotora da comunidade, o bom comportamento sexual — já no trato extrafamiliar —, a honestidade econômica, a proteção da propriedade e a ajuda solidária aos fracos socialmente. Uso da violência e conflitos de fé parecem desempenhar uma papel secundário diante das três proibições fundamentais de "assassinar, cometer adultério e roubar" (cf. Ex 20,13-15), diante da atenção que o comportamento criminoso inevitavelmente alcança e diante da condenação eventual dos casamentos mistos. No âmbito do trato pessoal, todas as fontes bíblicas esperam sinceridade, abertura e lealdade. A mentira é odiada e os inimigos abertos e amigos infiéis são acusados de falsidade:

> Meus inimigos falam de mim maliciosamente: "Quando morrerá, para que seu nome desapareça?". Se alguém vem visitar-me, pensa malícia; seu coração acumula maldades, e ao sair pela rua, fala-as. Unidos contra mim cochicham todos os que me odeiam, inventam-me desgraça. "Algo ruim o botou de cama, não se levanta mais!". Até meu amigo, com o qual eu contava, que comia do meu pão, levantou o calcanhar contra mim (Sl 41,6-11).

O doente que aqui ora se sente abandonado na crise (cf. Sl 55,13-15; 88,9.19). Por alguma razão, o dever de solidariedade de seu ambiente (comunidade?) não funcionou. Segregação pela comunidade familiar ou de fé é uma pena mortal, mas a reabilitação do convalescente ou do inocentado é festejada efusivamente nos hinos de ação de graças (Sl 22,24-27; 30; 32; 40,1-11; 116;

118). Condenados ou suspeitos tentam provar sua inocência por juramentos de pureza (Sl 7; 17; 26). A mentira é quase pior do que o roubo e junto deste é punida com a morte (Js 7). Incorruptibilidade nos processos judiciais locais é uma variante especial da virtude pessoal básica (cf. Ex 23,1-9). A proscrição da mentira e do engano também foi incluída no catálogo das prescrições de santidade (Lv 19,11.17 s.), como se a falsidade de qualquer tipo tornasse cultualmente impuro. Em suma, como nas regras de comportamento do Antigo Oriente — a sabedoria internacional do Egito até a Pérsia transmitiu uma herança amplamente semelhante —, a Torá e os profetas do cânon do Antigo Testamento propõem ao judeu adorador de YHWH, no círculo mais íntimo de seu grupo, as qualidades do ser humano correto, comprometido com a verdade e com a comunidade. Os estrangeiros residentes devem receber, na medida do possível, os mesmos direitos e deveres; em regra, há uma delimitação exterior, mas esse problema é discutido sob o aspecto da ação universal de YHWH (Jonas, Ester; cf. 4.5.4). — A atitude do Antigo Testamento em relação à sinceridade pessoal merece alta consideração ao darmos um formato à nossa própria vida. Sobretudo o elemento da solidariedade grupal deve ser redefinido no pensamento moderno, comprometido exageradamente com o indivíduo.

No âmbito do comportamento sexual predominam nos tempos antigos (apesar de discurso frequentemente mais aberto), assim como hoje, fortes tabus; a continuidade subliminar de medos arcaicos não pode ser negada até hoje. Já foram mencionados Levítico 18 e 20 (cf. 3.1.1.3). Lá estão presentes concepções sacerdotais de santidade, presentes semelhantemente por exemplo nas prescrições rituais hititas[106]. De modo geral se pode constatar: o trato escrupuloso da sexualidade, mormente na época do Segundo Templo, teve efeitos devastadores sobretudo na tradição cristã (e depois na islâmica). As mulheres foram separadas dos homens "mais puros", "mais adequados" para o sacrifício; foram acusadas de uma disposição especial para o mal e para a apostasia e foram excluídas amplamente da vida pública na Igreja e na sociedade[107]. A homossexualidade masculina esteve e está em muitos lugares sob o veredicto de pecado abominável[108]. As relações positivas entre os sexos sofrem sob as reivindicações de domínio do próprio sexo (na maioria das vezes do masculino) e sob as suspeitas do outro. Quanto a isso, não é percebida suficientemente a

---

106. Cf. TUAT II, 282-292; ANET, 207-211; cf. 4.4.2.
107. Cf. H. SCHÜNGEL-STRAUMANN, *Frau*; M.-Th. WACKER, *Der Gott der Männer und die Frauen*, Düsseldorf, 1987; Ida RAMING, *Der Ausschluss der Frau vom priesterlichen Amt*, Köln, 1973; cf. 4.2.3.
108. Cf. E. S. GERSTENBERGER, Homosexualität; J. BOSWELL, Christianity; cf. 4.4.2.

corresponsabilidade determinante dos antigos conceitos bíblicos, profundamente influenciados por tabus superados, pela atual guerra dos sexos. A discriminação permanente do feminino só poderá ser superada se forem mostradas as raízes do mal na Antiguidade bíblica. Isto deve ocorrer na Modernidade sob a consideração da mudança das estruturas sociais. Não se pode mais dar um formato à ética sexual tendo como fundamento uma estrutura familiar básica rural, hoje fictícia. As novas comunidades de vida que se apresentam e as formas de organização familiar de fato são interlocutores. Famílias pequenas, adultos que criam filhos sós, parceiros homossexuais, diferentes tipos de coabitação superaram a grande família rural patriarcal. Isso não significa que todas as modernas formas de vida em comum sejam *per se* ideais. As antigas estruturas e a antiga divisão de papéis podem, na discussão sobre os novos parâmetros, indicar falhas e metas na moderna vida grupal. O espírito do convívio equitativo entre homens, mulheres, crianças e velhos, que já soa em surdina nos textos bíblicos, deve ser com certeza mais refletido na atualidade.

Por fim, o comportamento econômico-social tem uma perspectiva interna e outra externa no Antigo Testamento. Do "estrangeiro podes cobrar juros, mas não do teu irmão" (Dt 23,21; cf. Ex 22,24; Lv 25,36). Assegurar a existência física e conservar um padrão de vida digno são coisas que desempenham um papel destacado na comunidade judaica e influenciaram fortemente as gerações seguintes de comunidades judaicas, cristãs e islâmicas. Quer se trate do sustento da vida, da manutenção da herança familiar, do salário justo ou da dignidade humana, os antigos legisladores e pregadores lutaram apaixonadamente para não perder de vista os pobres, proteger os expropriados e escravizados por dívidas, para abrir possibilidades de vida para os órfãos e deficientes, para ter uma mão aberta para as viúvas e os trabalhadores temporários. Os apelos se dirigem a todos os membros da comunidade de fé judaica, frequentemente fazendo menção à distante experiência histórica da própria opressão e exploração no Egito (cf. Lv 19,34; Dt 24,18.22). A responsabilidade fraternal na comunidade leva a entender a propriedade como um bem comum, como na família. Não se questiona a posse privada (veja a proibição do roubo), mas tem peso o compromisso social da própria posse, que por vezes é levado em consideração na tradição cristã seguinte, até na fórmula lapidar, hoje pouco lembrada, da Constituição [alemã]: "A propriedade inclui compromisso"[109].

---

109. Artigo 14, § 2, da Constituição da República Federal da Alemanha: "Propriedade comprometida. Seu uso servirá também ao bem da coletividade". Versão de 23 de maio de 1949, não modificada formalmente até hoje.

Em todo caso, parte das Escrituras hebraicas uma forte motivação teológica, histórica e moralmente fundamentada para o comportamento social dentro da própria comunidade de fé. Ela inclui metas econômicas. A comunidade deve viver junta, junta dar suporte aos fracos a partir do produzido pelo trabalho. A "rede social" é uma criação da comunidade de Yhwh pós-exílica.

Portanto, é com fundamento que se constata hoje que valores éticos básicos, a dignidade e a liberdade do ser humano, têm suas raízes na tradição judaica. Evidentemente há diferentes acentos contextuais desses valores. No modelo bíblico de liberdade e dignidade desempenham um papel elementos patriarcais, étnicos, mágicos e teológicos, os quais não queremos reconhecer, pelo menos dessa forma, consciente e publicamente. Eles podem continuar vivos de modo subliminar. Mas nossa imagem "racional" do indivíduo autônomo, que goza de todas as liberdades do autodesenvolvimento e é colocado acima de qualquer direito especial[110], não admite a diferenciação e a gradação da dignidade humana, antigamente naturais. Teoricamente é válido para nós aquilo a que alguns testemunhos bíblicos também visavam: "Só haverá uma lei para estrangeiros e nativos" (cf. Ex 12,49; Lv 18,26; 19,34; Nm 9,14). Nossos esforços pela igualdade de todos os seres humanos seguem, portanto, a mesma direção dos de nossos antepassados espirituais, apesar das diferentes construções sociais antigamente e hoje. Portanto, no diálogo necessário com os testemunhos bíblicos reconheceremos as mesmas intenções fundamentais e as especificidades contextuais, as retrabalharemos teologicamente e assim aprenderemos algo das antigas experiências e dos antigos conhecimentos. Isso é válido especialmente para a colocação e a avaliação do indivíduo, e dos indivíduos, na estrutura dos diferentes grupos primários.

4.5.3. Concepções de Deus

Por trás das reflexões e sistematizações éticas estão concepções sobre a divindade, as estruturas do mundo, forças sobre-humanas e influências malignas que determinam de modo essencial a doutrina sobre o comportamento humano correto. Por isso, agora falaremos mais uma vez das concepções de Deus, tendo em vista especialmente sua influência sobre o *ethos* bíblico e suas implicações para a atualidade.

---

110. Cf. os direitos fundamentais da constituição da República Federativa da Alemanha, art. 3: "1) Todos os seres humanos são iguais perante a lei; 2) homens e mulheres têm os mesmos direitos; 3) ninguém pode ser prejudicado ou privilegiado por causa de seu sexo, sua ascendência, sua raça, sua língua, sua pátria e origem, sua fé ou suas opiniões religiosas e políticas".

A imagem de Deus da comunidade de fé em Yhwh pós-exílica variava entre a divindade pessoal próxima e a distante universal, senhora do mundo; quase não há nela os traços autocráticos de uma "monarquia por graça de Deus" percebida diretamente. A obediência cadavérica, conhecida a partir de tais relações absolutistas (cf. Klaus Mann, *Der Untertan*), é muito estranha aos escritos hebraicos. Deus é visto como um líder de grande autoridade, um protetor ou conselheiro do pequeno grupo, mas se discute com ele, confessando eventualmente os próprios erros, porém insistindo sobre o direito próprio. Os salmos de lamentação mostram isso suficientemente (cf. sobretudo Sl 7; 17; 26). O livro de Jó oferece uma argumentação especial contra Deus, que aparentemente toma decisões arbitrárias. O senhor universal do mundo, por outro lado, conduz o destino dos povos em sua sabedoria. Depois de períodos de sofrimento, ele dá uma compensação justa, fazendo que os criminosos prestem contas e providenciando bem-estar para aqueles que sofreram muito. Os membros da comunidade pensam cada vez mais numa compensação escatológica (apocalíptica), pois, do contrário, as contas históricas, segundo o padrão de medida humano, não podem ser acertadas. Do ponto de vista universal, o destino do indivíduo está inserido no destino geral. Os dois níveis não podem ser compensados. Eles estão separados por graus intermediários de socialização humana, a qual, por sua vez, exige um direito justo para o ser humano.

Neste nível médio se fala do Deus que julga com retidão o indivíduo e sua família, lhes dá o seu direito e pede prestação de contas. O direito estatal é praticamente desconhecido nos escritos hebraicos. Com efeito, onde ele poderia ser achado na massa de textos exílicos e pós-exílicos que surgiram sob a impressão da ruína da monarquia e da violenta atribuição da culpa à monarquia desaparecida? O rei deuteronomista não é mais, em todo caso, o senhor do tribunal, mas um estudioso da Torá (Dt 17,14-20). As genuínas decisões jurídicas (cf. sobretudo Ex 21–23; Dt 22–25) surgem, como já dissemos, predominantemente das comunidades de moradia local. Outras, especialmente as normas sacrais (cf. Lv 11–15; 18–20) têm sua origem nas coleções sagradas pós-exílicas. Quais imagens de Deus aparecem nessas diversas construções sociais? Como elas determinam a ética material?

Os valores humanos do período — da honestidade até a disponibilidade para ajudar — e sua específica hierarquia de papéis sociais foram determinantes para a orientação ética sancionada pela divindade, sobretudo da nova geração. Não deve ser difícil construir, dentro dos atuais modelos de comportamento correspondentes, uma divindade concebida pessoalmente e um sistema ético análogo, moldado na estrutura pessoal da sociedade. Estão disponíveis variantes modernas, que consideram os direitos humanos individuais e inalienáveis, universalmente válidos. Será mais difícil compreender as concepções de Deus e o código de comportamento no âmbito do sagrado numinoso e reconhecer suas analogias nas estruturas atuais, reinstalando-as ou recusando-as. O sagrado, ainda que não tenha emigrado de nosso mundo atual, foi amplamente reprimido racionalmente. A questão fundamental é se o sagrado conserva uma existência justificada como categoria teológica básica dentro do mundo ocidental, de caráter científico-natural. Todas as máximas éticas fundadas por declarações de santidade nos são de antemão suspeitas. Elas escapam de uma fundamentação racional, como as prescrições de pureza e impureza e todos os tabus. A proibição de utilizar certos animais para alimentação ou mesmo de tocá-los (cf. Lv 11), o medo graduado diante de ações sexuais e fluxos corporais (Lv 12–15; 18; 20), o medo diante de maus demônios e espíritos ruins (cf. Sl 91) nos são suspeitos, pois vivemos num mundo de fato "libertado" da magia. Ora, a antiga compreensão das conexões pressupõe em todo lugar forças divinas e espirituais agindo de modo pessoal e exige comportamentos adequados: ninguém pode se aproximar muito da divindade, do contrário a aniquilação divina o atinge automaticamente e sem circunstâncias atenuadoras (2Sm 6,6 s.; Lv 16,2; Ex 33,20). A ética da santidade tem uma base, portanto, totalmente diferente da ética da personalidade das relações entre seres humanos.

Ora, seja agora permitida a questão: esta perspectiva ética tão diferente, conservada da comunidade exílica e pós-exílica (em geral totalmente ignorada por nós), pode ter algum significado insuspeito nas novas condições da modernidade? Deus não age somente através de relações pessoais e dentro de um mundo construído por valores pessoais. Ele ou ela também está presente nas correntes de força impessoais da natureza e da história, as quais também determinam bastante a vida. As dimensões do ser reconhecíveis pelas ciências naturais, mas não compreensíveis, não merecem respeito? Também é plenamente claro, segundo nossa experiência, que a realidade adquire forma não só pela vontade individual. De fato, aceita-se de modo irrefletido que quase todos os processos nos quais nos encontramos são manipuláveis. Dessa fé surge uma forte confiança no futuro, mas também um forte sentimento de medo e responsabilidade, o qual por sua vez pode levar a profundas depressões, quando os mais nobres planos para melhoria da vida fracassam. Pessoas que têm conhecimento profundo da pesquisa e do planejamento do futuro normalmente aprendem quão precária é a hipótese de que o mundo é manipulável. Prognósticos sobre o tempo, sobre a economia, sobre o desenvolvimento de doenças e de cura, sobre os desenvolvimentos políticos e religiosos escondem em todo caso constelações imprevisíveis, que levam ao absurdo a previsão humana. As orgulhosas teses sobre o caráter manipulável das circunstâncias são constantemente superadas pelas realidades em mudança.

Uma teologia fundada na Bíblia, olhando especialmente para a comunidade judaica pós-exílica e sua explicação do mundo, precisará perceber novamente o grande âmbito de presença impessoal de Deus (teologia da santidade e da sabedoria). Certamente não se trata somente de copiar traços mágico-espirituais e concepções da antiga tradição. Mas a diferenciação cuidadosa da compreensão pessoal e dinâmica do mundo nos fornece o meio de constatar a presença de Deus, também no âmbito hoje experimentado como impessoal das forças anônimas de nosso mundo, sejam elas econômicas, técnicas, científicas, políticas ou religiosas, e de traçar regras de comportamento ético adequadas ao trato com essas potências. Já ao traçar esta questão se torna claro: os diferentes modos de interpretar a realidade possuem muitos contatos mútuos. Mas eles também estão irreconciliáveis um diante do outro — pois pensamos necessariamente de modo fragmentário e só temos uma vaga noção da unidade do mundo. As exigências pessoais à sociedade humana e as que nascem das forças não cabem pura e simplesmente na mesma conta. Certamente elas se chocam umas com as outras, como ocorria também nos exemplos do Antigo Testamento.

No mundo industrial ocidental são consideradas predominantemente regularidades e coações que não são compatíveis com um mundo pensado de modo pessoal. Mas aquilo que chamamos de Deus também está presente dentro dos processos impessoais — exatamente como na perspectiva antiga dominada pelas concepções de santidade. Quando as células cancerígenas num corpo humano se tornam autônomas e destroem a pessoa afetada, nós, que pensamos em categorias pessoais, ficamos sem palavras. Isso também é válido para catástrofes da natureza, que tiram vidas humanas e ocasionam destruição, e também para conflitos suicidas causados pelos seres humanos. Também é válido para os desenvolvimentos a longo prazo da humanidade, a qual leva à ruína as boas condições de vida no planeta terra. São limitadas as explicações baseadas nas possibilidades de decisão individual e na responsabilidade pessoal. Infelizmente, a ética cristã possui como parâmetro até agora somente categorias tiradas da rede de relações interpessoal, a qual surgiu originalmente das sociedades pequenas e médias, e as correspondentes concepções pessoais de Deus. Mas a divindade das forças e relações não pessoais, as quais certamente encontramos nos textos bíblicos, é amplamente ignorada no meio de um mundo moderno construído predominantemente de modo impessoal.

Mas podemos compreender a divindade nos múltiplos processos ditos "naturais" deste mundo? Não podemos deixar de reconhecer, mesmo diante dos interesses da pessoa individual e da pequena estrutura social, certa existência legítima para as diversas "regularidades" que reconhecemos com base na ciência atual. As regras legítimas de uma grande sociedade não podem levar em conta cada indivíduo, sem falar das potências naturais de tipo climático ou tectônico. Os interesses individuais devem ser subordinados até certo grau às potências maiores. Entretanto, do ponto de vista teológico deve-se questionar os processos anônimos. Segundo a compreensão bíblica, eles serviriam para a manutenção do mundo ou poderiam ser avaliados justamente por essa intenção fundamental favorável à vida. A divindade é na grande estrutura do mundo aquilo que promove a vida, pelo menos da perspectiva estreita do planeta terra, na margem da via láctea e no meio de um tempo do universo avaliado entre 20 e 30 bilhões de anos. Portanto, os processos aparentemente tão esquemáticos, os quais observamos e aos quais somos expostos, podem muito bem ser classificados teologicamente como bons — ruins — mistos. Podemos colocar padrões neles e falar da ação de Deus neles e com eles, entendendo Deus como uma potência benévola misteriosa e não como governador exterior ao mundo. Na Bíblia há rudimentos dessa compreensão, por exemplo nas teologias da santidade e bíblicas; talvez outras religiões, como as asiáticas, tenham maior afinidade com o Deus das potências e forças impessoais.

Partindo, então, dessas diferentes concepções de Deus, o problema bíblico da teodiceia aparece numa nova luz. Justiça, solidariedade e amor no nível das decisões pessoais são repetidamente destruídos por intervenção de forças imensas, não compreensíveis com critérios pessoais. A acusação de Jó de que Deus age de modo arbitrário e que não tem consideração pela integridade da vítima é justificada da perspectiva pessoal, mas cai no vazio. As respostas de Deus, de caráter sapiencial, ao rebelde que luta por uma justificativa pessoal não satisfazem; elas somente indicam que os pontos de vista são incompatíveis. O sofrimento pessoal não tem fundamentalmente nada a ver com a grande estrutura do mundo e suas regularidades. Os dois aspectos não podem ser compensados. No final do livro de Jó há uma reparação dos danos e nova bênção do que foi testado, mas o problema teológico não é resolvido. A teologia judaica do pós-exílio reconheceu a realidade dividida de Deus, mas a tradição cristã a ignorou amplamente. No máximo em pensadores místicos e sensíveis à ciência natural surgem questões sobre o Deus que age de modo impessoal.

Dois âmbitos vitais e temáticos modernos requerem hoje de modo especial uma explicação das concepções de Deus. Nos dois âmbitos, as concepções pessoais não são suficientes para um discurso teológico adequado sobre Deus. Por um lado, trata-se da conservação da criação e, portanto, da sobrevivência da humanidade no planeta Terra. Por outro, trata-se das forças econômicas e técnicas atualmente superpoderosas, as quais transformam a vida e colocam o futuro em questão. Os dois campos são causalmente limitados um pelo outro e só podem ser considerados conjuntamente.

Sobre as graves ameaças à vida, há clareza entre a maioria dos observadores do cenário mundial. Por isso, faz sentido falar das possibilidades reconhecidas pela teologia. Como a economia e a ecologia podem ser compatibilizadas? Quais são os papéis das forças divinas mantenedoras da vida? Devemos procurá-los na realidade. As explosivas possibilidades da humanidade de dar uma nova forma à terra trazem enormes riscos consigo (quem não pensaria aqui em Gênesis 11,1-9?). Apesar disso, podem ser pressentidas possibilidades paradisíacas para a construção de um mundo pacífico, harmônico e justo (cf. Is 11,1-9). Ainda mais: uma pequena parcela da humanidade já goza plenamente das realizações da criatividade humana, na qual se reflete a beatitude de Deus (entretanto atormentada por medo, porque são excluídos das bênçãos da produtividade tantos miseráveis). Há uma legião de empresas favoráveis a uma proteção da natureza sustentável; muitas têm sucesso. Mesmo que todas juntas sejam somente uma gota d'água sobre uma pedra fervente, elas são exemplos visíveis das possibilidades de conservar a vida duradouramente, isto é, no período de décadas ou séculos que podemos em alguma medida visualizar. São conhecidos as técnicas e os comportamentos necessários, só precisando que sejam aplicados universalmente. Isso significa: importa evitar erros, balancear corretamente a utilidade própria e o bem da comunidade e conhecer a responsabilidade comum e mundial pelo todo[111]. Ora, a nota teológica fundamental a respeito de todos os esforços por uma ordem mundial sustentável é esta: é divino, no grande processo natural e histórico, tudo o que promove e mantém a vida. A responsabilidade humana é impulsionar o desenvolvimento sustentável no planeta Terra, reprimindo os interesses individuais excessivos.

A diferença entre a teologia a respeito da pessoa e aquela que contempla as forças é, nas Escrituras hebraicas, somente um problema de discurso teológico. Menciono mais uma vez outra problemática atual, as declarações bíblicas sobre o poder e a impotência de Deus. Mostramos acima a descoberta da universalidade e da responsabilidades universal de Deus durante o período

---

111. Cf. Assman, Mo Jung, *Competência*.

persa. Ela corresponde às experiências da comunidade dentro de um império universal. Em oposição a isso estão as numerosas e profundas experiências da impotência, que influenciaram fortemente a tradição. Podem ser encontrados numerosos testemunhos de sofrimento, opressão e exploração pelos senhores imperiais. As preces de lamento coletivo (cf. Sl 44; 47; 74; 79; 80; 83; 137; Lamentações) dão uma impressão viva disso, assim como muitos textos dos livros proféticos, sobretudo os chamados cânticos do Servo de YHWH (Is 41,8-16; 42,1-9; 44,1-5; 49,7-13; 50,4-11; 52,13–53,12). As experiências de humilhação dão espaço para o conhecimento teológico de que o Deus pessoal não só admite o tal sofrimento ou o prescreve para seu povo, mas também que ele mesmo sofre, que ele até mesmo se esvazia de seu poder e solidariamente com o humilhado desce às profundezas. O tema do esvaziamento do poder divino não é desconhecido no antigo Oriente. Inanna faz uma viagem ao inferno e precisa se despir pedaço por pedaço de suas insígnias divinas e do *ME*, a força divina, nelas simbolizada. No final, seu corpo fica pendurado num gancho na sala do trono da deusa do inferno[112]. No contexto da tradição judaica, o tema não é descrito mitologicamente, mas o assunto está presente. Isso significa: a comunidade do período persa viu Deus também numa relação especial com o sofrimento e tendo uma predileção pelo sofredor. A teologia cristã primitiva assumiu essa concepção teológica. Jesus tornou-se o modelo do Servo de Deus, que se oferece em sacrifício pelos condenados desta terra. Fortes correntes dentro das Igrejas cristãs continuaram a ter tais ideias e experiências, sobretudo nas situações de perseguição. Algumas igrejas do chamado "terceiro" e "quarto" mundos seguiram o exemplo teológico nos últimos tempos. A "opção" de Deus "pelos pobres" das fontes bíblicas foi atualizada corretamente nas situações atuais de exploração e lesão de direitos humanos. Em suma, devemos aos teólogos do período persa também a concepção teológica de humildade, disposição para o sofrimento e ajuda solidária de Deus. Diante da estratificação social da humanidade e da miséria mundial crescente em partes das populações, tal teologia é irrenunciável. Ela cresce da leitura da Bíblia dentro das camadas afetadas e forma, a partir de suas experiências e interpretações, uma teologia legítima e adequada ao contexto. De modo semelhante, surgiram os esboços teológicos nas últimas décadas da perspectiva feminista e da perspectiva das minorias oprimidas.

---

112. Também Baal perde no decorrer das estações do ano suas capacidades doadoras da vida e é novamente acordado; cf. TUAT III, 1091-1198, espec. 1185-1198 (M. DIETRICH, O. LORETZ); M. S. SMITH, *The Ugaritic Baal Cycle*, Leiden, 1994, v. I (VT.S 55).

4.5.4. Sociedade global

O balanço teológico-bíblico do período persa nos leva a assumir numerosos impulsos das comunidades judaicas antigas em nossas situações atuais e a compreendê-las como orientações a ser questionadas criticamente para nossos próprios esboços teológicos e éticos. A análise cuidadosa da própria atualidade é precondição de qualquer esboço teológico sustentável. A análise se concentrará primeiro naqueles dados que são relevantes à luz da tradição judeu-cristã: ser humano — criação — justiça — paz — erro — salvação etc. Segundo, devemos levar a sério os valores fundamentais dessa época, os quais em parte concordam com os parâmetros da Bíblia: dignidade humana — tolerância — liberdade — justiça — paz — natureza. O nível fundamental da análise é o nível social. No entrelaçamento complexo das estruturas sociais crescem os modelos de pensamento e de sentimento religioso e cultural com os quais a teologia deve discutir.

Não é mistério que a sociedade humana foi construída de baixo para cima do ponto de vista diacrônico, segundo a avaliação dos dados arqueológicos do Oriente Próximo, do Egito e dos antigos espaços de vida asiáticos e africanos. Só não podemos cair na ilusão, amada pela teologia cristã desde a guinada de Constantino, de que a organização histórico-socialmente "mais alta", a que promete mais poder, seria desejável e eticamente melhor. Neste tempo chamado pós-moderno ganhou terreno, em sentido contrário, a ideia de que a vida humana se realiza sobretudo nos pequenos grupos. Por isso, a análise da atual sociedade global pelas ciências sociais deveria na medida do possível ser isenta de valores e conceder espaço adequado à dignidade humana nas pequenas relações cotidianas. Assim, sonhos de dominação são relativizados ou mesmo invertidos para a solidariedade e a responsabilidade.

Desde muitos milênios os seres humanos trabalham na construção de sua realidade social[113]. Os modelos de construção permaneceram fundamentalmente os mesmos: grupos de parentes formam o tecido básico primitivo de qualquer outra socialização. Estruturas sociais de tamanho médio, nos quais as relações pessoais (*face-to-face relationships*) são possíveis, coordenam os interesses de famílias, tribos e irmandades reunidas. Uma ruptura profunda surge com a transição para as grandes sociedades anônimas. Comportamentos burocráticos e estatísticos devem agora se sobrepor ao convívio pessoal. A sociedade humana global, com sua imensa multiplicidade de línguas, culturas, orientações de fé e comportamentos, é ainda somente uma visão (cf. Ap 2,1-13; Sl 87) ou só

---

113. Cf. Darcy RIBEIRO, *O processo civilizatório*, Petrópolis, ⁵1979.

pode ser pressentida num edifício teórico abstrato. A comunidade judaica do período persa e, depois dela, as comunidades confessionais judaicas e cristãs existem até hoje numa posição intermediária entre a organização pessoal e a anônima. Essa precária situação limítrofe mantém seu conhecimento de Deus e sua experiência de mundo tão atual.

Mas uma observação mais atenta mostra diferenças em parte consideráveis entre as estruturas globais antigas e as modernas. Sobretudo na margem superior e inferior da organização humana houve deslocamentos. Enquanto no tempo bíblico o indivíduo estava amplamente inserido em sua família e dificilmente sobreviveria sem ela, é a declarada meta de nosso tempo tornar o indivíduo totalmente autônomo e livre. Isso é válido sobretudo para a formação e a profissão, e essa existência "monádica" é assegurada graças ao forte destaque dado aos direitos da pessoa e à dignidade intocável do indivíduo. O tijolo elementar de toda socialização humana e a meta maior de todas as ambições é, hoje, o indivíduo (sexualmente neutro!). Essa ordem de valores tem amplas consequências para a fé e o modo de vida na modernidade.

Os pequenos e médios agrupamentos da Era Moderna são em parte bastante diferentes de seus antecessores antigos. Qualquer observador das relações sociais atuais conhece a lamentação sobre a perda de função da família e a diminuição da solidariedade com o próximo. Entretanto, as constelações sociais antigas e atuais nesse âmbito médio podem ser comparadas. A família é experimentada no caso normal, como sempre, sobretudo na infância, como o lugar de abrigo; as diferentes comunidades de vida e trabalho em nosso tempo oferecem a muitos seres humanos contatos e atividades plenas de sentido. Também a invenção judaica da comunidade confessional permanece nas estruturas religiosas de nosso tempo. Liturgia e atividades da comunidade aparentemente não são hoje tão distantes de seus modelos do período persa. As estruturas estatais e associações entre Estados, empresas econômicas e instituições de ensino funcionam hoje também conforme os modelos antigos, mesmo que tenha sido introduzido todo tipo de modificações: os Estados nacionais europeus surgidos no século XIX adquiriram um perfil próprio, mas operam com as mesmas reivindicações de poder que seus antigos predecessores. A economia mundial aumentou sua produtividade de modo supradimensional devido aos incríveis "progressos" científicos e técnicos; somente as antigas regularidades de lucro e prejuízo governam, como é usual, nossos supostos livres mercados. No âmbito da formação devem ser processados o ganho astronômico de conhecimento e uma revolução das técnicas de comunicação. Mas o ensino e a pesquisa continuam a fazer seu trabalho de reflexão e discussão.

Ao analisar, porém, a atual sociedade global novamente, surgem evidentes diferenças fundamentais. A extensão da humanidade inteira por cinco continentes é só um pequeno fator aqui. A antiga imagem da terra como um disco sobre ondas caóticas e sob um céu próximo, pontilhado com estrelas, era limitada a uma massa de terra euro-asiática mais modesta. Mais importante são provavelmente o fino entrelaçamento — hoje constatável — de todas as economias regionais e nacionais e a crescente sincronização ideológica de toda a humanidade em relação a mercado, consumo e ideal de felicidade. Aquilo que a intensiva missão cristã de quase 2 mil anos não conseguiu — penetrar em todas as cabeças da terra com *slogans* de um mundo paradisíaco de consumo — a economia de mercado o conseguiu em poucas décadas. Assim, é evidente que foi definido um fim para toda a humanidade, diante do qual temos que nos posicionar teologicamente. Ao mesmo tempo, a dominante ideologia de mercado e sua mensagem de felicidade levam o mundo todo para a beira do abismo em consequência do consumo brutal de recursos e da marginalização de grandes parcelas da população.

Devemos nos esforçar por uma teologia global, porém não apenas cósmica. As testemunhas antigas certamente incluíram plenamente o cosmos em suas especulações. Elas puderam fazer isso porque, segundo sua visão, a terra estava no centro do universo (muito pequeno do nosso ponto de vista). Sol, lua e planetas se moviam em torno da terra (cf. Sl 19,5-7). Depois que a terra e o sistema solar foram empurrados para a margem perdida de uma galáxia e que se tornou provável que no universo milhões de outros sistemas solares tenham produzido o fenômeno da vida, é absurdo querer tomar decisões teológicas para todos os mundos desconhecidos. A teologia terrestre é obra humana passageira, justificada para uma poeirinha cósmica extremamente limitada e num tempo igualmente limitado do universo; portanto, ela tem que se limitar. Somente dentro de limites conhecidos podemos ousar falar sobre Deus.

Mas dentro do espaço que nos é acessível e dentro do tempo que nos cabe podemos pensar teologicamente e agir crendo, de modo abrangente. Isso não significa que a teologia só trata do todo e que toda consideração deve ser direcionada para a estrutura maior da realidade. Ao contrário: a grande superestrutura das organizações sociais acima dos indivíduos e de seus pequenos grupos tem a nobre tarefa de proteger as chances e as liberdades, as responsabilidades e os direitos no microcomércio intra-humano. Falando teologicamente: Deus possibilita uma vida digna ao ser humano em todos os níveis da socialização, mesmo nas estruturas globais da modernidade.

A humanização sobretudo da economia de mercado global é um programa teológico necessário. Justiça e paz para todos é a exigência fundamental em nome de Deus. Proteção da natureza, manutenção da biosfera da terra, cuidado de seus recursos limitados são pressupostos irrenunciáveis de uma vida humana e, portanto, parte substancial de toda teologia responsável. Para nós, os impulsos para tais conhecimentos e concepções surgem da Bíblia, isto é, das comunidades judaicas do período persa.

4.5.5. Unidade e pluralidade hoje

A experiência de multiplicidade, oposição e luta moldou os seres humanos em todos os tempos. Culturas, religiões e sociedades diferentes lidam de modo diferente com esse conhecimento importuno. É vital nesse caso a ligação com as forças boas, amigas e benévolas ativas neste mundo. O Deus YHWH, que determina exclusivamente toda a realidade, foi descoberto no Israel pós-exílico, diante do pano de fundo da mensagem de Zaratustra, espalhada pelo grande império persa, sobre um único fundamento do ser. Certamente não se encontrou assim uma chave de solução mágica para todos os problemas humanos. A fé de Israel verdadeiramente se atormentou, na heterogênea realidade da vida, com a ideia de um criador e mantenedor exclusivo do mundo e da monocausalidade de todo o bem e de todo o mal. Diante de divisão universal dos homens e dos choques das forças terrestres, não é uma ideia convincente a de que tudo nesta terra flui a partir de uma única mão e de uma única vontade. Ela se torna absurda ao máximo quando tratamos das discussões cotidianas com adversários humanos cujas reivindicações e concepções se chocam com as nossas. As Escrituras hebraicas dão testemunho de quão naturalmente os limites entre os concorrentes se fixam e são realçados religiosamente. Na luta cotidiana pela sobrevivência, o suposto Deus único para todo o mundo e todos os povos se transforma rapidamente numa divindade particular, que parece ter compromisso somente com o bem-estar próprio e a dor própria. A teologia da aliança e da eleição judaica primitiva pode dar expressão intensa a essa atitude muito humana e egoísta. Textos que, em sentido contrário, estão convictos da igualdade de todos os povos (cf. Jonas) e querem lhes conceder participação plena no senhor exclusivo do mundo são relativamente raros e puderam desenvolver poucos efeitos solidários mesmo na corrente das interpretações cristãs. Como já dito, a fé na divindade universal em si exige uma abertura para todos os outros seres humanos. De fato, porém, os teólogos judeus (como seus sucessores cristãos) frequentemente reivindicaram para si exclusivamente a competência universal de YHWH na vida prática. Essa atitude particular-universalista, em si contraditória, pode ser achada especialmente no livro do Segundo Isaías (cf. 3.2.2.2; 4.3.2).

Os cristãos não têm motivo algum para acusar esses disparates teológicos judaicos. Quando a crença no Deus único se tornou válida universalmente e socialmente aceita no século IV d.C., os discípulos de Jesus de Nazaré, que aparentemente tinham uma visão mais ampla, defenderam com energia ainda maior a exclusividade da verdade teológica única e tentaram impô-la com a ajuda do poder estatal, desdobrando o poder próprio e particular. O mundo todo deveria ser submetido à fé cristã ou à liberdade ocidental — se estudarmos as Cruzadas, a conquista das duas Américas, as guerras religiosas, a expansão dos impérios coloniais ocidentais ou certas campanhas pela liberdade messiânicas cristãs modernas[114]. Todas essas tentativas podem ser entendidas somente do ponto de vista de uma fé em Deus universal-exclusiva, que é posse de uma determinada religião ou confissão. Na verdade, os representantes de tais estratégias não defendem a verdade universal, mas seus próprios interesses de poder limitados e relativos. A ideia profunda de uma divindade única, de uma conexão entre todas as coisas e de uma igualdade plena de todos os seres humanos, raças e povos é, portanto, traída e posta a serviço de interesses particulares grosseiros. A unidade do mundo ou de Deus é de fato difícil de se realizar na vida, ou mesmo não se realiza.

Como então se encontram as coisas em nosso tempo, no qual se inflamou em diversos níveis a luta pela sobrevivência e diversas posições de predomínio (inclusive a posição hegemônica)? Quais chances têm a unidade, a justiça e a paz sobre a terra dominada por guerras e atos de violência econômica? As experiências de relação hostil se intensificaram neste tempo em todo o globo de tal modo que parece ser pouco adequado o otimismo. As vozes sensatas e preocupadas da ONU e no mundo em geral aparentemente não conseguem controlar os conflitos acesos por partidos hostis. As forças da paz têm poucos meios à disposição para terminar o derramamento de sangue, a exploração sobre todos os continentes e garantir uma ordem justa para todos. Pelo que parece, o poder está somente com militares ligados a interesses, com os que os financiam e com políticos cegados pelo poder. Em regra, eles se enfeitam com reivindicações religiosas e lutam mesmo em nome do único Deus verdadeiro — isso é válido não só para ideólogos muçulmanos, mas também para

---

114. No mercado de livros americano (e na correspondente política americana) aparecem periodicamente manifestos em favor de uma libertação do mundo segundo o padrão nacional; cf. somente F. FUKUYAMA, *End*; S. HUNTINGTON, *Clash* (bibliografia de 4.3.4).

cristãos e outros. O ódio deve se certificar com a divindade para se tornar legítimo. Ódio incondicional precisa de uma legitimação divina absoluta, a qual só pode vir do único Deus verdadeiro. Assim, em nosso tempo a nobre ideia teológica de que tudo que existe e acontece está numa única mão parece ter entrado em falência definitivamente.

Mas uma teologia orientada pela Bíblia não abandonará a esperança de que a humanidade voltará a si antes que seja tarde demais. E, de fato, há também sinais de esperança na turbulenta história de nossos dias. Já disse que o reconhecimento da unidade nunca foi tão forte quanto hoje, em consequência da ciência e da técnica modernas e também da ideologia de mercado globalizada. Os sistemas de comunicação modernos, os meios de comunicação de todo tipo alcançaram o ser humano até a última aldeia. Eles levam a elas não somente imagens sedutoras do consumo ocidental "autêntico", mas também o sentimento de que todos os seres humanos estão juntos, pelo menos no que concerne aos meios de vida na terra. Fortalece-se o conhecimento de que todos estão no mesmo barco, de que devem viver e partilhar uns com os outros na prosperidade e na ruína. Cresce neste mundo a consciência da unidade inevitável e traída de muitas maneiras, e também é levantada a questão sobre a divindade única e para todos.

A unidade do mundo é hoje demonstrável. Aquilo que na Antiguidade começou — troca de mercadorias, expansão do conhecimento, interferência política, migração de ideias religiosas etc. — tornou-se hoje um *crescendo* em acordes plenos. A intensificação da conexão em muitos âmbitos de vida, certamente primeiro no comércio, na internet e nos meios de comunicação, começa a tornar homogêneas as expectativas do ser humano. Padrões técnicos e de produção são equiparados. A longo prazo seguem os salários, as modas e os valores. A meta de felicidade individual, antes só ocidental, se realiza mais. As sociedades rompem cada vez mais seus costumes e usos tradicionais e se reestruturam. Ao lado de claras tentativas de segregação do "outro" florescem numerosos fóruns interculturais e inter-religiosos. O conhecimento além das fronteiras cresce, e em alguns lugares surgem experimentos de vida em comum.

Mas o que mais faz crescer a consciência de unidade é a impressionante experiência de que a humanidade como um todo está num único barco. Epidemias e poluição do meio ambiente não conhecem fronteiras nacionais. Algumas catástrofes têm efeitos, imediatos ou a longo prazo, sobre muitos ou sobre todos os países da terra. Guerra e pobreza não devastam somente regiões limitadas, mas abalam mercados distantes e ilhas de bem-estar. Toda a humanidade se torna, em ritmo crescente, local de ressonância para todas as cacofonias que ocorrem ao redor da esfera terrestre. A certeza cada vez mais forte de que os problemas do mundo devem ser resolvidos em comum por todos os países, sob pena de um iminente destino fatal comum a todos, é talvez o mais forte impulso para um acordo racional para a articulação comum da economia e da política sobre o solo terrestre. A renúncia à política de poder nacional e de determinação hegemônica do mercado seria a base para uma ordem pacífica boa para todos, tal como aparece em esboço nas utopias do Antigo Testamento.

Índice remissivo

Aarão 26, 34, 107, 109, 144, 182, 183, 185, 187, 247, 251, 282, 299, 308, 395, 396, 444, 497

Abdias 49, 218, 219, 224, 314, 316, 320, 321

Abraão 144, 179, 180-183, 215, 246, 247, 282, 326, 397-406, 408, 409, 419, 420, 479, 505, 506

Ageu 16, 17, 19, 20, 22, 24, 33, 36, 48, 49, 73, 112, 113, 151, 204, 206-208, 313, 315, 323

Ahiqar 49, 139, 381-383

Ahura-Mazda 50, 61-65, 82 s., 86, 94, 130, 177, 180, 186, 210, 233, 254, 257 s., 353 s., 380, 415 s., 428, 430, 436, 490

Amenêmope 269, 270

Amesha Spentas 380

Amós 130, 205, 209, 219, 314-316, 319-324, 327, 348, 385, 403, 476

Anahita 53, 88, 94

Angra Mainyu 84, 416

Aquemênidas 36, 41, 50, 53, 56, 64, 65, 67, 68, 70-72, 74, 83, 97, 171, 179, 283, 421, 426, 428

Artaxerxes 19, 20, 25, 27, 31, 32, 39, 45, 51, 53, 74, 78, 102, 103, 106-108, 110, 113, 141

Asha 177, 353, 354, 415

Atramhasis 176, 412, 414, 480, 481

Baruc 204, 237, 334, 422

Behistun 14, 50, 62, 67, 73, 139, 233

Ciro 16, 18-20, 24, 31, 32, 37, 38, 50, 51, 53, 61, 62, 67, 71, 73-75, 112, 113, 133, 153, 167, 169, 210, 249, 280, 281, 325, 426

Daévas 64, 65, 84, 85, 94, 354, 430

Daniel 16, 29, 37, 38, 40, 49, 102, 103, 200, 209, 251, 252, 357, 407, 490

Dario 16, 19, 22, 39, 62-64, 68 s., 72 s., 77 s., 92, 99, 180, 233

David 32, 156-158, 228, 284, 285, 360, 434, 503

Débora 301, 450, 453

Demônios (ver Daévas) 368, 430, 482

Deuteronomista 16, 30, 111, 118, 146-148, 152-154, 157-161, 165, 168-170, 172, 175, 185, 188, 194, 202, 215, 218, 243, 249-251, 272, 275, 282-284, 287-290, 294-296, 298-302, 304, 307-311, 313-317, 327, 330, 331, 333-336, 343, 352, 384-386, 390-392, 419, 421-423, 435, 439, 441, 450, 451, 457, 463, 468, 475, 503, 520

Elias, Eliseu 161, 205, 227, 301, 304-309, 312, 315, 317, 444, 460, 473

Eneduana 453

Esdras 17, 20-29, 31-36, 40, 45, 48, 49, 58, 68, 71, 72, 74, 98, 102, 105-114, 116, 117, 121, 129, 133, 135, 136, 151-153, 155, 168-173, 194, 200, 203, 204, 207, 208, 215, 220, 224, 236, 237, 246, 249, 251, 252, 254, 257, 281, 282, 307-309, 336, 357, 384, 388, 389, 395, 396, 407, 421, 422, 444, 445, 463

Ester 17, 37-40, 69, 102, 103, 117, 171, 199, 200, 276, 357, 407, 450, 453, 517

Ezequias 74, 104, 131, 165-167, 205, 261, 271, 272, 294, 296, 297, 314, 327, 377

Gilgamesh 176, 409, 414, 417, 479, 484, 485

Habacuc 222

Heródoto 51, 53, 75, 78, 79, 82

Hulda 117, 237, 301, 308, 389, 450-452

Inanna, Ishtar 53, 60, 317, 380, 453, 525

Jacó 18, 145, 180, 198, 219, 246, 247, 280, 326, 392, 397-399, 404, 406-408, 438, 445, 462, 479, 508

Jeremias 16, 18, 20, 32, 37, 49, 57, 132, 134, 135, 202, 204, 205, 209, 219, 221, 222, 224, 237, 258, 281, 282, 308, 311, 314, 316, 318, 323, 330-341, 345-348, 350, 352, 359, 375, 422, 444, 451, 476, 490, 506

Jonas 48, 197, 201-203, 212, 220, 308, 313, 320, 400, 403, 407, 436, 437, 439, 507, 511, 517, 529

Josafá 155, 162, 163, 219

José 48, 102, 171, 197-200, 203, 247, 249, 381, 405-408

Josefo 39, 40

Josias 119, 160, 165-167, 205, 207, 220, 223, 294-298, 300, 314, 315, 331, 387, 389, 392, 450, 451

Josué 19, 21, 30, 73, 112, 113, 121, 172, 175, 207, 208, 284-297, 300, 301, 304, 307-309, 417, 422, 444, 457

Manassés 131, 154, 162, 165, 451

Marduc 434

Messias 18, 73, 87, 209, 210, 217, 280, 335, 402, 478, 489, 490

Moisés 16, 26, 34-36, 107, 109, 111, 130, 139, 144, 147, 168, 173, 175, 180, 182-186, 188, 193, 194, 209, 222, 237, 246, 247, 249, 251, 252, 254, 282-285, 289, 290, 293, 296-298, 301-304, 307-309, 313, 315, 326, 334, 335, 352, 355, 357, 376, 384, 389-398, 405, 408, 422, 423, 444, 445, 457, 479, 496-498, 505, 506

Nabucodonosor 16, 24, 37, 331-333, 347, 348

Naum 202, 220, 221

Neemias 21-36, 40, 45, 48, 58, 71, 72, 74, 98, 102-106, 108, 110-112, 116, 117, 119-122, 124, 128, 129, 133, 135, 136, 151, 153, 155, 168-173, 186, 194, 200, 203, 207, 208, 215, 220, 224, 236, 240, 241, 251, 252, 257, 281, 296, 307-309, 335, 336, 357, 364, 384, 388, 389, 395, 396, 407, 413, 420, 421, 444, 462, 492

Rute 48, 117, 136, 137, 197, 200, 201, 203, 212, 276, 278, 357, 396, 439, 453, 458, 503, 507

Salomão 17, 23, 117, 120, 123, 154-156, 158-161, 164-166, 168, 186, 228, 233, 261, 263, 271, 290-294, 296, 299, 351, 374, 377, 381, 390, 395, 405, 450, 453

Samaria 19, 25, 32, 45, 55, 58, 74, 97, 99, 100, 103, 105, 112, 113, 143, 224, 257, 305, 314, 319, 351, 388

Samuel 290 s., 301-303

Sanabalat 28, 74, 103 s.

Saošiyant 490

Sara 180, 182, 398

Sedecias 191, 314, 332

Segundo Isaías 146, 220, 280, 281, 306, 325-327, 334, 338, 340, 467, 481, 530

Sesbassar 111-113, 133

Sofonias 49, 205, 207, 218, 220, 223, 314-316, 319-322, 324, 487

Susa 21, 27, 31, 36, 44, 52, 53, 67, 78, 102, 106, 170

Tamuz, Dumuzi 342

Tiglat-Pileser 60

Udiahorresnet 72, 110

Vohu Manah 82, 85, 86, 353, 354

Xenofonte 51, 69, 74

Xerxes 39, 64 s., 72, 92

Zacarias 16, 17, 19, 20, 22, 24, 32, 33, 36, 48, 49, 73, 112, 113, 130, 151, 157, 202, 204, 206-210, 258, 277, 313, 315, 321, 329, 488, 503

Zaratustra 64-66, 81-85, 87, 88, 94, 121, 233, 238, 253, 254, 257, 258, 273, 323, 344, 353-355, 415, 416, 430, 431, 449, 476, 487-490, 529

Zorobabel 19-21, 39, 73, 111, 112, 113, 133, 134, 207

Índice de citações (escolha)

Gênesis
1   176
1 s.   410
1,3-5   176
1,6-31   176
1,26-28   177 s., 486
1,27   185, 515
2,4b-25   410
2,15-17   411
2,18   447
2,21-24   502
3   415, 449
3,1-5   481
3,4 s.   416
3,8-13   415
3,16   447, 453
3,22   411, 415
4   413
6,1-4.5 s.   413
9,8-11   178, 181

9,21-27   221
10   418
10,6   418
10,1-32   178
10,5.20.32   180
11,1-9   320, 419
11,6   412
11,10-13   179
11,27-32   397
12,1-3   400
12,2 s.   406
12,8   400
13,14-17   406
14,1-16   402
14,18-20   402
15,1-5   400
15,6   400
17   398
17,3-22   180
17,6   408

17,6-8 181
17,16 182
18,16–19,29 402
18,17-19 403
18,22b-25 404
19,4-11 404
19,30-38 438, 504
20,1-18 453
22 401
23,17-20 398
28,13 s. 406
29,21-28 502
31,48-50 142
32,13 406
35,1-4 306
35,9-12 406 s.
38,12 s. 459
41,57 137

Êxodo
1,8–2,10 395
6,2-13 182
7,1-7 182
12,43-49 165, 508
12,49 519
15,20 450
16,2-8 497
16,22-30 462
18 391
19 392
19,3-6 392, 498
20 372
20,1 254
20,2-6 436
20,8-11 460
20,12 451
20,13-15 495, 516
21,1-11 125

22,17 448
23,1-9 517
23,10 s. 464
23,14.17 229
23,17 131
24,1-8 182
24,3-11 393
24,9-11 254
31,2-5 123
31,15 462
33,18-23 470
33,21-29 390
34,6 s. 202
34,6 s.11-26 393, 472
34,10-28 457
34,15 s. 111
25-31 184
35,1-3 184
35,2 s. 462
36,1-7 296
38,1-7 185

Levítico
1,14 195
1–7 185
4,1.13 446
5,13 446
5,21 496
6,9-11 120, 296
7,37 s. 194
10 299
10,1.2 186
11 499
12–15 117
13,45 s. 500
17,10-14 178
18 195
18,22 404

18,24 s.   111
19   390, 437
19,2   187, 470, 498 s.
19,3   451
19,4   188
19,9-18   371
19,11-14   118
19,11.17 s.   517
19,13 s.   494
19,18   493
19,18.34   515
19,34   507, 518
20,13   503
20,27   448
21,16-21   438
23   189, 457
23,3   189
23,3-8   165
23,15-21   459
23,23-43   29, 277, 459
23,34-36   160
24,10-12   391
24,10-16   462
24,10-23   194
25   125, 191 s., 241
25,3-7.19-22   191
25,10-12.23 s.   191
25,13-55   464
25,25   126, 492
26,33-35   464
27,30-33   120

Números
5   292
9,1-14   457
11   194
11,16 s.   219
12   186

16   186, 445
20,2-13   395
25,3-5   396
25,6-13   396

Deuteronômio
1,14   422
1,15   118
4–6   467
4,2   384
4,19   467
5,6-10   306
5,14   462
5,23-27   422
6,4 s.   436, 467, 497
6,5   493
7,1-5   475
7,6-8   439
7,7 s.   476
12   118, 143, 441
12,2.4 s.   119
13,1   384
14,22-29   120
15,1–16,17   189
16,1-17   457
16,17   229
17,8-13   497
17,18 s.   359
18,9-13   130, 149
18,10   448, 449
19,1-13   500
19,16-21   118
20   303
20,5-9   456
22–25   278
22,1-12   496
22,5.9-11   501
23   439

23,4-6   173
23,4-7   504
23,20 s.   492, 494
23,21   518
26,5   408
27,14-26   445
29–31   121
29,1   463
29,9 s.   452
32   251
34,7-9   175

Josué
1,4   233
1,7 s.   285
4,9   309
5,10-12   457
5,13-15   287
8,30-35   287
10,12-14   287
23,6 s.   285
24,14-18   285
24,16-18   422
24,25-28   298

Juízes
1,1   288
1,17-36   288
1,21.26   309
2,1-4   288
3,5   288
4,4-7   301
7,1-8   456
10,1-5   300
14,2-4   117

1 Samuel
2,11-17   446
3   302

4 s.   471
2,12-17   299
2,35   299
9,12 s.   456
15,22   303
20,6   131
25,25   447, 453
28   118, 448

2 Samuel
1,17-27   503
6,6 s.   499
7,11   155
13   453
24   158

1 Reis
5,12   261
5,13   377
5,15-26   123
7,15-51   158
8   159
8,2   445
8,23-53   291
8,29   291
8,31-53   294
8,37-43   293
10,22   361
11,1 s.   450
11,1-5   117
11,1-6   503
13,11-32   308
14,16   161
15,12-14   295
17,2-6   308
18   304
18,16-20   309
19,11 s.   473

20,13   309
22,19-23   309

2 Reis
4,18-24   455
4,18-37   307
4,23   460
5,1-7   305
5,15.17   306
13,14-19   309
18,4-7   261
18,5-7   296
19,14-19   296
20,7   308
22,3-7   297
22,14-20   301
22,16 s.   450
22 s.   172
23,21-23   457
23,25-27   451
25,11 s.   435

Isaías
2,1-4   475
8,23b–9,6   210
9,1-6   329
11,1-9   524
11,6-8   210
12,1-6   329
13 s.   328
14,15-17   328
19,19-25   475
19,22-25   327
19,23 s.   203
24,1-5   328
24,16   328
24,23   328
24–27   49
31,1-9   202

35   325
38   227
40 ss.   18
40,12-17   474
40,21-25   471
41,8-16   525
42,15 s.   20
43,3   487
44,6   467
44,6-8   306
44,9-20   256
44,21   326
44,24.26-28   325
44,28   18, 210
45,1.4   18
45,1-4   487
45,1-7   280, 426
45,18   467
47   487
49,6   487
53,3-12   473
56   439
56-66   49
56,1-8   173, 211, 462
56,6-8   212, 306
58,3 s.   213
58,8   214
58,13 s.   462
59,1-8   215
59,9 s.   214
60,1 s.   217
60,1-3   216
62,1-5   318, 474
63,1-6   217
63,7–64,12   214
63,16   215, 462
65,1-7   149
65,2-5   129
65,3-5   212

65,11   212
65,17   217
65,17-19.23-25   488
65,22 s.   210
66,3 s.   212
66,5   465
66,13   469

Jeremias
2,1-3   336
2,20   212
2,23 s.   337
2,26-28   221
3,9.14-18   337
7,4-11   336
7,25   334, 340
9,25   335
10,1-16   340
10,23-25   338
12,1-4   338
13,3-7   331 s.
14,1-6   124
14,7-9   339
15,10-18   338
16,5-9   442
17,5.7   337
17,14-18   338
17,21 s.   335
20,8   338
20,14-18   339
24,4-10   135
25,3   335
25,13   334
25,29   335
26,4-6   334
29,4-7   134
29,7   332
31,15   453
31,29   338

31,31-34   388
31,33 s.   334, 347, 473
33,22   336
37,11-16   332, 339
44   132
44,15-19   306, 435
44,17 s.   444
49,7-22   219, 320
49,34-39   37
50,2   331
51,59-64   331 s.
52,28-30   135

Ezequiel
1,1   341
1–3   349
3,3   345
3,4-11   349
3,15   133
6,1-14   350
7,8   344
8   195
8,1   114
8,10 s.14-16   342
8,11   300
8,12   342
8,17   343
9,9   343
9,9-11   343
11   351
13   130
13,17-19   449
13,23   449
15   351
16   318
20,10-13   345
21,7.18 s.   351
22   351
27,8-10   348

Índice de citações (escolha)

28,1-10   412
28,14-16   347
33,23-29   407
36   351
36,24-29   346
37,1 s.   350
37,4-6   345
37,12   345
37,26   342
37 s.   344
38 s.   210
39,4   344
40,1   341
40–48   196
43,4 s.   342

Oseias
1,1   314
1–3   318, 476
2,4-7   318
2,11-15   318
4,6   324
4,12-19   317
5,8-14   316
6,1   316
11,1-9   474

Joel
1 s.   218, 316
4,12   219

Amós
1,1   314
1,3–2,3   319
2,4-12   319
2,6-8   221
3,7   403
5,24   324

7,1-9   323
7,10-17   323

Abdias
1   315

Jonas
1,9   436
4,10 s.   507

Miqueias
1,1   314
2,5   121
2,11   323
5,1-3   210
5,4   320
7,14-17   322

Naum
1,2   202
3,1-7   320

Habacuc
1,4   324
1,12-17   221
2,1-4   222
2,4   221
3   316
3,9-13   222
3,13.18   322

Sofonias
1,1   223
1,2 s.   223, 321
1,4-13   321
1,7.14   223
1,14-16   223
1,14-18   487
2,4-11   319

3,3 s.   321
3,9   322
3,14-17   223
3,19 s.   487

Ageu
1,1   205, 315
1,1.14   113
1,7 s.   207
1,2-11   18
1,2-4.9 s.   33
2,11-13   500
2,20-23   17, 21
2,20-23   207
2,23   208, 336

Zacarias
1,1   203, 315
3,8   208 s.
4,14   349
5,5-8   503
5,5-11   117
5,11   321
6,9-13   207
7,3-6   277
9,1   206
9,9   209
13,1   210
14,3-9   488

Malaquias
1,6-9   446
2,7   209
2,10   492
2,14-16   379, 502

Salmos
1   235
1,1-2   359
2   362

2,7   361
3   228
7   520
8   177
8,2.10   255
8,5 s.   485
8,6   412, 443
9   243
10,2-4   240
12,2-9   364
14,3   413
18,32   436
19,5-7   528
19,8 s.   255
19,8-11   44, 359
20   361
22,10 s.   454
22,17   240
22,24-27   516
25,14   454
27,1.10   454
31,7.15   401
31,15   436
34,12-15   454
35,14   455
36,8   455
37   240, 454
37,5   469
39,5-7   237
39,13   408
40,6-10   502
40,7-11   441
41,6-10   240
42,6.12   401
44   471
45,4-8   209
46   226, 435
47   229, 232, 471
50   226, 442
50,5   254, 497

Índice de citações (escolha)

51 413	96,4 471
52 256	99,3 436
55,13-15 442, 516	100,3 439
62,2-9 401	102,13-23 364
62,9 245	103,8 202
65 470	103,13 469
66,10-12 251, 506	103,14-16 231
69,8-13 333	104 231
71,1-3 255	105,2-5 246
71,5 436	105,6-11 247
72 360	106 173, 248
72,1-4 360	106,37-39 248
72,5-8 360	106, 47 436
72,20 228	110,4 402
73 373	111,1-3 256
73,3-12 241	111–118 365
73,13-15 442	112,1 244
74,13-17 483	112,4 472
75 226	112,5-7 256
78 249	119 235, 363, 400
78,1-4 246	119,1-8 363
79 506	119,81-88 255
82 470	120–134 131
84 230	122,1-5 230
84,11 44	123 230, 453
85,11 273	127 454
86,15 472	128 244
87 226, 407	129,2-3 506
87,4-7 507	131 230, 244
89 232, 361	133 494
89,20 s.26-28 361	136 247
89,39-52 361	137 136, 226
90 362	137,5 s. 131
90,7-10 237	139 237
91,5 s. 240	142 228
91,14 455	144, 3 s. 485
95 121, 302	144,4 443
95,3 474	145,8 394
96,3 439	145–150 365

148   232
149   257
150   359

Jó
1,1   370
1,21   370
2,10   370
7,17   485
15,16   443
19,6 s.   373
28,21-23   371
29   371
31,9-11   372
31,21   372
31,40   372
32,2-10   372
38–42   481
40,4   372
42,1-6   373
42,10-17   371

Provérbios
1,1   261
1,1-7   376
1,2-7   274
1,7   377
1,8   378, 451 s.
1,21 s.   378
2,16-19   379
2,17   379
3,16-18   378
3,27-32   378
7,10-23   379
8,1-9   380
8,22-24   380
8,32-36   274
10,1-3   263

10,2 s.   265
10,3.6.7   266
10,16   265
10,22-27   264
10–29   262
10,1–22,16   263
11,23   267
12,7   267
13,14   267
14,2   265
14,12.21.31.34   267
17,1–23,14   268
22,17–23,14   269
22,22 s.   269
23,10 s.   269
23,19-28   270
24,18.21   271
25,1   261, 275
23,15-16   270
30 s.   272
31,1   454
31,9-13   376

Rute
4   136
4,18-22   507

Eclesiastes
4,7-12   116

Lamentações

Ester
1,22   39, 171

Daniel
1–5   16, 102
6,29   38

Índice de citações (escolha)

7   16
11,2   38

Esdras
1,1-4   18 s.
1,2-4   112, 171
2   155
2,59   133
2,64-67   23
3,1-6   19
4,6–6,18   169
4,9-16   171
5,3–6,12   20
5,9-11   114
6, 13-15   207
6,16-18   25
7   421
7,1-5   26
7,7-9   106
7,11 s.   109
7,27–9,15   170
8,17   133
9   251
9,7   251

Neemias
1,1–2,10   102
1,1-3   32
1,1–7,5   170
1,4-11   105
2,1-8   103
2,11–7,3   105
5   240 s.
5,1-4   71
5,1-5   124
5,19   105
6,14   25
7   155
7,4   119

8–10   29, 172
8   136, 145, 275
8,1   389, 420, 445
8,2 s.   452
9   173
9,5-37   29
9,26   251
9,32-37   17, 220
9,36 s.   123, 362
10,31-38   31, 172
10,31 s.   35
10,33 s.   120
11-13   31
12,31-43   33
13,1-3   173
13,4-13   35
13,15 s.   122
13,15-22   35, 335
13,23-28   35, 286, 507

1 Crônicas
1,1   153
6,7.24   226
10,1-14   154
14,2   156
15 s.   157
15,16 s.   157
16   155, 227
16,7   158
16,4-6   157
16,14-22   164
22,8-10   155
28,8   121
28,20 s.   156
29,10-20   156

2 Crônicas
6   159
6,13   159 s.

7,1-3   160
7,3   160
7,8-10   166
13,14b-15   162
14,2   156
15,1-7   164
15,12 s.   164
15,15 s.   164
20   155, 163
20,5-12   163
20,15-17   163
21,18 s.   161
22,10-12   161
26,19-21   161
29   166
29,20-36   165
30,1.5   131
31,2-18   165
31,20 s.   272
33,9-13   162

35,1-9   131
35,1-19   166
35,1.7-19   166
35,7-9   166
36,22 s.   153

Lucas
2,1   22

Romanos
3,23   252
9–11   475

2 Coríntios
6,9   506
12,9   473

Hebreus
13,14   408

Fontes não bíblicas

Aicar   381

Livro dos Mortos egípcio
Cap.125   372

Amenêmope   269 s.

Epopeia de Atramhasis
Tabuleta I,215.217.230   176, 414
Tabuleta I,1   480

Avesta
Yasna 12   416
Yasna 27,13-15   251
Yasna 28,6   82
Yasna 30,2.3   416
Yasna 31,1.2.5.6   353 s.
Yasna 31,2.3   84
Yasna 31,5   86
Yasna 32,3-5   85, 354

Yasna 34,11   234
Yasna 37,4   234
Yasna 43,7 s.   82
Yasna 43,10.12   86
Yasna 43,11   353
Yasna 44   353
Yasna 44,1.3.6.9-11   86
Yasna 44,3   234
Yasna 44,12-15   86
Yasna 44,17 s.   87

Bahman Yasht I,55-56   355

Yasht 13   416

Teodiceia babilônia
Cap. XXIII, XXIV, XXVII   369

Dario I, inscrição de Behistun   62 s., 233

Dario I, Inscrição no túmulo   64

Papiros de Elefantina
Arquivo de Miftahia   141
Cartas da restauração do Templo   144

Epopeia Enuma-Elish
Tabuleta I ,1   480

Epopeia de Erra
Tabuleta IV,66-86   429 s.
Tabuleta V, 57s.   430

Gilgamesh
Tabuleta 11   414
Tabuleta VII, 90-93   485
Tabuleta VIII,42-49.55   485

Cilindros de Ciro   61, 280 s.

Ludlul bem nemequi
Tabuleta I, 1-40   366
Tabuleta II, 4-9.12-38   367

Cartas de Mari
Tabuleta K 2401   317
Tabuleta A   1121 + A 2731   318
Diálogo pessimista   429

Sargão II   61

Jó sumério   366

Shurpu
Tabuleta II   372, 413

Tiglat-Pileser I   60 s.

Xerxes, inscrição Daéva   64

Este livro foi composto nas famílias tipográficas
Palatino e *Times New Roman*
e impresso em papel *Offset 75g/m²*

Edições Loyola

editoração impressão acabamento

rua 1822 nº 341
04216-000 são paulo sp
T 55 11 3385 8500
F 55 11 2063 4275
www.loyola.com.br